U0840023

教育心理学

莫雷 主编
何先友 迟毓凯 副主编

广东高等教育出版社·广州

图书在版编目（CIP）数据

教育心理学/莫雷主编，何先友，迟毓凯副主编．—广州：广东高等教育出版社，2005.10（2017.7 重印）
（21 世纪高校心理学教材丛书）
ISBN 978－7－5361－3242－9

Ⅰ．教育…　Ⅱ．①莫…　②何…　③迟…　Ⅲ．教育心理－高等学校－教材　Ⅳ．G44

中国版本图书馆 CIP 数据核字（2005）第 105642 号

广东高等教育出版社出版发行
（地址：广州市天河区林和西横路　邮编：510500）
佛山市浩文彩色印刷有限公司印刷
开本：787mm×960mm　1/16　印张：41.75　字数：725 千字
2005 年 10 月第 1 版　2017 年 7 月第 10 次印刷
印数：37 001～40 000 册
定价：56.00 元

总　序

由于社会的迫切需要，最近十余年我国心理学专业的学生和从业人员数量急剧增长，专门的心理学系和研究机构也从20世纪80年代末的十余个（所）发展到当前的百余个（所），不论在政治、经济、文化、教育、体育、管理、健康服务、社区服务、危机处理等领域，还是在学校、企业、医院、行政、司法、军队等部门都正发挥着巨大的功能，放射出耀眼的光芒。而从学科内部来看，当前不论国外还是国内的心理学研究均在迅速发展，各种新的理论和思想此起彼伏，各种新的研究、技术和方法不断涌现，使心理学各个领域在宏观的行为层面以及微观的脑基础层面都取得了丰富的新成果与长足进步，从而使心理学的面貌发生了极大的改变。

因此，为了反映当前国内外心理学各个领域的变化与发展，进一步深化高等院校心理学教学改革，加强心理学专业学生的理论素养以及能更好地培养适应新时期社会需要的实用技能与能力，促进我国心理学学科的进一步发展和建设，我们组织国内外心理学各领域有影响的专家、学者编写了这套反映当前心理学科发展和成果的“21世纪高校心理学教材”，其中包括《普通心理学》、《实验心理学》、《认知心理学》、《心理与教育统计》、《心理与教育测量》、《教育心理学》、《发展心理学》、《社会心理学》、《管理心理学》、《心理咨询与治疗》、《人格心理学》、《认知神经科学》、《西方心理学理论与流派》13部。

我们在编写本套教材时力图体现以下四个特色：

第一，科学性与实用性的结合。一方面，在内容的选择上，既确保知识的科学性、正确性，注重科学研究、科学数据对心理现象的说明作用，强调理性对感性的超越，同时，也注重科学原理对日常经验、生活事实的解释作用，体现教材内容对“活生生”社会、生活实际的实用性。另一方面，在材料的组织上，注意处理好学科科学性和教材科学性的关系，既强调学科体系的科学性、系统性、完整性，同时也从有利于学生学习的角度出发，注重学科的基本结构，注意把握学科体系与教材体系的关系，突出有利学生学习与掌握的实用性。

第二，前沿性与经典性的结合。虽然科学的心理学从冯特、詹姆斯等人到现在也不过只有一百二十余年的历史，但在这短短的一百二十余年中，心理学家们已从事过数不胜数的研究，获得了无法计量的数据和结果，生产了无法遍读的宏论或微言。因此，作为主要面向大学生的教材，我们需要，也只能在科学性、系统性的原则指导下，突出各领域的经典性研究、经典性方法与核心概念和原理，用经典或权威的研究、数据阐述学者们的核心思想与代表性研究。而由于最近十余年心理学界的研究和思想都正在和已经发生了巨大的变化，因此，本套教材在继承历史的基础上，更希望面向现在和未来，强调尽可能多地吸收和反映当前各学科领域的最新成果和进展，力图做到前沿与经典、历史与现在甚至未来相结合。

第三，国际化与本土化的结合。科学的心理学起源于欧洲，成长和壮大于北美，直到今天，欧美心理学仍在当今国际心理学界占据着主导地位。但中国国内外的华人心理学工作者在过去的近百年中，也在学习和借鉴西方心理学研究成果的基础上探索着自己的生存和发展之路，取得了不少重要和有影响的成果，尤其最近十余年，随着我国社会、民众对心理学的需要和重视，中国以及华人心理学工作者更是取得了不少令国际同仁刮目相看的新成就。因此，本套教材一方面注重较全面反映国际心理学各领域研究和发展的轨迹、前沿，同时也尽可能结合中国（华人）心理学界的研究与成果，注意反映中国及华人社会特有的心理现象与特点。

第四，学术性与易读性的结合。作为主要面向 21 世纪新时代大学生的教材，在编写过程中，我们既注重专业教材的学术性和科学性，同时也尽量顾及当代人学习和阅读的心理特点，不论在内容编选还是在写作风格、编排体例上，均强调教材的易读性、生动性和形象性，力图做到学术性与易读性的结合，希望使这套教材能成为一套教师认为好用、学生认为好学的专业教材。

本套教材作者来自国内外二十余所大学知名的心理学系或研究机构。各书的主编或著者大多是国内相关领域较有影响的专家和学者，在各自的领域从事过相当长时间的研究和高校教学工作，不少人先前编写的相应教材都是国内最有影响的教材，而其他作者也大多都在各自相应领域学有精专、有着相当丰富的高校教材编写经验。因此，我们期盼，在大家的精诚合作与努力下，这套教材将能以其独特、新颖的个性被社会悦纳，为我国心理学人才的培养和心理学事业的发展做出一定的贡献。

21 世纪高校心理学教材编委会

2004 年 8 月

前言

教育心理学作为一门重要的心理学分支学科已有近百年的历史，在教育心理学的百年历程中，教育心理学家进行了大量卓有成效的理论探讨和实验研究工作，使教育心理学从经验主义和行为主义取向的教育心理学转向认知取向的教育心理学，并正逐步迈向建构主义和整合取向的教育心理学，有关的著述相当丰富。就我国心理学工作者近年来所编著的教育心理学著作而言，就有多种版本，它们都从不同的角度介绍了教育心理学的基本内容，结构安排各有特色，各有所长。随着教育科学和心理科学以至整个近代科学技术的发展，教育心理学研究领域的不断扩大，出现和积累了大量新成果和新理论。为了适应教育实践发展的新需要，教育心理学的内容和范围就有必要扩充和调整，并应该及时把这些内容反映到教育心理学的内容中。

正是基于这种考虑，我们撰写了《教育心理学》这部教科书，试图吸纳教育心理学研究的最新成果，并对教育心理学的内容乃至结构体系有所革新，力求体现出以下三方面的特色：

第一，科学性。所有的教材都要求有科学性，然而，本教材的科学性要求，有其独特的内容。以往的教材所注重的科学性，是指教材内容必须正确、严密。我们认为，这方面固然重要，但仅限于此是不够的，根据心理学科的特点，心理学教材在科学性方面还要突出注意处理好两个关系。

首先是处理好科学研究与日常经验对于科学原理的说明作用的关系，纠正以往的教材中用日常经验、生活事实来阐明原理的倾向，注重超越经验。

心理学的研究对象是人，它是研究人的一般心理现象与规律的科学，而人的心理现象时时刻刻普遍存在于生活之中，人们可以随时感受到。正由于此，以往的心理学教材往往会用日常的生活经验来总结、归纳及说明心理学的原理与观点，其实这是不对的。任何一门自然科学学科，它的原理、定理主要不是来自日常经验的总结，而是来自科学实验。特别是现代自然科学的发展，日常经验对于科学原理的形成往往只是起到一种启动、促进作用，而直接导致科学原理的产生的则是科学的研究与实验，一旦科学原理或理论形成，才能对广泛的日常经验与事实做出说明与解释。也就是说，科学原理、结论直接来自于科学实验与研究，日常经验、生活事实是科学原理所要说明的对象，而不是导出科学原理、结论的依据本身。根据这个基本看法，本教材的编写，一是要注重用经典的、权威的心理学研究来阐明原理与观点，重视用科学研究的事实来阐述论证，超越日常经验。因此，在原理的阐述时，首先要比较准确、详细地引用得出该原理的经典的研究。同时，在引用经典的或权威的研究来阐述原理时要注意阐述整个研究过程，突出其研究的思路与研究方法，这样可以让学生在学习过程中感受与领会研究者的思维方式。二是要删去缺乏实验研究证据的、在理论体系中也没有重要意义的内容。鉴于心理学目前发展的现状，鉴于研究人的心理的难度，有的原理还缺乏实验研究的证据，不得不通过日常经验或思辨的方式来证明或阐明。对于这类缺乏实验证据的原理内容，如果它们对于整个理论体系无重要意义，本教材都予以放弃，以鲜明地体现教育心理学的实证科学特色。

其次，要处理好学科的科学性与教材的科学性的关系，注重根据学生掌握知识的规律来组织教材，注重以学科的基本结构组成教材内容，以利于学生把握心理学各学科的基本结构。心理学科还是一门年轻的科学，它还没有一个比较成熟的规范与体系，其新研究成果的层出不穷，经常造成对现存体系的突破。作为反映该学科研究成果现状的专著，应该尽可能将最新的研究成果吸收进去。然而，作为一门课的教材，它不仅要考虑其内容是否反映了该学科的研究成果，而且要考虑其内容的组织安排是否符合学生的学习心理规律，是否有利于学生的知识结构的形成。因此，要注重以学科基本结构组成教材内容，要注重体系的完整性与完形性，注重给予学习者序化的信息。这样，往往会出现原有的体系不能涵盖新的研究成果的矛盾。如果一概将新成果都收集进去，有时会由于原有体系无法安置某些新成果而导致整个系统凌乱，信息不够序化。我们认为，作为教材，尤其是作为发展还不成熟的学科的教材，所反映的成果相对滞后是不可避免的，当教材目前体系无法涵盖这个学科的一部分最新成果，而新的涵盖面更广之体系还没形成时，为了保证其信息的序化以利于学生的学习，就应该将部分无法包容的最新成果舍去。因此，本教材的原则是，在保证体系的完整性、完形性，保证系统的序化的前提下，尽可能多地反映心理学领域最新的研究成果。

第二，创新性。本教材力图不受原有条条框框的限制，敢于从实际出发进行创新。以往编写新的心理学教材时比较注重继承性，在体系与内容组织上一般按照最先编写的、较权威的一些教材，只不过在局部的问题上做些修改与补充一些新材料而已。我们认为，应该用辩证的、发展的眼光来看以往的教材及其体系。任何一个学科，都可以按不同的角度或方式将其研究成果与原理组织起来构成不同体系的教材，不同的体系不过是从不同的角度来组织该学科的成果与原理而已。要选哪一种角度或哪一种体系来组织学科的内容，关键要看哪一个角度能更清晰、更全面地反映出该学科的成果。心理学界一些权威的教材一般编得比较早，它们是根据当时该领域研究的发展状况来考虑及设计体系的，即使其体系非常恰当，也只是就当时而言。到了今天，教育心理学的研究已大大发展，原有的体系可能在局部上甚至总体上已不大适合目前的研究状况，在这种情况下，就应该实事求是，从实际状况出发，敢于打破旧框框，对教育心理学原有教材的体系及构架进行改动，在体系的构思、材料的组织、分析问题角度的选择、观点的提炼等方面大胆创新。当然，我们所提倡的是根据实际而创新，不是硬作标新，因此，要处理好创新与继承的关系，不能为新而新。我们要求，本教材凡有新的改动，尤其是重大的改动，一定要持之有据，并且改动之后能使教材的原理更清晰，更能反映新的研究成果，具有更强的解释效应，否则就不必改动。

第三，实用性。注重心理学的应用性，是当前我国心理学科发展的迫切要求，本教材的编写要鲜明地体现出应用性。根据心理学学科的特点，教材的实用性应主要着眼于消除学生掌握心理学知识与应用心理学知识的落差，也就是说，通过精心地设计教材，使学生在学习心理学知识的同时也懂得在实际中如何去应用。为了做到这一点，在本教材编写的过程中，首先，在体系的确立、材料的组织安排上，在保证能充分地反映学科的研究状况的前提下，注重与实际应用接轨。例如，关于知识的学习过程，有人将它分为“知识的理解”、“知识的保持”、“知识的迁移”与“知识的应用”等几个环节；有人将它分为“概念的学习”、“原理的学习”、“问题的解决”等几个方面；也有人把它分为动机、注意、编码、储存、提取、迁移、应用、反馈等阶段；如此等等，然后按照各自的分析来组织有关的成果材料。在这种情况下，我们就应该根据实用性的要求，选用与实际教学最接近的分析角度，据此来组织教材。这样可以使学生在学习掌握知识的同时易于与实际应用相联系。其次，在内容的取舍上，在保证让学生能把握学科的基本结构的前提下，注重突出应用性强的内容，减少或者浓缩应用性较弱的内容。最后，在阐述基本原理时注重对原理的应用做出指导，尤其注重介绍国内外关于该原理应用的研究。

概而言之，本教材编写的宗旨是，力图有利于学生掌握教育心理学领域的基本原理及各种理论流派的观点，深化对心理学基本知识与原理的掌握，领悟教育心理学有关原理的研究思路与方法技术，从而促进其心理学研究能力的提高，并且提高他们将教育心理学的基本原理运用到教育实践中的能力。

本书由莫雷教授组织编写，莫雷负责全书的结构和章节设定，并对全书进行修改审定。何先友、迟毓凯作为副主编协助莫雷完成全书的修改与审定工作。各章执笔人是：第一章绪论，由莫雷、冷英撰写；第二章教育与心理发展，由邹艳春撰写；第三章学习与学习理论概述、第四章联结派学习理论、第五章认知派学习理论、第六章其他派别的学习理论，由莫雷撰写；第七章知识的学习与教学，由陈筱洁撰写；第八章学习策略与培养，由陈俊、何先友撰写；第九章动作技能的获得，由张金桥撰写；第十章学习的迁移，由王穗苹撰写，第十一章智力与创造力的培养，由张卫撰写；第十二章品德的形成，由陈俊撰写；第十三章学生心理健康教育，由陈俊、莫雷撰写；第十四章学习动机与学习，由何先友撰写；第十五章认知因素与学习，由何先友、张金桥撰写；第十六章人格因素与学习，由邢强撰写；第十七章教学设计、第十八章课堂管理、第十九章教学评价与第二十章教师心理，由迟毓凯撰写。

本教材基本定位是高等师范院校心理专业、教育学专业本科生教育心理学教材；同时，由于国务院学位委员会办公室组织编写的同等学力人员申请硕士学位的《心理学学科综合水平全国统一考试大纲及指南》教育心理学部分委托莫雷教授编写，其内容和体系与本教材一致，因此，本教材也可以作为参加心理学学科综合水平全国统一考试同等学力人员的教育心理学参考书；此外，本教材也可作为各级师资培训和研修班的教材或广大教育工作者的自学用书。

目　录

第一编

第二编

第三编

第四编

第五编

第一编

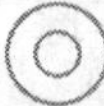

第一章 绪论

教育心理学作为一门独立的心理学分支学科，诞生于19世纪末20世纪初，至今虽然只经历百余年，但教育心理学的思想，早已孕育于历经千年的教育哲学思想之中。早在两千多年前，我国教育家和思想家孔子在《学记》中就已论及教育心理学的问题，如孔子在《论语》中说："温故而知新，可以为师矣。"（《为政》）在西方古希腊的柏拉图、亚里士多德等人的著述中也蕴含着丰富的教育心理学思想。19世纪的政治、经济和教育的发展，以及心理科学本身的发展；实验心理学的产生和心理测量运动的兴起，特别是"教育心理学化"运动，对教育心理学成为一门独立的学科产生了重要的影响，可以说是科学心理学与教育学的结合促成了教育心理学的正式诞生。那么，作为心理科学与教育科学交叉产物的教育心理学，自身的研究对象究竟是什么？学科体系和内容结构有哪些？学科性质如何？研究的方法有哪些？历经了怎样的历史发展过程？研究的现状与发展趋势如何？这些都是本章将要探讨的问题。

第一节　教育心理学的研究对象与内容

一、教育心理学的研究对象

教育是一种永恒的社会现象，它是根据一定社会的要求和受教育者身心发展的规律，由教育者对受教育者施予有目的、有计划、有系统的影响，以使受教育者发生预期变化的活动。任何人在社会生产和社会生活中都在不断地受教育。关于教育的重要作用，我国古代教育家早在两千多年前就有了比较深刻的认识，集儒家教育思想之大成的《学记》，开篇就指出：“玉不琢，不成器；人不学，不知道。是故古之王者，建国君民，教学为先。”捷克大教育家夸美纽斯（Johann Amos Comenius）也一针见血地指出：“假如要形成一个人，就必须由教育去形成”；“只有受过恰当教育之后，人才能成为一个人。”

按照马克思主义的观点，教育起源于社会的生产劳动，是人类社会所特有的现象。人一方面作为劳动者是生产力的重要因素，另一方面在某种意义上又是社会关系的总和，人从出生开始便进入一定的生产力和生产关系发展水平的社会之中，接受社会的影响，任何社会都要求其成员必须具有与当代生产力发展水平相适应的知识和能力，必须具有与当代生产关系相适应的思想观点与道德品质，必须具有与生产力和生产关系相适应的体能，新生一代只有具备这些条件才能适应社会生活，才能在此基础上进一步推动社会历史前进，而他们的知识与能力的获得，思想观点和道德品质的形成，体能的发展，主要是通过教育来实现的。人要成为真正意义的人，成为有社会价值的人，必须从小接受教育。

学校教育是一种有目的、有计划、有组织的培养人的工作，它可以有效地帮助年轻一代在较短的时间内成长。而教育和教学工作只有符合受教育者的生理、心理发展规律，才有可能取得良好的效果，教育心理学正是在这种客观需要的情况下孕育发展起来的。

那么，教育心理学的研究对象是什么呢？

当今世界上教育心理学教科书各式各样，近年来我国出版的教育心理学教科书就达十多种。由于各国的社会和文化背景不同，作者对教育的观点各异，因此，各书对教育心理学的对象和任务的看法不同，不仅在体系上，而且在内容上都有很大的差异。国外对教育心理学的研究对象的界定，如美国1971年出版的《教育百科全书》：“教育心理学是对教育过程中的行为的科学研究，实际上教育心理学通常被定义为主要涉及学校情境的学生的学与教的科学。”美国安德森（R. C. Anderson）和福斯特（G. W. Faust）所著的《教育心理学》一书的副标题是“教与学的科学”。美国林格伦（H. C. Lindgren）著的《教育心理学》认为教育心理学是研究教学和教育的心理学规律的科学。美国索里（J. M. Sawrey）和特尔福德（C. W. Telford）著的《教育心理学》认为教育心理学是心理学在教育领域中的应用，是一门应用学科，是一个知识的体系，而不是一门具有独特内容的学科。前苏联彼得罗夫斯基1972年主编的《年龄与教育心理学》认为教育心理学的研究对象是教学和教育的心理学规律。我国心理学工作者对教育心理学的研究对象也提出了自己的看法，如 1980 年出版的潘菽主编的《教育心理学》认为：“教育心理学的对象就是教育过程中的种种心理现象及其变化。”1999 年出版的普及本《中国大百科全书·心理学》认为：“教育心理学研究教育和教学过程中的种种心理现象及其变化，揭示在教育、教学影响下，受教育者学习和掌握知识、技能、发展智力和个性的心理规律；研究形成道德品质的心理特点，以及教育和心理发展的相互关系等。”

综上所述，教育心理学的研究对象是教育过程中的心理现象与规律，包括受教育者的各种心理现象及其变化和发展规律，以及教育者如何通过这些规律对受教育者进行有效的教育。这是一门介于教育科学和心理科学之间的学科。

我们可以从如下几个方面来理解教育心理学的研究对象。

第一，教育是人类培养新生一代的社会实践活动，它除了学校教育还包括家庭教育和社会教育。虽然这三种教育存在着一些共同的基本规律，但又有各自的特殊性。狭义的教育心理学不是研究一切教育领域中的心理现象，而应主要研究学校教育过程中的心理现象及其规律。

第二，从学习进程与教学过程的相互关系来看，学与教事实上是对同一过程不同角度的理解。学习进程侧重于学生内部的心理变化发展过程，而教学过程侧重于教师的教，表现为一种物质活动的外部过程，外部过程必须以内部过程为基础，又促进内部过程的不断发展；要研究教师该怎么教，首先就要理解学生是如何学，因此，学习心理是教育心理学的核心，教育心理学的研究对象首先必须是受教育者在教育条件下，思想品德、知识技能、智力与个性的习得与发展规律，在此基础上才能更好地组织教学内容或科学信息的传输，使教育手段的实施达到预先的目的，提高教育效率。

第三，教育过程包括师生双方的活动，学生既是教育的客体，又是教育的主体，教师的主导作用在于充分发挥客体的主观能动性。而在整个教育过程中，学生主观能动性的发挥又自始至终受到各种认知或非认知因素的影响，因此，教育心理学也要研究各种影响学生学习的因素，探讨它们形成、变化和发展的规律，以更好地帮助学生进行有效的学习，提高学习积极性。

第四，学校教育情境中的学生的学习不同于人类的一般学习，它是人类学习的一种特殊形式。学校情境中的学校教育的过程是教育者和受教育者互动的过程，既有学生的学，又有教师的教。师生双方为了实现教育目标而彼此接触，相互影响，相互制约，产生交互作用，引起双方心理活动和行为的改变，这种师生间的互动，也是教育心理学研究的一个方面。

二、教育心理学研究的内容

基于上述对教育心理学对象的理解，结合教育心理学学科研究的最新成果与发展趋势，联系当前我国教育实践的特点和深化教学改革的客观需要，教育心理学的内容应主要包括如下几方面：

（1）教育心理学学科概述，阐述学科性质、对象、任务、研究方法、发展历史等。

（2）学习理论，主要介绍学习的一般概念和国外有关学习的主要理论。

（3）学习的过程，阐述学生知识技能学习与迁移的心理过程及其教育，学生学习策略的学习过程及其培养，学生智力与创造力的发展过程及其培养，学生品德形成的心理过程及其教育，学生心理素质的形成及其培养等方面的问题。

（4）影响学习的因素，阐述学生的认知因素、动力因素、人格因素等对学习的影响。

（5）教学与管理，阐述在教育过程中如何根据学生心理特点与规律进行教学设计、课堂管理、教学评价，以及作为组织者和管理者的教师的心理。

本教材的基本体系按照以上内容分为五个部分：

第一部分是总论（第一至第二章），包括绪论（第一章）和教育与心理发展的理论（第二章）。

第二部分是学习的基本理论（第三至第六章），阐述各派学习理论。第三章是学习与学习理论的一般概述，第四章阐述联结派学习理论，第五章阐述认知派学习理论，第六章阐述其他派别的学习理论。

第三部分阐述各个领域的学习心理与教学（第七至第十三章），包括认知领域与行为领域的各种学习。认知领域的学习主要阐述知识的学习、学习策略的学习、动作技能的学习、智力与创造力的学习，其中第七章阐述知识学习过程，第八章阐述学习策略的学习与培养，第九章阐述动作技能的学习过程，第十章阐述学习迁移问题，第十一章阐述智力与创造力的培养。行为规范领域的学习主要阐述品德的学习与心理素质的学习，其中第十二章阐述品德的形成及其培养，第十三章阐述学生心理素质及其培养。

第四部分主要阐述影响学习的因素（第十四至第十六章），主要阐述影响学生学习过程的动力因素（第十四章）、认知因素（第十五章）与人格因素（第十六章）。

第五部分阐述教学心理学（第十七至第二十章），主要阐述根据学生心理特点如何进行教学设计（第十七章）、课堂教学与管理（第十八章）、教学评价（第十九章），以及作为教学的指导者的教师的心理特点（第二十章）。

三、教育心理学与邻近学科的关系

教育心理学是心理科学的一门独立分支，具有自己独特的研究对象和内容。但任何一门学科的存在又必然不是孤立的，而总是与多门学科相互交叉与渗透，教育心理学也是如此，从其研究对象和性质来看，教育心理学同教育学、普通心理学、儿童心理学等几个学科有比较密切的联系，也有明显的区别。

（一）教育心理学与教育学的关系

教育心理学与教育学有密不可分的关系，正是科学心理学与教育学的结合，才使得教育心理学在 20 世纪初正式诞生。从研究内容上看，教育学研究的是以教育事实为基础的教育中的一般问题，诸如教育的性质、目的，教育制度、原则，教育内容、方法和组织形式，学校领导与管理等方面的问题，其目的在于探索和揭示教育活动的规律，服务于教育实践。教育心理学则主要研究教育过程中的心理学问题，并利用这些研究所得到的心理学规律来指导教育。因此，尽管教育学与教育心理学涉及的都是教育领域，但两者研究的对象与任务是不同的。例如，教育学家根据一个国家所处的社会制度及一定的理论依据确定学校的教育目的，而教育心理学家则系统研究使教育目的得以实现的条件，并提供进一步完善教育目的建议，在这个过程中，教育学要经常利用教育心理学的研究成果，不断修正教育原则和实施方法，使之更具有科学性，因此，教育心理学也是教育学的基础学科之一。

教育心理学与教育学共同关心的课题包括教学的要素、教育与认知的关系、教育与发展的关系、师生在教学中的作用与地位以及教学方法、教学评估等方面的问题，但两者研究的侧重点是各不相同的，比如教育学研究教学方法，重在指出教学方法和效果间的关系，而教育心理学则着重揭示在具体的教学方法下，学生心理变化的过程。教育学与教育心理学在这些方面的研究中有互相交错的地方，也互有区别。不管是从事教育学研究或教育心理学研究，都必须具有一定的教育学和心理学知识。

（二）教育心理学与其他心理学分支的关系

心理科学的整个研究领域可以形象地比喻为一棵大树，这棵大树的树身是普通心理学，这是其他心理学分支的基础，在树身上端按照不同领域和不同主体可分出两支主干，除普通心理学外，所有的心理学科都可以作为分支归入这两支主干上。在按不同的研究领域分出的主干上，有教育心理学、犯罪心理学、生理心理学、变态心理学、管理心理学、民族心理学等分支。在按不同主体划分出的主干上，有儿童心理学、青少年心理学、老年心理学、妇女心理学、教师心理学等分支。由于领域是主体活动着的领域，主体是在领域中活动的主体，因此，这两条主干上的分支与分支之间也会有一些交叉，彼此相互渗透。

在整个心理学体系中，与教育心理学联系较为紧密的主要是普通心理学与发展心理学。

1. 教育心理学与普通心理学的关系

教育心理学与普通心理学的关系，可以认为是个性与共性的关系，普通心理学是教育心理学的基础，教育心理学是普通心理学原理、原则在某一特定领域的体现。

普通心理学研究一般人在日常生活中的心理现象，包括认知、情感、意志等心理过程的表现和发展规律。教育心理学则对教育工作更具针对性，与教育实践联系更为密切，它研究的是学生的心理现象在教育过程中的表现和发展规律，并用以指导教育和教学，从而提高其工作的效率。例如，普通心理学研究动机，主要是研究动机的一般特征、结构及其在日常生活中的表现等方面的问题，而教育心理学主要研究的是在学生学习过程中不同动机对学习效果的影响，并阐述如何对学习动机进行培养和激发。可见，尽管普通心理学的研究也要联系社会实践，对社会实践各个方面心理现象的共同规律进行总结概括，但它并不直接为某一特定的社会实践服务。教育心理学则不同，其研究成果具有特殊性，研究目的就是为教育实践服务。同时，教育心理学也以教育中特有的心理规律等知识补充和丰富普通心理学的内容。

2. 教育心理学与儿童心理学的关系

教育不能脱离儿童心理的发展状况，并且教育又是促进儿童心理发展的一个重要因素，因此，教育心理学与儿童心理学的关系甚为密切。

儿童心理学揭示儿童心理发展过程的特征与动态，它不仅研究儿童各年龄阶段的发展特征，也研究心理发展的动力以及遗传、环境等因素对发展的影响，从儿童生活的各个方面去概括儿童心理发展的理论。由于儿童心理学的对象大都处在教育的环境下，因而儿童心理学也要研究教育对发展的影响。但是在儿童心理学中，教育仅作为一个重要的影响因素，儿童心理学研究教育的重点并不在教本身，而是通过教的研究探讨儿童心理现象的发展变化特点。因此，儿童心理学的研究并不局限于教育范围，不局限于联系教育实际，它研究教育的着眼点是在于理解儿童的发展。

从另一方面来看，教育并非一个被动的过程，学生对教育的接受情况受制于学生原有的心理发展水平，因此，教育心理学的研究要利用儿童心理学的许多研究成果，如儿童的敏感期或关键期，儿童由一个年龄阶段到更高年龄阶段的总体规律等都成为教育心理学研究中要考虑的重要因素，并据此确定教育的可能性，但教育心理学还需要更深入地研究在不同的教育活动中，教育措施的安排怎样适应学生的特点，怎样最大限度地促进学生的心理发展等问题，从而直接为教育实践服务。

可见，教育心理学与儿童心理学是互相交叉、相互补充的，它们分别利用对方的有关理论探讨本领域的课题，发展自己的理论，同时也从自己方面丰富对方的内容，促进对方的发展。

第二节　教育心理学的起源与发展

一、早期的教育心理学思想

教育心理学的发展史，就是心理学与教育结合并逐步形成一个独立分支的历史。教育心理学正式成为一门学科的时间只有百年之久，但教育心理学的思想由来已久。

我国教育心理学思想起源很早，早在两千多年前，我国教育家和思想家，如孔子、孟子、荀子等在论述教育问题时，就具有一定的教育心理学思想。集儒家思想之大成的《学记》提出的许多教学原理，如“道而弗牵，强而弗抑，开而弗达”、“教学相长”等都闪耀着光辉的教育心理学思想。

孔子是我国古代一位伟大的教育家，他在长期教育、教学实践中，形成了对教育、教学过程中的认知、情感、意志和个性等方面丰富的教育心理学思想。例如，在认知方面，他重视探讨思维的启发，指出“不愤不启，不悱不发。举一隅不以三隅反，则不复也”，还提出“叩其两端而竭焉”的启发方法，认为要从正反两个方面提问，激发思考；在情感方面，孔子提倡好学、乐学的情境，他强调："知之者不如好之者，好之者不如乐之者"；他还强调立志，教导学生说："三军可夺帅也，匹夫不可夺志"；他对学生的性格、才能、志趣都有深刻的了解，针对学生的不同性格特点，采用不同的教育方法，如他在《论语·先进》中所说的："求也退，故进之；由也兼人，故退之。"这些思想在今天仍有较大的启发意义。孟子继承孔子的思想，重视学习的主动性和积极性，他说："君子深造之以道，欲其自得之也。自得之，则居之安；居之安，则资之深；资之深，则取之左右逢其原，故君子欲其自得之也。"（《离娄下》）荀子在《劝学篇》中也论述了学习心理的一些问题。

就西方古代教育哲学思想而言，柏拉图所主张的教学方法就已十分重视个别差异及教育目标，即谋求身心的均衡发展。亚里士多德所主张的顺应本性、培养习惯，启发心智等教育原则，都已成为现代教育心理学的重要观念。

18 世纪后期到 19 世纪末期心理科学诞生之前，近代资产阶级教育思想家，如捷克的夸美纽斯、瑞士的裴斯泰洛齐（J. H. Pestalozzi）、德国的赫尔巴特（J. H. Herbert）等，都非常重视在教育中运用心理学，并把心理学作为教育理论基础。夸美纽斯指出"只有通过教育才能成为人"，他第一次明确提出教育必须遵循自然的思想。裴斯泰洛齐从教育实践中探讨和研究儿童心理特点和规律，并和教育工作具体改革结合起来，提倡因能力施教。赫尔巴特是近代第一个提出把教学理论的研究建立在科学基础上的人，而他认为，这个科学基础就是心理学；他把教学过程分为明了、联想、系统、方法四阶段，这便是以后五段教学法的基础。实际上，这时候赫尔巴特已把教育学和心理学结合成为一个不可分割的统一体了。

二、教育心理学的创建

1877 年俄国教育家与心理学家卡普捷烈夫的《教育心理学》是第一部正式以教育心理学来命名的教育心理学著作。此后美国、日本陆续有把心理学知识运用于教育实际而写成的书。但在 1879 年冯特建立第一个心理学实验室之前，心理学刚从哲学中脱胎出来，还处于内省和经验主义的水平，在今天看来，那时的心理学还不是一门非常严格的科学。

对于教育心理学学科的建立起到关键作用的是冯特的心理学，尽管冯特并没有直接研究教育心理学，但他的实验室实验对教育心理学家据此创建教育心理学的方法有很大影响。20 世纪初，心理学由于采用自然科学的客观方法，研究工作取得了重大进展，其中冯特的许多门徒，如德国的莫依曼，瑞士的克拉巴莱德，美国的霍尔、卡特尔等都对教育心理学做出了自己的贡献。莫依曼已形成了一切教育都应根据儿童的发展阶段来实施的思想，在他所著的《实验教育学入门讲义》（1907—1908）里，他列举了实验教育学研究课题的七个领域，几乎囊括了今日教育心理学的全部课题。

在美国，詹姆斯（W. James）则致力于将心理学引进教育领域，在他的名著《与教师的谈话》中，他指出通过观察提问以及与学生交换意见可获得有关学生诸如观念、兴趣情感和价值观等方面的知识，并以此可以改进学校的教学质量。这种观点为促进心理学原理转化为教学原理发挥了相当重要的作用。杜威是美国著名的教育家、哲学家，他极力将心理学的研究应用于教育问题，几乎花了毕生精力构思和宣传他对教育的看法，倡导了儿童中心运动，使教育工作者认识到心理学对教育的意义。这些人虽然都不是教育心理学家，但他们的思想的著述都直接或间接促进了美国教育心理学的发展。

真正使教育心理学成为一门独立学科的人是桑代克（E. L. Thorndike），他是美国教育心理学的奠基人。从 1896 年起，他开始从事动物的学习研究，后来又研究了人类的学习和测量，依据这些研究材料，他在 1903 年著成《教育心理学》一书，后又在 1904 年扩充为三卷本的《教育心理学大纲》，内容包括《人的本性》、《学习心理》、《个性差异及其测量》，这是世界上公认的最早的、比较科学而又系统的教育心理学专著。西方教育心理学的名称和体系由此而开始确立。桑代克认为教育心理学是因教育需要而产生的，其研究是以了解人性及改变人性从而实现教育目的为取向的。20 世纪 20 年代，美国所兴起的教育科学运动，在理论基础上就是受桑代克此种思想的影响而产生的。桑代克的教育心理学思想，虽有机械化和简单化的倾向，但与单纯用内省和思辨方法去解决教育心理学问题的形式相比已有了本质的区别，他的影响持续了相当长的时间。

三、教育心理学的发展

从 20 世纪 20 年代到 50 年代末是教育心理学的发展时期。20 年代和 30 年代，西方教育心理学吸取了儿童心理学和心理测验方面的成果，并把学科心理作为自己的组成部分，大大扩充了自身的内容。以后，教育心理学则转入各种不同学派学习理论之间的论争。其中，行为主义、联结主义和格式塔心理学的理论占有优势地位。到40年代，弗洛伊德的精神分析学派使教育心理学开始重视潜意识和意识问题的研究，重视情感在教育和教学过程中的作用，使得儿童的个人与社会适应以及心理卫生问题进入教育心理学领域。但在第二次世界大战期间，心理学家由于客观现实的需要而转向注意实际应用，战后才重新开始从事有关教育的心理学研究。50年代，程序教学和机器教学开始兴起，同时信息论的思想为许多心理学家所接受，这些成果也都影响和改变了教育心理学的内容。

在苏联，20世纪二三十年代，西方儿童心理学和教育心理学的一些著作被介绍到俄国之后，引起心理学家们对教育心理学对象、任务与研究方法等问题的热烈讨论。当时影响较大的有维果茨基、聂恰耶夫、鲁宾斯坦、布隆斯基等人。例如，维果茨基极力主张把教育心理学作为一门独立学科进行研究。聂恰耶夫提倡用实验心理学的方法研究和解决教育问题。鲁宾斯坦则主张在儿童具体活动中去研究心理现象。这些思想为苏联教育心理学的发展奠定了理论基础。但二三十年代，苏联的教育心理学进展相对还是较为迟缓，局限于从现成的心理学知识去解释各种教育原理。直到四五十年代，苏联教育心理学才有了较大的发展，重视结合教学和教育实际进行综合研究，并采用自然实验法和教师的经验总结，着重探讨如何依据科学心理学组织教学过程及在儿童活动中和教育条件下研究心理的变化和发展的规律。这段时间，他们在学科心理知识掌握方面研究成果较多，但对教育心理学的理论探索有所忽视，且对西方教育心理学理论存在简单而粗暴地全面否定的倾向。

我国科学教育心理学起步较晚，解放以前主要是翻译西方的著作，介绍西方有关的学说和研究方法，也做了一些学科心理方面的研究，但这些方面的工作在观点和方法上大都因袭西方，比较具有我国特点的是关于语言心理的研究工作。到20世纪50年代新中国建立之初，我国研究者进行的工作主要是根据马克思列宁主义原理的方法对旧教育心理学进行改造，同时，结合教育改革，对一些入学年龄、学科教改、学前教育的心理学问题做了一定的研究工作，这些都对我国教育事业和教育心理学的发展起了一定的作用。

从20世纪20年代到50年代末期，教育心理学的发展有如下特点：

（一）内容庞杂，没有独立的理论体系

20世纪二三十年代以来，各类有关教育心理学的书籍十分庞杂，仅以美国为例，美国每年出版的教育心理学教本和教育心理学文选之类的书籍有上百种之多，每本书主题内容均不一样。有人对各个不同时期的许多教育心理学专著进行分析，发现仅在对“教育心理学”所下的定义上，就出现分歧现象。多数专著并未针对教育心理学的特征标示出它的角色功能，也未强调教育心理学与学校目的之间的关系，有许多教育心理学专著将这个学科视为“心理学原理在教育上的应用”，这几乎成了当时一般人的共识，正是这种共识导致了对教育心理学自身理论建构的忽略，使教育心理学的发展失去了独立性。另外，教育心理学广泛采取其他学科的知识，虽然充实了本学科的内涵，但其他学科的心理学知识却是在理论纷争方法殊异的情境中所获得的，并且多数已逐渐发展成为独立的学科，因而，教育心理学难免不与这些学科重复。同时由于教育心理学本身没有严格的理论体系，当其他的内容扩充时，便显得非常庞杂。

（二）对人类高级心理活动研究少，对教育实践作用不大

20 世纪 30 年代至 50 年代末的一段时间，正是行为主义心理学盛行的时期，以斯金纳为代表的行为主义心理学派强调心理学的客观研究，它根据动物实验获得的学习理论，将人类一切复杂行为简化为 S—R 关系的联结来解释，并在教学上强调外在环境控制及机械式的后效强化原则。尽管行为主义的研究在揭示动物心理、人的低级心理以及发展研究技术方面做出了贡献，但它回避研究人的高级认识过程，也忽视了教育过程中人教人，人感化人的情感因素，结果对教学实践的作用并不大。另外，尽管这个时期的教育心理学已广泛运用心理测量和统计以揭示学生的个别差异和学习结果，但由于忽视了对个别差异和学习结果成因的探究，对教学实践也仍然难以起到实际作用。

四、教育心理学的理论建设与发展趋向

20 世纪 60 年代以后，是教育心理学的理论建设时期。60 年代初，西方由于人本主义心理学和认知心理学逐步兴起的影响，许多心理学家重新开始重视人性，关注人类的课堂学习的研究。由布鲁纳（J. S. Bruner）发起的课程改革运动将面向教育实际的研究推向高潮。尽管由于教材难度大，教师适应与训练不易及社会性支持不够等原因而未获得预期效果，但这个运动仍有其一定的启发性和吸引力。70 年代，奥苏贝尔在批判行为主义将人类的学习简单化的倾向之后，以认知心理学的观点系统阐述了有意义学习的条件、意义的获得与保持的进程；而加涅则系统总结了已有的学习研究成果，对人类的学习进行系统分类，并阐明了不同类型学习的内部与外部条件，这两个学习理论为建立系统的教育心理学理论奠定了重要的基础。之后，西方教育心理学发展的趋势，逐渐转向教育过程中学生心理的探讨，并重视教学

手段的改进，比如对程序教学或计算机辅助教学（CAI）进行积极研究和改进。由于科学的发展和知识的不断更新，自学成为社会的普遍需要，特别随着计算机的普及，计算机辅助教学越来越受到人们的重视，因此，这方面的研究呈现欣欣向荣的局面。

苏联的教育心理学在20世纪50年代末也开始出现了一些重大的变化。首先是教育心理学问题的探讨同学校教学相结合，促进了苏联教育的改革，比较著名的是赞可夫改革传统小学教学体制的实验教学。其次在理论思想上也较先前活跃，对于学习活动的结构、学习的类型、学习动机、迁移和智力活动等理论问题探讨较多，代表性的有列昂节夫、加里培林等的研究。另外，对西方尤其是美国教育心理学的态度也有明显的变化，对智力测验和心理诊断学的意义作了重新估价，并把儿童心理学和教育心理学两门学科结合了起来。

我国于1962年成立中国心理学会教育心理学专业委员会，具体领导教育心理学的研究工作，大大推动了我国教育心理学的研究向纵深发展。1963年由我国著名心理学家潘菽主编的《教育心理学》讨论稿出版，全国各师范院校相继开设《教育心理学》课程。不幸的是，“文化大革命”期间，我国的心理学研究工作几乎完全停顿，直到1976年粉碎“四人帮”后，才得以恢复和发展。目前，我国教育心理学研究队伍不断扩大，研究课题逐渐开展，如学习心理问题、教育心理学基本理论问题、品德心理学问题、学科心理学问题、教师心理问题以及课堂教学心理等等方面都取得了若干成就。但同一些发达国家相比，当前我国教育心理学仍存在着一定差距，主要表现在专业队伍较小、设备条件较差，对教育实践中的心理学问题缺乏大规模的系统研究，取得的成果不多、研究经费不足等问题，这一切都对我国的教育心理学研究者提出了更高的要求和更严峻的挑战。

综观全球，从20世纪60年代开始，国际教育心理学发展呈现如下趋向：

（一）内容趋于集中

20世纪60年代后，尽管每年出版的教科书仍旧多种多样，林林总总不下百种，但其内容日趋集中，主要围绕有效地学和有效地教来组织，对两个方面各有侧重，有的以教为主线，有的以学为主线，也有两者并重的。但有几个方面的问题似乎是大多数公认须研究的，如教育与心理学发展的关系，教与学的心理，包括学习理论、学习动机、个别差异、智力测验、成绩评定、课堂管理与纪律、教育中的社会因素、教师心理等几个方面的问题，从这些问题来看，教育心理学中与教和学直接有关的内容更为丰富，而关系不大的内容则逐渐删去，教育心理学越来越有自己独立、系统的学科体系。

（二）各派的分歧日趋缩小

教育心理学的理论和派别，基本上可以分为行为派、认知派和人本主义学派。随着研究的逐步加深，越来越多的研究者认识到，多种理论和假说的并存是一门科学发展的必然。由于不同研究者处于不同的地域、时代，有不同的文化传统、理论修养，采用不同的观察手段和研究方法，他们会从不同的角度观察，从不同层次剖析极其复杂的心理现象，这必然会造成认识上的差异，形成不同的理论和假说。以教育心理学中认知派与行为派的理论为例，尽管两种学习理论从表面看分歧很大，然而如果以学习的简繁等级的观点来衡量，两派的理论并非对立，而是阶梯的两端：行为派的联结主义是学习阶梯的低级一端，而认知发展说则是学习阶梯的高级一端。目前，双方都在互相吸取对方合理的东西，绝对的行为派或绝对的认知派已经很少见了。

（三）注重学校教育实践

20世纪60年代以后，教育心理学的发展趋势是越来越注重为学校教育实践服务，教育心理学家们越来越多地研究环境、社会阶级、文化背景、师生关系、集体等因素对人的学习的影响，并力图把研究同教育、教学的实际问题联系起来。例如，布鲁纳的“发现教学法”、赞可夫的“教学论三原则”，乃至各种现代化教学技术运用中心理学问题的研究都在教育实践中产生了很大的影响。

从20世纪90年代以来，教育心理学大量研究课题从传统的纯理论研究向综合性的应用项目发展，研究重点日益转移到教学实际中的各种问题，特别是为教学方案设计和计算机辅助教学的程序设计提供心理学原则和依据。此外，有关认知策略、元认知和知识最优化等基础研究课题，也与学生阅读理解、学科心理、技能培养、教学设计、教育评价等应用性研究课题结合起来，在应用研究上呈现异常广阔的前景。

第三节　教育心理学的性质与意义

一、教育心理学的性质

任何一门学科的性质都是与其研究对象密不可分的，研究对象规定学科的体系并决定这门学科的性质特点。教育心理学研究的对象是教育过程中学生的各种心理现象及其变化规律，并根据这些规律研究如何有效地学与教，从这个定义出发，教育心理学应该是一门基础研究和应用研究并重的学科。教育心理学作为心理学的分支学科具有较强的理论性，作为指导教育实践活动的学科又具有极为鲜明的实践性与应用性。

早在教育心理学创建之初，许多研究者将教育心理学定义为是心理学在教育领域中的应用，这种观点的影响一直持续到现在，目前仍有许多研究者把教育心理学当作一门纯应用学科，强调教育心理学的应用性研究。教育心理学这门学科具有应用性，这一点是确切无疑的，因为研究教育心理学的目的就是要为教育寻找心理学依据，指导如何才能更有效地教，但是，对应用性研究的重视并不意味着可以忽视理论探讨，如果过急地使新的应用脱离它的理论基础，那么这种应用就会变得极为肤浅而宣告夭折，同时理论也得不到提高。通过适当的环节使应用与理论保持联系，这将有助于互相修正，互相补充，这样，无论是应用的失误和局限，还是理论的失误和局限，都能被及时发现，并得以纠正。尤其是教育心理学这门学科，如果没有理论的指导，任何教学实验研究充其量也只能是一些零散的工作经验总结，在教育上应用的贡献也就难以得到肯定。

由于历来都偏于注重应用研究而忽略对学科理论体系的探索，教育心理学逐渐失去个性，或者附属于心理学，或者附属于教育学，致使学科的发展陷入困境，只能等待一般心理学理论的建立或借用其他学科研究的成果。可以说目前教育心理学体系凌乱、内容庞杂的缺陷和不足，正是长期以来对理论研究与探讨的忽视的结果。

事实上，目前涉及教育领域的许多研究已经很难确切区分是基础理论研究还是应用研究，许多研究既有助于实际应用，又有助于发展基础理论。例如，有关人的知识习得和智力技能形成的研究，不但有助于从理解和改进教学实践的尝试中进行理论总结，促进学习理论的发展，同时又是面向教育实际问题的研究。可见，在教育心理学中，理论研究与应用研究是密不可分的，基础理论研究对应用研究有很大的促进作用，而在进行各种应用性研究过程中又要注意对其研究结果进行总结，概括出一些基本原理并上升为教育心理学的基本理论，只有基础理论研究与应用性研究并重，并通过教学等多种媒介和桥梁使理论和应用之间不断接触，教育心理学才能建立起较为稳定的体系，促使自身不断地发展。

二、教育心理学的意义

从教育心理学的定义来看，教学心理学的所有研究基本围绕两个问题，一方面是研究学生学的基本规律，另一方面是阐明教师如何有效地教，这两个问题，一个侧重于理论探索，另一个侧重于实践的应用，开展教育心理学研究的意义，从这两个方面都可以得到体现。

（一）教育心理学的研究有助于促进整个心理科学的发展

教育心理学研究的成果，解释了在教育或教学情境下，学习者的学习、记忆、保持、迁移、问题解决以及学习者在这些过程中所表现出来的行为特征，这些为心理科学的发展和完善提供了丰富的材料和确切的证据，是对心理科学理论的极大丰富。同时，教育心理学在研究解决教育实践中的心理学问题的过程中，也不断促进了心理科学走向应用。因此，教育心理学的研究对于心理学科的发展起到重要的促进作用。

（二）教育心理学的研究对教育实践有重要的指导意义

1. 有助于提高教育、教学工作的质量与效率

教育心理学分析教育实践过程中各种心理现象及其规律性，比如学生道德品质与良好性格形成的心理规律，学生年龄特征和个别差异的教育问题，学生学习掌握知识、技能、发展智力的心理规律等问题，阐明了学生心理特点和各种教育措施对学生心理发展的不同影响和作用，从而揭示出学生心理发展与教育的依存关系，使整个学校教育工作建立在心理学科学理论的基础上，使教育和教学工作的开展有据可依，有助于提高工作质量。

随着现代科学技术的发展与知识的更新，学生在有限的时间内需要学习的东西越来越多，如何引导学生进行有效的学习成为现代教育的热点问题。教育心理学的研究提供了合理组织教学的心理学依据，掌握了教育心理学，有助于中小学教师正确组织教学工作，选择有效的教学方法，采用现代化的教学手段与途径，从而有效地提高教学效率。

2. 有助于帮助教育者更新教育观念，提高自我教育的能力

我国的教育制度，将“五育”即德、智、体、美、劳列为学校教育的目的，旨在使学生全面发展，但从学校的实际工作来看，现行的中小学教育，与以往相比，普遍面临三大难题：首先，由于教育的普及造成班级人数的增加，统一形式的教学难以实施因材施教，致使学习困难的学生有所增加；其次，学校也会受社会各种不良风气的污染、冲击，难以保持教育环境的纯洁性；第三，许多学校片面追求升学率，学校教育为准备统考而偏重偏

废，导致学生在心理发展上兴趣与性格的狭窄化。这些问题向中小学教育提出了挑战，教育必须改革，教育观念必须更新，这是我国社会主义建设事业对当前教育现状的要求。在这种形势下，学校教育向教师提出了更高的要求，首先体现在教师教育观念的更新上，教育心理学的研究成果可以为更新教育观念提供有力的支持。随着教育改革的不断深化，教师自身的能力也需要不断提高。一个称职的教师至少应具备三个条件：有任教某门学科的专门知识，有了解学生个体发展的心理需求及学习原理等心理学专长，有将学科知识与学生心理特征两者灵活运用于教学的修养。教育心理学能帮助教师提高这几方面的能力，并为教师提供一些新的观点去分析或解决教育、教学中的问题，使教育改革的深化收到真正的实效。同时，教育者根据教育心理学的理论和研究成果，可以正确地评价自己，加强自我教育、自我修养，使自己成为一名优秀的人民教师。

第四节　教育心理学研究的基本原则与方法

一、教育心理学研究的指导思想和基本原则

作为一种科学的研究工作，教育心理学的研究从设计、材料收集、数据处理到作出结论都必须有正确的指导思想，遵循科学研究的基本原则，并采取科学的方法和态度，才能保证研究的科学性。

教育心理学研究的指导思想与其他心理学分支一样，都是辩证唯物主义。辩证唯物主义中关于普遍联系、动态发展、矛盾统一以及质量互变等基本观点对开展教育心理学的研究都起重要的指导作用。

普通心理学研究的基本原则，如客观性原则、实践性原则、矛盾性原则、理论与实践相结合的原则等等，也都是教育心理学研究中应该遵循的基本原则。

针对教育心理学研究对象的特殊性，在进行研究时尤其应注意贯彻下列原则：

（一）客观性原则

客观性是任何科学及其研究都必须遵循的原则。教育心理学的研究工作和其他科学研究工作一样必须具有严肃性和严密性，必须遵守客观性原则。

所谓客观性原则是指研究者对待客观事实要采取实事求是的态度，从客观事实出发，如实地反映心理现象的本来面目，既不能歪曲事实，也不能主观臆测。教育心理学的研究过程，尤其在实验设计、材料收集上要注意尊重客观事实，坚持实事求是的科学态度，如实地记录外部刺激和被试的肌体反应、行为表现和口语报告等，从心理现象所依存的客观条件和外部活动表现去揭示规律；从客观事实到研究结论的推论也要建立在逻辑规则上，要注意全面分析，不可任意取舍，凭一时一事来下结论。

（二）系统性原则

系统性原则，就是要坚持整体系统的观点，多层次、多侧面进行研究，不能孤立、片面、割裂式地看问题。系统性原则是教育心理学研究应遵循的重要原则之一，它要求研究者不仅要将研究对象放在有组织的系统中进行考察，而且要运用系统的方法，从系统的不同层次、不同侧面来分析研究对象与各系统、要素的关系，对各种心理现象及其形成的因素之间相互作用的关系进行整合的研究。另外，把事物分解为要素和把事物间相互关联的要素组成系统的统一整体，是任何科学深入认识事物本质的有力手段，没有分析就没有综合，没有综合也就无从揭示心理现象形成和发展的规律，在教育心理学研究中坚持系统性原则，也必须注意做到分析与综合相结合，从而准确地揭示研究对象的本质与规律。

（三）理论联系实际的原则

与心理学其他分支一样，在教育心理学的研究中，理论与实践是辩证的统一。实践是理论的源泉，也是检验理论正确与否的唯一标准；而理论指导实践，服务于实践，并在实践中不断发展。这种理论来源于实践，又在实践中得到发展的原则对教育心理学尤其有重要意义。教育心理学的任务是揭示儿童和青少年形成心理特性和道德品质，掌握知识和技能，以及发展智力和体力的心理活动规律，为提高教育和教学质量提供心理学依据，其研究课题从教育实践中来，研究成果要服务于教育实践，如果一种教育心理学的理论不能应用于教育实践、不能指导教育，这种理论就没有生命力。教育心理学的理论只有在实践应用中才能得到检验、修正和发展。因此，教育心理学研究必须和教育实践密切结合，保证研究工作的实际效用。

（四）教育性原则

教育心理学的研究应注意贯彻教育性原则，也就是说，研究者进行研究要符合学生身心发展规律，具有教育意义，有利于学生的正常发展，一切不利于学生身心健康的研究都是不允许的，这是进行教育心理学研究不容违背的原则。教育心理学的首要任务是为教育实践服务，研究学生的心理是为更好地教育学生提供理论依据，而不是为了研究而研究，因此，在进行研究时不仅要考虑课题实际上的教育意义，使其结果有助于教学和教育质量的提高，有助于学生良好道德品质的培养和知识与技能的形成，而且整个研究方案的实施过程也要考虑对学生是否有良好的教育影响，绝不能做有害学生身心健康的研究，不能给学生留下难以弥补的心理创伤。

二、教育心理学研究的主要方法

心理学研究的具体方法种类繁多，且随着指导方法论和现代科学的发展而处在不断发展变化当中。按照研究是否对研究变量进行控制或操纵，可将心理学研究分为实验研究和非实验研究。实验研究是指在对变量进行控制的情况下研究心理现象的变化，从而确立变量之间关系的研究类型。按照研究进行的背景，实验又可分为实验室实验和自然实验（又称现场实验）。非实验研究是指对变量不加控制而收集被试有关情况的研究，这种方法包括观察法、调查法（又包含访谈法、问卷法等方法）、测验法、文献法等等，这些方法基本上也都适用于教育心理学。由于教育心理学在研究时要特别注意使研究情境与教育实际情况相符合，并根据教育实践综合考虑其中各方面的心理现象，因此，上述某些实验方法，如自然实验法，在教育心理学中应用较广，而另一些方法诸如实验室实验等方法，则多与其他方法结合，以便相互补充，互相印证。

综上所述，教育心理学的研究方法，最主要的有下面几种：

（一）教育心理实验

教育心理实验是自然实验法的一种重要形式，这是一种把儿童与青少年心理研究跟一定的教育和教学过程结合起来，从而研究他们在一定的教育和教学过程影响下某些心理活动形成、发展和变化的规律的一种研究方法。实际上，这是一种在日常生活、工作、学习等活动的情况下，对某些事件加以控制和改变而进行的有目的的观察。由于教育心理实验既是主动创设条件，又是在日常生活中进行，它包含了观察法和实验法的优点，因此，它是教育心理学最主要的一种研究方法。

运用教育心理实验法进行研究时比较生动和自然，所得的结果也较切合实际，富有真实性，容易将研究成果付诸实际，同时它可以扩大被试的数量，在统计上获得比较可靠的结论，并且由于这种方法不受实验室条件的限制，研究工作开展得较为方便和灵活。

在教育心理实验中既要注意控制各种变量，又要保持现场的自然性，才能同时保证研究的内部效度，因此研究者在实验进行之前首先要有明确的课题和对研究步骤的具体设想，对研究的整个过程和实验过程中被试的行为有所预见。由于自然状态下变量非常繁多，关系极其复杂，研究者可能会发现实验前未曾预料到的问题，这时就要善于及时修正研究方案，调整研究程序。另外，教育心理研究的被试取样，也要注意避免造成研究现场人员的变动，以免破坏研究实施的自然性。在结果分析上，要力求客观、注重整体，研究结果要反复回到实践中验证。

教育心理实验法在教育心理研究中有广泛的应用范围，可应用于研究学生知识、技能的学习过程、道德品质的形成过程以及影响教学效果的因素等许多方面的问题。比如研究教育方法与教学效果的关系，由于需要较长的周期和自然的环境，同时研究者也不能对被试进行随机分组，所以只能使用教育心理实验法。这个实验可以在正常的教学情况下设置一定的实验组和控制组，在实验组中改变教学方法而使教材及其他条件不变，然后比较学生学习效果的差异。

（二）观察法

观察是任何科学研究的基础，是收集人的各种心理活动及其规律变化的各种事实、材料的基本途径。在教育心理学中，所谓观察法，是指在教育过程中研究者通过感官或借助一定的科学仪器，有目的、有计划地考察和描述个体某种心理活动的表现或行为变化，从而收集研究资料。

观察法是教育心理学研究最基本、最普遍的方法，在教育过程中观察学生的行为可以获得多方面、生动直观的资料，例如，在教育教学过程中，研究者可以通过学生在课堂上的表现了解学生学习困难之所在，作为进一步分析产生学习困难的原因的基础；可以通过观察教师提问及学生的回答情况，分析师生相互作用的模式，并作为辅导学生与调整教学方案的参考。

观察法可以分为许多类型。根据观察时对被观察者有无人为控制和操纵，观察法又有实验观察法和自然观察法之分；根据观察是否借助有关仪器，可以分为直接观察法和间接观察法；根据观察者是否直接参与被观察者的活动，可以分为参与观察法和非参与观察法，等等。

目前，随着科学技术的发展，观察法吸取了情报学、控制论、系统论等现代科学思想，采用录像、录音、摄影、电子计算机等现代技术手段，观察技术和策略不断提高，从而使观察法收集的资料比较客观、全面而准确。但是由于观察材料的质量在很大程度上受观察者本人的能力水平、心理因素的影响，主观性相对较强，并且应用观察法只能了解某些心理活动的外部表现，因此观察法的应用要注意与其他实验方法综合进行，以增强其科学性。

为了使观察更为客观、准确，研究者在实施观察法时要着重注意三个方面的问题：

第一，在观察前要有明确的目的和周详的计划。这是观察前的设计工作，具体包括三个步骤：其一是确定观察内容。例如，要研究小学生课堂注意的特点，就需要考虑选择什么样的学校、哪个年级、什么类型的课等问题。其二是选择观察方式。如前所述，观察法有许多类型，应根据观察目的和观察条件，选择最适宜的方式进行观察，以便获得最可靠的观察数据。其三是制作观察记录表。观察记录表直接影响观察数据的获得，观察前应制定详细的记录表。

第二，观察中的记录要详细、准确、客观，尽量避免掺杂观察者自己的希望与偏见，这常常需要一定的专门训练。此外，对同一类的行为，要尽可能做多次重复观察，尽量减少偶然因素的影响。

第三，观察后要及时对观察情况进行总结，将观察结果明晰化，避免由于时间关系而遗忘某些重要的观察细节，丢失宝贵的观察数据。

（三）调查法

观察法收集到的资料通常是观察对象的外显行为表现，要进一步了解这些行为的心理原因以及内部心理过程就需要结合其他的方法，对于教育心理研究，调查法是常用的方法，通过它收集到的数据既有一般的事实资料，又有所需的心理资料。

调查法是通过各种途径，间接了解被试心理活动的一种研究方法。调查法总体上易于进行，但由于调查的过程中往往会由于被调查者记忆不够准确等原因使调查结果的可靠性受到影响。调查的可能方法与途径多种多样，在教育心理学的研究中，最常用的调查方法主要有问卷法、访谈法与教学经验总结法等几种，下面一一作简要的介绍。

1. 问卷法

问卷法是采用书面问答的方式，要求被试回答研究者提出的问题，以获得被试心理和行为表现的资料的方法。

问卷法也有许多种类，根据被试的数量，可以分为集体问卷法和个别问卷法；根据问卷内容是否有统一的设计和一定的结构，可以分为结构问卷法和非结构问卷法；根据问题的回答方式，可以分为开放式问卷法和封闭式问卷法；根据问卷的回收形式，可以分为当面问卷法和通讯问卷法，等等。

问卷法有许多优点，主要是简便易行，节省时间、经费和人力，能获得大量研究资料，标准化程度较高，便于进行定性和定量分析，是教育心理学常用的方法。但问卷的回收率、质量往往难以保证，有时不能反映被试的及时心理变化，被试还可能隐藏自己的真实想法，且对被试的文化水平有一定要求，使用时要特别注意其适用范围。

运用问卷法进行研究，要注意如下几个问题：(1) 问卷指导语要简洁诚恳，清晰明了；(2) 问卷内容应生动有趣，回答方式简单扼要；(3) 问卷题目用语应避免表露研究者期待的答案；(4) 问卷不宜过多、过长，排列要合理有序；(5) 在问卷中应加入一些探测项目，了解被试的回答是否真实；(6) 问卷材料的选择要严格和客观，要考虑问题回答的分类和编码记分问题，在正式施测前，一般要通过预测进行信度与效度的检验。

2. 访谈法

访谈法是通过与研究对象或与研究对象有关的人进行口头交谈的方式来收集研究资料的一种方法。

访谈法可以根据不同的标准划分为不同的种类。根据访谈时是否借助一定的中介物，可以分为直接访谈和间接访谈；根据访谈内容和过程有无统一的设计要求和结构，可以分为结构访谈和非结构访谈；根据访谈对象的特点，可以分为一般访谈和特殊访谈。在教育心理学中访谈法的实施可能是多种多样的，如可以采取家访的方式了解学生平时在家中的情况；可由研究者提出与研究课题有关的问题，要求教育工作者、家长、学生本人或其他人口头回答。与观察法、问卷法不同，在整个访谈过程中，访谈者不仅通过提问方式作用于被访谈者，被访谈者也会通过回答等方式反作用于访谈者，因此，在访谈法中，访谈者应努力掌握访谈过程的主动权，积极影响被访谈者，尽可能使他们按预定计划回答问题。

访谈法适用于一切具有口头表达能力的不同文化程度的访谈对象，适用范围广，能灵活而有针对性地开展资料收集工作，可以较详尽、真实、确凿地了解被试心理发展的具体表现和有关细节，有经验的访谈者还可根据一些非言语信息判断对象回答问题的可靠性，或根据对象的知识水平灵活变换提问方式，及时控制谈话方向，这是其他方法难以做到的。但访谈法费时、费力、费财，结果的准确可靠性很大程度受研究者素质的影响，还可能受到环境、时间和访谈对象特点的限制，研究资料也难以量化，因此应多与其他方法结合进行。

3. 教学经验总结法

教学经验总结法是教育心理学一个重要的研究方法，它是指教育工作者从心理学的角度对自己或他人的工作经验进行总结。

教育工作者尤其是广大教师们在教学实践中常常会提供和创新教学方法，用新教材做实验，在这个过程中，他们积累了丰富的教学经验，并且提出一些值得研究的教育心理学问题。尽管教师在日常工作中并非有意识地运用心理学规律，然而很多富有创新精神的教学方法，往往被证实为有着坚实的心理学依据，通过心理学工作者与教育工作者对教育经验的共同总结，并在教育实践中加以推广，常常能产生良好的教学效果。运用教育经验总结法，研究者在收集教学经验时的要求和上述问卷法和访谈法相似。这种方法的使用效果与教师自身的理论修养水平关系密切，教师的理论修养水平越高，就越有可能总结出教育心理学的规律；教师的理论修养水平不高，就可能就现象谈现象，不能上升到一定的理论高度，超越不了日常经验，不能在教育实践中推广。

教育心理学的研究方法还有许多，但以上方法是较常用的。目前，注重提高教育心理学研究成果的应用性和普及性，进行跨学科、多分支和跨文化研究，综合应用多种研究方法，采用多变量设计，引进现代化科学技术手段，扩展科学研究的领域，是国际上教育心理学研究方法重要的发展趋势。

三、教育心理学研究方法的综合化趋势

教育心理学的研究方法多种多样，但它们之间并非相互独立，在进行研究时，目前更强调研究方法的整合，这种综合化的趋势，主要表现在如下几个方面。

1. 注意采用多种方法研究和探讨课题

从上面对研究方法的具体阐述可看出，每一种研究方法都有其优点、局限和不足，若仅采用单一方法，往往难以作出全面、准确的结论。在一项具体研究中，综合采用观察、调查、实验等方法，对不同的结果进行相互比较，往往可提高研究结果的可靠性。

2. 强调并大量采用多变量设计

随着统计方法和手段的进步，近十年来，心理学的研究越来越多地采用多变量设计，由于日常生活中影响人们心理活动的因素极其复杂，采用多变量设计的研究显然与现实生活更为接近，有利于更好地揭示教育教学活动中影响学生心理现象的各个方面的相互联系和相互作用。

3. 注意将定性分析和定量分析方法相结合

早期的心理学研究偏重于定性分析和经验描述，但随着实证主义和实验法的引入以及统计学、数学等学科知识的运用，近年来，越来越多的研究者认为对心理学发展史上现象学与实证主义的方法论应持一种辩证的态度，应注重将定性分析与定量分析结合起来。比如在教育心理学研究中，可以通过运用各种定性方法如上述的调查法、观察法对教育过程中的心理活动进行充分地观察、了解，对其性质意义作出定性分析，然后再运用实证方法对定性分析的结果进行量化分析，这样容易获得较为全面的主客观数据，挖掘出材料的深层含义。

第二章
教育与心理发展

教育与人的心理发展之间存在着相互依存的辩证关系。一方面，心理发展的水平与特点是教育的起点与依据，是教育的前提；另一方面，个体的心理发展又依赖于教育，是教育的产物和结果。正确地认识和理解心理发展的特点，掌握影响心理发展的各个因素，在教育实践中具有非常重要的意义。

人的心理发展是心理学研究中最复杂的问题之一，一直以来都受到教育学家和心理学家的高度重视。从心理发展的角度看，一个人从出生到死亡，其心理是处在不断变化和发展之中的。人的心理是对客观现实的反映，其发展过程就是人们在社会实践和社会生活中对客观现实的反映活动不断扩大、加深和完善的过程，但是这个发展过程受到主客观各种因素的影响和制约，因此，要研究个体的心理发展，必须在一定的社会生活条件下进行。辩证唯物主义认为："人是一切社会关系的总和。"因此，对人的心理发展的影响有两个基本因素，即生物因素和社会因素，其中在社会因素中教育是起主导作用的因素。

本章将就心理发展的实质，心理发展的过程、规律及其各种影响因素，教育与心理发展的关系等方面进行探讨，并介绍当前有关心理发展的一些重要理论。

第一节　心理发展概述

一、心理发展的概念

心理发展是指个体从胚胎期到出生一直到死亡的过程中所发生的有次序

的心理变化过程。这种变化与发展是逐渐、连续而有规律的。它不仅包括数量的变化，更重要的还包括质的变化；不仅指向前推进的过程，同时也包括某些心理方面衰退、消亡的过程；不仅包括语言和认知方面的发展，也包括情感、个性、社会性等方面的发展。然而，并不是所有的心理变化都可以称之为发展，例如，由于病理原因而导致的心理上的变化就不属于发展。

个体的心理发展有广义与狭义之分。广义的心理发展包括人类个体从出生到死亡的整个一生的心理变化。狭义的心理发展一般指人类个体从出生到心理成熟阶段的变化。研究人的心理发展的实质及其基本规律，对我们的教育工作实践具有十分重要的意义。

二、心理发展的一般规律

个体心理发展是一个极其复杂的问题，表现出各种各样的特点，但又有其一般的规律和特性。

（一）心理发展是一个既有阶段性又有连续性的过程

心理发展根本的过程是连续的、不间断的过程。人的一生就是生理方面、认知方面和社会化等方面相互影响、不断生长变化的过程。每一心理过程和个性特征都是逐渐发展着的，由简单到复杂，由低级到高级，从个体出生开始，这种发展就已经相伴随，但是，由于不同的人所处的环境和自身素质的不同，发展的速度也各不相同。

在心理发展这一连续的过程中，“阶段”常常被视为一个重要的概念，每个阶段都是心理发展这一连续体的一个组成部分。阶段概念预示着在各个相继的发展阶段的连续性中有一个不连续的成分。每一阶段都以不同的速度从前一个阶段中预示出来和产生出来，然而，它又并入下一个阶段并对它起作用。在生命的一定时期，心理发展总会维持一个相对平衡和稳定的阶段，每个阶段都具有在性质上不同于其他阶段的可分辨的心理发展特点。不同的阶段具有各自质的规定性和相对一致的年龄区间。各个阶段的质的规定性或各个阶段的特征是由个体在生理、认知、个性和社会化等各方面的发展水平所决定的。

可见，心理发展是连续性与阶段性的辩证统一。

（二）心理发展具有一定的方向性和顺序性

身心发展在一定条件下总是具有一定的方向性和顺序性，而且是不可逆也不可逾越的，并且在不同的文化背景下和不同的个体身上都表现出较高的一致性。譬如，在各种心理机能中，感知觉的发展最早，然后是运动机能、情绪、动机和社会交往能力的发展，而抽象思维的出现和发展最迟。根据有关研究，个体的心理发展表现出如下年龄特征：出生至三岁，主要是直观行动思维；三岁至六七岁（学前期），主要是具体形象思维；六七岁至十一二岁（学龄初期），主要是形象抽象思维；十一二岁至十四五岁（少年期），主要是以经验型为主的抽象逻辑思维；十四五岁至十七八岁（青年初期），主要是以理论型为主的抽象逻辑思维。

（三）心理发展具有不平衡性

发展的不平衡性表现在不同系统在发展的速度、发展的起始与成熟时间有不同；也表现在同一机能特性在发展的不同时期（年龄阶段）有不同的发展速度。而从身心的总体发展来看，不同时期发展速度也不一样，如婴幼儿期和青春期发育较快，而成人期则发展较为平稳和缓慢，表现出发展的不平衡性。

（四）心理发展的个别差异性

尽管个体的心理发展遵循着颇为一致的规律，表现出与他人一致的共同性，但其发展又表现出相对特殊性，即个别差异。由于遗传素质、教育条件以及社会环境的不同，儿童的心理发展也各不相同。各种心理机能开始出现和发展的具体年龄、发展的速度、各种心理机能发展所能达到的最终水平以及各种心理成分在某一个体身上的结合模式都会有所不同。例如，有的个体言语能力强，有的个体操作能力强。可以说，每一个个体具体的心理发展曲线都是有所差异的。

（五）心理发展各个方面之间的相互联系和相互制约

无论是儿童的各种心理过程还是个性心理，都是在相互联系和相互制约中发展的。例如，儿童感知觉的发展，为记忆、思维、想像的发展提供了基础，而记忆、思维、想像等方面的发展也使儿童的感知觉得到改造和完善，获得概括的性质。

（六）心理发展是逐渐分化和统一的过程

在个体发展的初期，身心各种机能还处于未分化的状态，随着身心的不断发展，各部位的机能就逐渐分化出来，这种分化随着身心的发展而趋向复杂，反过来又作为整体统一到有组织、有秩序的基础中去，并进一步向统一的方向发展变化。

三、教育与心理发展的一般关系

教育与儿童的心理发展之间存在着比较复杂的相互依存关系，应该辩证地看待和处理两者的关系。那种把教育看成是游离于发展之外的无足轻重的因素的观点或将教育看成是万能的观点都是片面和不正确的，不利于促进个体的心理发展。

一方面，教育必须以儿童心理发展的水平和特点为依据。教育应该考虑到儿童原有的心理发展水平，注重儿童进行某种新的学习的准备状态，包括儿童的生理发展状态、能力发展状态和学习动机状态。在实际的教学过程中，教师应遵循教学的准备性原则，即根据学生原有的准备状态进行新的教学，该原则又称“量力性原则”或“可接受性原则”。当儿童缺乏接受某种教育的心理条件而强迫进行教育时，既可能影响儿童心理的健康发展，又达不到应有的教学目标。因此，教师应充分考虑到儿童的心理发展状况，考虑到儿童原有的知识水平和原有的心理发展水平对新的学习的适合性。具体来说，就要求教师在教学目标的确立、教学方法的运用、教学内容的选择、教学活动的组织等方面都充分注重儿童的心理发展状态，在此基础上合理地提出新的教育要求，从而真正发挥教育的作用。

另一方面，教育对儿童的心理发展起着主导的作用。尽管教育不能逾越儿童心理发展的水平，但是科学的教育能够促进儿童的心理发展，提高儿童心理发展的质量，是发展的一种助力。反之，不科学的教育则可能延缓儿童的心理发展，对其心理发展产生不利的影响，是发展的一种阻力。可见，儿童的心理发展依赖于教育，是教育的产物和结果。教育作为一种决定性的条件制约着心理发展的过程和方向。因此，在教育教学过程中，我们应该在正确处理教育与心理发展的辩证关系的前提下，遵循维果茨基倡导的发展性教学的观点，最大限度地通过教育来促进儿童的心理发展。

第二节　影响心理发展的基本因素

关于人的心理发展的影响因素，一直以来是心理学的一个重要的理论问题，围绕着先天与后天、遗传与环境和教育等问题，心理学界存在着激烈的争论，从而形成了不同的观点和理论。总的来说，影响人的心理发展的主要因素可以分为两个大的方面：遗传和环境。遗传是父母的特质通过基因向后代进行的生物性传递，而遗传因素就是指那些与遗传基因相联系的生物有机体内的因素，是以基因特质的展开为基础的，包括生物有机体的生理成熟；

环境因素主要包括影响生物有机体发展的所有外部因素，如维持生物有机体生存所必需的自然环境和社会环境等，对人的发展来说，社会环境及教育则成为主要的环境因素。关于遗传和环境两者如何影响和制约心理发展的问题，主要有以下四种观点。

一、遗传决定论

遗传决定论强调遗传因素在儿童心理发展中的作用，主张心理发展是由先天的、不变的遗传基因所决定的，心理发展的过程就是先前遗传素质自我发展和自我暴露的过程，儿童心理的发展主要是生理成熟的结果，外界环境和教育所起的作用甚微。持这种观点的人一致认为，儿童的智力和个性品质在生殖细胞的基因中就已被决定了，环境的作用仅在于引发、促进或延缓先天素质的自我展开，而并不能改变其本质。

遗传决定论的创始人是英国的高尔顿（F. Golton），他于1869年发表了著名的《遗传的天才》，明确地宣称："一个人的能力是由遗传得来的，它受遗传决定的程度，如同一切有机体的形态及躯体组织受遗传决定一样。"美国心理学的先驱之一、第一任美国心理学会主席霍尔（G. S. Hall）也认为人的心理发展主要由遗传决定。在进化论思想的影响下，霍尔提出心理发展的复演论，认为个体发展只不过是人类种族进化的复演过程。他的典型论调是"一两的遗传胜过一吨的教育"。格塞尔（A. Gessel）则通过自己的研究以及对儿童发展的观察，提出著名的"成熟论"，主张心理的发展是生物成熟的结果，成熟是影响发展的第一要素。他认为心理发展是由其内部所固有的不变的规律和顺序决定的，发展的个别差异正是反映了人的先天差异，强调先天优生的保健胜过后天环境的教养。他的观点于20世纪四五十年代在西方曾盛极一时，对当时的儿童教育产生过很大的影响。

遗传决定论者由于片面强调家庭出身，过分夸大先天遗传的作用，因而忽视了后天环境和教育在儿童心理发展中的影响，这正是其观点的致命之处。

二、环境决定论

环境决定论的观点与遗传决定论的观点恰恰相反，它片面和机械地强调教育和环境对心理发展的决定作用，认为儿童心理的发展完全是由环境决定的，极端重视环境和教育在人的发展中的影响，否认人的主观能动性以及遗传素质和儿童的年龄特征的作用。

环境决定论的哲学渊源可以追溯到英国经验决定论者洛克（J. Locke）的“白板说”，他认为人的心灵好比一块白板，人的一切观念都来自经验，根本就“没有什么天赋原则”。行为主义学派的创始人华生（J. B. Watson）可以说是环境决定论最典型的代表人物，他在引用巴甫洛夫经典条件反射学说的基础上，强调学习和环境在儿童行为形成中的中心作用，提出只要有适当的环境条件，多数行为都可以通过学习获得或消除，认为个体的心理发展便是在适当的环境中习得逐渐复杂化的刺激—反应链的过程。他的这种环境和教育是心理发展的唯一条件及教育万能的极端环境决定论观点在其如下名言中得以充分体现：“给我一打健康和天资完善的婴儿，并在我自己设置的特定环境中教育他们，那我愿意担保，任意挑选一个婴儿，不管他的才能、嗜好、定向、能力、天资和他祖先的种族，都可以把他培养训练成我所选定的任何一种专家：医生、律师、艺术家、商界首领乃至乞丐和盗贼。”（赫根汉，1986）新行为主义心理学家斯金纳（B. F. Skinner）继承了华生的环境决定论观点，认为人的任何行为都可以通过外在的强化或惩罚手段来加以塑造、改变、控制或矫正。

受环境决定论影响的教育者在教育过程中往往会出现拔苗助长的现象，对儿童的身心发展是有害无益的。环境决定论的根本错误在于否认心理反映的主观能动性，否认心理发展的内因作用，片面强调和夸大了环境和教育在儿童心理发展中的作用，是一种机械主义的发展观。

三、二因素论

针对遗传决定论与环境决定论都具有的明显的片面性，一些心理学家提出了二因素论，主张心理发展由遗传和环境两个因素共同决定。

二因素论的代表人物德国心理学家斯腾（L. W. Stern）认为，心理发展并非单纯地是天赋本能的逐渐显现，也并非单纯地受外界的影响，而是个体内在的素质和外在的环境合并发展的结果。美国的心理学家吴伟士（R. S. Woodworth）也是二因素论的支持者。

尽管二因素论克服了遗传决定论和环境决定论单纯强调严格因素的片面倾向，但对遗传和环境两者关系的处理是比较机械的，未能看到两者的辩证和动态的关系，也没有看到儿童的实践活动在其自身心理发展中的作用，只是把遗传和环境的效果简单地结合在一起，可以说是一种调和与折中的观点，缺乏实质意义上的理论发展。

四、辩证唯物主义的观点

辩证唯物主义认为，遗传决定论、环境决定论和二因素论关于心理发展的观点都是失之偏颇的、不正确的。但这并不意味着在考虑心理发展问题上可以全然不顾这些因素的作用，问题在于如何摆正遗传、环境和教育三者的关系。

首先，遗传素质和生理成熟是儿童心理发展必要的物质前提和基础。遗传素质主要是指那些与生俱来的、有机体的构造形态、感官和神经系统等方面的解剖生理特征，它们为人的心理发展提供了可能性，没有正常的遗传素质，人的心理就得不到正常发展。例如，无脑畸形儿生来不具有正常的脑髓，因而不能产生思维，最多只能有一些最低级的感觉；某些先天性色盲、聋哑儿童肯定无法成为画家和歌唱家。因此，遗传素质是儿童心理发展的重要前提条件。此外，生理成熟，特别是脑的发展成熟与心理发展的关系也非常密切。婴儿出生后，具有一定遗传素质的身体各部分及其器官的结构和机能并没有发育好，还需经过一个很长时期的生长、发展过程，才能达到结构上的完善和机能上的成熟。儿童心理的发展在一定程度上受到生理发展的规律制约，与生理的成熟与发展直接相关。所以，如同遗传素质一样，生理成熟也是儿童心理发展的必要的物质基础。

其次，社会环境与教育在一定条件下对儿童的心理发展起决定作用。众所周知，遗传素质与生理成熟仅仅为心理发展提供了某种可能性，但并不能决定心理的发展。这种可能性能否变为现实，主要取决于环境和教育的条件。心理的发展是在人的活动中实现的，离开了人类的生活条件，离开了人类社会，人们无从谈及社会实践活动，遗传素质也就不能发挥出来。可以说，社会生活条件不仅决定相应的心理内容，而且决定儿童心理发展的水平、速度、方向和个别差异。值得特别指出的是，后天的环境因素中，教育在心理发展过程中起主导作用。

再次，儿童心理发展动力是通过在活动中产生的心理矛盾运动发展的。心理发展是随着年龄的增长、个体内外各种条件相互作用而实现的。个体的生长和成熟，积极主动的学习是促进心理发展的内在因素，外界环境和教育是促进心理发展的外部条件。在内外因的关系问题上，辩证唯物主义认为，外因是变化的条件，内因是变化的根据，外因通过内因而起作用。人的心理发展的内因或内部矛盾就是主客体相互作用过程中由于外界环境和教育不断地向儿童提出新的要求所引起的新的需要，与儿童原有心理水平或心理状态之间的不一致所导致的不平衡，这是儿童心理发展的根本动力。内外因始终处于一种不断变化的相互作用中。外界环境和教育作用于处在一定发展水平的个体，并只有转化为某个层次的内因，才可能促进个体的发展。例如，在教学活动中，教师向学生提出了一个新的要求，但是学生原有的心理水平还不能满足这种需要，这时学生就会与当前的学习环境产生不平衡，为了保持平衡，儿童便产生新的需要，这个新的需要与原有的心理水平之间产生了矛盾，矛盾的发展和解决，就促进了儿童心理的发展。

第三节　几种主要的心理发展理论

一、皮亚杰的心理发展观

瑞士心理学家皮亚杰（J. Piaget）的心理发展观是当代心理学中最有影响的心理发展理论。皮亚杰的理论核心是“发生认识论”。他认为发展的实质是个体与环境不断相互作用的过程。个体心理的发展就是在主客体和内外因相互作用的基础上，通过主体不断建构心理结构，从而在心理上产生量的和质的变化。在他看来，个体心理发展既不是起源于先天的成熟，也不是起源于后天的经验，而是起源于个体与环境不断的相互作用中的一种心理建构过程。

皮亚杰认为心理发展涉及四个极其重要的概念，即图式、同化、顺应、平衡。其中图式是一个最基本和核心的概念，它是活动的结构和组织，是个体对世界的知觉、理解和思考的方式。同化是指当主体面对新的刺激情境时，利用已有图式或认知结构把刺激整合到自己原有认知结构中去的过程。顺应是指当主体不能利用原有图式接受或解释新刺激时，其认知结构须随新刺激影响而改变的过程。同化是图式的量的变化，表现为认知发展的一种暂时的平衡；而顺应则是图式的质的变化，是图式的重建和调整，表现为认知发展的一种新的平衡。心理发展就是儿童通过同化和顺应日益复杂的环境而达到平衡的过程。

根据儿童在发展过程所表现出来的特点，皮亚杰提出儿童的认知发展要经过感知运动阶段（0～2 岁）、前运算阶段（2～7 岁）、具体运算阶段(7～12 岁)、形式运算阶段（12～15 岁）四个由低到高、顺序不变的发展阶段。

对影响和制约心理发展的因素，皮亚杰认为主要有四个方面：成熟、物理因素、社会环境及平衡化。

皮亚杰的发展理论对教育实践有很大影响。皮亚杰不主张教给儿童那些明显超出他们发展水平的材料。在皮亚杰看来，儿童的认知发展是以其已有的认知结构为基础的，并以已有图式与环境相互作用而产生的认知需要为动力。他所强调的主客体相互作用的思想、活动在心理发展中的重要作用、关于个体心理发展各个阶段间质的差异和对各阶段的具体阐述等，都对教育具有重要的启发意义。

二、埃里克森的心理发展观

埃里克森（E. H. Erikson）通过临床观察以及对大量病例的分析，在批判弗洛伊德的心理性欲发展阶段理论的基础上，强调社会文化背景对人格发展的作用，认为发展是一个生物的人在一定社会文化背景中的适应，提出了自己的心理社会发展阶段理论。

在埃里克森看来，发展是一个经过一系列阶段的过程，每一阶段都有其特殊的目标、任务和冲突。一个人从出生到死亡，心理发展经历了相互连续的八个阶段，每一阶段都有一种确定的危机以及都以一个特定的任务为其特征，如果要使随后的发展正常进行，这一发展任务就必须很好地完成。

第一阶段，乳儿期（0~1.5岁），基本的信任感对基本的不信任感。这一阶段的婴儿开始探索周围的世界是否可靠。埃里克森认为信任感表现一个人对于他的周围世界，特别是他的社会环境的基本态度，可以通过父母在养育过程中以关心和爱护婴儿的需要而培养出来。当一个婴儿得到较好的抚养并与父母建立了良好的亲子关系时，儿童就对周围世界产生信任感；当父母的信念发生矛盾或父母在照料儿童的方式上显出不一致时，儿童就会出现恐惧和不安，产生一种不信任感。

第二阶段，婴儿期（1.5~3岁），基本的自主感对基本的羞怯感和疑虑。这一阶段的儿童表现出较强的自我控制的需要与倾向，“让我来做”成了这一时期儿童的主流话题。儿童渴望自主，渴望按自己的想法去做事情。因此，在可能的情况下，父母应允许儿童自由活动，并以各种形式对他们的自主性和独立性表示认可和赞扬，以帮助他们自信心的形成。相反，如果这个时期父母对儿童的行为干涉过多，甚至支配儿童的一切活动，他们将对自己的行为或自身产生羞怯感，影响身心的发展。

第三阶段，学前期（三岁至六七岁），基本的主动感对基本的内疚感。

日益增多的语言和运动能力使这一时期的儿童把活动范围逐渐扩展到他们的家庭环境之外，开始追求出于自我利益和动机的活动。本阶段儿童的主要发展任务是获得主动感和克服内疚感，体验目的的实现。埃里克森认为，个体未来在社会中所能取得的工作上、经济上、生活上的成就，都与儿童在这一阶段主动性发展的程度有关。

第四阶段，学龄期（六七岁至十二岁），基本的勤奋感对基本的自卑感。本阶段儿童开始进入学校学习，活动和依赖的重心已由家庭转移到了社会。学龄儿童与学前儿童有着本质的区别，他们开始体会到勤奋与成功之间的关系，开始形成一种成功感。在这一时期里，同伴在衡量儿童本身的成功或失败中占着相当的重要性，能成功地完成各种任务和从事社交或集体活动，儿童就会获得一种胜任感而避免自卑感的产生。这些成功的体验有助于在以后的社会中建立勤奋的特质，表现为乐于工作和有较好的适应性。

第五阶段，青少年期（12～18岁），基本的自我同一感对同一感混乱。这一阶段存在着自我同一性对同一性混乱的危机，此时青少年个体最主要的任务就是试图建立一种新的自我同一感或一种关于自己是谁，在社会上应占什么样的地位，将来准备成为什么样的人以及怎样努力成为理想中的人等一系列的感觉和感情。埃里克森在此阶段提出了一个“社会心理的合法延缓期”的概念，他认为随着青春初期的到来，青少年往往感到自己没有能力持久地扮演一种社会角色和承担社会义务，感到要作出的决断太多太快，因此在作出最后决断前需要进入一种“暂停”的时期，以便延缓眼前必须承担的义务，避免同一性提前完结的内心需要。如果青少年没有形成一种积极的自我同一性，那么他们就会产生角色混乱，表现为不能选定一个生活的正确角色，不能确定自己是谁、干什么等。角色混乱的青少年常常焦躁不安，对社会所赞赏的角色表示蔑视和敌意。

第六阶段，成年早期（18～25岁），基本的亲密感对基本的孤独感。埃里克森认为，形成自我同一性的、走向社会的青年，未免太全神贯注于自己是谁以致不能担当起此阶段形成亲密感的任务，可能产生孤独感。只有建立同一感才有可能形成亲密感。所以，这一阶段的发展任务就是努力获得亲密感，体验爱情和婚姻的实现，从而避免孤独感。在埃里克森看来，发展亲密感对是否能满意地进入社会有重要作用。

第七阶段，成年中期（25～60岁），基本的繁殖感对基本的停滞感。这一阶段的个体已建立家庭，其兴趣扩展到下一代。这里的繁殖不仅包括人的繁衍后代，而且包括人的生产能力和创造能力等基本能力或特征。因此本阶段的个体既要生育、抚养和指导下一代，又要不断工作以创造事物和思想，这样才能富有创造力，否则将出现人格的停滞。

第八阶段，成年晚期（60 岁以上），基本的自我完善感对基本的绝望感。在这一阶段，进入老年期的个体对自己的一生进行回顾。如果对自己的一生作肯定和满意的回答，就能够完全接受自我，获得一种完善感。反之，个体就会充满焦虑和失望，对死亡产生恐惧感，也会努力去发现一种自我整合。

埃里克森把人的发展理解为生理、心理和社会的统一，把人的一生看作是一个统一的发展过程，并且重视文化社会因素对个体心理发展的影响，有其积极的一面，对我们探究处于复杂社会现实中的个体的心理发展特点及其教育对策等具有重大的启示。

三、维果茨基的发展观

维果茨基（L. S. Vogotsgy）是苏联早期的著名心理学家，他从文化发展论与内化论出发，从种系和个体发展的角度分析了个体和心理发展的实质，认为心理发展是在与周围人的交往过程中产生和发展起来的，受人类社会文化历史的制约，提出了著名的心理发展的文化历史观。这一观点后经列昂节夫、鲁利亚等人的进一步完善，形成了社会文化历史学派，又称“维、列、鲁”学派。

维果茨基认为，心理发展是个体的心理从出生到成年，在环境和教育的影响下，在低级心理机能的基础上，逐渐向高级心理机能转化的过程。可见，个体心理机能可以区分为低级机能和高级机能。前者是进化的结果，后者则是社会文化历史发展的结果，是人类以符号、语言等间接的方式与外界相互作用所表现出来的特征，是人类不同于动物的根本所在。心理机能由低级向高级的发展主要表现为如下四个方面：（1）心理活动主动性、随意性的不断发展；（2）心理活动的抽象概括性的提高；（3）间接的、以符号或词为中介的心理结构的形成；（4）心理活动的个性化。

关于心理发展的原因，维果茨基强调了三点：一是心理机能的发展起源于社会文化历史的发展，受社会规律的制约。二是从个体发展来看，儿童在与成人的交往过程中通过掌握高级的心理机能的工具——语言、符号系统，从而在低级的心理机能的基础上形成了各种新质的心理机能。三是高级的心理机能是外部活动不断内化的结果。

在说明教育与发展的关系问题上，维果茨基提出了“最近发展区”的概念，认为教学一方面要适应学生的现有水平，但更重要的是发挥教学对发展的主导作用，走在儿童发展的前面。维果茨基认为，在确定儿童发展水平及其教学时，必须考虑儿童的两种发展水平，一种是儿童现有的发展水平，即儿童能够运用已有的知识经验独立地完成任务，不需要教师的帮助即可达到的水平；另一种是儿童的第二个发展水平，是指在有指导的情况下借助成人的帮助才能达到的水平，这两者之间的差距，即是最近发展区。维果茨基认为，教育要促进儿童的心理发展，教育者必须把着眼点放在儿童心理发展的第二个水平上，因而教师在教学过程中应不断地向儿童提出新的、比儿童原有水平稍高一点的课题和任务；儿童在教师的帮助下，通过自己的努力能够达到这个目标，以激发儿童内部矛盾的发展，这样不断地把最近发展区的水平转化为现有水平，不断发展，从而推动儿童向更高的心理水平发展。

综上所述，维果茨基的心理发展观与他的社会文化历史理论是密切联系在一起的。他强调个体的心理发展是在特定的社会文化历史条件下，借助语言符号而进行人与人之间的相互交往、相互作用，致使其心理活动逐渐由外部向内部转化，心理机能逐渐由低级向高级发展的过程。从维果茨基对儿童心理发展的界定和阐述可以看出，他与皮亚杰一样也是一个建构主义者。所不同的是，皮亚杰强调儿童主要是自己建构有关周围世界的认知地图，维果茨基却认为儿童的心理发展具有社会性。他的独树一帜的心理发展观在西方心理学界引起强烈反响，已经成为当今建构主义思潮的重要理论基础，对建构主义的学习理论和教学理论产生了深远的影响。

第二编

第三章 学习与学习理论概述

教育心理学是研究教育过程中的各种心理现象与规律的学科，其核心是研究学生的学习心理，即探讨学生由不知到知、由不会到会的过程在心理上是如何实现的，其实质如何，规律是什么，等等。对这个重大问题的解答，制约着对教育心理学其他各方面问题的解答。自1903年美国教育心理学家桑代克发表《教育心理学》以来，学习理论与学习心理始终是教育心理学的核心领域，无论在理论探讨方面还是实验研究方面都非常活跃，积累了大量的研究成果。

本章准备对学习与学习理论问题作一概述。

第一节 学习概述

一、什么是学习

在心理学中，学习是一个非常重要的范畴。心理学家从不同的角度、用不同的措辞给予其不同的定义。

学习的概念有广义与狭义之分。从广义上说，学习包括了从低等动物到人类在后天生活过程中，通过活动、练习，获得行为经验的过程。长期以来，许多心理学家、教育学家根据不同的理论基础或研究成果，从不同的角度出发，提出了各种各样关于学习的定义。例如，心理学家鲍尔和希尔加德就认为，“学习是指一个主体在某个现实情境中的重复经验引起的、对那个情境的行为或行为潜能变化。不过，这种行为的变化是不能根据主体的先天反应倾向、成熟或暂时状态（如疲劳、醉酒、内驱力等）来解释的”（鲍尔等，1987）。行为主义心理学家往往把学习定义为有机体由于经验的结果而发生的行为的比较稳定的变化。心理学家张春兴也认为，“学习是个体经练习或经验使其行为产生较为持久改变的历程”（张春兴等，1994）。心理学家山内光哉认为“学习，是由于过去的经验而获得，它不依赖于暂时的疾病、疲劳或药物等心身状态的变化，而是比较持久的行为和行为的可能性的变化”（山内光哉，1986）。教育学家杜威（J. Dewey）则认为，学习即经验的改造和改组的历程。总的来看，这些不同的定义，虽然角度不同，强调的重点不同，但是也有许多共识性的地方。总结人们对学习的定义的共识性的地方，我们在理解学习这个范畴时，应该注意把握好以下三个方面：

第一，学习是人与动物共有的普遍现象，无论是低级动物或高级动物乃至人类，在其整个生活中都贯穿着学习。正如索里与特尔福德在《教育心理学》一书中所指出的那样，“可以把学习视为与生命本身并存的，一切具有高度组织形式的动物的生活就是学习”。

第二，学习是有机体后天习得经验的过程。有机体有两类行为，一类是先天遗传的种的经验，另一类是后天的、习得的经验。前一种经验的获得，是通过遗传而实现的；而学习指的是后一种经验的掌握，它要在有机体个体后天生活中实现。随着有机体所处的进化系列位置不同，两类经验在其生存中的重要性也不同。低等动物在种系发展中所处的地位低，生活方式简单，主要凭种的遗传经验来生存，习得经验对其生存的意义不大，因此，学习对其生活不是十分重要。而动物的等级越高，生活方式越复杂，其遗传行为越少，行为的后天成分越多，学习在其生活中就越重要。

学习活动与其他活动的区别在于学习同经验的积累有关，只有能使经验得以积累的活动，才具有学习的意义。因此，学习过程也就是经验的获得过程。

第三，学习表现为个体行为由于经验而发生的较稳定的变化。学习的发生是由于经验所引起的。此种经验不仅包括外部环境刺激，包括个体的练习，更重要的是包括个体与环境之间复杂的交互作用。有机体学习这个特征很重要，它将学习的结果与其他非学习过程的结果区别出来。有机体的行为经常会发生一定的变化，但是，有的变化是学习的结果，有的则不是。例如，有时个体由于特定的心理状态，如疲劳、醉酒而引起某些行为的变化，这只是一种临时性的变化，一旦这些特定的状态消除，这些行为的变化也就随之消失；另外，个体由于成熟等因素也会发生行为方面的比较稳定的变化，但这不是由于经验的结果，因此，也不是学习。

学习发生的变化有时直接表现在行为方面，有时这种变化未必立即见诸行为，可以视为行为潜能的变化或内部心理的内容与机能的变化。当然，无论是行为还是心理的变化，都是比较持久的。

根据心理学界对学习看法的共识，我们可以对学习下一个较为确凿的定义：学习是有机体在后天生活过程中经过练习或经验而产生的行为或内部心理的比较持久的变化的过程。

我们上面所谈的广义学习，是有机体共有的一般的学习，人类是万物之灵，人的学习除了具有有机体学习的一般特征之外，还有其特定的特征。人的学习，无论在内容上、方式上及性质上都与其他动物有重要的区别。

第一，从内容上看，人的学习比动物广阔得多。动物的学习，仅仅是掌握个体经验，而人的学习，不仅是掌握个体经验，更重要的是以个体的形式掌握社会的经验。动物的活动，是一种消极、被动的适应活动，因此，每一代动物个体所积累的经验，无法以物化的形式保存下来，其个体经验随动物个体的灭亡而消失。而人类的实践活动尤其是劳动实践，是一种有意识、有目的的活动，能将每一代个体的经验客体化，并且保存下来代代相传，因此每一代新的个体能够以个体化的形式掌握这些社会经验。人除了同动物那样可以在后天生活过程中获得个体经验外，还可以以个体经验的形式来掌握人类社会千百年积累形成的社会历史经验。这些知识经验首先以物化的形式凝聚在实践活动的成果与产品中，也以符号的形式储存在书本资料之中。人类个体要掌握这些社会历史经验，才能实现作为人类社会历史发展产物的人的本性与能力。

第二，从方式上看，动物的学习主要是一个自发的过程，而人的学习是在社会的传递下，以语言为中介而实现的。正是因为人的学习主要掌握的是客体化的人类社会历史经验，因此，其学习不可能自发地实现。儿童的学习要在成人的指导下进行，儿童对工具世界的关系的认识，最初是以成人的动作为中介的，他们就是在与周围人的交往中，在成人的影响下逐渐掌握周围工具世界的事物的意义的。同时，人的学习是以语言为中介实现的。语言是人们传递经验与交际的手段，也是记载人类社会历史经验的工具，个体一方面可以通过语言直接与别人进行交往，获得社会经验，另一方面通过语言获得用语言符号记载下来的关于客观世界的知识，这是一种间接的交往而获得知识的过程。语言开辟了人类个体掌握社会历史经验的广阔的可能性。有了语言，人不仅能掌握具体的经验，而且有可能掌握概括、抽象的经验，因为语言是使事物之间关系抽象化、概括化的信号。用巴甫洛夫学说来讲，第二信号系统的出现，给人的学习带来了新的机制，而且使人的第一信号系统也具有了与动物不同的内容和方式。维果茨基认为，由于儿童掌握了语言，以此为中介，才可能由低级的以知觉过程为主的心理功能，转为高级的以抽象思维为主的心理功能。

第三，从性质上看，人的学习是自觉的、有目的的、积极主动的过程。动物的生活方式是以其对外界自然条件的适应为特征的，其学习是不自觉的，只是消极被动地适应其生存的环境。人不是消极被动地接收人类的经验，而是自觉地与周围环境以及环境中的人进行作用来获得知识经验的。人掌握个体经验和社会经验不仅仅是为了满足生理和生存需要，更重要的是满足社会和发展需要，因此，人的活动具有指向目的性，学习具有丰富的动机，人们会在积极地作用与改造周围环境的过程中，在与人们积极的交往过程中，主动地获得知识经验。

综上所述，我们认为，人的学习即狭义学习可以定义为：学习是在社会生活实践中，在社会传递下，以语言为中介，自觉地、积极主动地掌握社会的和个体的经验的过程。

人类学习与学生学习之间是一般与特殊的关系，学生的学习是人的学习的一种特殊的形式，学生学习时有什么特点，与成人的学习有什么差别，这是一个长期争论的问题。美国心理学家斯金纳认为用动物实验结果可以推论人的学习，人的学习与动物学习没有本质区别；布鲁纳强调人类的学习、学生的学习与科学家的发明创造没有本质区别；奥苏贝尔认为学生的学习具有独特性，与动物、成人、科学家的发明有本质区别。国内学者赞同奥苏贝尔的观点，认为学生的学习既与人类的学习有共同之处，但又有其特殊性。

（1）学生的学习与人类认识客观世界的过程不同，是以掌握间接经验为主的过程。人类的认识是从实践开始的，而学生的学习则未必如此，他们不必要也不可能事事从直接经验开始，而可以从现有的经验、理论、结论开始。同时，尽管学生的学习也要求个人有一定的经验基础，但学生的实践活动的目的与方式也与人类认识世界的过程有所不同。再者，学生的学习与科学家探索尚未发现的客观真理的认识活动不同，学生在学习时可能有新发现，但这种新发现常常对学生来说是新的，而就知识而言是现成的经验。因此，在教学组织和教学方法上，特别要求教师在有限的时间内把最有价值的知识传授给学生，而且注意把学校学习与实际生活和学生的原有经验相联系，鼓励学生对所学知识进行积极加工，主动完成知识的再生产过程。

（2）学生的学习具有目的性、计划性和组织性。由于学生的学习以掌握间接经验为主，在学校教育情境中在教师指导下进行，因此，是有目的、有计划和有组织的。在教学过程中，教师按照一定的教学目的，精心设计和安排学习材料的结构、学习过程的程序，有计划、分步骤地向学生传授知识，教师既掌握所教知识的内在联系，又了解学生学习过程的特点，因此，能够保证在较短时间内，采用有效的方法组织教学，帮助学生掌握间接经验，积累知识。

（3）学生的学习具有一定程度的被动性。学生的学习与人类学习一样，应该是一个主动加工的过程，但他们的学习一般只具有潜在价值，学习的结果不能立即转化为现实价值；学习不是为了适应当前的环境，满足现实生活需要，而是为了适应将来的环境，为将来的生活做准备。当学生意识不到他当前的学习与将来的生活实践的关系时，学习就表现出一定程度的被动性，需要教师或者成人督促才能取得较好的学习效果。因此，教师要注意用各种方法来培养、激发和维持学生的学习动机，提高其学习的主动性和积极性。

（4）学生的学习具有多重目的性。学生学习不仅要掌握知识经验，而且要发展能力，同时，还要培养良好品德，形成科学的世界观和正确的人生观，促进健康个性的发展。

综上所述，学生的学习是在教师的指导下，有目的、有计划、有组织地掌握系统的科学知识和技能，发展各种能力，形成一定的世界观与道德品质的过程。

二、学习的类别

学习是一种极为复杂的现象，范围广泛，形式多样，层次不一，因此，对学习可以从不同的角度作不同的分类。心理学界主要是从两个不同的维度对学习进行分类的。

第一个维度是按照学习的内容来分。

我国心理学工作者一般将学习分为四类：知识的学习、技能的学习、心智的以思维为主的能力的学习以及道德品质与行为规范的学习。知识的学习，主要是掌握反映客观事物的属性、联系与关系的知识与知识体系。技能的学习主要是掌握顺利地进行活动的动作活动方式或心智活动方式。以思维为主的能力的学习主要是掌握具有高度概括特征的认识能力。道德品质与行为规范的学习则是指掌握一定的社会规范。这种分类与学校的教育实践活动相吻合，适合教育工作的实际需要。也有学者将学习分为三类：知识的学习、技能的学习和行为规范的学习。

心理学家林格伦按学习内容把学习分为三类：（1）技能和知识的学习；（2）概念学习；（3）态度的学习。

心理学家加涅（R. M. Gagne）也按照学习的内容把它分为五类：

（1）言语信息的学习。学生掌握的是以言语信息传递的内容，学生的学习结果是以言语信息表达出来的。

（2）智慧技能的学习。言语信息的学习帮助学生解决"是什么"的问题，而智慧技能的学习要解决"怎么做"的问题，表现为使用符号与环境相互作用的能力。加涅认为每一级智慧技能的学习要以低一级智慧技能的获得为前提，最复杂的智慧技能则是把许多简单的技能组合起来而形成的。

（3）认知策略的学习。认知策略是学习者用以调节和支配自己的注意、学习、记忆、思维和问题解决过程的有内在组织的能力。加涅认为，认知策略与智慧技能的不同在于智慧技能定向于学习者的外部环境，使学习者能处理外部的信息；而认知策略则支配着学习者在对付环境时其自身的行为，是学习者对自己内部行为的控制。这种使学习者自身能管理自己思维过程的内在的、有组织的策略非常重要，是目前教育心理学研究中的热门课题。认知策略的培养也应该成为学校教育的重要任务之一。

（4）态度的学习。态度是影响个体行为选择的内部状态，这种状态影响着个人对某种事物、人物及事件的选择倾向。学校的教育目标应该包括态度的培养，态度可以从各种学科的学习中得到，但更多的是从校内外活动中和家庭中得到。加涅提出有三类态度：①儿童对家庭和其他社会关系的知识；②对某种活动的积极的喜爱的情感，如喜欢音乐、阅读、体育锻炼等等；③有关个人品德的方面，如爱国家、关心社会需要和社会目标、尽公民义务的愿望等。

（5）运动技能的学习。运动技能又称为动作技能，表现为平稳而流畅、精确而适时的动作操作能力，如体操技能、写字技能、作图技能、操作仪器技能等。说个体获得动作技能，不仅仅指个体能完成某种规定的动作，而且指个体能将这些动作组织得合乎规则、流畅而准确。

第二个维度是按照学习活动的性质或机制来分。

苏联心理学家彼得罗夫斯基将学习分为反射学习与认知学习两个类型。所谓反射学习，是指掌握一定的刺激和反应间联系的学习。所谓认知学习，是指掌握一定知识和一定行为的学习。反射学习是人与动物共有的，而认知学习则是人所特有的。认知学习可以分为感性学习与理性学习，进一步理性学习可以分为概念学习、思维学习与技能学习。这种分类，注重区分了人的学习与动物的学习的本质，并且注重了学习活动的性质与水平。

加涅也从学习活动的性质的角度由简到繁将它分成八类：信号学习、刺激反应学习、连锁学习、语言的联合、辨别（或多重辨别）学习、概念学习、规则学习（或原理学习）和解决问题（或高级规则）的学习。

加涅认为，这八类学习由简到繁，由低到高，排成一个层次，高级学习要以低级学习为基础。1971 年，加涅对上述分类作了修正，把前四类学习合并为一类，把概念学习扩展为具体概念和定义概念的学习两类，这样共有六类：连锁学习、辨别学习、具体概念学习、定义概念学习、规则的学习和解决问题的学习。

加涅这种对学习活动的分类，实质上反映了他力图融合学习的联结派与学习的认知派的一种折衷主义的观点。

索里和特尔福德把学习分为五类：（1）经典性条件作用或简单联想学习；（2）工具性条件作用和尝试错误学习；（3）模仿性学习；（4）顿悟学习；（5）含有推理的学习。这种分类与加涅的分类思路相类似。

心理学家盖齐也把学习分为五类：（1）应答性学习；（2）接近学习；（3）操作学习；（4）观察学习；（5）认知学习。

除了前面两种分类维度对学习进行分类之外，也有人从其他角度对学习进行分类。如奥苏贝尔按学习的实现方式，将学习分为接受学习与发现学习两类；同时又根据学习材料与学习者的原有知识的关系，将学习分为机械学习与有意义学习两类；两个维度结合，可以将学习分为机械的接受学习、机械的发现学习、有意义的发现学习与有意义的接受学习四类，他强调有意义的接受学习是学生学习的主要形式。

第二节　学习理论及其基本派别

一、学习理论研究的意义

古今中外思想史上有着丰富的学习心理思想。早在心理学尚未分化出来成为一门独立的学科时，就有不少哲学家论及学习。自从 19 世纪末心理学从哲学和生理学中分出来成为一门独立的学科开始，心理学界对学习的性质、过程与规律等进行了大量的研究，逐步形成了系统的学习理论。

学习理论的研究具有重要的理论意义与应用意义。从理论意义来看，由于有机体的学习过程，实质上就是其心理的形成、变化与发展的过程，而有关心理的形成问题，从个体发展的角度，是个体在与环境相互作用中怎样适应环境、改造环境、不断积累经验的问题；从种系发展的角度，是人类意识的起源问题，这两个问题一直都是哲学和心理学研究悬而未决的难点问题，因此，对学习理论的研究具有重大的理论意义，正因为如此，对学习实质的研究，即关于学习理论的研究，一直是心理学界投入最多、花费精力最大、涉及面最广的重大课题。从应用意义来看，学习理论的研究试图解释：学习是如何发生的？它是一个什么样的过程？它有哪些规律？如何才能进行有效的学习？因此，对学习理论的研究，有助于人们掌握学习的实质及其规律，有助于学校教育工作者了解与掌握学生学习的规律，提高教学质量，为教育实践服务。

二、学习理论所要解决的基本问题与不同的规范

前面谈到，学习是指有机体在后天生活中获得个体经验的过程，也就是有机体的经验系统变化发展的过程，这些变化发展的实质是什么，产生这些变化发展的原因是什么，发生这些变化的心理机制是什么，这类关于学习本质的问题是学习理论所要解答的首要问题，对于这些问题的解答可以分为两个层面进行：

作为学习理论，它首先要解答“个体（或有机体）的经验从哪里来”这个最基本问题，即第一个层面的问题。对这个问题的回答有两种不同的规范：一种是先验论的规范，它认为，个体的经验来自先天或遗传；另一种是学习论的规范，该规范主张个体的经验来自后天，学习是个体在后天生活中获得经验的过程。根据这两种规范，可以将个体经验获得的各种理论区分为先验论与学习论两大派别。

作为学习论的规范，它在解答个体的经验来源这个问题的基本立场是唯物的，但是，进一步要解答“个体（或有机体）如何在后天生活中获得经验”这个重大问题，即第二层面的问题，对这个问题的回答可以分为两个方面。

第一方面是回答个体如何获得主体经验即心理机能的问题，对这方面问题的解答，有三种不同的规范：第一种是先天论的规范，它认为个体的心理

机能来自先天；第二种是经验论的规范，它认为个体的心理机能来自后天的经验；第三种是活动内化论的规范，它认为个体的心理机能来自外部活动的内化。其中第一种规范是第一层次问题的“天赋论”规范在解答第二层面问题的延伸，可以称为“天赋论”的二级规范，后面第二、第三种规范是第一层次问题的“学习论”规范在解答第二层面问题的延伸，可以称为“学习论”的二级规范。

第二方面是回答个体如何获得客体经验的问题，对这方面问题的解答，也有两种不同的规范：一种是联结派的规范，认为学习就是联结的形成，个体或有机体是通过形成联结而获得经验的；另一种是认知派的规范，认为学习是经过复杂的认知活动而形成认知结构。

关于学习理论要解答的基本问题及形成的不同规范情况见图3－1。

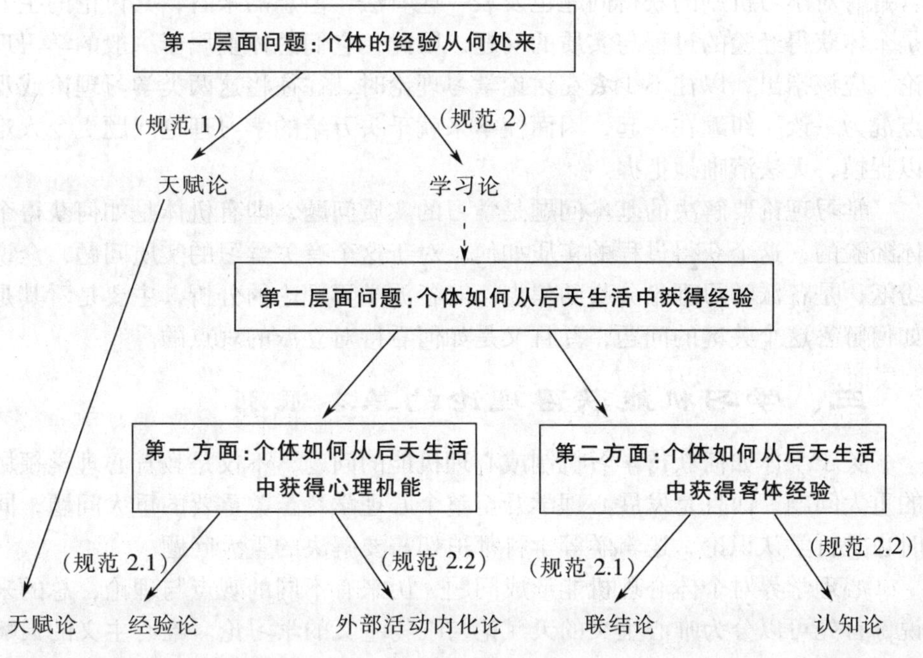

图3－1　学习理论系统分析图

从图3－1可见，个体的学习可以分为两类，第一类型学习是指个体获得学习机制的学习，而第二类型的学习则是指个体获得经验的学习，前一种学习涉及的是个体如何获得其赖以进行学习的机能的问题，它较之第二种学习更具本源性。我们把第二种学习称为一般的学习，那么，第一种学习则可以称为“学习机能的学习”，或称为“元学习”。相应地，各种关于学习实质的理论也可以分为讨论一般的经验的获得的学习理论与讨论学习机制的获得的学习理论，前者可称为“学习理论”，后者则称为“元学习理论”。前者是假定个体已具备了相应的学习机制的前提下讨论其获得经验的实质，而后者则是讨论个体这种学习机制是如何获得的问题，这两个问题显然有重大的不同。诚然，有的学习理论既涉及一般的学习，也涉及讨论了学习机制的学习，即使如此，对其观点具体作分析，也可以分为关于客体经验获得的学习的见解与关于学习机能获得的见解。皮亚杰、列昂节夫等主要讨论的是心理机能的形成问题，其理论总体上可以认为是属于“元学习”理论。而以桑代克、华生、斯金纳为代表的联结派学习理论，以格式塔、托尔曼、布鲁纳为代表的认知派学习理论，以及以加涅等为代表的折衷主义的理论等，尽管有时对学习机制的获得问题也发表一些看法，但总的来看，其讨论的主要是个体获得经验的过程与实质的问题，因此，它们总体上属于一般的学习理论。应该指出，以往不少人在讨论学习理论时，往往将这两类学习理论或观点混为一谈，纠缠在一起，因而使本来就千头万绪的学习理论问题更令人难以捉摸，无法清晰地把握。

学习理论要解决的基本问题是学习的实质问题，即有机体是如何获得个体经验的，这个获得过程的实质如何。对于这个有关学习的实质问题，众说纷纭，是各派学习理论分歧的焦点。对各派学习理论的分析，主要是看其是如何解答这个关键的问题，并且又是如何看待对立派的观点的。

三、学习机能获得理论的基本派别

关于个体如何获得学习机制或心理机能的问题，不仅是教育心理学领域的重大问题，而且是发展心理学乃至整个心理学科至关重要的重大问题，同时也是哲学认识论、逻辑学等学科都迫切需要解决的重大问题。

心理学界对个体心理机能形成问题，历来有不同的观点与理论，总的来说，首先可以分为唯心主义的天赋论与唯物主义的学习论。唯心主义的天赋论认为个体的心理机能来自先天，或与生俱来，或来自成熟。哲学家莱布尼兹、康德，心理学家彪勒、霍尔等，都主张天赋论。唯物主义的学习论都认为个体的心理机能来自后天，是个体在后天生活过程中获得的。尽管有的学习理论派别也会掺杂了某些唯心主义的观点，但在总体上它们还是属于唯物主义的范畴。学习论各个派别在总体上都承认个体的心理机能来自后天，这个基本观点是正确的，但就个体的心理机能尤其是高级的心理机能如何来自后天这个重大问题上，又有各种不同见解，其内部又可以分为机械唯物论的经验论与活动内化论两个派别。联想主义、行为主义心理学家都认为个体的心理机能来自对客体的把握，来自客体的经验。而皮亚杰、苏联心理学家维果茨基、列昂节夫等则持外部活动内化的观点，认为个体的高级心理机能来自于外部活动的内化。作为教育心理学，主要关注客体经验的习得问题，因此，对于上述这些主要的理论派别的观点不再详细阐述。

四、学习理论的基本派别

教育心理学领域主要研究的是获得客体经验的学习理论，即通常所说的学习理论。数十年来，关于学习理论的提出与争论一直是教育心理学界的主题之一，以桑代克、华生、斯金纳等为代表人物的联结学习理论，以格式塔、托尔曼、布鲁纳等为代表的各派认知学习理论，相互论争，构成了数十年心理学发展的主旋律。自20世纪五六十年代以来，一方面由于论争的双方都有其合理性但又无法涵盖对方，因而出现了企图融合两大派的折衷主义理论，如加涅、特尔福特等人的理论；另一方面由于人们对这种似乎是毫无结果的论争逐步不感兴趣，后来对学习理论的研究更多地指向具体的对学生学习过程的特点与规律的探讨，因而对学习理论的研究与论争渐趋平缓。但这并不意味着学习实质这个问题的研究已经得到解决，实际上，折衷主义的学习理论只是简单地将两大派合并起来，并不能真正解决两派的论争从而科学地对学习的问题作出解释。可以说，关于学习的探讨至今还没有达到共识。

为了正确地把握各种学习理论，应该注意以下两个方面：

第一，要把握好各种学习理论的基本倾向。不同的学习理论可以根据它们对学习的基本问题的解答归为不同的派别，不同派别在解答学习的基本问题时有不同的规范。而同一派别或同一规范内部在解答次级问题时又会有不同的观点，因此在同一规范内部又会形成各种各样的分支流派。不同的理论之争，有时是不同的规范之争，有时是同一规范内部对次级问题之争。因此，我们应该具体分析，不同规范的学习理论其赖以存在的价值是什么？同一规范内部为什么会产生不同的分支流派？这就要求我们要把握住各个学习理论的核心，理清其在学习领域中对不同层面的问题采用的规范以及为什么它要采用这种规范。

第二，要把握好各种学习理论的讨论范围。学习理论主要解答有机体在后天生活过程中获得客体经验的问题，但有的理论指向的是有机体全域；有的理论指向的是学习主体中的典型领域，即人的学习或学生的学习；有的理论既讨论有机体全域的学习问题，又讨论人的学习问题。因此，我们在分析各学习理论时，要首先将该理论准确定位，分析该理论主要讨论的是哪种范围的主体的学习。如果是以有机体全域的学习为讨论对象的学习理论，则看它如何解答有机体整体的学习的实质问题，而又如何将这个基本看法延伸去解释人的学习；而以人的学习或者学生的学习为讨论对象的学习理论，则看它如何解答学生的学习的实质问题，并且看这个观点如何渊源于其关于整个有机体学习的基本看法，两者之间有何逻辑联系。

根据前面两个基本依据，我们可以对学习理论作一个系统的分析。如前述，学习理论要解答的是有机体如何在后天生活过程中获得客观经验的问题，根据对这个问题的基本解答，可以分为联结派学习理论与认知派学习理论两大派别。

学习的联结派理论主要代表人物是桑代克、华生、巴甫洛夫、格思里、斯金纳等。联结派学习理论的核心观点是认为，学习过程是有机体在一定条件下形成刺激与反应的联系从而获得新的经验的过程。联结派学习理论内部各种流派，在总体上表现出三个共同特点：（1）在过程上，简化了有机体学习过程的内部操作活动，将它看成是由此到彼的联结。（2）在结果上，简化了有机体学习的结果，将它看成是若干兴奋点形成的通道。（3）在条件上，注重学习的外部条件而忽略了内部条件。例如，在学习的动力方面，联结派注重外部强化，忽略了内部动机；在学习条件方面，注重当前情境而忽略了过去经验；等等。

与联结派对立的是认知派的学习理论，学习的认知派理论主要代表人物是格式塔心理学家、托尔曼、布鲁纳、奥苏贝尔等。作为学习理论的一大派别，其基本观点是认为，学习过程不是简单地在强化条件下形成刺激与反应的联结，而是由有机体积极主动地形成新的完形或认知结构的过程。因此，该派别认为，有机体获得经验的过程，是通过积极主动的内部信息加工活动形成新的认知结构的过程。总体上，认知派各派理论也有三个共同特点：（1）从学习的过程来看，它们都把学习看成是复杂的内部心理加工过程。（2）从学习的结果来看，它们都主张学习的结果是形成反映事物整体联系与关系的认知结构。（3）从学习的条件来看，它们都注重学习的内部条件，强调学习者在学习过程中的主动性、积极性，注重学习者的内部动机；注重学习的认知性条件，如过去经验、背景知识、心智活动水平等；注重学习过程中信息性的反馈等。但是，对于有机体如何进行信息加工活动、认知结构的构成等问题，认知派理论内部各个流派则有不同的看法。格式塔心理学家、托尔曼、布鲁纳、奥苏贝尔等学习认知派心理学家的学习理论的相继提出，既反映出该派别对于如何用认知的观点说明有机体的学习过程的思路的发展轨迹，也反映了这些心理学家思考问题的不同角度。

从总体来说，联结派学习理论与认知派学习理论在学习的基本问题上有重要的分歧。联结派把学习看成是刺激（或情境）与反应之间联系的形成，认为学习由外界的刺激或情境所决定，强调强化对学习的作用，提倡用外部条件来控制学习过程，因此，他们一般都强调反复练习和复习的重要性，主张用外部的奖励与惩罚即积极的强化来控制学习。认知派则把学习看成有机体通过复杂的认知操作形成或改组认知结构，从而把握情境中事物的联系与关系，他们注重主观条件包括过去经验、内部动机对学习的重要作用，强调理解、积极思考与认知的作用，重视学习动机与学习态度的培养。

第四章 联结派学习理论

本章主要介绍关于联结派学习理论的四种主要学说：桑代克的试误—联结说，巴甫洛夫、华生的替代—联结说，斯金纳的强化—联结说，班杜拉的观察—联结说。

从桑代克的试误说到华生的经典性条件反射学说再到斯金纳的操作性条件反射学说；从通过情境刺激、反应与强化直接形成联结获得经验的条件反射理论，到通过观察间接形成联结获得经验的观察学习理论，联结派学习理论的发展可以说是逐步完善的。应该注意的是，联结派心理学家们在具体探讨学习问题时可能有不同的论域或侧重点，有的可能从一般意义上的学习入手，探讨有机体学习的全域；有的侧重探讨学习的典型领域即学生的学习问题，主要探讨学生课堂学习与教学问题；也有的既包括一般的学习问题，也进一步深入到课堂知识学习与教学问题。这些理论从不同角度，用不同方法进行了大量的研究，取得了许多有意义的研究成果，并形成了各自的特色。在把握联结派学习理论的各家学说时，除了要把握它们从哪些方面促进了联结主义的规范，把握其作为该规范的分支所具有的合理因素及存在价值之外，还要注意它们讨论学习问题的重点与范围，把握它们对于具体问题的合理见解与局限。表 4－1 列出了联结派学习理论各种学说所重点讨论的范围或论域。

表 4－1　联结派学习理论内部各流派讨论的范围

讨论有机体全域的学习	讨论学生的学习
桑代克试误学习理论	- - - - - - - - - - →
巴甫洛夫、华生经典性条件反射学习理论	- - - - - - - - - - →
格思里邻近学习理论	
斯金纳操作性条件反射学习理论	——→ 程序学习理论
观察学习理论	——→ 班杜拉社会学习理论

第一节 桑代克的“试误—联结”学习理论

桑代克（Edward Lee Thorndike，1874—1949）是美国哥伦比亚大学师范学院的教授，他的一生著述颇丰，研究领域也十分广泛。桑代克的学习理论在随后的近半个世纪里一直支配着美国该领域的研究。桑代克是美国动物心理学的创始人之一，又是第一个系统论述教育心理学的心理学家。他所开创的工作不仅在学习理论方面，也在教育实际领域、言语行为、比较心理学、智力测验、先天—后天问题、训练的迁移以及把数量化的测量应用于社会心理学问题上。在此仅谈谈其学习理论的基本观点。

一、桑代克关于学习实质的基本观点

桑代克把自己的心理学称为联结主义心理学，认为心理、学习是情境与反应之间的联结。桑代克的联结理论是根据其对动物的实验结果提出的，其中最著名的是饿猫开迷箱的实验（如图 4－1 所示）。一只饿猫被关在他专

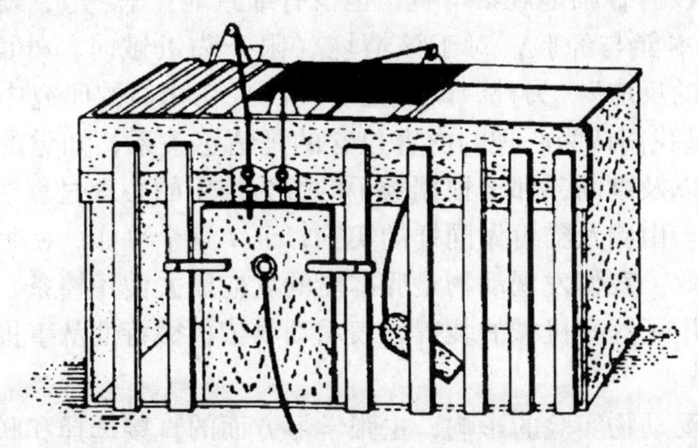

图 4－1 桑代克迷箱
（资料来源：查普林与克拉威克，1983）

门设计的一个实验迷箱里，箱子的门紧紧关闭，箱子附近放着一条鲜鱼，箱内有一个开门的旋钮，碰到这个旋钮，门便会启开。开始的时候饿猫无法走出箱子，只是在里面乱碰乱撞，偶然一次碰到旋钮打开门，便得以逃出吃到

鱼。经多次尝试错误，猫学会了碰旋钮以开箱门的行为。他的博士论文《动物的智慧：动物联想过程的实验研究》对动物实验的结果进行了总结，并提出了著名的学习的联结理论。桑代克认为，学习的实质是经过试误在刺激与反应之间形成联结，即形成 S—R 之间的联结。他说："学习即联结，心即人的联结系统。"他认为，联结指的是情境和反应之间的联结，而不是联想主义的观念之间的联想或联结，联结的形成无需观念为媒介，人生来就具有许多联结的"原本趋向"，所谓学习，就是在一定情境的影响下，唤起"原本联结"中的一种联结倾向，并使之加强。桑代克认为，刺激与反应是借助于神经连接而联结的。他的理论涉及刺激（S）与反应（R）之间的神经联结，故称为联结论，他的心理学又称为"联结心理学"（Bond Psychology）或简称为"联结主义"（Connectionism）。

桑代克认为学习过程或联结建立的过程是尝试错误的过程。他从饿猫需要拉动绳索逃出迷箱逐次尝试的学习曲线得出结论，动物的学习是通过尝试错误而逐渐发生的，联结学习的过程是渐进的"尝试与错误"直至最后成功的过程，而不是通过推理而顿悟的过程。

桑代克根据自己的研究结果，认为学习是直接的联结而不是由思考或推理为媒介而来，即学习遵循精简原则，而不是推理原则。如桑代克（1895）观察到"猫并没有仔细地观察情境，也没有细致地'思考'，就接着决定该做的事。出于本能与经验，对于该情境（限于猫饥饿时，外面摆着食物）立即引起适当的反应"。另外，桑代克（1911）在相似的研究中也得出同样的结果："如果我们认为心理的内容包含的是情感关系，知觉的相似性，具体与抽象观念以及判断，那么根据猴子的行为使用的心理过程，我们没有发现推理的证据。由狗及猫再做同样的实验，证实这个事实，使得学习是一项推理的论证无效。我们发现动物是凭本能的反应而去使用棒条、针钩、扣环等，成功地运用了这些机械的装置，表示动物依机械特性从事推理的说法不攻自破。"

桑代克深受动物实验的影响，主张学习方面的直接选择和联结。他把动物的行为视为直接对感觉到的情境做出的反应，并且将这一结论推广到人类学习，认为动物学习所展现的那种基本的机械现象对人类学习也同样适用。尽管桑代克也时常意识到人类学习的复杂性和广阔性，但他很喜欢用较简单的学习原则去理解较复杂的学习行为，这样就把人类学习的较简单形式与动物学习的形式等同起来。如桑代克指出，"由动物学习所揭示的这些简单的半机械的现象，也可以作为人类学习的基础"。桑代克这种把学习看作情境与反应的直接联结而无推理作中介的观点，显然贬低了中介推理与观念的重要性，这为随后行为主义运动埋下了伏笔。

二、桑代克关于学习规律的观点

（一）桑代克前期关于学习规律的基本观点

桑代克在其前期的有关学习过程的研究中，根据大量的动物实验结果，总结出了学习的一些规律性的东西，提出了三条主要的学习律和五条从属的学习律。

1. 三条主要的学习律——效果律、准备律和练习律

（1）效果律（Law of effect）是桑代克对教育心理学的主要贡献之一，它是指刺激与反应之间联结加强或减弱受到反应结果的影响。桑代克认为，喜悦的结果加强联结，而厌烦的结果则减弱联结。也就是说，如果一个动作跟随着情境中一个满意的变化，在类似的情境中这个动作重复的可能性将增加，但如果跟随的是一个不满意的变化，这个动作重复的可能性将减少。

（2）准备律（Law of readiness）是指在有机体采取行动时，促使其行动就是一项增强，而阻碍其行动则是一种烦恼。当有机体并不准备行动时，迫使其进行行动则成为一种烦恼。

桑代克在其著作《人的本性》中对准备律作了如下阐述：

①在行动单元准备行动时，则该行动会产生满意的结果。

②在行动单元准备行动时，不让其行动，将会产生烦恼的结果。

③在行动单元不准备行动时，却强迫其行动，将会产生烦恼的结果。

（3）练习律（Law of exercise）认为联结的强度决定于使用联结的频次。一个学会了的刺激—反应之间的联结，练习和使用越多，就越来越得到加强，反之会变弱。练习律由作用律和失用律两部分组成。刺激和反应之间的联结因使用而强化。换句话说，不断地运用刺激情境与反应之间的联结，会强化两者之间的联结，这称为作用律。刺激和反应之间的联结因练习次数中断或不使用神经的联结而削弱，称为失用律。

2. 五条从属的学习律——多重反应、心向与态度、优势元素、联结变化和类比反应

（1）多重反应（multiple response）又称多变化的反应（varied reaction），是指某反应不能解决问题时，有机体将继续尝试其他的反应，直到找到一个能有效地解决该问题的反应为止。桑代克认为多重反应是所有学习的第一步，这和其尝试错误学习是一致的，动物尝试由第一个反应到另一

个反应，直到解决了一件工作为止。在桑代克看来，很多学习基于以下事实，即有机体会倾向于维持主动，直到其反应最终解决了现存的问题为止。

（2）心向与态度（sets/attitude）是指有机体学习时的某种暂时的状态，这种状态（如食物剥夺、疲劳或情绪等）决定什么因素给有机体带来烦恼或愉快。这乃是桑代克再度认定学习者进入学习情境而有所准备的重要性。什么样的动作对个体来说是满意或烦恼的因素，全在于个体的背景及其学习时的暂时状态。如长时间被剥夺食物后，饥饿的动物比已经吃饱的动物对发现食物更满意。桑代克认为，动物的驱力状态决定着使它感到满意或烦恼的因素。

（3）优势元素指环境中不同的部分或元素会引起不同的反应与之联结。学习者能有选择地对某个问题或刺激情境中优势的或显著的要素做出反应。就是说学习者会从一个复合的模型中取出主要的项目，并以此为基础做出反应。这种处理情境中有关部分的能力，使得分析的和领悟的学习成为可能。

（4）联结转移（association shifting）是指一个反应在经历了刺激情境中一系列逐渐变化后仍能保持不变，那么这个反应最后可以对一个全新的刺激起作用。联结转换建立在接近性的基础上，与桑代克的共同元素论有密切的关系。根据桑代克的共同元素论，在新情境中只要有足够的原情境中的元素，就会出现相同的反应。改变刺激情境的方式可采用这种办法：如桑代克举例说（1913），“以对 abcd 产生反应开始，我们可连续消除若干元素，以及增加若干其他元素，直至对 fghij 完全反应为止，后者可能从未产生联结。从理论中说，进展的方式从 abcde 到 abcef，abcfg，到 abcfgh，到 abghi，到 fghij，可获得的方式反应可能与任何情境附着在一起，因为只要我们所安排的事件，在每一个步骤中，X 反应的结果，比他所中止的或所做的其他事情，更能令人感到满意即可。”另外，桑代克还用教会猫站立的例子来说明这条原则。起先，在猫面前悬挂一条鱼时，主试说：“起立。”做了足够的尝试以后，鱼这个刺激可以省去，只用言语符号也会引起同样的反应。这条原则说明，学习者获得的任何反应能够与他感受的任何情境联结起来。这与条件反射作用十分相似。它与由效果律支配的尝试错误学习是不同的，联结转换不依赖于效果，而依赖于接近律的学习。

（5）类比反应（response by analogy）是指对新情境的反应是以新情境同化于先前的类似学习情况为基础，并依据这两种情境的类似性做出反应的，即学习者对一个新情境就像对某个与它相似的情境一样做出反应。这里桑代克所说的相似性是指两个情境中共同的元素数目，这与其共同元素训练迁移论有关，他认为，由一个情境到另一个情境的迁移所以会发生，决定于两个情境有共同元素的程度。桑代克的共同元素迁移说在后面还会专门介绍。

以上是桑代克前期研究所提出的学习规律，这些规律是根据他关于学习实质的基本观点而形成的，成为他的联结主义学习论的重要组成部分。

（二）桑代克后期对学习律的修正

桑代克的学习律自提出后，受到了教育界、心理学界的广泛重视，教育心理学家们对他的理论观点展开了许多争论，但大多数是对桑代克理论的修正和补充。桑代克根据自己的进一步实验研究在 1930 年后对他的一些理论观点进行了修正，使其更明确，更有说服力。

1. 对主要的学习律的修正

首先是放弃了练习律。桑代克经过严格的实验，最后得出结论为，只靠重复练习是不能加强联结的，缺乏练习也不见得会大幅度地减弱联结。于是桑代克在 1930 年之后放弃了整个练习律。

桑代克反证练习律的实验是这样的，他要求一位蒙上双眼的受试画一条 4 英吋长的线，一连许多天，每天画数百次，但主试从不给予任何有关画线精确程度的反馈信息。实验结果是练习进行到第十二天，所画线的长度的概率分布基本上与第一天相同，也就是说，练习并没有带来结果的改进。这表明如果单纯重复某个情境，对正确的反应一无所知，那么若干反应的相对频率就不会有什么变化，或根本无变化。桑代克以这个实验否证了练习律的存在。

其次是对效果律进行重要的修正。1930 年以后，桑代克通过实验发现，他早期的效果率只对了一半，即有关获得满意状态的反应会得到加强的一半，而另一半即受到惩罚的反应则几乎不被削弱。据此，他把前期的效果率修正为奖与惩的效果不是相等或相反的，在某些条件下，奖励比惩罚更有效。这一结论至今仍有深远的意义。

桑代克摒弃惩罚的削弱后效的原则不是绝对的。他否认的只是直接的削弱作用。在桑代克看来，惩罚确实影响学习，不过那是间接的影响，而这种间接效果主要在于惩罚导致学习者烦恼的产生，这使他不大可能去重复原来的反应。桑代克的这种解释与我们的实际经验似乎是相符合的。

2. 对从属的学习律进行修正

桑代克对从属的学习律进行修正主要是增加了效果扩散与相属性两条副律。

第一条副律是效果扩散（spread of effect）。效果扩散是指奖励不仅会增强反应，而且还连带地加强对邻近的反应。效果扩散是桑代克1930年后增加的一项主要的理论概念。桑代克用这一概念来解释奖励的自动影响。桑代克在一项实验中，意外地发现对事情的满意状态，不仅增加了获得满意状态反应再现的可能性，也增加了环绕于增强状态的反应再现的可能性。

桑代克通过实验给被试呈现编了号的10个字，然后给出这个字，让被试对该字的数字做出反应，如果被试以实验者教他的该字的对应数字反应，实验者就说“对”。如果被试以其他数字反应，实验者便说“错”。这个实验以这种方式尝试进行多次。桑代克从这种研究中，得出两项重要结果，第一就是前边提到的修正了的效果律。第二是奖励不仅对受奖的联结起作用，而且对时间上邻近的，刚好发生的这个受奖励联结前后的联结也起作用，并且联结离受奖励联结越远，效果就越小。桑代克称这种现象为效果扩散。

第二条副律是相属性（belongingness）。相属性是指位置上的接近并不能决定可以把材料很好地联结在一起，而学习材料以某种方式加以组织，较容易形成正确联结。当有机体的需要与反应产生的结果存在自然的关系时，学习才是最有效的。

桑代克把相属性原则应用到两个方面，其一是他用这个原则来解释人们学习语文材料时容易把相属在一起的组成单元联结在一起的原因，其二是他认为如果有机体的需求状态与由反应学习引起的效果之间存在自然关系时，更容易形成联结。

桑代克的相属性认识到了一条与后来格式塔心理学相似的组织原则，由此，可以说桑代克的相属性向格式塔心理学迈出了一步。

桑代克可以说是教育心理学的鼻祖，他接受了达尔文进化论和联想主义传统的影响，在动物实验研究的基础上提出自己的“试误—联结”学习理论，奠定了联结派学习理论的基础。桑代克做过的一系列大规模的实验研究，如他最著名的小鸡、小猫迷津实验，还有练习曲线和工作曲线等，都已成为教育心理学的经典之作。桑代克对心理学的贡献是巨大的，也是大家有目共睹的。但他认为人类与动物的基本学习方式是一样的，都是通过试误来学习的，不同的仅仅是复杂性程度不同而已，这实际上是达尔文的生物进化论在心理学上的进一步延伸。桑代克学习理论的最大弱点是过于简化了学习过程的性质，它只能解释简单的机械的学习，无法解释人类复杂的认知学习，实质上是抹杀了人的学习的主观能动性这一最突出的特征。尽管他的理论观点不是完美无缺，而且有许多观点在很长时期里引起广泛争论，但是他仍然不愧为心理学界的伟大人物之一，他留下的丰富著述，为后人的研究提供了大量可供借鉴的材料。

第二节 巴甫洛夫与华生的经典性条件反射学习理论

经典性条件反射学习理论是联结派学习理论的重要流派，经典性条件反射最先由俄国著名的生理学家、诺贝尔奖获得者巴甫洛夫（Ivan Pavlov，1870—1932）最早提出，最先是作为一种生理现象，随之引起心理学界重大的反响，人们将这种经典性条件反射作为心理现象，用来解释心理的发生。后来，由行为主义心理学家华生（John B. Waston，1878—1958）将巴甫洛夫的经典性条件反射用来说明有机体的学习，形成了经典性条件反射的学习理论。因此，可以认为经典性条件反射学习理论的创立者是巴甫洛夫与华生。

一、经典性条件反射学习理论的建立过程与基本观点

经典性条件反射学习理论的形成过程分为两步，第一步是巴甫洛夫发现经典性条件反射，并提出经典性条件反射的原理；第二步是华生将经典性条件反射运用于学习领域，将经典性条件反射原理发展成为学习理论。

首先是巴甫洛夫对经典性条件反射的研究及有关原理的提出。

巴甫洛夫最先主要研究的是血液循环生理学与消化腺生理学，从20世纪初开始，巴甫洛夫转而研究大脑生理。促使他改变研究的直接原因，是他在许多消化腺活动中发现的一个有趣现象，他在研究胃分泌生理时就第一次观察到了这个现象：狗不仅在进食或“假饲”时，而且在一见到食物时就要分泌出胃液，巴甫洛夫把它称为胃腺的“精神兴奋”，但没有对其进行详尽的研究。过了几年，他在研究唾液分泌生理时，再次碰到了这个现象：狗一看到用来把冲淡了的酸液灌入自己口中的食管，唾液便分泌出来。这种现象出现得太频繁，甚至已变成工作中的严重障碍，于是巴甫洛夫的注意开始转移到了怎样去理解消化腺“精神兴奋”的本质、机制和由来，并进行了一系列关于经典性条件反射的研究。

巴甫洛夫的实验方法是，把实验用的狗嘴里的唾液腺开口，用一根导管接到外面，导管连接到一个既可以测量以立方厘米计的总量，也可以记录分泌滴数的装置。实验进行时，先给狗进食，测量其唾液分泌，然后先给狗听铃声（狗没有唾液分泌），然后紧接着喂食物，狗分泌唾液。如此重复若干次之后，只给狗听铃声，不呈现食物，狗也会分泌唾液，即铃声已经成为进食的信号，狗已经形成了铃声与进食的条件反射（如图 4－2 所示）。该实验表明，如果食物反复伴随着一个中性刺激，即一个并不自动引起唾液分泌的刺激，如铃响，这狗就会逐渐“学会”在只有铃响没有食物的情况下分泌唾液。一个原是中性的刺激与一个原来就能引起某种反应的刺激相结合，而使动物学会对那个中性刺激做出反应。这就是经典性条件反射的基本内容。

图 4－2　巴甫洛夫关于条件作用研究的实验装置

（资料来源：Lefrancois，1982）

在巴甫洛夫的实验中，食物称为无条件刺激（UCS），由食物引起唾液分泌称为无条件反射（UCR）；铃声原来是一种中性刺激，铃声和食物在时间上多次结合，原是中性刺激的铃声就成了条件刺激（CS），铃声和唾液分泌之间就建立了一种新的联系，称之为条件反射（CR）。在条件反射形成过程中，无条件刺激引起特定的反应是前提条件，即无条件反射是条件反射的基础。条件刺激并不限于听觉刺激，一切来自体内外的有效刺激（包括复合刺激、刺激物之间的关系及时间因素等）只要跟无条件刺激在时间上结合（即强化），都可以成为条件刺激，形成条件反射。新的条件反射不仅能够直接在无条件反射的基础上形成，而且一种条件反射巩固后，再用另一个新刺激与条件反射相结合，还可以形成第二级条件反射。例如，如果狗已经对铃声建立了条件反射，再把铃声和灯光一起配对呈现，经过几次试验后单独出现闪光，也会引起狗的唾液分泌。这就是通过刺激替代建立了二级条件反射。同样，还可以形成第三级条件反射。在人身上则可以建立多级的条件反射。

概而言之，有机体条件反射建立的过程是，中性刺激与无条件刺激在时间上结合，使中性刺激成为物体无条件刺激的信号，从而中性刺激替代无条件刺激，形成原来只有无条件刺激才能引起的反应。这个过程也是强化的过程，强化的次数越多，条件反射就越巩固。

巴甫洛夫进一步通过一系列研究对经典性条件反射的消退、分化、抑制问题，对条件反射的神经活动机制问题等进行了研究，提出了关于经典性条件反射的理论。

巴甫洛夫的条件反射理论在心理学界产生了重大影响，尽管他的经典性条件反射原理本身实际上就是在说明有机体经验的获得过程，然而，由于他坚持认为自己是一个生理学家而不是心理学家，因此，他没有将自己的经典性条件反射学说运用到学习领域，这一步工作则是由行为主义心理学家华生来完成的。

华生是行为主义学派的开创者，虽然其学术生涯仅维持了17年，但他的理论和方法在使心理学客观化方面发挥了巨大作用。作为极端的行为主义心理学家，华生否认传统心理学的对象心理或意识，认为心理学的研究对象是观察到的行为。他指出，“就行为主义者的观点来说，心理学是自然科学的一个纯客观实验分支。他的理论目标在于预见和控制行为。……行为主义者力图获得动物反应的一个统一图式，认为人兽之间并无分界线”（《行为主义者眼中的心理学》），“我们所需要做的，是把行为而不是把意识当作我们研究的客观对象”。他将行为归结为肌肉活动和腺体分泌，将行为的发生归因于外在和内在的刺激，因此，华生认为心理学只研究那些能够用刺激和反应术语客观地加以描述的动作、习惯的形成、习惯的联合等，主张用刺激一反应来分析所有的行为。在华生看来，“知道了反应就可以推测刺激，知道了刺激就可以预测行为。”在研究方法上，华生主张应该只用客观的研究方法而反对内省方法。

华生根据其行为主义的基本观点对有机体学习进行了探讨。首先，他对桑代克的学习理论不满意，认为其尽管也使用了“刺激”、“反应”之类的术语，但仍然有许多心灵主义的成分，例如效果律，认为喜悦的结果会加强联结，而厌烦的结果会减弱联结，所谓的“满意”、“烦恼”是无法客观观察、无法控制的，将联结的建立和巩固与这些心灵主义的术语联系起来是不科学的。从行为主义心理学的客观主义立场出发，华生必然会选择巴甫洛夫的经典性条件反射原理作为完全客观地分析有机体学习行为的依据，因此，他将经典性条件反射运用于学习领域，形成了经典性条件反射学习理论。

华生根据经典性条件反射的原理做了一个著名的恐惧形成的实验。实验被试是一名叫艾波特的出生只有 11 个月的婴儿。华生首先让艾波特接触一个中性刺激小白兔，艾波特毫无害怕的表现，似乎想用手去触摸它。然后兔子出现后，紧接着就出现用铁锤敲击一段钢轨发出的使婴儿害怕的响声(无条件刺激)；经过 3 次结合，单独出现小白兔也会引起艾波特的害怕与防御的行为反应；6 次结合后，被试的反应更加强烈，随后泛化到相似的刺激。艾波特对任何有毛的东西感到害怕，如老鼠、制成标本的动物，甚至有胡子的人。在华生看来，人类出生时只有几个反射（如打喷嚏、膝跳反射）和情绪反应（如惧、爱、怒等），所有其他行为都是通过这样的条件反射建立新刺激—反应（S—R）联结而形成的。

根据这个婴儿通过经典性条件反射获得经验的实验，华生提出了经典性条件反射学习理论对于学习的实质的基本观点。他认为，有机体的学习就是通过经典性条件反射的建立，形成刺激与反应之间联结的过程。这个见解包含两方面的含义：（1）学习就是形成刺激与反应之间的联系或联结，这是联结派学习理论的基本前提。（2）联结的实现过程，是通过条件刺激与无条件刺激在时空上的结合产生了替代作用，使条件刺激与原来只能由无条件刺激才能引起的反应建立了联系，这个过程也就是经典性条件反射形成的过程。第二方面含义是经典性条件反射学习理论特有的，因此，该理论也可以称为“替代—联结”学说。

二、经典性条件反射学习理论关于学习规律的观点

尽管巴甫洛夫本人并没有专门概括学习的规律，但是巴甫洛夫的实验及所提出的条件反射原理实际上包含了许多重要的学习规律，其中最重要的是学习的消退律与学习的泛化与分化律。

1. 消退律

如果条件刺激出现多次而没有无条件刺激的强化，则已经建立的条件反射将逐渐减弱甚至消失。有趣的是，条件反射的消退带有暂时的性质，在某

一种情况下，条件反射消失后不多久，就自行恢复了，而在另一种情况下，为了要达到恢复的目的，就必须再次用使条件反射与无条件反射反复结合或别的方法，不同的条件反射又会有不同的消退速度。巴甫洛夫认为条件反射的消退是一种由抑制过程所引起的较完全、较长期的机能性遮断。

2. 泛化与分化律

条件反射一旦确立，其他类似最初条件刺激的刺激也可以引起条件反射，称为泛化。巴甫洛夫在实验过程中发现，有机体在开始时一般都以同样的方式与原来条件刺激相似的刺激做出反应，例如，如果原来的条件刺激是500 Hz 的音调，现在用 400 Hz 或 600 Hz 的音调也能引起条件反射。泛化条件反射的强度与两个条件刺激间的相似程度有关，相似程度越高，反应强度越强；相似程度下降，反应也越弱。

因此，在实际的学习过程中，为了避免有机体所形成的条件反射的泛化，需要在条件反射建立过程或建立后进行分化活动，分别向有机体呈现条件刺激和与之类似的无关刺激，对条件刺激给予强化，对无关刺激则不予强化，这样就可以使有机体对条件刺激与相似的无关刺激产生分化，对前者做出反应，对后者不予反应。

例如有机体已对每分钟振动 100 次的节奏器声音建立了条件反射，这时，由于泛化作用，它对每分钟振动 80 次或 120 次的节奏器声音也会做出相同的反应。如果将每分钟振动 100 次的节奏器声音与 80 次的、120 次的声音随机呈现，只对条件刺激（每分钟振动 100 次）伴随无条件刺激（强化），而对其他两种相似的无关刺激（每分钟振动 80 次或 120 次）不予强化，那么，有机体逐步会产生分化，只对条件刺激（每分钟振动 100 次）做出反应，而对相似的无关刺激（每分钟振动 80 次或 120 次）不做反应。

巴甫洛夫提出的这个泛化与分化律有重要意义，对于我们认识有机体经验的获得的规律，尤其是学生概念的掌握过程的规律，从而提高教学质量有重要的启示。

华生对学习律进行了研究，他反对桑代克的效果律，主张用频因律和近因律来解释学习。频因律是指在其他条件相等的情况下，某种行为练习得越多，习惯形成得就越迅速，练习的次数在习惯形成中起着重要作用；近因律是指当反应频繁发生时，最新近的反应比较早的反应更容易得到加强，也就是说有效的反应总是最后一个反应。因此，他把反应离成功的远近，作为解释一些反应被保留、另一些反应被淘汰的原则。

总体来看，巴甫洛夫与华生提出的经典性条件反射学习理论是有重要意义的。巴甫洛夫把比较精确而又客观的方法引入对动物学习的研究，把生理与心理统一起来，对高级心理活动进行了卓有成效的研究，对心理学界产生了巨大的影响，他提出的经典性条件反射学说，揭示了心理活动和学习活动最基本的生理机制，对科学地、唯物地说明心理活动和学习活动是有历史功绩的。华生作为行为主义心理学的创立者，强调心理学研究的客观性、科学性，强调使用客观方法研究心理，使美国心理学从注重于意识和主观主义转变到唯物主义和客观主义，这也是有积极意义的。他将巴甫洛夫的经典性条件反射的研究引进学习领域，对有机体后天获得经验的过程作出了系统的解释，形成了经典性条件反射的学习理论，对于促进对有机体学习过程的了解与研究，促进学习理论的发展，有重要的意义。

从今天的眼光来看，用经典性条件反射确实可以对相当一部分学习现象作出科学的解释。然而，经典性条件反射学习理论有较大的局限性，正如许多心理学家所说，经典性条件反射原理只可以解释部分较简单的、低级的学习，而且即使是简单的学习，也不能完全用这种条件反射来解释，因为，如前面所述，这种经典性条件反射建立的前提是有机体先天就存在的相应的无条件反射；而对于复杂、高级认识过程的学习，用这种条件反射原理来解释，就会犯简单化和机械论的错误。毕竟，学习远远不局限于条件反射式学习一种形式。

应该指出，虽然巴甫洛夫与华生在经典性条件反射原理方面有许多共同之处，如都将学习看成是经典性条件反射的建立，注重刺激在引起有机体行为反应中的作用，但两者还是有重要的区别，如巴甫洛夫重视探讨动物和人的行为与高级神经活动的关系，而华生则注重的是肌肉和腺体的生理学；巴甫洛夫注意到人和动物的高级神经活动的本质差异，而华生则混淆了人与动物的界限，抹杀了人类思维的特点；巴甫洛夫并不否认意识，但华生则根本否认意识和主观世界的存在。

第三节　斯金纳的操作性条件反射学习理论

斯金纳（B. F. Skinner，1904—1990），美国心理学家，操作性条件反射理论的创立人，新行为主义的主要代表之一。

斯金纳的学习理论和教学思想是建立在他对操作性条件反射的实验研究

的基础上的。斯金纳通常以白鼠和鸽子作为实验对象，观察它们在食物的强化作用下，学会了压杠杆（白鼠）和啄亮窗（鸽子）等操作行为的过程，并对强化的机制、原则、类型、方式做了精细的研究，提出了操作性条件反射学习理论和程序教学的思想。

一、操作性条件反射的提出及其基本观点

操作性条件反射理论由行为主义心理学家斯金纳创立。斯金纳在哲学方面深受实证主义、逻辑实证主义和操作主义的影响。他自己明确宣称其思想观点的形成受到了马赫、彭加勒、布里奇曼和罗素等人的启示。在心理学方面，斯金纳是新行为主义心理学家，除了受巴甫洛夫和早期行为主义的影响外，桑代克的工具性条件反射的研究也给了他重要的启迪。他还是一个激进的环境决定论者，深受达尔文主义和卢梭的影响。

斯金纳认为心理学是一门直接描述行为的科学，必须使用像物理、化学和生物学所使用的纯客观的自然科学方法，以实验分析为基础；他坚持从可以直接观察到的外部环境入手研究人的行为，去描述行为的规律，把内省排除在研究方法之外，认为这样才能使心理学纳入自然科学的轨道。斯金纳与其他行为主义者一样，认为一切行为都是由反射构成的，而反射的基本要素是刺激（S）和反应（R）。

斯金纳在《反射的概念》一文中写道："对迄今认为是不可预测（并可能因此而被归诸于物理因素）的有机体行为的某一特定部分，研究者应尽力找出与此活动相关的前置变化事件，并建立这种相关的条件。"斯金纳认为心理学的目标是：经由找出特定行为的特点因素来分析行为，并建立前置作用因素（自变量）与继后行为（因变量）之间的真正关系。要做到这一点，最佳的方式是运用实验，因为只有在实验中，所有影响行为的因素才能得到系统的控制，因此，斯金纳称自己的科学为"行为的实验分析"。

斯金纳不仅想描述行为，而且还想要控制行为，因为控制是一种最后的检验标准，由观察所确定的自变量和因变量之间的函数关系，在科学上是否合适，有待控制来检验，单凭预测是不够的，因为预测可以来自两个变量的相关，但这两个变量也许与第三个变量有因果联系，而彼此之间却无因果联系。斯金纳认为一个研究者只有在不仅能够预测行为的发生，而且也能够通过操纵自变量来影响行为的发生时，才可以说他已经解释了行为。因此一种适当的行为实验分析意味着一种行为技术，据此可以为了某种目的来操纵行为。

斯金纳的最大贡献是创立了操作性条件反射理论，该理论是根据他用自己发明的一种学习装置“斯金纳箱”所做的经典实验提出来的。斯金纳箱内装上一操纵杆，操纵杆与另一提供食丸的装置连接（如图4－3a所示）。

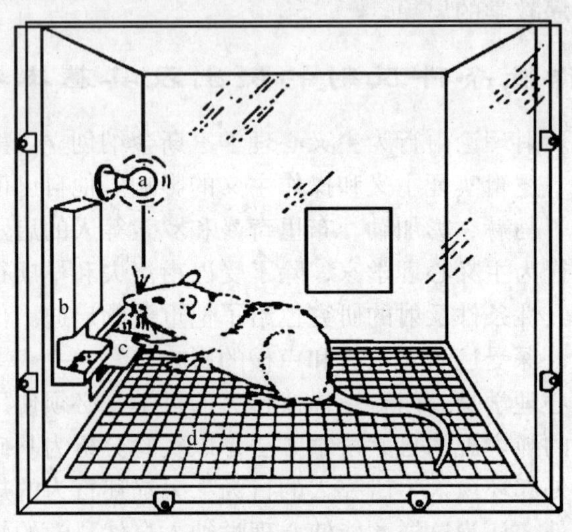

a. 灯；b. 食物槽；c. 杠杆或木板；d. 电格栅

图4－3a　斯金纳箱

（资料来源：Lefrancois，1982）

实验时把饥饿的白鼠置于箱内，白鼠在箱子里自由活动，偶然踏上操纵杆，供丸装置就会自动落下一粒食丸。白鼠经过几次尝试，会不断按压杠杆，直到吃饱为止。这时我们可以说，白鼠学会了按压杠杆以取得食物的反应，按压杠杆变成了取得食物的手段或者工具。所以，操作性条件反射又称为工具性条件反射。在操作性条件反射中的学习，也就是刺激情境（操纵杆S）与压杆反应R之间形成固定的联系。值得注意的是，在斯金纳的实验中，S不是刺激，是情境；有机体在刺激情境S中自发地做出操作R，行为结果获得强化物S_1，S_1是对有机体的操作（反应）R的强化结果，使R与刺激情境S形成联结，即形成“R—S”的联结，提高有机体在S情境中做出R反应的概率。这就是斯金纳操作性条件反射的形成过程与实质。

根据实验研究的结果，斯金纳提出了操作性条件反射的学说。所谓操作性条件反射，是指有机体在某种情境中自发做出的某种行为由于得到强化而提高了该行为在这种情境中发生的概率，即形成了该反应与情境的联系。

斯金纳认为所有行为都可分为两类：应答性行为和操作性行为。应答性行为是由已知的刺激引起的，正如巴甫洛夫的经典性条件反射的行为，有机体被动地对环境刺激做出反应。而操作性行为则不是由已知的刺激引起，而是由有机体自身发出的，最初是自发的行为，如吹口哨、站起来、出击、小孩丢掉一个玩具又拿起另一个玩具等，这些行为由于受到强化而成为在特定情境中随意的或有目的的操作，有机体主动地进行这些操作作用于环境以达到对环境的有效适应。这类行为可以利用安排结果性的（后继的）刺激（斯金纳称之为强化物、强化刺激）而得到巩固或消退。相应地，斯金纳把条件反射也分为两类：应答性条件反射（即经典性条件反射）和反应型条件反射（操作性条件反射）。经典性条件反射是刺激(S)—反应(R)的联结，反应是由刺激引起的，而操作性条件反射则是操作(R)—强化(S)的过程，重要的是跟随操作后的强化（即刺激）。

经典性条件反射与操作性条件反射有重要的区别。经典性条件反射形成的前提是，有机体所要习得的行为（反应）都可以由某个无条件刺激引发出来，这样，当该无条件刺激伴随条件刺激物同时或稍后出现时，产生刺激替代作用形成条件反射；操作性条件反射中，有机体所要习得的行为（反应）是自发产生的，由于行为结果得到强化，有机体才学会在某种情境中做出特定的反应；这是两者的根本区别。斯金纳对操作性反应与应答性反应作了严格的区分，他认为操作性反应是有机体发出的，应答性反应是由刺激引发的，不是被试随意发出的行为。在经典性条件反射中，无条件反应是由无条件刺激引发的，由于无条件反应与条件刺激多次结合，从而产生了条件反应。这样经典性条件反射代表的是应答性行为，它是有机体对刺激做出的反应。操作性条件反射和经典性条件反射的另外一个主要的区别是反应和强化之间的关系。经典性条件反射中，不需要动物的行为就可以得到强化，因而这种强化是必然的。但是在操作性条件反射和工具性条件反射中，强化是动物的偶然行为产生的，也就是说是否得到强化依赖于动物是否做出了合适的反应。最后，经典性条件反射与操作性条件反射两者的生物学意义也是不同的。通过经典性条件反射有机体可以使一个无关刺激作为有关刺激的信号，从而可能辨别周围世界，知道外界事件与事件之间的一定的关系，得以预见与避开有害刺激，预见与趋近有益刺激。在操作性条件反射中有机体获悉自己的行为与外界刺激的关系，从而可以操纵环境，以满足自己的需要。当然，操作性条件反射的许多规律与经典性条件反射的规律很相似，因此它们在很多地方可以相提并论。

比较桑代克的猫学习开迷箱的实验与斯金纳的白鼠学习按压杠杆取食实

验可见，桑代克的发现实际上就是一种操作性条件反射，只不过他的实验中猫的行为是由箱外的鱼引发的，这样，有机体的行为的学习就必须以能引发该行为的刺激物为前提，因此，桑代克的理论在广泛地解释学习现象时会遇到困难。而斯金纳箱的小白鼠的行为是自发产生的，这样，斯金纳的操作性条件反射就可以解释更广泛的学习现象。

二、操作性条件反射学习理论的基本观点

斯金纳根据操作性条件反射观点对有机体学习问题进行了探讨，形成了其操作性条件反射学习理论。操作性条件反射学习理论主要包括两部分内容：第一是关于学习的实质的观点，即关于有机体是如何获得新的行为经验的观点；第二是关于学习的规律的观点，即如何引导有机体获得行为经验的观点，主要是连续接近方法和强化的设计与安排。

（一）关于学习实质的看法

斯金纳认为，学习是指有机体在某种情境中自发做出的某种行为由于得到强化而提高了该行为在这种情境中发生的概率，即形成了反应与情境的联系，从而获得了用这种反应应付该情境以寻求强化的行为经验。也就是说，学习是有机体通过操作性条件反射的建立，形成反应与情境刺激的联结，从而获得行为经验的过程。可见，操作性条件反射学习理论首先也是坚持了联结派学习理论的基本前提，认为学习就是形成情境刺激与反应之间的联系或联结；但是，它认为，主要是由于在特定情境中有机体发生的某种行为的结果得到强化而促使联结的建立，这是操作性条件反射学习理论关于联结形成的特有的看法，因此，该理论也可以称为“强化—联结”学说。

斯金纳虽然承认有机体一部分行为经验的获得是通过经典性条件反射建立刺激与反应的联结而获得的，但他认为，只有很少的行为经验是通过这种方式获得的，有机体的绝大部分行为经验是通过操作性条件反射建立而获得的。

斯金纳指出，有机体尤其是人类的绝大多数行为属于操作性行为，只有极少数是应答性行为，因此，几乎所有情境中的学习都可看作是操作性条件反射的建立。在特定情境中，有机体的预期行为出现后立即强化，再出现再强化，那么，其预期行为再出现的概率就会增加，形成特定情境中的特定行为，这就是学习过程。比如，幼儿入幼儿园的第一周可能会做出许多行为，如和其他幼儿交谈、注意老师、在屋子里走动、打扰其他同学等。随着老师对他们某些行为的多次满意反应（如微笑），该行为将会出现得更为频繁，这样逐步形成他们在幼儿园的行为规范。这就是通过操作性条件反射获得行为

经验。

（二）行为塑造技术与强化

斯金纳进一步认为，由于有机体绝大多数的行为都是通过操作性条件反射获得的，因此，他提出了行为塑造技术，以促进有机体的学习及新行为的形成。行为塑造技术主要由连续接近方法与强化理论组成。

1. 连续接近技术

由于在操作性条件反射建立过程中，有机体的行为是自然产生的，在其自发产生的多种行为中，如果对所期待的行为给予强化，就会形成该行为与情境刺激的联系。由此可见，操作性条件反射建立也暗含着这样的前提，即有机体在情境中会自然地做出实验者期待的准备给予强化的行为。在经典性条件反射中，无条件反应是由无条件刺激引发的，狗分泌唾液是由食物必然引出来的；而在操作性条件反射中没有特定的能够保证白鼠产生压杠杆反应的无条件刺激出现，这样，白鼠什么时候才发出压杠杆的特定行为才能使强化得以发生呢？没有引发行为反应的无条件刺激，实验者怎样使动物第一次产生所期待的反应呢？如果所要强化的是一个有机体不易自然做出的动作，例如，要训练鸽子走“8”字形，要是等它走出“8”字形才给予强化，也许需要很长的时间，甚至没等它做出这种反应，它就饿死了。因此，实验者或训练者不应消极地等待动物自然做出所期望的反应，然后给予强化，而是要应用连续接近技术来促进有机体做出所期望的行为。

所谓连续接近技术，是指通过不断强化有机体的一系列逐渐接近最终行为的反应来使它逐步形成这种行为。也就是说，实验者有选择地对有机体做出的接近最终行为的各种反应给予强化，而不是等待最终期望的那种行为自然出现后才给予强化。

以训练老鼠压杠杆为例。一只饥饿的、无知的、未经训练的老鼠刚被放到斯金纳箱中时，可能不容易自发地做出按杠杆的行为，它可能会在里面来回走动，嗅一嗅等，当这只老鼠转向食物杯时，实验者操作一个手工盒子，送食物到食物杯中。食物的滚动声会吸引老鼠的注意，老鼠会靠近杯子去吃食物。每当老鼠接近杯子时，实验者就送一粒食物。很快这只老鼠就会花大部分时间靠近杯子。因为杠杆是靠近杯子的，老鼠很容易会碰到杠杆，当它出现了第一个压杠杆动作，立即给予强化，从这时起，实验者就只在老鼠碰到杠杆时才给食物强化。最终，老鼠学会了压杠杆获得食物。

训练动物发出所期待要求产生的反应，是通过强化相继近似行为达到这一目的的。近似行为就是接近所要求的行为的行为。在上面的情境中，转向食物杯，接近食物杯，这些行为都是相继接近所要求的行为的。

又如前面所提的训练鸽子走“8”字形，因为鸽子这个行为很难自然出现，因此，首先，只要它朝顺时针方向迈出一步就给予强化，这样，鸽子这种得到强化的反应很快得到重复，然后当它明确地按顺时针方向迈出第二、第三步时才给予强化，然后再到第四步……，最后，只对一个完整的顺时针转向的动作才给予强化。随后开始只强化逆时针方向的反应，方法同上。再到当鸽子能连贯转弯时才给予强化，最终会使鸽子做出走“8”字形的整个行为反应。

行为塑造对于实验室外的动物训练者来说是很熟悉的。就像训练狗站立或握手一样，开始，狗仅仅是因为产生与所要求的行为接近的行为就得到少量的食物或在头上爱抚之类的强化。最终，期待的行为就会形成。

操作性条件反射实验的结果多用累积记录器来表示。在累积记录器的笔下放一张纸，这张纸以稳定的速度运动，动物每做一次反应，笔就向上移动一点（如图 4-3b 所示）。这样记录器就会自动画下累积记录曲线。如图 4-4 所示，垂直方向上的累积反应是水平方向上所示的时间的函数。这样的曲线就是累积记录曲线。斯金纳（1956a）曾经列出了他的操作性条件反射形成的条件是装置、方法和原理。

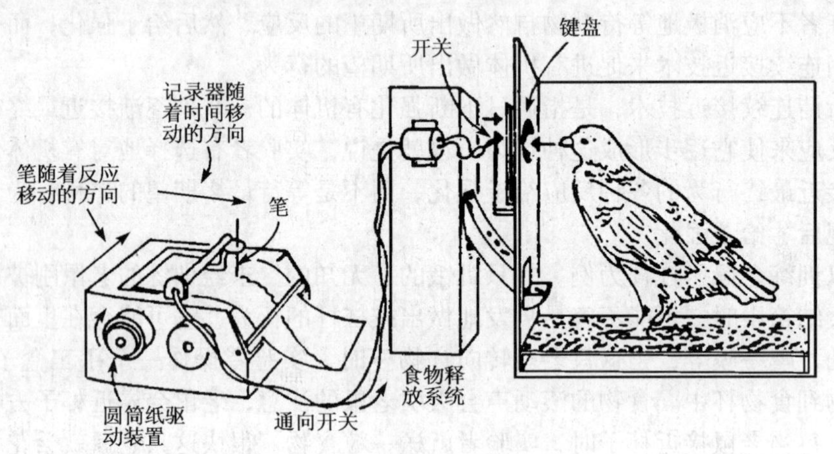

图 4-3b　斯金纳箱

（资料来源：Lefrancois，1982）

在斯金纳箱中学习按杠杆的小白鼠，反应和受到的强化次数越来越多。这样累积反应曲线的斜率在早期就会越来越高，如图 4-4 所示。曲线的斜率表示每一个时间间隔的反应次数。累积反应曲线表明了反应率，也就是动物在每一单位时间内的反应数。在实验的开始，累积反应曲线的斜率为零，即曲线是水平的。当小白鼠开始反应时，只要食物箱保持每一次反应后都有强化，曲线的斜率会渐渐增加，接着将保持相对平稳。

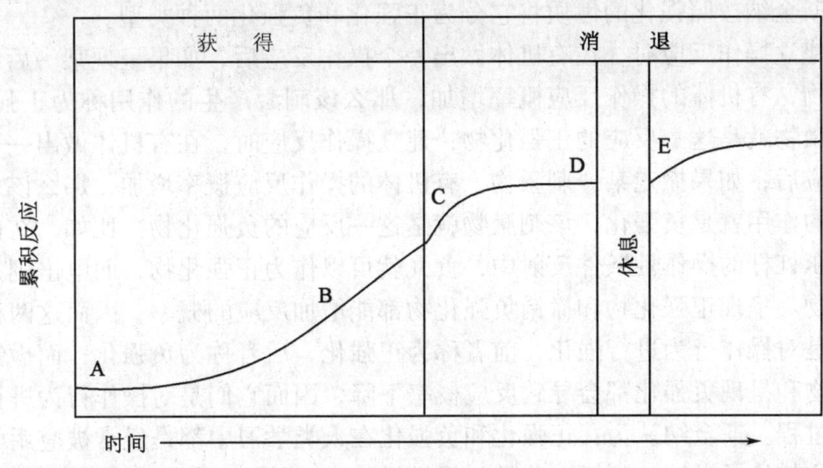

图 4－4 累积记录曲线

2. 强化原理与技术

在学习或训练过程中要使学习者形成特定的反应行为，首先要使学习者做出这种行为，然后给予强化以巩固下来成为固定的反应模式，这是斯金纳根据操作性条件反射学习原理提出的行为塑造过程。上面谈的连续接近技术主要用于促使有机体做出所期待的行为，而连续接近技术的实现，以及有机体做出期待行为后如何使它成为对情境的特定反应方式，这都需要强化。因此，强化的原理与技术是斯金纳关于学习规律的核心观点。

斯金纳认为，行为之所以发生，就是因为强化作用，形成操作性条件反射的关键就在于强化。强化决定了有机体行为方式的形成、转化的过程，也就是决定了学习的进行和学习的效果，合理地控制强化就能达到控制行为、塑造行为的目的，因此对强化的控制就是对行为的控制。斯金纳对强化的原理做了广泛精细的研究，提出了建立操作性条件反射的原则，探讨了强化的类型来源、方式等与有机体学习活动的关系。

(1) 强化的类型。

斯金纳认为，强化物是指“使反应发生的概率增加或维持某种反应水平的任何刺激”；利用强化物诱使某一操作反应的概率增加的过程就叫做强化。强化物每在相应的操作反应之后出现一次，我们就说这一操作反应得到了一次强化。可以看出，首先，强化是针对反应而言的，而不是针对有机体而言的，我们可以说食丸强化了白鼠压杠杆的行为，而不能说食丸对白鼠进行了强化。其次，强化物并不一定是令人愉快的刺激，强化物的作用只在于提高有机体某项行为出现的概率。

斯金纳按照强化的性质将它分为正强化和负强化两种类型。

建立操作反应时，在有机体做出一个操作反应后，如果呈现某一后继的刺激物，有机体的操作反应概率增加，那么该刺激产生的作用称为正强化，该刺激物就是这一反应的正强化物；建立操作反应时，在有机体做出一个操作反应后，如果撤走某一刺激物，有机体的操作反应概率增加，那么该刺激产生的作用就是负强化，该刺激物就是这一反应的负强化物。比如，在白鼠形成压杠杆的操作性条件反射中，食丸就可以作为正强化物，而电击则是负强化物。呈现正强化物和撤销负强化物都能增加反应的概率，因而这两种情况都是对操作行为进行强化，前者称为正强化，后者称为负强化；而撤销正强化物和呈现负强化都会导致反应概率下降，因而它们是对操作行为进行惩罚的过程。斯金纳认为：正强化和负强化在人类学习中都是经常被应用的方法。比如给予微笑、赞扬、奖品，提供学生喜欢的活动等都可以对教师希望学生学会的某种行为或本领进行正强化，而收回批评、停止打骂、取消学生不感兴趣的活动等都是在对上述行为进行负强化。显然，斯金纳认为，负强化和惩罚是两个截然不同的概念，负强化会导致反应概率增高，而惩罚则导致反应概率的降低。斯金纳在对惩罚进行实验研究的基础上指出：一般而言，尽管惩罚在改变行为方面是一种有效的方法，但是它在塑造行为中的效果不如强化好，而且带有很多消极影响，应该有条件地使用惩罚。正强化和负强化的作用及其与惩罚的关系可见表4－2：

表4－2　强化类型与惩罚

反应概率	刺激增强	刺激消除
反应增加	正强化（呈现愉快刺激）	负强化（消除不愉快刺激）
反应降低	惩罚（呈现不愉快刺激）	惩罚（消除愉快或强化刺激）

同时，斯金纳按强化物的来源将它们分为一级强化物和二级强化物。一级强化物是指那些不需学习也起强化作用的刺激，如食物、水等满足基本生理需要的物品；二级强化物是指那些开始时不起作用，但后来由于经常与一级强化物或其他强化物联系在一起而具有了强化作用的刺激，对于人类而言都可能是二级强化物，诸如特权、财富、名声、地位等，它们在特定的社会

文化中起作用，对人的行为有着极大的影响力。在人类学习活动中，强化物不仅作为特殊的反馈信息控制着学生对自己学习效果的认识和评价，也是直接调动学生学习动机的重要鼓励因素。

（2）强化的安排。

斯金纳将强化间隔时间和频次特征分为两大类，一是连续强化，亦称即时强化，即每一次正确反应后都给予一次强化；二是间歇强化，亦称延缓强化。间歇强化又可以有两种安排方式：根据反应次数决定的比例强化安排和根据时间间隔决定的间隔强化安排。在比例强化安排中，可以是按固定比例进行强化，比如每10次正确反应后给1次强化，也可以是按变化的比例进行强化，比如每100次正确反应中随机安排10次强化；同样，在间隔安排中也有两种安排：按固定时间间隔进行强化，比如，每次出现正确反应后都隔10分钟再给1次强化；按变化时间间隔进行强化，比如，每60分钟内随机给6次强化。

具体的强化安排程式见图4－5。

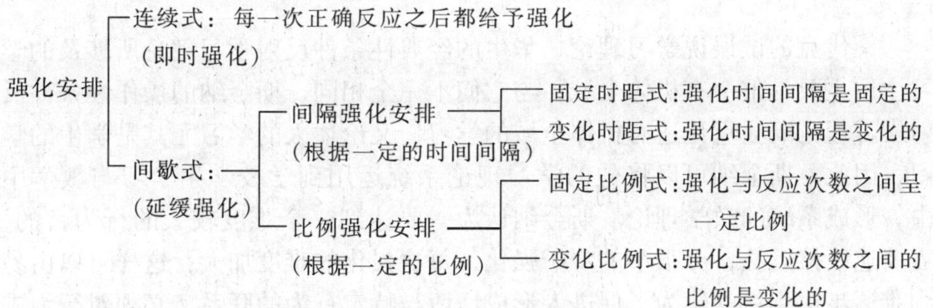

图4－5　强化程式的分类

上述这些不同的强化方式所导致的行为习得的速度、反应的速度和行为消退的速度是不同的，每一种不同的程式都产生相应的反应模式。一般而言，连续强化下比间隔强化下习得行为的速度要快；间隔式强化比起连续程式具有较高的反应率和较低的消退率；固定时距式由于有一个时间差，有机体每得到一次强化后反应速度都会下降，此后逐渐加快反应速度，直至下一次强化到来，反应率上升，出现了一种扇形效应；固定比例式对稳定的反应率比较有益，而变化比例则对维持稳定和高反应率最为有效；相比固定的强化方式而言，变化的强化方式作用下行为消退得更慢。需要指出的是，以上任何一种强化安排都可以与其他强化安排结合起来使用，这样的效果会更好。

我们可以根据控制学习过程的实际要求来选择强化类型和决定何时、怎样给予强化，即将上述强化方式组合起来使用。因此，建立某一操作反应的最佳的训练组合可能是：最初使用连续强化，然后是固定间隔强化，最后是变化比例强化。

斯金纳提出的这些强化方式和手段，对人类行为和学习的作用也是很明显的。比如学期考试就是一种固定间隔的强化模式，学生在学期开头时懒散松懈，临近考试则会埋头苦练，如果采用不定期考试就能使学生保持学习的劲头。

综上所述，强化方式的组合和强化物的运用在学习中起着关键作用，对于学生学习知识的活动和教师的课堂教学也不例外，实际上，每个教师都是一名强化的操作者，以此塑造学生良好的行为。

三、操作性条件反射学习理论在教学中的应用——程序教学理论

桑代克的试误说学习理论、华生的经典性条件反射学习理论所涉及的学习主体主要是整个有机体全域，与它们不完全相同，斯金纳的操作性条件反射学习理论既注重论述有机体全域的学习，又论述人的学习尤其是学生的学习，因此，斯金纳可以将他的学习理论系统运用到学校学生学习与教学中去，形成系统的教学理论。斯金纳认为，要达到一个难度较大的行为目的，需要连续接近法，分很小的步子强化，每次强化的难度加大，这样可以由易到难逐步达到目的。为了促进人形成情境与特定行为的联系，必须对行为进行强化。学生要形成教育者希望的行为模式，这个行为一时做不出来，可以采用连续接近法，通过设计好程序不断强化形成最终行为目标。教育的行为就是设计好教育的特定步骤的强化，形成教育者所期望的行为模式。根据这个思想斯金纳提出了程序教学法。

所谓程序教学，是指将各门学科的知识按其中的内在逻辑联系分解为一系列的知识项目，这些知识项目之间前后衔接，逐渐加深，然后让学生按照由知识项目的顺序逐个学习每一项知识，伴随每个知识项目的学习，及时给予反馈和强化，使学生最终能够掌握所学的知识，达到预定的教学目的。可见，精心设置知识项目序列和强化程序是程序教学能否成功的关键所在。

斯金纳的程序教学最先设计的是直线式程序。在直线式程序中，通过许多极小的步骤循序渐进地进行，所有的学生都是以同样的顺序通过同样的学

习内容。通常利用教学机器或程序教材每次给学生少量的信息（知识框面），然后就这点信息提问，由学生回答。在下一个框面中，向学生提供正确答案。在学生接受正确答案后，不管其回答是否正确，继续下一步的学习，除此之外，不给学生提供任何额外的信息。学生在学习时可以自己控制速度，因此它能适合不同速度的学习者的需要。后来格罗德对斯金纳的程序进行了修正，发展了分支式程序。分支式程序每一步骤都给出几种可选答案，选择了正确答案则继续下一步的学习，选择了其他答案则转向能纠正这种错误的学习步骤，待错误得到纠正后，再进入下一步的学习。

斯金纳认为，程序教学可以利用教学机器进行，把每一知识项目编制成知识框面，通过教学机器上的窗口或屏幕呈现给学习者，并能记录学习者的回答的对错，出示下一步该学习哪一框面中的知识项目等信息。程序教学也可以通过编制成书本进行，每页呈现一项问题，并根据学生的回答指示学生下一步该学习哪一页的知识。目前以教学机器和程序教材为基础的程序教学已不多见，而更进一步发展成为计算机辅助教学（CAI）。而 CAI 教学的方法和基本思想还是以斯金纳的程序教学为基础的。

程序教学遵循以下原则：（1）小的步子：教材上的知识项目应该是许多具有逻辑联系的小步子，下一步与上一步间的难度、深度差异不应太大，要方便学生顺利地学习。（2）积极反应：学生对每个知识项目的问题都要做出反应（解答）。（3）及时反馈：对学生的反应及时给出反馈信息，进行强化。（4）低错误率：将错误率降到最低限度，使学生有可能每次都做出正确反应。（5）自定步调：学生可以根据自己的实际情况确定学习的进度，而不必要求每个学生同时同步学习同一知识项目。

从上述介绍不难看出，斯金纳的程序教学思想的理论依据仍然是他的操作性条件反射理论和强化原理，是这些基本的学习理论在知识学习和教学领域中的具体化。

斯金纳认为使用程序教材的机器教学具有许多传统的课堂教学所无法比拟的优点：首先，避免了传统教学中学生常会因受到教师的批评、训斥、发脾气等而造成的恐惧、反感心理。其次，强化及时，反馈及时，不像传统教学中反馈和强化太少，耽搁时间长，降低了强化的效果。第三，最大限度地照顾了个别差异，有利于教师因材施教。第四，使教师能清楚把握学生的学习过程，发现问题所在，以便有针对性地进行指导。最后，机器可以记录学生的反应情况，为教师修改程序教材提供有效信息。

斯金纳是当代最有影响的心理学家之一，是行为主义的集大成者，舒尔茨在他的《现代心理学史》一书中指出："斯金纳是行为主义心理学毋庸置疑的领导人和战士，他的工作对美国现代心理学的影响，大于历史上任何其他心理学家的工作，甚至大多数批评他的人也不得不承认这一点。"

斯金纳对学习理论领域的研究作出了重大贡献，他通过严格的实验对操作条件作用进行了深入细致的研究，提出了操作性条件反射学说，并以此为基础建立了操作性条件的学习理论，在一定程度上克服了桑代克的试误说、华生的经典性条件反射说用联结观解释学习现象的局限，从新的高度上扩展了联结派的眼界，将联结派学习理论推向了一个新的高度。斯金纳的操作性条件反射学习理论在整个西方的学习理论中占有极为重要的地位。他对强化的精细的研究加深了人们对行为习得机制的理解，使人们能成功地预测和控制行为，也为行为塑造矫正提供了一种可信的理论基础。斯金纳以他操作性学习理论为依据提出的程序教学理论，在实际的教学活动中独具魅力，对学校教育产生了极为深刻的影响，它强调了学习的程序、反馈和操作，符合学生学习的一般规律和要求，提高了行为控制和教学的效率。尤其是在计算机技术迅速发展的今天，程序教学思想已成为计算机辅助教学技术（CAI 技术）的理论基础之一，为 CAI 技术的发展提供了基本的原则和思路。布卢姆的掌握学习和凯勒的个人教学计划，都是受斯金纳强化理论的影响而产生的两种教学理论，可见斯金纳学习理论的影响是非常深远的。斯金纳将强化分为正强化和负强化，还研究了固定间隔、固定比例、可变间隔和可变比例四种强化程式对学习的效果，其关于强化程式的研究具有重要的理论意义，同时在教育、行为治疗等方面有广阔的应用前景。

然而，斯金纳的操作性条件反射学习理论也受到种种批评，最主要的批评是他试图以操作性条件作用原理解释人类的一切学习行为，显然是过于褊狭，同时他根据对动物的强化研究得来得结论不加区分地运用于人的学习之上，忽略了人与动物的本质的区别，这也是错误的。作为联结派学习理论之一，斯金纳显然摆脱不了联结派观念的局限，没有对学习过程尤其是学生的知识学习过程的机制和内部过程进行研究，他对学习的研究更多地集中在对学习的一些外部条件，如强化与惩罚等方面，不注重人的知识学习的内部机制。他创立的程序教学理论，不注意人的学习的内部过程和内部机制，把人的学习与动物的学习几乎等同起来，把人看成了学习机器。不少教育学家与心理学家认为，根据这种方法培养的学生，知识技能很扎实，但整个知识的统摄能力较差，创造性很差。

作为一位行为主义的心理学家，斯金纳的整个心理学理论体系明显地具有极端实证主义、操作主义的倾向，从而被认为是更激进的新行为主义。他把人类广泛的心理现象和行为用单一的操作主义条件作用来解释，显然是过于偏激，从而陷入了机械唯物主义的深渊。

在研究方法上，斯金纳将操作主义作为检验科学概念的技术，这原是无可厚非的，但是，若把它作为一门科学的哲学基础，那就必然会导致否认实际存在着的东西。行为主义的那种极端机械论、庸俗进化论和还原论的错误立场，对心理学的发展产生了消极的影响。斯金纳的行为主义没能回答这样两个问题：（1）如果科学仅仅停留在经验描述而没有理论指导，科学如何才能发展？没有假设和演绎，如何规定科学的方向？（2）操作行为如何说明人的复杂的整体行为、人的创造和社会行为？这两个问题也几乎使行为主义欣欣向荣的景象迅速衰落，这也是我们整个心理学界所面临的最为棘手的问题。

第四节　观察学习与班杜拉的社会学习理论

联结派学习理论从桑代克的试误学说，到华生的经典性条件反射学说，再到斯金纳的操作性条件反射学说，体现了联结派学习理论的不断发展与完善。然而，这些理论都是通过有机体直接经历而形成“刺激—反应”的联结来说明它们的学习过程，随着联结派规范内部对学习问题研究的深入，这种观点受到来自本规范内部的质疑。首先，有人通过实验提出，动物没有直接对刺激进行反应也能形成条件反射，进行学习；也有人通过实验提出，在许多情况下，动物的行为并没有得到强化，但它们也形成了相应的联结；更重要的是，有人进一步证明了，动物在观察别的动物的行为的情况下也可以实现学习。苏鲁门和特纳进行了一项证明动物观察学习的实验，他让一只狗（狗A）听到乐音时给予电击，使狗产生逃避反应，经过6次结合，这只狗形成了乐音与逃避行为的条件反射。而另一只狗（狗B）仅仅在旁边观察了狗A形成条件反射的过程，而没有接受任何的训练，但是，狗B同样形成了对乐音产生逃避行为的条件反射。其他人还进行了类似的实验。根据这类实验，有人提出，有机体固然可以通过反应进行学习，然而在许多情况下也可以通过观察进行学习，通过观察形成联结。心理学家班杜拉（A. Bandura）是观察学习理论的集大成者，他主要关注人的学习，尤其是社会行为的学习。他根据自己所进行的一系列经典研究，提出了以观察学习为基础的社会学习理论（social learning theory），将联结派学习理论进一步向前推进。

一、班杜拉社会学习理论的基本观点

班杜拉原本信奉新行为主义，面临着认知主义和人本主义的挑战，自20世纪60年代后，在大量研究的基础上，他逐渐从传统的行为研究中脱离出来，提出了一系列新的思想，逐渐从偏重于外部因素作用的行为主义者向强调外在与内在因素两者并重转化，建立起具有自己特色的理论。

班杜拉以儿童的社会行为的习得为研究对象，进行了一系列重要的实验研究，系统地形成了他关于学习的基本思路，即观察学习是人的学习的最重要的形式。在他的一项经典性的实验中，让儿童分别观察现实的、电影的与卡通片中成人对玩偶的攻击行为，然后给儿童提供类似的情境，结果表明，观察过这三类成人榜样的儿童都发生了类似的攻击性行为。进一步，班杜拉进行另一项实验，在实验中将4～6岁的儿童分成两组，两组被试都观看成人攻击玩偶的电影，但其中一组被试所看的电影最后是这个发出攻击行为的成人受到别人的奖励，而另一组被试所看的电影最后是这个发出攻击行为的成人受到惩罚。然后将两组被试带到有类似情境的地方，结果表明，在自发的情况下，观察到成人攻击性受奖励的被试比观察到成人攻击性受惩罚的被试更多地表现出攻击性行为。但这并不是因为前者比后者学习得更好，因为，如果鼓励儿童模仿出电影中的成人的攻击行为时，两组被试在正确性方面没有差异。这说明，在成人榜样受到惩罚的情况下，儿童同样也学会了这种行为反应，只不过没有同样地表现出来罢了。可见成人攻击行为所得到不同结果，只是影响儿童对这种行为的表现，而对这种行为的学习没有影响。

根据实验研究的结果，班杜拉提出了以观察学习为核心的社会学习理论。如前所述，班杜拉的学习理论主要涉及的是人的社会行为方面的学习，该理论认为，人的社会行为和思想、情感不仅受直接经验的影响，更多地受通过观察进行的间接学习即观察学习的影响。班杜拉认为，人后天习得行为主要有两种途径：一种是依靠个体的直接实践活动，这是直接经验学习；另一种是间接经验学习，即通过观察他人行为而学习，这是人类行为的最重要来源，建立在替代基础上的间接学习模式是人类的主要学习形式。通过观察学习，人们可以避免去重复尝试错误而带来的危险，避免走前人走过的弯路。班杜拉认为，传统的学习理论，如桑代克的联结理论、华生的经典性条件反射理论等几乎都局限于直接经验的学习，不能解释人类许多习得的行为，他强调间接学习即观察学习的重要性。在探索和批评传统行为主义缺陷的基础上，班杜拉建立起自己的理论体系。

班杜拉虽然不否认试误学习或直接经验的作用，但他反复强调，人类的许多行为都是通过观察他人的行为及其结果而习得的。人类习得的许多东西，如语言、社会规范、态度和情感等，很难用试误学习来解释，而用观察学习来解释则很容易说得通。

观察学习是个体只以旁观者的身份，观察别人的行为表现（自己不必实际参与活动），即可获得的学习。在某些情境下，只根据观察别人的直接经验的后果，就可以在间接中学到某种行为，这种学习也称为替代学习。班杜拉指出："所有来自直接经验的学习对象，都能出现这样一个替代性基础，就是通过对别人行为的观察，观察者本身就能表现这种行为的结果。"

根据社会学习理论的观点，人类的大多数行为是通过榜样作用而习得的：个体通过观察他人行为会形成怎样从事某些新行为的观念，并在以后用这种编码信息指导行动。因此，观察者获得的实质上是榜样活动的符号表征，并以此为以后适当行为表现的指南。

班杜拉认为，观察学习并不是传统行为主义中认为的机械式反应，人在学习情境中观察模仿时，在接受刺激和表现到反应之间，有一段中介作用的内在心理历程。他认为，学习情境中的某种刺激，对学习者而言，有两种不同的性质或意义：一是名义刺激，指刺激所显示的外观特征是客观、可测量的。名义刺激的特征对情境中的每一个人而言都是一样的。二是功能刺激，指刺激足以引起个体产生内在的认知与知识。刺激的功能特征对情境中的每个人而言是不同的。

班杜拉认为，观察学习包含四个子过程：

（1）注意过程。注意过程决定了个体在众多榜样作用影响时有选择地观察哪些方面。观察者首先必须注意到榜样行为的明显特征，否则，就不可能习得这一行为。影响学习者注意的决定因素有多种：榜样作用的刺激方面有独特性、情感诱发力、复杂性、流行性、功能性价值等；在观察者本身特征方面有感觉能力、唤起水平、知觉定势和以往的强化等。

（2）保持过程。经过注意过程，观察者通常以符号的形式把榜样表现出的行为保持在长时记忆中。班杜拉认为，保持过程主要依存于两个系统，一个是表象系统，另一个是言语编码系统。有些行为是以表象方式保持的。由于反复展现榜样行为，最终会使观察者对榜样行为形成一种持久的、可回想的表象，这种表征系统在儿童发展的早期阶段，还缺乏言语技能时，起到非常重要的作用。但支配行为的大多数认知过程是语言的而不是映象的，即言语编码的，这种符号编码可以用容易储存的方式掌握大量的信息，促进观察学习和保持。

（3）动作再现过程。它是指把符号的表象转换成适当的行为。一般而言，学习者是通过按照榜样行为方式组织自己的反应而达到行为再现的。可以把行为实施分解为：对反应的认知组织；反应的发起；对反应的监控，以及根据信息反馈矫正反应。

（4）动机过程。社会学习理论对行为的习得（acquisition）和表现（performance）作了区分，习得的行为不一定都表现出来，学习者是否会表现出已习得的行为，会受强化的影响。首先是外部强化，如果按照榜样行为导致有价值的结果，而不具有无奖励或惩罚的结果，人们便倾向于表现这种行为。这是外部强化。其次是替代性强化，这种强化是指观察者因看到榜样受强化而受到的强化。观察到的榜样行为的后果，与自己直接体验到的后果，是以同样方式影响个体是否表现出榜样行为。学习者如果观察到别人的行为受到奖励，就会倾向于表现出这种行为；反之，如果观察到他人的行为受到惩罚，就会倾向于抑制这种行为的表现。最后是自我强化，学习者对自己做出所观察的行为而产生的自我评价，也会影响对这个行为的表现，一般来说，人们倾向于做出感到自我满足的反应，而拒绝做出自己不赞成的行为，这是一种自我强化。

班杜拉关于观察学习的过程及步骤见图4－6。

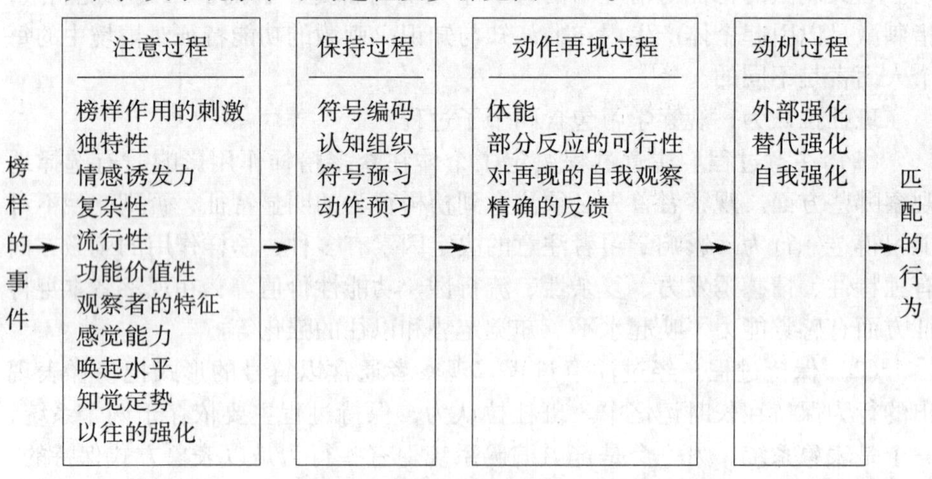

图4－6　支配观察学习的四个子过程

（转引自：施良方，1994）

概而言之，班杜拉的社会学习理论关于学习的实质问题的基本看法就是，学习是指个体通过对他人的行为及其强化性结果的观察，从而获得某些新的行为反应，或已有的行为反应得到修正的过程。从这里可以看出，班杜拉的学习理论，还是将学习看成是形成新的行为反应的过程，在这个问题上基本与典型的联结派学习理论是一致的，因此，心理学界多数人倾向于将他归入联结派。然而，需要强调的是，实际上班杜拉在学习问题上采取的更多是一种融合学习的联结派与认知派的立场，他提出观察学习实现过程与经典性条件反射或操作性条件反射的学习实现过程不同，在观察学习过程中，学习者不一定具有外显的操作反应，也不依赖于直接强化，这样，班杜拉必然要注重观察学习中的认知中介因素。他认为，个体通过观察运用符号系统对新的行为方式进行编码，获得榜样活动的符号表征，并在以后运用这些编码信息指导行动，这就是观察学习的实现过程。由此可见，班杜拉的社会学习理论注重行为经验形成过程的中介的认知活动，在这方面又与学习的认知派理论一致。

二、社会学习理论关于学习影响因素的基本观点

班杜拉的社会学习理论在学习的规律或影响因素方面有许多创新性的见解，对于我们研究学习有重要的启示。下面主要介绍他关于三元交互作用的观点，关于榜样、反馈、自我调节的观点。

（一）三元交互作用论

对于人的行为的起因问题，班杜拉反对行为主义的环境单向决定论，也反对人本主义的个人决定论，而主张交互作用论。然而，他认为，交互作用论所主张的交互作用模式是不同的，至少有三种，见图4-7。

第一种交互作用是“单向的相互作用论”，它将环境与个体看作是独立的实体，这两个实体以某种方式结合在一起影响人的行为。该模式的特点是个体因素与环境因素虽然是结合起来共同决定行为，但这两种因素都仅仅是自变量，两者之间没有发生影响。

第二种交互作用是“部分双向的相互作用论”，它将环境与个体的相互作用、相互依赖看作是行为的起因，这两个因素相互影响的结果影响了人的行为。该模式的特点是不再将个体因素与环境因素看作是独立影响行为的自变量，而认为它们相互作用的结果才是行为的起因。

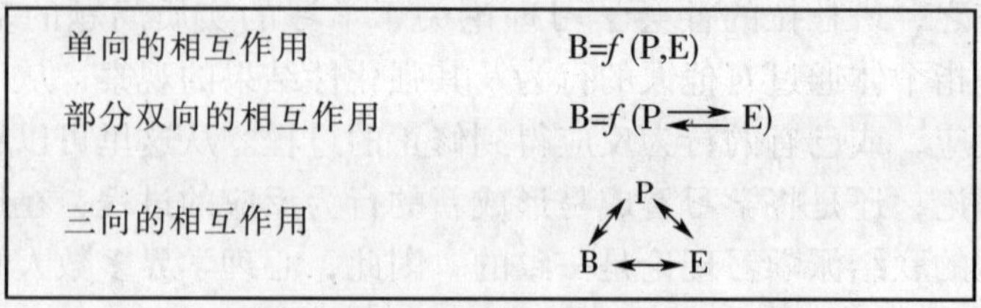

单向的相互作用	B=f (P,E)
部分双向的相互作用	B=f (P ⇄ E)
三向的相互作用	P ↙↗ ↖↘ B ⟷ E

B指行为;P 指个体;E 指环境

图 4－7　相互作用的三种模式

（资料来源：班杜拉，1987）

第三种是班杜拉提出的个体、环境与行为三者相互影响的三元交互作用观。他认为，环境因素、个体因素与行为因素是交互决定的，这些因素之间彼此交互影响，双向地相互影响。班杜拉的三元交互作用模式见图 4－8。

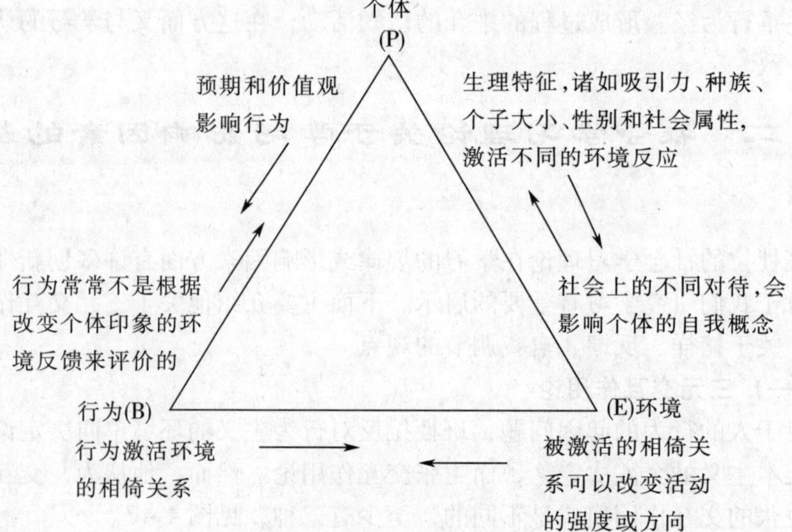

图 4－8　环境、个体与行为的三向关系

（资料来源：Bell－Gredler，1986）

根据这个三元交互决定的模式，个体的学习行为是前因决定因素与后果决定因素的函数。首先，前因决定因素既包括个体因素，个体在形成该行为之前已存在的那些影响力，包括预期、价值观、各种生理与情绪方面的变量等；也包括某些环境因素，如起到引发和激活人的行为的作用的环境刺激，如时间、地点、人物、事物、语言、文化背景等。后果决定因素主要指行为的结果，如成功、失败、奖赏、批评等，它可以是来自外部，即环境，也可以是来自内部，由自我引发。

(二) 榜样因素对学习过程的影响

在观察学习过程中，个体向所观察情境中某个人或团体行为学习的历程称为模仿，模仿的对象称为榜样。

班杜拉认为，模仿有四种不同的方式：(1) 直接模仿，即最简单的模仿学习方式。(2) 综合模仿，即较复杂的模仿学习方式。学习者经模仿而学得的行为，不一定直接来自一个楷模，而是综合多个楷模的行为而形成自己的行为。(3) 象征模仿，指学习者对楷模人物所模仿的不是其具体行为，而是其性格或行为所代表的意义。(4) 抽象模仿，指学习者观察学习所学到的是抽象的原则，而不是具体行为。

班杜拉对最能引起儿童模仿的榜样的特点进行过研究，发现：(1) 儿童最喜欢模仿他心目中最重要的人物，家庭中的父母与学校中的教师，一向被儿童视为模仿的榜样人物。(2) 儿童最喜欢模仿与他同性别的人。(3) 儿童最喜欢模仿曾获得荣誉、出身于高层社会及富有家庭的儿童的行为。(4) 同级团体里，有独特行为甚至曾受到惩罚的人，不是一般儿童最喜欢模仿的对象。(5) 同年龄、同社会阶层出身的儿童彼此间较喜欢相互模仿。

(三) 强化对学习过程的影响

与传统行为主义的观点不同，班杜拉认为反应结果并不是只有加强“刺激—反应”联结的强化功能，而只视之为个体对环境认知的一种信息。他认为，当一种反应发生时，它会导致某种结果，无论这种结果是积极、消极还是中性的，都会对一个人的行为产生某种影响。这种影响可能是三重性的，即反应结果具有信息功能、动机功能和强化功能。

信息功能使个体了解哪些行为在某种条件下会导致成功或失败的结果，从而能对在某种条件下的行为结果作出假设，这种假设被用来作为未来行动的指南。

动机功能使个体能利用已经掌握的信息进行预见和期望，从而使这些信息成为行为的诱因条件。

强化功能是指反应结果能增加或减少这种反应的频率。在这点上，斯金纳等人认为反应结果会自动地或机械地产生影响，而班杜拉认为反应结果所产生的作用是受认知结构的调节的。

班杜拉对强化也作了新的解释，他认为，传统的强化只是指外部强化，而社会学习理论的强化除了外部强化外，还包括了替代强化和自我强化。替代强化是指人们通过对他人行为受到奖惩的观察而相应地调整自己的行为过程，一般说来，观察者更易于表现出受到奖励的行为，而抑制受到惩罚的行为；自我强化就是根据自己设立的一些行为标准，以自我奖惩的方式对自己的行动进行调节。自我强化是人类特有的现象。

班杜拉认为，强化不是提高行为出现概率的直接原因，在学习中没有强化也能获取有关的信息，形成新的行为模式，强化在学习中的重要作用在于它能够激发和维持行为的动机以控制和调节人的行为。这种作用是人在认知了行为与强化之间的依存关系后所产生的对下一步强化的期待。班杜拉把期待区分为两种：结果期待和效能期待。

结果期待是指人对自己的某一行为会导致某一结果（强化）的推测，如果人预测到某一特定行为将会导致特定的结果（强化），那么这种行为就可能被激活和受到选择。

效能期待，亦称自我效能感，是指人对自己能够进行某一种行为的实施能力的推测或判断，即对自己行为能力的主观推断。它意味着人是否确信自己能够成功地进行带来某一结果的行为。当人确信自己有能力进行某一活动时，他就会产生高度的自我效能感，并会进行那一活动。人们一般是在预测到某一活动的好的结果及自己有能力去完成这一活动时，才努力去进行这一活动的。自我效能感是班杜拉对其自我强化、自我调节概念的补充和进一步发展。

班杜拉在其理论中十分强调自我效能感，即效能期待对人们行为的调节作用。他认为人们在有了相应的知识、技能和目标（诱因、强化）时，自我效能感就成为行为的决定因素。

他还对自我效能感形成的条件、功能及其对行为的调节作用进行了大量实验研究，并指出培养自我效能感的以下途径：（1）行为的成败经验。成功经验会提高自我效能感，反之则否。（2）替代性经验。与自己相当的示范者成功时，会增加其自我效能感，反之则否。（3）言语说服。通过说服或自我指导可改变人们的自我效能感。（4）情绪和生理状态。积极和稳定的情绪和生理状态会提高自我效能感。班杜拉认为自我效能感有以下功能：（1）决定人们对活动的选择及对该活动的坚持性。（2）影响人们在困难任务前的态度。（3）影响新行为的习得及习得行为的表现。（4）影响活动时的情绪。

三、班杜拉的教学观及观察学习的教学设计

班杜拉的社会学习理论强调的是行为的观察学习，示范作用在这个学习过程中起着重要作用。另外，班杜拉的三元决定论对于理解课堂教学中的各种因素的相互作用也有一定实际意义。

在观察学习过程中，观察所学习的对象称为示范，示范有多种多样的形式，班杜拉对之区分出以下几种基本类型：真实的示范（现实生活中观察者接触到的具体的人）、象征性示范（通过语言或影视的图像而呈现的示范）、创造性示范（提供多种榜样的行为模式，使观察者形成带有创新性的行为模式）。

示范过程包括以下三个子过程：

（1）在教学情境中确认适当的榜样。在教学情境中，示范有两种，一是真实的人，二是象征性示范。前者主要是同伴和教师，后者主要是指利用榜样来传授一般原则、策略和判断标准的方式。

（2）建立行为的机能价值。在教学中建立教学事件的机能价值，对这种行为价值的预期可增强学生对工作的注意，并且还使学生能积极地预测未来工作完成后的结果。示范行为的机能价值可通过下面两个途径建立：直接强化所示范的行为表现；预期强化的认知情境。

（3）引导学习者的认知和动作再造过程。在认知性和动作性技能教学中，教师要向学生提供下列机会：把观察到的行为编成视觉意象或文字符号；在内心演练示范行为。

观察学习的教学设计应仔细分析拟示范的行为和学习的基本要素，观察学习的教学主要有以下四个步骤：

步骤一，分析拟示范的行为：行为的性质是什么？它是概念的、动作的还是情感的？行为的序列步骤是什么？行为序列的关键的点是什么？

步骤二，建立行为的功能性价值并选择行为的示范者：这种行为具有“预测成功”的特性吗？如果这项行为较难预测成功，那么有哪些潜在的榜样较有可预测成功的倾向？需要真实的示范或符号示范吗？示范者的行为表现所得到的强化是什么？

步骤三，发展教学序列：就动作技能而言，应使用何种言语符号来指示“这样做”而不是“那样做”？哪些步骤呈现的速度要慢一点？有哪些言语符号可以辅助这些步骤但不会取代这些步骤？

步骤四，实施引导学习者认知和动作再生过程的教学：动作技能方面应

该提供示范，提供学生符号复述的机会，在练习的同时，提供视觉性反馈。概念性行为方面，应该提供示范（提供支持性的言语符号或提供从不同的例子中找出一致性的指导）；提供各种机会，使学生能概括示范行为的要旨；如果是问题解决或策略应用的学习，要提供给学生参与示范的机会；提供给学生将所学的行为迁移到其他情境的机会。

四、对班杜拉社会学习理论的评价

社会学习理论20世纪70年代在西方崛起，它在联结派条件反射学说的反应学习途径之外，提出了有机体尤其是人的行为习得的观察学习的途径，注重观察学习中的认知中介因素，将认知过程引进自己的理论体系，因而超出了联结派的范畴，融合了联结派和认知派学习理论的思想，形成了一种认知—联结主义的模式，对学习理论的发展起了重要的促进作用。班杜拉揭示了观察学习的基本规律及社会因素对个体行为形成的作用，该理论关于环境、个体与行为三元交互决定的观点，关于强化与自我效能感的见解，对于我们从整体上认识人的行为的学习过程具有重要的启示。班杜拉的社会学习理论是建立在设计严密的实验研究基础上，与联结派其他学说不同，他的实验研究主要以人作为被试进行，因此，他的理论对人的学习的解释就很有说服力。班杜拉的示范教学过程及其步骤，揭示了通过示范进行教学的一般规律和注意事项，具有一定的理论意义和实践意义。

但他的研究成果更多来自于实验研究，对于教育情境中的观察学习现象缺乏具体的研究，与教育情境中的具体运用还相差一定距离，而且，班杜拉对教学中运用示范问题并没有进行专门的细致研究，因此，他的示范教学观还不够成熟。综合地看，班杜拉的社会学习理论在很多地方具有开创性的意义，但它仍是一种尚未完善的理论，无论是从理论还是从实践上都仍需要进一步地探讨和研究。

第五节　联结派学习理论小结

前面，我们阐述了学习的联结派理论几个代表人物及其学说，包括桑代克的试误—联结说，华生与巴甫洛夫的替代—联结说，斯金纳的强化—联结说，班杜拉的观察—联结说等。作为联结派学习理论的各种学说，其核心观点是认为，学习过程是有机体在一定条件下形成刺激与反应的联系从而获得新的经验的过程。桑代克就认为，学习是有机体通过试误形成刺激与反应的联结，从而获得新经验的过程；巴甫洛夫与华生则认为，学习是有机体由于条件刺激与无条件刺激在一定的时空条件下发生结合，形成暂时联系，从而获得新经验的过程；格思里主张，学习是有机体由于刺激与反应之间暂时的接近而形成联系，从而获得新经验的过程；斯金纳强调，学习过程是有机体在某种情境中由于反应的结果得到强化而形成情境与行为的联系，提高它在该情境中做出这种行为的概率。总而言之，联结派各种学习理论共同点都是将学习视为刺激与反应之间新联结的建立过程；而在刺激与反应之间的联结如何建立，这个过程受哪些因素的影响等问题则有不同的看法。各派联结主义的学习理论的提出，反映出该派别对于如何用联结的观点说明有机体的学习过程的思路的发展轨迹。

桑代克是联结派学习理论的鼻祖，他通过逃出樊笼的猫的实验的结果提出，有机体通过尝试错误偶获成功而逐渐形成刺激与反应的联系，从而获得经验，这就是学习的实质。桑代克提出的学习模式如图 4－9 所示：

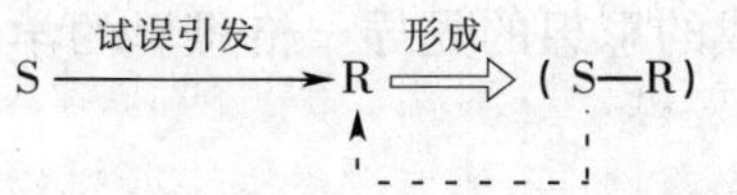

$$S \xrightarrow{\text{试误引发}} R \overset{\text{形成}}{\Longrightarrow} (S—R)$$

图 4－9　桑代克提出的学习模式

巴甫洛夫与华生也认为学习是形成刺激与反应的联系，但这种联系的形成是由于条件刺激（中性刺激）与无条件刺激在时间上结合，使该条件刺激成为无条件刺激的信号，对无条件刺激产生替代作用，从而能引起原先只能由无条件刺激才能引起的反应，这样便形成条件刺激与反应的新联系，实现了学习。人们将这种联系的形成称为经典性条件反射。该学习理论实质上是认为，个体获得经验的过程是建立起条件刺激与反应之间的联系的过程。巴甫洛夫与华生的经典性条件反射的学习模式如图 4－10 所示：

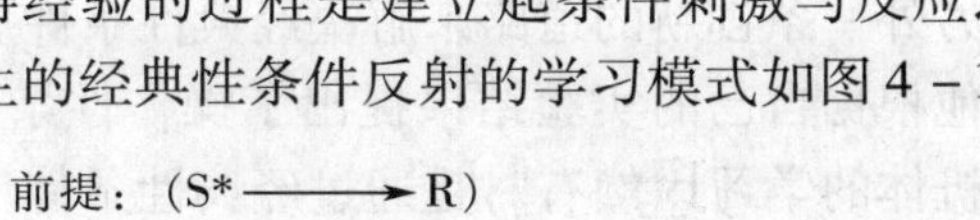

$$\text{前提}:(S^* \longrightarrow R)$$

$$\text{学习过程}:[S + S^*] \xrightarrow{\text{结合}} R \overset{\text{形成}}{\Longrightarrow} (S—R)$$

图 4－10　经典性条件反射的学习模式

经典性条件反射理论的提出，对学习理论产生了重大的影响。然而，这种理论要成功地解释所有的学习，其前提必须是有机体所有的行为（反应）都可以由某个无条件刺激引发出来，但是，实际上有机体的许多动作或行为根本无法说出是由哪一个无条件刺激引起的，这样，用经典性条件反射来说明有机体的学习就受到限制。为了解脱联结主义的思路在这个问题上的困境，导致了格思里的邻近学习理论与斯金纳的操作性条件反射学习理论的产生。

格思里提出的邻近学习理论主要是通过修正经典性条件反射学习理论的思路来解决其解释学习现象时的困难，邻近学习理论认为，刺激与反应只要在时空上结合，即同时或相继出现，就可以形成刺激与反应的联系。在这里，格思里对经典性条件反射作了重大的修改，他认为刺激与反应的联系的形成不是通过条件刺激对无条件刺激的替代，而是时空上接近的刺激与反应直接形成联系，这样，S—R 联结的形成可以不需要有 $S^{*} \Rightarrow R$ 为前提。这就可以避免按照经典性条件反射解释有机体行为经验的获得时可能遇到的困难。格思里这种形成联结的思路同时放弃了经典性条件反射关于刺激与反应形成联结必须通过强化的观点，可以说是后来托尔曼关于潜伏（无强化）学习，S—S 联结的形成的思想的先导。格思里的学习理论关于学习过程的模式如图 4－11 所示：

$$\underset{\text{接近出现}}{\underline{S + R}} \Longrightarrow (S\text{—}R)$$

图 4－11　格思里的学习模式

与桑代克学习理论的联结形成模式及华生的学习理论的联结形成模式不同，格思里的模式最重要的一点是在学习过程中，反应不是诱发出来的，也不是由无条件刺激必然引发出来，而是可以偶然出现，这又会对斯金纳的操作性条件反射理论的提出有深刻的启示。

斯金纳沿着另外一条创新的道路来解决经典性条件反射理论在解释学习现象时的困难，他根据自己的实验结果提出了操作性条件反射的学习理论，该理论认为，有机体的学习固然有时是通过经典性条件反射实现的，但经典性条件反射只是有机体获得经验的一条非主要的途径，而有机体获得经验的主要途径是操作性条件反射。有机体在刺激情境中可以自发地做出多种行为，如果其中某个行为得到了强化，该行为在这种情境中发生的概率就会提高，不断强化的结果会形成在该情境中采用该行为的一种趋势，即形成了情境与反应的联系，有机体在该情境中会倾向于做出这种行为，这就是有机体的学习。这种由于行动的结果得到强化而形成情境与反应之间联系的过程称为操作性条件反射，个体获得经验的过程主要是操作性条件反射建立的过程。斯金纳的操作性条件反射学习理论的学习模式如图 4－12 所示：

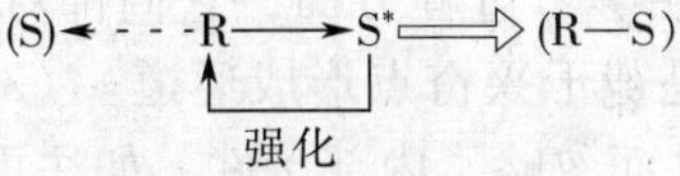

$$(S) \leftarrow \text{- - -} R \longrightarrow S^{*} \Longrightarrow (R—S)$$

强化

图 4－12　斯金纳的学习模式

在斯金纳的学习模式中，有机体处在某种情境之中，但它的行为并非刺激或情境诱发出来，而可以是自发产生的，多种自发行为中，如果某种行为得到了强化，这种行为就得以保留，从而与该情境形成联系，但这种联系是由于有机体在某种情境中的某种行为得到强化，从而形成该反应与该情境之间的联系，这种联系是反应受到强化而产生的，因此可以称为“R—S”联系，以跟经典性条件反射的“S—R”联系相区别。从斯金纳的学习模式可见，桑代克的试误说只是斯金纳的操作性条件形成的一个特例，在桑代克的试误模式中，有机体的行为（反应）是刺激诱发出来的，而刺激诱发的多种行为中，正确的行为获得成功，得到强化，因而保留下来，即形成了情境与反应的联系。这样，桑代克的试误说同样暗含了与经典性条件反射相似的前提，即有机体所有的行为（反应）都可以通过一定刺激诱发出来，因此，它在广泛地解释学习现象时同样会遇到经典性条件反射理论相同的困难。而斯金纳的操作性条件反射理论，可以避免经典性条件反射理论这种局限，对学习现象有更广泛的解释意义。

然而，这些理论还是不断受到来自本规范内的批评，这类批评基本上还是持“学习是形成联结”这个基本立场，但对联结形成的过程与条件的看法不完全赞成经典性条件反射或操作性条件反射的观点。例如，有人提出，有时有机体在没有反应的情况下也可以学习，可以形成一定的条件反射；也有人提出，在无强化的情况下有机体也会实现学习；这类批评对于促使联结派学习理论作更周密的修正是有意义的。更重要的是，有人指出，在许多情况下有机体只需要通过观察也可以形成条件反射式的联结，据此提出了观察学习的思想，而班杜拉集观察学习之大成，系统地提出了以观察学习为基础的社会学习理论。该理论认为，人的许多行为都是通过观察他人的行为及其结果而习得的。人习得的许多东西，如语言、社会规范、态度和情感等，很难用试误学习来解释，而应该用观察学习来解释。

总的来看，联结派学习理论内部各种流派尽管有许多重要的分歧，但是，它们总的理论倾向上都表现出三个共同特点：（1）在学习结果方面，它们都将学习结果看成是形成了“刺激—反应”的联结或联系，简化了有机体学习的结果。（2）在学习过程方面，它们都对有机体学习过程作了简单化的理解，将它看成是若干兴奋点形成通道。（3）在学习条件方面，它们都注重学习的外部条件而忽略了内部条件。如注重外部强化而忽略了内部动机，注重当前情境而忽略过去经验等。

以上就是对联结派学习理论的各种流派的共同特点及其发展过程的概要性小结。

第五章 认知派学习理论

本章主要介绍认知派学习理论的几种主要学说：格式塔的完形学习理论、托尔曼的符号学习理论、布鲁纳的发现学习理论、奥苏贝尔的同化学习理论和建构主义的学习理论。另外简要介绍学习认知研究的进展情况。

认知派学习理论在具体探讨学习问题时，有不同的论域或侧重点，因此，在把握认知派学习理论的各家学说时，应该注意它们讨论学习问题的重点与范围，把握它们对于具体问题的合理见解与局限，才能更好地分析它们从哪些方面促进了认知派的规范，把握其作为该规范的分支所具有的合理因素、存在价值与局限。表 5－1 列出了认知派学习理论各种学说所重点讨论的范围。

表 5－1　认知派学习理论内部各流派讨论的范围

讨论有机体全域的学习	讨论学生的学习
格式塔的完形学习理论 - - - - - - - - - →	
托尔曼的符号学习理论 - - - - - - - - - →	
← - - - - - - - - - - - - - - - -	布鲁纳的发现学习理论
← - - - - - - - - - - - - - - - -	奥苏贝尔的同化学习理论
← - - - - - - - - - - - - - - - -	建构主义的学习理论

第一节　格式塔的完形学习理论

格式塔心理学 20 世纪初产生于德国，主要代表人物是韦特海默（M. Wertheimer）、苛勒（W. Köhler）和考夫卡（K. Koffka）等。该学派以现象学为理论基础，认为心理现象的基本特征是在意识经验中所显现的结构性或整体性，反对构造心理学的元素主义与行为主义的刺激—反应公式。格式塔学派心理学家在对知觉进行开创性研究的过程中，提出了整个心理学理论体系，学习理论是格式塔心理学理论的重要组成部分。格式塔学习理论在学习的过程、学习中产生的变化的实质以及变化的原因等方面提出了与桑代克的联结学习理论相对立的见解，成为认知派学习理论的鼻祖。

一、格式塔学习理论的基本观点

格式塔心理学家认为，学习并非形成刺激—反应的联结，而是通过主动积极的组织作用形成与情境一致的新的完形，他们认为学习过程中的解决问题，是学习者通过对情境中的事物关系的理解而构成的一种完形。无论是运动的学习、感觉的学习和观念的学习，都在于形成一种完形。

格式塔关于学习实质的看法，建立在其对猿猴学习现象的观察的基础上。苛勒于 1913—1917 年用黑猩猩做了一系列试验，例如，在黑猩猩的笼子外放有香蕉，笼子里面放有两根短竹棒，用其中的任何一根都够不着笼子外面的香蕉。然而，黑猩猩思考一会，突然将两根棒子像钓鱼竿一样接起来，够着了香蕉，把香蕉拨过来。黑猩猩一旦领悟棒子接起来与远处香蕉的关系时，就一次又一次地把一根棒子插进另一根棒子的末端，以便够得着远处的香蕉（如图 5－1 所示）。对于黑猩猩的这些行为，苛勒的解释是，在遇到问题时，动物可能审视相关的条件，也许考虑一定行动成功的可能性，当突然看出两根棒子接起来与远处香蕉的关系时，它便产生了顿悟，从而解决了这个问题。

根据这类研究所观察的事实，格式塔心理学家提出了他们对有机体学习的基本看法。他们认为，环境是一个不断变动的“形”，与之相应，有机体头脑里存在着与环境相对应的一个“同形”，这样有机体能与环境保持平衡。有机体周围的情境发生变化时，有机体头脑中的完形就会出现缺口，这种情况下，有机体就会重新组织知觉，通过这种组织作用，弥补缺口，产生

图 5－1　接竹竿实验

（转引自：李伯黍，1995）

与这个新情境一致的新的完形，也就是获得了新的经验。有机体的这种组织活动就是学习，因此，学习的实质是组织或完形作用。

总的来看，格式塔学习理论关于学习本质的观点是：

第一，从学习的结果来看，学习并不是形成刺激—反应的联结，而是形成了新的完形。苛勒指出："学习在于发生一种完形的组织，并非各部分的联结。"（转引自：万云英，1990）这个完形，是与新的情境相对应的，反映了情境中各事物的联系与关系。

第二，从学习的过程来看，首先，学习不是简单地形成由此到彼的神经路的联系活动，而是头脑里主动积极地对情境进行组织的过程，这种组织的方式遵循着知觉的规律。而有机体这种组织的能力，则是神经系统的机能，或称为"原始智慧的成就"。其次，就格式塔心理学家看来，学习过程中这种知觉的重新组织，不是渐进的尝试与错误的过程，而是突然的顿悟，因此，学习不是一种盲目的尝试，而是由于对情境顿悟而获得成功。考夫卡说："我们以为黑猩猩并不是先有侥幸而成的解决（指尝试错误），然后对于这种解决逐步领会。我们以为它们先能领会其情境然后才有客观上的解决，所以我们可以称其为原始智慧的成就。"（转引自：潘菽，1994）所谓顿悟，就是领会到自己的动作和情境，特别是和目的物之间的关系，它是通过学习者重新组织或重新构建有关事物的形式而实现的。之所以产生顿悟，一方面是由于学习情境的整体性与结构性，因此，在让有机体进行学习时（包括学习实验中布置实验情境时），整个问题情境要能让有机体可以感知或把握。用这种观点来分析，行为主义所设计的实验情境，因为白鼠在迷津里无法看到各种转折与目的箱里事物之间的关系，它只好通过经验，即试误来发现这种关系，所以，白鼠的知觉重组必然是逐渐形成的过程。另一方面，他们假定脑本身具有组织的功能，能够填补缺口或缺陷。顿悟的过程就是相应的格式塔的组织（或构造）过程的主动过程，因此，在格式塔心理学家看来，学习是一种积极主动的过程而不是盲目的、被动的过程。

格式塔心理学家认为，一个人学到些什么，直接来源于他对问题情境的知觉。如果一个人不能辨别出各种事物之间的联系，他就不能学习，学习通常是从一种混沌的模糊状态转变成一种有意义的、有结构的状态，这就是知觉重组的过程。知觉重组是学习的核心。学习并不是把以往所有的无意义的事情任意地联结在一起，而是强调要认清事物的内在联系、结构和性质。所以，在格式塔心理学中学习与知觉几乎是同一回事。学习意味着要觉察特定情境中的关键要素，并了解这些要素是如何联系的以及识别其中内在的结构。这样一来，用知觉重组和认知重组可以解释各种各样的学习。

考夫卡认为学习的问题可分为记忆的问题与成就的问题。一个人如果已遇到过一种新的情况，或解决过一个新的问题，第二次再遇到同样或相似的情境或相似的问题，就可以比较顺利地对付或处理它们。这就是学习中的记忆问题。如果第一次遇到一种新情况或新问题，我们就能创造性地解决它，这就是学习中的成就问题。学习问题常常被理解为记忆的问题，而成就的问题，就很少得到重视。考夫卡根据苛勒对黑猩猩的学习实验认为，新情境的适应或新问题的解决，要对旧的格式塔进行改造而建立一个新的格式塔，要依赖于顿悟，这也是创造性思维的实质。因为创造性思维就是通过顿悟打破旧的格式塔，而建立新的格式塔的过程。韦特海默在这方面进行了大量的工作，从儿童解决简单的几何问题的思维过程，到复杂的爱因斯坦创立相对论的思维过程，在各种解决问题的水平上都发现了创造性思维的过程。

二、对格式塔学习理论的评价

总的来说，格式塔学派的学习理论有重要的贡献，它强调学习过程是有机体内部进行复杂的认知活动（组织活动）而实现顿悟的过程，而不是通过试误而形成的联结活动，主张从问题情境的整体出发去知觉、学习、记忆，反对刺激—反应学习；它的知觉组织原则对学习和记忆问题有很大的作用；它提出的顿悟学习，不同于桑代克的尝试错误学习，并且对桑代克的学习理论进行了批判。顿悟学习理论是格式塔学派对心理学的最大的贡献。正是由于他们的研究，也激发了随后的一系列研究。他们的先驱性研究成为当今认知心理理论的经典。但是格式塔心理学和联结主义心理学之间的对立更为深刻。格式塔理论强调整体观，反对联结理论的刺激—反应的联结的思想。他们假定知觉的组织律适用于学习和记忆。记忆中储存的是知觉事件的痕迹。由于组织律决定知觉的构造，也就决定了留在记忆中的信息的结构。在学习情境中，受试者构造和“领会”问题情境的方式非常重要，如果他们能利用过去的经验，确实正确“看清了”情境，他们就会产生顿悟。

格式塔学习理论强调整体观和知觉经验组织的作用，关切知觉和认知（解决问题）的过程。他们探讨记忆是如何反映知觉组织的，以及在理解学习任务之中，或在重建模糊的记忆中，或在把学习原理迁移到新情境中，解决问题的能力是如何产生的。这对美国流行的 S—R 联结主义来说是适当的解毒剂和挑战，具有积极的意义，启迪了后来的认知派学习理论家们。但是，他们把知觉经验组织的作用归因于脑的先验本能，带有严重的唯心主义和神秘主义色彩，后来皮亚杰对此做了深刻的批判。

当然，作为一个心理学派别，无疑会遭到来自各方面的批评。

有些批评者认为，格式塔心理学的理论太多，以致牺牲了适当的实验研究和有经验支持的资料。也有批评者认为，格式塔学者的实验不如行为主义理论家的实验，因为他们的实验缺乏对变量的适当控制。也有批评者认为这个体系缺乏生理学假设的支持，也没有规定出生理学的假设。

格式塔的学习理论把学习完全归于有机体自身的一种组织活动，根本否认对客观现实的反应过程，把认识看成是脑自生的东西，甚至不承认过去经验的作用，这是主观唯心主义的。同时，它把试误学习与顿悟学习完全对立起来，完全否认试误学习，这是不符合人类学习的特点的。

无论如何，格式塔心理学在心理学史上留下了不可磨灭的痕迹，它向旧的传统提出挑战，并为以后认知心理学的发展奠定了基础。

第二节　托尔曼的符号学习理论

托尔曼（E. Tolman，1886—1959）是美国新行为主义的代表人物之一，他博采众长，在华生的行为主义心理学、麦独孤的策动心理学、伍德沃斯的动力心理学、考夫卡等人的格式塔心理学的基础上，经过多年的动物实验，形成了自己独特的行为观，对心理学界产生了深远的影响。

托尔曼像其他行为主义者一样主张心理学的研究对象应该是有机体的行为，但他不像别人那样只关心一个个动作（movement），而是注重有机体整个的行动（act）。所以他与华生不同，他把行为区分为分子行为和整体行为，认为声、光等刺激所引起的肌肉收缩和腺体分泌反应是分子行为，而动物在复杂实验情境中的走迷津，以及儿童上学、打球等活动则是整体行为。人们生活中的绝大多数行为都是整体行为，因而托尔曼认为心理学家研究行为的首要兴趣应该是整体性行为。

托尔曼进而认为，"指向一定的目的"是整体性行为的首要特征，有机体的行为总是设法获得某些事物和避免某些事物。对行为最重要的描述在于说明有机体正在做什么，目的是什么和指向何处。例如，猫正企图从迷笼中逃出来，木工正在建造一座房屋，等等。托尔曼认为动物和人的学习不是盲目的，而是有目的的。动物在迷津或迷笼中的尝试与错误行为显而易见是受目的，即获得食物指导的。这种目的是行为的内在特征，它存在于行为之内，目的性是整体性行为的重要特征。

托尔曼于1932年首次提出了中介变量的概念，他认为，中介变量就是在有机体内正在进行的东西，包括需求变量和认知变量。需求变量本质上就是动机，包括性欲、饥饿和面临险境时安全的需要，长时间持续活动后休息的需要等。认知变量包括对客体的知觉、对探究过的地点的再认，如动作、技能等。中介变量是不能被直接观察到的，但它同可以观察到的周围事件和行为表现相关联，因此可以从这些事件和表现中推断出来。为了解释有机体对情境做出的反应，托尔曼在S—R公式中加进了中介变量O，改为S—O—R公式。

托尔曼从这个基本立场出发，对学习领域进行了深入的探讨，值得注意的是，托尔曼对学习问题的研究，是通过严密的实验来进行的，他根据自己一系列动物迷宫的实验结果，提出符号学习理论。托尔曼认为，学习是一种有目的的行为，而不是盲目的。在行为的发端原因和最后产生的行为之间，存在着某些内在的决定因素。其中最主要的决定因素就是行为的目的性和认知性，它们是行为的最后和最直接的原因，这些因素就是托尔曼首次提出的中介变量。因此，行为主义的刺激与反应的联结公式S—R应改为S—O—R，其中O就是指有机体（organism）的内部变化这一中介变量，以强调行为反应的内部过程的作用。

托尔曼的学习理论曾被称为符号—格式塔学说或期待学说，现在一般称之为符号学习理论或信号学习理论。该理论由于注重认知过程在学习中的重要性，因此他的学习理论属于学习的认知派，他本人也被人们尊为现代认知心理学的鼻祖之一。下面介绍托尔曼对学习问题的研究及其学习理论主要观点。

一、托尔曼关于学习问题的经典实验

托尔曼通过严格的实验研究对联结派学习理论的主要观点进行了检验，根据实验结果否证了联结派的主要观点，对学习作出了认知主义的解释。其中最著名的研究是针对联结派认为学习的结果是形成联结的观点而设计的位置学习实验，以及针对联结派条件反射理论认为必须通过强化才能学习的观点而设计的潜伏学习实验。

1. 位置学习实验

为了考察有机体学习结果的实质，托尔曼进行了一系列位置学习的实验。其中一个典型的实验是，训练小白鼠走迷津到达食物箱，这个迷津如图 5－2 所示。

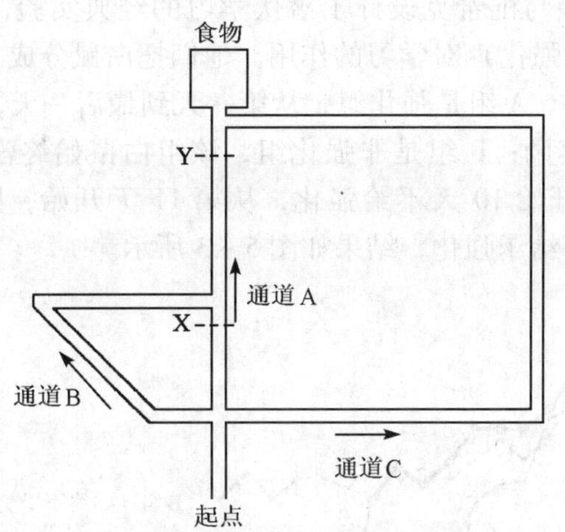

图 5－2　用于证实白鼠“顿悟”的实验迷津

（资料来源：Bolles，1979）

在这个迷津中，从起点到终点食物箱有三条长度不等的通道：A、B、C，其中 A 最短，B 次之，C 最长。实验开始时，将白鼠置于出发点，然后让它们自由地在迷宫内探索。一段时间后，白鼠都学会了走三条通道，并在所有通道畅通时首选第一条通道 A 到达食物箱。然后，实验者对各通道做一些处理，观察它们的行为，结果是，如果在 X 点阻塞，白鼠会退回来改走第二条通道 B；如果在 Y 处堵塞，白鼠则退回来选择第三条通道 C。这个结果表明，白鼠在过去的学习中已经熟悉了三个通道并按照通道 A、通道 B 与通道 C 的次序做出选择，因此，在 X 点设置阻塞阻挡了通道 A 的情况下，白鼠选择通道 B，而当 Y 点设置阻塞时，如果白鼠学会的是简单的联结的话，它们应该还是选择通道 B，发现也走不通之后才选通道 C。但实际上白鼠并没有再选通道 B 而直接选择距离最长的通道 C，这只能认为，白鼠在学习中形成的是整个迷津通道的模式。因此，托尔曼得出结论：白鼠学会的不是简单的、机械的反应动作，而是学习达到目的的符号及其所代表的意义，建立一个完整的“符号—格式塔”模式，即“认知地图”，因此，在 Y 处阻塞后，它们并没有按照简单的反应选择通道 B，而是直接选择通道 C。学习结果不是形成简单的机械的运动（movement）反应，而是学习“达到目的的符号”及其所代表的意义。

2. *潜伏学习实验*

1930 年，托尔曼与杭希克设计了潜伏学习的经典实验，研究白鼠走迷津过程中食物（外在强化）对学习的作用。他们把白鼠分成 3 组，训练它们走出一个复杂的迷津，A 组是强化组，从第一天到最后一天，白鼠每次跑到目的箱都给予食物奖励；B 组是非强化组，该组白鼠始终没有给予食物强化；而 C 组白鼠在开始 10 天不给强化，从第 11 天开始，则像 A 组那样，白鼠每次跑到终点都给予强化，结果如图 5－3 所示。

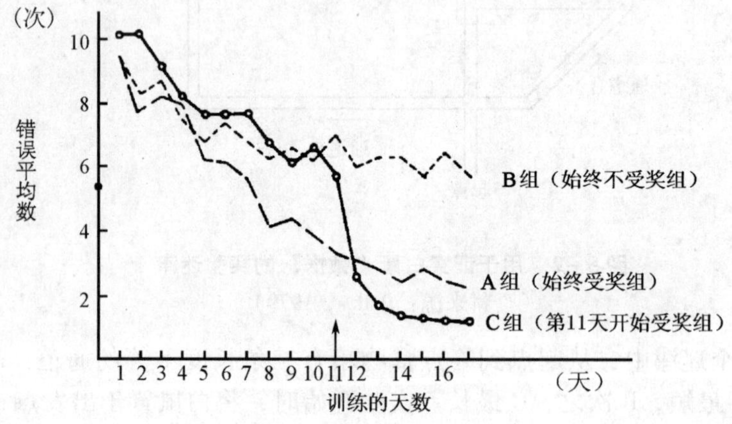

图 5－3　潜伏学习实验

（资料来源：Hilgard，1956）

从图 5－3 可见，A 组白鼠操作水平一直在提高，B 组白鼠操作水平一直较低，C 组白鼠在没有得到强化的前 10 天中，操作水平与 B 组差不多，然而，从第 11 天给予强化后，操作水平骤然提高，与 A 组白鼠差不多，甚至还超出 A 组。据此，托尔曼认为，3 组白鼠的学习程度其实是相同的，没有得到强化的白鼠实际上也在学习，它们在获得外在强化之前也学习了迷津的空间关系，领会了符号的意义，形成了认知地图，当到达目的箱却没有获得强化的情况下，其学习结果没有显示出来，因此是“潜在学习”。也就是说，3 组白鼠在前几天尝试时都形成了迷津通道的认知地图，A 组获得强化，因此将学习结果表现出来，而 B、C 两组没有强化，它们没有表现这种学习结果。而 C 组白鼠一旦得到强化，它们表现出原来潜在学习的结果，这样，就显示出与 A 组相似的操作水平。可见，表现某种新行为，既需要有知识（通过学习获得），而且要有要求（通过强化形成），强化只是使有机体选择表现出某种行为，该行为并非通过强化才习得，学习并不是要通过强化才能实现。

二、托尔曼关于学习问题的观点

根据对动物学习的系列研究，托尔曼提出了符号学习理论，阐述了对学习实质的基本观点。

首先，托尔曼认为，根据潜在学习实验结果，可以认为，学习并不是在强化条件下形成“S—R”的联结，有机体在没有受到强化时已经发生了学习，因此，“S—R”不是学习的结果，真正的学习结果是形成情境的“认知地图”。

根据位置学习的实验结果，托尔曼提出，作为学习结果的“认知地图”，是对局部环境的综合表象，不仅包括事件的简单顺序，而且包括方向、距离甚至时间关系的信息，是情境整体的领悟，在头脑中产生的某些类似于一张现场地图的模型，它使有机体在环境中的活动不受一系列身体运动的约束。托尔曼说：“‘神经系统’是一种像老式电话交换台的图式控制室。允许进入的刺激不仅仅是简单地一对一像开关一样与外界相连接，似乎进入的冲动通常作用于整个中央控制室，在其中精细地加工为试验性的认知性的信息——像一幅环境图。而且这是一种试探性的图，它指示路线、途径及环境关系，从而最终决定，如果有反应的话，动物最后将会产生什么样的反应。”（道格拉斯，1986）

对于学习的过程即认知地图的形成过程，托尔曼认为，有机体在达到目的的过程中，根据预期进行尝试，不断对周围环境进行认知，学习“达到目的的符号”及其所代表的意义，在各个选择点建立了“符号—格式塔”模式，并与预期联系起来，形成“目标—对象—手段”三者联系在一起的认知结构，即形成了整体的认知地图。托尔曼实际上没有真正明确地说明这种认知地图如何由预期与“符号—格式塔”构成，其对学习内部过程的阐述还是比较含糊的。

托尔曼认为有三种定律对说明学习是需要的：第一，能力律，涉及学习者的特性、能力倾向和性格特点，这些决定着学习者能够成功掌握的任务与情境的类型。第二，刺激律，涉及材料本身所固有的条件，其各个部分的属性及其对领悟解决的帮助。第三，涉及材料呈现方式的定律，如呈现的频率，练习的分布，奖赏的运用等。

三、对托尔曼学习理论的评价

托尔曼的符号学习理论把认知主义的观点引进行为主义的学习联结理论，改变了学习联结理论把学习看成是盲目的、机械的错误观点。他重视学习的中介过程，即认知过程的研究，强调学习的认知性和目的性，这些思想对现代的认知学习理论的产生和发展产生了深远的影响。

托尔曼的最大贡献是富有创造性地设计了各种严密的实验，用实验的方式对联结派学习理论进行批评并引申出对学习的认知解释，这个研究范式对现代认知心理学的诞生起到了先行的作用。

然而，总的来说，托尔曼的心理学整体观点还是行为主义的，这影响了他对学习的内在信息加工活动过程的深入探讨，他提出的目的、认知、期待等中介变量本身很难以精确的程度维系于可测的刺激反应变量，所以他的学说没有最终发展成为一种十分完整的理论体系。而且，由于他的实验研究是建立在白鼠学习基础之上的，难免忽视了人类学习与动物学习之间的本质差异，因而也遭到人们的批评。

第三节　布鲁纳的认知—发现学习理论与教学思想

布鲁纳（J. S. Bruner，1915—　），美国当代著名认知心理学家和教育心理学家。布鲁纳反对以 S—R 联结和对动物的行为习得的研究结果来解释人类的学习活动，而是把研究的重点放在学生获得知识的内部认知过程和教师如何组织课堂教学以促进学生“发现”知识的问题上，他的认知—发现理论是当代认知派学习与教学理论的主要流派之一。本节主要介绍他关于学习结果（知识结构）与学习过程（知识获得）的主要观点和发现法教学模式。

一、布鲁纳学习理论与格式塔学习理论的渊源

布鲁纳学习理论与格式塔学习理论都属于认知派学习理论，格式塔学习理论从分析学习现象入手，提出了与联结派不同的对学习的见解。布鲁纳的学习理论与下一节阐述的奥苏贝尔的学习理论，主要也是采用格式塔的研究范式探讨学习问题并形成理论的，但是，无论是布鲁纳还是奥苏贝尔，他们主要探讨的是学生的学习而不是一般的有机体的学习。

布鲁纳与格式塔学习理论都主张，学习不是简单的在强化条件下形成刺激与反应的联结，而是有机体积极主动地形成新的完形或结构。所不同的是，在学习的结果上，布鲁纳用“认知结构”这一概念取代了格式塔的“完形”，从实质来看，“认知结构”与“完形”是一致的，都是指反映外界事物整体联系与关系并赋予其意义的一种模式，但是，格式塔提出的“完形”概念，还是比较抽象、含糊的，布鲁纳提出的“认知结构”，指的是科学知识的类别编码系统，该系统的构成是明确清晰的。在学习过程上，格式塔心理学家认为完形的形成机制是人脑先天具有的组织与趋向整体的作用；布鲁纳认为这是因为人具有分类的能力，可以通过“类目化活动”即分类活动将事物分门别类地组织起来形成整体，同样，布鲁纳关于学习过程内部信息加工活动的界定也更为具体明确。

格式塔学派关于学习过程的“组织”作用，是来自于他们在知觉研究中对有机体知觉组织的探讨，而关于学习过程内部信息加工活动的理解，则来自于对人的思维的研究。20 世纪 50 年代中期，布鲁纳及其同事进行了经典的思维研究，他们发现人具有分类的能力，分类是人的一项最基本、最普遍的认知活动，认知过程的基本操作就是对外界事物的类别化和概念化。他提出，分类具有五种认知功能：（1）对表面不同的事物做出相同的反应，使复杂环境简化；（2）使人认识事物，不能分类则不能认识事物，也不能交流知觉经验；（3）减少必要的经常性学习，其方式有二，其一是不必有实际的新的学习便能认识对象，其二是个人可以超越给定的信息；（4）为工具性活动提供方向；（5）有助于将事物相互关联，进行分类。正是因为分类具有如此重要的作用，这引起了布鲁纳的高度重视，并将它加以发挥推

广到人的学习领域，将学生学习活动过程看作是分类或类别化活动。

二、布鲁纳学习理论的主要观点

总的来说，布鲁纳认为，学生的知识学习，主要是通过类别化的信息加工活动，积极主动地形成认知结构或知识的类目编码系统的过程。

（一）关于认知结构的观点

布鲁纳认为，学习的结果是形成认知结构，他关于认知结构的看法是与其对人类认知过程研究紧密联系的。布鲁纳在研究人的知觉过程时发现：人类知觉物体时并不仅仅是被客体的物理特征和观察的客观条件决定的，而是在很大程度上受到个人因素，如个体已有的认识经验、期待和需要状况等的影响。其中归类和推理活动在知觉中有重要意义。在布鲁纳看来，人们是根据类别或分类系统来与环境相互作用的，客观世界由大量不可辨别的物体、事件和人物组成，人类认识客观世界时，不是去发现各类事件的分类方式，而是创建分类方式，借此以简化认识过程，适应复杂的环境。当然，类别的确立并不是随心所欲的，它必须建立规则，并符合客观世界的实际情况。人们在知觉新客体时，或者是借助已有的类别来处理外来信息，或者是由外来信息形成新的类别。因此知觉一件事物，实质上就是主动地对它进行归类，而一旦将它划归某一特定的类别，我们也就同时要根据已有经验中（或已有分类系统中）关于这一类别的固有的属性和规则，对该物体应该具备的其他特征做出预测，并对于应该如何对它进行反应做出推断，这就使得个体可以超越知觉个体中所获得的有限的、具体的信息，而对新的客体和情况达到更深入、更全面的认识。可见，它既是人类认识活动的依据，又是认识活动的结果，是布鲁纳知识和认知结构思想的基础。

布鲁纳认为，所谓认知结构，就是指由个体过去对外界事物进行感知、概括（即归类）的一般方式或经验所组成的观念结构，它可以给经验中的规律以意义和组织，并形成一个模式，它的主要成分是“一套感知的类别”。可见，构成认知结构的核心乃是一套类别以及类别编码系统。布鲁纳所讲的类别有两部分内容：一是指有相似属性的对象或事物，比如鸟、动物、麻雀等都是不同的类别。二是指确定某事物属于该类别的规则，即归类的依据。所有类别的概括水平是不同的，有些是具体类别，它们所包含的对象的范围较小，能描绘事物的具体属性，如梨、萝卜等，有些是一般类别，它们的概括水平较高，范围广泛，描绘事物的一般属性，揭示现象的普遍规律。类别与类别之间还含有一定的联系，根据这些联系，可以对类别做出层次和关系的结构化安排，这就是对类别的编码。经过编码的许多类别构成类别编码系统，图 5 -4 所示的是一个动物的类别编码系统。在一个编码系统中，越是较高级的类别，它越能超越较低级类别的具体性，而具有更大的普遍适用性。

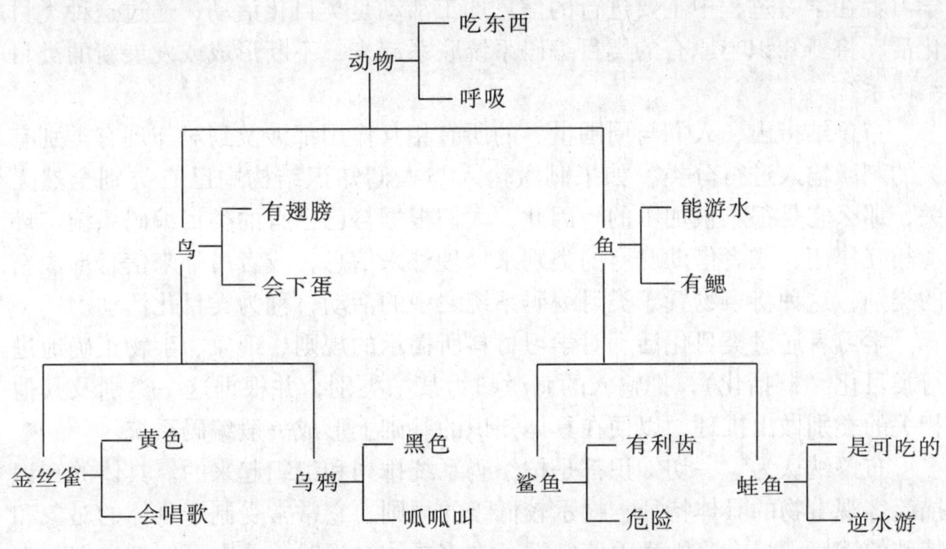

图 5 -4　动物类别编码系统示例

布鲁纳认为：一切知识都是按编码系统排列和组织起来的。具体的知识描绘客观事物的具体特征，揭示较低级的规则，它常常受制于具体的对象和特殊的情境。只有当学生熟练掌握了许多具体知识时，才有可能把它们重新组织起来构成较高层次的规则，形成一般编码系统，获得一般的知识。一旦形成了一般编码系统，信息纳入了一种有组织、有层次的结构中，学习知识的问题就不再是学习具体的类别，而是掌握编码系统的问题。这时候每一类别及各类别之间的相互关联使人能够超出给定的信息，举一反三，触类旁通，经过组织的结构化的知识也更利于保持和提取。因此，布鲁纳认为，一般类别编码在人的认知和学习过程中有着十分重要的地位。

布鲁纳认为，学生学习的结果就是形成与发展认知结构，也就是形成各学科领域的类别编码系统。认知结构既是在先前学习活动过程中逐步形成的，又是理解和学习新知识的重要的内部因素和基础，因此，他非常强调认知结构的形成和对学生现有认知结构的了解在知识学习中的重要作用。

（二）关于学习过程的观点

1. 学习过程是类目化过程

布鲁纳认为，学习的实质在于学习者主动地进行加工活动形成认知结构，认知结构的主要成分是类别编码系统，学习过程主要是类目化的过程，学习者在学习过程中主要进行的信息加工活动是类目化活动，通过这种类目化活动将新知识与原有的类目编码系统联系起来，不断形成或发展新的类目编码系统。

布鲁纳指出，人们与周围世界的所有相互作用都涉及到对与现有类别有关的刺激输入进行分类，如果刺激输入与人们知识结构中已有类别全然无关，那么它是很难被加工的。因此，人们根据自己已有的类目编码系统与环境相互作用，或者借助已有的类别来处理外来信息，或者由外来信息形成新的类别，这种将事物置于类目编码系统之中的活动，称为类目化活动。

学习者通过类目化活动对学习材料所揭示的规则、现象、事物正确地进行类目化（概括化），把输入的刺激归为某一类别，并根据这一类别及其他相关的类别做出推理，以便在具体知识的基础上形成一般编码系统。

布鲁纳认为，一切知识都是按编码系统排列和组织起来的。具体的知识描绘客观事物的具体特征，揭示较低级的规则，它常常受制于具体的对象和特殊的情境。只有当学生熟练掌握了许多具体知识时，才有可能把它们重新组织起来构成较高层次的规则，形成一般编码系统，获得一般知识。一旦形成了一般编码系统，信息纳入了一种有组织、有层次的结构中，学习知识的问题就不再是学习具体的类别，而是掌握编码系统的问题。这时候每一类别及各类别之间的相互关联使人能够超越给定的信息，举一反三，触类旁通，经过组织的结构化知识也更利于保持和提取。因此，布鲁纳认为一般类别编码系统在人的认识和学习过程中有着十分重要的地位；学习的实质就在于形成类别编码系统；学习的过程实际上就是分类（或类别化）的过程。

据此，布鲁纳进一步提出，这种类目化过程应该是自下而上的，从具体的、特殊的、包摄水平低的类目，到一般的、概括的、包摄水平高的类目，类目编码系统的形成应该是从低层次的类目到高层次的类目。因此，为了促进学生有效地进行类目化活动以形成类目编码系统，应该向他们提供较低层次的类目或事物，让学生“发现”高层的类目编码。这就是布鲁纳提倡的“发现法”学习的缘由。

2. 发现学习是学习知识的最佳方式

布鲁纳认为，学习知识的最佳方式是发现学习。所谓发现学习，是指学生利用教材或教师提供的条件自己独立思考，自行发现知识，掌握原理和规律。布鲁纳认为，尽管学生所学习的知识都是经过人类长期的实践已经知晓并证明了的事物，但是学生依靠自己的努力独立地认识和总结出原理、规律，那么对学生而言，这仍然是一种“发现”（准确地说是一种“再发现”）。在他看来，学生的这种发现和科学家在科学研究领域里对人类以前未知的现象、规律进行探索而获得的新知识的发现，其本质是一样的，都是把现象进行重新组织转换，超越现象本身，在更一般的层次上进行类别组合，从而获得新的编码系统，得到新的信息或领悟。他认为：“不论是在校儿童凭自己的力量所作的发现，还是科学家努力于日趋尖端的研究领域所作出的发现，按其实质来说，都不过是把现象重新组织或转化，使人能超越现象再进行组合，从而获得新的领悟而已。”

布鲁纳认为发现学习具有如下特点：

（1）发生较早。学龄前儿童获得初级概念的主要手段就是通过对具体事物归类而发现概念的一般属性，尽管这种学习不一定是以语言符号为中介，而可能是动作思维或形象思维的结果。发现学习是概念形成的典型方式。

（2）发现学习的内容是尚无定论的实际材料，而不是现成的结论，学生不能通过教师或教科书上所讲的内容来获得知识，找出规律和原理，而必须是独立地分析事物的各种属性和联系，发现其中的规律和原理。

（3）学习的过程较为复杂。学生面临的是一些显得无序的实际材料，并没有现成的方法可以照套，而是需要学生自己对材料所提供的信息加以重新组织、转换，使之与已有的认知结构发生联系，提出种种假设并加以检验，将新的发现纳入认知结构中或重构已有的认知结构。整个过程要经过复杂的独立思考、发现、整合、内化等诸环节，有时候可能还需反复试验，多次转换。然而，正是因为这种复杂性、探索性，发现法学习能够更好地激发和培养个人主动探索知识及其结构的精神，使学习者成为自主独立的思考者、学习者与问题解决者，更快地适应社会要求。

基于上述特点，布鲁纳认为发现学习的方法有许多优点。主要表现在以下几个方面：

（1）发现法能提高学生的智慧的潜能，培养学生的直觉思维。布鲁纳认为，“发现”的实质是“重新整理或改造证据，以使一个人能够超越如此重新结集的证据，达到新的洞察力”。重新组织已有的经验和现有的信息，使信息之间、信息与认知结构之间能从多个角度，按多种不同的归类规则发生关系，这实际上是一个培养学生综合分析、抽象概括、系统化等多项思维方式的活动。在此过程中，学生的各项智慧技能会得到极好的锻炼和提高，而且它往往不是依据合乎逻辑的方式，依据既定的套路去进行组织，而是需要学生采取跃进、越级、猜测等方式来进行直觉思维，而这种直觉思维无论是对于日常生活还是科学发现都是很宝贵的智力活动方式。因此，发现法学习过程的复杂性、思维方式的灵活性、独立性等对于提高学生智慧潜力是大有裨益的。

（2）发现法有助于培养学生的内在动机。发现法学习过程中，也能够在发现中受到知识和知识结构本身的规律性所具有的魅力的影响，培养起对知识和学习过程本身的兴趣。学生通过大量艰苦的脑力劳动，积极地探索，能够体会到发现新知识的喜悦，不仅可以使学生有效地摆脱外部动机的作用而自觉学习，而且也会增强他们主动学习的心向和学会知识的信心，形成独立自主地学习知识的习惯和愿望。

（3）有利于培养学生发现的技巧。布鲁纳认为人只有通过解决问题的练习和努力去发现，才能学会发现的方法和技巧，一个人只有拥有相当的实践经验，才有可能从中总结学习和发现的方式，将它们提炼成技巧，在以后的情境和问题中自觉地加以迁移。

（4）有利于知识的记忆保持和提取。布鲁纳认为，学生储存的信息只有经过合理的组织，才能得到最准确的保持，有明确结构的材料便于检索，有利于提取。学生在发现学习中要对材料进行大量的组织与重组工作，并找到最合理的组织方式，将材料、知识安排到认识结构中去，这种经过自己亲自发现而组织起来的信息，是最易检索的。

3. 新知识学习过程的环节

布鲁纳分析了学习知识的具体环节，认为学习每一门学科都包括三个“几乎同时发生的过程”，即新知识的获得过程、知识的转化过程及知识的评价过程。

（1）新知识的获得过程。它是指个体运用已有的认知经验，使用新输入的信息与原有的认知结构发生联系，理解新知识所描绘的事物或现象的意义，使之与已有的知识建立各种联系。新知识可能是对学生以前知识的某种精练，比如学生在学习平面内两直线互相“垂直”的概念时，已经见过日常生活中许多互相垂直的实例，但新学习的概念则排除了具体事例的具体特性，使学生明白“垂直”的最本质的特征是两直线相交成90°角；新知识也可能与学生原有的知识经验相矛盾，比如学生以前可能认为垂直就是一条水平直线和一条垂直直线相交。无论新旧知识关系如何，对新知识的理解都会导致对旧知识的理解的进一步加深。

（2）知识的转化过程。它是指对新知识进一步分析和概括，用获得的新知识对原有的认知结构进行重构，运用外推、内推或转换的方法，获得超越给定信息的更多的信息，以适应新的任务。转化的目的在于推导出更多的知识，其实质是对新知识所描述的现象或事物从不同的角度进行类别化（归类），并从与之发生相属关系的类别的相应规则中获得更多的信息。

（3）知识的评价过程。这个过程是指对新知识的转化过程和结果的检阅和验证。通过评价可以检查我们对新知识的分类是否正确，运用推导出的信息解决问题是否合适，以及新形成的认知结构是否合理。因此评价常常是对新知识合理性的判断。

布鲁纳认为，学习任何一门学科，都有许多前后衔接的学习新知识的过程，每次新知识的学习也都会经历这种获得转化和评价的环节。如果这三个环节能够合理进行，对新知识的学习就可以举一反三，在新情况中能够顺利进行迁移，同时学习者的认知结构将会得到合理的建构并不断完善，具有更大的理解新知识的潜能。

（三）关于促进学习的条件

1. 知识的呈现方式

由于新知识的学习必须借助学习者以往的知识经验和认知结构才能顺利进行，所以布鲁纳认为要使学习者顺利地学习新知识，必须选择与他当前的智力水平相适应的形式来呈现新知识。所谓新知识的呈现形式是指提供知识的技术或方法。布鲁纳认为人类有三种成功地理解知识的手段：动作再现表象、图像再现表象、符号再现表象。动作再现表象是指借助动作进行思维的工具，图像再现表象是指以表象作为思维的工具，符号再现表象是指以符号（通常是语言符号）作为思维的中介物，一般而言，以语言符号再现表象呈现的知识常常通过逻辑推理进行学习。这三种再现表象系统也是人们借以认识和表征外部世界的三种信息加工系统。虽然在个人智力发展史上，它们的出现顺序依次是动作→表象→语言，但它们之间并不能彼此代替，而是互相补充，各有所长。布鲁纳认为对于不同年龄、知识背景的学生和不同学科性质的知识而言，以哪一种形式呈现知识会直接影响学生获得知识的难易程度和正确性。而且他认为：对于一个特定的学生而言，某一项知识如果能以合适的形式呈现出来，那么应该是可以被学习者所理解的。因此，同一个原理，对于不同知识水平的学生，可以呈现不同的呈现方式让他们来学习。比如，一些教学原理，小学时可以用直观的形式学习，中学时可以进行简单的论证，大学则可以以合理体系进行学习。

2. 学习的内在动机

对于学习的动机问题，布鲁纳更倾向内部动机的激发和维持。布鲁纳认为：学习是一个积极主动的过程，学习者在学习过程中的主动性体现在他必须主动地让新知识与已有的经验和认知结构发生联系，对新现象进行归类和推理。这其中，定势和内部动机起着重大激励作用。布鲁纳注意到，学生在学习过程中如果形成一种将新知识与以往知识联系起来并根据原有认知结构对新知识加以组织的积极的观念和相应的心理准备状态（定势），则会较之那种认为学习内容是没有结构的、与以往学习无关的态度，更能有效地提高学习和理解新知识的效果。同时，布鲁纳认为，所有的学生几乎都具有学习新知识的内在愿望，这些内在愿望包括：好奇心，即在学习中表现出的求知欲；成功感，即学生总是对他们能胜任的活动备感兴趣，而且也只有在学习过程中经过努力达到了对知识的真正占有，最能让学生产生自豪感、满足感，维持高昂的学习积极性的动力；以及人际交往中互惠的需要，等等，它们对学习活动有长久的维持力。对于外部动机的激励作用，比如奖励与惩罚、竞争中的失败和成功等，布鲁纳认为它们对于知识的学习，尤其是对少年儿童而言，虽然可能是有作用的，但是不宜过分重视。总之，布鲁纳认为：最好的学习动机莫过于对所学习的知识本身具有内在的兴趣，有新发现的自豪感和自信心，这是知识学习成功的关键。

布鲁纳很重视对学习结果的反馈在提高学习效率中的作用。他认为，反馈的时间和步调是影响学习成功的重要因素，有效的反馈应出现在学生将自己的试验结果与假设相比较的时候，在此之前的反馈，会干扰学习的进行，或者不能为学生所理解，在此之后，则不能及时矫正学习中出现的问题，起不到相应的作用。另外，反馈是否有用，与学生的动机强度有关，在高焦虑的学习过程中，反馈信息几乎不起作用；仅仅告诉学生“对”和“错”，而不指出其原因，对于学习也是无益的，尤其是只告诉学生“不对”，甚至可能除了伤害学生心情之外，无一益处。布鲁纳还认为，矫正性反馈信息有可能造成学生对教师评价的依赖性，因此，教师应该考虑使学生能养成自我矫正的习惯。

三、布鲁纳的结构—发现教学理论

根据自己的学习理论，布鲁纳提出了很有影响的结构—发现教学理论。

他认为，教学活动应该能最大限度地促进学生主动地形成认知结构，其教学思想最重要的是结构教学观和发现法教学模式。

（一）结构教学观

布鲁纳强调学习的结果是形成认知结构，因此他强调在学科知识的教学过程中，促使学生掌握学科的基本结构的重要性，认为教学的最终目标是促进“对学科结构的一般理解”。所谓学科的基本结构，包括基本概念、基本原理及其内部规律。布鲁纳提倡将学科的基本结构放在编写教材和设计课程的中心地位，他认为理解学科的基本结构至少有如下几个方面的好处：(1) 更有利于学生理解学科的具体内容，因为多数具体的问题只是一些原理、法则的具体化或变形而已。(2) 更有助于学习内容的记忆。一门学科的基本结构实际上是一种概括化较高的结构化、系统化地储存知识的较完整的网络，它本身就可以有简化记忆、利于检索和提取信息的作用。(3) 有助于迁移。布鲁纳认为，所谓迁移，可以被看作是将习得的编码系统应用于新事例，而学科的基本知识结构化显然本身就包含了对该学科所研究的对象的一般编码系统，这个一般编码系统已经超越了许多具体事例的特殊性和情境性，具有强大的概括力和解释力，因而也是最容易被迁移的知识。(4) 有助于激发学生的学习动机和学习兴趣。布鲁纳认为好的学科结构本身就具有巨大的吸引力，能使学生产生强烈的兴趣和求知欲，让学生认为这些知识是值得学的，并从学习过程中主动进行自我激励获得自我效能感。(5) 有助于儿童智力的发展。

布鲁纳认为，好的学科结构可使“任何科目都能按照某种正确的方式教给任何年龄阶段的儿童”。布鲁纳认为编排教材的最佳方式是以“螺旋式上升”的形式呈现学科的基本结构，一方面便于儿童尽早学习学科的重要知识和基本结构，避免浪费年轻一代宝贵的学习时间，另一方面，也有利于学生认知结构形成的连续性、渐进性。他认为，儿童的能力倾向，特别是自然科学方面的智能，是能较早给予发现与培养的，而任何学科的基本结构都具有普遍性与很强的基础性和再生性，因此，我们可以将学科的基本概念和原理分别以动作表象、图像再现表象、符号（语言）再现表象三种不同的形式加以呈现，以适应于不同年龄、不同智力发展水平的学生的学习能力。随着年龄的增长，教学涉及的原理、概念可能相同，但教材表现形式的直观程度逐渐降低，抽象程度不断提高，从而体现出教材的“螺旋式上升”的标志。这样就有可能打破小、中、大学在同一门学科的基本结构的学习和教学上的界限，使学生一步步地既在较低层次上为后继的学习提供可靠而充分的知识准备，又能够一步步在较高的认识层次上掌握知识，逐渐达到学科的研究对象的一般编码系统的形成。

（二）发现法教学模式

发现法教学模式是根据发现法学习而提出的，其指导思想是教师不应当让学生处于被动接受知识的状态，教师要为学生提供一定的材料，创设问题情境，引导学生独立地发现解决问题的方法，从中发现事物之间的联系和规律，获得相应的知识，形成或改造认知结构的过程。发现法教学没有一个固定的程序和模式，灵活性和自发性都很大，具体采用什么材料和组织形式要视不同学生的特点和不同学科的知识的具体内容而定。布鲁纳认为，发现法教学模式的特点是：（1）教学围绕一个问题情境而展开，而不是围绕某一个知识项目而展开。（2）教学中以学生的“发现”活动为主，教师起引导作用。而在传统课堂教学中，一般是以教师的讲课为主要活动。（3）没有固定的组织形式。其最大优点是能最大限度地发挥学生在学习中的主体性和创造性。

布鲁纳提出了发现法教学的基本步骤：第一，提出和明确使学生感兴趣的问题；第二，让学生对问题体验到某种程度的不确定性，以激发探究；第三，提供解决问题的各种材料和线索；第四，协助学生分析材料和证据，提出可能的假设，帮助学生对材料、线索进行分析审查，搜集和组织可用于作出判断的资料；第五，协助、引导学生审查假设得出的结论。一般引导学生对有关假设进行比较，找出最佳或可行的方法去解决问题。

在发现法教学过程中，教师的主要任务是：（1）鼓励学生有发现的自信心；（2）激发学生的好奇心，使之产生求知欲；（3）帮助学生寻找新问题与已有经验的联系；（4）训练学生运用知识解决问题的能力；（5）协助学生进行自我评价；（6）启发学生进行对比。由此可以看出教师的主要任务在于引导学生去发现和对其发现技巧与方法的培养，而不是直接去教给学生解决问题的方法。

四、对布鲁纳的学习与教学理论的评价

布鲁纳是当代著名认知心理学家和教育心理学家，他反对以 S—R 联结和对动物的行为习得的研究来解释人类的学习活动，克服了以往学习理论根据动物实验的结果而推演到人的学习的种种缺陷，针对学生在课堂教学情境下学习各种知识的活动提出自己的学习与教学理论，把研究的重点放在学生获得知识的内部认知过程和教师如何组织课堂以促进学生“发现”知识的

问题上。他强调学生学习的主动性，强调学习的认知过程，重视认知结构的形成，注重学习者的知识结构、内在动机、独立性与积极性在学习中的作用，对学习理论的发展做出了突出的贡献。他的认知—发现学习是当代认知派学习理论的主要流派之一。

然而，布鲁纳的学习与教学理论也有一些失之偏颇的地方，不少人对其提出批评，主要意见有下列几方面：（1）他的学习与教学理论完全放弃知识的系统讲授，而以发现法教学来代替，夸大了学生的学习能力，忽视了知识学习活动的特殊性，忽视了知识的学习即知识的再生产过程与知识的生产过程的差异。（2）布鲁纳认为“任何科目都可以按某种正确的方式教给任何年龄的任何儿童”，这其实是不可能的。（3）人们指出，发现法运用范围有限，从学习主体来看，真正能够用发现法学习的只是极少数学生；从学科领域来看，发现法只适合自然科学的某些知识的教学，对于文学、艺术等以情感为基础的学科是不适用的；从执教人员来看，发现法教学没有现成方案，过于灵活，对教师知识素养和教学机智、技巧、耐心等要求很高，一般教师很难掌握，反而容易弄巧成拙。（4）发现法耗时过多，不经济，不宜于需要在短时间内向学生传授一定数量的知识和技能的集体教学活动。（5）发现教学法适用于小学和中学低年级学生，因为他们主要以概念形成方式获得概念。对于中高年级的学生而言，他们获得概念的主要方式是概念的同化，因此他们学习知识的主要方式也不是发现学习，而是接受学习。然而，这些问题并不妨碍布鲁纳所提出的重视学科基本知识结构和发现法教学模式的理论对于指导教材的编写、课堂教学实践和学生学习知识的活动具有的参考价值。

第四节　奥苏贝尔的接受—同化学习理论与教学思想

奥苏贝尔（Ausubel，1918—　），美国当代著名的认知派教育心理学家。他致力于课堂教学中学生对言语材料学习的研究，并在此基础上提出了认知—接受学习理论。这一理论对有意义接受学习的过程与类型、知识的记忆和遗忘、学习的组织原则以及在教学中运用“先行组织者”的方法等作了详细的阐述，在教育界和心理学界享有盛誉。

与格式塔学习理论前期的认知派理论不同，布鲁纳和奥苏贝尔都属于当今的教育心理学家，他们主要探讨的是学生学习而不是一般有机体的学习，他们的学习理论都主要建立在研究人类学习尤其是学生学习的基础上，将人的学习看成是一个主动积极地进行内部的认知操作活动形成或发展认知结构的过程。他们都反对联结主义的机械学习，强调通过教学发展学生的认知结构，培养学生的迁移能力。但由于他们对学生认知学习的性质认识不同，导致他们产生分歧，提出了不同的学习与教学理论。

根据20世纪50年代末发展学生创造精神和能力的时代要求，布鲁纳倡导和强调发现法，他认为学生的学习是通过类目化的信息加工活动，自己主动形成认知结构或类目编码系统的过程。在他看来，学生的学习与科学家的研究活动并不存在本质上的差别，学习是对环境的一种主动活动过程，教学必须引导学生通过发现进行学习，学生自主地学习，寻求解决问题的最佳方案，发现学科的基本概念和基本原理。

奥苏贝尔则是在布鲁纳之后，针对布鲁纳“发现学习”的偏颇而提出自己的理论的，他认为布鲁纳的理论过分强调发现式、跳跃式学习，轻视知识的系统性、循序渐进性，忽视系统知识的传授，而造成学生基础薄弱、教育质量滑坡的不良后果。他主张曾被贬为“旧教育传统的残余”的接受学习法，提倡循序渐进，使学生按照有意义接受的方式获得系统的知识，形成良好的认知结构。

奥苏贝尔有句名言：“如果我不得不把全部教育心理学还原为一条原理的话，我将会说，影响学习的唯一的最重要的因素是学习者已经知道了什么”，并且指出要“根据学生原有知识进行教学”。可以说，这一条原理是奥苏贝尔整个理论体系的核心，他所论述的所有理论都是围绕这条原理展开的。

一、奥苏贝尔学习理论的主要观点

奥苏贝尔明确认为，学生的学习主要是有意义的接受学习，是通过同化将当前的知识与原来的认知结构建立实质的、非人为的联系，使知识结构不断发展的过程。有意义接受学习是学生在学校学习语言符号所代表的系统知识的主要方式，因此，他的学习理论也称为有意义语言学习理论。

（一）有意义接受学习的定义

为了阐明自己关于有意义接受学习的思想，奥苏贝尔首先明确地区分了机械学习与意义学习、接受学习与发现学习之间的关系。

奥苏贝尔指出，接受学习与发现学习的区别在于，发现学习比接受学习多了一个“发现的阶段”。在接受学习中，学习的内容基本上是以定论的形式传授给学生的，对学生来讲，学习不包括任何发现，只要求他们把教学内容加以内化，即将新的知识结合进自己原有的认知结构之内；而在发现学习中，学习的内容不是现成地给予学生，而是在学生内化之前，必须由他们去发现这些内容，即学生的首要任务是发现，然后再将发现的内容加以内化。

多少年来，人们往往把接受学习作为批评的对象，认为接受学习必然是机械学习，发现学习必然是有意义的学习。奥苏贝尔认为，这种看法是不正确的，实际上，有意义学习与机械学习、接受学习与发现学习是从不同的角度对学习进行的划分，这是两个互相独立的维度，我们不能简单地将发现学习等同于有意义学习，把接受学习等同于机械学习，这是毫无根据的。无论是发现法学习还是接受法学习，都既有可能是有意义的，也有可能是机械的，例如照套公式解题就是一种机械的发现学习。

奥苏贝尔认为，所谓有意义学习，是针对机械学习而言的。它是指在学习知识过程中，符号所代表的新知识与学习者认知结构中已有的适当观念建立实质性和非人为性的联系的过程。所谓实质性联系，是指新符号或符号所代表的新知识观念能与学习者认知结构中已有的表象、有意义的符号、概念或命题建立内在联系，而不仅仅是字面上的联系。例如，学习“菱形是四条边都相等的平行四边形”这一新概念时，学生会在头脑中已有的“平行四边形”的概念或表象的基础上，对之加以改造，从而产生菱形的表象或概念。这样，新知识“菱形”就与原有认知结构中的平行四边形之间建立了实质性联系。学生就能借助有关平行四边形的属性特征来理解“菱形”的特征。由于新旧知识间建立的是实质性联系，而不是字面上的联系，新学习的知识就有可能摆脱字面的表述形式的限制，比如“菱形”，既可以被描述成“四条边都相等的平行四边形”，也可以说成“两条对角线互相垂直的平行四边形”，因此，在教学中教师常常把学生能否用不同的文字或符号表述出新知识的含义，作为判断学习者对新知识进行的是否是有意义学习的一种重要指标。非人为性的联系，是指符号所代表的新知识与认知结构中的有关观念表象建立的是符合人们所理解的逻辑关系上的联系，而不是一种任意附加上去的联系，例如，“菱形”与“平行四边形”之间的联系就不是任意的，它符合逻辑上特殊与一般的联系。任何学习，只要在新旧知识之间建立的联系是实质性的、非人为性的，都是有意义学习的过程。划分机械学习与有意义学习的两条标准是：（1）新的知识与学生原有的认知结构是否具有实质性联系。所谓实质性联系，亦即非字面的联系，指能用同义词或其他等值符号替代而不改变意义或内容。（2）新旧知识之间是否能形成非人为的联系。非人为性亦即非任意性，指个人的新旧知识的联系合乎人们能理解的逻辑关系。任何机械学习都不具备实质性和非人为性这两条标准。

奥苏贝尔尽管没有一概反对发现学习，但是，他认为发现学习不应该成为学生学习的主要方式，理由有三方面：首先，发现学习可能浪费太多的时间，不适合作为获取大量信息的主要方式；其次，不是所有的知识都需要通过发现学习来获得，在一些学习情境中，学生必须用言语来处理各种复杂的、抽象的命题；再次，不是所有的学生都需要通过发现学习来获取知识，当意义学习的两个条件得到满足时，接受学习可以使学生更快地获取新的知识。因此，奥苏贝尔认为，学校主要应采用有意义的接受学习。

（二）有意义学习的过程与机制

与布鲁纳自下而上的类目化过程不同，奥苏贝尔强调学习过程是自上而下的同化过程，用同化来解释有意义学习的内部心理机制。同化的实质是新知识通过与已有认知结构中的起固定作用的知识或观念，建立实质性的非人为的联系，进而被同化到已有认知结构中来，其结果一方面使新知识被学习者理解，获得心理意义，另一方面使已有的认知结构发生改变，增加了新的内容，建立了更广泛的联系。其具体过程是：首先，学生从已有的认知结构中找到对新学习的知识起到固定作用的观念，即寻找一个同化点，然后，根据新知识与同化它的原有观念之间的关系是上下位关系，还是并列关系，将新知识置入到认知结构的合适位置上去，与原有观念建立相应的联系，接着，他们还必须对新知识与原有知识进行精细的分化，最后，要在新知识与其他相应的知识之间建立联系，使之构成一个完整的观念体系，对知识的理解才能达到融会贯通，以利于运用和记忆，此时，学习者原有的认知结构也会因新知识的纳入和不断分化而更加完整和丰富。例如，学生学习“匀变速直线运动”时，首先根据匀变速直线运动的定义“加速度恒定的变速直线运动”，在已有的认知结构中找到“变速直线运动”这一知识点，由于新知识是变速直线运动的派生下位概念，将成为变速直线运动的概念范围之内的一个分支，获得一切变速直线运动的普遍特征和规律，然后它所具备的特殊性质（加速度恒定）又能使它区别于其他任何一种变速直线运动。当学生在学习了“匀变速直线运动”的一般特征和特殊性质之后，他们进一步对匀变速直线运动与以前学习的匀速直线运动、曲线运动、线性运动、平动、转动等各种运动形式的区别与联系、关系作出进一步分析、概括，最后形成一个关于运动形式的更为完整的知识体系，这个体系中的每一成员的特殊特征都和新学习的“匀变速直线运动”既有程度不一的共同点，又有明确的区分性。同时新学习的“匀变速直线运动”在认知结构中也获得了自己的固定位置和意义，可以成为以后学习更多的新知识，比如“匀加速直线运动”、“匀减速直线运动”等的固定点。可见，新旧知识相互作用的同化过程，无论对于新知识的意义获得而言，还是对于原有认知结构的变化而言，都是一个既有量变又有质变的过程。

奥苏贝尔不仅用同化来解释新知识的意义的获得，也用同化来解释知识的保持和遗忘。他认为，新知识获得意义之后，新旧知识的相互作用并未停止，而是继续进行，这就是对新知识的保持和遗忘过程，保持和遗忘是同时进行的。在保持初期，新知识既与同化它的原有观点互相联系，又有着自己清晰的意义，与原有知识间具有较好的可分离性，因而可以顺利地被提取和运用，然而如果长时间不复习，在意义保持的后期，新知识就会自动向同化它的比较稳定的清晰的观念还原，逐渐丧失对原有知识的可分离性，于是就发生了遗忘性同化（又称有意义遗忘）。遗忘性同化的基本规律是：从新的不稳定和不清晰的意义向认知结构中旧的稳定的清晰的观念还原；从比较具体的概括的意义向较高级的概括意义还原。可见，要想使新学习的知识不发生遗忘，最有效的办法是让它变得更稳定、更清晰、更具有概括性，这可以通过经常复习或不断使新知识成为后继的有意义学习的固定点，对其进行连续同化和逐渐分化，形成更精确的意义。

（三）有意义学习的结果

与其他认知派学习理论一样，奥苏贝尔也认为，有意义学习的结果是形成认知结构。奥苏贝尔与布鲁纳关于认知结构的见解尽管提法不同，实质上是一致的，他们都是将认知结构看作是按照概括程度高低层级组织起来的概念与规则体系。奥苏贝尔认为，认知结构是按层次的形式组织起来的诸多类属者，类属者即概念或观念，众多的类属者按照层次组织起来就是认知结构。换句话说，认知结构指学生现有知识的数量、清晰度和组织方式，它由学生当前能回想出来的事实、概念、命题、理论等构成，既是学生学习的结果，又是学生进行学习的基础。他认为，当学生把教学内容与自己的认知结构联系起来时，意义学习便发生了，因而认知结构是影响有意义的接受学习的最重要的因素。概而言之，奥苏贝尔的认知结构是指个体头脑中已形成的，按层次组织起来的，能使新知识获得意义的概念系统。

奥苏贝尔认为，要促进新知识的学习，首先要增强学生认知结构中与新知识有关的观念，因而学习内容的安排要注意两个方面：（1）要尽可能先传授具有最大包摄性、概括性和最有说服力的概念和原理，使学生能对学习内容加以组织和综合。（2）要注意渐进性，即要使用最有效的方法安排学习内容的顺序，构成学习内容的内在逻辑。

（四）有意义学习的条件

奥苏贝尔进一步提出，进行有意义学习必须具备三个前提条件：（1）学习材料本身必须具备逻辑意义。（2）学习者必须具有有意义学习的心向。（3）学习者的认知结构中必须有同化新知识的原有的适当观念。

材料的逻辑意义是指学习材料本身与人类学习能力范围内的有关观念可以建立非人为性和实质性的联系。不难理解，如果学习材料本身不具备逻辑意义，不表征任何实在的意义，如无意义音节等，那么它也不可能通过有意义学习来掌握。需要指出的是，有逻辑意义的材料内容并不一定都是符合客观实际的正确的知识。例如"太阳每天从西边升起"，从逻辑上讲它是可以表达特定意义的，但实际上太阳不会从西边升起。一般而言，学生所学习的知识是人类认识成果的总结和概括，因此都是具有逻辑意义的。

所谓有意义学习的心向，是指学习者能积极主动地在新知识与已有适当观念之间建立联系的倾向性。学习材料具有逻辑意义，而且学习者认知结构中也存在适当观念的条件下（奥苏贝尔认为具备这两个条件时的新知识对于学习者而言是有潜在意义的知识），学习者是否具有有意义学习的心向，决定了他所进行的是否是有意义学习，是否通过有意义学习使学习材料的潜在意义转化为实际意义即获得心理意义。缺乏有意义学习心向的学生，常常会面对有逻辑意义或潜在意义的材料也不会主动地寻求新旧知识间的联系，而是机械地按字面的表述死记硬背。

构成有意义学习的第三个条件来自学习者已有的认知结构。奥苏贝尔很重视认知结构在有意义学习中的重要作用，认为它是影响学生知识学习的最重要因素。认知结构对有意义学习的影响主要取决于原有知识的可利用性、新旧知识间的可辨别性以及原有知识的稳定性和清晰性。可利用性是指学习者已有的认知结构中存在可以与新知识发生意义联系的适当观念，这些观念对理解新知识的意义起着固定作用，即为新知识与原有认知结构之间提供一个契合点，使新知识能固着在原有的认知结构中，进而与认知结构中的其他有关的观念联系起来。新旧知识间的可辨别性是指新学习的材料与原有的起固定作用的知识间的可分化程度，如果新旧知识之间差异很小，不能互相区别，那么新旧知识间就极易造成混淆，新知识就会被原有的知识取代或被简单地理解成原有知识，而失去它所内含的新意义。原有的起固定作用的知识的稳定性和清晰性是指学生对原有知识的理解是否明确无误，是否已经巩固。如果学生原有的知识意义模糊，似是而非，或者掌握得不熟练，它不仅不能为新学习的知识提供有力的固着点，而且会在新旧知识间造成混淆。

奥苏贝尔认为，只有同时满足了上述三个条件，才有可能进行有意义的学习，使新学习的材料的逻辑意义转化为对学习者的潜在意义，最终使学习者达到对新知识的理解，获得心理意义。所谓心理意义是“一个或一组符号与认知结构建立非人为的和实质性的联系引起的”，获得新知识的心理意义既是有意义学习的目的，也是它的结果。由于学习者在年龄、生活环境、个人生活经验等多方面都存在着一定的个别差异，因此，同一新知识经有意义学习，在不同学习者头脑中所获得的心理意义是不尽相同的。

（五）有意义学习的类型

奥苏贝尔根据有意义学习任务的复杂程度，把有意义学习分成有层次组织的类型：基本的有意义学习有三种：代表性学习、概念学习和命题学习，另外还有较高级的发现学习，包括知识运用、问题解决和创造。

在有意义学习中，最低层次的是代表性学习，又称表征学习，它是指“学会一些单个符号（主要是词汇）的意义或者说学习它们代表什么”。代表性学习的心理机制是使符号和它们所代表的具体事物或观念之间建立起等值的关系，比如“猫”这个符号代表是猫这种动物。尽管在语言符号的形成时期每一符号在最初用以指代某一事物时带有人为性和偶然性，但是作为知识学习对象的某个语言符号与它所代表的具体事物间的意义联系是已经固定下来的，不再具有任意性和人为性。这类学习在多数情况下带有机械学习的特点。

概念学习的实质是掌握同类事物或现象的共同关键特征或本质特征。其具体形式有两种：概念的发现和概念的同化。概念发现是学龄前儿童的小学低年级学生学习概念的主要形式，它是从许多具体实例中概括而来的，比如，在看见许多皮球、玻璃珠等之后形成“球”的概念；而中、高年级学生由于有了更多可供利用的基础知识，则可以利用已有认知结构中的相应概念对新概念进行同化而获得新概念的意义，这就是概念的同化过程。比如在学习了“长方体”的基础上再学习“正方体”的概念，就可以利用长方形的概念对“正方形”概念进行同化，领会“四边相等的长方形是正方形”这个定义。

命题学习是“学习以命题形式表达的观念的新意义”。学生进行命题学习时，所学习的命题与他们认知结构中已有概念或命题会建立起联系，奥苏贝尔认为，根据新学习的命题与已有概念或命题之间的关系，可以分为三种类型的命题学习：

（1）下位学习。新学习的知识是已有知识的下位知识，已有的概念或命题是上位的。下位关系有两种方式，一种是派生的下位，即新知识是已有知识的一个具体例证，可以直接从已有的上位知识中派生出来，比如，学习者已经知道“所有的圆的圆心到圆上各点距离相等”，再学习“某一特定的圆的两条半径等长”的定理时，就是这种情况；另一种下位关系是相关的下位关系：新知识命题不能直接从已有的上位知识中派生出来，而是要对上位知识作某种特殊的扩展、修正或限制才能得出。比如在学习了“三角形”之后又学习“直角三角形”就是对相关下位概念的有意义学习。

（2）上位学习。新学习的知识与已有知识间是一般对特殊的关系，新概念或命题是上位的，包摄性更广泛，概括水平更高，可以将一系列已有的相应概念或命题总括其下。比如学生在学会了“铜能导电”、“铁能导电”等命题之后，再学习“金属都是能导电的”这一新命题时就是在进行上位学习。学生在进行上位学习时，为了能更准确地理解新命题的意义，常常要在已有的有限的下位命题之外再补充一些例证。

（3）并列结合学习。新命题与已有命题之间并不是下位关系，也不是上位关系，而是并列关系。学生学习过程中大量的命题之间都只具有并列关系，比如遗传和环境之间的关系，三角形的高和平行四边形的高之间的关系等，它们虽然不能形成包含与被包含的关系，但它们之间仍存在着种种意义联系或某些共同的关键特征，可以根据这些并列组合的关系而使新命题与已有命题建立起意义联系，从而理解新命题的意义。在并列结合学习中，由于学生只能利用一般的和非特殊的有关内容起固定作用，因此对于它们的学习和记忆都比较困难。

二、奥苏贝尔的教学理论：讲授教学法和“先行组织者”策略

奥苏贝尔根据其“认知—同化”学习理论提出整套教学理论与主张，最主要的是两个教学基本原则及据此提出的教学内容安排与“先行组织者”的教学策略。

（一）教学基本原则

奥苏贝尔认为，为了使学生有效地进行有意义的学习，教学过程中应该

遵循“逐渐分化”和“整合协调”的教学原则。

“逐渐分化”的原则是指学生应该学习包摄性最广、概括水平最高、最一般的观念，然后逐渐学习概括水平较低、较具体的知识，对它加以分化。这种顺序是与人类认知结构中知识的组织和储存方式相吻合的。奥苏贝尔认为学生对各学科的知识的组织是按包摄性由高到低的层次进行的，而且从包摄性广的知识中掌握分化的知识即下位学习，要比从包摄性窄的知识掌握概括水平更高的知识即上位学习要容易得多。

“整合协调”的原则是指对认知结构的已有知识重新加以组合，通过类推、分析、比较、综合，明确新旧知识间的区别和联系，消除可能产生的混淆，从不同角度以不同的关键特征为根据在各项新旧知识点之间建立精细的联系，使所学知识能综合贯通，构成清晰、稳定、整合的知识体系。例如，学生不仅能从营养学的角度将黄豆和洋葱归入蔬菜，使之成为蔬菜这一知识系统的具体内容，也要能从植物学的角度懂得：豌豆是植物的种子，而洋葱是植物的茎。

（二）教学内容的安排

奥苏贝尔认为，根据“逐渐分化”和“整合协调”的原则，教材内容的最好编排方式是：每门学科的各个单元应按包摄性程度由大到小的顺序排列，这样前面的单元可以与后面的单元构成上位对下位的关系，也就可以为后面知识的学习提供理想的固定点。每个单元内的知识点之间也最好是按逐渐分化的方式编排，使学生能通过最简单的下位学习来理解新知识，使知识结构不断分化、丰富。

（三）“先行组织者”的教学策略

奥苏贝尔根据“逐渐分化”和“整合协调”这两个教学原则，提出了“先行组织者”的教学策略，“先行组织者”策略是奥苏贝尔对知识教学的独特贡献。教师在讲授新知识之前，先给学生提供一些包摄性较广的、概括水平较高的学习材料，用学习者能理解的语言和方式来表述，以便给学习者在学习新知识时提供一个较好的固定点，将它与原有知识结构联系起来，这种预先提供的起组织作用的学习材料就叫做“先行组织者”。

先行组织者比将要学习的新内容更具有抽象性、概括性和包摄性，以便为学生即将学习的更分化、更详细、更具体的材料提供固定点，还有助于学生觉察出自己已有的认知结构中与新知识有关的其他知识，提醒学生主动将新知识与这些知识建立各方面的意义联系，从而可以从不同角度对理解新知识提供帮助。奥苏贝尔认为，先行组织者在三个方面有助于促进学习和保持信息：第一，如果设计得恰当，它们可以使学生注意到自己认知结构中已有的那些可起固定作用的概念，并把新知识建立在其之上；第二，它们通过把有关方面的知识包括进来，并说明统括各种知识的基本的原理，从而为新知识提供一种框架；第三，这种稳定的和清晰的组织，使学生不必采用机械学习的方式。

先行组织者有两类：一类是“说明性组织者”，用于对新知识提供一个上位的类属者，另一类是“比较性组织者”，它通过比较新知识与认知结构中类似的或邻近的知识的异同，提高两者的可辨别性，从而促进对新知识的有意义的学习，保证学生获得精确的知识。一般而言，学生在学校里的学习多数是有系统的学习，出现全新知识的时候不多，倒是知识之间容易混淆的情况很常见。因此，提供比较性组织者是教师经常用到的教学策略。提供先行组织者的方式可以灵活多样，比如上新课之前先做口头的介绍，概括前后学习内容的异同或联系，也可以详细讲解一个作为先行组织者的一般性的原理或概念，再转入新知识的学习中。

奥苏贝尔曾用实验来研究先行组织者在知识学习中的作用，结果证明，合理地使用先行组织者，不仅可以促进知识的学习，也有利于知识的保持。其他大量的短期和长期的实验研究也证明这种教学策略在分析教学任务等方面是具有指导意义和参考价值的。

三、对奥苏贝尔学习与教学理论的评价

奥苏贝尔的认知—接受学习理论注重有意义的接受学习，突出了学生的认知结构和有意义学习在知识获得中的重要作用，对有意义接受学习的实质、条件、机制、类型等作了精细的分析，澄清了长期以来对传统讲授教学和接受学习的偏见，以及对发现学习和接受学习与意义学习和机械学习之间关系的混淆。他提出的先行组织者策略对改进课堂教学设计、提高教学效果有重要的实用价值。

然而，奥苏贝尔的理论也有值得质疑的地方。首先，从学生学习或学校教学的目标来看，他偏重学生对知识的掌握，对学生能力的培养尤其是创造能力的培养不够重视，至少在他极力倡导的学习与教学过程中看不到对这方面的分析。实际上，学生的学习是人类知识的再生产过程，它要将人类千百万年以来形成的机能（包括所生产的知识与生产知识过程形成的能力）转化为个体的机能，而不是仅仅理解这些知识结论。其次，从知识的类型来看，就知识的学习而论，奥苏贝尔的教学思路也只是比较符合陈述性知识的

掌握，而不适合程序性知识的掌握。第三，奥苏贝尔过于强调接受学习与讲授方法，没有给予发现学习应有的重视，实际上，许多人都认为，在学生学习知识的活动中，有意义的接受学习和有意义发现学习各具特色，各有所长，都是重要的学习方式，它们常常是相辅相成，互相补充的。一般而言，年龄小的学生由于生活经验有限，本身认知结构的局限性较大，常常是利用有意义发现法学习新知识，而到了中、高年级，随着对更多知识的掌握，获得了一些较具概括性的基本观念和基本学习方法，有意义的接受学习才成为可能。考虑到学校教育的主要目的是在短时间内向学生传授大量的科学文化知识，而发现法学习无论从进展速度来讲，还是从课程设计和教具、学具的准备工作而言，都无法满足上述要求，因此，对于学生的知识学习而言，有意义接受学习是他们学习的主要方式。但是，作为发现法教学，它有利于引导学生大致重复前人知识生产的智力活动过程，促进学生智力尤其是创造力的提高，根据实际适当地运用发现法进行教学，无论对于激励学生的学习兴趣，还是对于培养学生学会思考问题的方法，都是十分有益的。同时，一项新知识采取哪种方式学习效果更好，要取决于许多主客观条件，比如，学习者已有的知识经验和认知结构，新知识是否要求迅速地传授给学生，现实的教学条件和材料准备是否充分，等等。因此，在实际的教学过程中，对于发现学习法也应给予足够的重视和灵活的运用，指导学生将有意义的发现学习和有意义的接受学习合理有机地结合起来，以更好地理解所学知识的意义，获得最佳的学习效果。

第五节　建构主义学习理论与教学思想

20 世纪 90 年代以来，随着心理学家对人类学习过程认知规律研究的不断深入，认知学习理论的一个重要分支——建构主义学习理论在西方逐渐流行。建构主义是学习理论中行为主义发展到认知主义以后的进一步发展，被誉为当代教育心理学中的一场革命（Slavin，1994）。

一、建构主义学习理论产生的根源

学习理论之所以会由认知主义向建构主义发展，建构主义学习理论之所以产生，是有其哲学根源、心理学根源与技术根源的。

（一）哲学根源

建构主义可以上溯至康德对理性主义与经验主义的综合，康德认为，主体不能直接通向外部世界，而只能通过利用内部构建的基本的认知原则（范畴）去组织经验，从而发展知识。他相信世界的本来面目是人们无法知道的，而且也没有必要去推测它，人们所知道的只是自己的经验。尤其是进入20世纪50年代以后，受波普尔和库恩等人的影响，非理性主义波及科学哲学领域并且逐渐流行。库恩强调科学共同体的信念在科学革命中的决定作用，主张科学的增长是非理性的。他认为“科学只是解释世界的一种范式”，而“知识是个人的理解”。之后，随着结构主义方法论向后结构主义的转化，理性主义的绝对地位被进一步打破。如果说结构主义崇尚理性的话，那么，后结构主义则致力于批判企图凭借对客观和理性的确信来建立对世界秩序的认识的形而上学的传统，试图恢复被结构主义所忽略了的非理性事物。后结构主义认为结构主义只注重客观主义色彩而忽略了能动着、实践着的社会主体，因而后结构主义致力于恢复主观性、历史活动和实践的问题。受其影响，心理学学习理论表现为从认知主义发展到建构主义。正是站在这一点上，我们说建构主义学习理论是从认知主义中繁衍而出的，是“后认知主义”的学习理论，是非理性主义哲学思潮在学习理论中的一种体现。

（二）心理学根源

毋庸置疑，除了哲学思潮的影响之外，心理学自身的理论和流派以及来自于心理学界内部的反思是认知主义向建构主义学习理论发展的直接原因。如前所述，建构主义是认知主义的进一步发展，可以称之为“后认知主义”。在这一演变过程中，心理学中影响深刻的瑞士皮亚杰学派和苏联维、列、鲁学派（文化历史学派）先后在美国的流行起到了至关重要的推动作用。关于儿童的认知是如何发展、人的心理机能是怎样形成等问题，皮亚杰认为是通过自我建构，维果茨基认为是通过社会作用，不断建构，即社会建构。

对建构主义学习理论的出现发生影响的首先是皮亚杰关于儿童的认知发展理论，即活动内化论。皮亚杰认为，学习是一种“自我建构”。个体思维的发生过程，就是儿童在不断成熟的基础上，在主客体相互作用的过程中获得个体经验与社会经验，从而使图式不断地协调、建构（即平衡）的过程。他强调的是主体心理机能的形成，而不是经验，其主要缺陷在于没有解决好客体问题，过于强调生物性，没有了解人的社会历史性，其理论可以说是一次内化说或一次内化的个人建构过程，是不全面的，个体不可能自发协调心理机能，应该是不断内化的过程。尽管如此，皮亚杰仍不失为认知研究领域中最有影响的一位心理学家，他的发生认识论原理在有关儿童认知发展学说中可以说构成了一个时代，他关于建构的思想是当代建构主义学习理论的重要基础之一。

20 世纪七八十年代，现代认知派学习理论的主要代表人物布鲁纳等把苏联著名教育心理学家维果茨基及其创立的文化历史学派引进到美国，这无疑在代表西方主流心理学的美国心理学界引起强烈反响，给占据统治地位的现代认知派注入了新鲜血液，同时也引发了各方面心理学家的反思。在学习理论领域表现为认知主义向建构主义的进一步发展。维果茨基认为学习是一种“社会建构”，强调认知过程中学习者所处社会文化历史背景的作用，重视“活动”和“社会交往”在人的高级心理机能发展中的地位。在他看来，过去心理机能的形成是二项图式，客体不能简单理解为物理体，人和动物都能实现种的属性的继承，但动物主要靠遗传来实现，不能外化为客体。人是有目的地进行活动的，可以把自己的经验客体化，最根本的是工具，其次是书面语言，如笔这一书写工具，把所有复杂思维活动以静态的形式凝聚动态活动，代代经验客体化，代代相传。人的学习机制形成是经验的传递过程。因此，关于人的高级心理机能的发展，应当从历史的观点，而不是抽象的观点，不是在社会环境之外，而是在同它们的作用的不可分割的联系中，加以理解。

建构主义正是融合了皮亚杰的“自我建构”和维果茨基的“社会建构”并有机地把它们运用到学习理论研究中来，在此基础上提出了“意义建构”。

（三）技术根源

事实上，建构主义学习理论早在 20 世纪 80 年代已有人提出，但其教学方法在当时的教学条件下无法得到满足与实现，因而未能成为主流。90 年代以后，多媒体计算机和基于 Internet 的网络通信技术为建构主义学习理论的成熟和发展提供了可能和保障。

二、建构主义学习理论的基本观点

尽管以往的认知主义与联结主义在学习本质上存在根本分歧，但它们基本上都是客观主义的，主张分析人类行为的关键是对外部事件的考察，认为世界是由客观实体及其特征以及客观事物之间的关系所构成，教学的目标在于帮助学习者习得这些事物及其特征，使外部客观事物内化为其内在的认知结构。所不同的只是联结派认为学习是通过联结把握客体意义，认知派认为学习是通过信息加工把握客体意义。而建构主义则是非客观主义的，虽然其在本体论问题上没有过多地进行讨论，但是在认识论上则肯定是非客观的，因为它认为学习是通过信息加工活动建构对客体的解释，个体是根据自己的经验建构知识的。

认知主义认为学习是全体学生在教师的指导下，通过相同的信息加工活动，形成相同知识或认知结构。建构主义认为，不能对学生作共同起点、共同背景、通过共同过程达到共同目标的假设，学习者是以原有知识经验为背景接受学习的，不仅是水平不同，更关键是类型和角度不同，不能设想所有人都一样，而应以各自背景作为产生新知识的生长点；正因为如此，不能对学生掌握知识领域作典型的、结构化的、非情境化的假设，知识不是统一的结论，而是一种意义的建构，因此，即使学习的是相同的知识，学习者所进行的信息加工活动也不同，最后建构的知识意义也不同，由于每个人按各自的理解方式建构对客体的认识，故是个体化、情境化的产物，而不像认知主义与联结主义那样把客体作为规范的东西。学习是每个学生从自身角度出发，建构起对某一事物的各自看法，在此过程中，教师只是起辅助作用。

从这个基本前提出发，建构主义提出了自己独特的学习理论。由于建构主义还是一个新兴的派别，还没有形成一个基本统一的理论体系，内部派系林立，各讲一套，然而，透过这些五花八门的观点，仍然可以看出它们大致相同的规范。下面列出建构主义各种关于学习问题的观点与表述（Hein，1991；J. Brooks，M. Brooks，1999）：

（1）学习是学习者利用感觉吸收并且建构意义的活动过程，这一过程不是被动地接受外部知识，而是同学习者接触的外部世界相互作用的结果（J. Dewey）。

（2）学习包括建构意义和建构意义系统两个部分（L. B. Resnick）。

（3）建构意义的至关重要的活动是人的智力，它发生在人的大脑中。利用人的物理活动传递经验也许对学习来说是需要的，尤其对孩子来讲，但它是不足够的。我们必须投入与物理活动一样多的智力活动才可以保证意义的建构（Dewey）。

（4）学习是一种社会活动。个体的学习同其他人，如教师、同伴、家庭、偶然相识者等关系密切，而像戴维（Dewey）指出的那样，传统教育更加倾向于将学习者同社会分离，倾向于将教育看成是学习者与目标材料之间一对一的关系。相反，进步主义教育意识到学习的社会性，同其他个体之间的对话、交流已成为完整学习体系的一部分。

（5）学习是在一定情境中发生的。我们不能离开实际生活而在头脑中存在抽象虚无的、孤立的事实和理论，我们学习的是已知事物之间的关系及人类确立的信念。只有这样，我们的学习行为才可能清晰，学习是活动的和社会性的观点才可能成为一种必然的推论。总之，人类的学习不能离开生活而存在。

（6）个体学习需要先前知识的支持。如果个体没有先前形成的知识结构的基础，是不可能吸收新知识的。我们知道的越多，我们能够学习的就越多。因此施教者必须尽量使学习者同当前状态相联系，必须为学习者提供基于先前知识的路径。

（7）学习需要花费一定的时间。学习不是瞬间完成的，对于知识来说，需要学习者多次复习、思考及应用，这一过程不可能在5~10分钟内完成。

（8）学习是一种意义获取。因此，学习必须围绕个体将要从事的意义建构（construct meaning）开始。

（9）部分的理解有利于整体意义的理解。部分必须纳入整体关系中理解，因此学习过程集中于原始概念而非孤立的事实。

（10）学习的目的是建构个体自己的意义，而非重复他人的意义获得"正确"答案。

总体来看，建构主义认为，学习是学习者在原有知识经验基础上，在一定的社会文化环境中，主动对新信息进行加工处理，建构知识的意义（或知识表征）的过程。下面从学习的过程、学习的结果两个方面阐述建构主义关于学习实质的观点。

（一）关于学习过程

建构主义认为，学习是学习者主动地建构内部心理表征的过程。学习者不是被动地接受外来信息，而是主动地进行选择加工；学习者不是从同一背景出发，而是从不同背景、不同角度出发；不是由教师统一引导，完成同样的加工活动，而是在教师和他人的协助下，通过独特的信息加工活动，建构自己的意义的过程。这一建构过程不是传统认知派的社会建构过程，而是一个个人建构的过程，建构起对现实世界的意义。

在对学习过程的理解方面，与传统认知主义学习理论相比，建构主义强调了这个过程的独特性与双向建构性。

与认知主义学习理论一样，建构主义也认为学习是学习者进行复杂的信息加工活动的过程，两者主要分歧在于，学生在学习过程中所进行的信息加工活动是否一致。但是，认知主义学习理论强调在相同经验的学习过程中所进行的信息加工活动的共同性，该理论认为，在学习相同知识的过程中，学习者所进行的信息加工活动应该是相同的，如何引导学习者进行有效的信息加工活动模式，形成认知结构，是教师的主要工作。而建构主义则强调学习过程中学习者进行的信息加工活动的独特性，认为学习者要建构关于事物及其过程的表征，是通过已有的认知结构对新信息进行加工而建构成的。外部信息的意义是学习者通过新旧知识经验间反复的、双向的相互作用过程而建成的，而且原有知识又因为新经验的进入而发生调整和改变。所以学习过程并不是简单的信息输入、存储和提取，它同时包含由于新、旧经验的冲突而引发的观念转变和结构重组，是新、旧经验之间的双向相互作用过程（Spiro，1991）。学习者并不是空着脑袋走进教室的，在日常生活中，他们已形成了丰富的生活经验以及基于这些经验基础之上的一系列的认知结构，对一些问题都有自己的看法，因而在学习过程中，人脑并不是被动地学习和记录信息，而是主动地建构对信息的解释，学习者不是被动地在教师指导下对知识进行接收、加工和储存，而是根据自己的知识背景，并且需要借助贮存在长时记忆中的事件和信息加工策略（张建伟，陈琦，1996），对信息进行主动的选择和加工，在教师或他人协助下，形成一种独特的信息加工过程，建构自己关于知识的意义。如威特罗克在其生成学习模式中就特别强调，学习过程是学习者原有认知结构与从环境中接受的感觉信息相互作用，主动建构信息意义的生成过程。

同时，建构主义认为，学习过程同时包含两方面的建构：（1）对新信息的理解是通过运用已有经验，超越所提供的新信息而建构的；（2）从记忆系统中所提取的信息本身，也要按具体情况进行建构，而不单是提取。所以，“建构一方面是对新信息的意义的建构，同时又包含对原有经验的改造和重组”。这种双向建构意义的学习，使学习者得到更为灵活的知识。

（二）关于学习结果

（1）从学习所获得的经验的性质来看。传统的认知主义与联结派学习理论在知识的问题上都持客观主义的立场，认为知识是客观的，是对客观世界的反映。认知主义认为存在着有关世界的可靠知识。由于客体的基本特征是可知的和相对不变的，所以知识是稳定的。世界是真实的，是具有结构的，因此学习者可以建立有关世界结构的模式。认知主义认为，人们通过学习可以获得对客观世界各种事件的认识，了解真实世界，从而在他们的思维中复制世界的内容和结构。

建构主义却认为，知识并不是对现实的准确表征，它只是一种解释、一种假设，它并不是问题的最终答案，相反，它会随着人类的进步而不断地被“革命”掉，并随之出现新的假设；而且知识并不能精确地概括世界的法则，在具体问题中需要针对具体情境进行再创造。认知主义倾向于把知识看成是由外部输入的，认为知识由语言来表征，通过由教师讲授的方式把知识准确地传递给学生。建构主义反对客观主义的外塑论，把知识看成是主体与客体相互作用的结果，而不是单由哪一方面产生的，学习者并不是把知识从外界搬到记忆中，而是以已有的经验为基础，通过与外界的相互作用来建构新的理解。学习要建构关于事物及其过程的表征，但并非外界的直接翻版，而是通过已有的认识结构（原有知识经验和认知策略）对新信息进行加工而建构。在外部信息的输入与学习者内部生成的知识建构中，更强调学习者内部的生成作用。

（2）更为重要的，从学习者形成的认知结构的构成来看。传统认知派学习理论认为，学习的结果是形成认知结构，它是高度结构化的知识，是按概括水平高低层次排列的。然而，建构主义认为，知识结构不是加涅所指的直线结构或如布鲁纳、奥苏贝尔等人所提倡的层次结构，而是围绕关键概念而建构起来的网络结构的知识，既包括结构性知识，也包括非结构性知识，学习结果应是建构结构性与非结构性知识意义的表征。该理论认为，学习可以分为低级学习和高级学习。低级学习属于结构良好领域，要求学生懂得概念、原理、技能等，所包含的原理是单一的，角度是一致的，此类学习也叫非情境化的或去情境化的学习。高级学习属于结构不良领域，每个任务都包含复杂的概念，各种原理与概念的相互作用很不一样，是非结构化的、情境性的学习。在此领域，直线结构或层次结构已无能为力。建构主义认为学习应是抽象与具体、结构与非结构、情境与非情境的结合。传统学习领域，混淆了低级、高级学习的划分，把原理等作为学习的最终目的，而真正的学习目的应是要建构围绕关键概念组成的网络结构，包括事实、概念、策略、概括化的知识，学习者可以从网络的任何一点进入学习。网络结构的知识是打通的，而认知主义的层次结构的知识是封闭的。

三、建构主义关于教学的基本观点

在其学习理论的基础上，建构主义提出了系统的教学理论与模式，对以往的教学理论产生了巨大的冲击。

（一）建构主义关于教学的基本思路

(1) 注重以学生为中心进行教学。建构主义认为，学生是信息加工的主体，是意义的主动建构者，而不是外部刺激的被动接受者和被灌输的对象。学生被看成是形成有关现实理论的"思想家"。学习是由学习者内部控制的过程；鼓励和接受学习者的自治与主动；将学习者看作是有意志和目的的人，鼓励学习者质疑，培养学习者的好奇心。因此，该理论认为，教学目标具有很大的灵活性，它不应该强加给学习者，而是同学习者商量决定，或由学习者在学习过程中自由调整。同时，建构主义理论认为，教师不应被看成"知识的授予者"，而应成为学生学习活动的促进者。教师是学生意义建构的帮助者、促进者，而不是知识的传授者与灌输者。教师应善于引发学生观念上的不平衡，高度重视对学生错误的诊断与纠正，充分注意各个学生在认识上的特殊性，努力培养学生的自觉意识和元认知能力，努力调动学生的学习积极性，并很好地发挥教学活动组织者和"导向"的作用。此外，教育者是解决问题的教练和策略的分析者，应十分注意对于自身科学观和教学观的自觉反省和必要更新。教师的职责在整个教育体制与教育对象之间发挥了一个重要的"中介"作用。

(2) 注重在实际情境中进行教学。建构主义强调开发围绕现实问题的学习活动，尽量创设能够表征知识的结构、能够促进学生积极主动地建构知识的社会化的、真实的情境，让学生在结构不良领域中进行学习的重要意义；认为结构良好领域不能提供生动性、丰富性，只能使学生获得低级的、单一的知识。建构主义者强调创建与学习有关的真实世界的情境，注重让学生解决现实问题，强调提供复杂的、一体化的、可信度高的学习环境的重要性，这种教学情境应具有多种视角的特性，可以将学习者嵌入到现实和相关情境（真实世界）中，作为学习整体的一部分，为他们提供社会性交流活动。

(3) 注重协作学习。建构主义认为，学习者以自己的方式建构对于事物的理解，从而不同人看到的是事物的不同方面，不存在唯一的标准的理解。但是，我们可以通过学习者的合作而使理解更加丰富和全面。目前的课堂教学形式不适合学生进行高级学习，而高级知识的教学应该提倡师徒式的传授以及学生之间的相互交流、讨论与学习，教学过程需要围绕亟待解决的重要问题进行，并对学生的问题解决过程给予高度重视，在该过程中，鼓励学习者同其他学生和教师进行对话与协商。因此，建构主义指导下的教学组织形式有小组学习、协作学习等，主要在集体授课形式下的教室中进行，提倡在教室中创建“学习社区”。随着网络环境的优化（互联网、校园网、城区网等），网上建构主义的教学组织形式也得到了较快的应用与发展。

(4) 注重提供充分的资源。建构主义强调要设计好教学环境设计，为学生建构知识的意义提供各种信息条件。

(二) 建构主义提倡的主要教学设计

建构主义者提出了许多体现了上述教学思路的教学方法与模式，主要有如下几种：

1. 随机通达（random access）教学设计

建构主义代表人物斯皮罗等人提出了认知灵活性理论（Cognitive Flexibility Theory）（Spiro 等，1988），该理论认为，学习者在学习的过程中对信息意义的建构可以从不同角度入手，从而获得不同方面的理解。据此，他们提出了“随机通达教学”。所谓随机通达教学，是指学习者可以随意通过不同途径、不同方式进入同样教学内容的学习，从而获得对同一事物或同一问题的多方面的认识与理解。它认为，传统的教学设计只适合于低级学习（主要涉及结构良好领域），而对于高级学习（主要涉及结构不良领域）是无能为力的。根据知识是由围绕关键概念的网络结构所组成的观点，这种教学设计主张，真正的学习可以从网络的任何部分随意进入或开始，而且这种进入可以是多次的；这种多次进入，不是像传统教学中那样，只是为巩固一般的知识、技能而实施的简单重复，而是伴随新知识的建构；学习者每次进入都有不同的学习目的，每次的情境都是经过改组的，都有不同的问题侧重点；从不同的角度入手，分别着眼于同一问题的不同侧面，形成对同一概念的多维度的理解，同时能够与具体情境联系起来，产生与丰富的背景经验相关的大量的复杂图式。因此多次进入的结果，是使学习者获得对事物全貌的理解与认识上的飞跃。

2. 支架式（scaffolding）教学设计

根据欧共体“远距离教育与训练项目”（DGXIII）的有关文件，“支架式教学应当为学习者建构对知识的理解提供一种概念框架（conceptual framework）。这种框架中的概念是为发展学习者对问题的进一步理解所需要的，为此，事先要把复杂的学习任务加以分解，以便于把学习者的理解逐步引向深入”。

支架式教学思想来源于苏联著名心理学家维果茨基的“最邻近发展区”理论。维果茨基认为，在儿童智力活动中，对于所要解决的问题和原有能力之间可能存在差异，通过教学，儿童在教师帮助下可以消除这种差异，这个差异就是“最邻近发展区”。换句话说，最邻近发展区定义为，儿童独立解决问题时的实际发展水平（第一个发展水平）和教师指导下解决问题时的潜在发展水平（第二个发展水平）之间的距离。可见儿童的第一个发展水平与第二个发展水平之间的状态是由教学决定的，即教学可以创造最邻近发展区。因此教学绝不应消极地适应儿童智力发展的已有水平，而应当走在发展的前面，不停顿地把儿童的智力从一个水平引导到另一个新的、更高的水平。

支架式教学设计基于建构主义关于概念框架的观点，它借用建筑行业中使用的“脚手架”（scaffolding）作为概念框架的形象化比喻，利用概念框架作为学习过程中的脚手架。该教学设计主张，为了更好地促进学生对知识意义的建构，教学应围绕和结合当前的学习主题，按维果茨基“最邻近发展区”（zone of proximal development）的要求为学生提供一种概念框架，而不是具体的学习内容，框架中的概念可以启动并引导学生对问题作进一步的理解。这种概念框架在学习过程中如同建筑行业的脚手架，学生可以沿此支架由最初的教师引导多一些逐步过渡到自己调控而一步步攀升，不断进行更高水平的认知活动，最终完成对所学知识的意义建构，同时其智力水平也得以不断提高。这样，通过这种脚手架的支撑作用（或曰“支架作用”）不停顿地把学生的智力从一个水平提升到另一个新的更高水平，真正做到使教学走在发展的前面。并且，通过支架（即概念框架）把管理调控学习的任务逐渐由教师转移给学生自己，最后撤去支架。“教师引导着教学的进程，使学生掌握、建构和内化所学的知识技能，从而使他们进行更高水平的认知活动”（Slavin，1994）。

3. 抛锚式教学（anchored instruction）设计

抛锚式教学设计也称情境性教学设计。建构主义认为，学习者要想完成对所学知识的意义建构，即达到对该知识所反映事物的性质、规律以及该事物与其他事物之间联系的深刻理解，最好的办法是让学习者到现实世界的真实环境中去感受、去体验（即通过获取直接经验来学习），而不是仅仅聆听别人（例如教师）关于这种经验的介绍和讲解。因此，教学应使学习在与现实情境相类似的情境中发生，以解决学生在现实生活中遇到的问题为目标（Cunningham，1991），教学过程与现实的问题解决过程相类似。这种教学要求建立在有感染力的真实事件或真实问题的基础上，学习的内容要选择真实性的任务，确定这类真实事件或问题被形象地比喻为“抛锚”，因为一旦这类事件或问题被确定了，整个教学内容和教学进程也就被确定了（就像轮船被锚固定一样)。建构主义认为,教学应创设与真实任务类似的问题情境,呈现真实性任务、案例或问题给学生(即"抛锚"),尽可能让学生在一个完整、真实的问题情境中产生学习的需要和兴趣,并通过亲身体验和感受,主动识别、探索、发现和解决问题。

由于抛锚式教学要以真实事例或问题为基础(作为"锚"),所以有时也被称为"实例式教学"或"基于问题的教学"。该教学设计主张弱化学科界限,强调学科间的交叉,因为具体问题都往往同时与多种概念原理相关;其次,教学过程要求教师在课堂上提供解决问题的原型,并指导学生探索;并且,情境性教学不需要独立于教学过程的测验,而是采用融合式测验,因为学习中对具体问题的解决过程本身就反映了学习的效果。目前在这方面已有大量的研究,特别是利用多媒体进行的计算机辅助教学可以提供与现实更加类似的问题情境,达到真实性任务的目的。

4. 自上而下(top-down)的教学设计

建构主义者批判传统的自下而上的教学设计,认为它是使教学过程过于简单化的根源,主张自上而下的教学设计模式,即首先呈现整体性的任务,同时提供用于更好地理解和解决问题的工具,让学生尝试进行问题的解决,在这个过程中,学生可以自己发现完成任务所需首先完成的子任务,以及完成各级任务所需的各级知识技能,在掌握这些知识技能的基础上,最终使问题得以解决(Slavin,1994)。因为在教与学的活动中,知识是由围绕着关键概念的网络结构所组成的,因此不必要组成严格的直线型层级,学习可以从网络的任何部分进入或开始,教师既可以从要求学生解决一个实际问题开始教学,也可以从给一个规则入手等,当然在实际操作中这些都必须适应一定的教学目的,根据具体的教学目的和条件而确定。

总之,建构主义的教学设计强调以学生为中心,认为学生是知识意义的主动建构者,教师只对学生的意义建构起帮助和促进作用,注重发挥学生的首创精神,让他们在不同情境下应用所学的知识并实现自我反馈。无论是随机通达教学,还是抛锚式或支架式教学,都非常支持和鼓励学习者的自主学习(autonomic learning)和他们之间的协作学习。同时,都强调"情境"对意义建构的作用,重视教学中教师与学生以及学生与学生之间的相互作用,倡导协作学习与交互式教学;强调对学习环境(而非教学环境)的设计;强调利用各种信息资源来支持学生的自主学习和协作式探索;强调学习过程的最终目的是完成意义建构而非完成教学目标。这些与传统的教学设计大相径庭。建构主义的教学设计一般包含下列内容与步骤:(1)教学目标分析;

(2) 情境创设；(3) 信息资源设计；(4) 自主学习设计；(5) 协作学习环境设计；(6) 学习效果评价设计；(7) 强化练习设计。他们认为每个人都在以自己的经验为背景建构对事物的理解，因此只能理解到事物的不同方面，不存在对事物唯一正确的理解。教学要使学生超越自己的认识，而通过协作和讨论，他们可以相互了解彼此的见解，形成更丰富的理解，以利于广泛的迁移。

四、对建构主义的评价

建构主义学习理论对当今教育理论与实践产生了广泛的影响，该理论主张学习是通过信息加工活动建构对客体的解释，个体是根据自己的经验建构知识的；强调学习过程中学习者的主动性、建构性；强调学习与教学的中心是学习者（学生）而非指导者（教师），学生是信息加工的主体以及知识意义的主动建构者，并提出了知识结构的网络模式。这些见解丰富和深化了学习理论的研究。建构主义学习理论对初级学习和高级学习进行了区分，批评了传统教学中把初级学习的教学策略不合理地推及到高级学习的失误，提出了随机通达教学、自上而下教学、抛锚式教学、支架式教学等富有创见的教学设计模式。按照建构主义理论，教师传授的知识对学习者来讲不是主要的，它们仅仅是学习者学习环境中的一个影响因素（环境变量）而已，教师的知识是否为学习者所掌握，完全看学习者是否对其加工及其加工的深度如何；学生处于教学的中心位置，教师是学生学习的指导者、帮助者和促进者，在学生的学习过程中，教师所做的是如何为学生提供良好的学习环境，为学习者提供知识建构的丰富资源环境，以有利于学习者对信息进行加工处理。这些观点对于教育实践有重要的启示。

总的来看，建构主义理论对于进一步推动学习与教学理论的发展有重要的意义，对于指导教育实践也具有积极的作用。

然而，建构主义学习与教学理论过于强调知识的相对性，否认知识的客观性；过于强调学生学习过程即个体知识再生产过程的信息加工活动的个别性，而否认其本质上的共同性；过于强调学生学习知识的情境性、非结构性，完全否认知识的逻辑性与系统性；这显然又走向另一个极端。当然，任何理论都不是十全十美的，作为一种行之有效的学习理论，建构主义学习理论在教育实践中正在发挥着积极的指导作用。我们必须清楚建构主义学习理论中存在的不足之处，并注意在教育实践中采取相应的策略予以消除。

第六节　认知派学习理论小结

前面，我们阐述了学习认知派理论几个代表人物以及学说，包括格式塔心理学派的完形学习理论，托尔曼的符号学习理论，布鲁纳的认知—发现学习理论，奥苏贝尔的认知—接受学习理论，以及建构主义学习理论的。认知派学习理论认为，学习过程不是简单地在强化条件下形成刺激与反应的联结，而是由有机体积极主动地形成新的完形或认知结构。因此，该派别认为，有机体获得经验的过程，是通过积极主动的内部信息加工活动形成新的认知结构的过程。格式塔心理学家认为，学习是有机体通过组织作用形成新情境的完形的过程；托尔曼认为，学习是有机体通过对行为的目标与取得目标的手段、达到目标的途径的认知，形成认知地图的过程；布鲁纳认为，学生的学习是学习者积极主动地进行认知操作活动（主要是概念化或类型化的思维活动），形成新的知识结构的过程；奥苏贝尔则主张，学生的学习过程是学习者通过同化活动将材料纳入原来的认知结构中去，形成新的认知结构的过程。从以下的分析中可以看到认知派发展的轨迹。

认知派学习理论是在批评联结派的基础上建立的，最初是沿着两条途径发展起来的：一条是现象主义的研究途径，即从独立地研究学习现象开始，根据其研究结果而得出与联结派理论相对立的认知派学习理论，格式塔心理学家走的就是这个途径。作为认知派学习理论的鼻祖，格式塔派采用了现象主义的研究方法，他们通过观察猿猴解决问题的过程提出，有机体的学习不是通过试误获得成功，而是通过神经系统的组织作用达到“顿悟”，从而建立与新情境相应的完形的过程，所谓“完形”即情境各方面各部分的联系与关系。据此，格式塔派心理学家提出了“组织—完形”说的认知派学习理论。

另一条途径是实验心理学的途径，该途径主要针对联结派的主要结论设计严格的实验进行检验，根据实验结果否定了联结派的规范进而形成认知派的学习理论。托尔曼就是沿着这个途径提出自己的学习理论的。他针对经典性条件反射理论与操作性条件反射理论必须通过强化才能学习的核心观点，设计了著名的无强化学习的实验；同时，针对联结派认为学习的结果是形成联结的观点，设计了著名的位置学习的实验。根据研究结果，托尔曼认为，有机体的学习并非形成简单的、机械的联结，而是通过认知获得达到目的的符号及其意义，形成“认知地图”，所谓认知地图，指“目标—对象—手段”三者联系在一起的认知结构。

布鲁纳、奥苏贝尔则大致按照格式塔心理学家的研究方式或途径形成自己的学习理论，但他们主要研究的是学生的学习，因此，确切地说，他们的学习理论是根据认知派学习理论的基本规范来探讨学生学习问题的理论。他们的理论的基本特点是：（1）学习的过程方面。在坚持“学习是有机体内部进行复杂的心理操作活动而获得经验”这个基本立场的基础上，深入分析学生学习的内部操作过程，进一步用信息加工的理论观点来将这个过程具体化。（2）学习的结果方面，在坚持“学习是形成或发展认知结构”这个基本立场的基础上，具体分析探讨学生认知结构或知识结构的构成、以往认知结构对当前学习的作用及学习所引起的认知结构的变化。

布鲁纳认为，学生学习是通过类目化的信息加工活动，积极主动地形成认知结构或知识的类目编码系统的过程。他提出，认知结构是人对外界系统感知概括的一般方式与经验结构组成的观念结构。这个结构的核心是类目编码系统，是个体处理和解决问题的一个总体模式。布鲁纳的类目包含两方面的内容：概念和规则。类目有不同水平，有的较具体，有的较一般，有的介于两者之间，这些不同的类目按照概括水平和不同关系进行层级排列，就形成了类目编码系统。学习的实质就是形成知识的类目系统。学生学习过程是类目化活动过程，所谓类目化活动，是指用原有的编码系统处理新的信息，把事物放入类目编码系统之中，或者产生新的类目系统。布鲁纳主张，这种类目化活动应该从低到高，应该给学生提供较低的目标，让学生自己去发现该一层级的类目。

奥苏贝尔则认为，学生的学习是通过同化，将当前的知识与认知结构建立非人为的、实质的联系，使知识结构不断发展的过程。他提出，认知结构是按层次的形成组织起来的诸多类属者。所谓的类属者就是概念或观念，很多的类属者按层次组织起来了就是认知结构。它既是学习的结果，又是学习的基础。学习过程主要是自上而下的同化活动过程，所谓同化活动，是利用原来认知结构的恰当观念和新知识建立实质的、非人为的联系的活动，一方面使新知识被学习者理解，获得心理意义，另一方面使已有的认知结构发生改变，增加了新内容，建立了更广泛的联系。奥苏伯尔认为，同化过程中应该遵循逐渐分化和整合协调的原则。逐渐分化的原则是指首先应该学习包摄性最广、概括水平最高、最一般的观念，然后逐渐学习概括水平较低、较具体的知识，对它加以分化。奥苏贝尔认为最有效的学习是下位学习，同化过程应该由高的、包摄水平广的概念到具体概念。整合协调原则是指对认知结构的已有知识重新加以组合，通过类推、分析、比较、综合，明确新旧知识间的区别和联系，使所学知识能综合贯通，构成清晰、稳定、整合的知识体系。奥苏伯尔根据这两个教学原则，又提出了“先行组织者”这一具体的教学策略。

从总体来看，传统认知主义的学习理论虽然对学习的信息加工过程与结果的看法不同，但是，它们都认为学习者是在教师的引导下，进行掌握该知识必须进行的信息加工活动，获得统一的认识，并形成大致相同的知识结构。然而，20世纪八九十年代发展起来的建构主义学习理论，对学习过程、学习结果和学习条件等提出了不同于传统认知主义的观点。在学习过程方面，建构主义认为学习是学习者主动地建构内部心理表征的过程。学习者不是被动地接受外来信息，而是主动地进行选择加工，学习者不是从同一背景出发，而是从不同背景、不同角度出发；不是由教师统一引导，完成同样的加工活动，而是在教师和他人的协助下，通过独特的信息加工活动，建构自己的意义的过程。这一建构过程不是传统认知派的社会建构过程，而是一个个人建构的过程，建构起对现实世界的意义。传统认知派学习理论认为，学习的结果是形成认知结构，它是高度结构化的知识，是按概括水平高低层次排列的。建构主义则认为学习结果虽然也包括形成层级的知识，但这只是初级学习的结果，高级学习的结果是形成围绕着关键概念建构起来的网络知识结构。

综观认知派学习理论的发展过程，从注重有机体学习全域的格式塔的“组织—完形”学习理论到托尔曼的符号学习理论，到着重讨论学生学习的布鲁纳的“认知—发现”学习理论、奥苏贝尔的“认知—同化”学习理论，从布鲁纳、奥苏贝尔强调相同的认知过程形成相同的层级认知结构的传统认知主义，到强调个人独特的认知过程建构不同的网状知识结构的建构主义，认知派学习理论的发展也呈现出一个逐步完善、逐步清晰的过程。

同时，我们还要看到，认知派各派理论有三个共同特点：（1）从学习的过程来看，它们都把学习看成是复杂的内部心理加工过程。（2）从学习的结果来看，它们都主张学习的结果是形成反映事物整体联系与关系的认知结构。(3）从学习的条件来看，它们都注重学习的内部条件，强调学习者在学习过程中的主动性、积极性，注重学习者的内部动机；注重学习的认知性条件，如过去经验、背景知识、心智活动水平等；注重学习过程中信息性的反馈等。但是，对于有机体如何进行信息加工活动、认知结构的构成等问题，认知派理论内部各个流派则有不同的看法。格式塔心理学家、托尔曼、布鲁纳、奥苏贝尔等学习认知派心理学家的学习理论的相继提出，既反映出该派别对于如何用认知的观点说明有机体的学习过程的思路的发展轨迹，也反映了这些心理学家思考问题的不同角度。

以上就是对认知派学习理论的各种流派的共同特点及其发展过程的概要性总结。

应该肯定，认知派学习理论强调学习是一种积极主动的内部加工过程，这是有其重要意义的。首先，日常大量的事实与研究结果表明，有机体的复杂的学习尤其是人的复杂的学习，要经过学习者内部复杂的加工活动，而不是简单地通过神经系统在头脑里由此及彼地形成联结。例如，人们已通过大量的研究证明，无论采用哪一种强化手段，学前期儿童都不能对守恒问题作出正确的回答，因为这类知识的学习，不是通过经典性条件反射或操作性条件反射来实现，显然要经过其复杂的内部加工，而当个体不具备进行这种加工活动的机制时，这个经验则无法被接受。其次，人们也意识到，有机体所进行的复杂的学习的结果是形成认知结构，而不是建立一个由此及彼的简单的联系，例如，托尔曼用小白鼠做的位置学习的实验结果就充分证明了这一点。由此可见，认知派学习理论对学习的实质的基本观点是有重要意义的。然而，许多心理学家都认为，认知派理论把一切学习都理解为经过复杂的加工而形成完形或认知结构，包括巴甫洛夫的研究中狗形成了听到铃声便分泌唾液的反应这样一种最简单的学习，也看成是经过加工形成认知结构，是学会了“铃声将伴随着食物”这样一种认知加工模式，显然，这样来解释简单学习令人感到比较牵强，而如果用学习的联结说来解释这些学习则显得较为合理。可见，学习的认知说也有其片面性。

从总体来说，联结派学习理论与认知派学习理论在学习的基本问题上有重要的分歧。联结派把学习看成是刺激（或情境）与反应之间联系的形成，认为学习是受外界的刺激或情境所决定的，强调强化对学习的作用，提倡用外部条件来控制学习过程，因此，他们一般都强调反复练习和复习的重要性，主张用外部的奖励与惩罚即积极的强化来控制学习。认知派则把学习看成有机体通过复杂的认知操作形成或改组认知结构，从而把握情境中事物的联系与关系，注重主观条件包括过去经验、内部动机对学习的重要作用，强调理解、积极思考与认知的作用，重视学习动机与学习态度的培养。这两派理论显然都有合理之处，但单纯用任何一个派别的观点来解释整个学习，都显得过于偏颇。

正是由于联结派学习理论与认知派学习理论都有局限性，任何一派都无法涵盖学习的全野，因此，西方部分心理学家提出了折衷主义的学习理论，他们将学习分为包括简单的联结学习与复杂的认知学习的若干层级，力图将两大派调和起来以说明学习的全野。例如，索里与特尔福德就把学习分成五类：经典性的条件作用或简单联想学习、工具性的条件作用和尝试错误学习、模仿性学习、顿悟性学习与含有推理的学习。在这个分类中，前两种属于联结学习，后三类属于认知学习。另一位学习心理学家加涅则将学习分为八类，包括：信号学习、刺激—反应的学习、连锁学习、语言的联合、辨别学习、概念学习、规则学习、解决问题的学习。加涅认为，前五类是联结学习，而后三类则是属于认知学习。总之，折衷主义的学习理论看到了两大派的合理因素与局限，力图融合两大派而提出一个更为合理的理论来解释学习，这是有意义的。然而，这种学习理论只是简单地将两派关于学习的观点组合起来，并未能真正揭示这两类学习的机制及其内在联系，因而也不能令人信服地对学习的实质作出揭示。

第六章 其他派别的学习理论

前面两章已经分别介绍了学习的两大派理论。除了两派学习理论之外，还有一些中间派别的学习理论，如加涅的折衷主义学习理论与罗杰斯的人本主义学习理论等，它们对学习理论的发展也有重要的影响。本章主要介绍加涅的累积学习理论与人本主义学习理论。

第一节 加涅的累积学习理论

由于联结派学习理论与认知派学习理论都有局限性，任何一派都无法涵盖学习的全野，因此，西方部分心理学家提出了折衷主义的学习理论，他们将学习分为包括简单的联结学习与复杂的认知学习的若干层级，力图将两大派调和起来以说明学习的全野。加涅就是折衷主义学习理论的代表人物之一。

加涅是美国心理学家，20 世纪 60 年代初，苏联人造地球卫星的升空在美国引起了震动，美国的教育学家、心理学家们感受到了美国公共教育的失败，并开始致力于教育改革、课程改革。加涅对教育问题十分关心，开始对学习、教学设计、智慧技能等进行深入研究，提出了累积学习理论，对人类学习本质的解释作了折衷主义的解释，并据此形成系统的教育心理学理论。他认为，教学理论与学习原理是联系在一起的。因此，他在 1969 年与他的同事第一次正式提出“教学心理学”概念，这为教育心理学开辟了一个新领域，并成为之后教育心理学研究的重点。

加涅被公认为联结主义与认知心理学派的折衷主义者，他自己也认为，他实际上不是在系统论述一种新的学习理论，而是从各理论流派中吸取所需要的成分。实际上，在加涅的学习理论中除了提出兼容联结派与认知派的学习分类观点以外，还富有创见地提出关于学习的信息加工过程、学习的条件等重要观点。值得注意的是，与布鲁纳、奥苏贝尔一样，加涅主要讨论与考察的也是学生的学习问题。

一、加涅关于学习的基本观点

（一）关于学习的实质

加涅认为："学习反映人的心理倾向和能力的变化，这种变化要能持续一段时间，而且不能把这种变化简单地归结于生长过程。"显然，加涅主要是从学习结果的角度提出学习的定义的，他将学习定义为后天经验而发生的较稳定的变化，这个定义其实可以为各派学习理论所接受。许多心理学教科书将学习定义为，由于经验的结果而产生的心理与行为稳定的变化，实际上就是来源于此。

加涅关于学习本质的看法的折衷主义倾向，主要体现在其关于学习分类的观点上。联结派主张的是条件反射之类的联结学习，认知派强调概念形成、问题解决之类的认知学习，而加涅却认为，学习的复杂程度是不一样的，既有简单的联结学习，也有复杂的、高级的认知学习，学习按简单到复杂分为以下八种类型：

（1）信号学习：指有机体学会对某个信号或刺激做出概括性的反应，即经典性条件反射。

（2）刺激—反应学习：个体只对特殊的刺激做出某种特殊的反应，即工具性条件反射。

（3）连锁学习：一系列刺激反应动作的联合。

（4）语言的联合：一系列语言单位的联合。

（5）辨别（或多重辨别）学习：指在一组相似的刺激中能辨别各刺激所属的反应，个体变得能对相似的但仍然不同的刺激做出不同的反应。

（6）概念学习：把各种各样的刺激分成类别，并根据各类别做出反应。

（7）规则学习：规则一般由几个概念所组成，由于规则的内容不同，其类型也多种多样，规则学习实际上就是各种定理、原理的学习。

（8）解决问题的学习：指能根据过去习得的规则，经过内在思考过程而创造新的或更高级的或更高层次的原则。

加涅认为，前五类是联结学习，而后三类则属于认知学习，后来，他又将这八种学习再修改为六种：连锁学习、辨别学习、具体概念学习、定义概念学习、规则学习、问题解决的学习，同样，第一种是联结学习，其他五种则是认知学习。

（二）关于学习的过程

尽管加涅提出涵盖了联结学习与认知学习的学习层级分类模式，但是，他主要从学生学习的角度考察学习过程。加涅用一个信息加工的学习模式来说明学习的过程（见图6－1）。

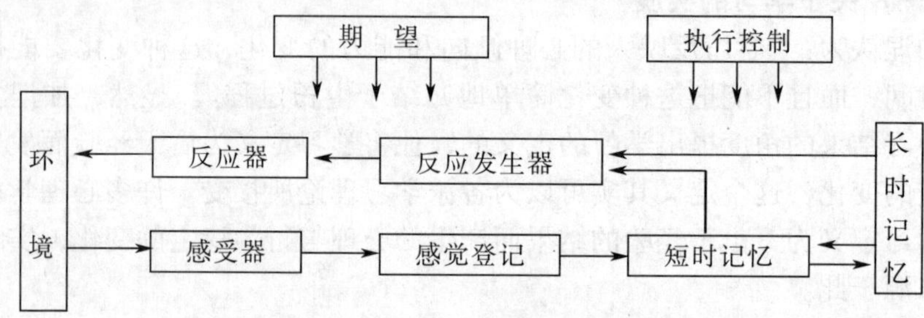

图6－1　学习的信息加工模式

由图6－1可知，学生从环境中接受刺激，刺激推动感受器，并转变为神经信息。这个信息进入感觉登记，被感觉登记了的信息进入短时记忆，在短时记忆中经过编码进入长时记忆，并以编码的形式储存在长时记忆中。当需要信息时，需经过检索提取信息。被提取的信息可以直接通向反应发生器，从而产生反应；也可以再回到短时记忆，对该信息的合适性做进一步的考虑，结果可能是进一步寻找信息，也可能是通过反应器做出反应。在这一过程中，期望事项与执行控制在其中也起着极为重要的作用，前者指学生期望达到的目标，而后者则决定着哪些信息从感觉登记进入短时记忆、如何进行编码、采用何种提取策略等。

在学习的信息加工模式基础上，加涅进一步将学习过程分为八个阶段：

（1）动机阶段。加涅把动机分成三类，即诱因动机、操作动机和成就动机，它们引导学生向着教师、学校和社会所期望的方向发展。

（2）领会阶段。这个阶段主要包括学习者对刺激的注意和察觉。

（3）习得阶段。习得阶段包括学习者把他感知的东西编码储存在中枢神经系统里面。

（4）保持阶段。它是指短时记忆中编码了的知识再进入长时记忆储存起来的过程。

（5）回忆阶段。这个阶段是指搜索记忆库，并使学习过的材料得到复现的过程。

(6) 概括阶段。它是指把学习到的知识推广到更广泛的范围之中，使其具有更广泛的意义。

(7) 操作阶段。按照学习的信息加工过程来说，就是反应发生器组织学习者的反应，并让他对已习得的知识进行操作。

(8) 反馈阶段。它是学习过程的最后阶段，是通过表现出学习获得的新操作而实现的。

(三) 关于学习的结果

同样，加涅也从学生学习的角度考察学生学习的结果，将学生的学习结果分成五类：

(1) 言语信息：指以言语陈述的形式存储于学习者记忆中的有关事物和组织化了的知识，这种学习结果是学习者能够再现以往所贮存的信息。

(2) 智力技能：指学习者掌握概念、规则并将其应用于新情境，这是使用符号与环境相互作用的能力。言语信息与知道"什么"有关，而智力技能与知道"怎样"有关，如怎样把陈述句改成疑问句，怎样化分数为小数等。

(3) 认知策略：指学习者借以调节自己的注意、记忆和思维等内部过程的技能。智力技能使学生学会运用字母、数字、词语、图形等符号与环境发生交互作用，而认知策略则是学习者对这一认知过程的控制。

(4) 动作技能：指能够为完成有目的的动作使骨骼、肌肉、筋腱有组织地活动，是平稳、精确、灵活而适时的操作能力。人在学习、劳动和日常活动中都会表现出动作技能。动作技能中包含认知成分，要受到内部心理过程的控制，因而也被称为心理运动技能。

(5) 态度：态度是情感的或情绪的反应，形成学习者的态度是指使学习者形成影响行为选择的内部状态或倾向。学习者应侧重形成三方面的态度：一是对人际交往的态度；二是对某些活动的态度；三是对社会的态度。态度这种内部状态会影响学习者对某事、某物或某人的行动的选择，但态度一般不与特定的行为相联系，而是在一定程度上决定一定类型的行为。态度的形成以行为及其结果的言语信息为基础，即要使学生了解良好行为的意义。

二、学习的条件

学习条件学说是加涅学习理论中最核心的内容。他认为，不同种类的学习、学习的不同阶段、学习的各种结果，都有其相应的条件。学习的条件包括两类：一类是内部条件，即指学生在开始学习某一任务时已有的知识和能力，包括对目前的学习有利的和不利的因素。这对即将进行的学习需要哪些外部条件起重要作用。另一类是外部条件，这是独立于学生之外存在的，即指学习的环境。它涉及怎样安排教学内容，怎样传递给学生，怎样给予反馈，以使学生达到理想的教育目标。下面对学习的种类、过程、结果的各自条件作简要的说明。

（一）不同类型学习的条件

加涅提出了八种类型的学习的进行条件：

（1）信号学习的条件。首先，信号刺激与无条件刺激必须几乎同时出现；其次，信号刺激与无条件刺激必须多次配对重复出现，重复次数越多，信号刺激与反应之间联结得越牢固。

（2）刺激—反应学习的条件。其一，学生做出特定的反应后必须给予强化；其二，反应与强化之间时间越短，学习发生得越迅速；其三，刺激情境必须多次出现。

（3）动作链索学习的条件。从学生内部看，这种学习是以事先习得每一个刺激—反应联结为先决条件的；从学生外部看，是要让学生按适当顺序反复练习，而且，适度的强化也是必需的。

（4）言语联想学习的条件。内部条件是事先已经掌握被联想到的单词和连接词；外部条件是教师按适当顺序呈现单词，并对学生的反应给予恰当反馈。

（5）辨别学习的条件。学生必须具备再认或再现各种不同的反应链索的能力。对教师而言必须对学生的反应给予及时反馈，并且需要提供较多的对比练习。

（6）概念学习的条件。具体概念的前提条件是学生已具备了辨别能力，因为概念学习通常涉及对基本辨别的概括。外部条件是教师需同时呈现该概念的例子和不属该概念范畴的例子，要求学生辨别该概念的特征。

（7）规则学习的条件。学生要掌握规则，首先要理解构成该规则的概念，否则就不可能充分理解该规则的含义。作为教师来讲，主要在于如何用言语来指导学生习得规则。一般而言，在学生已经知道该规则的内涵之后再陈述规则，效果会更好些。

（8）问题解决或高级规则学习的条件。为了解决问题，学生必须识别问题的基本特征，并能够回忆起已学过的有关规则以及有关的信息。在此类学习中，由于问题的复杂性，教师适当的引导往往是必需的。

从以上各类学习的条件中可以看出，不同种类的学习具有累积性的特点，即前面简单类型的学习往往是后一复杂学习的条件。其基本论点是学习任何一种新的知识技能，都是与已习得的从属于它们的知识技能为基础的。为了能更清晰地体现这一点，也为了和学校的教学实际相符合，加涅将第1至第4类的学习合并在一起，称为链索学习，是较低层次的学习，是儿童在入学前就应掌握的，而后面第5至第8类的学习则主要是学校教学中所体现的。

加涅关于学习从简单到复杂分类的观点，一般被称为学习的层次理论（见图6－2）。

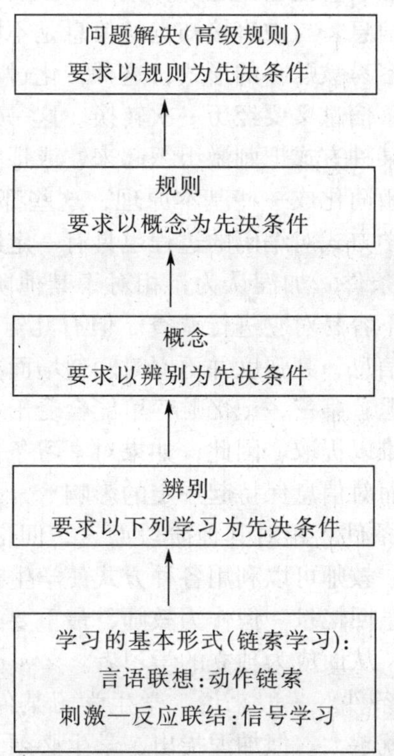

图6－2　学习类型的层次：由简单到复杂（自下而上）

（二）学习的过程与条件

（1）动机阶段的条件。加涅认为，通过使学生内部形成一种期望，可以使学生形成动机。为了使学生形成这种期望，教师往往需要做出安排，在学生实际获得有关知识技能之前，先让学生能够达到某种目标，以便向他们表明，他们能够达到预期的目标。形成动机或期望，是整个学习过程的预备阶段。

（2）领会阶段的条件。注意是这一阶段的内在条件，当学生把所注意的刺激特征从其他刺激中分化出来，这些刺激特征就被进行知觉编码，储存在短时记忆中。这个过程就是加涅所讲的选择性知觉，很显然，要使学生能够进行选择性知觉，外部刺激的各种特征必须是可以被分化或辨别的，学生只有对外部刺激的特征做出选择性知觉后，才能进入其他学习阶段。

（3）习得阶段的条件。习得阶段涉及对新获得的刺激进行知觉编码后贮存在短时记忆中，然后再把它们进一步编码加工后转入长时记忆中。在短时记忆中暂时保存的信息，与被直接知觉的信息是不同的，在这里，知觉信息已被转化成一种最容易被贮存的形式，这种转化过程被称为编码过程。当信息进入长时记忆时，信息又要经历一次转换。这一编码过程的目的是为了便于保持信息。如用某种方式把刺激组织起来，或根据已经习得的概念对刺激进行分类，或把刺激简化成一些基本原理，这些都会有助于信息的保持。实验表明，不同的教学方式对编码的过程也具有一定影响。

（4）保持阶段的条件。加涅认为，相对于其他阶段，我们对保持阶段了解得最少，因为最不容易对它进行调查。但有几点目前是清楚的：第一，贮存在长时记忆中的信息，其强度并不因时间递增而减弱；第二，有些信息因长期失用而逐渐消退；第三，记忆贮存可能会受干扰的影响。新旧信息的混淆，往往会使信息难以提取。因此，如果对学习条件作适当安排，可以减少干扰的可能性，从而对信息保持起一定的影响。

（5）回忆阶段的条件。相对其他阶段而言，回忆或信息提取阶段最容易受外部刺激的影响。教师可以利用各种方式使学生得到提取线索，这些线索可以增强学生的信息回忆量。但作为教师，最重要的是指导学生，使他们为自己提供提取线索，从而成为独立的学习者。

（6）概括阶段的条件。一般来说，学生学习某件事情时经历的情境越多，迁移的可能性也就越大。但加涅指出，学生必须掌握其中的规则，就是说，要从一般意义上来理解这些原理。教学需要提供有利于把学习内容用于新情境的提示。“教学生迁移”就是给学生提供在不同情境中运用提取过程的机会。同样，让学生在不同情境中学习，是学习过程中迁移阶段的重要条件之一。

（7）作业阶段的条件。学习过程需要有作业阶段是不言而喻的，因为只有通过作业才能反映学生是否已习得了所学习的内容。对有些学生说来，作业的一个重要功能是为了获得反馈；但在有些学生看来，通过作业，看到自己学习的结果，能获得一种满足。

（8）反馈阶段的条件。当学生完成作业后，他马上意识到自己已达到了预期的目标，这时，教师需给以反馈，让学生及时知道自己的作业是否正确。所以，反馈阶段是受外部事件影响的，而且，信息反馈也并不一定要使用“对”、“错”、“正确”或“不正确”这类词汇。在课堂教学中，教师可以使用许多微妙的方式反馈信息。

（三）学习的结果与条件

（1）言语信息的条件。对于言语信息的学习，加涅认为其内部条件是：在学习者的记忆中，需要出现某些先前学会了的信息，而这些信息是以某种方式互相联系起来的，即已有的知识结构。另外，学习者还要具有编码的策略。言语信息学习的外部条件是：首先要使言语信息以不同的方式呈现，使它能引起注意、知觉和选择；其次，要使语言信息在一种有关的、有意义的背景下呈现，并作有效的编码。

（2）智力技能的条件。加涅认为智力技能学习的内部条件包括：①作为新技能组成物的过去习得的技能；②用以回忆这些技能并把它们结合成为一种新形式的那些过程。智力技能学习和外部条件主要有：①在智力技能学习时，最重要的是回忆作为前提条件的技能，因为它们是新技能的组成部分；②在一些次级技能组成一个新的、较复杂的技能时，呈现言语线索使部分技能的组合有一定的顺序；③要注意对学习的智力技能作及时的复习，并安排好作间断复习的时机；④运用各种前后关系促进技能作纵向、横向的迁移。

（3）认知策略的条件。认知策略学习的内部条件是：首先学习者必须能够回忆他先前已经学过的一些规则，其次是要激活并运用学习者掌握的以及他先前已学会的那些认知策略。加涅指出，认知策略的学习不是一下子就能掌握的，因此，认知策略学习的外部条件要通过较多机会的练习，精心培养。认知策略的学习要把语言描述与实际解决问题的过程结合起来。另外，在认知策略的学习过程中，还要注意及时地反馈。

（4）动作技能的条件。动作技能学习的内部条件是：首先必须学会这个动作技能的程序和顺序；其次是对该动作的各个组成部分分别操作的学习和练习。动作技能学习的外部条件主要有：①在动作技能学习中，回忆作为组成部分的动作技能；②提供言语的或其他指导，以向执行的路线提供线索；③安排反复的练习；④提供直接而精确的反馈，给所学的动作技能提供强化。

（5）态度的条件。加涅认为态度获得的内部条件是学习者具备适合于那种行为的一些才能，尊重或崇拜所模仿的那个人。态度获得的外部条件主要是：①在选择某项行动时，对已有的成功经验进行回忆，激励学习者建立对成功的期望；②运用学习者尊敬的或“认同”的榜样人物进行示范教育；③运用学习反馈阶段的对建立态度或改变态度的强化作用。

三、对加涅学习理论的评价

综观加涅的学习理论，我们可以看到如下特点：

1．学习基本观点的折衷性

加涅学习理论的重要特点就是融入了各家各派的观点，这一点在他对学习的基本观点中体现得尤为突出。他认识到了行为主义和认知主义各自学习观的贡献与局限，因而，在自己的理论中，他试图通过综合行为主义和认知主义的不同观点，来解释学习的种类、过程及结果。例如：对学习的分类，他的几个低层次的学习，如信号学习、刺激—反应学习、动作链索以及言语链索学习，可以分别对应于华生与斯金纳的经典性条件反射与操作性条件反射，属于联结性的学习；而对于辨别学习、概念学习、原则学习及问题解决的解释又与认知派对学习的解释相一致，属于认知学习。再如：对学习过程不同阶段，动机阶段、反馈阶段明显带有行为主义的色彩，而编码阶段、保持阶段等又引入了信息加工的观点。但是，加涅对学习的基本观点仅仅局限博采各家各派之长来对学习的本质进行分析，并没有形成自己的核心理论，因此，他对学习的基本观点带有很大的折衷性，这也是一些心理学家认为其理论“不足以构成真正的学习理论”的原因所在。

2．学习条件学说的开拓性

关于学习条件的理论，是加涅学习理论中的精华所在。加涅学习理论的重心不在于对学习的种类、过程和结果的解释，而在于对其间各种学习条件的考察。在以往的学习理论研究中，也有一些研究者，如斯金纳，对学习的条件有所涉及。但是，像加涅这样，对不同学习、学习的不同阶段、不同结果的内外条件都进行了理论性的说明，将学习条件说贯穿于整个学习理论之中，以前还未曾有过。通过学习条件理论，加涅构筑起了学习与教学之间的桥梁，对各种学习条件的深入探讨，对学习的不同层次的说明，实质上为在学习理论基础上的教学设计提供了依据，使学习理论与教学紧密地结合起来。也正是在此基础上，加涅“为学习而教学”的教学设计观使他享誉世界，他同时也成为“教学心理学的开创者”。

3. 学习理论研究的独特性

一般认为，加涅使学习理论从行为主义走向认知主义，并使教育心理理论认知观得以确立。与以往行为主义者对学习的考察不同，他对学习的研究具有自己的独到之处。首先，在研究目的上，以往的行为主义者以考察学习的一般规律为己任，而加涅的学习研究的最终目的是为教学服务，开始关注教学问题，改变了过去只注重学习研究的狭隘性；在研究对象上，以往的行为主义者常常以动物为对象，即使有以人为被试的研究也是在动物简单实验的基础上进行的，而加涅的研究则直接将学习的研究对象定位为人，并且更进一步以学校中的学生的复杂的学习为研究对象，这使他的研究结果更能接近于教育教学实际；在研究方法上，以往的行为主义者以严格的实验研究为主，而加涅的研究则更注重研究时方法的生态性与自然性。正因为以上这些差别，加涅的学习理论一改长期占统治地位的刺激反应传统，提出了新的以信息加工认知观为基础的学习理论。

第二节　人本主义学习理论

人本主义心理学产生于20世纪50年代末和60年代初，这是一个科学技术的迅猛发展带来人类社会日新月异的变化的时代。鉴于科学与技术发展给人类带来的巨大效益，“科学主义”被人们奉为时代精神的核心，而在一切都科学化、技术化、程序化、精确化的物质高度发达的世界里，人们的情感、价值和需要却被冷落一旁，学校教育与教学过程中不重视对学习者的理解，缺乏对学习者人性的尊重。人本主义心理学家对那种忽略学生的个性和感受，只要求学生适应学校的美国传统教育深感不满，认为教育应当改革，应从学生的心理需要出发，以学习者为中心，发挥学生的潜能，培养学生的创造性，培养健康、充实、快乐的人。人本主义心理学家马斯洛、罗杰斯等人对美国传统教育的抨击促进了人本主义心理学在教育心理学中的渗透与应用，从而推动了人本主义学习理论的形成。

人本主义的学习理论，是以人本主义心理学的基本理论为基础的。人本主义深信，学习是人固有能量的自我实现过程，强调人的尊严和价值，强调无条件积极关注在个体成长过程中的重要作用，认为教育与教学过程就是要促进学生个性的发展，发挥学生的潜能，培养学生学习的积极性与主动性。

人本主义的教育心理学家强调人都有自发追求满足高级的需要和动机，如友爱、认知、审美和创造的倾向，即人的价值的实现或人性的自我实现，这与动物完全不同，因此他们反对以动物实验结果推论学生的学习，主张要对学生的人格发展进行整体分析和个案研究，提倡在社会教育和自我教育共同作用的条件下，提高学生原有的智能水平，完善其独特性，促使其社会化，培养成为德、智、体全面发展的人。

一、人本主义关于学习实质的看法

人本主义心理学家认为，教育的目标、学习的结果应该是使学生成为具有高度适应性和内在自由性的人。因此，他们反对传统的“无意义学习”，倡导“有意义学习”，并进一步阐述了有意义学习的原则和条件。下面，我们从学习或教育的目的、学习的类型与过程、学习的条件三个方面对人本主义学习理论的主要观点进行阐述。

（一）学习与教学的目的

在学习的结果上，人本主义心理学家既反对行为主义关于形成一定刺激与反应联结的观点，也不同意认知学派关于构建认知结构的主张，而是认为，学习的目的和结果是使学生成为一个完善的人，一个充分起作用的人，也就是使学生整体人格得到发展。鉴于对世界迅速变化这一客观事实的认识，他们进一步指出“只有学会如何学习和适应变化的人，只有意识到没有任何可靠的知识，唯有寻求知识的过程才可靠的人”，才能适应社会的激烈变化而生存下来，并能充分实现自我。所以，一个具有极高适应变化的能力，具有内在自由特性的人是当今学习的最终和唯一合理的结果。具体说来，就是要使学生通过学习成为这样的人：“能从事自发的活动，并对这些活动负责的人；能理智地选择和自定方向的人；是批判性的学习者，能评价他人所作贡献的人；获得有关解决问题知识的人；更重要的，能灵活地和理智地适应新的问题情境的人；在自由地和创造性地运用经验时，融会贯通某种灵活处理问题方式的人；能在各种活动中有效地与他人合作的人；不是为他人赞许，而是按照他们自己的社会化目标工作的人。”人本主义心理学家认为，当代最有用的学习是学习过程的学习，即让学习者“学习如何学习”，学习的重点是“形成”，学习的内容则是次要的。一堂课结束的标志，不是学生掌握了“需要知道的东西”，而是学会了怎样掌握“需要知道的东西”。

因此，人本主义者提出，教育的目标应该是以学习者为中心，以促进学生个性的发展和潜能的发挥，使他们能够愉快地、创造性地学习和工作为目的。一句话，就是要培养积极愉快，适应时代变化的心理健康的人。马斯洛认为教育的主要目标是帮助发展人的个性，协助个体把自己作为一个独特的人来认识，帮助学生实现他们的潜能。罗杰斯认为教育的目标应该是促进变化和学习，培养能够适应变化和知道如何学习的人。他指出：“现代世界中，变化是唯一可以作为确立教育目标的依据。这种变化取决于过程而不取决静止的知识。”而康布斯强调，教学的基本目的就是帮助每个学生发展一种积极的自我概念，不仅应该让学生知道“我做什么”，而且也让学生知道“我是谁”。这不仅影响他们的才能、理想和情感等，而且常常决定他做什么。

（二）学习的类型与过程

人本主义认为，根据学习对学习者的个人意义，可以将学习分为无意义学习与意义学习两大类。所谓无意义学习，是指学习没有个人意义的材料，不涉及感情或个人意义，仅仅涉及经验累积与知识增长，与完整的人（具有情感和理智的人）无关。而意义学习，是指一种涉及学习者成为完整的人，使个体的行为、态度、个性以及在未来选择行动方针时发生重大变化的学习，是一种与学习者各种经验融合在一起的、使个体全身心地投入其中的学习。意义学习有四个特点：第一，学习涉及了个人，学习者整个人包括情感与认知都投入学习活动。第二，学习是自我发起的，即使推动力或刺激来自外界，但是，要求发现、获得、掌握和领会的感觉是来自内部的。第三，学习是渗透性的，它会使学生的行为、态度乃至个性都会发生变化。第四，学习是由学生自我评价的，因为学生清楚这种学习是否满足自己的需要，是否有助于弄清他想要知道的东西。

人本主义学习理论认为，有价值、有效果和有益处的技能与概念是比较容易学习和保持的，并且学生的认识与情感等方面都会参与到学习之中。它反对传统的向学生灌输知识和材料的“无意义学习”，而特别强调学习内容对学生的个人意义，注重学生的需要、愿望和兴趣等因素，主张进行与学生个人密切相关的“意义学习”。换言之，提高教学效果的一个途径是使学生进行意义学习。罗杰斯指出：“意义学习把逻辑与直觉、理智与情感、概念与经验、观念与意义等结合在一起。当我们以这种方式学习时，我们就成了一个完整的人，即成了能够充分利用我们自己所有阳刚和阴柔方面的能力来学习的人。”（转引自：施良方，1996）他认为，人本来就有学习的自然潜能，教师必须利用学习先天的内驱力，进行意义学习，而不应该逼迫学生去学习那些对他们缺少意义的学习材料。在教学过程中，教师应尊重学生的个人经验，帮助学生理解教学内容对个人的意义，那么，他们就会“愿意学习，想得到发展，寻求发现，希望独立，要求创造”。

人本主义学习理论认为，学习的过程就是学生在一定的条件下，自我挖掘其潜能，自我实现的过程，而这一过程又必然地与“自我”的形成与发展息息相关。据此罗杰斯认为，学习是一种经验学习，它以学生经验的生长为中心，以学生的自发性与主动性为学习动力。

（三）促进意义学习的条件

罗杰斯指出，学生要实现有意义学习，从而达到自我生长、自我实现，成长为一个充分起作用的人，必须依靠一定的条件，需要教师营造一种自由、民主、和谐融洽的充满着关爱与真诚的学习氛围。在罗杰斯看来，教师的任务不是教学生学知识（这是行为主义所强调的），也不是教学生怎样学（这是认知学派所关注的），而是要为学生提供学习的手段和条件，促进个体自由地成长。因此，罗杰斯提出废除传统意义上的教师角色，以促进者（facilitator）取而代之。人本主义心理学家提出了促进意义学习的基本条件：

（1）强调以学生为中心，突出学习者在教学过程中的中心地位。人本主义心理学家认为，教师最富有意义的角色不是权威，而是“助产士”与“催化剂”，教师应由衷地相信学生有潜在的能力，注重发挥学生的潜力，强调教育中建立师生亲密关系和依靠学生自我指导能力，由学习者自我发起并负责任地参与学习过程，让学生自己选择学习方向，参与发现自己的学习资源，阐述自己的问题，决定自己的行动路线，自己承担选择的后果，自我评价学习效果，等等，这样，注重让学生在自我指导下学习，自由地学习，就能在最大程度上促使学生从事意义学习，使学生在学习中感到自信，独立性、创造性和自主性就会得到发展。

（2）让学生觉察到学习内容与自我的关系，一个人只会有意义地学习他认为与保持或增强“自我”有关的事情，而这种相关性将直接影响到学习的速度和效果。

（3）让学生身处一个和谐、融洽、被人关爱和理解的氛围。这种气氛由师生之间逐步扩大到学生之间。在这种促进学生成长的气氛中，不仅学习更深入有效，而且会影响学生的生活。罗杰斯认为，处在这样一种氛围中学习，学习过程对学习者自我的威胁就会降到最低限度，学生会利用各种条件进行学习，以便增强和实现自我。然而，如果在学习中受到羞辱、嘲笑、辱骂、蔑视或轻视等，则严重威胁到学生的自我，威胁到学生对自我的看法，会严重干扰学习。

（4）强调要注重从做中学。人本主义学习理论认为，大多数意义学习是从做中学的，让学生直接体验现实问题，在切身体验中学会解决问题是促进学习的最有效的方式之一；主张构建真实的问题情境，让学生面临对他们个人有意义或有关的问题。因此，要求教师善于构建对学生来说是现实的，同时又与所教课程相干的问题，这样，就会促使学生全身心地投入学习活动。

二、人本主义的典型教学模式

根据其对学生学习的性质与条件的基本观点，人本主义心理学家提出了一些课堂教学设计模式，主要有下面几种。

（一）以题目为中心的课堂讨论模式

这是人本主义心理学家将精神分析心理学家、群体心理治疗专家科恩1969年创建的“以题目为中心的相互作用心理疗法”应用于学校教育而形成的一种教育模型。其主要做法是围绕一个题目进行群体讨论，让师生之间、学生之间相互作用，相互促进。这样，要求教师提出有利于促进课堂讨论的课题，找到讨论的课题与群体中正发生的问题的接触点；要善于运用各种方式促进课堂讨论，教师要在教学中体现一种真正的人本主义的能力，如能允许其他人提出不同的意见，表现对学生真诚的尊重，能采纳相反建议等。

该模式运用的原则是：

（1）强调学生将情感与思想乃至全身心都投入到课堂的群体讨论中，要求发言者结合他最近在生活中遇到的问题进行讨论，使讨论对每个人更有意义、更加可信。

（2）强调学生在课堂群体讨论中的个别性与独特性，强化每个学生发现自己的自主权；鼓励学生在讨论中表现自身的与众不同，教师要表现出对每个学习者的见解都有兴趣，力图使课堂情境对每一个学生都富有个性化的意义；主张每个人都应用“我的感受”与“我确信”这种措辞参与讨论。

（3）不要长时间集中于某一个讨论题目，以免产生超饱和的状态与疲劳，允许学生偶然地离题，使人们能较好地注意核心题目。

（二）自由学习的教学模式

这是一种更为自由的教学模式，罗杰斯认为，教师应最大限度地给予学生选择与追求最有意义的学习目标，因此提出了这一模式。罗杰斯认为该模式比较适合于大学的教学。其主要做法如下：

（1）学生参与决定学习的内容与授课方式。学生可以决定他们希望授课的形式、时间、主题、讲授材料，教师请学生提出他们希望的授课方式与希望学习的内容。

（2）学生选择信息源。学生的学习可采用不同的方式和从不同的信息源来获取学习的内容，如郊游、专家咨询或与学者的交流，以及利用录音、录像等视听设备。利用哪一种方式，从哪种信息源获取知识，应依学生的意愿而做出决定。课堂发言是学生学习的一种重要方式。罗杰斯认为，每个学生都有自己擅长的每一方面，通过这种方式，学生可与其他学生分享学习收获。教师在此时的作用是，对讨论时时加以引导，避免给发言的学生以过多的压力。

（3）师生共同制定契约。自由学习并不意味着教师撒手不管。教师干预学生学习的教学方法是契约法，这种方法鼓励学生与教师达成一个口头或书面的契约，指明学生在这一学期所要做的工作的种类和数量，以及圆满地完成这些工作所能得到的分数。罗杰斯认为这会给学生带来一种秩序感和安全感。

（4）课堂结构安排的变通性。罗杰斯主张安排不同类型的课堂结构，甚至同一种类型的课堂结构也可做出不同安排，以吸引不同兴趣与需要的学生自由地参与，这是意义学习与快乐学习的目的。

（5）由学生进行学习的评定。教师与学生应预先理解什么样的操作水平，如写作水平、解题水平等将会得到什么样的分数，然后由学生自己评定分数，如对写作的评分中要求学生根据自己的写作基础与自己工作的详细评价进行评分，由学生决定是否喜欢接受评分的指导者。当教师对一个学生的工作评价明显不同于这个学生自我评定时，便举行会议共同解决这个问题。

（三）开放课堂的教学模式

这是韦伯于1971年提出的，适用于年龄较小的儿童的人本主义教学模式。英国最早尝试了这种模式，之后又受到美国教育界的重视，目前已逐渐在美国的学校里得到较普遍的应用。

给开放课堂下一个精确的定义十分困难，但是可以进行描绘。开放课堂的典型特点是无拘无束，不拘形式。在实施开放课堂的学校里，学生并不需要把自己限制在某个课堂或中心区域，走进学校以后可以做他想做的事，学他想学的任何科目，如绘画、编织、写作、阅读。在开放的课堂内，学生自由地从事能激发他们兴趣的活动。上课不是活动的限制性范围，即使在下课铃响过之后，大多数学生仍然继续他们的活动。在休息时间里，学生可从事任何他希望从事的活动，如可以同其他同学散步或去喂养小动物等。

教师的作用是鼓励和引导学生的活动。尽管这一教学模式的倡导者承认教师的重要性，但他们认为，即使没有教师的监督，学生仍可以从活动中获取知识。因为在这种课堂中，学生所从事的活动是学生自发的，是符合他的兴趣的，没有任何强迫的色彩。在教育过程中，教师并不是放任自流，尽管他们并不要求某个儿童去从事某项特殊的活动，但是可以对活动提出建议，在临近下课时，要求某个儿童终止他的特殊活动。开放课堂的教师的首要任务是在适当的时间促进儿童与学习的真正材料发生接触，为了完成这个任务，他们必须对儿童进行精确的观察，建立每个儿童的档案，推荐有利于儿童的活动，而且还必须准备如何给儿童鼓励与支持。在儿童做决断的时刻，教师给予儿童认知的输入，这种认知的输入是催化性的，符合教育规律的，有助于学生获取更多的知识。

总的来看，人本主义提倡的课堂教学模式体现的原则是，尊重学习者，把学习者作为学习活动的主体；重视学习者的意愿、情感与需要；相信学习者能自己教育自己，发展自己的潜能，达到自我实现。这与人本主义学习理论的思路是完全一致的。

三、对人本主义学习与教学理论的评价

人本主义的学习与教学理论是一种新观点与新思潮，它对学习与教育理论的进步作出了不可忽视的贡献。

首先，人本主义学习与教学理论将学习与人的整体发展联系起来，强调学习的目的是促进人格的发展，是使学习者成为一个具有适应变化的能力、具有内在自由特性的人，使学习与教学的目标发生了重大变化，对只注重学科知识学习与教学的传统理论提出了挑战。同时，人本主义注重学习与学习者个人意义的关系，强调意义学习，对于传统纯粹从认知的角度进行学习分类是一种突破。

其次，人本主义学习与教学理论根据自己对人性的了解来认识学习的本质与过程，认为人的本质是积极向上、能自我实现的，学习是人固有潜能的自我实现过程，因此，强调学习过程是学习者通过自我指导，实现自我发展

的过程，主张以学习者为中心，激发学生的学习积极性，让学生自我指导学习、自由学习。

第三，人本主义学习与教学理论根据人本的准则来考虑学习的条件，强调人的尊严和价值；强调要关注学生的情感、需要与愿望，重视个人的选择、个别差异与自我概念，充分尊重、了解与理解学生，创设自由、宽松、快乐的学习气氛，让学生处于一个和谐、融洽、被人关爱和理解的氛围；强调无条件积极关注在个体成长过程中的重要作用。

由上所述，人本主义的基本观点有力地冲击了行为主义与精神分析等学派对教育心理理论与实践的消极影响，促进了教育革新，为学习与教学的研究与实践提供了富有启发意义的新观点和新思路。

然而，人本主义学习与教学理论片面强调学生的天赋潜能的作用，无视人的本质的社会性，这是一种片面强调遗传决定发展的观点，是违背马克思主义的。实际上，人是社会关系的总和，学生要在家庭、学校与环境中接受社会文化环境的影响，才能成为一个具有社会性又具有独特个性的人。过分强调天生潜能的自我实现，只会导致放任自流式的“自由学习”。同时，该理论过分强调学生的中心地位，强调学习要以学习者的自由活动为中心，只注重学习与教学要符合学生个人自发的兴趣与爱好，忽视教学内容的系统逻辑性和教师在学科学习中的主导作用，降低了教育与教学的效能，影响教育与教学的质量。人本主义学习理论的这些局限与缺陷应该值得我们注意。

第三节　学习理论研究的新进展

一、现代认知派关于知识分类与学习的研究

20 世纪 70 年代以来，现代认知心理学派对知识的本质及其习得机制问题进行了深入的探讨，使知识本质的研究产生了实质性的进展。现代认知派心理学家把知识定义为：个体通过与其环境相互作用后获得的信息及其组织。储存于个体内是个体的知识，储存于个体之外就为人类的知识。现代认知派心理学家 J·R·安德森从知识获得的心理加工过程的性质与特点的角度，提出了知识分类的富有启发意义的新观点。安德森认为，个体的知识可以分为两大类，一类是陈述性知识，另一类是程序性知识（也称产生式知

识）。这两类知识获得的心理过程，它们在个体头脑中的表征，它们的保持与激活的特点有着重要的不同（Gagne，1985）。

（一）陈述性知识及其学习过程

安德森认为，陈述性知识是关于事实“是什么”的知识，《认知心理学词典》（M. W. Eysenck，1990）中将陈述性知识定义为：个人具有有意识的提取线索，因而能直接陈述的知识。简单地说，陈述性知识就是关于事物及其关系的知识。

陈述性知识的获得过程包括三个环节：

（1）联结。随着命题的物理形式的刺激（声音刺激或视觉刺激）进入工作记忆中，激活了长时记忆中相应的节点，同时也激活了与这些节点有关的若干旧命题，这若干节点在工作记忆中被联结起来构成了新的命题。

（2）精加工。将新形成的命题与所激活的旧命题进行加工、整合，按照一定的关系构成局部的命题网络。这个加工过程常常会分析出新、旧命题的联系与关系，将它们融会贯通，形成组块，在这个过程中，也常常推论出新的命题，并且根据加工的需要，还会不断激活有关的旧命题参与加工，使命题网络更广、更密集。

（3）组织。将精加工过程形成的局部命题网络组织进宏观的知识结构中去，也就是将工作记忆加工处理的结果放到长时记忆相应的位置中去。这就是陈述性知识获得的基本过程。

陈述性知识的提取首先需要有问题，问题可以由外界提出，也可以由学习者自己提出。下一步是问题转化为内部的命题表征，并成为激活相关知识的线索，然后通过激活的扩散使原有命题网络中相关的命题激活。如果激活的命题能够回答所提出的问题，提取就结束了；如果激活的命题回答不了问题，而且有时间去检索的话，那么，会继续进行激活的扩散，直到查找到合适的答案。但是，如果继续检索仍然找不到答案，或者由于时间不够来不及查找，那么学习就会根据已激活的命题对问题的答案加以推测，建构出自己的回答。

（二）程序性知识及其学习过程

程序性知识则是指如何干某事的知识，即完成某项任务的行为操作的知识。《认知心理学词典》将程序性知识界定为：是个人无有意识的提取线索，因而其存在只能借助于某种作业形式间接推测的知识。人类的主要知识应该是程序性知识。

根据现代认知派的观点，程序性知识以产生式或产生式系统的形式来表征，产生式指的是条件与动作的联结，即在某一条件下会产生某一动作的规则，类似计算机“如果……那么……”的条件操作，每个程序都包括条件部分（IF...）与操作部分（THEN...），个体掌握了这种程序性知识后，一旦认知了条件，就能产生相应的操作，如进行加法运算的做法等。人脑之所以能进行计算、推理和解决问题，也是由于人们经过学习，其头脑中储存了一系列以“如果……那么……”形式表征的产生式规则。产生式通过控制流而形成相互联系。当一个产生式的活动为另一个产生式的运行创造了所需要的条件时，则控制流从一个产生式流入另一个产生式，从而组合成复杂的产生式系统。

程序性知识获得的一般过程也是包括三个环节：（1）以陈述性知识的方式表征行为序列。（2）程序化练习。经实际练习由命题表征控制下的行为序列过渡到由程序表征控制下的行为序列。（3）合成。各孤立的、小的产生式合成大的产生式系统，这个产生式系统的运作自动化、简约化。

程序性知识获得之后不容易遗忘，它的激活非常迅速且自动化，只要在工作记忆表征产生式的条件项就会自动唤起一系列的动作。

安德森关于知识的分类及其学习过程的研究，对于学习与教学理论有重要的启示，对于实际的教学也有重要的指导作用。关于陈述性知识与程序性知识的学习问题，我们在下一章“知识的学习”中还会详细进行阐述。

二、我国心理学工作者关于学习理论的研究

我国心理学工作者对学习理论也进行了较多的研究，提出了一些重要的理论与观点，如冯忠良所进行的学习的结构定向理论的研究，朱新明所进行的示例—演练的学习理论与实验研究，莫雷所进行的学习的双机制理论与实验研究等，在教育心理学界有一定的影响。

（一）结构—定向教学理论

我国心理学工作者冯忠良在探讨教学以及学生的学习与能力、品德的本性的基础上，借鉴国外有关研究成果，通过20多年的教学实验，于20世纪80年代中期提出了结构—定向的教学理论（冯忠良，1985）。结构—定向教学理论的两个基本观点是结构化教学与定向化教学。结构化教学是指教学应该首先确立以构建学生的心理结构为中心的观点，着眼于学生心理结构的形成。依据教育的本性，教学系统中所要构建的心理结构就是学生的能力与品德结构，能力与品德结构是在教材与学生的相互作用过程中，通过学生的各种心理活动而在头脑中建构起的心理结构。物化了的知识、技能和行为规范

就是学生学习的教材，学生的各种心理活动包括知识学习中的领会、巩固与应用；技能学习中的动作定向、操作、内化或熟练等。定向化教学是指教学必须依据心理结构的形成和发展规律，有计划、有目的地进行定向培养。

结构—定向教学理论有三个理论基础：一是教育的系统论观点及经验传递说。二是学生学习的接受—构建说。三是能力、品德的类化经验说。

结构—定向教学理论探讨了五方面的学习规律（冯忠良，1992）：学习动机及积极性形成与发展的规律、学习的迁移规律、知识的掌握规律、技能的形成规律与行为规范的接受规律。

结构—定向教学理论还涉及教学体制四个方面的改革（即教学的目标系统、教材系统、教学活动系统与教学成效考核及评估系统）及结构—定向教学的17条执行原则。

（二）示例演练学习理论与教学模式

20世纪80年代初，有人主张不对儿童讲授，而是给他们呈现例题、问题和答案，使学生通过考察例题和解决问题的形式（示例）进行学习。1983年开始，我国心理工作者朱新明与美国著名认知科学家西蒙（Simon）合作对人的示例学习进行了研究，提出了示例演练学习理论。

1．示例演练学习理论的基本观点

“示例”就是学生观察有解答的例题，推出相应的假设，指导其后的解题练习，也称为“例中学”（learning from example）。“演练”是根据例题的格式或例题中的解答步骤解决问题而进行的学习，也称为“做中学”（learning by doing）。示例演练学习的基本观点如下：

（1）将特定领域的知识和认知技能表征为概念、事实和产生式规则。

（2）概念和操作性规则主要支持问题解决过程中的启发式搜索（如手段—目的的分析、逆推等）；事实和过程性规则主要支持问题解决中的条件认知。

（3）知识的获得和认知技能的发展就是由利用弱方法解决问题逐步过渡到利用强方法解决问题的过程。

2．示例演练教学的基本过程与模式

（1）将知识统一表征为产生式规则。

（2）围绕产生式规则设计示例学习材料。安排一系列精心设计的有解答的例题和串联成组的问题，使学生通过考察例题和解决问题学习特定领域的知识和技能。

（3）通过条件建构和条件优化直接获取产生式。

（4）加强学生对产生式条件的认知，促进问题解决技能的发展。在条件建构阶段加强对产生式条件的学习，发展顺向推理的问题解决技能。

教学模式如图 6－3 所示。

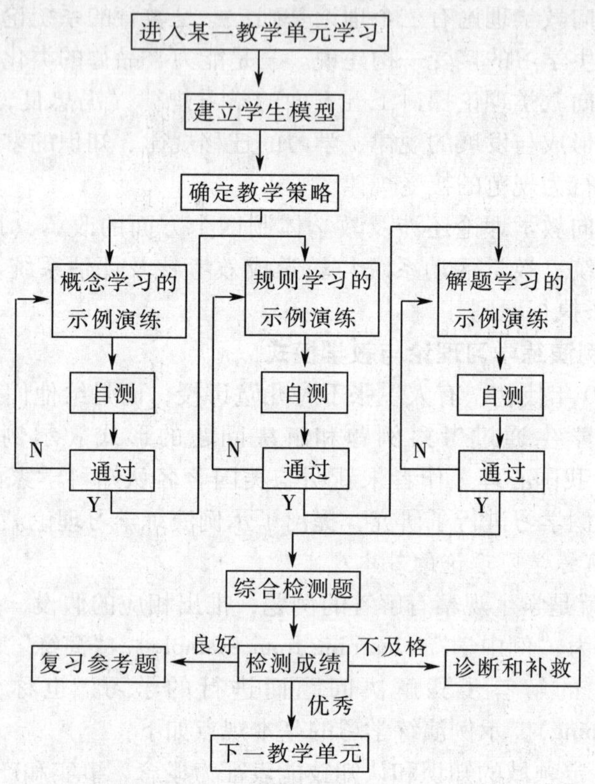

图 6－3　示例演练的教学模式

（三）学习双机制理论

我国心理学工作者莫雷在总结与分析国内外有关的学习理论的基础上提出了学习双机制理论（莫雷，1996）。学习双机制理论认为，人有两类学习机制，一类是联结性学习机制，另一类是运算性学习机制。联结学习机制是指个体将同时出现在工作记忆（动物则是在机能上类似人的工作记忆的神经系统有关部分）的若干客体（包括符号或反应行为）的激活点联系起来而获得经验的那种机能或机构；运算性学习机制是指有机体进行复杂的认知操作（即运算）而获得经验的那种机能或机构。个体运用不同的学习机制去获得经验，则形成不同类型的学习。因而，有机体的学习也相应地分为联结性学习与运算性学习。所谓联结性学习，是指个体通过将同时出现在工作记忆中的若干客体联系起来而获得经验的学习，例如巴甫洛夫的研究中的狗获得铃声是进食的信号的经验等；所谓运算性学习，是指个体通过复杂的认知操作而获得经验的学习，例如学习“三角形内角和等于180°”这个命题，需要通过复杂的认知操作（推理活动）而获得。

学习双机制理论认为，联结性学习是人与动物所共有的更为普遍的学习方式，有机体将同时在工作记忆（或者机能上类似人的工作记忆的神经系统有关部分）中出现的若干客体或符号的激活点联结起来从而获得经验的过程，都是联结性学习。“联结性学习”这个概念是在吸收西方认知派对陈述性知识的获得的学习机制的观点，并深刻地分析了联结派心理学家提出的各种学习现象而提出的，它能更深刻地反映这类学习的本质，对这派心理学家所提出的各种学习现象作出更为科学的解释。联想心理学家提出的联想学习，桑代克提出的试误学习，巴甫洛夫的经典性条件反射，斯金纳的操作性条件反射，班杜拉的观察学习，还有托尔曼通过实验提出的潜伏学习的现象等等，实质上都是在不同条件下的联结性学习的具体表现，都可以用联结性学习的机制去解释。可以认为，认知心理学家提出的陈述性知识的学习也是一种联结学习，因为，如其所说，这种学习的过程主要就是将同时出现在工作记忆的各个节点联系起来形成命题。因此，尽管以往这些节点的形成可能是运算性学习（形成概念），但就当前这些节点形成关于事实“是什么”的新命题的过程而言，则主要是依赖于联结机制而实现的。

学习双机制理论进一步认为，有许多知识的获得不能仅仅通过在工作记忆中将若干个激活点联结起来而实现，而是需要在工作记忆中进行一系列复杂的认知活动（或称运算）才能获得。例如，儿童要获得皮亚杰的守恒经验，就需要头脑中进行逆反性或互反性的运算，而不可能仅仅通过将同时出现在工作记忆的若干激活点联结起来而实现，这种情况下的学习便是运算性学习。运算性学习就是个体在头脑中经过复杂的认知操作而获得经验的学习。

较高等的动物也具备一定的运算性学习的机能，但只是较低级的，并且也不是它们主要的学习机制。运算性学习主要是人获得经验的学习方式，体现了人的学习的主要特点。

运算性学习进行的基本条件是个体必须具备相应的运算或认知活动方式，例如，要学习“玩具”这个概念（即进行概念学习），个体必须能进行一定程度的分析、综合、抽象、概括等操作，并且，他对该概念的掌握水平，取决于他所具备的这些操作方式的水平。如果个体不具备这些操作，那么，当他要学习“玩具”概念时，就有两种可能性：第一种可能是他用联结学习的方式来接受这个概念，如仅仅将“玩具”这个词与某个布娃娃联系起来，实质上并没有真正形成“玩具”的概念；另一种可能是他在社会传递下，通过外部活动的内化而调整原有的认知结构，一方面形成新的认知操作方式，同时在这个过程中掌握了“玩具”这个概念，这种情况就近似皮亚杰所提出的“顺应”。

个体进行的是何种学习，既取决于学习内容的性质，又取决于个体采用哪一种学习机制去获得这些内容。有的经验的获得只能运用联结性学习的机制，亦即只能采用联结性学习的方式，例如巴甫洛夫的研究中的狗获得铃声是进食的信号的经验，斯金纳的研究中的小白鼠获得压杠杆便可以获得肉丸的经验，还有无意义音节的学习，对偶学习等等。有的经验的获得既有可能运用运算性学习的机制，也有可能运用联结性学习的机制，例如学习“三角形内角和等于180°”这个命题，个体既可以通过复杂的认知操作（推理活动）而获得这个命题，也可以仅仅在工作记忆中将“三角形”、“内角”等节点（假定个体过去已形成了这些节点）联结起来形成新命题而接受下来。如果是后一种情况，那么，尽管个体过去在形成“三角形”等节点时（或者说是掌握“三角形”等概念时）可能是运算性学习，但他现在在学习“三角形内角和等于180°”这个命题时还是联结性学习。

学习双机制理论认为，联结性学习与运算性学习是辩证的统一，它们是相互结合、相互渗透，不可截然分割的，实际的学习活动尽管还是可以根据其基本机制大致地归为联结性学习或运算性学习之类，但完全纯粹的联结性学习或运算性学习是没有的。最简单的联结性学习中也包含有模式辨别这个认知加工的环节，而复杂的运算性学习，其进行过程往往会掺杂着许多联结性学习，不断要运用过去联结性学习所获得的经验。尽管如此，联结性学习与运算性学习毕竟是两类不同性质的学习，它们的实现机制有重要的区别，因此，这两种学习的掌握过程、保持过程及迁移过程可能都会有不同的规律，以往有关的许多研究常常得出不一致甚至相反的结果，可能就是它们考察的是不同性质的学习。

第三编

第七章
知识的学习与教学

知识的学习是学生学习的主要任务之一，也是学校智育的核心内容之一，因此，知识的学习与教学历来是教育心理学研究的一个中心问题。本章探讨什么是知识，学生如何学会各种知识，以及采取何种教学策略促进学生准确、有效地掌握知识等问题。本章第一节阐述知识的概念、知识的分类与知识学习的一般心理过程，第二节阐述传统的关于概念、规则和问题解决的分类学习观点，第三节则阐述现代认知心理学家关于陈述性知识与程序性知识的分类学习观点。

第一节　知识与知识学习

一、知识的概念

从哲学认识论的角度来看，知识是客观世界的主观反映，是对事物属性与联系的认识，它“有时表现为主体对事物的感性知觉或表象，属于感性知识；有时表现为关于事物的概念或规律，属于理性知识”（董纯才，1985）。

不同的心理学家对什么是知识有不同的理解。布卢姆（Bloom，1986）认为知识就是对具体事物和普遍原理的回忆，对方法和过程的回忆，或者对一种模式、结构或框架的回忆；霍华德（Howard，1995）认为知识即是由信息构成的、储存于长时记忆中的表征；而加涅（Gagne，1985）则认为知识就是言语信息，即用言语符号来标志某种事物或表述某些信息。

我们认为“知识”的定义有狭义与广义之分。狭义的知识，也就是我们传统理解中的知识，一般仅指能贮存在语言文字符号或言语活动中的信息或意义，如各门学科的事实、概念、公式、定理等。正是在这种意义上，通常将学校智育的目标描述为："授予学生系统的科学文化知识、形成学生的技能、发展学生的智力"，这里的知识、技能和智力是三个不同的范畴，知识是技能和智力发展与形成的前提和基础。当代著名心理学家皮亚杰认为："知识是主体与环境或思维与客体相互作用而导致的知觉建构，知识不是客体的副本，也不是由主体决定的先念意识。"由于皮亚杰思想的影响以及现代认知心理学的研究和发展，人们对知识的认识日益深入和全面，广义的知识观得到普遍的认同。所谓广义的知识，是指个体通过与其环境相互作用后获得的一切信息及其组织。它既不是客观世界的副本，也不由个体的遗传因素和主观意识所决定。它既包括个体从自身的生活实践和人类的社会历史实践中获得的各种信息（狭义的知识），也包括在获得和使用这些信息过程中所形成和发展而来的种种技能、技巧和能力。就其贮存形式而言，如果它贮存在个体身上，则为个人的知识；如果贮存在书籍等媒体中，则是人类的知识。

二、知识的分类

对知识进行分类不仅是心理学家关注的问题，也是哲学家、教育家等关注的问题。在古希腊就有文法、修辞、辩证法"三艺"和算法、几何学、天文学与音乐"四艺"的区分。近代科学之父弗兰西斯·培根将知识分为三部分：关于自然界的知识，关于人类自身的知识和关于人对自然的行动，人的学术、技艺和科学等的知识。约翰·洛克则将知识分为直觉的知识、论证的知识和感觉的知识。

在教育心理学的发展史上，由于对知识的概念和范围有不同的理解，不同的研究者从知识学习的角度对知识所作的分类各不相同。根据不同的维度，可以对知识作不同的分类：

在学校教育实践中，根据知识所在学科领域的不同，常将知识分为语文知识、数学知识、物理知识，等等。

奥苏贝尔将知识的学习分为由简单到复杂的表征学习（词汇学习）、概念学习、命题学习、规则学习和问题解决的学习（也称高级规则的学习）。显然，知识也可以相应地从简单到复杂表现为：词汇、概念、命题、规则、高级规则等。

加涅则从学习的结果这一角度将知识分为：（1）智慧技能，即使用符号对外办事的能力；（2）认知策略，即通过概括化过程而发展起来的更为特殊的习得的智慧技能，用来指导自己的学习、记忆，这是一类对内办事的能力；（3）言语信息，即陈述观念的能力；（4）动作技能；（5）态度。这里，以言语信息指代狭义的知识，将技能分为智慧技能、认知策略和动作技能。

当代著名认知心理学家安德森从信息加工的观点出发，根据知识的性质将其分为有关“是什么”的知识——陈述性知识与有关“怎么做”的知识——程序性知识两大类，并认为动作技能、智慧技能和认知策略等究其实质均属程序性知识。在加涅和安德森的基础上，另一位认知心理学家梅耶则提出：鉴于认知策略是关于人类元认知的特殊的智慧技能，应该将知识分为：（1）言语知识，相当于加涅所言的言语信息与安德森所言的陈述性知识；（2）程序性知识，包括智慧技能和动作技能等一般性的程序性知识；（3）策略性知识，专指认知策略。应该说，从上述现代认知学派的种种关于知识分类的学说中，我们至少可以将知识按其性质作如下分类（如图 7－1 所示）：

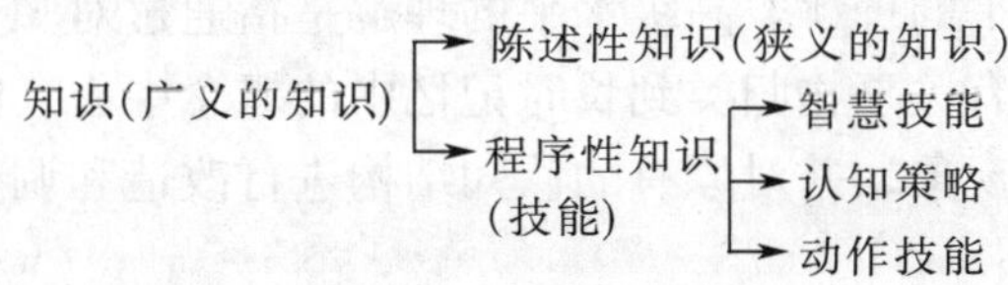

图 7－1　知识的分类

三、知识学习的一般心理过程

学习知识是个体获得知识的一种专门活动，它不同于人类知识形成的历史过程，也不同于个体通过直接参与生活实践从亲身经历中获得知识，而是要求学习者能将存贮在语言文字符号等载体中的知识转化为个人的精神财富。这是一种获得间接经验的心理过程。

我国传统教育心理学将知识学习的心理过程分为三个阶段：知识的理解、知识的巩固和知识的运用。

（一）知识的理解

1．什么是知识的理解

“理解”是指个体逐步认识事物的种种联系、关系直至认识其本质、规律的一种思维活动。知识的理解是指学习者了解传递知识的载体的含义，使语言文字等各种符号在头脑中唤起相应的认知内容，从而对事物获得间接认识的过程。简而言之，理解就是“懂”，就是“知其然，还要知其所以然”。

从信息加工的角度而言，理解也就是使新学习的知识能在学习者大脑中获得正确的表征，并合理地与已有的认知结构中的相关信息和内容发生联系。知识的理解是掌握知识的首要环节，学生的学习主要是有意义的言语学习，如果没有理解，只会造成对语言或符号的死记硬背。同时，没有理解的知识也难以巩固和应用。

2. 知识理解的水平

根据知识学习中理解的不同认知水平，可将理解分为三种水平：

第一，初级水平的理解。初级水平的理解是知觉的理解，或叫直观的理解，是学习者在对外界知识形成映像的基础上，对映像特征进行分析、综合、辨别，赋以一定名称的过程，如理解书面文字的意义，听懂口头语言等。

第二，中级水平的理解。在初级水平的理解基础上，进一步把握客观事物的本质及内在联系，如学生对概念、原理、规则的学习，就必须达到中级水平的理解。

第三，高级水平的理解。高级水平的理解是指通过对知识进行类化、具体化和系统化，把有关事物归类到长时记忆中的概念中去，能够用概念、原理和规则解释有关现象，并对原有的认知结构进行改造和调整。这是一种概括的理解。

史密斯（N. B. Smith）通过研究学生阅读过程中对阅读材料的理解水平，提出了阅读理解的四种水平。从某种意义上看，这是由阅读过程中精加工的内容和范围有不同水平造成的，也是阅读者的阅读技能和策略的不同水平的反映：

第一，字面水平的理解：学生能理解书本上的词句或观点的字面意思，能用书上的原话回答诸如“谁”、“干什么”、“什么时候”等简单问题。

第二，解释水平的理解：学生能够从文中发现作者没有直接说出来的人与人、事与事之间的关系；能够论证原因、预测后果、理解人物动机；能够回答“为什么”、“假如会怎样”一类的问题。

第三，批判性阅读：学生能够超越文章本身的内容和观点的限制，对其真实性、社会意义、艺术价值等做出自己的判断和评价。

第四，创造性阅读：学生能从课文的内容和观点出发，获得新的见解，解决新问题。创造性阅读能通过精加工和其他智慧技能的合作获得全新的知识和技能，是高水平的阅读。

3. 知识理解的过程

在现实的教学条件下，学生对知识的理解一般要经历两个阶段：对学习内容的直观和对学习内容的概括。对学习内容的直观是指学生在教师的指导下，获得感性知识的活动，它主要使学生对知识形成形象化的理解和表征，是学生在课堂上对知识作感性加工的阶段。对学习内容的概括是指对学习内容的直观所获得的感性知识进行分析、综合、抽象、概括、推理等加工，最后获得对事物的本质特征和内在联系的认识，是获得理性知识的活动。它主要使学生对知识形成抽象的理解和表征，是学生在课堂上对知识作理性加工的阶段。对学习内容的概括有两类：一是在对学习内容进行直观的同时自发进行的感性概括，一是对感性知识进行理性概括。一般地，我们认为学生对知识的学习是以学生能对所学知识达到正确的理性概括的水平，形成并能灵活地运用理性知识为目的的。

下面分别阐述感性知识与理性知识的形成过程。

(1) 感性知识的形成。

虽然学生在学校教育的环境下主要是完成对抽象的理性知识的学习，但无论是在概念的学习、规则的学习，还是在解决问题的学习中，都会大量地涉及利用表象促进学习的问题，因此，感性知识的学习是知识理解过程中不可或缺的一个部分。

学生对感性知识的学习主要是在对学习内容的直观中完成的。在教学活动中，教师指导学生观看实物、标本、挂图，进行实验，观看教学影片和录像，用生动的语言向学生描绘等，都是常见的直观活动。

根据学生在直观活动中接触到的现实刺激物的性质，可以把对学习内容的直观分为三类：实物直观、模像直观和言语直观。

实物直观是以实际的事物本身作为直观对象而进行的直观活动，包括实物观察、搜集标本、野外考察、参观、实验等活动。通过实物直观，学生获得的感性认识亲切、真实、印象深刻。实物直观易于激发学生的求知欲，学生在接触实物的过程中，能深刻感受到书中知识不仅仅是一堆符号，而是真切的有用的东西，增强学习知识的积极性。但是实物直观也有局限性：一是不易于突出事物的本质特征，难以达到“透过现象看本质”。二是实物直观受到时间、空间和人的感受器官的限制。并不是所有的知识都能进行实物直观。

模像直观是以事物的模拟性形象作为对象的直观活动。模型、图片、幻灯、电影等都是事物的模拟性形象，或称模像。模像不是实物本身，而是将实物的一部分特征模拟出来用来代表实物的新形象。它与实物既有相似的一面，也有差异。模像直观广泛用于各科教学中。模像直观能突出事物的本质特征，这是实物直观无法实现的。模像直观也有它的缺陷。由于模像与实物之间总有一定的差距，如果模像制作不当，或对模像说明不充分、不准确，就有可能引起学生的误解或不适当的联想，使学生形成不正确的或片面的感性知识。

言语直观是指通过生动形象的语言描绘，使学生获得对语音的物质形式（语音、字形）的感知及对语义的想像，从而获得感性认识的活动。言语直观的优点在于：第一，它不受时间、空间和更多的物质条件的限制。它既不用实物，也不需模像，只需借助口头或书面语言就能完成。无论是人类文明的史前史，还是电子运动，都能进行言语直观。抽象概念也能采用言语直观。第二，由言语直观获得的感性知识易于概括。言语直观的缺陷在于：一是言语直观的鲜明性和完整性不如实物直观和模像直观，这可能使学生获得的感性认识不够全面准确。二是言语直观的效果受教师的表达能力、学生的想像力和已有经验的限制。如果教师缺乏语言描绘能力，或学生想像力水平不够，都无法从言语直观中获得应有的感性知识。

（2）理性知识的形成。

理解知识的过程是不能仅靠感知觉来实现的，而是必须经过一系列的思维活动才能完成。它也不是一次学习就能完成的，而是一个渐进的过程。一个定理、规则，初学时与经过多次练习之后，或者又学习一些新知识之后，对它的理解也不一样。随着学习程度的加深，对知识的理解往往逐渐达到深入，所学知识的组织和结构会更加合理、完整，对知识所适用的范围与条件的辨别会更加准确，对知识的提取和运用会更加熟练自如。从认知加工的角度来讲，理解的深入意味着经过多次精加工之后命题网络的丰富和扩展，意味着经过多次辨别和分化训练之后获得更敏锐的模式识别能力，意味着经过多次练习之后智慧技能的逐步纯熟和自动迁移。

4. 促进知识理解的方法

知识理解是知识学习的第一步，了解促进知识理解的方法对知识的学习是极为有利的。

第一，质疑法。我们可以从三个方面入手去提出质疑。首先要质疑的是所要学习的知识“是什么”或“包含什么”，即“知其然”的问题。其次要在前者基础上，质疑“为什么”，即“知其所以然”。“知其所以然”有两种方式，一是熟悉和了解知识的提出和创立者阐发某知识的“为什么”的规定性，如该知识的有关理论和事实根据等。二是从自身已经掌握的各种各样的知识出发，去揭示知识的“为什么”的规定性。最后要在“知其然，知其所以然”的基础上，质疑“有什么用”，即“知其用”。知识具有有用性、价值性，是知识之所以能够转化为人的素质和能力的内在根据之一。如果一个学习者不熟悉、不了解、不认识知识的价值性，即便掌握了该知识，也不能转化为他的素质和能力，因此，也是没有真正意义的。

第二，分解法。学习知识，不仅从大的方面把知识分解为“是什么或包含什么”、“为什么”和“有什么用”这三个方面，而且在每一个方面也还可以继续去分解。在“是什么或包含什么”方面分解为几个要点，在“为什么”方面分解为几个“为什么”，在“有什么用”方面分解为多方面的价值、功能。

第三，事例法。对于比较抽象的规律本质类知识的理解可以运用事例法。

第四，逻辑推导法。学习者根据知识之间内在的逻辑联系，把与所理解的知识有内在联系的有关理论知识调出来，与所理解对象发生碰撞，揭示它们之间内在的逻辑关系。

第五，比较法。所谓比较法就是把理解对象放在与其他知识的异同关系、纵向横向关系、正误关系、反向关系、坐标关系中进行比较来揭示知识的上述规定性的方法。

（二）知识的巩固

知识的巩固是指将所理解的知识保持长久的记忆。从记忆的过程来看，知识的巩固主要是通过识记和保持这两个环节来实现的。从认知心理学的角度来看，知识的巩固是知识贮存以及在贮存过程中进一步得到精加工，与更多的知识形成联系的过程。知识在保持的过程中，如果不加以复习和运用，会发生遗忘性同化；如果经常得到复习和运用，则会加深对知识的理解程度，使已有的认知结构不断优化，同时也会增加运用知识的准确性和灵活性。

知识的巩固对知识学习来说是必不可少的，它是知识积累的前提，理解之后的知识如果不能被积累和保持下来，边学边忘，则终将学无所成。另一方面，知识的巩固与知识的理解相互依赖，缺乏理解的教材是难以巩固的，没有巩固的教材难以得到概括，妨碍对教材的理解。最后，知识的运用也必须以习得知识的巩固为前提，所学的知识如不能在记忆中得到保持和巩固，在运用该知识时，就难以在长时记忆中顺利地检索并提取相关知识，就难以灵活运用。

（三）知识的运用

知识的运用是指运用已有的知识去解决有关问题。作为知识掌握的阶段之一，知识的运用主要体现在学生在领会教材的基础上，提取所学的知识去回答相关的问题或解决相关课题的过程中，也就是一个陈述性知识的激活与激活的扩展过程，或程序性知识的执行过程。一般而言，学生运用所学知识的主要目的是完成对知识的掌握，而不是直接参与社会实践领域中的某一活动，其内容也多是与理解该知识时教材上所出现的问题的同类课题，比如教师讲完新课之后的练习、作业等。知识的运用过程实质上也就是学习的迁移过程。

知识的应用是在知识的理解和巩固的基础上进行的，它又可以检验知识的理解与巩固水平，同时还可以促进理解与巩固水平。

知识的应用主要经历了审题、联想、解析和类化四个基本环节。审题就是明确问题的目的和要求，了解已知和未知条件，在头脑中建立起问题的最初表征。联想就是以已形成的问题表征为提取线索，激活头脑中有关的知识结构，为理解和找出解决问题的方法做准备。联想是使抽象化或概括化的知识得以具体化的必要环节。解析就是分析已知条件与未知条件，确定问题的主要矛盾，寻找解决矛盾的条件和方法。由于问题的性质及个体已有知识水平的差异，解析的过程也有所不同。类化就是概括当前问题与原有知识的共同本质特征，将所要解决的问题纳入到原有的同类知识结构中去，对问题加以解决。

第二节　知识分类与学习的传统观点

传统的知识学习理论主要根据知识的构成关系将它们分为概念学习、规则学习、问题解决学习等，本节主要探讨传统的关于概念、规则和问题解决的分类学习问题。

一、概念的学习

（一）概念的界定

对概念的界定，心理学上的理解与哲学上的理解不完全等同。哲学上的概念是指对事物本质特征的反应。所谓本质特征，即决定某类事物是该类事物而不是其他类事物的内容依据。这是人脑对事物的高级反应形式。心理学上的概念则包含了事物的一般特征、共同特征。通常事物的本质特征与一般特征和共同特征是相一致的，但也有不一致的时候，如儿童常常将“会飞”作为鸟的共同特征，因而认为鸡、鸭、鹅不是鸟。尽管一般特征和共同特征不一定是本质特征，但它们也是经过抽象和概括而来的，也含有学习和理解的成分，是学生掌握概念的学习过程中一个常见的阶段，因而心理学也把它们作为概念的内涵的一部分加以研究。从这个意义上讲，针对学生所学的知识常常是通过对含载知识的符号的理解而获得这一特殊形式，教育心理学的研究更加认同奥苏贝尔对概念所下的定义："符号所代表的具有共同标准属性的对象、事件、情境或性质。"（转引自：韩进之，1996）

大多数概念包括四个方面的要素：概念的名称、例子、属性和定义。名称就是用语词来命名；例子是用事例来证实，属于这一事物的例子即正例或肯定例证，不属于这一事物的例子即反例或否定例证；属性以关键特征为标准，是概念的一切正例的共同本质属性；定义是对同类事物共同本质属性的概括，常常是以语词加以规定的。

客观世界中的信息纷繁复杂，由于我们形成了各种不同的概念，将繁杂的信息组织成为有意义的单位，从而大大简化了认识过程的复杂性；同时，概念也可以使个体间知识经验的传递成为可能。因此，概念学习是学校教学的基本任务之一。

（二）概念的心理构成

关于概念的心理构成，心理学上有特征论与原型论之争。

特征论认为，概念是由定义特征和概念规则构成的。所谓定义特征是概念的正例所具有的共同特征，其次还有次要的特异特征。概念规则是指一些定义特征之间的关系或整合这些定义特征的规则，如肯定、否定、合取、析取等。根据概念的规则，可以把概念分为肯定概念、否定概念、合取概念、析取概念、关系概念等。

原型论认为，概念是由原型和类别成员代表性的程度这两个因素构成的。原型是某一概念的最佳代表性实例，它使我们以最简洁的方式迅速理解概念。所谓类别成员代表性程度，即概念的原型之外的其他成员被容许偏离原型的程度。罗斯（Rosch，1975）在一个实验研究中表明，椅子和沙发是"家具"概念的原型，而柜橱和床则是代表性较小的偏远实例。此外，肯定"椅子是家具"比肯定"柜橱是家具"的反应时要短。因此，罗斯认为，概念容许其他实例以原型为核心在一定程度内存在变异，原型使各具特点的众多实例组成概念的整体。有人认为，儿童对概念的获得就是由成人为之提供的原型实现的。

（三）概念的分类

根据不同的维度可以对概念进行不同的划分，常见的概念分类有以下四种：

（1）日常概念与科学概念。这是20世纪30年代维果茨基提出的分类。

日常概念是没有经过专门的教学，在日常生活中通过辨别学习、积累经验而掌握的概念，也叫前科学概念。科学概念则是在教学过程中通过揭示概念的内涵而形成的概念。

(2) 初级概念与二级概念。这是奥苏贝尔根据概念的抽象程度提出的分类。经过直接观察概念的许多正反例，从中分析、概括出来的概念，叫初级概念，亦称一级概念。二级概念是指不经过对例证的观察分析，直接从规定其本质特征的定义中获得的概念。二级概念实际上是通过提示概念间的关系而形成的，其抽象水平高于一级概念。

(3) 具体概念与下定义概念。这是加涅提出的分类。能够通过对具体事物的直接观察而获得的概念叫具体概念。这些概念在实际生活中能找到对应的例证。不能通过对实例的直接观察，只能通过下定义的方式而获得的概念叫下定义概念，这种概念不能直接在实际生活中找到例证，它更多的是由其他一些概念按照一定的规则构成的。

(4) 易下定义概念与难下定义概念。这是美国赫尔斯（S. H. Hulse）等人根据概念的本质特征是否明显，是否易于用规则的形式加以表述提出的分类。易下定义概念是关键特征明显，易用某种规则揭示出来的概念。难下定义概念是关键特征不明显，不易用某种规则揭示出来的概念。

（四）概念的功能

概念是知识的细胞，在人们的认识活动中有重要意义，其功能表现在：

(1) 称谓功能。概念一般用词来表示，人们可以用词指称一类事物或现象，将认识成果表达出来。

(2) 简化认识过程。概念能反映一类事物的本质特征和一般特征，这就使人们能将复杂的客观环境进行简化和标准化，有利于抓住主要矛盾和矛盾的主要方面，排除无关因素的干扰。

(3) 系统化功能。概念间的关系反映事物间的内在关系，根据这种联系构成的概念体系，可以使知识系统化，优化人的认知结构。

（五）概念的获得

概念的获得实质上是指理解和掌握一类事物共同的关键特征，同时能区分概念的本质属性和非本质属性、关键特征和无关特征、肯定例证和否定例证。奥苏贝尔认为，儿童获得概念有两种形式，即概念的形成和概念的同化，并指出概念同化是学生获得概念的最基本的形式。

1. 概念的形成

所谓概念的形成，是指从大量的具体例证出发，在实际经验过的概念的肯定例证中，通过归纳的方法抽取一类事物的共同属性，从而获得初级概念的过程。

年幼儿童的概念形成一般包括下列心理过程：辨别刺激模式，抽象共同特征，提出假设，检验假设，从所提出的假设中选择一组共同属性作为概念的关键特征。对于学生而言，有时提出假设和检验假设的过程是自发进行的，他们不能自觉地觉察到，因此发生错误时他们并不能清楚地说出问题出在哪里。教师应多引导学生自觉分析自己在概念形成中的智力活动，帮助学生获得正确的知识。例如：有一个研究概念形成的实验（邵瑞珍，1988）：对小学三年级的学生出示下面两组学习材料（如表 7－1 和表 7－2 所示），学完材料一后，研究者问学生："8 为什么是质数?"学生回答："一个等号后面的就是质数，8 后面只有一个等号，所以是质数"。可见学生虽然通过观察与对比，也找到了一些共同特征，但是他提出错误的假设，这个错误的假设在有限的例证中没能得到检验，因而学生没有获得质数的本质特征。第二个学生学完材料二后，研究者给出了 19～28 的自然数，让他判断哪些是质数。学生能指出 19 和 23 是质数，说明他已经发现了质数的本质特征不是"后面只有一个等号"，而是"后面只可能有一个等号"。而且除 2 之外，偶数绝不是质数。这时，学生不仅能通过辨别正、反例的特征，获得了质数的本质特征，而且能对这一本质特征从大量的例证中进行充分的验证，最后将它推广应用到别的数中。此外，学生还能发现质数与已学过的奇数、偶数的关系，把新学习的知识纳入到已经有的认知结构中去。

表 7－1　材料一及被试与主试的反应

例　　子	反　　应
2 = 2 × 1	2 是质数
3 = 3 × 1	3 是（质）数√
4 = 4 × 1 = 2 × 2	4 是合数
5 = 5 × 1	5 是质数
6 = 6 × 1 = 2 × 3	6 是（合）数√
7 = 7 × 1	7 是质数
8 = 8 × 1	8 是（质）数 ×
9 = 9 × 1 = 3 × 3	9 是合数

注：（　）内是学生的反应（下表同）

√、× 分别表示主试对学生的反应的肯定和否定（下表同）

表 7－2　材料二及被试与主试的反应

例　子	反　应
10＝10×1＝5×2	10 是（合）数√
11＝11×1	11 是质数
12＝12×1＝3×4＝6×2	12 是合数
13＝13×1	13 是（质）数√
14＝14×1	14 是（合）数√
15＝15×1	15 是合数
16＝16×1＝4×4＝8×2	16 是（合）数√
17＝17×1	17 是（质）数√
18＝18×1＝6×3＝9×2	18 是合数

概念究竟是如何形成的，通过什么机制获得的？心理学家对概念的形成提出了不同的理论。赫尔（C. L. Hall）1920 年首创人工概念的研究，提出联想理论，试图根据强化反应的原理来解释概念的形成。如果学习者能够正确识别出某个概念的一个例子，就给予强化，告诉他是对的；如果对刺激识别错了，则告诉他错了，这样，学习者就不会形成错误的联结。经过多次的尝试错误，学习者能将正确的反应与适当的刺激联结起来，因而，相应的概念也就形成了。联想理论几乎没有涉及学习者头脑内所发生的事情，所以不能解释为什么学习者会积极尝试各种正确的和错误的解决方法。后来，布鲁纳等人提出了假设检验理论，认为在概念形成过程中，学生不是被动、消极地等待各种刺激出现以形成联想，而是积极主动地探究这一概念，通过一系列的假设—检验来发现这一概念。图 7－2 是布鲁纳概念形成实验中使用的一种典型的刺激。

该刺激材料涉及三个特征：大小、颜色和形状。假定实验者选定“小—黑”作为学习者学习的概念，这样，所有既是小的又是黑的图形都是这一概念的正例，而形状是无关属性。学习者的任务是发现这一概念。如果学习者第一次接受的图形是“黑—圆—小”，他就可能猜测“黑”是要形成的概念，因而可能选择“黑—大—方”作为这一概念的例子，当告诉他不对时，他并不知道自己的假设错在哪里，从而下一次选择“黑—大—圆”，当告诉他还是不对时，他还会继续提出假设，并予以检验，直到正确为止。

认知心理学家罗斯根据学生日常生活中使用概念的特点，提出了样例理论（exemplar theory）。该理论认为，概念是通过具体例子来表示的，而不是以某些抽象的规则或一系列相关特征来表示的。换言之，概念是由以往遇到

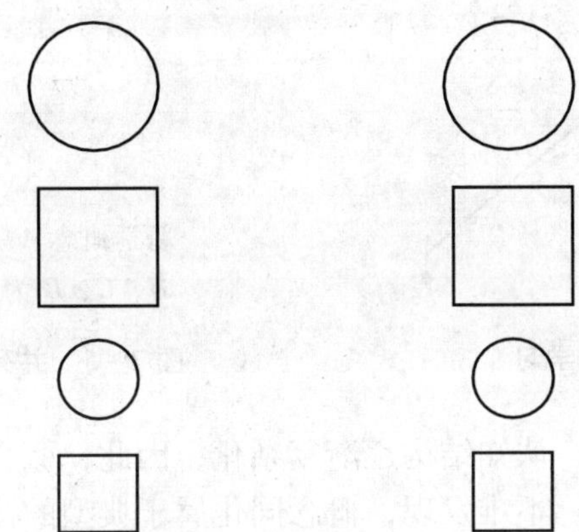

图 7－2　概念形成实验中使用的一种典型的刺激

过的、存储在记忆中的该概念的一些例子构成的。例如，“鸟”这一概念是以以前见过的麻雀、老鹰、乌鸦、知更鸟等来表示的。实验证明，被试在回答“麻雀是鸟吗”所需要的时间比“鸡是鸟吗”需要的时间明显要少，这是因为相对于鸡来说，麻雀是更典型的鸟。罗斯指出，日常生活中的概念不像人工概念那样可以用几个特征的组合就可以描绘，它们往往是很难界说的，比如，桌子不是用颜色、形状、大小特征的人为的组合就可以描述出来的，对于这样的概念往往用具体样例来表示，而最典型的样例称作原型（prototype），如“麻雀”就是“鸟”这一概念的原型。

2. 概念的同化

所谓概念的同化，是指在课堂学习的条件下，利用学生认知结构中原有的有关概念以定义的方式直接向学生揭示概念的关键特征，从而使学生获得概念的方式。概念同化过程实质上就是新旧知识的相互作用的过程，或新知识的内化过程。奥苏贝尔认为，概念同化是学龄儿童获得概念的典型方式。他根据自己的研究结果将概念的同化分成三种类型：下位学习、上位学习和并列结合学习，见图 7－3、图7－4 和图 7－5。

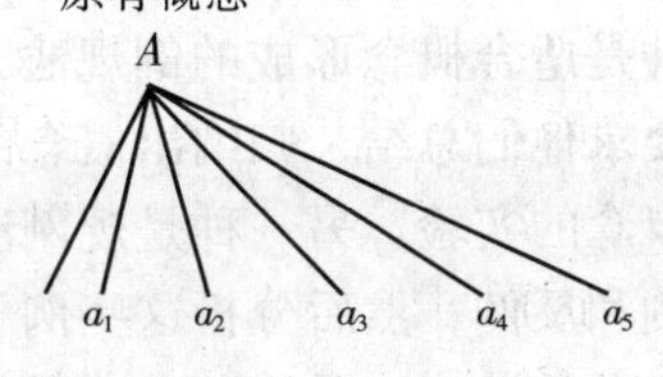

图 7－3　下位学习

在前面的学习理论部分对三种学习的过程进行了分析，这里不再重复。

学前儿童通过生活实践，特别是家庭教育和学前教育，在认知结构中已经积累了许多通过概念形成而获得的初级概念，入学后接受系统的教学，增

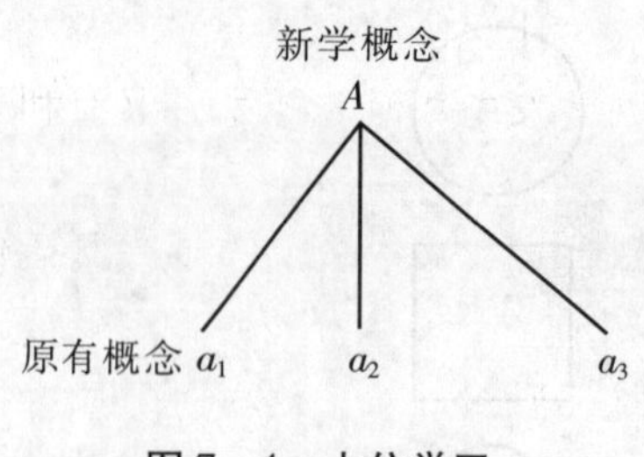

图 7－4　上位学习

新学概念 $A-B-C-D$

B、C、D 为原有概念

图 7－5　并列结合学习

加了较多的抽象概念，认知结构逐渐复杂化，因此，概念同化逐渐成为他们获得概念的主要形式。不难发现，概念同化属于典型的接受学习，但这并不意味着学生只是被动地接受知识，相反，通过概念同化掌握概念同样需要学生积极地完成认知加工活动。

（六）概念的运用水平

已经获得的概念可以在知觉水平和思维水平上运用。

概念在知觉水平上的运用表现在：当学生再遇到这一概念的某一新的例子时能够立即看出它属于该概念，即能从知觉水平进行分类。另外，概念在知觉水平上的运用也表现在学习过的概念出现在新情境中时能够直接从知觉上觉察出它的意义，而不必再学。显然，许多日常概念在知觉水平上的运用实际是一个提取表象的过程。

概念在思维水平上的运用表现在：将学过的概念归属于它的上位概念；识别概念的一个不具明显特征的例子，即在思维水平上进行分类；将概念重新组织以解决新的问题等。

（七）概念的教学

对应于概念学习的方式，概念的教学可以采取两种相应的基本方法。一种是适合概念形成的例规法，即先向学生呈现某个概念的正例和反例，然后要求他们总结，归纳出概念的本质特征和定义。比如上面教学生学习质数的概念的实验。另一种是规例法，既先给学生呈现一个定义，接着呈现几个正例和反例，然后分析这些例子是如何代表这一定义的。在教学中常常根据需要灵活地决定采用其中一种方法或将两种方法结合起来，比如诸多有经验的教师常常采用规则—例证—规则法，先给出并分析概念的定义，再佐以正例和反例，最后加以讨论和总结。

为了帮助学生有效掌握概念，在教学上要注意以下几点：

（1）用准确的语言明确揭示概念的本质特征。概念的定义一般包括两个方面的信息：新概念所属的上位概念（或类别）和新概念的定义特征。界定准确的概念既能够促进学生形成正确的概念关系和概念体系，又有利于学生区别概念的关键特征与无关特征。

（2）突出关键特征，控制好无关特征的数量与强度。这是促进概括化和分化学习的必要条件。概念的关键特征越明显，学习越容易；无关特征越多、越明显，学习就越困难。这一点从德怀尔（F. M. Dwyer）的实验中得到证实。德怀尔让四组大学生作为被试，学习心脏的解剖结构。四组被试都听心脏解剖知识的录音讲解，但他们接触到的辅助学习材料不同。第一组：一面听录音，一面看屏幕上录音提到的心脏各解剖部位的名词；第二组：一面听录音，一面看屏幕上心脏各部位的轮廓图；第三组：一面听录音，一面看屏幕上的心脏各部位的带阴影的详图；第四组：一面听录音，一面看屏幕上的心脏的实物照片。结果表明：第二组被试的学习效果最好，第四组最差，第三组位于两者之间；因为轮廓图突出了关键特征，而消除了无关特征，第四组中的实物照片中包括了大量的无关特征，而掩盖了关键特征；第一组的学习效果也很差，因为他们没有形象材料帮助理解。

尽管突出有关特征、减少无关特征有利于理解新概念，但是如果在教学过程中总是只呈现有关特征，不呈现无关特征，学生会在面对无关特征较多的实际问题时不知所措，或者注意不到事物间的细微差异。为了防止这种情况，一般在教学开始的时候，强调有关特征，弱化无关特征，以便学生能顺利把握概念的实质内容，而在以后的教学中，逐渐增加无关特征，指导学生对无关特征和有关特征做出辨别和区分，以提高学生对无关特征的免疫力，使获得的概念更精确。

（3）适当运用例证和比较。概念的正例传递的信息有利于学生从例子中概括出共同特征，正例在无关特征方面的变化叫做变式。概念的反例传递的信息有利于学生辨别关键特征与无关特征，排除无关特征的干扰，加深对概念本质的认识。教师在教学中列举的正例和反例应是充分的和典型的。如果总是举正例，学生没有充分的分化学习，或者反例不典型、不充分，学生就容易忽视概念的某些必要条件。

在提供例证的同时要引导学生进行比较。比较是指将概念的正例与反例匹配呈现，让学生进行辨别，通过比较，学生更加清楚概念的关键特征和无关特征，有利于概念的学习。

（4）形成概念网络。概念教学的一个目标是让学生准确掌握所教的概念是什么，另一个目标是让学生把新学的概念和原有的长时记忆中的概念联系起来，形成一个相互联系的概念网络。研究发现，概念制图是一种按照概念之间的内在逻辑关系将一个概念和与其相互关联的其他概念组织在一起形成概念网络的教学策略，其目的可以使概念之间的关系可视化（Novak & Gowin，1984；Novak & Musonda，1991）。一个概念的意义往往是通过高一级的或低一级的概念来说明的，因此，概念的组织使概念网络中的每一个概念都获得了具体意义；同时，通过组织和网络化使概念的提取更易于进行。图 7－6 就是一个概念网络的例子。

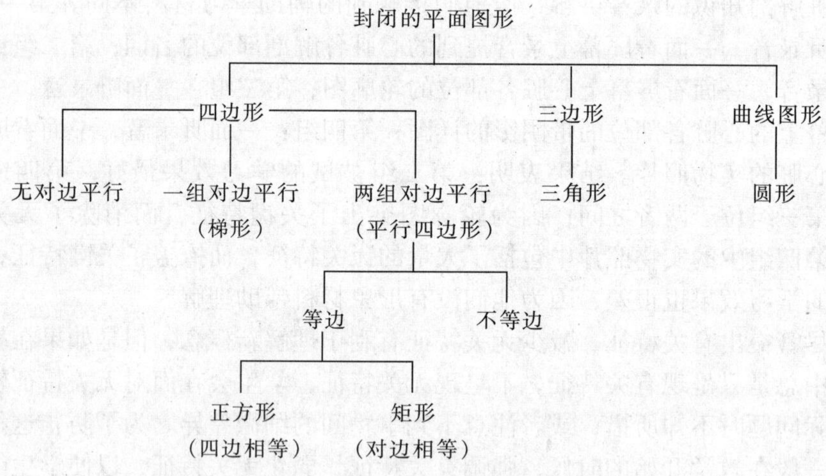

图 7－6　关于封闭的平面图形的概念网络例子

（5）在实践中运用概念。将概念运用于实际是概念具体化的过程，而概念的每一次具体化，学生都可能会遇到一些新的情境，发现自己在概念学习时存在的一些错误和不足，这都会使概念进一步丰富和深化，对概念的理解就更完全、更深刻。

二、原理的学习与教学

（一）什么是原理

原理（或称为规则）是对概念之间关系的言语的说明。例如，“比重＝重量÷体积”这条规则是比重与重量、体积之间关系的说明。但不是所有的言语说明都是原理，如“我明天去上课”就不是一条原理。原理不是说明对某个特定的刺激所做出的某种特定的反应的描述，而必须是说明人们对一类刺激做出的一类规律性的反应，因而，原理对人的行为具有规范和控制的作用。如果说概念反映了我们对客观事物和现象的内部的认知分类，原理则是控制我们对客观事物和现象进行反应的内部依据。

原理的内容和形式多种多样。一个原理可以是一个下定义的概念，如"密度"、"化合反应"等自然学科的许多科学概念都是以定义的形式表现出来的规则；原理也可以是一种运算技能，如四则运算规则、写作规则等。

掌握某一原理，并不仅仅是能用语言将原理叙述出来，而是能理解原理所说明的事物或现象之间关系的意义，并自觉地按照原理的规定做出适当的行为反应，即原理的学习要以形成程序性知识为最终目的。加涅认为判定学生是学会了规则还是仅仅学会了规则的言语表述有两条标准：一是学生是否能鉴别其中包含的各个概念，二是能否揭示构成这些概念之间的关系，了解的方法各种各样，但归根到底是看学生能否有证明这种关系的举动（转引自：吴庆麟，1999）。因此，加涅有时又称规则是办事的法则或原则。

（二）原理学习的意义

原理学习在学校各科知识的学习中占据着重要地位。它对于学生学习的意义在于：

（1）使学生透过纷繁复杂的事物和现象，了解事物之间的规律性的内在联系和关系，认清事物内在的因果关系，避免被表面现象所蒙蔽。

（2）对原理的学习，可以使认识简约化和系统化。当人们将事物之间的关系用言语加以概括时，对事物的认识就会变得简约而系统。

（3）掌握了的原理可以用来指导我们的行为，并帮助我们解决新问题，使我们不必要对每一种生活情境都亲自重新适应而能拥有灵活地处理实际问题的能力。

（4）一些原理的学习可以为学习其他原理或更复杂的原理打下基础，使之学得更容易。

（三）原理学习的过程

原理的学习至少应该包括三个环节：首先是对原理所涉及的概念的学习。原理常常描绘概念间的关系，如果相应的概念没掌握，就没法理解原理。

原理学习的第二环节是理解原理所表述的概念间的意义关系，而不仅是记住原理的言语表述中反映出来的概念间的字面的关系。

原理学习的第三环节是将原理内化为控制自己的行为反应的内在依据，在原理表述的基础上形成运用原理的智慧技能，甚至是相关的认知策略。这不仅要求学生在回答教师提问或做书本习题时自觉运用所学的原理，还要求他们能将课堂上所学的原理用于生活实践。

（四）原理学习的方式

和概念的学习一样，课堂情境中学生学习原理的基本方式也有发现式和接受式两种。发现式的原理学习从原理的例子入手，学生通过对例子的分析，找出共同的规律，归纳出原理的内容，并尝试用准确的语言进行表述。在这个过程中，学生对原理所涉及的概念、概念间的本质关系及原理适用的条件等可能不是立即就能找出来的，而需要经过反复的试误，在教师的指导下达到对原理的准确表述。这种学习方法又称为例子—规则法（例—规法）。

接受式的原理学习从原理的正确表述入手，利用大量典型例子体现出原理所反映的概念间的规律性的联系。对原理适用的范围、条件、所反映的关系等的理解在每一次例证的运用或说明中得到深化、强化和标准化。

当然，在实际的教学中，例—规法和规—例法可能会综合运用。对原理的掌握也不是某一次课、某一次练习就能完成的，新学习的原理往往要在以后的反复运用中逐渐加深理解的程度和运用的精熟程度。

（五）影响原理学习的因素

要使学生既能理解原理的语言表述，又真正理解其意义，并能自觉运用，要达到这一要求，需要考虑一些主客观条件。从原理学习的过程和方式来看，影响原理学习的因素主要有如下几点：

（1）对原理所涉及的概念的掌握。原理叙述的是概念之间的关系，如果概念不清，就无法理解原理。比如刚上初中的学生受小学知识经验的限制，总认为 $2+A$ 大于 2，而不能习惯 A 也可以代表一切小于 0 的有理数，还是认为 A 这个概念就只限于代表一个正数。

（2）学习者的认知发展水平。原理的学习涉及对概念之间联系和关系的叙述，这就需要有一定的认知发展水平，越是抽象的原理，要求概括水平越高，对低年级学生学习的限制越大。

（3）学习者的语言表达能力。由于原理学习涉及大量对概念关系的言语描述，学生能否正确表达原理本身的内容，能否表达自己对原理的理解程度，都会影响对原理的正确理解。比如在数学学习中，许多学生会因为不能理解题意，或不能清晰地表述自己的解题思路，而影响原理的理解和运用。

（4）教师的言语组织。原理学习的主要外部条件是教师的言语指令。不难发现，原理教学的每一个环节几乎都是由教师的言语指令引导进行的。教师的言语指令设置得是否合理、是否能达到每一步骤应该达到的效果，自然会极大地影响学生对原理学习的效果。

（六）有效地进行原理教学的注意事项

为了促进学生更好地掌握原理，教师在进行原理教学时，需要注意下面几个问题。

1. 了解学生对概念的理解和掌握的水平

概念学习是原理学习的基础和前提，学生对有关概念的理解和掌握水平直接影响着对原理的掌握程度。因此，原理教学中首要的问题是弄清学生对有关某原理的概念的理解水平。维特罗克等于1983年进行过一项调查，具体了解在教学以前和教学中学生对直流电工作原理的认识。他们发现，学生对直流电的工作原理有三种认识：一个最简单的直流电路由一节电池、一个灯泡和用以把电池和灯泡连接起来的两段电线构成。三分之一的学生认为，在两条电线中只有一条有电流通过，另一条电线只是为了保证线路安全而设的；另三分之一的学生认为和电线相连的两条电线中都有电，这两条电线中所送出的不同方面的电流在灯泡中发生碰撞才使灯泡亮了起来；其余三分之一的学生则正确理解电流的工作原理。当都是用电流表演示了这一原理以后，前面两部分学生仍然表示不完全理解，他们说“这是在学校，要是在我家就是我说的那样了”，当他们把电流表拿回家亲自测试后仍不能接受这一事实，又说这是教师的，如果是我自己的，结果肯定就会完全不一样了（转引自：左银舫，1998）。这表明学生原有的不正确的观念直接影响了他们对一些抽象原理的掌握。

2. 言语指令的设置

原理学习过程中，教师至少通过言语指令让学生明确如下的问题：在学会一个原理之后预期出现怎样的行为表现，即学后能懂得什么；使学生回忆起以前学过的组成新原理的概念和相关的其他原理；以言语为线索将原理中的概念按一定的关系和规则组织成命题；提示学生用实例证明所学的原理。加涅1943年根据原理学习的条件，提出原理教学的语言指令设置的步骤：（1）告诉学习者，人们期望他在学习结束时能懂得可以应用该原理来干什么；（2）用提问的方式，要求学习者重新陈述或回忆已经学会的组成该原理的那些概念；（3）用言语提示的方式，引导学习者将组成原理的那些概念，以适当的次序放在一起，以形成一个新的原理；（4）提出一个问题来要求学习者说明这个原理的一个或几个具体实例，并在他每次做出正确回答时提供反馈；（5）通过一个合适的问题，要求学习者对这个原理作一个言语的陈述；（6）在学过原理一天或几天后，提供一个“间隔复习”的机会，呈现一些新的实例，加以回忆并说明这个原理，使刚学的原理得以保持。

3. 创设原理学习的问题情境

在正式进行原理教学前，为学生创设原理学习的问题情境，以引起学生积极探究的愿望，这对原理的学习与理解具有重要作用。创设问题情境的方法多种多样，如与某原理有关的现实中的现象的描述，提出一个与原理学习密切相关的问题等。研究发现，以下方法对激发学生内在的探究欲望非常有帮助：一是悬念激疑法，通过使学生产生悬念来激发探究欲望；二是导谬激疑法，即通过在一些原理的似是而非、容易产生误解之处巧设谬误，让学生通过排除谬误正确学习原理；三是极端激疑法，通过一些极端的例子来说明原理的适用条件，使学生理解一个原理的相对性；四是递进激疑法，即对一些层次较多的复杂原理用剥笋壳的方法层层深入，递进激疑，由浅入深，使之准确理解一个复杂的原理。

4. 强调原理的运用

原理的理解是原理运用的前提，原理的运用反过来又会促进对原理的进一步理解。原理的运用可采用多种不同的形式，如通过合适的问题要求学生用言语说明原理的意义，是常用的在课堂上检验学生掌握原理的情况的方式。对原理的理解不能仅停留在言语表述上，原理只有在运用中才能真正体现程序性知识作为行为反应的内、外部调控依据的作用，同时也能帮助学生养成将课堂上的原理学习同实践中的解决问题联系起来的习惯。

5. 考虑学生的思维特点和认知发展水平

传统教学中一个常见的问题是，以成人的逻辑代替儿童的逻辑，以成人的认识规律而不是儿童的认识规律来组织教材，在具体的教学中不能根据学生的思维水平和特点来组织教学。学生在学习中由于受认识水平和经验的限制，会遇到一些理解性的困难，包括具体思维向抽象思维转化时的暂时性的困惑，如面对计算出来的三角形的面积 $4A$，总觉得还没有“算完”，因为 $4A$ 究竟是多少平方米还不清楚；也包括过去概念的局限带来的思维的惰性，如加法的结果总是越加越多，面对 $A+B$ 小于 A 不能接受；还包括思维的单线性带来的“意识狭隘”，只能看到概念间的单一的联系，不能综合性地运用原理等，这些都是教学中应该给予注意的问题。

6. 灵活地选择教学方式

例—规法和规—例法哪一种更合适，要视具体的原理和学生而定，应注意在灵活、综合地选用多种教学方法的同时，多鼓励学生自己去发现原理。对于原理学习要求达到的运用水平和程度，也应视学生的年级等因素区别对待。

三、问题解决的学习与教学

学知识是为了用知识，运用所学的知识来解决各式各样的问题。因此，在学校教学和学习中，解决问题的活动占据着重要地位。尽管所有的解决问题的过程中都会运用知识，但在教育心理学的研究领域里，并不是所有运用知识的过程都是在解决问题。这就涉及教育心理学对问题和解决问题的性质和特点的界定。

（一）问题解决的性质

什么是问题？在日常的理解中我们常常把需要答案的所有问询、困境等都叫做问题。加涅认为，问题就是首次遇到且无现成可回忆的经验来解决的一种情境。而美国学者纽威尔和西蒙（Newell & Simon）对问题的定义是："问题是这样的一个情境，个体想做某件事，但不能马上知道这件事所需要采取的一系列行为。"这个定义得到大多数心理学家的赞成。

当今心理学家认为，根据问题的结构可将问题分为结构良好的问题（well-structured problem）和结构不良的问题（ill-structured problem）。所谓结构良好问题是指那些有明确解决方法的问题，如一道算术题的解答等；结构不良的问题就是那些没有明确解决方法的问题，如自拟题目撰写一篇论文、完成一项科学研究等。

问题解决一般是指在问题情境中超越过去所学原理的简单运用而产生一个解决方案。当常规或自动化的反应不适应当前的情境时，问题解决就发生了。在解决问题中，需要把掌握的简单原理（包括概念）重新组合，以适用于当前情境。如图 7－7 所示，已经学习了两个三角形全等的角边角定理

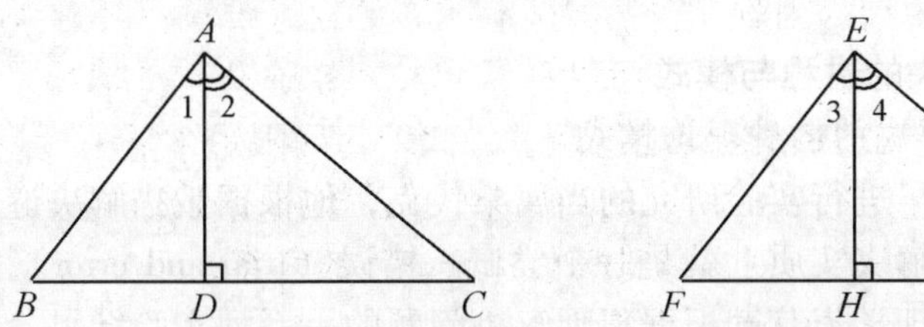

图 7－7　三条对应边相等的两个三角形全等问题

和边角边定理，还没有学习三角形全等的边边边定理，问，如果两个三角形的三条边对应相等，那么这两个三角形的三个角对应相等吗？这就是一个问题。它的解决过程不能利用已知的两个定理直接完成，而是必须将前两个定

理和其他一些已经学过的几何知识综合运用，作一些辅助线，先推导出这两个三角形全等，才能知道它们的三个角对应相等（这个过程实际也是证明三角形全等的边边边定理的过程）。

从上面的实例中可见，问题解决的过程具有如下特征：（1）解决问题是亲自独立地解决“新”的问题，即所遇到的问题是初次遇到的问题。如果一个问题已经解答过许多遍了，就只能算练习、复习或操练。（2）解决问题的过程必须将以前的知识重新组织才能完成。如果仅仅是照套学习过的原理就能解答，则只是一个原理和概念的具体化的过程，不能算作问题解决。（3）问题一旦解决，人的能力或能力倾向将有所变化，能获得新的高级规则。这一高级规则在以后的问题解决或学习中可以直接加以运用而不需再重复其证明过程。可见，问题解决是一种高级形式的学习。

问题解决是由处理问题时所涉及的种种心理活动和行为构成的，既包括思维或认知的成分，也涉及情绪和动机的成分，还有行为的成分。目前心理学对问题解决的研究多数还只是涉及其中的认知方面。

（二）问题解决学习的意义

苏联学者提出，问题解决的学习至少具有以下意义：（1）促使学生形成逻辑的、科学的、创造性的思维。（2）使学生认识到教材上的知识的实践价值。问题解决的学习不仅仅是能使学生获得知识，而且使学生获得关于知识的信念。（3）通过问题的解决而亲自独立地发现的新知识、新规则记忆得更牢固，检索得更方便。（4）在紧张的智慧活动中获得的喜悦和满意等有利于学生对学习树立信心。（5）能使学生形成探索性地研究问题的心向，并获得一定的探索经验。（6）能促进学生发展对一般学习和某一学科的良好态度和兴趣。

（三）问题解决的过程与模式

1. 关于问题解决的各种理论模式

对问题解决最早进行实验研究的当属桑代克，他根据饿猫解决谜箱问题的研究，提出问题解决实质上就是一个尝试—错误（trial and error）过程的观点。而格式塔心理学家苛勒根据猩猩解决问题的一系列实验结果，提出问题解决实质上是顿悟（insight）的过程。此后，关于问题解决的过程的观点更是层出不穷，主要有以下几种：

（1）杜威（J. Deway）1910 年提出的五步模式：第一，开始意识到难题的存在；第二，识别出问题；第三，搜集材料并对之整理，提出假设；第四，接受和拒绝假设；第五，形成和评价结论。杜威的模式一直被人们看作是一种经典的问题解决的方法。

（2）英国心理学家华莱士（G. Wallas, 1926）提出四阶段说：第一，准备，即搜集信息的阶段；第二，沉思，即处于酝酿阶段；第三，灵感或启迪，即突然涌现出问题解决办法；第四，验证，即检验各种解决办法。华莱士的四阶段说也具有相当的影响，更多地被引作创造性解决问题过程的阶段。

（3）罗斯曼（J. Rossman）1931年提出了六阶段理论：第一，感到有某种需要，或观察到存在问题；第二，系统地陈述问题；第三，对现有的信息进行普查；第四，批评性地考察各种问题解决办法；第五，系统地形成各种新观念；第六，检验这些新观念，并接受其中经得起检验的新观念。

现代认知派应用信息加工的观点对问题解决的心理过程和机制做出了更深入的揭示，当前现代认知心理学家关于问题解决主要有如下几种理论模式：

（1）纽威尔与西蒙的信息加工模式。美国心理学者纽威尔与西蒙1958年在研究计算机模拟人脑的解决问题机制时，将被试在实验中解决问题（如河内塔问题）的同时所做的口语报告进行分析和整理，据此编制出著名的"通用问题解决者"（general problem solver）程序。根据该程序，问题解决的过程就是使问题从初始状态通过中间状态的一系列的操作（算子）达到目标状态的过程。因此，解决问题的关键在于搜索一系列的算子。搜索算子的方法有两种：算法式和启发式。算法式是把能够达到目标的各种方法都搜索出来一一尝试，它保证成功但费时费力，有时在实际操作中是不可能实现的。启发式是根据目标状态的指引，只尝试那些对接近目标状态最有可能的方式，即走捷径，它如果成功则简单有效，省时省力；但它并不能保证总是能一次成功。

1972年，他们给问题解决提出了一个更一般的适用面更广泛的模式：信息处理模式。该模式认为，问题解决的过程有以下一些步骤：由感觉神经接受问题所产生的刺激，通过传入神经与网络神经将信息（包括问题的性质与解决问题的目标）传给处理者；处理者根据学习所得的活动程式或策略，将信息按问题解决的要求加工处理，如需过去所记忆的有关概念和原则时，自动求助于记忆系统；记忆系统包括短时记忆和长时记忆，处理者从记忆系统中提取信息的活动是往返不停的，直到处理者无法再获得所需信息或问题得到解决为止；处理者所提供的解答，如能满足解决问题的目标，则把有效解答揭示出来，方式是语言陈述或动作行为。

（2）奥苏贝尔和鲁宾逊（F. G. Robinson）的问题解决模式。奥苏贝尔和鲁宾逊1969年以几何问题的解决为原型，提出了一个问题解决的模式，如图7－8所示。根据该模式，问题解决一般要经历四个阶段：①呈现问题情境命题。②明确问题目标与已知条件。学生利用有关的知识背景使问题情境与他的认知结构联系起来，理解问题的性质和已知条件，确定解决问题的初始状态和目标。③填补空隙（即已知条件和目标之间的差距）过程。根据一定的背景知识、推理规则和解题策略来达到对问题目标状态的接近。④解答之后的检验。这一模式的特点是明确了原有的认知结构中的不同成分，如背景知识、推理规则和解题策略等在问题解决中的不同作用，也即是陈述性知识、智慧技能和认知策略对解决问题的影响机制。

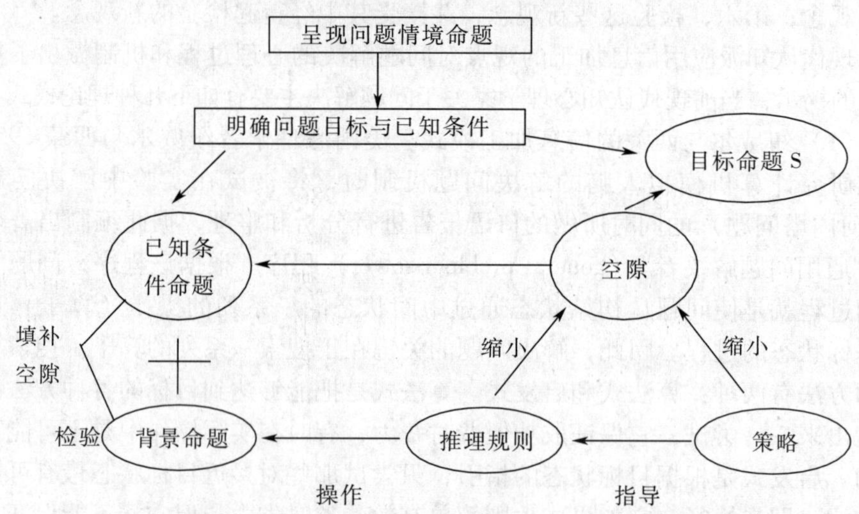

图7－8　奥苏贝尔和鲁宾逊的问题解决模式

（3）格拉斯（Class）的问题解决模式（转引自：陈琦，1997）。格拉斯认为问题解决的过程包括图7－9中四个相互联系的阶段：①形成问题的初始表征。在解决问题之前，首先要把问题情境转化到工作记忆中。对组成问题空间的种种条件、对象、目标和算子形成表征。②制定计划。从问题空间中搜索出能够达到目标的解题方法，即从长时记忆中搜索出与解决问题有关的信息，主要是有关解决问题的办法的信息。③重构问题表征。如果初始表征不利于问题的解决，就必须修正原来的表征，甚至重新构成问题表征。④执行计划和检验结果。如果经由第二阶段所制定的解决问题的方案是一个可操作的程序，则计划可以很快得到执行；如果程序庞大而复杂，则在执行的过程中可能出现头绪太多，执行错漏。这时就尤其需要检验执行的过程和结果。这一模式反映出在解决某些问题时，对问题的合理表征是重要的一环。

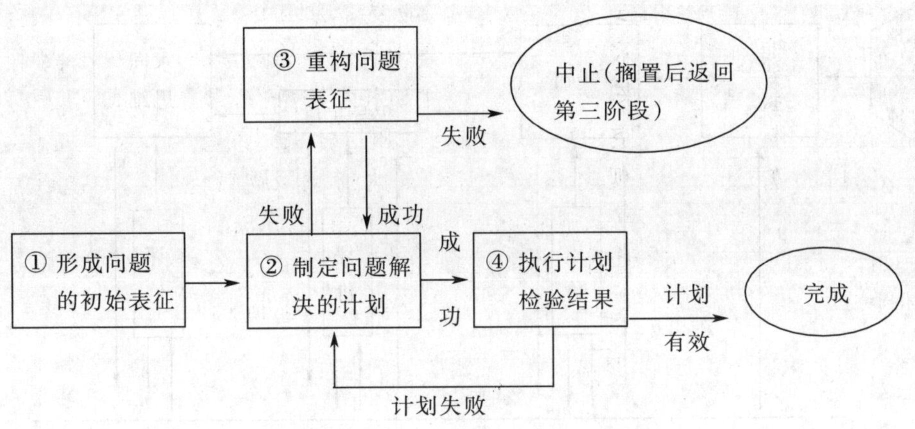

图 7-9　格拉斯的问题解决模式

（4）基克等人的问题解决模式（Gick，1986；Derry & Muphy，1986；Gallini，1992）。基克等人提出的一般性的问题解决策略也包括与格拉斯模式相似的四个阶段，但在基克模式中更明确地反映出问题解决者以前的认知结构中，有无相应的解决当前问题的图式的影响作用（见图 7-10）。也许这个模式更适用于解释专家与新手在问题解决中的不同途径及原因。

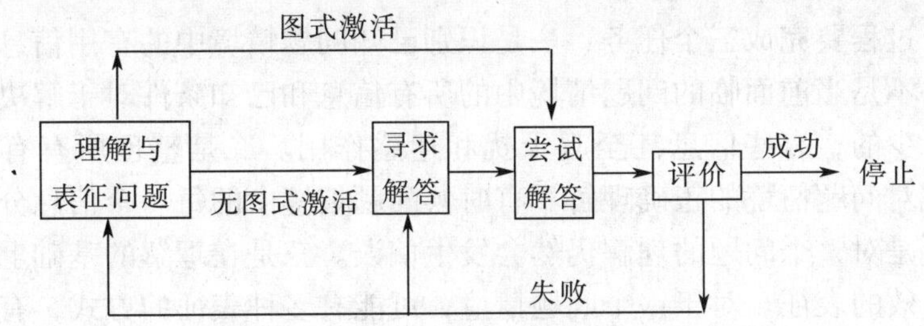

图 7-10　基克等人解决问题过程的模式

（5）吉尔福特在其智力的三维结构模式的基础上，于 1986 年提出一个关于解决问题和创造性思维的综合模式，见图 7-11（转引自：陈琦，1997）。该模式表明：人的记忆贮存是其他一切心理操作活动的基础，不仅为它们提供相关的信息，而且始终记录着问题解决过程中出现的各种中间结果和步骤，并对这些活动做出评价。这一模式的特点是突出了解决问题中元认知的即时监控和创造性思维活动的参与，以及求同、求异思维的发生条件。

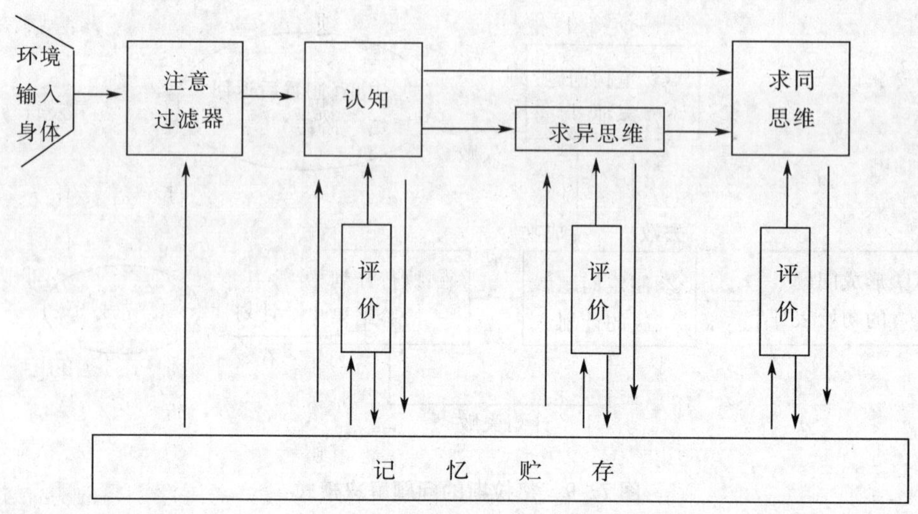

图 7-11　吉尔福特智力结构解决问题的模式

2. 问题解决的一般过程

综合上面各种关于问题解决过程的理论模式，人们一般将问题解决的过程划分为下面四个阶段：

（1）理解并表征问题。

这个过程要完成三个任务：一是识别已知问题情境中的有用信息和无用信息。并不是当前面临的问题情境中的所有信息和已知条件对于解决问题都是必不可少的，有些信息甚至起干扰和迷惑作用。二是整理所有有用的信息，完成对问题情境的正确理解。有时候问题情境中的每一个信息分别都能理解，可是对整个问题的理解仍然会发生偏误。三是在理解的基础上对问题形成最有效的表征。对于一个问题情境，可能有多种表征的方式，有些表征方式可能会妨碍问题的顺利解决，或者使问题情境复杂化。

在实际的问题解决中，学生常常一看题目就很快能明白问题是什么，这主要是因为他们头脑中已有的相应图式被迅速激活，自然会联想出一个顿悟式的解决方案，直接进入第三阶段，即尝试解答的阶段。如果没有现成的图式可循，就必须先进入第二阶段——寻求解答的阶段。

（2）寻求解答的阶段。

寻求解答的一般途径有两种：算法式策略（algorithms strategy）和启发式策略（heuristics strategy）。

算法式常常与某一个特定的课题领域相联系，一个算法就是一个解答问题所采取的一步一步的类同的程序。还有些问题是无法用算法式方法解决的。这就需要运用启发式来寻求解答。

启发式是指使用一般性的策略来尝试解决问题。常用的启发式方法有下面几种：

①手段目的分析法。它将解答目标分成许多个子目标，使问题转化为若干个小问题，通过寻求每个小问题的解答而获得对问题的最终解决。许多问题的解答都是运用这种方法。如在物理问题中，要求出距离，往往先分别去求速度和时间，或者先去求功和位移。

②逆向反推法。从问题的目标状态开始，一步步反过来推到问题的已知条件或初始状态。几何学中的反证法就是反向逆推法中的一种。

③类比法。从与问题情境类似的其他问题的解答办法中得到启发，寻求问题的解答。如从研究鱼的沉浮原理中找到了潜水艇在水中沉浮的控制办法。

（3）执行计划或尝试某种解答的阶段。

选择了解答方案之后，自然要尝试这种方案。

（4）评价结果阶段。

执行完解答方案之后，还应对解决问题的过程和结果进行检验和评价，以确认该办法是否有效，结论是否可靠。

（四）影响解决问题的因素

问题解决的思维过程受多种心理过程的影响，有些因素对解决问题起促进作用，有些则起阻碍作用。

1. 问题情境

问题情境是指个人所面临的刺激模式与个人的知识结构所形成的差异。一般来说，刺激模式与个人认知结构的差异越大，越不利于问题的有效表征，问题就越难解决。相反，刺激模式与个人的认知结构越接近，越有利于问题的有效表征，问题越容易解决。如图 7－12 所示，已知正方形内切圆半

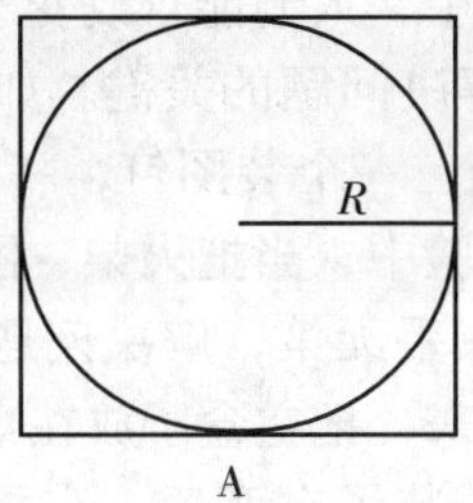

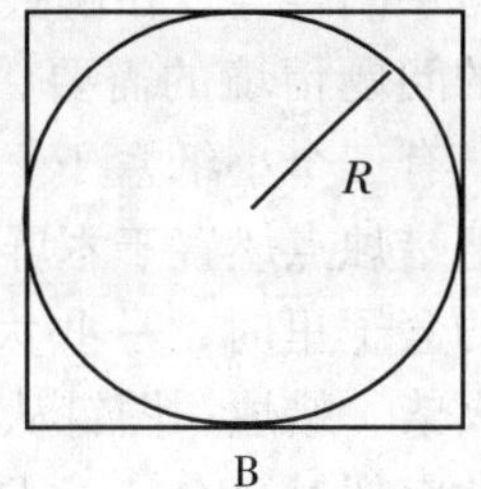

图 7－12　求正方形面积

径，求正方形的面积。图中两个圆半径的位置不同，难易就不一样。由于A图中的半径容易看成正方形的半条边，故在解A图问题时比B图快而正确。

现代心理学对同形问题（problem isomorph）的研究实质上也是问题呈现的情境对问题解决的影响。如“和尚上山问题”就是一个例子（Sternberg & Williams，2003）：“有一个和尚决定去一个不被打扰的地方深入地学习、修炼和祈祷。他把地点选在一个高山上的荒庙中。他在早上8:00出发，当天下午4:00才抵达目的地。在路上他的行走速度随着山势而变化，而且在途中还吃了一顿午饭。一周后，他觉得自己已经达到预期的目的，决定返回山下。他也是早上8:00出发，从容而平静地踏上了他的归途，一直到下午4:00他才到达山底。现在的问题是：“在他上山和下山的路上是否一定存在一个地点是他在两天中的同一时间经过的？为什么？”结果发现较少人能正确回答并解释清楚为什么。如果将问题表述为两个和尚在同一天里一个上山，一个下山，那么，问题就会迎刃而解了，因为他们同时出发时必定会在路上相遇。

2. 定势

定势是由心理操作形成的模式所引起的心理活动的准备状态，也就是人们在过去经验的影响下，解决问题时的倾向性。在问题解决中，定势有积极影响，也有消极影响。积极影响表现在解决类似问题时，倾向采取习惯的方式解决，可以提高解题效率；消极的影响表现为它限制形成假设的范围，并使所尝试的问题解决方法固定化。例如，问一个人：“由两个1组成的最大数字是多少？”答：“11。”又问：“由三个1组成的最大数字是多少？”答：“111。”再问：“由四个1组成的最大数字是多少？”答：“1111。”第三个回答是错的，因为11的11次方要比1111大得多。这是由思维定势引起的。

3. 功能固着

人们把某种功能赋予某种物体的倾向性称为功能固着，如盒子是装东西的，毛笔是写字的等等。在解决问题的过程中，人们能否改变事物固有的功能以适应新的问题情境的需要，常常成为解决问题的关键。如邓克尔1945年的实验中，有三个小纸盒子，一个装火柴，一个装图钉，一个装小蜡烛，要求大学生把蜡烛点燃置于木屏风上。在实验中，当把火柴、图钉和蜡烛分别放在各自的盒子里时，一些大学生感到束手无策，解决问题的成功率是61%。当把火柴、蜡烛、图钉从纸盒里拿出来，把空盒子放在桌子上时，解决问题的成功率超过98%。这是因为纸盒子装了东西后，容易使人的思维固着在“纸盒子是容器”上，影响了对问题的解决。

4. 知识经验

解决问题必须具有相应的知识经验，只有依据有关的知识才能为问题的解决确定方向、选择途径和方法。一般来说，知识经验越多，解决问题越容易。这一点明显地体现在专家和新手在问题解决中的不同特点上。

一项研究发现，专家比新手在以下五个方面存在优势（Sternberg & Williams，2003）：

（1）他们比新手更容易发现大量信息背后所隐含的结构，即比新手更容易看到新的全貌，而新手则关注信息的细节。

（2）他们执行任务的速度更快，而且错误更少。

（3）与新手相比，他们能够在更深的层次上处理问题，因此，他们思考的是问题隐含的深意，而不仅仅是那些由对问题的看或听所提供的表面信息。

（4）他们对本领域的信息的记忆能力比新手更强，因为他们有着丰富的知识背景，而且他们的专业知识是高度组织化的。

（5）他们在行动之前花更多的时间对问题进行分析，因此在处理问题的时候比新手更有效率。在很大程度上，专家在他所擅长的领域里通过处理各种问题从而积累了大量的经验，使得他们能够对相关领域内的问题进行自动化的解决。这种自动化使得专家对问题解决不再需要付出很大的努力，有时候甚至他们都不知道自己在做什么。

知识经验对于解决问题而言虽是必要的，但并不是解决问题的充分条件。问题解决者的智慧水平、动机强度、认知策略、个性特征等也会影响问题的解决。

（五）教学实际中解决问题能力的培养

在教学实际中，可以结合各门学科的内容来训练和提高学生解决问题的能力。在训练学生的问题解决能力时，可以从以下几个方面着手：

（1）培养学生主动质疑和解决问题的内在动机。学生在学习中面临的问题解决任务，常常是由教师和教材提出的，而且在绝大多数情况下，问题的已知条件、未知条件、目标状态，甚至其大致类型都已明确下来，学生完成对问题的理解是不难的。然而这样带来的问题也是明显的：一是减少了学生自己判断有关信息和无关信息的机会，不能训练学生的模式辨别能力。二是由于问题是由教师和教材规定的，学生（尤其是一部分成绩不良的学生）常常把它们看成是无可奈何的任务，增加了解决问题的心理阻力，不利于学生获得学习的乐趣和信心，学习变得被动。三是不利于锻炼学生独立地进行发现问题、提出问题、表述问题和明确问题等的智慧活动能力。实际上，无论是在学生的学习中，还是在社会实践中，发现和提出问题的价值丝毫也不比解决问题的价值逊色。许多学习成绩不太好的学生的一个重要特点就是既不善于发现书本上的新问题，也不善于发现自己学习中的问题。

（2）问题的难度要适当。问题的难度的设置应当有一个从较易到较难，从简单到综合的渐进的过程。刚学原理和所学不多时，难度太大会挫伤学生的解题积极性，但总是解决容易的问题也不利于问题解决能力的提高。

（3）帮助学生正确表征问题。经常训练学生从各个不同的角度，用不同的方式来表征问题是有好处的，学生可以从中获得对问题进行灵活的、有效的表征的经验。画草图、列表、写方程式等都是常用的表征问题的方式。

（4）帮助学生养成分析问题和对问题归类的习惯。分析问题的过程是一个不断进行知识的激活、模式识别、辨别与分化的过程。它既能促进对陈述性知识的精加工，又能促进对程序性知识的运用条件的熟练识别。在分析的基础之上对不同的问题进行归类和组织，则有利于获得各种解决问题的图式。

（5）指导学生善于从记忆中提取信息。解决问题需要将已有的知识、原理、经验加以重新组织，因此要训练学生迅速地提取有关的信息；但也要防止学生养成总是重复过去的方法的做法，鼓励他们从不同的角度，用新的方法去解决同类的问题。

（6）训练学生陈述自己的假设及其步骤。学生能够清楚地意识到自己的解题过程，就能自觉地对自己的解题过程和方法加以指导，明白自己理解上的错误和偏差，也能理清自己的思路，有利于及时、正确地归纳和总结解题的经验与策略，进行自我指导和监察。这实际上是对认知策略的觉察和训练。德尔克洛斯和哈林顿（Delclos & Harrington）在1991年进行的一项比较研究中发现（转引自：张承芬，2000），在五六年级学生的学习过程中，接受了问题解决和监控能力训练的实验组的成绩远远超过了未接受此种训练的控制组的成绩；而且，当问题解决训练与元认知训练、自学能力训练结合在一起时，其效果更加明显。

第三节　现代认知派关于知识分类与学习的观点

现代认知心理学家提出了关于学习的一般过程的信息加工模式（如图7－13所示），得到了大多数学者的认同。该模式认为：刺激作用于感受器，感受器传到感觉记忆，感觉记忆经筛选将有意义的信息选送工作记忆，信息在工作记忆中被加工处理，在加工处理过程中工作记忆根据需要不断从长时记忆中激活并提取有关的知识，经加工处理后，人获得了新信息的意义，将加工结果送到长时记忆中保存起来，同时通过发生反应器与效应发生器做出反应。

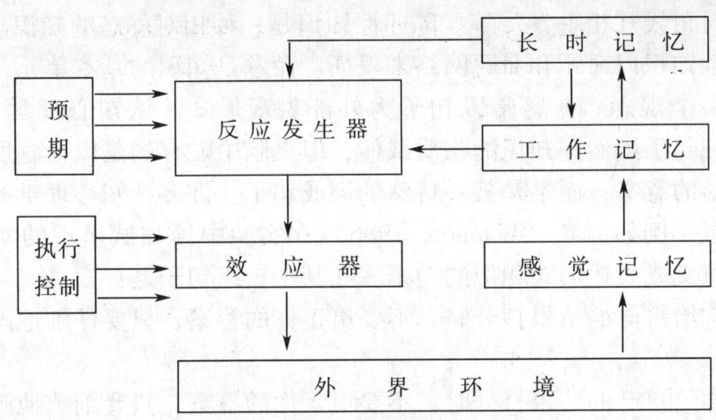

图 7－13　人类学习的一般心理机制

现代认知心理学家安德森（Anderson，1983）认为，通过信息加工过程人们获得两类知识：陈述性知识和程序性知识。陈述性知识是关于“是什么”的知识，而程序性知识是关于“怎样做”的知识。陈述性知识与程序性知识的学习机制是不同的，它们的获得过程、在人脑中的贮存与激活方式都不同。

心理学上将知识在人脑中呈现和记载的方式统称为知识的表征。关于同一事物的知识可能以多种方式表征，比如：“狗”的表征可能是狗的表象，可能是狗的定义。这些不同的表征形式所具有的共同信息被称为表征的内容，而这些表征的形式被称为编码。同一知识在同一人脑里可能有好几种不同的编码，在不同人脑中的表征也可能不一样。一般认为，对同一知识作多种不同方式的编码有利于知识的学习。

下面分别探讨陈述性知识与程序性知识的学习过程和条件，然后分析知识学习在我们头脑中所形成的知识体系的成分和结构。

一、陈述性知识的学习

（一）陈述性知识及其表征

陈述性知识是关于事物及其关系的知识，或者说是关于“是什么”的知识，包括事实、规则、事件、态度等。比如：“大多数鸟儿都会飞”、“菱形的两条对角线互相垂直”等。陈述性知识是一种相对静态的知识。

陈述性知识以命题和命题网络来表征。命题是知识的基本单元，一个命题相当于一个观念。命题常以句子为外部表现形式。认知心理学家认为：词、短语和句子虽然是知识的物质载体，但人脑中贮存的是以命题所反映的句子或短语的意义，而不是某一特殊的词或句子。许多认知心理学的实验证明了这一点。例如温拿（Wanner，1986）在实验中给被试呈现的实验材料是若干组意义或表述形式相似的句子。如其中一组句子是：

①当你给自己的结果打分时，不要更正你的答案，只要仔细地画出你的错误答案；

②当你给自己的结果打分时，不要更正你的答案，只要细致地画出你的错误答案；

③当你给自己的结果打分时，不要改你正确的答案，只要仔细地画出你的错误答案；

④当你给自己的结果打分时，不要改你正确的答案，只要细致地画出你的错误答案。

其中第1和第2句、第3和第4句意义相同，用词稍微不同；第1和第3句、第2和第4句意义不同，用词稍有不同。实验时，两组被试都先听其中一个句子，第一组被提醒按原句回忆刚才听到的句子，第二组被试不作提醒。然后两组被试都判断另外两个句子有没有听过，其中一个是他们刚才听过的那个句子，另一个句子是没有听过的。这个没有听过的句子可能是与原句意义相同但表述稍异的句子，也可能是与原句意义不同而表述相近的。结果发现：未被提醒的被试对意义相同而表述不同的句子的判断正确率为50%，基本上是随机猜测水平，而对意义不同但表述相近的句子的判断率为100%；受到提醒的被试对意义相同句子的判断正确率也显著小于对意义不同句子的判断正确率。说明被试对句子的记忆主要是它的意义而不是它的表述形式。

一个句子可能只表达一个命题，如：“基辛格是高个子”；也可以表达好几个命题，如：“高个子的王红打了矮个子的李香”，就表达了三个命题：

王红是高个子，李香是矮个子，王红打了李香。上述的两个句子可以用图 7－14 来反映：

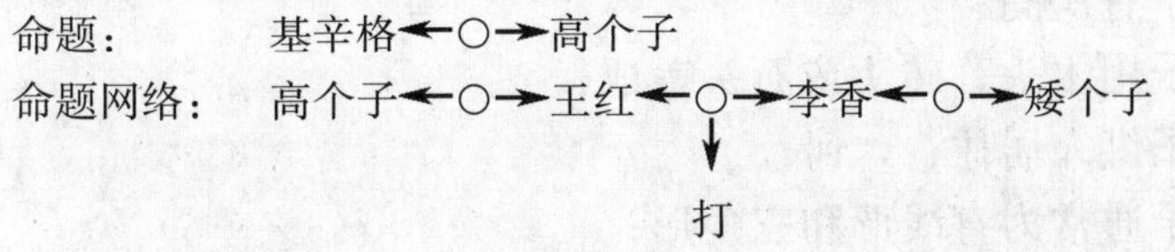

命题：　基辛格←○→高个子

命题网络：　高个子←○→王红←○→李香←○→矮个子
　　　　　　　　　　　　　↓
　　　　　　　　　　　　　打

图 7－14

所有的命题都包括两种成分：论题和关系。论题是命题中的主体、客体、目标、工具、接受者，一般由句子的主语和宾语担当；关系是用来限定论题间的联系的，多由动词、形容词、副词、介词等担当。

两个或多个具有相同成分的命题构成命题网络。一个复杂的句子常常会表征为一个简单的命题网络，如上面的“高个子的王红打了矮个子的李香”。由于知识之间总是互相联系的，我们所有的陈述性知识构成了一个庞大的命题网络。在这个网络中，有些知识可能是直接联系在一起的，如“鸟”和“飞”；有些知识之间则需要通过许多其他论题或关系间接地发生联系，如“鱼”和“做作业”。

陈述性知识主要以命题或命题网络来表征，此外，表象系统和图式也是表征陈述性知识的形式。谢波德（A. N. Shepard）等人在 20 世纪 70 年代进行的一系列“心理旋转”的研究表明人可以在头脑中对客体的表象进行旋转，与对客体的物理旋转相类似。当字母刺激从 0°到 180°发生旋转时，被试的反应时逐渐增加，但从 180°到 360°，反应时逐渐减少。被试在完成这一任务时，需要在脑中将字母刺激进行旋转，然后将其与正常字母的方位进行匹配，刺激字母与正常字母竖立的位置偏离越大，用于心理旋转的时间则越长。他们的研究表明，对外界信息进行空间处理时，人们自发地利用了心理表象。

佩维奥（Paivio，1975）根据其实验研究结果提出，人的长时记忆系统可划分为表象系统和言语系统。表象系统利用表象编码储存关于具体的客体和事件的信息，言语系统以语义编码储存言语信息。

安德森认为，对于表征小的意义单元，命题是适合的，但是对于表征那些已知的有关一些特定概念的较大的有组织的信息组合，则命题是不适当的，而图式就是一种适当的表征方式。虽然图式是很难定义的概念，也是一个有争议的概念，但通常认为图式是一种有组织的知识结构。如关于“房子”的知识，包括：

①房子是一种建筑物；

②房子有房间；

③房子用木头、砖头或石头盖成；

④房子供人居住；

⑤房子通常为直线形和三角形；

⑥房子的面积大于 10 平方米小于1 000平方米。

图式不仅表征了一类事物的命题表征（如房子是供人居住的），也表征了该类事物的知觉信息（如房子的大小），所以，图式不是命题或表象的简单扩展，而是对同类事物的命题的或知觉的共性的编码方式。心理学家将代表房子之类范畴的图式称为自然范畴的图式，此外还有关于各类事件的图式，如去电影院看电影、上医院看医生等。

（二）陈述性知识的学习机制

奥苏贝尔以同化论来解释陈述性知识的习得，以遗忘性同化来解释陈述性知识的贮存和遗忘。现代认知心理学则以激活论来解释陈述性知识的学习。

1. 陈述性知识的获得和贮存

陈述性知识的获得是指新命题形成并与已有命题网络中的有关命题联系起来进行贮存的过程，也是指奥苏贝尔所说的新概念与认知结构中的有关观念相互作用，将新观念纳入到认知结构中去的过程。

这一过程的实现依赖于工作记忆对陈述性信息的处理方式。认知心理学的研究认为：贮存在人脑中的命题的活动水平是不同的，在某一特定的时刻，绝大多数命题处于静止状态，这就是未能被我们意识到的长时记忆中的信息；只有被选择注意到的外界信息和从长时记忆中提取出来的少量信息进入工作记忆，处于被激活的状态，这就是那些正在被我们思考的观念。

一个命题被激活进入工作记忆中之后，可以激活命题网络中与它相关联的邻近命题进入工作记忆，这叫做激活的扩展。原则上讲，具有相同论题或关系的任何两个命题都可以相互激活。但不同命题之间的联系程度是不一样的，一个命题可能容易激活与之有联系的某些命题进入工作记忆，而不容易激活另一些与之关联的命题进入工作记忆。当然，一个特殊的命题易于激活哪些命题，不易于激活哪些命题，也是因人、因事而异的。

另一方面，由于工作记忆的容量十分有限，每项命题能保留在工作记忆中的时间很短，因而处于激活状态的命题通过激活的扩展只能使少量相关命题与它同时处于工作记忆之中。两个具有共同论题或关系的命题只有同时处于工作记忆中时，才能相互联系，通过其共同成分构成命题网络。

新的要学习的陈述性知识以句子等形式被学习者感知，作为外部刺激进入工作记忆，激活长时记忆中与新命题关联的有关命题也同时进入工作记忆，通过共同的论题或关系与之形成命题网络，获得对新命题的理解。新学会的命题保留在命题网络中的适当位置贮存起来。这就是陈述性知识获得的基本过程。

从陈述性知识获得的心理过程来看，新知识的学习一般要经历以下三个环节：

一是联结，即由环境（教师或书籍等）向学生呈现新的命题的声音或文字刺激，学生使知觉到的语言符号进入工作记忆中，激活了长时记忆中相应的节点，同时也激活了这些节点有关的若干旧命题，这些节点在工作记忆中被联系起来构成新命题。

二是精加工，即将新形成的命题与所激活的旧命题进行加工、整合，按照一定的关系构成局部命题网络。认知心理学家通常将对新学习的命题有所增添或补充的过程称为精加工（elaboration）。此过程中可能分析出新、旧命题间的新联系，将它们融会贯通，形成知识组块，也可能推论出新命题，并不断激活和吸纳更多的旧命题参与加工，使命题网络更加全面、密集。精加工的作用不仅在于使学习者将新、旧知识联系起来，促进新知识的理解，而且在于通过精加工使新知识与更多的命题建立更广泛的联系，甚至获得更新的信息，在以后需要提取和运用时，增加提取的线索，便于检索和在不同情境中有效运用。

三是组织，就是将信息进行归类整理，并按照其间的类属关系进行编码，从而为一组信息建立一个合理有序的知识结构，使之成为一个整体。加涅称“组织是一种将信息分成若干个子集并标明各子集关系的过程”（转引自：吴庆麟，2000）。

鲍尔等人 1969 年完成的一项经典研究证明了组织的作用（转引自：吴庆麟，2000）。他们让被试学习 4 张如图 7－15 所示的层级中的所有单词，实验分为有组织的条件和随机的条件两种。在有组织的条件下，让被试学习图中所示的自上而下的树状层次图；在随机的条件下，同样学习 4 张树状图，但在其中各个部位填写了来自 4 个范畴（动物、服装、运输工具、矿物）的随机的单词。让被试以每张图一分钟的速度了解 4 张树状图后，要求他们按层次将图中的全部单词回忆出来。实验重复 4 次。两组被试的回忆成绩如表 7－3 所示：有组织的条件下被试的成绩显著优于随机的条件。

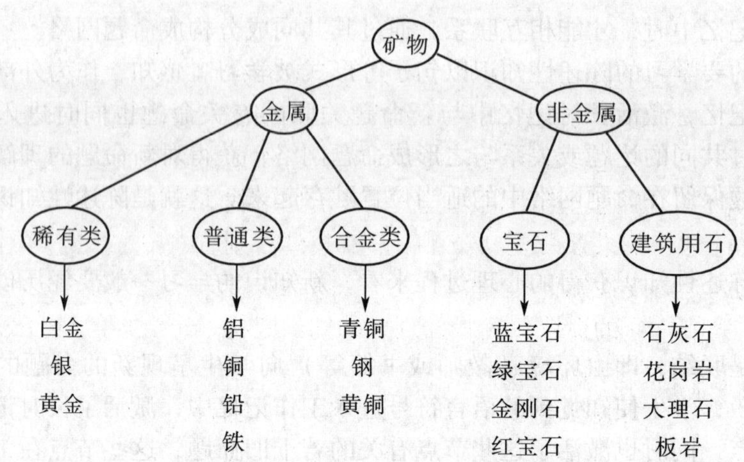

图7-15 鲍尔等实验中的树状层次图

表7-3 回忆测验中能回忆出单词均数为组织的函数

条件 \ 回忆次数	1	2	3	4
有组织的	73.0	106.1	112.0	112.0
随机的	20.6	38.9	52.8	70.1

2. 陈述性知识的巩固

陈述性知识获得并贮存在长时记忆中的命题网络中之后，如果长时间不再被激活和运用，则有可能被遗忘。根据奥苏贝尔的观点，遗忘实际上分为积极的遗忘和消极的遗忘。积极的遗忘是指当新的知识或上位的命题习得后，一些下位的命题和具体的事例或细节的遗忘不会导致知识的实质性损伤，反而减轻了记忆的负担；消极的遗忘是指新的知识或上位命题发生了遗忘，或与同化它们的原有观念发生了混淆，从而使知识产生了实质性的损伤。陈述性知识的巩固过程实际上就是同消极遗忘作斗争的过程。一般来说，克服消极遗忘的基本途径是主动复习。当知识获得时的外部刺激再次被选择性注意到时（如复习课文、反复听录音等），它能够激活该知识的命题表征，甚至激活与此有关的其他相关命题，并使它们之间的联系更为牢固。另外，在对其他知识进行精加工时被激活，也能起到复习和巩固作用。

3. 陈述性知识的提取和建构

知识提取过程并不是把输入头脑中的信息原封不动地简单再现出来，而是对命题网络或图式进行搜索并做出决策的过程，同时也是对知识进行建构的过程。

现代认知心理学认为，陈述性知识的提取和建构都是通过激活的扩散来实现的。当我们需要搜索相应的陈述性知识来回答某一问题和完成某一任务时，问题和任务首先转化为命题表征，进入工作记忆，将与该命题的节点有关的命题激活，并通过激活的扩展在长时记忆中找寻能够直接回答问题或完成任务的命题，如果该命题已经存在并被找到，则直接提取该命题回答问题即可，这就是陈述性知识的提取过程。如果经过搜索发现原有命题网络中没有能直接回答问题的命题，则根据现有的知识建构一个合理的新命题作为答案，这就是陈述性知识的建构。

陈述性知识的表征方式除了命题网络外，还有大量知识是以图式表征的。因此，陈述性知识的提取与建构就包含了图式的提取与激活。按照激活扩散的思想，由于激活的扩散是沿命题间的连线进行的，因此，随着信息量的增加，提取的速度就会越来越慢，而且随着与最初激活的信息点的距离的延长，提取的速度也会越来越慢。但在很多情况下，并非如此。这实际上就是因为有图式的激活。由于图式是一种有组织的知识结构，因此，可以大大提高信息激活的速度。当某一图式被激活后，就会指导个体有计划地从长时记忆中搜索有关的信息，并激活其下一级的图式，这是一个概念驱动的加工过程；它们也可以激活其上一级的图式，这是材料驱动的加工过程。由于相关的图式得到了激活，信息提取就变得更有效和快速。

（三）促进陈述性知识学习的一般条件

根据陈述性知识学习的机制，其学习和教学的一般过程可以用下面的流程图 7－16 表示（皮连生，1997）。图的左边是陈述性知识的学习过程，箭头表示学习阶段的进行方向。右边是与学习阶段相应的教学活动。从图中也可以看出奥苏贝尔基于同化论所提出的有意义学习的前提条件，即有意义学习的心向，已有认知结构中适当观念的可利用性、可辨别性和清晰性与稳定性，这些也是陈述性知识学习的必不可少的前提条件。除此之外，陈述性知识的学习还需如下条件：

（1）对新知识的积极关注。新知识在学习之初总是作为一个外部刺激出现在学习者面前的，这一外部刺激如果不能得到学习者的选择性注意，就不可能进入工作记忆，同样，被注意到的呈现新知识的刺激（言语或符号），如果不能被学习者积极地进行表征转化，并主动复述，它也不可能久留在工作记忆中。这实际也就是有意义学习的心向问题。学生对新知识的积极关注常常来源于对知识本身的兴趣、良好的学习习惯和教师的有效提示。

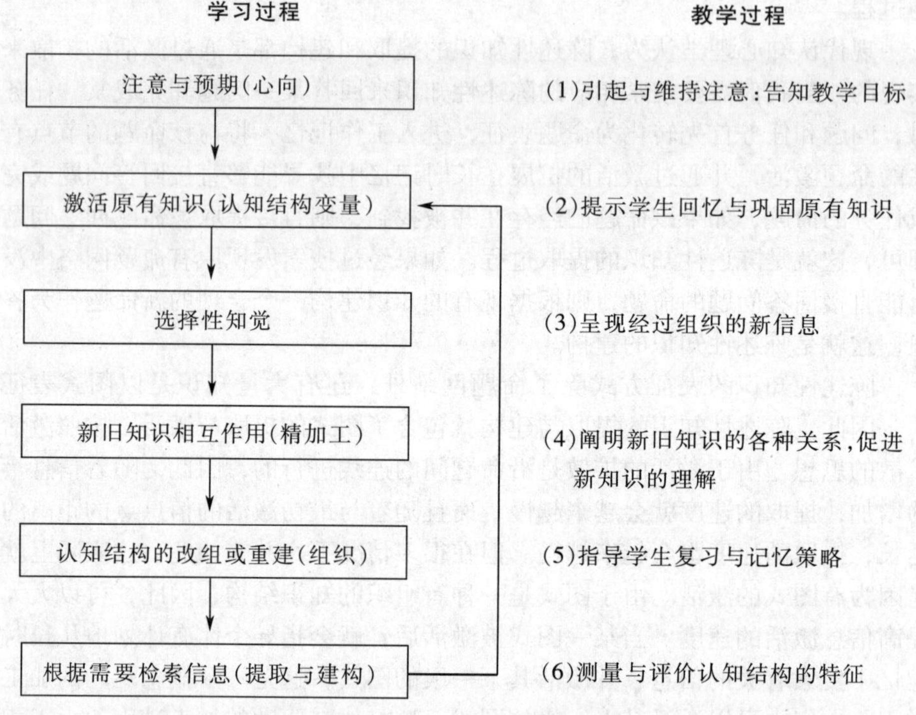

图 7－16　陈述性知识的学与教的模型

(2) 对相关旧命题（知识）主动的、有效的提取。学生在学习新知识前应该对相关旧知识做好清晰、准确地提取的准备。新命题如果激活了不适当的旧命题，或者所需要的适当的旧命题被延期激活以至于不能与新命题同时处于工作记忆中，则新知识显然是不可能与旧命题互相作用，发生联系并通过精加工获得与旧有的命题网络之间形成的广泛的新的共同联系的。

(3) 合理使用工作记忆的有限容量。联结、精加工、组织等的发生，均要求被加工处理的命题同时处于被激活状态，因此，必须充分合理地利用工作记忆有限的容量。激活的速度过慢，能同时取用的信息量就会太少，必然限制了同时加工的命题的数量和质量；但同一时间内激活的命题多而杂，仿佛胡思乱想时头脑中出现的相去甚远的千头万绪，也不利于信息加工的顺利进行。

(4) 充分的精加工。精加工是有效学习陈述性知识的必要条件，除了少数机械性较大的知识之外，绝大多数有意义的陈述性知识都需要进行充分的精加工处理才能获得好的理解和掌握。精加工也不限于用抽象符号表征的知识，对所学陈述性知识进行相关的想像、列表、绘图等都是精加工。事实上，如果学生能够用多种表征方式来贮存同一知识，他们对知识的掌握和运用会更加完整和灵活。因此，平时能够积累大量的感性经验会有利于知识的精加工。

（5）必要的复习。新知识编入命题网络之后，在保持的阶段并不是原封不动的，命题网络中的新、旧命题之间会继续发生相互作用，导致认知结构和知识的改变与重构，在改组和重构的过程中，新知识会发生遗忘和改变。因此，对于陈述性知识而言，因久不温习而变得模糊、错误、混淆甚至忘记的现象屡见不鲜。只有经常复习，采用科学的、多样化的方式复习，才能保证所学的知识记忆准确牢固。

（6）及时组织和系统化。建构合理、结构清晰、组织优化的命题网络不仅是学习新知识的良好工具，也是知识能够顺利高效地提取和运用的有力保障。大量研究证明：有效的组织能促进学习。约森（Yussen）等人 1974 年研究了小学生对图片的再现成绩与他们运用组织策略的能力的关系。让学生分别识记属于动物、交通工具和家具的 15 张图片，根据被试再现时是否将同一类属的图片聚类来衡量其组织的程度。结果发现，随着组织程度的增高，他们的再现量逐渐提高。及时组织所学的知识，可以有效地防止知识间发生混淆，增加知识的可辨别性、清晰性和稳定性。系统化是组织的高级阶段，经过系统化的某一领域的知识不仅结构稳定清晰，易于检索和巩固，而且完成系统化的工作需要对该领域内所有的知识和命题进行大量的分析、对比、归类、综合等整合工作，这本身也是一次重要的精加工和全面完整的复习，有利于知识的融会贯通。

（四）促进陈述性知识学习的教学策略

根据陈述性知识学习的一般条件，可以利用以下教学策略来促进学生学习陈述性知识：

（1）动机性策略。动机性策略是指教师在教学过程中，运用各种手段去激发学生的学习动机，使其明确新知识的意义和价值。在陈述性知识的学习中，如果学生没有主动积极去学习、注意新知识的愿望，很容易出现机械学习或只对命题做表层联结。相反，学习动机强的学生更能积极主动地完成新知识的表征、转化、精加工等心理过程，知识保持得也更为牢固、持久。教师在即时的课堂教学中常以组织学生注意的策略来调动学生的学习动机。新颖变化的实物、模型、挂图、幻灯等教具，教师生动形象的比喻和讲述，合适的手势，教材中的插图、漫画等都是学生容易注意的刺激。此外也常以学习新知识之前告之其目的、意义等方法唤起学生关注和重视。

（2）复述策略。教师讲授新课时，让学生复述或回忆有关的旧知识，可以保证新知识学习时，旧知识能顺利激活，合理利用。比如，讲授新课前以提问的方式引导学生回忆相关旧知识，出示陈述性组织者或比较性组织者，在讲解过程中随时穿插有关的旧知识的复述，都会有利于新知识的精加工学习和旧知识的再次巩固。新学习的知识也需要复述。在讲述新知识之后引导学生复述新知识的含义，不仅可以巩固学生所学的新知识，也是检验学生是否真正掌握了新知识、精加工程度如何的有效测查工具。但这种复述以鼓励学生以自己的方式阐述为佳，以防止学生养成机械照搬、死记硬背的不良习惯。

（3）组织者策略。应用先行组织者可以促进学生对陈述性知识的掌握。比较性组织者能帮助学生区分新、旧知识之间的异同，说明性组织者能为学生学习新知识提供合适的或可供利用的观念，不仅有利于学生准确发现和建立新、旧知识间的联系，促进精加工的进行，也有利于对新知识进行组织和系统化。组织者策略常常和复述策略结合在一起使用。

（4）多通道策略。所谓多通道策略是指教师在新知识的教学过程中，注意引导学生尽可能多地建立通往新知识的途径和通道，使新知识利于提取的线索更多，可供精加工的信息更广泛，保持得更全面、更完整。

（5）多表征策略。它是指引导学生以不同的具体语言形式来表达同一个命题。多表征策略不仅使学生能灵活地从各种角度来理解新知识，进行精加工，也能使学生真正掌握新知识的深层含义，不停留在字面的、机械的、固定的理解上，在运用的时候更加灵活，易于迁移。

（6）复习策略。复习是防止遗忘和深化精加工的必要手段。指导学生合理安排复习时间和内容，挖掘复习的深度是获得良好复习效果的关键。复习不是简单重复，而是对所学新知识的再加工、再组织和再系统化。

（7）系统化策略。陈述性知识的获得、存贮、提取和建构都依赖于命题网络的良好组织和结构，有计划地引导学生对所学知识进行归类、组织和系统化才能使新、旧知识融会贯通，构建出最优化的命题网络。系统化策略常常与复习策略结合在一起使用。

前面提到过，陈述性知识是一种相对静态的知识，但它绝不是有些片面提倡学生进行所谓“智能训练”的人眼中的“死知识”，甚至是把学生学“死”的知识。实际上，一切其他知识和习得能力的获得和发展都是以必要的陈述性知识为前提的。加涅指出，个人的陈述性知识至少有下面四种用途：一是日常生活必不可少的知识。比如我们生活中要接触的数字、事物、现象等等。二是职业生涯所必不可少的知识。任何一种职业工作都需要工作者熟悉甚至记住大量的相关领域的陈述性知识，如地理工作者要记住大量的山脉、河流、矿产资源分布等知识；导购工作者要记住商品的位置、价格、性能等知识。三是形成智慧技能和认知策略等知识的基础。四是思维的工具，许多著名的思想家、科学家、创作者无不掌握着丰富的陈述性知识。我们反对那种一味向学生灌输陈述性知识而忽视学生智能的发展的教学观，同时也反对那种只注重学生技能训练而忽视学生必要的陈述性知识的掌握的教学观。

二、程序性知识的学习

（一）程序性知识及其表征

程序性知识是关于完成某项任务的行为或操作步骤的知识，或者说是关于“如何做”的知识。它包括一系列具体操作程序，如书写汉字的笔画顺序，计算四边形面积的方法步骤，口述文章主要内容的方法，等等，均是程序性知识的表现。我们常说的技能、技巧、技艺，就是经过反复练习能达到自动化程度的程序性知识。

程序性知识与陈述性知识相比，其主要区别有以下几点：（1）陈述性知识是关于“是什么”的知识，而程序性知识是关于“怎样做”的知识。（2）陈述性知识是相对静态的知识，其运用形式常常是输入信息的再现，而程序性知识是体现在动态的操作过程中的知识，其运用常要对信息进行变形和运算，结果往往得出不同于输入刺激的信息。如输入的是“3 + 5”，输出的则是“8”。（3）陈述性知识的提取和建构是一个有意地、主动地激活有关命题的过程，速度较慢；而程序性知识一旦熟练，则可以自动执行，速度较快。当然，在人类的绝大多数活动中，这两类知识是共同参与，互为条件的，表现在：（1）陈述性知识的学习是程序性知识学习的基础，并且部分陈述性知识通过大量的练习可以转化为程序性知识。（2）程序性知识的获得又可以促进新的陈述性知识的学习。

程序性知识在头脑中是以产生式（production）和产生式系统来表征的。纽威尔和西蒙最初将计算机科学中的产生式概念引用到心理学中，而安德森明确提出程序性知识是以产生式及其系统来表征的。产生式的一般形式是“如果（IF）……，那么（THEN）……”。IF 是条件项，表征执行某动作步骤的前提条件；THEN 是动作项，表征符合条件项下所应执行的相应操作步骤。如用于判断一个图形是否为圆形的程序性知识的产生式为：

例1：如果　图形是二维的

且图形是封闭的

且图形上各点距中心的长度相等

那么　判断该图形为圆，并说出“这是圆”

正如命题可以通过共同的论题构成命题网络，并能通过该共同命题互相激活一样，产生式通过控制流互相联系，当产生式1的动作为产生式2的发生提供了条件时，控制流从产生式1流向产生式2，互相联系的产生式构成产生式系统。下面的例2是产生式系统中的一个局部，表征的是分数加法的前三步：

例2：第一步　如果　目标是分数求和

且已知两个分数

那么　先求两个分数的公分母

第二步　如果　目标是分数求和

且已知两个分数

且已知公分母

那么　用公分母去除以第一个分数的分母得商1

第三步　如果　目标是分数求和

且已知两个分数

且已知公分母且已知商1

那么　用商1乘以第一个分数的分子得积1

对于形成产生式系统的各产生式而言，只要符合了第一个产生式的条件项，则后面的产生式会自动依次执行其动作项，直到所有的动作步骤完成并得出最后结果，即条件与动作间的联系熟练化之后，动作步骤能够无需意识过多的监察，不用占据工作记忆空间而快速运行。这就是为什么对于已经熟练的运算和操作，我们常常并不需有意识地思索每一步该做些什么，而是顺理成章、流畅自如地完成整个任务的原因。

（二）程序性知识的学习

程序性知识的学习往往是从接受对程序性知识的陈述性描述开始的。如教师告诉学生汉字的一般书写规则是“从上到下，从左到右”。因此程序性知识学习的第一阶段是陈述性阶段，学生通过对程序性知识的陈述性表述的学习和理解，获得该知识的有关命题，此时的程序性知识尚未在实际操作中转化为动作和运算行为。因此程序性知识的前身是陈述性知识。陈述性知识通常提供某种程序所需的材料。在教学过程中学生习得的程序性知识最初就是它的陈述性形式，表现为一套可以明确陈述的规则，“它是可以言传的，是那种你能在书本中发现或找到的知识，是通过纸笔测验可以加以检测的知识”（夏正江，2000）。

第二阶段是程序化阶段，即从陈述性知识转化为可以表现于实际操作中的技能，在执行程序时逐渐摆脱对陈述性知识的依赖，并经过大量练习，在准确性和速度上均得到不断提高，直到成为高度灵活、纯熟的技能、技巧、技艺。

一般认为，程序性知识的学习可以分为两类：一类是模式识别学习，一类是动作步骤的学习。

1．模式识别学习

模式是由若干元素按照一定关系组成的一种结构，在实际生活中，各种物体、字母、图形、声音等都可以是模式。模式识别学习是指学会对特定的内部或外部刺激模式进行辨认和判断，或者说是把输入的刺激信息与长时记忆中的有关信息进行匹配，从而辨认出该刺激属于什么范畴的过程。通过模式识别，我们才能对事物加以分类和判断，回答“如何确定某物是什么/不是什么”的问题。

模式识别的主要任务是学会把握产生式的条件项，这一任务一般通过概括化和分化来完成。概括化是指对同类刺激模式中的不同个体做出相同的反应。安德森认为：当两个具有相同动作项的产生式同时出现在工作记忆中时，概括化会自动发生，将两个产生式的条件项中的不同部分舍去，保留共同部分作为概括化之后的条件项，以两个产生式共同的动作项作为新的动作项，从而形成一个减少了条件项的新的产生式。表现在实际操作中则是：对凡是符合同类刺激模式的共同特征的所有刺激做出同样的反应，而个别刺激所具有的非共同特征不再是做出识别和判断的必要条件。比如例3：在学习识别“浮力”现象时，教师先在水中放了木块、塑料碗、纸船、橡皮球等，告诉学生这些物体都会受到水的浮力，学生就可能得出判断一个物体在水中是否受到浮力的产生式 P_1；然后教师放铁块、瓷碗、沙包、铅球进水中，告诉学生这些物体也受到水的浮力，学生得出判断一个物体在水中是否受到浮力的产生式 P_2，之后由于概括化的作用，学生会将 P_1 和 P_2 概括为产生式 P_3，继而能对任何置于水中的固体是否受到浮力做出正确的判断。

例3：P_1　如果：某固体置于水中，且该物浮于水面上

那么：判断该物受到水的浮力并说出“某物受到水的浮力”

P_2 如果：某固体置于水中，且该物沉于水下

那么：判断该物受到水的浮力并说出“某物受到水的浮力”

P_3 如果：某固体置于水中

那么：判断该物受到水的浮力并说出“某物受到水的浮力”

不难发现，概括化正是通常我们所讲的“提供概念的若干正例（变式）以促进概念学习”的心理基础。在模式识别的学习过程中，变式越充分、越典型，学习者通过概括化得到的概念的本质特征越准确，产生式的条件项越精练，数量越少，进行判断和识别时就能越少受到概念的无关特征的影响。正例能够有效地促进概括化的进行，避免将“是”判断为“不是”。根据安德森的观点，概括化使某个程序的适用范围得到扩大。

分化与概括化相反，它是指对不同类的刺激做不同的反应的过程。分化导致产生式条件项的增加，使产生式的适用范围缩小。经由概括化而形成的模式识别产生式中，所有的条件项均是必不可少的，但并不能保证所有的必不可少的条件项全部包括在内了，有时候，由于所举正例均没有违反某一必要条件，该必要条件的重要性可能因没有被意识到而未被列入产生式的条件项中。分化过程常常是通过反例来帮助实现的。反例的出现有利于提高模式识别学习中的辨别和区分的准确度，避免将“不是”判断为“是”。

一般地，一项模式识别的学习过程依赖于概括化和分化的反复进行才能最后过渡到判断得迅速准确。正例和反例的运用在模式识别学习中是必不可少的。

2. 动作步骤学习

动作步骤的学习是指学会顺利执行、完成一项活动的一系列操作步骤，它主要是对产生式的动作项的学习。这实际是对做事、运算和活动的规则和顺序的现实运用能力。动作步骤的学习从陈述性的规则和步骤开始，动作步骤的执行则从模式识别开始，即只有首先能对需要执行某一动作步骤的情境条件的模式做出准确的判别，动作步骤的执行才能有效解决问题，否则就会造成“空有一身绝技，不知何处下手”的技能无用或技能滥用。事实上，无论是小学生、中学生，还是大学生，解题时胡乱套错公式的人都不在少数。

动作步骤从陈述性知识转化为程序性知识经过了两个阶段：程序化和程序合成。

动作步骤的程序化过程使动作步骤的执行过程不再依赖于陈述性规则或顺序而能独立完成。这个目标要分两步来实现：第一步是建立规则和步骤的命题表征。将通过阅读、听讲或观察他人行为所获得的行为步骤以命题的方

式贮存起来，以供学习者执行这些动作步骤时依顺序激活，作为指导和提示。如果在这个阶段陈述性规则表征发生顺序不对、操作方式有误、行为规则模糊，可想而知，由这种错漏的陈述性规则指导的动作步骤也一定是不正确的；或者由于新的操作步骤中的某些环节包含有以前没有学过的陈述性知识或操作方式，则整个动作步骤不仅不能被理解，也不能被实施。第二步是将动作步骤的陈述性命题表征转化为程序性的产生式表征，并在执行动作步骤的过程中逐渐脱离陈述性命题的检索、提取和监控。动作步骤的程序化的全过程可以从小学生学习运算技能中得到清晰的体现。

程序合成是指把若干个产生式合成为一个产生式，把简单的产生式合成为复杂的产生式。程序合成要求两个有关联的产生式同时进入工作记忆，并且一个产生式的行为项是另一个产生式的条件项，则此时保留前一产生式的条件项，将两个条件项的动作项按顺序合并为一个复杂的动作项，并通过大量练习使之成为一个巩固的技能组块。产生式的合并一方面因减少了产生式的数量而缩短了激活时间，另一方面也能减少工作记忆的负担，使复杂的动作步骤更为流畅。但是这并不是说我们应该把所有能组合的产生式都合并在一起。因为产生式组合可能导致操作定势，使人固守一套解决问题的模式而缺少灵活性。因此，在学校教育中，对于那些最基础的、变化较少的、以后会大量成块使用的动作步骤才考虑其达到组合的程度，如基本的读、写、算技能等，以便于以后学习复杂的知识；而对于那些只在解决特殊问题时才需要组合在一起的动作步骤，可以使它们保持一定的独立性，这更有利于灵活地拆分和组合，增加运用这些技能的变通性。

不难发现，无论是程序化过程也好，还是程序组合过程也好，都需要借助大量的练习和反馈才能得以实现。

（三）促进程序性知识学习的一般条件

根据程序性知识学习的机制，其学习和教学的一般过程可以用下面的流程图 7－17 表示（皮连生，1997）：图的左边是程序性知识的学习过程，箭头表示学习阶段的进行方向。右边是与学习阶段相应的教学活动。不难发现，程序性知识学习的前四个阶段与陈述性知识学习是一致的，主要差异发生在后两个阶段。

程序性知识学习的第一阶段是对陈述性规则的学习，因此，促进陈述性知识学习的一般条件在此阶段也都适用。除此之外，程序性知识的学习还需要另外一些条件。

（1）例证。正例和反例的提供是学习模式识别的必要条件，没有大量

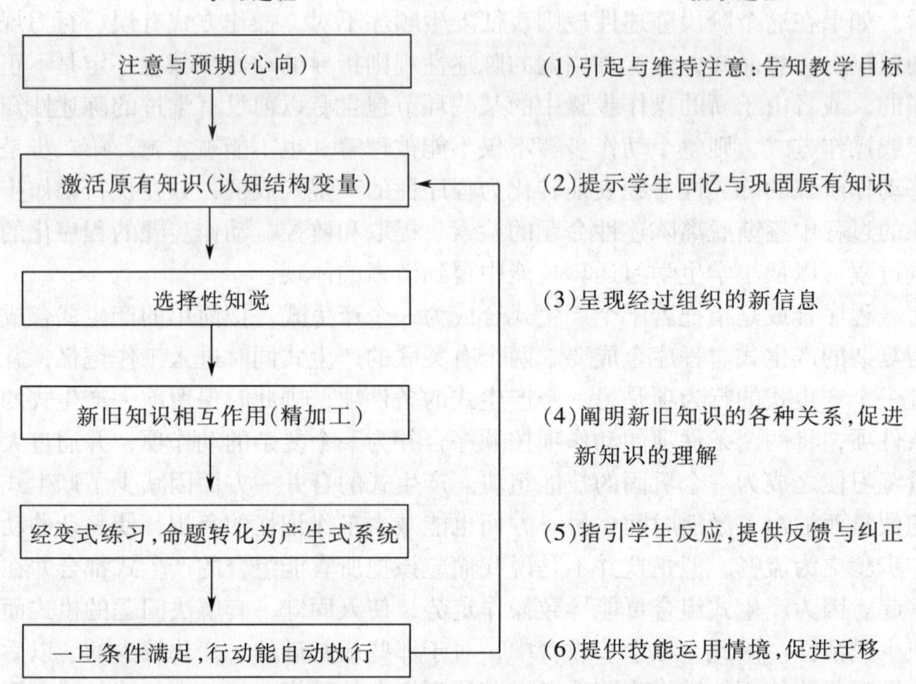

图 7－17　程序性知识的学与教的模型

合适的正、反例，概括化和分化的过程就无法完成，也就很难达到对同类和不同类刺激模式的准确辨别和区分。模式识别无法完成，动作步骤也就不可能被正确运用到该用的问题情境中来。

（2）练习和反馈。练习在程序性知识的学习中是必不可少的，没有练习，程序性知识就不可能成其为程序性知识；没有练习，程序性知识只能永远以陈述性规则的命题及命题网络表征和贮存在人脑中，既无法实现程序化，更无法达到自动化地熟练运用。同时，对练习结果必须给予反馈，练习的效果很大程度上取决于反馈的提供。

（四）促进程序性知识学习的教学策略

根据促进程序性知识学习的一般条件，可以采用以下教学策略：

（1）展开性策略。在程序性知识的教学中，应该重视向学生演示程序操作的展开的、完整的、精细的过程，以帮助学生明确操作程序及其操作步骤。示范及练习的讲解应注重程序性知识的执行过程的演练、分析和评价。

（2）变式策略。变式是促进概括化的最有效方法。变式的运用并不是越多越好，而是要注意选择典型的、特殊的变式。少而精的几个变式的效果往往比许多个同类变式效果好得多。

（3）比较策略。比较是指在呈现感性材料或例证时，与正例相匹配呈现一些较易混淆的典型反例，以促进分化的顺利进行，并提高其准确性。反例尽可能选择那些与正例具有较多共同的非本质特征、仅有少数本质特征不同的例子，或者能直接矫正学习者以往通过日常生活经验已经形成的带有普遍性误解的例子。比如，对于学习“鱼类”而言，“鲸”这个反例子就比“老虎”、“鸽子”、“桌子”等反例要好。与变式策略一样，使用比较策略时应该连续提供多个正、反例。

（4）辅助辨别策略。教师运用一些独特的、形象的、能给人留下深刻印象的辅助方法，如借助形象化的讲述、顺口溜、谐音等也能较好地促进学生对容易混淆的刺激模式的辨别学习，来增强学生对符号模式、规则等的记忆和辨别。如有教师这样总结确定不等式组的解集的方法：“同大取大，同小取小，大小小大中间夹，大大小小无解答”，学生很快就学会准确找到各种类型的不等式组的解集。

（5）练习和反馈策略。教师设置的练习应该数量充分，难度多样，安排合理。在学习之初练习的速度要慢，问题要精，具有典型性，一次练习时间不宜过长，采取短间隔分散练习较为合适。安德森指出：“长时间的大量练习只是浪费大量的时间和精力。”等一个新的动作步骤完全程序化之后，再用较大量的练习来进行加深、巩固、提高和熟练化的训练，这时练习要变换多种题型，逐渐加大难度，以增进程序性知识的灵活性和熟练性。

（6）条件化策略。任何知识的学习，最终目的是为了在适当的条件下正确运用。要使所学知识在需要时能迅速、顺利、准确地提取和执行，就必须为所学的知识建立一个“触发条件”，使之随时处于良好的备用状态。教师应注意经常提醒和帮助学生进行这种将知识“条件化”的工作，即明确程序性知识的条件项。

（7）分解性策略。在教学过程中要注意将完成某类任务的完整思维过程分解为几个阶段，总结并训练学生掌握每个阶段上的最佳运算方式和可能运算方式，再将它们连贯起来。这种分解式的训练比笼统的综合训练更能促进学生学会建立子目标的策略，增强解决问题的能力并防止学生形成不适当的程序组合。

应该指出的是：促进陈述性知识学习的教学策略与促进程序性知识学习

的教学策略其实有很多相通之处，有些也是可以通用的，本书中的分类只具有相对意义。

（五）陈述性知识与程序性知识的学习规律对教学设计的启示

首先，教学过程设计必须以学生学习的信息加工过程为基础。这要求教师在设计教学过程时，有针对性地为学生学习的每一个信息加工环节提供必要的外部条件，以保证学生的学习能够圆满地达到教学目标的要求。

其次，教学过程设计必须以知识分类为条件。以往的教学设计几乎是不论什么类型的知识，都采用差不多相同的教学方式。实际上，这是不符合知识学习的内在规律的。教师在设计教学过程时，必须善于区分两类不同性质的知识。对于陈述性知识，教师主要应考虑采用精加工策略、组织策略、复述策略和复习时间安排策略来帮助学生巩固知识。而程序性知识则必须通过练习，促使处于陈述状态的知识转化为程序性知识。练习的关键是让学生形成“条件—反应”的快速而自动的联系，只要识别了条件，就要不假思索地迅速做出反应。

再次，在陈述性知识的运用过程中，教师的主要任务是向学生提供提取知识的线索，让学生根据线索来提取有关的信息。而在程序性知识的运用过程中，教师主要向学生提供技能应用的情境，将产生式运用到与原先练习情境相类似的或完全不同的新情境里去，熟练地办成各种事情。检验学生是否掌握了程序性知识，主要不是看其是否记住，而是看其能否在新的情境里解决问题。

最后，教学过程设计必须以教学策略为依托。一般来说，教学策略是指在特定的教学情境中为达到教学目标而采取的教学谋略和措施。它能使教学过程有序地进行，并保证教学目标的有效实现。在教学设计过程中，教师都要精心考虑每一个环节应该采取的教学谋略和措施。任何教学策略都有明确的指向性，它们都指向特定的问题情境、教学内容、教学目标和师生的教学行为，教师要针对不同的教学过程阶段和知识类型，安排相应的教学策略。

三、学科知识结构的表征方式

传统的关于知识结构及其在知识学习中的地位和作用的研究，布鲁纳、奥苏贝尔等都从知识的学与教的角度做过深入的探讨，下面简要介绍认知心理学关于学科知识的表征方式的观点。

（一）学科知识结构的一般表征方式

学生学习的陈述性知识与程序性知识是互相联系的，对陈述性知识的学习与对相关程序性知识的学习常常是同时进行的，尽管陈述性知识的表征与程序性知识的表征方式不同，但它们在人脑中的贮存并不是互相孤立、分别存贮的。加涅认为，个人大脑中的所有陈述性知识与程序性知识在长时记忆中的表征与贮存可以直观地表示为如图 7－18 所示的网络结构（转引自：皮连生，1997）：图中的虚方框表示程序性知识，它们不占据记忆空间，和与它们相关的陈述性知识的命题联系在一起贮存；图中的小圆圈及与之相联的短直线构成陈述性知识的命题网络。从中可见有些命题联系紧密，如“火成岩受到高温”和“火成岩是很硬的”；而有些命题则相隔很远，如“火成岩是很硬的”与“树叶在秋天变颜色”。相隔很近的命题和产生式可以很快被激活到工作记忆中来，而相隔很远的命题和产生式则因受联系强度、激活时间和工作记忆容量的限制，不容易被很快激活并同时进入工作记忆。

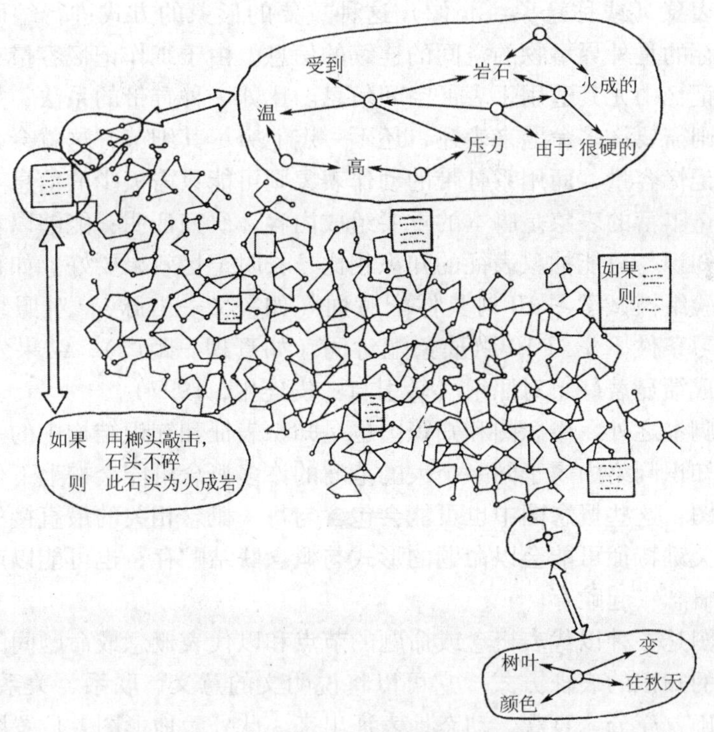

图 7－18　长时记忆中的知识表征与贮存方式

原则上讲，我们所有的知识都可以通过上述的知识网络互相联系起来，但有些总是没有被联系在一起使用的知识由于相隔很远，我们觉得它们好像毫无关联；另一些经常能在一起提取用来解决某一类问题或学习某一相关领域的新知识的陈述性知识，和与之相关的程序性知识，则不仅联系日益紧密，而且形成一个较大的知识单元，我们称之为图式。图式中不仅包含命题的或概念的网络结构，也含有解决问题的方法步骤。图式是围绕某个主题组织的，能够广泛地运用于适合这一主题的一类情境。图式存在许多空位，允许一些具体的信息入补。图式的种类多种多样，其中一种叫作脚本。脚本这一概念最先由申克和阿贝尔森（Shenk & Abeelson）提出，是用于解释复杂的系列事件的图式，比如我们头脑中都有看病、进餐、春游等的脚本。脚本由一系列有因果关系或执行顺序的活动构成，大的脚本还包括按层次组织的场景和次级的脚本。脚本可以指导我们解释和推导故事的情节和细节。

人们的知识并不总是以抽象的语义命题和产生式进行编码，许多知识也同时能以表象（或称意象、心像）这种重要的形象的方式进行编码。表象表征和贮存的是外界事物的空间的连续的信息。由于工作记忆容量有限，表象在工作记忆中尤其适用于表征空间信息。比如一种鞋带的系法，如果用命题表征，则需要许多命题来表述，还不一定能穷尽其细节，这就会大大超出人的工作记忆容量，而用系鞋带的动作表象则可能只需极少的信息空间。很显然，大量丰富的表象是脚本的重要组成内容。研究证明：能够以表象表征和贮存的知识与只能抽象表征的知识相比，长时记忆效果要好。如在一个实验中，实验组被试学习 10 对具体配对词（如餐叉—山脉），对照组被试在相同的学习条件下学习 10 组抽象配对词（如真理—距离），结果发现实验组的再现成绩显著好于对照组（转引自：皮连生，1997）。

除了脚本之外，概念图和知识图也是知识表征和知识结构中的一种常用的方式。知识网络中属于同一个大的范畴的许多概念可能会按上下位关系组织成概念图，这些概念图中也可能会包含与每一概念相关的最直接的关键特征，这些关键特征可能会以命题的形式与概念联结贮存，也可能以产生式的条件项与概念一起贮存。

知识图是一种以代表概念或命题的节点和以代表概念或命题间的联系的连线构成的知识的表征方式。它可以将说明文的意义、联系、关系、结构、顺序等准确、充分、直观、动态地表征出来。此外，地形图、位置图、表格等也都是将概念和空间形象结合起来运用的表征方式。

（二）学科知识结构的个别差异

有关知识结构的个别差异方面的特征主要来源于对专家知识结构和新手知识结构的对比研究。这些研究发现：专家的专业知识结构不论在知识的数量上，还是在知识的组织质量上均与新手的专业知识结构有着明显的不同：专家具有结构层级更为丰富、围绕高级规则组织得更为合理的知识结构，而新手的专业知识结构则更倾向于呈现层级较少，知识之间更多单线联系而非网络式联系，只是围绕具体的描述性的概念或规则组织知识。下面两项研究说明了这种差异（转引自：皮连生，1997）。

一项是针对心脏病专家与新手在诊断先天性心脏病方面的差异的研究。先天性心脏病分四种：全不规则的肺静脉连接型（TAPVC 型）、部分不规则的肺静脉连接型（PAVC 型）、心房膈膜缺损型（ASD 型）和心内膜软垫缺损型（ECD 型）。研究者请专家和新手根据病人的病历来做诊断。研究者根据专家的诊断特征推测出他们的专业知识可能是按下列层次组织的（如图 7－19 所示）。

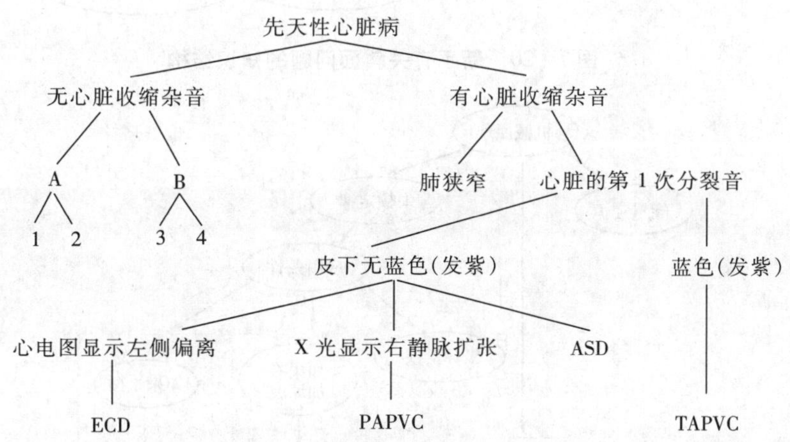

图 7－19　推测的专家知识结构图

可见，专家的知识结构分六个层级，每一级之间都建立了稳定的联系，而新手的知识未能形成多层次的网络结构，某种症状与某个类型之间只有单一的联系。这就导致专家在诊断时常常同时考虑多种假设，当前一种假设被有关资料否定时，专家能很快提出与有关资料仍然相一致的替代性假设；而新手则只能考虑一种假设。

另一项研究是齐（M. T. Chi）等对具有博士水平的物理学专家和学过一门物理学课程的大学新生的对比研究。请专家和新手指出给定的 20 个物理学问题的名称所标记的所有可能的问题及其解决方法，根据他们的口语报告，研究者推测专家和新手围绕“斜面”的知识结构图分别如图 7－20 和图 7－21

所示。可见：新手知识结构中更多的是描述性，仅有的一个属于高级原理（能量守恒）的结点处于下面的位置；专家的知识结构中更多的是基本原理，而且处于层级的上面，同时专家的知识结构中包含了程序性知识。

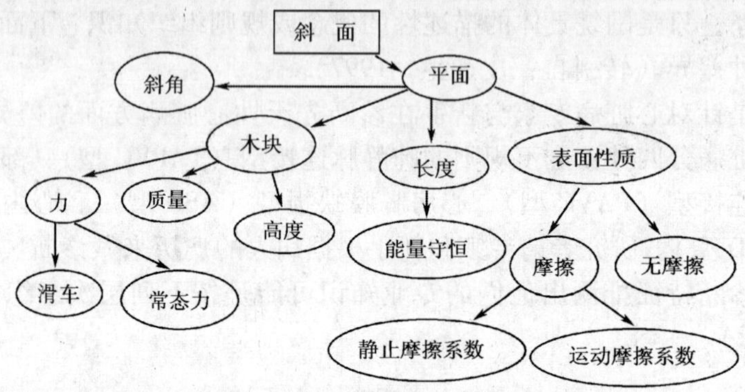

图 7－20　新手有关斜面问题的知识结构

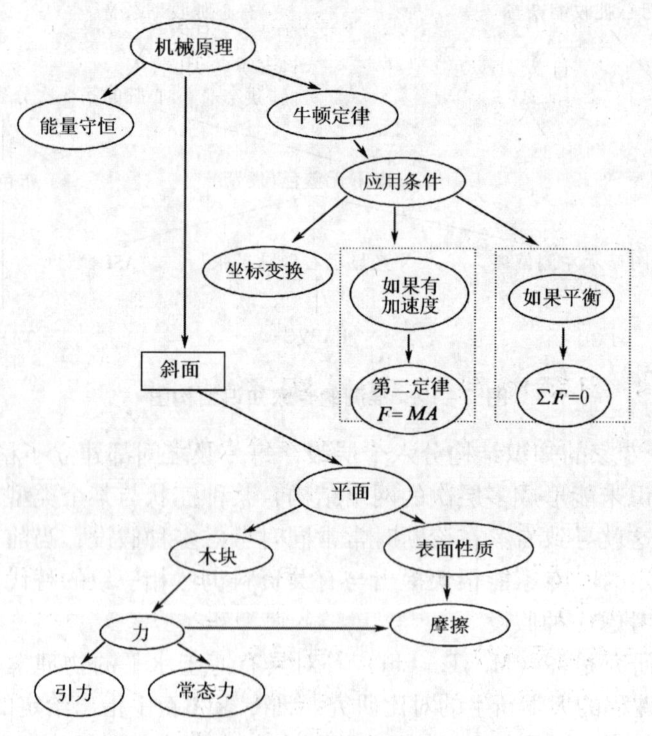

图 7－21　专家关于斜面问题的知识结构

注：图中虚框表示程序性知识

第八章 学习策略与培养

联合国教科文组织在《学会生存》一书中指出，“未来的文盲不再是不识字的人，而是没有学会怎样学习的人”。心理学家诺曼也指出：“真奇怪，我们期望学生学习，然而却很少教给他们解决问题的思维策略。类似地，我们有时要求学生记忆大量材料，然而却很少教他们记忆术，现在是弥补这一缺陷的时候了。”近20年来关于学习策略及其培养的研究成为教育心理学的重要领域之一，有关元认知、陈述性知识的认知策略、思维与解决问题的策略都成为研究的热点问题。

第一节 学习策略概述

一、学习策略的概念界定

学习策略的研究开始于1956年布鲁纳等人的工作，他们在研究人工概念的学习过程中就提出了聚焦策略和审视策略。几十年来，研究者给学习策略下的定义很多，所使用的术语也各异，诸如，“知道如何知道”、“知道何时、何处及如何记忆”、“学会学习”、“学习技能”、“认知策略”等，都被认为与学习策略有关。学习策略的定义，概括起来有下面三种观点。

（一）学习策略是具体的学习活动或程序

持这种观点的研究者认为，学习策略属于信息加工部分，是学习者在编码、储存、检索、运用信息（解决问题）的认知过程中直接加工信息的方法或技能。例如，梅耶（Mayer，1986）认为：“学习策略是指在学习过程中，任何被用来促进学习效能的活动。”这些行为包括画线法、概述、复述等方法的使用。他认为人类的学习体现在量和质两方面，即学多少和学什么。学习策略也就是从两个角度作用于信息加工过程的各个阶段，引起不同深度和广度的认知加工，从而导致不同数量和质量的学习结果。雷格尼（Rigney，1978）认为，学习策略是学生用于获取、保存与提取知识和作业的各种操作的程序。普雷斯里、威士顿等人（Pressley，1990；Weinstein & Mayer，1986）则认为“学习策略是引导成功地执行学习任务的认知计划”，它包括选择和组织信息，复述学习材料，提取记忆中的信息，增进理解材料的意义。策略还包括激发与维持积极的学习心向，如克服考试焦虑的方法、提高自我效能感、合理的学习价值观以及培养积极的学习期望和态度。

（二）学习策略是学习的调节和控制技能

持这种观点的研究者认为学习策略属于信息加工模式的调控部分，是指主动的学习者在认知过程中，对上述信息加工过程实行调节与控制的一系列技能。例如尼斯比特（Nisbet，1986）等人就认为，“学习策略是一系列选择、协调与运用技能的执行过程”。

（三）学习策略是学习方法与学习的调节与控制的有机统一体

许多学者认为，有效的学习策略是能够促进获得、存储和使用信息的一系列过程或步骤。学习方法和学习的调节与控制同属于学习策略的范畴，是相互联系的、具有不同功能的学习策略。一般而言，学习方法直接作用于信息加工过程，用于编码、保持、提取和运用信息的方法；学习的调控则作用于个体，用以维持、调节和控制学习者的内部状态，使学习方法能够有效地发挥加工信息的作用。例如，斯腾伯格（Sternberg，1983）在其智力模型中区分了两种不同层次的智力技能：（1）执行的技能（executive skills）。它是指学习者用来对指向一定学习任务的学习方法进行规划、监控和修正的高级的技能，即学习的调节与控制。（2）非执行的技能（non-executive skills）。它是指用于对学习任务进行实际操作的技能，即学习方法。斯腾伯格强调指出，要完成高质量任务的作业，两种类别的技能都是必不可少的。一切试图提高智力的训练都“应当对执行的和非执行的信息加工以及两者之间的交互作用进行明确的训练”。

我国学者认同梅耶对学习策略的看法，认为“学习策略是学习者在学习过程中积极操纵信息加工过程，以提高学习效率的任何活动”（邵瑞珍，1990）；“学习策略是个体在学习过程中用来促进知识的获得与保存，以提高学习效率的一切活动”（林崇德等，2003）。

二、学习策略的特点

根据对学习策略的界定，可以看出学习策略具有以下几个特点（史耀芳，2001）：

第一，主动性与操作性的统一。学生的学习活动有主动和被动之分。被动学习是死记硬背的、呆板的、机械的学习，根本谈不上什么学习策略；主动学习正好相反，是非常注重学习策略的。它强调学习者对学习过程的操作和控制，强调学习者学习过程中积极主动的倾向。学习策略的实质就是学习者的主体意识的明确和主动性的发挥。操作性体现在学生认知过程的各阶段，实质在于进行各种认知加工。

第二，外显性与内隐性的统一。在学生的学习活动中，常常需要进行某些外部的学习操作，并对此作出适当的监控，表现出外显性特点。同时，学习策略对学习的调控和元认知的意识是在学习者头脑中借助内部语言进行的内部意向活动，它支配和调节着外部操作，因而它又具有内隐性的特点。

第三，变通性与通用性统一。学习策略在一定程度上不受学习材料和学习情境的制约，可以随时根据学习的需要，进行自我调整以适应不同的学习情境，具有变通性。由于学习任务、学习者原有的经验和个人特征的差异，每个人、每次学习采用的学习策略都可能不同。但对于同一种类型的学习，同时也存在着基本相同的计划，这些基本相同的计划就是常见的一些学习策略，如SQ3R阅读法、记忆术等。从知识分类的角度看，学习策略是一种程序性知识，由一套规则系统或技能构成，因此又具有通用性。

三、学习策略的分类

关于学习策略的分类，许多学者提出了不同的看法，反映了对学习策略定义的不一致。学习策略的分类主要有二分法、三分法与多分法（林崇德等，2003）。

（一）二分法

1. 基本策略与辅助策略

丹瑟洛（Dansereau，1985）认为学习策略应包括两类相互联系的策略：主策略（primary strategy）和辅策略（support strategy）。主策略为具体地直接操作信息，即学习方法。它包括：理解—保持策略、检索—应用策略。辅策略则作用于个体，用来帮助学习者维持一种合适的内部心理定向，以保证主策略有效地起作用。它包括：目标定向和时间筹划、注意力分配、自我监控和诊断等策略。

2. 一般策略与调解策略

雷斯尼克和辈克（Resnick & Beck，1976）提出学习策略可分为一般策略（general strategy）和调解策略（mediational strategy），前者涉及与推理、思维有关的活动，后者则涉及完成一项具体任务时所用的某种特殊技术。

3. 微观策略与宏观策略

寇碧（Kirby，1984）把学习策略分为微观策略与宏观策略，前者更多地涉及特殊的知识与技能，与认知执行过程关系更为密切，易受教育的影响而改变；后者应用范围较广，更多地涉及情感与动机因素，与学习者文化背景及风格差异有密切关系，难以通过教育的影响而改变。

4. 认知策略与元认知策略

我国学者大多认为学习策略主要由认知策略和元认知策略两个方面组成，基本上包括注意集中、学习组织、联想、阐述、反省、计划、调控等因素。

（二）三分法

1. 一般策略、宏观策略和微观策略

尼斯比特和苏克斯密斯（Nisbet & Shucksimth，1986）认为，学习策略由一般策略、宏观策略和微观策略三种因素组成，其中一般策略同态度和动机因素有关，宏观策略概括化程度较高，而微观策略的概括化程度较低，容易教学。

2. 复述策略、组织策略和精加工策略

梅耶（Mayer，1987）则提出学习策略由复述策略（rehearsal strategy）、组织策略（organizational strategy）和精加工策略（elaboral strategy）构成。

3. 认知策略、元认知策略与资源管理策略

迈克卡等人（McKeachie et al.，1990）根据学习策略所涵盖的内容把学习策略分为认知策略、元认知策略与资源管理策略（如图 8－1 所示）。认知策略下分为复述策略、组织策略、精加工策略；元认知策略下分为计划策略、监视策略和调节策略；资源管理策略包括时间管理、学习环境管理、个体付出努力及他人的支持等，是辅助学生管理可用的环境和资源的策略，对学生的动机具有重要的作用。成功的学生使用这些策略帮助他们适应环境以及调节环境以适应自己的需要。

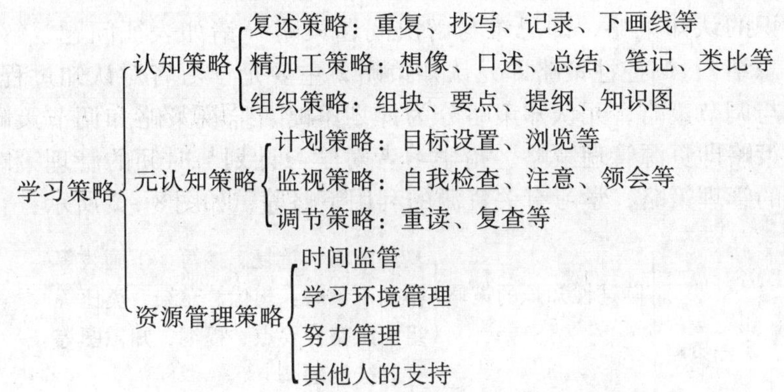

图 8－1　迈克卡等人的学习策略分类

（转引自：陈琦、刘儒德，1997）

（三）多分法

韦因斯坦（Weinstein，1983）等将学习策略分为八类：简单及复杂学习任务的复述策略、简单及复杂学习任务的精加工策略、简单及复杂学习任务的组织策略、综合调节策略、情感策略。加涅根据学生的学习进程，把学习策略分为选择性注意策略、编码策略、记忆探求策略、检索策略、思考策略。

我国学者皮连生也是主张多分法，他认为可以根据不同标准对学习策略进行多种分类，例如，可以依据学习的信息加工过程将学习策略分为：（1）促进选择性注意的策略，如自我提问、做读书笔记、记听课笔记等。（2）促进短时记忆的策略，如复述、笔记、将输入的信息形成组块（chunking）等。（3）促进新信息内在联系的策略，如分析学习材料的内在逻辑结构和组织结构，多问几个为什么等。（4）促进新旧知识联系的策略，如列表比较新旧知识的异同，把新知识应用于解释新的例子等。（5）促进新知识长期保存的策略，如记忆术、双重编码、提高加工水平等。

学习策略还可以根据任务的类型分类，如阅读策略、写作策略、解决问题的策略等。

总结心理学界对学习策略的分类的各种观点，在迈克卡等人（McKeachie，1990）对学习策略进行分类的基础上，我们提出如下关于学习策略分类的见解：将学习策略分为基本学习策略、支持性学习策略和调控性学习策略三大类型。基本学习策略即认知策略，指学习者对学习材料的信息加工策略，包括陈述性知识的认知策略（如复述、精加工和组织编码策略）以及程序性知识的认知策略，即思维与解决问题策略（诸如表征问题、解决问题和思路总结）；调控性策略即元认知策略，主要是学习者对认知过程的监控、评价与调节策略，元认知策略分为计划策略、监视策略和调节策略；支持性学习策略即资源管理策略，指学习者对学习计划与时间的管理策略，对学习环境的管理策略，学习有关资源的利用策略等，如图 8 - 2 所示：

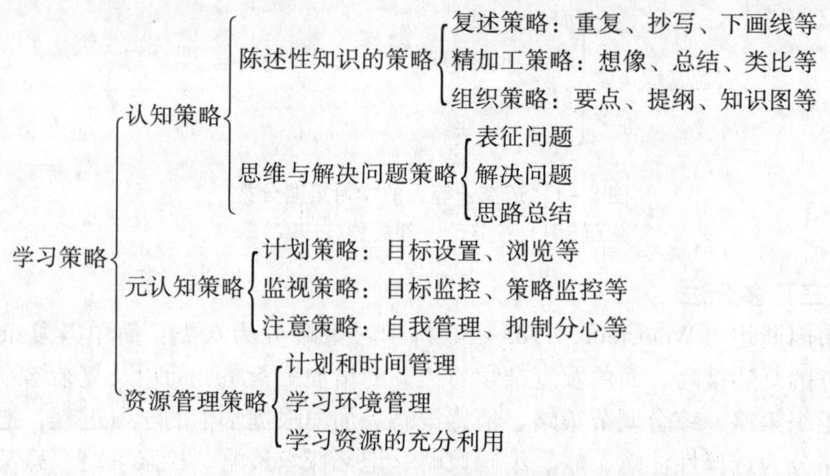

图 8 - 2　学习策略的分类

基本学习策略、支持性学习策略与调控性学习策略是互相联系、有机结合、共同作用的，认知策略直接促进学习过程的有效进行；而资源管理策略主要是在学习资源的合理应用方面对学习过程的顺利进行起到支持作用；元认知策略主要是学习者对认知过程进行监控、评价与调节，包括对基本学习策略与支持性学习策略的运用的监控与调节，学习者如果没有用元认知技能来帮助他们解决在某种情况下使用哪种认知策略或改变哪种认知策略，就不能成功地运用认知策略。总的来看，认知策略和元认知应是学习策略的核心。

四、学习策略的发展

有研究者认为，根据皮亚杰的认知发展理论与儿童认知发展特点，儿童学习策略的发展经历三个过程：

第一阶段：大致在学前期，儿童不仅不能自发地产生策略，而且，即使别人教给他们某种策略，他们也不能有效地使用。雷斯（Reese）将这种情况称作调解的缺乏（mediational deficiency），即指年幼儿童因缺少产生策略及有效地应用策略的心理装置，而不能对认知活动进行合理的调节。

第二阶段：大致在小学阶段，虽然儿童仍不能自发地产生某种策略，但却可以在他人的指导下，学会某种策略，从而提高认知活动的反应水平。弗拉维尔（Flavell，1970）将这种情况称为产生的缺乏（production deficiency），即指儿童已具有使用某种策略的能力，但如果离开外力的帮助，自己不能产生策略。

第三阶段：大致在初中和高中时期，儿童可以自发地产生并有效地使用策略。初、高中时期，部分学生在他们熟悉的知识领域，可以在无人指导的条件下，自觉运用适当的策略改进学习，而且能根据任务的需要来调整策略。

学习者掌握和运用学习策略的能力是在学习中随经验的增长而逐渐发展起来的。学习者对自己学习系统的了解及对进入学习系统的信息怎样处理做出决定，是有效运用学习策略的基础和前提。研究发现，儿童认知发展水平制约他们的学习策略。有人调查了小学儿童使用复述策略的情况，实验者给5岁、7岁、10岁儿童看7张图片，然后提出要测验的3张，结果发现，随着年龄的增大，能够复述的人数越来越多，其中5岁儿童占10%，7岁儿童占60%，10岁儿童达85%；使用复述策略的儿童能回忆的内容也较多。还有的研究者调查了12岁、14岁、16岁学生使用较复杂学习策略情况，结果发现他们采用了较复杂的策略的比例依次是47%、74%、93%。这说明，学生年龄越大，选择有效策略的范围也越大（赵恒泰，1994）。

弗拉维尔在一项实验中，给婴儿、幼儿、小学一年级和三年级四个年龄阶段的儿童12张图画，每张图画在儿童面前呈现一秒钟，考察四个年龄组儿童的元记忆广度发展情况，结果发现，随着儿童年级的升高，他们的元记忆广度也逐步增加（赵恒泰，1994）。

萨拉塔斯和弗拉维尔1976年对儿童和大学生的提取认知策略进行过比较研究。在这项研究中，要求学习者学习含有特定类型词汇的词汇表（如文具、衣服和工具），当学完词汇表中所有的词以后，每一位学习者被要求在三种不同的条件下回忆其中的词：在第一种条件下，要求在不提供类目的名称的情况下回忆（自发使用）；在第二种条件下，明确要求学习者在使用类目情况下进行回忆（明确指导）；在第三种条件下，要求学习者回忆一种类型中的一个词，然后回忆另一类型中的一个词，如此等等（灵活使用）。结果发现，年幼儿童不能自发地使用类目作为提取的线索，当要求他们使用这种方法时，大部分儿童可以做到。许多大学生也不是自发地使用类目，但当给予明确的指导时所有的人都这样做了。参与了这项研究的幼儿园一半以上的儿童、三年级大多数学生和所有的大学生，似乎都可以获得词汇表提取的归类策略，即便是非常年幼的儿童也可能习得这个策略。

学生对学习策略的掌握和选择存在明显的个体差异。研究发现，智商水平较高的比智商水平较低的更能自发地获得有效的学习策略。学习动机则决定学习者选择何种策略，动机强的学生倾向于经常使用已习得的策略，动机弱的则对策略使用不敏感；具有内部动机的学生较多使用意义学习的策略，而具有外部动机的学生更多采用机械学习的策略。

第二节 认知策略及其培养

认知策略即基本学习策略，它是指学习者对学习材料进行认知加工的策略，可以分为陈述性知识的认知策略和程序性知识的认知策略，后者也称为思维与解决问题策略。

一、陈述性知识的认知策略

陈述性知识的认知策略主要有复述策略、精加工策略与组织策略等。

（一）复述策略

1. 什么是复述策略

复述策略是在工作记忆中为了保持信息而对信息进行反复重复的过程，是对所需要记忆的材料的维持性语言策略。在某些简单的任务中，如要记住一个电话号码、一个陌生人的名字等，都需要采用复述策略。我国著名的科学家茅以升在83岁时还能背诵圆周率小数点后100位数字，别人问他为什么有这么好的记忆力，他说："说起来也很简单，重复、重复、再重复。"这里的重复就带有复述的成分，当然不等同于复述。

复述能提高学生的记忆效果已为许多研究结果所证实。肯宁等人（Kenney，Cannizzo & Flavell，1967）给一年级小学生呈现8张图片，要求他们在一定时间内记住这些图片。研究者发现，有些儿童在15秒的保持时距内嚅动嘴唇，而另一些儿童在15秒内没有表现出复述迹象，实验结果表明前者的记忆测验成绩明显优于后者。另一项研究指出，年幼儿童一般不会使用复述策略，而10岁儿童能运用（吴增强，2000）。

2. 复述策略的培养

复述不是简单的重复，需要采用一定的方法才能达到最佳效果。

（1）要注意复述时间的安排。复述要及时，越是意义性不强、难以记忆的材料，越需要及时复述，一定要抢在“塌方式”的遗忘来临之前巩固“堤坝”。可根据艾宾浩斯揭示的“遗忘是先快后慢、先多后少”的规律来安排复述时间。一般来说，一个知识点要经过 3～5 次的复述才能达到理想的效果，当然，意义性不强的材料、记忆力差的学生可能要更多的次数。例如，当天学习了 8 个英语单词，当天就进行复述 10 分钟，第二天再复述 5 分钟，第三天再复述 2 分钟。另外，要注意分散学习与集中学习相结合，不要在时间上“负债”，要合理安排好学习时间，做好学习计划。

（2）要注意复述次数的安排。心理学研究表明，在知识学习过程中，在刚刚掌握后就停止学习，记忆效果不是最好的，应该采用“过度学习”的方式来巩固这些内容。所谓过度学习是指对某知识的学习程度超过了刚刚能回忆出的程度。研究结果发现，并不是过度学习程度越高，学习效果就越好，一般在学习程度达到原初学习的 150% 时，学习效果达到最佳效果。比如，原来用 1 个小时刚好记住某一个知识点，最佳的记忆效果应该是再增加半小时来记忆这一内容；如果原来记忆某内容需要 4 次刚好记住，那么应该再记 2 次就达到最佳的记忆效果。当学习程度超过了 150% 后，学习效果就会出现报酬递减的现象，即学习效果不是随着学习程度的增加而同步提高，学习者的付出增大的级数远远超于回报增加的级数。

（3）要注意复述方法。研究发现，读、背结合的方法有助于提高记忆效果。简单地一遍一遍地重复，容易分心，使学习变得很枯燥，不利于记忆。采用读一读、背一背的方式，不仅有利于维持注意，而且也抓住了记忆的特点，符合记忆的规律，增强了对自己记忆活动的自我诊断与自我调控，从而改善记忆效果。整体记忆与分散记忆相结合的方法也是有用的方法之一。另外，在复述过程中，要采用多种复习形式，协同多种感官的活动，才能取得最大的记忆效果。宋代朱熹提出的读书时要“眼到、口到、心到”，“字字响亮”地朗读，都说明了同样的道理。

复述策略除了运用逐字重复的形式进行外，还可以以其他形式加以运用，如以下画线（underlining）和写摘要（summarizing）等形式进行。下画线是在需要复述的信息较多时而采用的一种有用的复述形式，这种方法适用于各个不同年级学生的学习活动。写摘要（summarizing）是另一种复述策略。它要求学生用自己的语言（口头的、书写的）将文章的主要意思表达出来，这样使得学习者容易形成文章清晰的结构表征，从而在回忆时利用这些结构表征来指导信息的提取，促进记忆的效果。关于下画线、写摘要的实际效果，国内研究者何先友进行了系列研究，结果发现，这些策略对改善中小学生的文章内容的记忆具有非常显著的促进效应（何先友，2002）。

在教育实际中，我们常常遇到这样的情况：老师要求学生复习课文时，部分学生（往往是不善于学习的学生）常常有口无心地将课文简单重复几遍，便高喊："复习好了。"这些学生都是没有掌握好复述策略的。前面已指出，复述不是简单重复，但复述策略是可以通过训练掌握的。在一个实验中，对一组有中等程度障碍的青年学生进行复述策略的训练，用正方形窗口的实验装置，窗口内卡片上写的是一组随机顺序排列的英文字母，被试同样可以通过按按钮来反复观察窗口内的字母。在被试自认为记住全部字母后，呈现测验字母，让他们回答该测验字母是在哪一个窗口里。开始时，障碍青年的成绩很差，然后，教给他们一组正常大学生使用的策略，即先看前三个或四个字母，再复述……先把方法讲给他们听，然后进行练习，结果，训练效果很好，障碍青年的成绩提高两倍多，达到正常大学生的水平，说明最初的障碍不在于学习或记忆功能上的障碍，而是不能用适当的方法去对付不同的学习任务（张庆林，1995）。

（二）精加工策略

1. 什么叫精加工策略

精加工策略（elaboration strategy，也译为精细加工策略）是一种深加工策略，它是指学习者为了更好地记住所学的东西，利用表象、意义联系或人为联想等方法对学习材料做充实意义性的添加、构建和生发。例如，要从图片上辨别各国的首都，可以联想各国首都的标志性建筑，如北京的天安门城楼、华盛顿的白宫、法国的埃菲尔铁塔、莫斯科的克里姆林宫等。

精加工策略的本质是通过把所学的新信息和已有知识联系起来，以此来增加新信息的意义，也即是应用已有图式和已有知识使新信息合理化。如"小王受到领导的批评"，如果补充"小王上班总是迟到"，则新信息更容易记忆。一般来说，精加工越深入、越细致，回忆就越容易。波布鲁等（Bobrow & Bower，1969）在一项研究中，让被试在两种情况下记忆简单的主语—动词—宾语语句，在一种情况下，句子是由主试编成的现成句子提供给被试的，第二种情况是主试只向被试提供主语名词和宾语名词，要求他们自己用一个动词把两者连接起来，组成句子。学过这些句子之后，主试提出作为主语的第一个名词，要求被试说出作为宾语的第二个名词，结果发现，第一种情况被试能回忆29%，第二种情况能回忆58%。其可能的原因是，在被试自己造句时，对两个名词的意义和彼此间可能的相互关系作过仔细的思索，在选定一种联结关系之前可能考虑过多种试探性的联结，这种额外的心理上的努力或深入的精细加工使这两个名词特别是它们之间的联结受到更多的推敲（陈琦、刘儒德，1997）。

洛沃（Rohwer，1975）等人的研究中，给被试呈现一系列配对词（如：牛—球；石头—瓶子），要求被试记住。对于实验组的被试，指导他们采取将这些词组成句子的精加工技术，如“牛追逐跳起的球”或“石头打破了瓶子”等；而对控制组的被试仅给予“要记住”的简单提示。研究结果表明，无论是儿童或成人，提示精加工技术的实验组与仅提示“要记住”的控制组相比较，记忆成绩有显著的提高。对于此类学习任务采用的另一种编码策略是，对这些配对词形成某种视觉表象。在这类实验中也同样揭示，提示采用这种策略的各年龄阶段的儿童以及成人的学习均有所提高。不过，同时也发现，若学生使用自己构想的策略，其效果远优于他人有意提供的有关学习策略，这种情况在高年级与成人身上尤为显著。

辛普森（Simpson，1994）的研究发现，对学习材料进行概括等精加工策略与学生的阅读成绩高度相关，这意味着精加工策略的培养将有助于阅读理解能力的提高。

2. 精加工策略的类型

精加工策略有多种多样，主要可以分为两大类。一类是当学习材料本身意义性不强的时候，可以采用人为联想策略，牵强附会地赋予意义，以帮助记忆；另一类是当学习材料意义性较强的时候，可采用形象联想法、谐音联想法、歌谣口诀法等方式，对这些材料进行加工，这类精加工策略称为生成策略，或内在联系策略。下面简要介绍几种常用的精加工策略。

（1）位置记忆法。

位置记忆法是指学习者在头脑中创建一幅熟悉的场景，在这个场景中确定一条明确的路线，在这条路线上确定一些特定的点，然后将要记住的项目全部视觉化，并按顺序和这条路线上的各个点联系起来，回忆时，按这条路线上的各个点提取所记的项目。例如，从课室到食堂要经过球场、健身房、音乐室、游泳池、草地，这些都是学生在日常生活中非常熟悉的地点，现在要记住的内容是香蕉、荔枝、汽车、巧克力、鸡蛋。在特定位置与要记住的项目之间可做多种联想：球场上打球的人个个都是香蕉式的身材；健身房周围都是清一色的荔枝树；音乐室里发出的音乐声像巧克力的味道一样，有点苦，又有点甜；草地上正围着一群人在煮鸡蛋。这样，按照自己熟悉的位置，就能提取要记住的内容，一般来说，这种联想越奇特，记忆效果就越好。

（2）首写字母连接法。

首写字母连接法是指将材料的首写字母联结成有意义的词或句，便于记忆。例如“HOMES”是由美国五大湖的首写字母联结而成的（Huron，Ontario，Michigan，Erie，Superior）；“ROYC. BIV”是七种颜色的缩写（Red，Orange，Yellow，Green，Blue，Indigo，Violet）；BASIC 程序语言就是 Beginner's All-purpose Symbolic Instruction Code（初学者通用符号指令代码）各个首字母的联词。

（3）关键词法。

关键词法是阿特金森等人（Atkinson，1975）提出的学习外语词汇的一种记忆术。一般做法是：先选择一个发音与外语生词类似的母语词（最好是具体名词）；然后利用想像或一个句子，将外语单词的意义与母语词联系起来，以帮助记忆外语单词。例如，学习英语中的“gas”（煤气）一词时，先选择与之发音相似的汉语词“该死”为关键词，然后想像“煤气中毒死人”，从而使关键词“该死”与“gas”的词义建立联系（邵瑞珍，1990）。再比如，学习“foolish ”一词时，联想一个名叫“付力辛”的傻瓜，从而使“foolish ”与“愚蠢的”联系起来。

研究表明，这种方法对外语词汇学习很有效。洛夫和阿特金森（Raugh & Atkinson，1975）要求大学生在 15 分钟内学习 60 个西班牙语—英语的词汇配对：

charco（charcoal）puddle；gusano（goose）worm；

nabo（knob）turlip；trigo（tree）wheat. . .

（括号中为关键词）

实验组的被试实验前给予使用关键词法的训练，学习期间，向他们提供关键词，但是受试者必须自己去想出自己的表象。控制组受试者给予同样的 60 个词汇配对和关键词，只要他们记住这些配对词汇。实验结果，实验组回忆的正确率为 88%，而控制组只有 28%。

（4）谐音记忆法。

所谓谐音记忆法就是根据要记忆的材料与某些谐音的关系，使之建立某种语音联系的方法。据说有一个私塾先生，每天让学生背诵圆周率（π = 3. 141 592 653 589 793 239 462 6…），自己却到山上与寺庙里一和尚喝酒。学生们总是背不会，一天，有一学生编了一顺口溜，学生们很快就背会了，结果使先生大吃一惊。这个顺口溜是：“山巅一寺一壶酒，尔乐苦煞吾，把酒吃，酒杀尔，杀不死，乐尔乐。”这里，学生将枯燥的数字与有意义的语音联系了起来，从而轻松地记住了这些枯燥的数字。

（5）寻找联系法。

寻找要记忆的信息的联系，是促进记忆效果的非常重要的方法。卡图纳（G. Katona）曾以数字为学习材料对意义识记和机械识记做了对比实验，其实验材料是：

5 8 1 2 1 5 1 9 2 2 2 6

2 9 3 3 3 6 4 0 4 3 4 7

被试分为两组，一组为意义识记，主试告诉这组被试，这些数字是有组织规则的，需努力找出规则来记忆；另一组为机械识记，主试告诉被试，学习这些数字的最好方法，就是以三个数为一组来记。这两组在学完后半小时，接受同样的测验，结果是意义识记组保持量为38%，机械识记组为33%。三个星期后进行第二次测验，意义识记组保持量为23%，机械识记组保持量为0%。这表明，意义识记有助于长时记忆（陈琦、刘儒德，1997）。

（6）先行组织者方法。

先行组织者是美国当代著名教育心理学家奥苏贝尔提出的一种教学策略。组织者就是一种与学习内容有关的引导性材料，其作用是将要学习的新内容与学习者已有的原有知识联系起来，因为它们常常呈现在新内容之前，所以称为先行组织者。例如，在学习高原、山地、丘陵、盆地、平原等具体地形前，先学习“地形是大小、形状方面具有特点的大片陆地的变化形式”作为先行组织者；学习“分数四则混合运算”前，先学习“分数四则混合运算同整数四则混合运算的运算程序相同”这一先行组织者，能使学生有效地运用原有知识，迅速而牢固地掌握新知识“分数四则混合运算”。

先行组织者的实质就是充分利用了学习者原有的背景知识，使新旧知识之间建立了联系。科奇玛等人（Kabara-Kojima & Hatano，1991）进行了这样一项研究：让大学生学习棒球和音乐方面的信息，结果发现，那些熟悉棒球但不熟悉音乐的学生，棒球方面的信息学得多一些；相反，那些熟悉音乐但不熟悉棒球的学生，音乐方面的信息学得多些。因此，在对学生进行学习辅导时，一定要尽可能调动学生原有的背景知识。

3．精加工策略的作用

作为一种典型的陈述性知识的学习策略，精加工真正能起到什么作用呢？

首先，精加工策略促进了新知识在长时记忆中的保持，从而有效地扩大了原有知识的容量。在适当的原有知识水平下，精加工策略通过在新知识与原有知识之间建立有效的联系，使新知识牢固地固定在原有知识的相应点上，从而极大地提高了新知识的稳定性及其与原有知识间的可辨性，促进了新知识的长期保持，这样也就有效地扩大了原有知识的容量，并使它的结构化程度不断提高，这又为以后的学习及策略运用提供了坚实的基础。

其次，精加工策略提高了知识的可利用性。从精加工的定义可以知道，该策略的工作原理是通过将新信息与原有知识相联系而向其注入意义，即运用已有的图式以及已有的知识来理解新信息，从而达到有效保持的目的。大量研究已经证明，经过精加工的材料在以后的时间更易于回忆。这是因为精加工在新信息与原有知识间建立了较多的额外联系，这种联系越多，提取的路径也越多。许多心理学家还发现，对材料的精加工越精细、意义性越高，其回忆成绩也越好。

（三）组织策略

1. 什么叫组织策略

组织策略是指对学习材料进行加工，按照材料的特征或类别进行整理、归类或编码，以便于学习、理解的一种基本学习策略。运用组织策略可以使学习内容由繁到简、由混乱到有序，从而帮助学生理解学习内容，形成较为清晰的知识网络。

一般来说，学习者首先能回忆的是有组织结构的信息，其次才是个别信息。假如要学生背诵全国各省份省城的名称，可以按照序列逐个背诵，但这样做费时费力。于是可以按照一定形式将要背诵的信息组织归类，例如，可按地理区域加以组织——东北、西北、西南、中南、华南、华东、华北。这便是组织策略的运用。

莫里等人（Moely，Olson，Halwes & Flawell，1969）曾对5～11岁儿童的组织策略发展做了研究。研究者呈现给被试的是排成一圈的图片组合。这些图片包括动物、家具、交通工具、衣物等类别的物品在内。但是，圆圈中同一类别的图片不排在一起。要求被试记忆这些图片，以便能向主试背诵出来。此外，还要求被试重新排列图片，而主试在旁计算儿童将同类图片重新排在一起的次数。研究结果表明，对于组织策略的自发性使用，5～7岁组比率很低，8～9岁组开始显现，10～11岁组比例最高。显然，儿童组织策略的自发性使用不像复述策略那么早开始，可能是由于组织策略较为复杂的缘故（转引自：吴增强，2000）。

徐芒迪（1994）也曾对初一、初三、高二年级学习优、差生的组织策略进行研究。她的研究结果表明：在无提示的条件下（即组织策略的自发性运用），各年级优、差生组均无显著差异，初一差生低于几率水平，高二优生高于几率水平，其余各组均接近几率水平；在提示条件下，各年级优、差生均有显著差异，这意味着组织策略的训练，学习优生比学习差生更有效。当然，就三个年级学习差生组织内而言（除高二差生组），提示条件下均明显高于无提示条件下的类聚水平，说明训练还是有效的。

莫雷、张金桥等研究了文本阅读过程中的组织策略及其迁移效应，结果表明组织策略能明显地促进阅读文章的信息保持，并能迁移到后来的阅读中去，促进新阅读文章信息的保持，同时也发现，前后阅读的文章即使内容无关，但如果它们都适合使用同一组织策略，也可以实现组织策略的迁移（莫雷、张金桥、杨莲清，2001）。

组织策略是高效率学习中常用的策略，因此，如何使中小学生真正掌握和灵活运用这一策略对提高他们的学习具有重要的意义。

2．组织策略的类型

组织过程实质上也是一种编码过程，但比编码更复杂，是对信息的更深层的加工。著名心理学家加涅认为，语义编码涉及信息从短时记忆进入长时记忆的过程，这一过程通过将新的信息与先前已经获得的信息建立联系从而获得新信息的意义。因此，组织策略的运用的关键就是如何建立和加强新旧知识的联系的问题。以下几点被证明是有效的组织方法：

（1）聚类组织法。

聚类组织法是一种按照材料的特征或类别进行整理、归类的方法。鲍斯菲尔德（Bousfield，1953）在一项研究中，以随机的方式向被试呈现包括类别的词，发现被试倾向于以聚类的方式回忆属于一个特定类别的词；进一步的研究表明，对含有不同类型且随意排列的词组，先"聚类"，并按类别来回忆，可以提高记忆效果。卡菲尔等人（Kafer，1967；Puff，1970）的研究表明，被试在回忆有类的包含关系的词表时，确实进行了类的群集，并且被试的回忆成绩显然比记忆一个同样长度却没有明显的类的包含关系的词表的那些被试要好（刘电芝，1999）。

（2）概括组织法。

概括组织法是指以摒弃枝节、提取要义的方式组织信息。布朗等（Brown）把概括归纳为五条原则，它们是：① 略去枝节，概括时省略不那么重要的材料；② 删掉多余，已涉及的内容不再重复，尽管前后在形式上稍有不同；③ 代以上位，这分两种情况，一种是以一个类的标记去总括属概念，如以“花”代替“水仙”、“玫瑰”、“牡丹”等；二是用一个更一般的行动去代替一系列具体行动；④ 择取要义，找出主题句；⑤ 自述要义，对无现成主题句的段落，在阅读之后构思出一个主题或中心思想。根据这些原则可以形成许多不同的具体方法，主要有：

①提纲法。现代认知心理学的研究表明，在长时记忆中的信息是以金字塔状的结构按层次水平由高到低进行排列的，在这个层级结构中，具体信息排列在较一般的类目之下。这种结构对学习者理解和保持信息具有巨大的促进效果。提纲法实质上就是利用了这一原理。所谓提纲法就是以简要的词句概括主要和次要的观点，然后以金字塔的形式呈现材料的要点，使具体的细节包含在高一级水平的类别中。

② 网络法。网络法是指以树状式连线方式表示材料种属逻辑关系的一种组织方法。运用网络法的关键步骤是确定材料的种属关系，首先要找准种概念，然后按层次依次确定属概念。由于网络法明确表示了材料的逻辑关系，因此，对学习者的理解与记忆具有非常明显的促进效果。例如，关于认知心理学的知识可用网络法来表示，如图 8-3 所示。

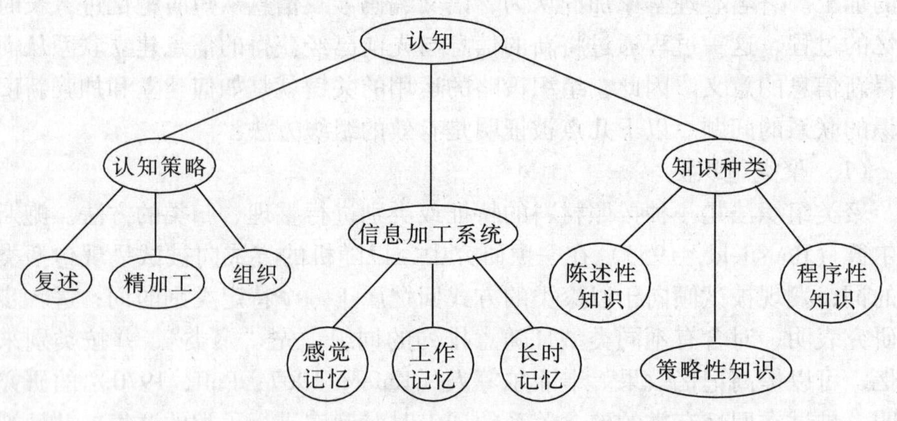

图 8-3　关于认知心理学知识的网络图

③ 地图法。地图法是改进学习者课文结构意识的一种组织技术。它包括重要概念的确定和概念之间相互关系的说明。其步骤如下：

第一，通过分类分析段落中不同句子的含义，将它们分解成：主要概念、例子、比较（对比）、相互关系和推断。

第二，用最简单的框图将这个分类模式展开。

第三，引导学生进行语句分类练习，并让学生陈述他们选择的理由。

第四，让学生独立练习，以便在更复杂的材料中能运用这些基本技能。

研究表明，地图法作为增进理解课文的一种手段，效果不尽相同。辨别关系的技能比较容易学（如主要概念—实例），而另一些技能则较困难（如原因—结果）。另外，学生在联结句子或段落时，经常会遇到困难。但地图法对于提高低能力学生的学习技能无疑是有效的（吴增强，2000）。

专家建议学生使用的组织策略包括形成概念图（concept maps）、使用分类（taxomomies）、运用类推（analogies）、形成规则或产生式、建构图式（schemas）。加涅认为，语义编码涉及信息从短时记忆进入长时记忆的过程，这一过程是通过将新的信息与先前已经获得的信息结构（或图式）建立联系从而获得新信息的意义的。这种联系似可通过使用概念图予以促进，因概念图可以使学生了解所学材料的结构。另一方面，由于类推也是将新信息与已有的结构联系起来，因而也起到了类似的作用。有助于编码的另一种形式是故事情节图式，因为它给要学的新信息提供一种连贯的前后关系。

近20年来，教育心理学家丹瑟洛专门对知识图在说明文阅读中的机制与作用进行了系列的研究。知识图就是文字信息的图形表征的一种形式，它主要由节点和连线作为元素组成一个二维平面图。知识图的节点一般表示一个概念或命题，连线一般表示概念或命题间的关系，其中连线上的字母旁注代表不同的关系类型。丹瑟洛等将知识图中常见的关系类型总结为十种，这十种关系的字母表示、含义及其所代表的关系类型如表8－1所示：

表8－1　知识图的关系类型

字母	含义	关系类型
A（analogous to）	类比	类比关系
C（characteristic of）	特性	特征关系
D（definition）	定义	定义关系
EV（evidence for）	表现形式	例证关系
EX（example）	示例	例证关系
I（influence）	影响	相关关系
L（lead to）	导致	因果关系
N（next）	下一步	序列关系
P（part of）	部分	从属关系
T（type）	类型	类别关系

从上文可知，知识图的节点对应于文章中的概念和命题，连线对应于概念和命题间的关系，如果我们只从知识图的这两个构成元素角度看待知识

图，则它仅仅是文章的一个简单的具有空间结构的替代形式，但知识图的优势应该是体现在对知识整体结构体系的良好表征上。图 8－4 就是运用知识图的关系类型绘制的有关美式足球的知识图，心理学家对知识图的作用表现做了广泛地探讨。一般认为：知识图的最直接的用途是用以促进对说明文的阅读理解。这一观点所依据的结论性的事实主要有以下两点：

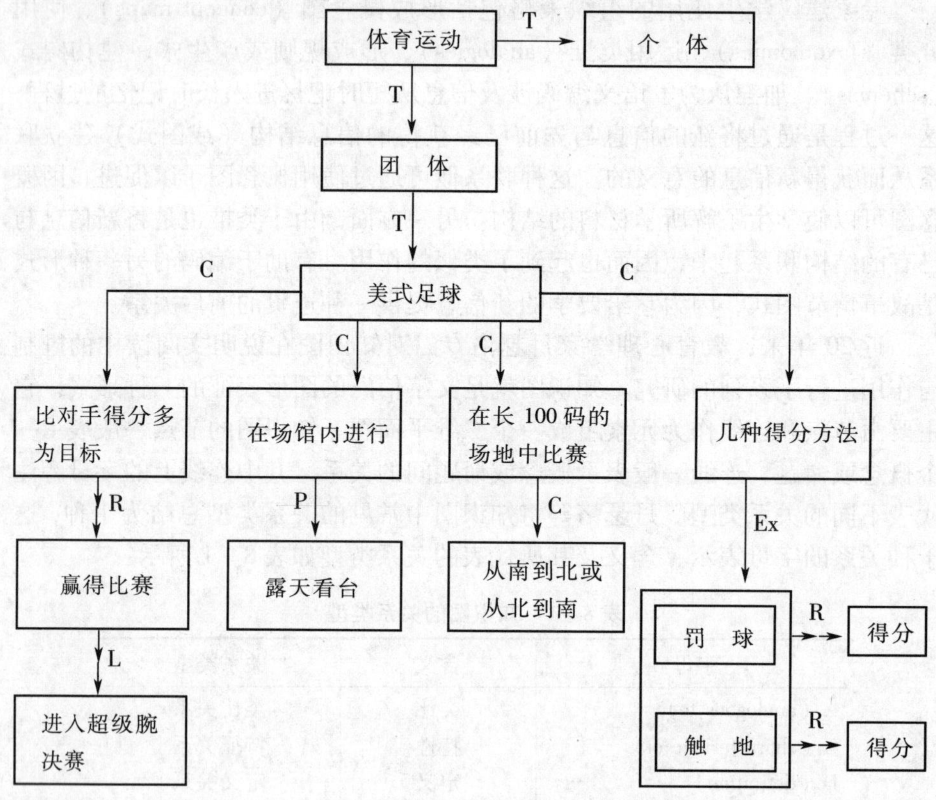

图 8－4　有关美式足球的知识图

（1）知识图和文章一起呈现给学习者的学习效果要比只呈现文章的情况要好（Newbern，1997；Patterson et al.，1992；Rewey et al.，1991）；（2）知识图对学习者主要和细节知识记忆的促进效果是肯定存在的，而对主要知识的长时记忆这种作用尤其显著。

二、思维与解决问题策略

思维策略是指一般性的较普遍适用的思维方法，它不同于解题思路，但它指引着具体的解题思路。心理学家奥苏贝尔和鲁宾逊认为，学生在解题过程中，要把已掌握的简单规则重新组合，对已知命题进行“非直接的”（或没有固定程序的）转化，这种转化受“一般策略”的指引。

根据国内外研究，可以将思维与解决问题过程分为表征问题、解答问题、思路总结三个阶段，提出有关的十条思维策略。

1. 表征问题阶段的思维策略

这一阶段的主要任务是清楚、准确地理解和分析题意。对任务的表征有两种，一是内隐表征，即在分析和理解问题的条件、要求、障碍的基础上，在头脑中形成整个问题的结构。二是外显表征，即通过外部行为，如作图、批注等辅助内隐表征的策略。

表征问题阶段的策略是：（1）准确理解习题的字词语句，不要匆忙解答。（2）从整体上把握题目中各种数量之间的关系。提高把握题意能力的一个重要练习方法是尽可能地在读题之后自拟一个草图（或图式）来表达题目的整体关系。（3）在理解题的整体意义的基础上判断题的类型。

科特（Corte）等人于 1985 年首先提出了问题重述（problem reword），即通过分析已知、未知条件将问题陈述中隐含的条件或者其他可省略的有关修饰语加到题中的一种问题陈述方式。如：“沙姆给艾伦 2 只桃子，现在艾伦有 5 只桃子，问艾伦开始原有几只桃子?”经过问题重述处理，则得到转型问题：“艾伦有一些桃子，沙姆给了她 2 只桃子，现在在她手中有 5 只桃子，问艾伦开始手中有几只桃子?”他们发现问题重述能弥补解题者缺乏应用题图示之不足。普莱沃特（Prawat）、戴维斯—多瑟（Davis-Dorsey）等人 1989 年研究了题材个体化（context personalization），它指通过利用问题解决者个人自传中提及的信息资料来置换问题主人公和涉及事物的名称，如要解决的问题是：“约翰走了 3/5 里路去看场电影，然后他又走到迈克家。约翰一共走了4/5里路，问他从电影院到迈克家走了多少里路?”将该问题的题材改编为：“（问题解决者最好的朋友）走了 3/5 里路去看（其爱看的电影名），然后他又走到（其另一朋友）家。（其最好的朋友）一共走了 4/5 里路，问（其最好的朋友）从电影院到（其另一朋友）家走了多少里路?”他们认为题材个体化能激发内在动机，创造强有力的和易记的编码，以及通过呈现熟悉的问题情境加强了意义理解。题材个体化和问题重述可以作为解题策略交给学生运用。

2. 解答问题阶段的策略

该阶段的策略有：(1) 善于进行双向推理，要充分利用已知条件进行顺向推理，同时重视运用未知条件来进行逆向推理。在进行顺向推理时，要注意“充分”使用已知条件。(2) 克服定势，进行扩散性思维。解决问题时，我们要思维灵活、从多种角度看问题，从多种途径寻找答案。(3) 要善于评价不同思路，选择最优思路进行集中思维。扩散思维只有和集中思维结合起来才是高效的创造性思维。

3. 思路总结阶段的策略

该阶段主要策略是：(1) 思考自己是否已把握与题有关的知识结构，是否达到了通过练习掌握知识的目的。(2) 回忆自己的解题思维过程，找出其中的问题。一般来说在解题之前要考虑眼前的题与自己过去解过的题有什么相似之处；但解题之后，则要考虑眼前的这个题和过去解过的题有什么不同。(3) 思考还有没有更简洁的思路和更佳的解决办法。最好能和同学的解题思路相比较，体验别人的思路和技巧。

三、培养学生成为良好的学习策略使用者

学习策略本身是一种知识范畴，它既是促进学生学习的条件，又是学校教育的重要目标，应当将学习策略的培养纳入学生的学习内容之中。

(一) 学习策略是可以教会的

目前虽对学习策略性质的识别、观察、测量等问题还有待于进一步研究，但可以肯定学习策略是存在的，是可教与可迁移的。因此教育心理学家对学习策略教学的兴趣也愈来愈浓，并着手制定计划进行实验性的训练研究。西蒙的研究证明学生能够学习迁移策略、提取贮存在记忆中的策略与解决问题的程序。鲍尔与希尔加德也认为，“人类可以获得一套不同的学习策略或技能，以至当环境、动机和学习需要时，他们能加以运用”。

以色列著名心理学家福尔斯坦（Feuerstein，1985）和他的同事一起制定了“工具强化课程”。设计此课程的目的是为了对文化劣势儿童、认知缺陷儿童和学习有困难儿童进行训练，通过改变这些儿童的认知结构，使他们成为自主独立的思考者，能够创造新的观念和对观念进行加工。现在该课程的应用范围已扩大到了正常儿童。该课程共有 12 个单元，包括：点的组织、空间定向、比较、分类、分析知觉、家庭关系、时间关系、数列推理、指导语执行、图示、表征模版设计、传递关系、逻辑推理。通过教学鼓励学生进

行这样一些认知活动：信息的知觉组织、问题陈述、计划、分析、目的分析，以及当现有计划不能解决问题时，对问题进行重构。练习旨在使学生学会发现关系、规则、原理、操作和策略。作业题目的设计是以认知过程的分析为基础的，其中许多题目与心理测验题或实验室作业题相似。学术界一般把它看成是介于学科内思维训练和超内容思维训练之间的训练课程。

国内外的大量教学性研究，从各方面证明了学习策略是完全可以教会的。例如，德波的学思维教程；科文顿的创新型思维教程；鲁宾斯坦的问题解决模式等；有些研究专注于结合应用题教学，开展有关解题思维策略的训练，例如：梅耶的解应用题思维过程的四阶段理论；勒威斯的语句表征训练等等。

（二）有效地进行学习策略教学的措施

1. 要能识别重要的学习策略并能对其进行结构分析

教师要善于识别概括性、实用性较广的学习策略并对其结构进行分析，确定各种策略的动作或心理成分及其联系与顺序，真正使策略的每个步骤具体化、操作化。

J·R·莱文归纳了精加工教学技术的10条原则，大体可以分为三组。第一组"优质精加工"有3条，第二组"更好地运作优质精加工"也有3条，第三组"妥善运用"有4条。现详述于下：

（1）优质精加工。不是随便怎样的精加工都能显著改善学习，在为显著改善学习而对记忆材料进行精加工的时候，要讲究精加工的语义。原则1：精加工应该富有意义，且与学习者已有的知识相匹配。好的精加工应该具有学生能理解的正常语义，而语义不明确的精加工往往效果不理想。原则2：精加工应该把有待联系的信息整合起来。从教学应用的角度看，当我们使用精加工来联结两个独立信息时，最好努力多用及物动词描述一个过程、显示一个事件的发生，等等。简而言之，精加工宜动不宜静。原则3：精加工应该为整个语境充实逻辑联系。

（2）好的运作。好的精加工还要有好的运作，而好的运作则万变不离其宗，那就是促使或诱发学生主动积极地参与精加工。原则4：精加工应该促使学习者作积极的信息加工。要促使学生对于精加工本身再编码，这也是通过实验开发出来的一个技术，即在提供精加工后，再跟着提出一个关于该精加工的问题要求回答。比如，为使被试记住"电话—茶杯"的配对，主试编了个"电话砸茶杯"的句子要学生记住，这属于"提供精加工"；接着，主试问"电话是怎样砸茶杯的?"这就属于"提出一个关于该精加工的问题”。原则5：精加工要生动。它要求教师帮助学生专注于视觉意象随着语言叙述而逐步形成，或者借助于语言的描述、指称来固定意象中的必要成分。通俗地说，好比在脑子里一笔一笔地画画，一幕一幕地放电影。图画精加工往往比言语精加工更有利于信息的长期保存。原则6：在一般情况下，精加工多多益善。

（3）妥善应用。精加工策略在应用时要适合学习者的个体差异。原则7：对于能力差的学生，与其要他们自生一个精加工，还不如向他们提供一个精加工。学习能力低的学生有“产生性缺陷”，因此他们没有能力自行构建好的精加工；但是他们并没有“传递性缺陷”，因此他们可以接受一个恰当的精加工，照令行事地运作。原则8：言语精加工和图画精加工的加工方式不一样，因此它们并不总是产生同等的学习效益的。教师应该善于在学习材料和策略与学生个体的信息加工偏爱方式之间造成最适合的匹配。原则9：不同特点、不同能力水平的学生都可以从精加工的使用中获益。原则10：精加工并不对一切作业结果都有益。一般来说，精加工主要对联想性的记忆学习有显著效益。

2. 教学方法应灵活多样

丹瑟洛认为教学应首先激发学生形成学习策略的认知需要，再确定适合于所学材料的学习策略，这些策略应具有有效性和可操作性，能够通过指导后获得改进；然后，指导学生在不同学习情境下进行训练，并对学习结果进行评价与及时反馈矫正。很显然，从激发、讲解、练习、反馈到迁移的教学步骤与长期以来传授知识的步骤是一致的，易为学生接受。M·普雷斯利等人在教学方法方面提出了几种方法：发现法、观察模仿法、有指导的参与法、专门授课法、直接解释法和预期交互法。

3. 结合学科知识的教学进行训练

形成学生的学习策略应结合各科教学内容来进行，而脱离知识内容的单纯训练易导致形式化倾向，难以保证学生学习策略的提高；那种对策略知识不完善和不聪明的使用也有害学习。

一位小学老师在教学生学习应用题时，采用让学生“一读（读一下题目讲了一件什么事情）、二画（画出应用题中的条件和问题）、三点（点出关键词语）、四想（想出正确的数量关系）、五算（列算式正确解答）”的方法，提高学生解答应用题的能力。他教学生“自我提问”，引导学生掌握阅读理解应用题的操作程序（见图8－5），要求学生每解一道应用题，都根据这个操作程序进行，便于理解题意，自我提问，控制自己的学习活动，自我调节，逐步积累“会学”的经验。

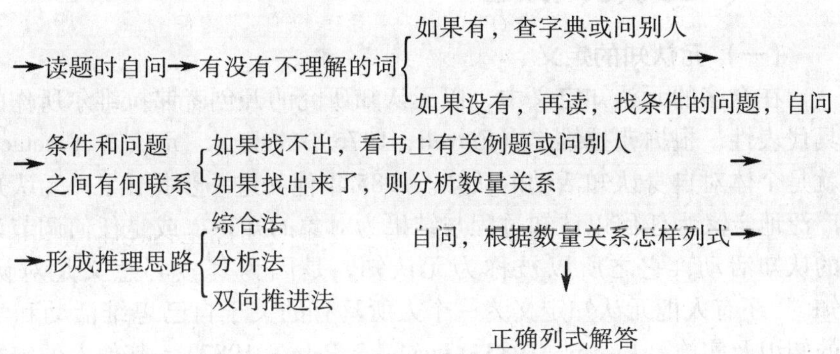

图 8－5　阅读理解应用题的操作程序

4. 注重元认知策略的训练，使学习策略的运用更加有效而灵活

教师除教学生获得学习策略外，还应让学生懂得为什么（why）、何时（when）、何处（where）运用策略，知道自己策略的不足之处。一般地说，学习能力强的学生，其元认知发展水平较高，具有较多有关学习策略方面的知识，善于监控自己的学习过程，灵活应用各种策略去达到特定的目标。可见元认知策略训练对一般的学习策略的掌握与运用也有重要促进。布朗（Brown，1983）曾提出三种训练方法：（1）盲目训练法，指只教学生运用策略，但不告诉为何、何时用何种策略的方法；（2）感受训练法，指帮助学生理解为何、何时运用不同策略的方法；（3）感受自控训练法，指在感受的基础上让学生练习不同策略，提供掌握不同策略的机会。他的研究表明第一种方法常难以导致所学习的策略的迁移，后两种既影响所习得的策略的迁移，还明显影响学习者所获得知识的性质与组织。因而教会学生反思方法、培养反思习惯，使其对学习策略作清晰的辨别，增强体验与调控，就会大大促进其学习策略的形成与运用。

第三节　元认知策略及其培养

元认知策略即监控性的学习策略，主要是学习者对认知过程进行监控、评价与调节的策略，元认知策略分为计划策略、监视策略和调节策略。

一、元认知概述

（一）元认知的定义

在众多的元认知定义中，以元认知研究的开创者弗拉维尔所作的定义最具代表性。根据弗拉维尔（Flavell，1976）的观点，元认知（metacognition）就是个体对自身认知活动的认知。1985 年他又进一步指出："元认知通常被广泛地定义为任何以认知过程与结果为对象的知识，或是任何调节认知过程的认知活动，它之所以被称为元认知，是因为其核心意义是对认知的认知。"还有人把元认知定义为一个人所具有的关于自己思维活动和学习活动的知识及实施（Brown，1983；Jacobs & Paris，1987）。其他人的定义虽然各自不同，但核心思想是一致的，例如有人认为，元认知是"跳出一个系统后去观察这个系统"的认知加工（Hofstadter，1979）；也有人认为元认知是专门指向个人自己的认知活动的积极的、反省的认知加工活动（Kluwe，1982）。我国古代最早的教育文献《学记》一书就包括有关元认知的思想："学然后知不足，教然后知困。知不足，然后能自反也；知困，然后能自强也。故曰：'教学相长也。'"这里的学包括识别、判断、再认识；教意味着对先前认知的提取和加工。"自反"与"自强"就是对自己"学"与"教"的过程的认知。

具体地说，元认知就是认知主体对自身心理状态、能力、任务目标、认知策略等方面的认识，同时也是认知主体对自身各种认知活动的计划、监控与调节。

（二）元认知的结构

根据弗拉维尔的观点，元认知包括元认知知识、元认知体验和元认知监控三种成分。这三种成分是相互联系、密不可分的。

1. 元认知知识

元认知知识是有关认知的知识，即人们对于什么因素影响人的认知活动的过程与结果、这些因素是如何起作用的、它们之间又是怎样相互作用的等问题的认识。元认知知识包括以下三方面内容：（1）有关认知个体的知识；（2）有关认知在材料、认知任务方面的知识；（3）有关认知策略方面的知识。

关于认知个体的知识是指我们具有的关于自己和他人作为认知加工者的一切知识；关于认知在材料、认知任务方面的知识是指任务包含的信息和任务目的的不同特点对认知活动的影响方面的知识；关于认知策略的知识主要包括进行认知活动和完成认知任务有哪些策略，各种策略适用的条件与范围及其优缺点，对于不同的任务、不同的情境如何选用有效的策略等。

2. 元认知体验

元认知体验是指伴随认知活动产生的认知体验和情感体验，既包括知的体验，也包括不知的体验，在内容上可简单也可复杂，既可以在认知活动前，也可以在认知活动后，还可以在认知活动中产生。

3. 元认知监控

元认知监控是指个体在认知活动过程中，能不断评价认知过程，获得认知活动质量的信息，找出认知偏差，及时调整计划，选用恰当的策略，从而保证任务的完成。换言之，个体能将自己正在进行的认知活动作为意识对象，不断地对其进行积极、自觉的监视、控制和调节。元认知监控包括以下几个方面：（1）制订计划；（2）实行控制，及时评价、反馈认知活动进行的各种情况，发现认知活动中存在的不足，并据此及时修正、调整认知策略；（3）检验结果；（4）采取补救措施。

元认知知识、元认知体验与元认知监控三个方面是相互依赖、相互制约的。首先，元认知知识与元认知体验是相辅相成的，元认知知识指导着元认知体验，而持续、稳定的元认知体验可能成为元认知知识，或者补充、删除、修改原有的元认知知识。其次，元认知监控制约着元认知知识的获得与水平，元认知体验也总是与认知活动相伴随的，离不开人们对认知活动的监控过程。因此，三者是有机结合的。

二、元认知策略

所谓元认知策略，指个体对自己学习过程进行计划、调节、有效监视与控制的策略。元认知策略包括以下几种。

（一）计划策略

计划策略包括设置学习目标、浏览阅读材料、产生待回答的问题以及分析如何完成学习任务。成功的学习者并不只是被动地听课、做笔记和等待老师布置作业。他们会预测完成作业需要多长时间，在做作业前将各种相关知识融会贯通，在考试前复习笔记，在必要时组成学习小组，等等。通过这些设定的计划，学习者对自己的学习过程进行监控，经常对学习过程与原先的计划设想进行比较，及时发现问题，进行调整。

（二）目标策略

学习者头脑中有明确的领会目标，在整个学习过程中始终注重实现这个目标，根据这个目标监控学习过程，包括寻找重要细节，找出要点等。一些研究表明，许多学生都缺乏这种目标监控策略，例如在阅读时，常常是以重复（如再读、抄笔记等）为主要的策略。为了帮助这类学生，德文（Devine，1987）建议他们使用以下目标策略以提高领会：

（1）变化阅读的速度，以适应对不同课文领会要求上的差异。对于比较容易的章节快速阅读，抓住作者的整体观点；对于较难的章节，则放慢速度。

（2）容忍模糊。如果某些陈述不太明白，要继续读下去，不要中止，作者可能会在后面对此加以补充说明。

（3）猜测。当不太理解某些内容时，要养成猜测的习惯，猜测其含义，并且读下去，看看自己的猜测是否正确。

（4）重读较难的段落。遇到较难的段落，尤其是当信息仿佛自相矛盾或模棱两可时，此时运用重读往往是最有效的。

（三）策略监控

策略监控是指学习者对自己应用策略的情况进行监控，保证策略在学习过程中有效地运用。自我提问法是策略监控中最常用的方法，使用自我提问法，首先要制订一个有效地应用学习策略的“问题单”，下面是一个自我提问单：

（1）我用什么方法来表征这个问题？哪种方法最合适？

（2）解题时，我进行双向推理吗？

（3）我注意发散性思维与聚合性思维了吗？

（4）当遇到问题不容易解决时，我归纳总结思路了吗？

学习者起初要借助问题单不断自我提醒，当熟练后，则可以自动化地进行，实现有效的策略监控。

（四）注意监控

注意监控是指学习者在学习过程中对自己的注意力或行为进行自我管理与自我调节，如注意自己此刻正在做什么，如何避免接触能分散注意力的事物，如何抑制分心等。

20世纪70年代初，洛斯科夫、弗雷德等人曾对用于注意及选择性地知觉书面文字材料中的特定部分的认知策略进行过实验探讨。实验材料选自雷切尔·卡森所著的《我们身边的大海》，被试为高中学生，实验处理为每页内容之后设置两类提问，一组学生看到的提问需对文中所提及的数量或专有名称做出回答，一组学生看到的提问涉及常用词汇或技术性术语。读完材料之后，对所有学生在两类提问上的信息保持进行测验。结果发现，早先阅读时曾对数量和专有名称做过回答的学生，在这些信息的保持上有所提高，早先回答过常用词汇和技术性术语的学生则在这些信息的保持上有所提高。对此，加涅曾作如下评论："这些插入提问实际上起到了激活指向于一类特定事实的注意策略。"这项研究似乎表明，学生能够利用现有的或先前已经习得的认知策略来控制自己对阅读材料的注意。也就是说，学生正在使用某种控制过程来引导自己的注意，并有选择地去知觉他们所读的内容。

在教学中，教师也应该充分利用这一点来唤起学生的注意：

（1）讲授新内容前，告知学生每一节课的教学目标。

（2）使用表示重点的标记，如声音高低的变化、手势的变化等。

（3）材料的情绪性，带有情绪色彩的词比中性词更能引起学生的注意。

（4）利用新奇、变化、动态的刺激，可以引起学生的注意。

（5）直接告知学生正在学习的内容非常重要，这对集中学生的注意有着更为显著的作用。

三、元认知的培养和训练

元认知策略的掌握，对学生的学习有重要的意义，国内外心理学家在元认知理论探索取得丰硕成果的同时，也在元认知的培养和训练方面开展了大量具有现实意义的实验研究。很多研究发现，通过对儿童元认知的训练，可以改变和提高儿童的学习能力并促进其智力的发展。

（一）元认知培养的可能性

元认知能力不是与生俱来的，而是在后天的生活实践和学习中形成和发展起来的。教师在教学实践中，有意识地培养和发展学生的元认知能力，对学生的学习具有十分重要的作用。曹锋等于1989年进行了一项实验研究，考察教给小学生发现故事中矛盾之处的各种方式的效果。首先将学生分为三组，要求他们到举这方面的例子并给予反馈，然后对第二组和第三组进行策略教学。对第二组的学生，要求他们对听到的每对句子作对照，看看它们是否有意义，并检索一下他们听到的句子在与该故事前半部分相对照时是否有意义。第三组除得到与第二组相同的教学外，还教给他们自己问自己四个问题——我应该做什么？我的计划是什么？我是否正在实施我的计划？我做得如何？旨在帮助他们使用自我监控策略。结果发现，在教学中立即进行测验，第二、第三组比第一组要好，都能发现他们所听到的矛盾之处。但在一周后的测验中，发现只有第三组仍能坚持使用教给他们的策略，成绩明显优于其他组（曹锋等，1989）。

美国心理学家西蒙（Simon）等人通过对学习者所运用的策略进行分析

后指出，策略性思维实际上是受规则性指导行动的，而且这些规则将被研究发现；鲍尔（Bower，1981）通过研究指出，人类可以获取一套不同的策略或技能，以至当环境、动机、学习需要时，他们能加以运用。这从一个侧面表明，学习策略通过教与学后，即可被学生获得和运用。麦康波斯等（Mc Combus & Dobrovlny，1982）进行了广泛深入的研究，结果表明，对学习者进行策略教学，可以起到一定的教学效果；尼斯比特等以中学生为被试进行了学习策略的教学实验，也取得了良好的效果；丹瑟洛以大学生为被试进行的研究也取得了成功；维斯坦（Weinstein）1982 年的研究也表明，学习策略的教学不仅有助于策略水平的提高，而且对学习成绩的改善也具有明显的促进效果。

因此，学生的元认知能力完全是可以培养的。那么，在教学中如何实施，有哪些方法和途径？

（二）国外元认知培养的主要方式

1. 自由放任式（laissez-faire position）

该模式认为个体在练习操作中会自然而然地丰富和获得有关元认知方面的知识，尤其是对元认知体验的获得，而无须对个体进行直接的元认知知识的传授和培养。持这一观点的学者认为，主体元认知水平在使用策略的过程中会自动地得到提高。各式各样的元认知体验对于提高元认知水平异常重要，而这些丰富的体验只有在具体的认知操作活动中才可能获得。所以，这些学者主张教给儿童各种策略，但他们认为，在教学中没有必要直接讲述各种策略的知识。明智的做法应当是，让儿童在具体运用策略的过程中获得元认知体验，因为元认知体验是培养的关键。

2. 直接传授式（direct instruction）

这一教学模式明确主张自由放任式的培养方式是不可能有效地发展学生的元认知的，不能仅仅指望学习者在认知操作活动中去获得元认知体验，从而自发提高策略应用水平。教师在培养中应当直接、具体地给学生提供关于策略方面的明确知识，使学生认识到元认知在学习中的重要性，自觉地将元认知运用于学习中，以提高学习效果。他们还指出：以往的策略教学存在许多缺陷，以致未能达到元认知培养的目的，迁移效果甚微。

米勒（Miller，1976）等人研究发现，教给学生使用复述策略时，如果让儿童知道使用此策略提高了记忆的作业水平，那么，以后这一策略会得以继续保持和使用。这种情况同样存在弱智儿童身上（转引自：刘电芝，1999)。

莎利文等（O'Sullivan & Pressley，1984）以小学五六年级学生为被试进行了一项研究，让被试完成两项记忆任务，控制组不作任何指导，实验组包括四种条件：指导条件、详细指导条件、体验条件、详细指导+体验条件。结果表明，所有训练组的成绩均高于控制组。详细指导组的成绩优于指导组，体验组也优于指导组，但不如详细指导组及详细指导组+体验组。这说明，详细指导促进策略迁移。

3. 元记忆获得程序模式（metamemory acquisition procedures，简称 MAPs）

该模式认为，要成功地改善元认知水平，必须教给儿童提高元认知能力的一般通用程序。比如说，儿童已经学会“关键词”记忆法，那如何丰富儿童有关该策略的元认知知识呢？首先，可以让儿童做一些词汇记忆测验，对比一下采用“关键词”法和其他方法的优劣，也可尝试把这种策略运用到其他词语中去，甚至可以把这种方法扩展到其他新材料中去。而且，儿童可以在学了几天之后再测验自己的词汇水平，以确定该策略是否具有长期效应。上面所有这些建议都可统称为“元记忆获得程序”。

4. 波利亚的启发式自我提问法

波利亚（Polya，1945）最初提出启发式这一术语时，是为了解决数学问题的，现已证明，启发式适用于解决各学科的问题，并且有助于培养学生的元认知能力。表 8－2 是波利亚建议的学习自我提问的启发式问题。

表 8－2　自我提问的启发式问题

解题阶段	启发式问题
理解问题	* 未知条件是什么？ * 已知条件是什么？ * 已知数据是什么？ * 已知条件能决定未知量吗？多余还是不足？ * 能画一个草图或使用其他记号简化问题吗？
拟订计划	* 过去见过这个问题吗？或者见过这个题目吗？ * 它以稍许变化的方式出现吗？ * 你能发现一个用得上的定律吗？ * 你能想出一个更加容易解决的相关问题吗？ * 你使用所有的已知条件和数据了吗？
执行计划	* 你能清楚地认识到这一步是对的吗？
回顾	* 你能检验结果的正确性吗？ * 你能检验推理过程吗？ * 你能运用这个方法于其他问题吗？

5. 计算机程序教学模式

该模式认为，计算机不仅能给学生提供大量操作和练习机会，而且也能对学生实际操作和练习中的错误给予分析和及时反馈，从而使学生不断对自己的认知活动加以监控、调节，对认知活动的结果加以设想和估计，并及时改正错误，从错误中获得最大收益，最终学生在提高认知能力的同时也提高了他们的元认知能力（杨宁，1995）。

四、培养学生元认知能力的具体途径

根据元认知的构成，在教学实践中教育者可从以下几方面对学生的元认知能力进行培养：

首先，不断丰富学生的元认知知识。传统的教学往往把教学重点只放在狭义的知识的学习上，忽视了对学生对认知过程的知识，即元认知知识的教学，因此，即使是学生掌握了的知识也是一些“死”的知识，不能将它们灵活加以应用，缺乏知识的迁移能力的提高。目前，在中小学教育中，还没有专门的课程来传授元认知知识，因此，学生的元认知知识主要来自日常的教学，来自教师在教学中结合教学内容零星的、点滴的长期传授，以及学生本身对自己认知特点和规律的慢慢领悟。

在传授元认知知识过程中，可以从以下几方面进行辅导：（1）关于学习者个体的知识，如个体的兴趣、爱好、能力、个体与他人认知特点的差异与相似性等方面。（2）关于学习任务的知识，如对任务要求和目的的认识、学习材料的特点的认识等。（3）关于策略方面的知识，如完成某任务可用的策略有哪些，不同策略的适用条件与范围，不同策略的选择等。

比如，教师在教学生解决数学问题时，可以将思考的要领教给学生，以自言自语式的“出声思维”，将自己的思维过程展现给学生，在学生容易犯错误的地方，演示自己是如何运用不同的策略去避免错误的发生的，这样，可以使学生更直观地学会关于问题解决过程的思维方面的知识，如思维的变通性、流畅性、敏捷性、独特性等。

其次，增强元认知体验。在学生的学习认知过程中，要尽可能丰富学生的情感体验，发挥积极情感体验的促进作用，尽量克服消极情感的阻碍作用。使学生在学习过程中产生困惑，经过努力解除困惑，从而获得进一步学习的动力。如在教学中教师可以精心结合教学内容设计或选择适当的问题，让学生感到解题的必要和重要，感到解题是一种乐趣；为学生提高各式各样的解决问题的机会，使之在实践中得到锻炼和提高；及时帮助学生进行总结，让他们意识到成功的经验是什么、失败的教学又是什么，与学生不断进行交流学习的心得体会，从他人的成功经验中进行学习等。

再次，提高元认知监控能力。元认知监控在认知活动中具有极为重要的作用，个体认知活动效率的高低与个体是否意识到了自己的认知活动，以及是否能够比较自如地对自己的认知活动进行监控有着极为显著的相关。

元认知监控能力的培养可以从活动前、活动中和活动后三个环节进行，在活动前，指导学生作出可行的计划和安排，制订比较完整的实施方案，清楚了解任务的性质与特征等。在活动中，教师要指导学生通过不断的自我提问，加强对整个学习活动的控制能力，如：这究竟是什么类型的问题？我正确地理解了问题吗？我能用自己的话复述问题吗？问题的关键是什么？问题中各种已知条件之间有何关系？我能用直观形象的方式来表征问题吗？等等。在活动后，教师要指导学生进行自我评价，对自己的学习结果进行检查、反馈，及时纠正错误，提出补救方法。

另外，为了培养学生的元认知能力，教育者必须更新教育观念，纠正传统的以教师为中心的教育理念，代之以学生自我教育、自我管理的教育理念，使学生真正成为学习的主人，形成思想自主、生活自理、身心自律、学习自立的学习者。

五、元认知训练的典型实验研究

1. 金（King）的实验

金（King，1991）让学生解决几个类似于电子游戏的问题。他将这些学生随机分成三组，第一组是有指导的相互提问组，将学生每两人组成一对（性质相同），给每个学生一个提问单（见表 8－3），上面列有解决问题三个阶段的一系列问题，要求学生在尝试解决问题的同时相互提问，提问单实际上指导学生如何提问。第二组为单纯提问组，学习还是两人一小组，并要求他们在学习解决问题时相互提问，但不给予如何提问的指导。第三组是对比组，既不要求相互提问，也不给任何指导。每周训练两次，每次 45 分钟，共持续 3 周。三周训练之后进行测验，结果表明，第一组的学生解决新、老问题的测验成绩都高于第二组和第三组，证明训练学生两人一组就一些认知策略知识相互提问，有助于提高元认知能力和解决问题的能力。

表 8－3 供元认知训练用的问题单

计 划
①这个问题是什么？现在我们打算干什么？
②关于这个问题我们目前知道了些什么？已给了我哪些信息？这些信息对我们有什么用？
③我们的计划是什么？
④还有其他的办法吗？如果……，将会怎样？
⑤下一步我们做什么？
监 控
①我们遵照了我们的计划或策略吗？我们需要一个新的计划吗？我们需要一个新的不同策略吗？
②我们的目标变了吗？现在的目标是什么？
③我们上了正道了吗？我们正逐步接近目标吗？
评 价
①哪些措施起了作用？
②哪些措施没有起作用？
③下一次我们应该有什么不同措施？

2. 德克勒斯（Delclos）的实验

1991 年，德克勒斯等人的实验也非常有代表性。该实验以小学五年级和六年级学生为对象，用一种计算机游戏“洛克的靴子”为试验任务。这个实验中向学生呈现一系列涉及逻辑推理的问题。将学生分为三组。第一组和第二组在解决问题前，用两节课时间（每节 1 小时）进行问题解决的一般策略的教学，所教的策略包括：仔细地阅读问题，辨析问题、思考一个与当前问题类似的熟悉问题。教这些策略时所使用的例子包括“洛克的靴子”问题和其他领域内的问题。教学时每个学生手上有一份提纲，上面印有应该掌握的策略（见表 8－4）及所教的实例。让被试阅读所发的提纲，自己举出更多的例子，回答实验者所提出的问题。最后，所有参加训练的学生接受一个有 12 个项目的关于所教策略使用的测验，全都达到了及格水平。第三组未接受这个训练，作为对比组。

表 8－4　问题解决元认知策略训练的要点

解决一个问题之前： ①你必须知道要解决的问题。 ②你必须知道解决问题的适当背景。 ③你必须有正确的态度。 ④你必须仔细地阅读问题，认真加以思考。 当着手解决问题的时候： ①问自己："是什么导致了这个问题的产生？" ②寻找能帮助你解决这个问题的线索。 ③你可能需要重新定义（或辨析）这个问题。 ④你可能要把这个问题分解成为几个小部分来解决。 ⑤思考类似的一些问题，你过去是怎么解决它们的？ ⑥寻找不同的解决办法。 ⑦运用自己已掌握的"排除故障"的工具。 解决问题之后： ①检查自己的答案是否正确。 ②如果你的解是不正确的，运用"排除故障的工具"发现自己的错误。

第二阶段是实际练习阶段。三个组都参加这一阶段的练习，每人单独练习 8 个题目。每一个题要求学生在计算机上"建造"一个简单的"机器"，并学会使用一种有关的基本知识单元。每个学生自己在计算机上练习，直到解完 8 个题为止。

对于第一组的学生，每个人给一个回答问题的练习单，这些问题都是用来监控解决问题的认知加工过程的（见表 8－5），要求学生在练习单上写上他们的答案。第二组和第三组没有接受这种训练。

表 8－5　认知过程监控组解题过程中要回答的问题

每一个游戏问题开始之前：

①你将要玩的游戏叫什么名称？

②你能确定你这一次一定能赢吗？

③你仔细看了问题并思考如何解决它了吗？

④你有了建造这一个机器的适当背景吗？如果没有，在什么地方去找？

建造了机器，但在开动它之前：

①你寻找了有助于你解决这一问题的线索了吗？是否运用了如下线索？

a. 游戏的名称　b. 目标的点数　c. 其他具体线索

②你重新定义或辨析了问题吗？如何重新定义的？

③你把这个问题分解成几个小部分了吗？你分成了哪些部分？

④你寻找了能帮助你解决问题的一个熟悉问题了吗？如果是的，那么找到了哪一个熟悉问题？

开动了机器之后：

①你的机器得了多少点数（打了多少分）？

如果你的机器少于 24 点，请回答下面问题：

②你寻找了你的机器出故障的原因了吗？哪一种原因导致了故障？

a. 运用了错误的游戏　b. 运用了错误的目标　c. 其他

③你运用了你所具有的“排除故障工具”去发现问题原因了吗？如果是，那么你运用了哪一种？

a. 游戏的名称　b. 目标的点数　c. 其他

在这期间，实验者并不提供反馈，但记录下每一个学生的每一个问题的失败次数。所有三组学生都解决了 8 个问题之后，实验者帮助所有学生复习了问题的答案。

到了实验的第三阶段，学习结果的测验阶段，让所有学生在计算机上独立地解决 16 个问题。学生自己掌握时间，但在前 14 个问题上每个题不得超过 30 分钟，第 15 题和第 16 题，每个题不得超过 45 分钟。实验者记录下每个学生的每个题用了多少时间才解出来，或在放弃不解时已用了多长时间，并记录每个人正确地解决了多少个问题。

整个实验过程总共所花时间不超过 15 小时，每周 5 次，每次 1 小时，总共时间不超过 3 周。

实验结果统计时，把第三阶段的 16 道题按困难程度分为三个等级。在最简单的问题上，三个组之间没有显著差异，说明第二阶段的实际练习是有一定效果的，能使学生掌握基本的知识和技能。但是，在中等难度的题目上，第一组和第二组都显著超过了第三组，第一组和第二组之间差异不显著，这说明一般策略训练是有效果的，能使学生变得更加善于运用第二阶段实际练习中所掌握的基本知识单元，使这些知识单元由描述性知识变成条件性知识，甚至程序性知识。然而，最令人感兴趣的是，在最难的一些题目上，第一组成绩显著优于第二组，说明元认知训练（使用策略性知识的监控训练）是有效的，特别是对于复杂的困难问题，显得特别有效。它能使人更加意识到解决问题是自己的认知加工策略，使人更有意识地调节自己的认知加工过程，更自觉地使用所学到的有效知识工具和策略方法。

由上述元认知训练的方式及研究，我们可以发现，元认知训练的主要内容是教会学生如何根据自己的特点、材料的特点、学习任务与要求，灵活地制订相应的计划，采取适当的有效策略，并在学习活动中积极地进行监控、反馈、调节，及时地修正策略和过程，以便尽快和有效地达到目标。这实质上也就是设法让学生学会如何学习。

第四节 资源管理策略及其培养

资源管理策略属于支持性学习策略，有关研究表明，资源管理学习策略与学生学业成就密切相关。基本学习策略的作用的发挥也离不开资源管理学习策略的作用。本节简要介绍三种资源管理学习策略：学习计划与学习时间的自我管理；学习环境的自我管理；学习资源的利用。

一、学习计划与学习时间的自我管理

制订学习计划是学生对自己学习管理的一项技能。但由于中小学生的独立性正在形成中，缺乏时间计划与管理的经验与能力，学习中总是显得忙忙碌碌，却又看不出在忙些什么，似乎没有什么结果。吴增强等的研究（1992）发现：53.5%的学习优等生能制订学习计划，而学习困难学生能制订学习计划的仅为29.75%。徐芒迪（1993）对初中二年级学生的调查发现，48.3%的学生很少有制订学习计划的习惯。这些调查研究表明，缺乏学习计划的技能是引起学生学习成绩不良的重要原因之一。因此，帮助学生学会制订计划并管理好自己的时间是十分必要的。

一般来说，一个完整的学习计划大致包括三方面的内容：

首先是学习目标。学习目标的制定应包括近期目标和长远目标。常言道：“不想当元帅的士兵不是好士兵”，虽然不是每个士兵都能成为元帅，但这说明了长远目标的重要性。学习活动也同样如此。当然长远目标不是空中楼阁，更不能是海市蜃楼，它必须有坚实的现实基础，必须有明确、具体、适当的近期目标作为支撑，只有这样才可能实现长远目标。比如说，长远目标是要把中学英语课本中所有的单词全部背诵下来，如果不是每天背诵，就不可能实现这一目标。脚踏实地的做法是制订一天背诵 5 个或 10 个单词的近期目标，逐步逼近长远目标。

其次是学习内容。制订学习计划中的学习内容就是要完成的任务或掌握的知识，包括学什么和如何学两个方面。如一些学生利用早晨的时间，安排星期一、三、五早晨学习英语，星期二、四、六早晨学习语文，在英语学习的三个早晨还要安排学习英语的哪些方面的知识，听和说的时间如何分配等。

再次是时间安排。时间安排也是学生对自己学习活动的一种管理，又称为时间管理。尤其是课余时间的安排更为重要。因为课内时间主要是由教师安排，学生没有多少自主权，而课余时间大多可以由学生自己自由支配，这里的计划性与有序性就显得比较重要了。

在对学生进行学习时间的计划与管理的辅导时，辅导者应注意以下几方面：

（1）中小学生的一次学习时间不宜太长，要指导学生注意劳逸结合，张弛有度，既要考虑学习，也要考虑休息和娱乐。

（2）培养学生养成守时的习惯，什么时候该玩，什么时候该学习，应该心中有数，不要等到火烧眉毛了，才去临时抱佛脚，晚上开夜车，通宵达旦。

（3）要注意学习时间的合理分配。中小学生的学习内容较多，特别是中学生的课程更多，不同课程的难度不同，个人的兴趣、爱好、基础等不一样，这就要求不同的学习者针对自身的实际情况，合理地分配自己的时间，从而做到最大限度地利用时间，提高效率。

（4）充分利用最佳学习时间。研究发现，在一天中不同个体体内的新陈代谢状况和大脑机能状况是各不相同的，因此，不同人的最佳学习时间也是因人而异的。有些人的最佳时间在白天，有些人在黑夜，因此，要根据自己的特点来有效安排自己的时间。

二、学习环境的自我管理

任何学习活动都发生在特定的环境中，因此，环境的好坏会直接影响学习的效果。当然，学习环境对学习的影响与其他因素对学习的影响相比较，其重要性可能相对小一些，但对学习环境的自我管理却相对容易实现，因此，在学习策略的辅导中，帮助学生掌握学习环境的自我管理技能也是不可缺少的。学习环境可分为自然环境、物质环境与心理环境三个方面。下面对这三方面做一简要分析。

第一方面，即学习的自然环境方面，包括空气、温度、光线、噪音等。舒适的温度对人体各部位机能的正常发挥具有明显的影响。研究表明，从事脑力劳动最适宜的温度是摄氏 16～21 度（学习策略课题组，2001）。温度高于摄氏 40 度或低于摄氏 5 度，都会使人产生不适、情绪烦躁、反应缓慢等症状，从而影响学习效率。因此，要在学习环境中安置通风和调温设施，保证空气的流通与气温适宜，同时让学生养成定时到室外呼吸新鲜空气的良好习惯。

学习环境中的光线应均匀分布，切忌刺眼或明暗反差强烈的光。学习环境中的光源可分为自然和人工照明两种。白天以自然照明为主，学习时应避免因背光产生的阴影落在书本上，也不应该有阳光直射或反射出现的眩光现象。有关研究发现，书桌面上的光照度应以 200～500 勒克斯为宜，最低不能少于 100 勒克斯，即一盏 30～40 瓦的白炽灯即可满足照明要求。

第二方面，在学习的物质环境方面，包括学习的空间范围、室内布置、用具的摆设等。如条件允许，家庭应为孩子提供一间书房，作为相对固定的学习场所，这样在一定程度上减少家庭成员之间的相互干扰，形成相对安静的学习环境。书房最好是南北开窗，通风透气，结构简洁实用。

另外，要注意调整好桌椅的陈设。研究表明，适度的肌肉紧张可以促进智力活动，直着身体坐在硬椅子上，比躺在柔软的沙发里或舒适的床上工作效率要高。因此，在桌椅的设计上应该合理，使学习者能产生一定的肌肉紧张。一般来说，书桌椅的高差间距应便于学生采取前倾和微后倾的坐姿，使坐着时前胸不受挤压，两足着地，眼与书的距离保持在 30～35 厘米。书桌的摆设也有一定的讲究，一般放在窗户的右侧墙壁边，这样既可以保持有充足的光线，又可以避免强光的直射。

同时，要注意美化学习环境，这有助于在紧张的学习之余缓和气氛，调节身心，陶冶情操，提高学习效率。窗明几净，可使人心旷神怡；加点艺术点缀，更使人赏心悦目，给整个学习环境带来生机和高雅的情趣。家长要为学生提供优美的学习环境，学生也应该学会按照自己的情趣来点缀环境，使自己置身于一种高雅的文化氛围中，并接受这种氛围的熏陶和潜移默化的影响。

第三方面，即心理环境方面，要注意心理环境的调整。已有的研究表明，良好的心理状态对学习具有重要的促进作用。一般来说，高兴、快乐、喜悦、热情等情绪对学习有促进作用，而焦虑、痛苦、忧伤、愤怒、冷漠等情绪对学习起阻碍作用。

心理学家泽尔勒就情绪对学习的影响进行了实验研究，他让甲、乙两组学习能力相等的大学生都学习无意义音节，同时让他们做排列方块实验，然后测验他们对所排列图形的记忆效果。当甲组学生测验时，给予赞美的评语，接着再让他们继续学习无意义音节，而对乙组学生却给予非常严厉的批评，随后让他们再学习无意义的音节。结果发现，乙组学生受到批评后，心情沮丧、紧张，方块测验成绩越来越差，无意义音节学习的效果也大大降低；而甲组学生却积极性高涨，学习效率大大提高。这表明，愉快的平衡的情绪，使人的大脑处于最佳的活动状态，人在愉快的心情下学习，精力更集中，思维更敏捷，记忆效果大大提高。相反，如在痛苦、烦躁、不安的情形下进行学习活动，就不能集中精神，思维变得混乱，记忆力下降。

个体的心理状态既受到外界环境的影响，如外界的自然环境、人文环境和社会环境的影响，同时更多地受到自身的主观因素的影响，如个体的认知、态度、需要、主观努力与主动的自我调节等。因此，为了更好地保持个体良好的心理状态，除了从外界加以适度的调控外，重要的是从个体内部进行调整，特别是在个体无法左右外界因素时，个体内部的自我调控就显得尤为重要。

三、学习资源的充分利用

学习永远离不开对学习资源的利用，如参考资料、讨论、向他人寻求帮助等。但实际上，许多中小学生却不能充分有效地利用这些资源，或者是用之不当，或者是弃而不用。这不仅浪费了大量的学习资源，而且因为使用不当产生了一定的负面影响。因此，在进行学习辅导时，就十分有必要指导学生充分利用已有的学习资源。

首先，参考资料的选择与利用。参考资料是为了拓宽学生的知识面、扩大视野、活跃思维而编写的辅助学习材料。但目前由于各种各样的原因，市面上的参考资料多如牛毛，而且良莠不齐，优劣难分。因此，有必要对学生进行一定的指导。

参考资料不是越多越好、越厚越好，由于学生目前的学业负担本来就不轻，因此，参考资料宜少不宜多，宜精不宜杂；要选择权威机构或权威人士编写的参考资料；参考资料的内容不应该是书本内容简要的重复，也不应是常识的简单概括，而是对书本内容的深化，能启发学生的思维，但也不能完全超越学生的接受水平。学生在利用参考资料时，不能完全依赖资料，忽视教科书，对参考资料也不一定是从头到尾整篇通读，而是有选择性地进行学习。

其次，广播电视节目选择与充分利用。在一般人的认识里，广播电视节目纯粹是消遣娱乐，收听广播与收看电视被认为是浪费时间，因此，不少家长一味禁止自己的孩子看电视，这其实是不对的。不少的广播与电视节目对学生的知识面的扩充还是有很大益处的。如新闻调查、科技博览、军事天地、时事纵横、文艺欣赏、曲艺杂谈等，对中小学生开阔眼界、积累知识大有裨益。当然，收看电视节目不能毫无节制，毕竟中小学生的学习内容很多，而时间又有限，因此，要控制好时间。

最后，因特网信息资源的充分利用。随着科技的迅猛发展，家用电脑的普及以及教学条件的明显改善，因特网在我们生活和学习中的重要性越来越明显。我们可以坐在一台电脑前不出家门而周游世界，了解世界各地发生的各种各样的重要事件，也可以学习到各种各样的知识。但是，同时，因特网上也充满着五花八门的不健康的东西，由于中小学生的辨别能力和自控能力相对较差，因此，特别需要成人的正确指导。在因特网上浏览的内容、上网的时间、网络游戏的选择等方面成人应耐心加以指导，否则，学生可能因为不健康的内容而沉湎于网络，那是本末倒置、得不偿失的。

第九章 动作技能的获得

学生的学习不仅要进行内部心智活动，形成智力技能，而且也要进行各种外部活动，包括体育活动、劳动活动等，形成动作技能（motor skill）。因此，动作技能的掌握是学生学习的重要组成部分。本章主要阐述动作技能的学习问题，学习应重点掌握以下问题：动作技能的含义及其种类，动作技能形成的阶段及其形成的标志，动作技能的保持与迁移，促进动作技能学习的条件，以及运动技能能力倾向的测量。

第一节 动作技能概述

一、动作技能的概念

关于动作技能的定义，心理学家们有不同的见解。克伦巴赫（J. Cronbach）认为，动作技能是习得的、个体能相当精确地执行且对其组成的动作很少或不需要有意识地注意的一种操作。沃尔佛克（A. Woolfolk）把动作技能定义为“完成动作所需要的一系列身体运动的知识和进行那些运动的能力”。加涅认为，动作技能是协调运动的能力，或者与动作的选择有关，或者与动作的顺序有关。而我国传统的动作技能概念来自苏联，认为动作技能是依靠肌肉骨骼与相应的神经系统活动实现的活动方式，把动作技能定义为“在练习的基础上形成的，按某种规则或程序顺利完成身体协调任务的能力”。尽管心理学家对动作技能的定义不尽相同，但都认为动作技能的构成包括三种成分：（1）动作或动作组。动作并非动作技能，只有当人们用一组动作去完成一项具体任务，如用一组身体动作（舞蹈语言）去表现情感，这时才称为动作技能。像走路、穿衣、吃饭、摇头、打呵欠等不是动作技能。(2) 体能。主要包括耐力、力量、韧性、敏捷性等。(3) 认知能力。包括视觉、听觉、触觉、动觉等多种知觉能力，其中手脚协调、身体平衡对完成动作技能意义更大。因此，动作技能又称为心因性动作技能（psycho-motor skill)。根据上述三种成分，我们认为动作技能是在练习的基础上，由一系列实际动作以完善的、合理的程序构成的操作活动方式，如骑车、弹琴和打字等。动作技能本质上必须体现为按一定的关系组织起来的成套实际动作，是动作的连锁化，即动作一旦形成，只要动作刺激出现，就能自动地完成一系列的动作反应过程，表现出迅速、准确、协调、流畅、娴熟的特点。

动作技能具有以下特点：(1) 操作对象的客观性。动作技能无论是器械性的还是身体本身的，都是客观的实体，具有客观性。(2) 动作要求的精确性。不论是哪一类的动作技能必须以精确为前提，不够精确的动作是不能看成技能的。(3) 动作成分的协调性。动作技能要求各动作成分相互之间的配合是协调、顺畅的，这种协调性不仅表现在各个动作之间，也表现在视觉、听觉、触觉和动觉等各种认知因素之间，以及动作与认知之间。(4) 动作功能的适应性。动作技能具有比较普遍的适应性，在不同条件下，特别是在困难条件下，能保持动作的一致性与稳定性，同时又能根据外界要求，做出灵活的调整，显示其灵活性。

动作技能的学习不仅对个体的能力的形成和发展具有重要意义，而且对人类更好地适应和改造环境，变革现实具有重大意义。

二、动作技能的种类

根据不同的标准可以把动作技能划分为不同的类型，动作技能的分类是相对的。

(一) 连续性动作技能和非连续性动作技能

根据主体对外部刺激的调节方式，可以把动作技能分成连续性动作技能和非连续性动作技能两种。

连续性的动作技能是指需要完成的动作序列较长，而且在完成活动任务的过程中需要根据复杂的内外刺激进行连续、不间断的调节和校正的动作技能，如骑车、打字、弹琴等。其特点是动作的延续时间较长，动作与动作间没有明显可以直接感知的始点和终点，难以精确计数。

非连续性的动作技能是指只包含较短的序列，可以进行精确计数，并对一个特定的外部刺激做出一个特定的反应的运动技能。它是由突然爆发的动作组成的，如射箭、举重、急停投篮等。其特点是动作延续时间短，动作与动作间可以直接感觉到始点和终点，动作具有突然爆发的特点。

（二）封闭性动作技能和开放性动作技能

根据主体对外部条件的利用程度，可以把动作技能分成封闭性动作技能和开放性动作技能两种。

封闭性动作技能是指完全依赖肌肉的内部反馈信息指导的动作技能，如跳水、投掷铁饼等。这种技能的特点是不需要外部环境因素作为参照，且具有相当固定的动作模式。该技能与高度可预测的稳定环境因素有关。

开放性动作技能是指必须根据外部刺激的变化而相应调节自己动作的动作技能，如驾车、踢球、击剑等。其特点是必须参照外部环境刺激来调节动作。该技能与不稳定、预测性低的环境因素有关。

（三）精细动作技能和粗大动作技能

根据所涉及的骨骼、肌肉以及动作幅度大小，可以把动作技能分成精细动作技能和粗大动作技能两种。

精细动作技能是指在狭小空间范围内进行，并要求动作具有协调、精致、幅度小的特点的技能，如打字、刺绣和雕刻等。其特点是仅仅涉及身体或四肢小肌肉群的运动来完成活动。

粗大动作技能是指在较大空间范围内进行并要求做大幅度动作的技能，如跑步、游泳、打球等。其特点是需要整个躯体和大块肌肉群的运动才能完成活动。

（四）工具性动作技能和非工具性动作技能

根据完成活动时是否需要凭借一定的工具，可以把动作技能分成工具性动作技能和非工具性动作技能两种。

工具性动作技能是指需要操纵某种工具才能完成活动的技能，如写字、打字、雕刻等。其特点是需要操纵现成的工具。

非工具动作技能是指不需要操纵工具，只需要利用机体一系列的骨骼、肌肉运动就能完成活动的技能，如跳舞、走路、唱歌等。其特点是不需要操纵任何工具。

三、动作技能的结构模式

（一）辛普森的动作技能的七层次结构理论

辛普森（E. J. Simpson）于 1966 年提出了动作技能的七层次结构理论，其具体内容如下：

(1) 第一个层次为知觉。这是完成某种动作的第一步。(2) 第二个层次为定势。它为某种特定的行动的进行做出预备性调整和准备状态。(3) 第三个层次为指导下的反应。这是形成技能的最初一步。(4) 第四个层次为机制。它是指已成为习惯的习得性反应。(5) 第五个层次为复杂的外显反应。它是指个体已形成所需要的动作模式，能进行相当复杂的动作。(6) 第六个层次为适应。它是指改变动作活动以适应情境。(7) 第七个层次为创作。它是指根据已形成的理解力、能力和技能，创造新的动作行动和操作方式。

(二) 克拉蒂的知觉—动作技能的三层次理论

克拉蒂 (B. J. Cratty) 于 1964 年提出知觉—动作技能的三层次理论，根据这个理论，动作技能的模式如下：

(1) 第一个层次为动作技能的一般支柱。它包括：抱负水平、毅力水平、唤起或动机水平、分析工作技巧的能力、各种知觉能力等。这些因素稳定程度较大，但仍可能受个体经验的影响或修正。(2) 第二个层次是能力品质。它包括力量、耐力、伸缩性、速度、平衡和协调。这是每个人都能发展的潜能，而且也影响其动作技能水平的品质。(3) 第三个层次是工作和情境所特有的各种因素，如工作所需的能量的要求、操作者赋予工作的价值，以往的经验和操作情境的社会特征。在生活实践中，实际可以观察到的动作技能是在这个层次上出现的。

(三) 蔡斯的信息加工模式

蔡斯 (M. L. Chas) 运用动作信息加工的观点分析了动作技能的结构，并提出动作技能的信息加工模式，如图 9-1 所示。该模式把动作技能看作是由感受器系统、中枢加工系统和效应器系统构成的一个完整的信息加工系统。

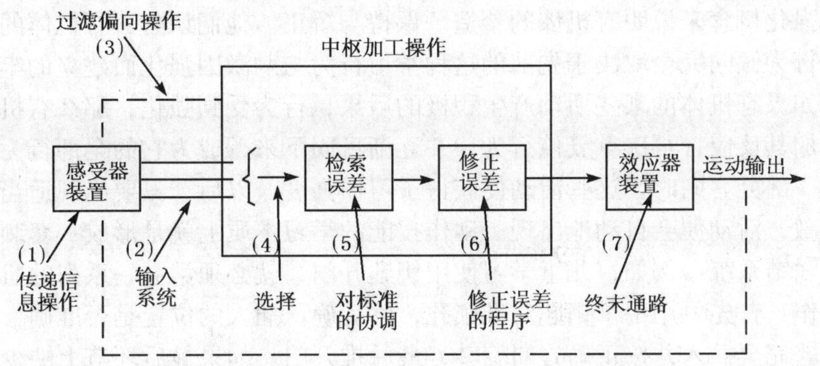

图 9-1 动作技能的信息加工模型

该模型强调了中枢加工机能的作用，其各部分的功能如下：（1）感受器装置接收并做好传递外界信息的准备。（2）信息通过视、听等感官通道输入。（3）中枢信息加工系统接收感受器装置输入的信息，并以适当的信息进行反馈，把感受器内的信息引向一定的方向。（4）选择特定的信息。（5）输入的信息与内存标准作比较，并检验其误差。（6）通过修正误差的程序修正误差。（7）修正的信息经效应器装置转变成肌体运动的功率，这种功率通过运动输出对感受器装置进行反馈，并控制输入的信息。

第二节　动作技能的形成

一、动作技能形成的理论

对于动作技能是如何形成的，心理学家提出了多种解释，其中最具有代表性的是行为派的理论解释和认知派的理论解释。

（一）行为派的理论

行为派的理论建立在经典性条件反射基础上。巴甫洛夫认为，动作技能是先行动作通过条件反射，建立起暂时神经联系而变成后继动作的信号来实现的。苏联学者加加耶娃于 1952 年提出了动力定型的联结理论，该理论认为动作技能的形成是由低级到高级、由局部到整体、由初步掌握到成为熟练技巧的发展过程，是由简到繁不断练习、不断完善的过程。

行为主义心理学家斯金纳和赫尔则用刺激—反应来解释人的行为，特别重视用强化概念来说明有机体的塑造、保持与矫正。他们认为，有机体的某种学习行为倾向完全取决于先前的这种学习行为与刺激因强化而建立的牢固联系，如果有机体的某些活动产生积极的后果，行为受到强化，那么有机体就会增加其反应，再次重复该行为，并逐渐巩固下来，成为它的全部行为储备中的一部分。同时，这些活动便获得了习惯强度。以后，只要出现适当的环境刺激，活动便会自动地出现。动作技能的学习本质上就是形成一套刺激反应的联结系统。例如，儿童学习使用钥匙开门，就必须学会一系列的肌肉反应动作：首先要用手拿钥匙对准锁孔，然后确认插入的位置是否准确，还要将钥匙完全插入并按正确方向旋转，最后推开门。如果最后环节上缺少强化物（打开了门），儿童使用钥匙开门的行为就会发生消退。

（二）认知派的理论

20世纪六七十年代以来，许多心理学家偏向于用认知的理论来解释动作技能的学习。他们强调动作技能的学习必须有感知、记忆、想像、思维等认知成分的参与。他们认为，在动作技能的形成中，学习者必须理解与某动作技能有关的知识、性质、功用，回忆过去学习过的，与当前任务相关的动作行为，预期与假设解决问题所需要的反应和动作范式，形成目标意象和目标期望，把自己的反应与示范者的标准反应进行比较分析，进行归因，找出误差，采取对策监控、调节自己的反应。动作水平越高，越需要学习者有较高水平的认知。

1971年加拿大心理学家亚当斯提出了一种叫做闭环理论（the loop theory）的学说。他认为动作技能的学习建立在两种记忆形态基础上——知觉痕迹和记忆痕迹。知觉痕迹是在练习中获得的，起着一种参照系的作用，修正动作，而记忆痕迹则起着选择和发动反应动作的作用。

1976年舒密特（Schmidt）提出了动作技能形成的图式理论。他借用图式概念来说明动作技能学习中大脑中储存的不是详细、具体的细节，而是一种结构关系，即概化的一般的原理。该理论假定有再认图式与再现图式两种储存系统，再现图式由反应最初条件、动作参数、反应结果等几方面之间的关系的储存信息所构成；再认图式是在对给定的初始条件、情境结果和感觉序列等已经经验过的条件下形成发展的。在有了相应的动作经验后，按照这一图式，学习者可以预期任何给定动作结果的感觉序列，起到控制反应动作的作用。

纽威尔和巴克雷（Newell & Barclay）根据认知心理学的研究成果于1982年又提出了图式的层次结构理论。他们认为，不同概括水平的图式组成的有层次的结构可以很好地从理论上解释动作技能掌握的过程。在图式层次结构中，最具有抽象性和表征水平的图式是一个概念化的图式，该图式实际上是从个体未在外在表现出来的内部的动作中抽象出来的。在最具有具体性和动作性水平上的图式，则包括了某个特定动作的运动学或动力学特征。因此，心理练习和观察学习实际上就是在表征水平上获得相应的图式。

辛格（Singer，1978）则用信息、编码和控制等术语来说明动作技能的学习。他认为动作技能学习形成的预期可分为目标意象（goal image）和目标期望（goal expectation）两种。目标意象明确解决问题的目标模式，而目标期望则明确了学习者能够做得如何。它们都起到学习定向的作用。要形成这样的预期就需要对线索和信息（示范动作等）进行适当的编码，同时也需要长时记忆中的经验。为了达到一定的目标，学习者需要对自己的动作进行必要的控制和调节。控制过程主要是激起或抑制执行加工的各结构对信息的加工，以及控制这些结构如何进行加工。比如当信息传递到短时记忆结构时，认知控制即时激起短时记忆结构，使之执行储存信息的指令，并且指示结构将信息组成信息组块，以便在有限的记忆空间尽可能多地储存信息，并便于提取。

韦尔福德（Welford，1968）根据信息加工观点，提出了运动技能形成的模型，如图 9－2 所示。

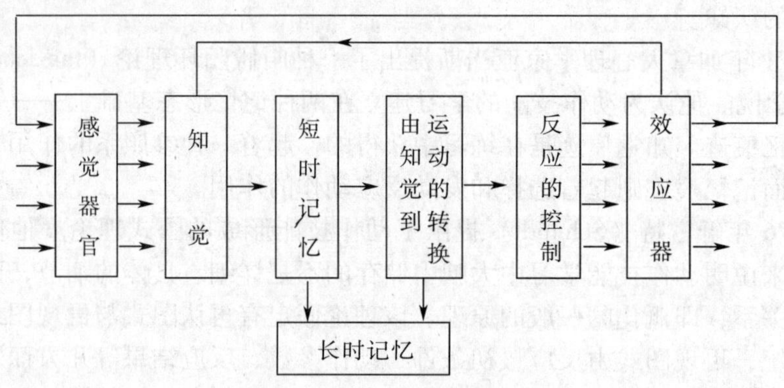

图 9－2　动作技能形成模型

该模型分为三个连续的阶段：

（1）感觉接受阶段。该阶段的学习者面临着一定时间内输入多少信息的问题。信息量超载，会造成学习者负担过重，无法处理超负荷；信息量贫乏，会削弱学习者的警觉，降低操作标准。因此，学习者必须通过知觉对信息加以选择性注意，才能把重要的信息储存于短时记忆中。

（2）由知觉到运动的转换阶段。这一阶段有双重意义：既对感觉的输入做出反应，又激起效应器的活动。在这个模式中，反应取决于信号的传递和主体“做出决定”。技能的学习就是通过学习、训练，使学习者已有动作之间及它们与新学习动作之间达到同化和融合，从而缩短其反应。而效应器的活动能够通过提供反馈进一步矫正或加强反应，最后把经过长期练习而形成的运动程序图式储存在长时记忆中。

（3）效应器阶段。这是指转换完成后，大脑发出神经冲动沿着运动神经纤维传到相应的效应器官，产生动作。同时，动作的进行受到反馈的调节，形成一个反应环路。

韦尔福特的模式虽然划分为三个阶段，但事实上它是一个统一的整体。

二、动作技能形成的阶段

动作技能的学习要经历习得、保持和迁移的过程，动作技能的形成是指通过练习从而逐渐掌握某种外部动作方式并使之系统化的过程。费茨（T. M. Fitts）和波斯纳（M. I. Posner）提出了动作技能形成的一般过程，包括以下三个阶段。

（一）认知阶段

这是动作技能形成的初期，学习者通过指导者的言语讲解或观察他人示范的动作模式，或自己按照操作说明或使用手册的要求，试图对所学技能的任务、性质、要点进行分析、了解和领会。认知阶段的长短取决于动作技能的性质和复杂程度。如儿童初学毛笔字，首先必须仔细观察范例（字帖），以了解每一笔如何起笔、收笔，每一笔画的粗细、长短，用笔的力度等。在此阶段，指导者把图表、模型的运用与实际的操作和示范结合起来，使学习者辨明正确动作与错误动作的差异。这个阶段的主要任务是领会技能的基本要求、重点，掌握组成技能的局部动作。因此，学习者注意范围小，只集中于个别动作，不能控制动作的细节和局部，在学习中难以发现错误和缺点，常表现出全身肌肉紧张、动作忙乱、僵硬，动作速度缓慢、不协调、呆板，多余动作突显，动作连贯性差等特点，需要较多的意识控制。

（二）联系形成阶段

这是把局部动作综合成更大单位，从认知方面转向动作方面，最后形成一个连贯的初步动作系统的阶段，具体表现为学习者通过练习把已掌握的局部的、个别的动作联系起来，形成比较连贯的初级动作系统。在此阶段，重点是使客体刺激与动作反应形成适当联系。为此必须排除过去经验中习惯的干扰以及局部的动作之间的相互干扰。例如，初学蝶泳的人，手臂、脚、头、腹、换气的动作常常相互干扰，动作不协调，顾此失彼。在此阶段，局部动作虽然已经形成了联系，但动作之间的联系尚不够紧密、牢固，在实现动作转换时，常常出现短暂的停顿现象。在完成动作活动过程中，视觉控制作用逐渐减弱，而肌肉运动感觉的调节作用逐渐增强，并能运用来自外部情境的外部反馈信息和来自效应器官肌肉活动的内部反馈信息来调节主体自身的动作。同时，学习者注意的紧张度有所下降，动作之间的矛盾和干扰减少，多余动作逐渐消失，发现和矫正错误动作的能力增强，形成连续的初步动作系统。

（三）自动化阶段

这是动作的协调和技能的完善阶段，是动作技能形成的最后阶段。在此阶段，各个局部动作联合成为一个完整的自动化的动作系统，成为一个有机的整体固定下来，整套动作序列能依照准确的顺序以连锁反应的方式实现。例如：书法家在完成书法作品时，每一个字的起笔、运笔、收笔如行云流水，一气呵成，而且字的间架结构安排合理，笔画的粗细得当，用力轻重适中，达到高速、轻松、精确，连贯的书写动作。在执行动作时，技能从由大脑高级中枢控制逐步向脑的较低级中枢控制转变，意识成分的参与减少以及多余动作和紧张状态消失，注意范围扩大，并能根据情境变化灵活准确、迅速地完成整套动作，整套动作如泉水自动涌现，无需特殊的注意和纠正。

总之，动作技能的形成需要从领会动作要点和掌握局部动作开始，到建立动作之间的有机联系，最后达到整套动作序列的自动化的过程。

我国学者冯忠良则把动作技能的形成分为四个阶段：（1）操作的定向。这是学习者了解操作活动的结构与要求，在头脑中建立起操作活动的定向映像的过程。（2）操作模仿。这是指实际再现出特定的动作或行为模式。其实质是将头脑中形成的定向映像以外显的实际动作表现出来，没有定向映像的模仿是机械的模仿。（3）操作的整合。这是指把模仿阶段习得的动作固定下来，并使各动作成分相互结合，成为定型的、一体化的动作。（4）操作的熟练。这是指所形成的动作方式对各种变化的条件具有高度的适应性，动作的执行达到高度的完善化和自动化。

三、动作技能形成的标志

动作技能形成的标志是达到熟练操作。所谓熟练操作是指动作已达到较高速度，准确、流畅、灵活自如，且对动作组成成分很少或不必有意识注意的状态。研究表明，熟练操作具有以下主要特征。

第一，意识调控减弱，动作自动化。在动作技能形成初期，各种动作都受意识支配调节。通过反复练习，一旦动作达到熟练程度，意识调控被自动化所取代，动作是无意识进行的。

第二，能利用细微线索。在初步掌握动作技能时，学习者只能对那些很明显的线索发生反应，如来自环境中的听觉线索、视觉线索、触觉线索等，而不能觉察自己动作的全部情况和错误。动作熟练后，学习者能觉察到自己动作的细微差别，仅凭细微的线索就能改进调整自己的动作，做出恰如其分的反应。

第三，动觉反馈作用加强。动作技能的反馈包括两类：一是外部反馈，即对反馈结果的知悉；另一类为内部反馈，即是以肌肉活动本身的动觉刺激形式出现的。在初步掌握动作技能时，学习者主要依据外部的视觉反馈来调节自己的动作，而在动作技能的熟练期，学习者主要依据内部的动觉反馈来操作或调节自己的动作。

第四，形成运动程序的记忆图式。所谓运动程序的记忆图式，是指经过长期的练习而在长时记忆中形成的关于动作的有组织的系统性知识，它使完整的操作流畅地执行。拉斯罗（Laszla，1967）的研究表明，运动技能的熟练程度达到某一阶段时，人的头脑中就会产生运动的指导程序，并以此程序来控制运动。

第五，在不利条件下能维持正常操作水平。检验动作的熟练程度，更重要的是考察在不利条件下表现出来的操作水平。一般来说，越熟练的动作，越能在外界情况变化下或面临紧急情况时维持正常操作水平。如著名的球星在有对手贴身防守，甚至由于对手犯规而使自己失去平衡时，仍然可以将篮球投入篮筐。紧急情况的突然出现，可能使不熟练者手足无措，但能使熟练者的技能发挥至高峰。

四、动作技能的保持与迁移

（一）动作技能的保持

动作技能一经形成，就不易遗忘。动作技能的保持比知识的保持更牢固，越是复杂的动作技能，保持的时间越长；越是简单的动作技能，保持的时间越短。许尚侠于 1986 年以大学生为被试研究了动作技能的遗忘进程，学习内容为一套新编的徒手操，10 分钟学习，1 分钟完成全套动作。结果发现，动作技能的遗忘进程与艾宾浩斯的无意义音节的遗忘进程有很大的区别，如图 9－3 所示。

为什么动作技能不易遗忘呢？弗雷西门（E. A. Fleishman）和派克（J. F. Parker）的实验可以部分地回答这个问题。他们设计了一个类似驾驶飞机的任务。在实验中，被试握一操纵杆，该操纵杆可以左、右、前、后移动，控制两维的运动。被试要用脚去控制方向舵，方向舵像一块跷跷板，可以围绕一个支点上下运动。被试需要使操纵杆在一个阴极射线管的中心保持一光点，若光点偏离中心，他必须及时调节操纵杆，使光点回到中心位置。在阴极射线管的上方有一伏特计，被试用脚踏方向舵，使伏特计指针同样保持在中心位置上。这一任务是颇为复杂的，被试既要观察光点和伏特指

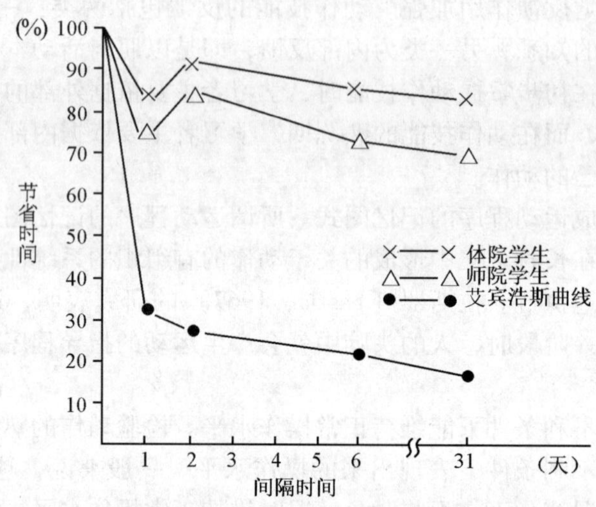

图 9－3　运动技能与无意义音节的遗忘曲线的比较

针的移动，又要手脚并用进行不同的操作。练习 50 次，每次 6 分钟，达到了熟悉水平，历时 17 天。在训练完成以后，将被试平均分成 3 个级。其中 1/3的被试在 9 个月后进行测试，1/3 的被试在 12 个月后进行测试，最后 1/3 的被试在 24 个月后进行测试。结果表明，前两部分被试对技能没有遗忘。最后的那部分被试对技能虽有少量遗忘，但经过 6 分钟练习后，便完全恢复。这也就是说，已经掌握了的动作技能，经过两年以后，仍然基本保持完好。上述实验可以给我们如下的启示：

第一，动作技能是在大量练习的基础上获得的。如在上述实验中，被试用脚踏方向舵，经过 300 分钟的练习，反复将伏特计指针调整到中心位置，这里有大量的过度学习。大量的练习往往意味着过度学习，而且在练习过程中常凭借外部和内部反馈信息来不断地校正动作、完善动作。因此经过过度学习的任务是不易遗忘的。研究表明，动作技能越复杂，练习量越多，遗忘发生得越少；动作技能越简单，练习量越少，遗忘也越明显。

第二，许多动作技能是以有序连续的局部动作为基础的，有序连续的动作只要出现某一局部动作，动作的其他连锁就会相应出现，因此连续有序的动作序列构成的动作系统不易遗忘。在上述实验中，被试要追踪光点和指针，连续进行调节。连续的任务相对简单，故不易遗忘。如果动作技能是由许多完全不同的孤立的动作成分构成，其遗忘程度也会与言语材料的遗忘相去无几。

第三，动作技能不同于言语知识，它的保持高度依赖小脑的低级中枢，这些中枢可能比脑的其他部位有更大的保持动作痕迹的能量。

（二）动作技能的迁移

动作技能的学习与知识的学习一样，也存在着迁移现象，即一种技能的学习对另一种技能的学习产生影响。从迁移的性质及其作用来划分，动作技能的迁移有正迁移和负迁移；从迁移发生的方向来划分，有顺向迁移和逆向迁移。虽然学习迁移的一般规律也适用于技能的迁移，但动作技能的迁移又有其特殊性。从动作的特点及其关系来划分，可以把动作技能的迁移划分为以下几种迁移形式：

（1）双侧性迁移。双侧性迁移又称交叉迁移，是指在身体一侧器官形成的技能迁移到身体另一侧的器官。研究表明，双侧性迁移最明显是人体对称部位，即左手—右手、左脚—右脚；其次是同侧部位，即左手—左脚、右手—右脚；最弱的是对角线部位，即左手—右脚、右手—左脚。双侧性迁移对于需要双手或四肢协调的动作技能的学习具有促进作用。

对双侧性迁移的研究主要通过运用书法、绘图、迷津等途径进行研究的，如布雷（Bray）等人研究了手部镜画操作向脚部镜画操作的迁移；莱波特（Raibert）等人先让被试用利手模仿字迹，然后考察其向手臂、非利手、非利手手臂、脚部的迁移，甚至让被试用牙齿叼住笔来完成同样的动作，结果发现，尽管完成这些动作所需使用的肌肉和关节都不太相同，但都表现出较大的迁移。萨皮罗（Shapiro）等人以复杂的腕部旋转动作为任务也发现，不但这种动作的练习效果能向非利手迁移，甚至在不同肢体的控制下，每一局部动作操作的时间模式也大致相同。

（2）语言—动作的迁移。这是指在动作练习前的语言训练对掌握动作技能有影响作用。一般来说，只有当语言的反应不干扰被试的动作时，如语言就是对该动作的表征，或者语言的反应简单，或语言能提高知觉的辨别能力等，学习动作技能前的语言训练才能对动作技能产生正迁移。

（3）动作—动作的迁移。这是指已形成的一种动作技能向另一种动作技能的迁移。两种动作技能之间既可以产生正迁移也可以产生负迁移。当两种动作技能的学习存在相似的注意分配、反应速度、操作动作成分、操作方式时，则产生正迁移。如学会骑摩托车就较容易掌握驾驶汽车的技能。当两种动作技能的动作成分相似，操作动作的方式相反时，则容易产生负迁移。如习惯于从自行车左边上车的人很难掌握从自行车右边上车的技能。

第三节　促进动作技能学习的条件

动作技能的形成要经历一个复杂的过程，需要具备一系列的条件，为了提高动作技能学习的效率，必须充分了解制约动作技能形成的条件，这些条件可以分为内部条件和外部条件两类。

一、促进动作技能学习的内部条件

（一）具备学习动作技能的动机

学习动作技能的动机是促使学生积极学习动作技能的内在驱动力量，它是在学习者产生学习动作技能需要的基础上形成的，它对学习者持久学习动作技能起到积极的促进作用。

（二）具有相应的生理成熟水平和丰富的知识经验

大量的研究与日常的观察表明，学习者掌握动作技能的能力随年龄和经验的增加而提高。生理成熟是学习动作技能的基础，知识经验是动作技能学习的重要条件，学习者生理成熟水平愈高，知识经验愈丰富，动作技能的学习效果愈好。一般来说，成熟与知识经验对动作技能学习的影响是相对的，对复杂的动作技能的学习，知识经验所起的作用相对较大；而对简单的动作技能的学习，生理成熟所起的作用相对较大。

（三）具有正常的智力水平

当学习者的智力处于正常水平时，与小肌肉活动有关的动作技能的学习与智力水平有较低的正相关，智力水平越高，动作技能学习成绩越好；与大肌肉活动有关的动作技能的学习与智力水平之间几乎没有什么相关。当学习者的智力处于常态以下时，小肌肉与大肌肉的动作技能的学习和智力之间存在明显的正相关，智力越低，动作技能的学习速度越慢，越难获得动作技能。

（四）良好的人格特征

人格特征与动作技能的学习关系密切。奥吉利夫（B. Ogilive）和塔特科（T. Tutko）在1967年的研究表明，与出色完成竞赛活动有关的人格特征有:（1）较高的成就动机；（2）忍耐力、坚持性；（3）抗干扰、承受打击和注意稳定的能力；（4）控制能力强；（5）任劳任怨、努力、吃苦精神；（6）自信、大胆、心胸开阔；（7）高于常态的智力水平。由此可见，良好的人格特征，对动作技能的学习和掌握起着促进作用。

人格类型也会影响动作技能的学习。外向型与内向型人格类型对动作技能的学习会造成不同的影响。外向型的人与内向型的人相比较，动机水平高，活动效率也较高；外向型的人比内向型的人较难形成条件反射；外向型的人易于形成粗大动作技能，内向型的人易于形成精细动作技能；外向型的人动作速度快，但欠准确，内向型的人动作速度慢，但准确性高；外向型的人动作的灵活性高，内向型的人动作的灵活性较低；外向型的人动作的稳定性较低，内向型的人动作的稳定性较高。

另外，学习者对活动的态度、学习者的情绪状态等都可能影响动作技能的形成。

二、促进动作技能学习的外部条件

（一）科学的指导

在动作技能的学习中，有效的指导是不可缺少的。指导主要包括讲解和示范两种形式。结合动作技能的特点进行讲解和示范，对动作技能的学习起着积极的促进作用。

1. 讲解

讲解可以口头形式进行，也可以借助文字模型、草图等进行，讲解的目的是突出动作要领，提高学生对动作的认识水平。讲解的内容包括：(1) 学习动作技能的目的。如教师应明确告诉学习者要学习什么，明确提出动作技能应达到什么目标，并向他们提出适当的切实可行的期望，使学生明确“做什么”和“怎么做”，形成对自己的正确估价，并能根据自己的能力与学习任务的目标而调控自己的练习过程。(2) 动作技能的性质。如告诉学习者是连续性动作技能还是非连续性动作技能，是工具性动作技能还是非工具性动作技能。(3) 学习程序与步骤。如告诉学习者有关动作技能的步骤、动作顺序、练习时间与分配方式等。(4) 注意事项。如告诉学习者学习该动作技能的难点是什么，什么时候容易出现错误和危险，如何学得最快，保持得最牢固，运用得最灵活等。

2. 示范

讲解是教师讲学习者听，而示范则是教师做给学习者看的。教师直接以动作方式演示，学习者通过观察示范动作，也能获得相应的动作技能。在动作技能的示范过程中，要考虑两个问题，一个是谁做示范，一个是如何示范。研究发现，示范者的身份对动作学习的效果有一定的影响，熟练教师的示范效果比不熟练教师的示范效果要好。这可能是因为学习者对较高身份的示范者给予更多的关注，从中影响了所获得的信息，另外也可能促进了学习者的学习动机。

示范主要有两种形式，第一种是由教师做出示范。根据教师与学习者所处的相对位置，具体可以把示范分为三种：一是相向示范。在教室情境中，教师对学生进行面对面的示范。但该种方式易产生左右反向的不良影响。二是围观示范。教师居中，学习者围而观之，该方式易使学习者因观察角度不同，影响动作的准确性。三是同向示范。学习者在教师背后，且居高临下，该方式可以避免左右反向及观察角度不同造成的不良影响。另一种是借助视听教学进行示范，如通过观看教学电影、幻灯等。这种方式可以提高学习者的学习兴趣，提高教师指导及学习者学习动作技能的效率。无论采取哪一种示范，都要求动作准确、规范，力求使包含在技能中的每一个具体动作都清楚地展现出来，而且在动作技能学习的初期，若采用教师直接示范，应尽可能使教师的动作慢速进行，充分展示分解动作，然后再合成完整的动作系统。若采用视听教学，则可以采取不同方式放映，先以慢镜头展示每一动作，再以正常速度放映。也可以采用幻灯先让学习者看每一个分解动作，再看完整的动作序列。这样可以避免短时间内新信息量过多而超载。

不管是哪种形式的示范，都要做到示范的准确性，这对动作技能学习的效果起着决定性的影响。错误的或不准确的示范只能导致错误的或不准确的模仿，在动作技能学习的初期更是如此。

在动作技能学习中，讲解与示范通常不是孤立进行的，而是结合起来进行的。研究表明，示范时结合进行讲解，或指出错误，进行现场评价效果更好。梅（M. A. May）曾对不同演示方法做过比较研究。他把小学五年级学生按平均能力分为五个组，分别学习两种复杂程度不同的拼图技能。教师做示范动作，示范时或不做任何说明，或结合进行程度不同的说明，并要求各组被试在观看教师示范的同时做不同的反应，结果如表 9－1 所示。

由表中可以看出，不论是学习简单动作技能还是复杂动作技能，第五组学习效果都最佳。而且在学习复杂的操作技能时，第三组、第四组效果仅次于第五组。这个实验告诉我们：学习动作技能时，教师应让学习者注意观察并理解所演示的动作技能，而且教师应把讲解与示范结合起来，在示范时应及时对学习者的动作错误加以指正，这是促进动作技能学习的最有效的方式。

表9－1　不同示范方式对动作技能学习的影响

组别	规定学生的反应	教师示范与说明	示范后独立操作简单拼图所需时间（分）	示范后独立操作复杂拼图所需时间（分）
1	边看示范边背诵与技能无关的数字	只有示范动作，不做任何说明	5.7	25
2	边看示范边说出教师正在做什么动作	只有示范动作，不做任何说明	3.1	22
3	只许观看不许发问	示范动作之外略做要点说明	3.5	16
4	只许观看不许发问	示范动作之外另加详细说明	3.2	14
5	边看示范边说出教师正在做什么动作	只纠正错误，不做口语解释	2.2	12

（二）练习

1. 练习与练习曲线

练习是动作技能赖以形成的基本条件。它是指以掌握一定的技能为目标而进行反复操作的过程，或是刺激与反应的重复操作。练习的结果可以用“练习曲线”来表示，练习曲线是描述动作技能随练习时间或次数的变化而变化的图形，或者说是运用图解的形式来表现练习期间动作学习效率的变化。借助练习曲线，我们可以分析、考察动作技能随练习量的增加而改进的一般趋势。

2. 练习的一般趋势

各种动作技能形成的进程不尽相同，但它们之间又具有某些共同特点和规律，具有一般的发展趋势。

（1）总的趋势是练习成绩逐步提高，表现在速度回忆和准确性提高上。速度加快的具体表现是单位时间内所完成的工作量有所增加（见图9－4a），或是每次练习所需时间减少（见图9－4b）；准确性的提高具体表现为每次练习的错误减少（见图9－4c）。练习成绩随练习进程而逐步提高的趋势具体表现为以下三种形式：第一，练习进步先快后慢。如跳高、射箭、跳远等，在多数情况下，技能在练习初期的成绩提高较快，以后逐渐变慢（见

图9－5a）。第二，练习的进步先慢后快。如投铅球、投标枪、游泳等，在少数情况下，练习初期的进步比较缓慢，以后逐步加快（见图9－5b）。第三，练习进步先后比较平均。在极少的情况下，练习的进步既没有明显的先快后慢现象，也没有明显的先慢后快现象，练习进步的速度比较均匀，在练习曲线图上表现为接近于直线（见图9－5c）。

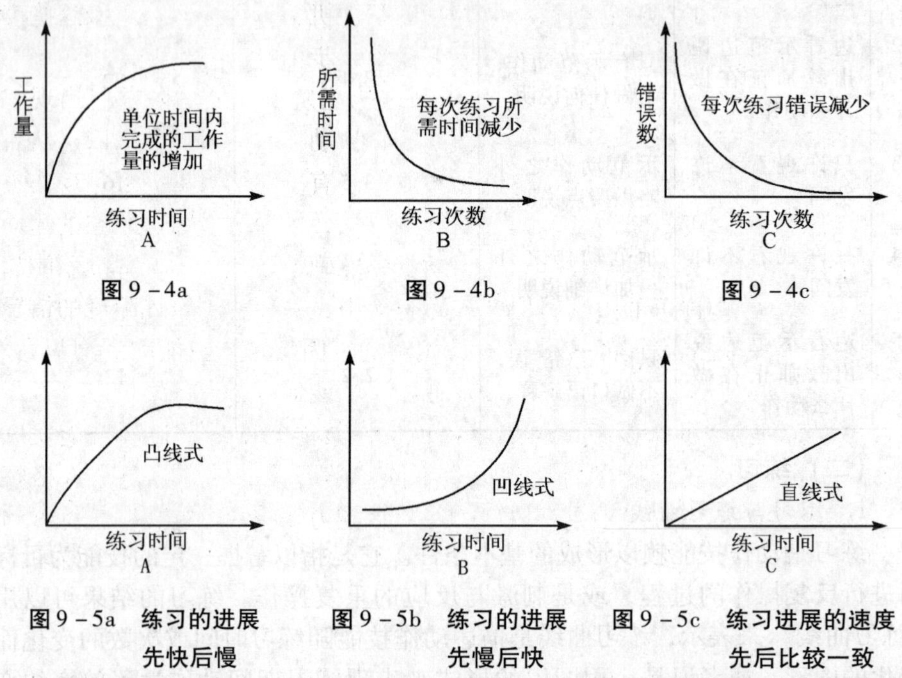

图9－4a　图9－4b　图9－4c

图9－5a　练习的进展先快后慢　图9－5b　练习的进展先慢后快　图9－5c　练习进展的速度先后比较一致

（2）高原期现象（plateau phenomenon）。高原期现象是指在结构比较复杂的动作技能形成过程中，练习到一定时期会出现练习成绩暂时停顿的现象。1897年布赖恩（Bryan）等首先用实验方法证明高原期现象的存在。他们在研究收发电报中的技能学习时发现，在收报练习15～28天之间，成绩一度停顿下来，虽有练习，但成绩不见提高。他们称之为高原期现象。高原现象一般在练习中期出现。这一现象在练习曲线上表现为出现一段接近水平的线段，此时曲线不但不上升，甚至还可能会出现少许下降。但在高原期后，曲线又继续上升。高原期现象产生的原因主要有：感觉机能和中枢机能对动作的控制和调节作用减弱；提高练习成绩的新的活动结构和方法尚未形成；练习方法不当；形成消极的思维定势；产生心理上和生理上的疲劳；动机强度减弱、兴趣降低甚至产生厌倦等消极情绪；意志品质差等。只有消除这些消极因素的干扰，才能避免高原现象的发生。

（3）练习成绩的起伏现象。在练习成绩随着练习而提高的总的发展趋势下，练习成绩也会出现时而上升、时而下降，进步时快时慢的起伏现象。造成练习成绩起伏的原因主要有：第一，客观环境的变化，如练习条件、工具、训练方法的改变等；第二，学习者主观状态的变化，如健康状态欠佳，苦闷消极的情绪体验，注意涣散，缺乏兴趣和动机，等等。只有克服这些消极因素，暂时的停滞才会消除，练习成绩会进一步上升。

（4）练习成绩相对稳定的现象。在动作技能发展的最后阶段，出现练习成绩相对稳定不再继续提高的现象，通常称为动作技能发展的极限。从人的生理素质和机能来看，每个人掌握某种技能都有一定的发展限度。动作技能之所以有生理限度，是因为动作是身体的机能，是通过骨骼、肌肉的运动来实现的。身体有其固定的物质结构，动作的准确性、速度、灵活性不能超越身体的物质结构许可的限度。但在实际生活中，真正达到生理限度的情况是极少的，动作技能发展的“极限”是相对的，因此提高技能的潜力很大。只要不断地总结经验，改进操作工具和方法，就能促进技能的发展。

（5）练习曲线的个别差异。虽然各种动作技能的发展都遵循技能发展的总规律，但由于各种技能的复杂程度不同，学习者的知识经验、人格特征、练习态度、练习方法、主观努力、习惯、能力等存在差异，因此练习的进程也各不相同。这就要求教师在指导学习者进行练习时，既要考虑练习的一般规律，又要考虑学习者的个别差异。

3．合理地组织好练习

影响练习效率的因素很多，要使学习者顺利获得动作技能，必须组织好练习。

（1）要明确练习的目的和要求。这是影响练习效率的最重要的因素。练习目的明确，要求具体，可以调动学习者的学习热情，提高练习的主动性和积极性，使练习常处于意识控制之下，排除干扰，克服困难。同时，具体明确的练习要求、难度适中的练习目标、近期目标等对提高练习效率有更大的促进作用。

（2）要进行适度的“过度练习”。心理学研究发现过度学习对于知识的记忆与保持有显著的促进效果，在技能的形成过程中，同样，过度的练习是非常必要的。已有的研究表明在知识的学习过程中过度学习程度为150%时效果最好，即再增加原初学习程度一半可达到最佳保持效果。而在技能的过度学习中，过度到何种程度最佳，研究结果并不一致，有人主张最保险的次数为 100%，即再增加原初学习程度的一倍达到最佳。

（3）要合理分配练习时间。动作技能的学习需要充足的时间进行练习，因此要制定合理的时间分配表。根据时间分配上的不同，可以把练习分为集中练习和分散练习两种。集中练习是指长时间不间断地进行练习，直到掌握某种动作技能为止，中间不安排休息时间。分散练习是指把练习分成若干阶段，在各阶段之间插入适当的休息时间。许多实验表明，分散学习优于集中学习。金布尔（G. A. Kimble）与沙特尔（R. B. Shatel）训练大学生练习使用切割机裁纸，他们把学生分为四组，练习 20 次，每次 1 分钟。第一组每次练习后有 45 秒钟休息；第二组有 30 秒钟时间休息；第三组有 5 秒钟时间休息；第四组无休息，一直继续练习。结果如图 9－6 所示。

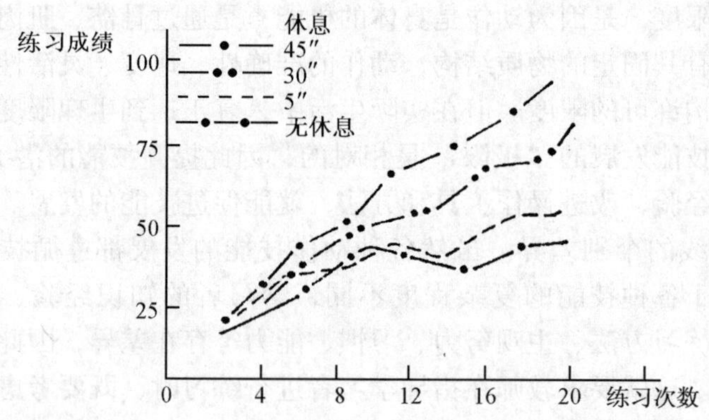

图 9－6　集中与分布练习的比较

从图中可以看出，休息时间越长，成绩越好；无休息组成绩最差，这表明分散练习的效果优于集中练习的效果。

（4）要掌握正确的练习方法。获得动作技能的练习方法从练习内容的完整性上分主要有整体练习和部分练习；从练习的途径上分有模拟练习、心理练习与实际练习。所谓整体练习，是指把要学习的动作技能作为一个整体重复加以训练的练习形式。所谓部分练习，是指把一套完整的动作技能分解成同时或按先后次序出现的许多部分，每次分别进行其中一个部分的训练，最后获得完整的动作技能的练习形式。采用整体练习还是部分练习，应视动作技能的性质及复杂程度而定。一般认为，当动作技能的各部分的独立性较大，或动作技能较为复杂时，采取部分练习的效果较好；当动作技能较为简单，或动作技能的结构严谨、完整，需要细心整合时，则采用整体练习效果较佳。

动作技能的学习既是一个心理参与的过程，又是一个身体参与的过程，因此，最好将心理练习与实际练习、模拟练习结合起来，才能获得最佳练习效果。理查森（A. Richardson）1967 年总结了 11 项有关心理练习的研究，包括打网球、倒车、投标枪、肌肉耐力等技能，结论是：心理练习与成绩的改进有一定的相关，如果将两者结合起来效果更佳。

（5）要及时反馈。所谓反馈，是指学习者了解自己练习的结果。学习者只有及时从自己的动作或动作结果中得到反馈信息，才能了解自己动作的正确与错误，通过练习把正确动作巩固下来，舍弃错误动作，以提高练习的效果，从而促进动作技能的学习。因此，简单机械的重复练习不可能改善动作技能的学习，在练习过程中及时把练习中的各种信息反馈给学习者，是促进动作技能学习的最重要的外部条件之一。学习者一般通过视觉、听觉、触觉、动觉和平衡觉来获得练习结果的反馈信息。通常情况下，在练习初期主要通过外部反馈获取练习效果的信息，即学习者大多是通过视觉通道或听觉通道来获取反馈信息，在练习后期则主要通过运动感觉来获取反馈信息。

通过反馈，学生辨别动作的正误，知晓自己的动作是否达到要求。反馈可分为内部的与外部的、及时的与延迟的。采用何种反馈，应根据任务的性质、学习者的学习进程而定。埃尔林（Irion，1966）的研究表明：若是连续的任务，及时反馈是重要的；若是不连续的任务，则延迟反馈并不影响效果。另外，也不是每次练习都必须给予反馈，过多的反馈容易导致过分依赖外界，而不利于内部动觉体验的形成。一般认为，几次练习后给予一次总结性的、简要的反馈信息是比较有效的。

第十章 学习的迁移

学习的目的不仅在于获得有关知识、技能，更重要的还在于能够将所学的知识、技能应用到新的情境中去，这就牵涉学习迁移（transfer of learning）的问题。我们日常所说的“举一反三”、“触类旁通”，事实上都是对学习迁移现象的一种描述。迁移现象广泛地存在于知识、技能和规范的学习中，因而一直受到教育心理学研究者的高度重视，历来就是教育心理学的核心课题之一。关于学习迁移的研究，不仅丰富和发展了教育心理学，而且对提高教育实际的效果也有重要的现实指导意义。

本章在阐明学习迁移概念的基础上，着重介绍有关迁移的各种理论研究成果，系统探讨影响迁移的主、客观因素，并提出在学习与教学中促进学习迁移的有效策略。

第一节 学习迁移概述

一、学习迁移的一般概念

个体现有的学习不能脱离以往的经验，同样，当前的学习又不可避免会对未来的学习产生某些影响。学习迁移指的就是一种学习对另一种学习所产生的影响。这包括先前学习对后继学习的影响，又包括后继学习对先前学习的影响；同时，所谓影响，既包括积极影响，又包括消极影响。学习迁移现象普遍地存在于人们的各种学习、工作和生活活动中。例如，学会了打羽毛球，有助于打网球，这是动作技能的迁移；学会了平面几何，有助于学习立体几何，这是知识的迁移；从小养成认真勤奋的学习态度，则会影响到学生中学、大学乃至一生中许多方面形成有责任心及严格要求自己的态度和行为习惯，这是态度与行为习惯的迁移。可见，迁移不仅对学生的知识学习有重要意义，还具有重要的社会意义。

由于过去经验对个体的影响无所不在，因而在现实中的迁移大多数是自发发生的，然而，有利于个体学习的迁移并不总是能够自发产生，因此我们必须对迁移现象进行深入研究，寻找其规律，从而更好地控制学习过程中的迁移现象。

二、迁移的种类

迁移的种类可以从许多角度来划分，常见的划分角度有如下几种。

（一）从迁移的性质来看，可将迁移划分为正迁移与负迁移

所谓正迁移（positive transfer），指的是一种学习能促进另一种学习。已有的知识、技能在学习新知识和解决新问题过程中，能够很好地得到利用，产生“触类旁通”的学习效果，这就表现出学习的正迁移。总体上说，正迁移可表现为一种学习使另一种学习具有了良好的心理准备状态，或者一种学习使另一种学习活动所需的时间和练习的次数减少，还可表现为一种学习使另一种学习的深度增加或单位时间内的学习量增加。

正迁移的事例在学习过程中比比皆是，既可表现在同一学科之内，如掌握平面几何，有助于掌握立体几何，又可表现为在不同学科之间，如学习了数学的基础知识，有助于学习物理学与化学中的数量关系方程式。

相对应的，所谓负迁移（negative transfer），指的是一种学习阻碍和干扰了另一种学习。例如，学生在学习新概念时，与原有的概念项目混淆，产生干扰现象，或者加大了新概念获得难度，或者歪曲了原有的概念。又例如中国内地的司机在香港驾驶汽车就容易产生交通事故，中国内地车辆行驶规则是右侧通行，而在香港则是左侧通行。负迁移现象往往表现为一种学习所形成的心理状态，如反应定势等，对另一学习的效率和准确性产生消极影响，或一种学习使另一学习所需的学习时间和练习次数增加。

我们在运用迁移概念时，除非特别指明，一般指的是正迁移。而对于负迁移，我们一般又称之为干扰。

（二）从迁移发生的层面来看，可将迁移分为横向迁移与纵向迁移

横向迁移（lateral transfer）又称作水平迁移，是指在内容和难度上相似的两种学习之间的迁移，例如，数学课上学习了三角方程式后能够促进物理课学习计算斜面上下滑物体的加速度。纵向迁移（vertical transfer）又称为

垂直迁移，是指不同难度、不同概括性的两种学习之间的相互影响，包括较容易、较具体化的学习对难度较高、较抽象的学习的影响。例如学习牛、羊等具体概念，对学习哺乳动物这一概念会产生影响，这种迁移往往是通过对已有的学习进行概括和总结，并形成更一般性的方法和原理的结果。纵向迁移还包括较高层次的学习原则对较低层次的、具体学习情境的影响。

（三）从迁移发生的方向上看，可将迁移分为顺向迁移和逆向迁移

先前学习对后继学习的影响，称为顺向迁移（forward transfer）；反之，后继学习对先前学习的影响，则称为逆向迁移（backward transfer）。当学习者面临新的学习情境和问题情境时，学习者如果利用原来的知识和技能获得了新知识，解决了新问题，这种迁移就是顺向迁移；相反，学习者原有的知识技能若不足以使其学习新知识，掌握新技能，而是通过后面的学习，对原有的知识进行补充、改组或修正，这种迁移就是逆向迁移（见图 10 - 1）。同样，不管是顺向迁移抑或逆向迁移，其影响的效果都有积极与消极之分，其迁移量也有大小之别。

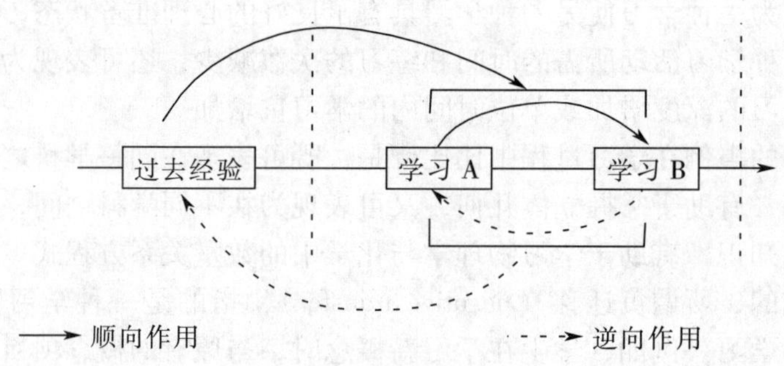

图 10 - 1　顺向迁移与逆向迁移

（四）从迁移影响的领域来看，可将迁移分为一般性迁移与特殊性迁移

特殊性迁移（specific transfer）是指某一领域的学习对另一种学习有直接的、特殊的适应性，通俗地说，特殊性迁移就是特定事实与技能的迁移，相对而言，一般性迁移（general transfer）产生的内在原因不像特殊性迁移那么直观明了，它常常表现为原理原则的迁移，有时在两个看起来不十分相同的学习内容中也有发生，或者表现出态度的迁移。这种迁移可能由学习的动机、注意的因素引起，但也可能由学习的其他准备活动和学习方法、学习策略引起。一些传统的研究者认为，一般技巧、策略的方法有广泛迁移的可能性。正因为如此，目前对一般迁移是否真正存在还有一定的争议（何先友，1997）。

（五）从迁移作用的范围来看，可将迁移分为近迁移与远迁移

近迁移（near transfer）是指将所学的知识迁移到与原初学习情境比较相似的情境中。如掌握某个数学公式后，利用该公式完成一道数学题的解答。而远迁移（far transfer）是指将所学的知识迁移到与原初的学习情境有很大不一致的情境中。如掌握某个数学公式后，运用该公式解决现实生活中的某个有关的问题。

随着迁移研究的深入，研究者们对迁移又提出了一些新的划分方法，比如所罗门（G. Salomon）和珮金斯（D. Perkins）根据迁移过程中的意识参与的程度，将迁移分为低路迁移（low-road transfer）和高路迁移（high-road transfer），低路迁移是自然的、自动化的，不需要或很少需要思维的参与；而高路迁移则需要意识的参与。对迁移不同的分类方法体现了人们对迁移理解的深度与研究角度的不同，关于这方面的内容后面我们还会进行讨论。

三、研究与测量学习迁移常用的方法

根据学习迁移的定义，只有当学习者的操作发生了某些变化，且这种变化并非由练习而产生时，才能确定迁移是否出现及其数量的大小，这就需要进行适当的实验设计与测量。

桑代克早期进行了一些著名的、有关迁移的实验研究，其研究程序往往是如此安排的：被试预测 A，然后训练 B，最后再测 A。如果后测 A 发生了显著变化，则可将后测 A 的变化归因于训练 B 对 A 所产生的影响。这种设计的缺点是预测时可能产生学习，这种学习的结果可能带到后测 A 中去。

为了更好地对学习迁移进行研究，在测量迁移时要注意区分经过练习产生的作业变化与由于迁移而产生的作业变化。由于迁移产生的方向既可以是顺向的，也可以是逆向的，在设计迁移实验时也要注意考虑迁移产生的方向。一般来说，不管关注的是顺向迁移还是逆向迁移，迁移实验的设计与测量都要包括如下四个步骤（见表 10－1）：（1）建立等组（或班）。一般设实验组和控制组，通过预测使两组在智力和知识基础方面尽可能相等。（2）进行教学处理。在顺向计划下，让实验组学生先学习 A，让控制组学生休息或从事其他无关活动，然后让实验组和控制组都学习 B；在逆向计划下，让两组被试先学习 A，然后让实验组学习 B，让控制组休息或从事其他无关活动。（3）测量与比较两种学习结果。在顺向计划下，两组均测量 B；在逆向计划下，两组均测量 A。然后将测得的结果加以比较，并作出统计检验。(4) 得出结论，说明迁移是否产生及其迁移量的大小。

表 10－1　迁移实验设计的基本类型

迁移方向	分组	先学	后学	测量
顺向计划	实验组	A	B	B
	控制组	—	B	B
逆向计划	实验组	A	B	A
	控制组	A	—	A

若经统计检验，确实产生迁移，就可对迁移的量进行衡量，迁移量计算方法有多种，其中默多克（D. D. Murdock）的计算方法是较为常用的一种。在他看来，迁移效果可用介乎－100% ～ ＋100%这一范围的数字来表示，其计算公式如下：

$$迁移率（\%）=\frac{实验组成绩-控制组成绩}{实验组成绩+控制组成绩}\times 100$$

衡量成绩可以用完成学习所需时间多少，或以被试达到某一成绩标准所需的学习次数，以及学习中的错误次数为指标。倘若两个组的成绩以错误次数来表示，则上述公式应改为：

$$迁移率（\%）=\frac{控制组错误次数-实验组错误次数}{控制组错误次数+实验组错误次数}\times 100$$

上述实验设计是较为经典的简单迁移实验，进行这样的实验通常只能简单地证实迁移是否存在。事实上，我们通过对日常生活的观察也能证实这一点。因此我们的实验设计应该进一步以探索促进迁移的方法为目的，这样的实验设计如表 10－2 所示。在这种实验设计中，控制组只是在实验开始和结束时进行测验，在实验中没有任何特殊的活动和训练。实验组则分为两组，其中一组进行某种必要的练习；另一组所用的时间与第一组相同，但把其中一半的时间用于指导，另一半用于练习。当然，这种指导也可能贯穿于整个练习中。采用这种实验设计目的在于更为有效地探索如何提高积极迁移的水平。

表 10－2　考察训练方法对迁移影响的实验设计

控制组	前　测	——	后　测
实验组Ⅰ	前　测	一般训练	后　测
实验组Ⅱ	前　测	特殊的训练方法	后　测

例如，武卓（Woodrow）所做的一项实验就采用了这种实验设计方法来说明，教师对学习方法的指导，会对学生产生迁移有重大影响。他以大学生为被试，先用一些记忆材料（诗歌、散文、事实、日期、词汇）对被试进行前测，根据前测成绩将被试分为三个等组。第一组为控制组，不做任何记忆练习；第二组为单纯练习组（练习组）；第三组为指导练习组（指导组）。第二、第三组都要用相同的记忆材料（诗歌和无意义音节），进行记忆练习，两组练习的总时间都是 3 小时。第二组只做到单纯练习，不给予方法指导；第三组用一半时间作方法上的指导，如只是让被试要相信自己的记忆力，注意把握事实和观点、进行积极的自我背诵、将材料分组、利用韵律感；另一半时间让被试练习。然后再对几个组进行后测，看前后测之间的练习有多大的迁移效果。研究结果表明，在后测中，练习组与控制组成绩大约相等，指导组比其他两组成绩都好。换而言之，无指导的练习只产生很少的迁移，有指导的练习产生大量的迁移。采用这种设计的实验者所获得的结果表明，如果想通过练习获得积极迁移，那么这种练习必须是有指导的，且迁移的效果受指导的方式影响。

四、研究学习迁移的意义

学习迁移研究一直以来是教育心理学的核心课题，不仅具有重大实践意义，也具有重要的理论价值。

从实践上看，学习迁移的研究有助于指导教学过程，提高教学质量，促进学生的学习效率。因此，奥苏贝尔指出，心理学关于迁移的研究乃是心理学对教育产生巨大影响的领域。同时，使学生通过学习获得最大的迁移，这是教学的根本目的，正如美国心理学家比格所说的那样：“学校的效率，大半依学生们所学材料可能迁移的数量和质量而定。因而学习迁移是教育最后必须寄托的柱石，如果学生们在学校中学习的那些材料无助于他们进一步沿着学术的程序，不但在目前，而且在以后生活中更有效地应付各种情景，那么教育就是在浪费他们的时间。”从另一方面来看，在当前知识激增的时代，“培养能力”、“发展智力”是学校教学的重要目标，而迁移与学生的能力和创造性密切相关。因为能力的形成需要所掌握的知识与技能的不断概括化与系统化，这种知识的类化过程其实也就是迁移过程。在学习过程中，学习的正迁移量越大，说明学生通过学习所产生的适应性学习技能和解决新问题的能力越强，可见，“为迁移而教”这一口号与“培养能力”、“发展智力”的教学目标是息息相关的。

在理论方面，学习迁移研究有助于深入揭示学习的本质与规律，是学习理论建立的主要支柱，正如美国心理学家辛格莱和安德森所说的：迁移研究是对所有综合性认知理论一个严格而必要的检验，一方面，对其规律的研究能帮助我们了解学习是如何引起的、学习过程是如何进行的，以及学习结果在今后的学习中能起到何种作用；另一方面，学习迁移研究还有助于探索教育与心理发展的关系，因为在教育条件下，人的发展是通过学习而实现的，学习是教育影响与心理发展之间的中间环节，这其中的关键在于要了解已掌握的知识如何转化为学生的才能，已接受的行为准则又如何转化为学生的品德，这些都要通过学习迁移才得以研究。可见，迁移的研究课题不但在教育心理学界，而且在个体认知过程、认知发展研究中都占据着十分重要的地位。

第二节　关于学习迁移的传统理论及研究

尽管人们早就注意到学习迁移现象的存在，但真正对迁移现象进行研究则是近一两百年的事，这期间，不同的研究者对迁移的本质及其基本过程做出了不懈的探索，并形成了不同的学习迁移理论。

一、形式训练说

最古老的迁移理论应首推“形式训练说（formal or mental discipline theory)”，这种学说是以“官能心理学”（faculty psychology）为基础的。“官能心理学”的提出者德国的沃尔夫（Wolff，1734）认为，个体心理的组成部分是各种官能，如注意力、记忆力、推理力等，这些官能可以像肌肉一样通过训练而得到发展和加强，同时，如果一种官能在某种学习情境中得到改造，就可在与该官能有关的所有情境中自动地起作用，从而表现出迁移的效应。

按照形式训练说的观点，训练和改进心的各种官能，这是教学的最重要目标。教育的任务就是通过适当的训练和练习，使学习者的官能得到改善，只要官能得到了提高，以后无论何时何地，一旦需要就能立刻发生作用。19 世纪末和 20 世纪初，形式训练说一直作为课程编制的指导，认为某些学科可能具有训练某一种和某些官能的价值，例如，学习拉丁语等古典语言和学习数学具有训练记忆、推理和判断的心理官能的作用。这种观点认为，训练的项目越困难，官能得到的训练越多；一种作业越深奥，其学习越有效。因此，该理论主张学校应把难记的古典语法、深奥的数学及自然科学中的难题作为训练的主要内容，不必重视实用知识的学习，学习的具体内容是会忘却的，其作用是有限的，重要的在于形式的训练，只有经过形式训练提高各种官能，才会促进迁移的产生。形式训练说倡导者之一的洛克曾说："我只认为研究数学一定会使人心获得推理的方法，当他们有机会时，就会把推理的方法移用到知识的其他部分去。……所以，学习数学有无限的用处。"（转引自：施良方，1994）形式训练说的观点在欧美盛行一两百年之久，直到今天，这一理论仍对教育工作有一定的影响。

到了 19 世纪末 20 世纪初，形式训练说的迁移理论开始受到了来自实证研究的一些挑战。詹姆斯与他的助手在 1890 年进行了一项记忆实验，他们首先让被试花若干时间记忆长诗《森林女神》的前半部分，记录成诵所需的时间，接着又让被试记相同长度的后半部分，又记录成诵时间，结果发现大多数人对后半部分成诵所需的时间并不减少，有个别人确实表现出记忆的改善，但这种改善却不在于官能的提高而在于记忆方法的改善。据此，詹姆斯对形式训练说提出了质疑。

对形式训练说提出挑战的另一个证据来自桑代克等的系列实验研究，他们的研究结果发现高中生学习像拉丁语、几何这样抽象的课程并没有比像簿记、算术等实用课程在推理测验中有更大的促进效应。波斯特（Post）和杰夫里斯（Jeffries）1976 年进行了一项研究，他们训练被试学习一种解决代数问题的一般的启发式程序，在训练几个星期后进行解决问题的后测，结果发现受过训练的被试并没有比控制组有明显的改进。

多方面的证据表明，期望通过某些学科的训练来提高心智是行不通的，因此，形式训练说逐渐退出了历史舞台，让位于其他的迁移理论。

二、共同要素说

共同要素说（identical elements theory）是桑代克以一系列实验为基础提出来的。起初，他用知觉方面的一系列实验对迁移进行研究，在 1901 年的实验中，他以大学生为被试，训练他们判断各种大小和形状的图形的面积。被试先估计了 127 个矩形、三角形、圆和不规则图形的面积，通过这一程序来预测他们判断面积的能力。然后，用 10 ~ 100 平方厘米的 90 个平行四边形让每一被试进行充分训练。最后被试接受两种测验：第一种测验要求他们判断 13 个与训练图形相似的长方形的面积；第二个测验要求他们判断 27 个三角形、圆和不规则图形的面积。这 27 个图形是预测中使用过的。桑代克的研究表明：通过平行四边形训练，被试对矩形面积的判断成绩提高了，但他们对三角形、圆和不规则图形的判断成绩与预测时相比，并没有提高。除了面积估计外，桑代克也做过长度和重量方面的实验，如让被试估计 2.5 ~ 3.8 厘米的直线，经过练习，取得相当进步，然后用 15 ~ 30 厘米的直线进行迁移测验，结果，其估计能力并不因先前的训练有所增进。此外，桑代克在记忆和注意方面也做过许多实验。结果同样发现，在知觉、注意和记忆方面的训练，并未能迁移到不相似的活动中去。桑代克根据这些实验的结果指出，之所以产生迁移，是因为练习课题与迁移课题之间具有共同的要素。练习任务与测验任务越接近，测验任务的成绩越好。

桑代克的实验结果显然与形式训练说的迁移理论不相符。他的实验结果证明，特殊的训练确实存在着一定的迁移，但是，这只是特殊经验的事实、技能、方法乃至态度的迁移。特殊的训练并不能由此而提高一般的观察力、记忆力、注意力等。

虽然这些实验的结果都不能支持形式训练说，但也不能排除一种可能，即各种不同的能力，如观察力、记忆力、注意力并不容易因短期、特殊的训练而加以改善。于是桑代克就设想能否让学生选学某些特殊的学科，经过较长时间的训练，以便提高学生的一般智力。为此，他在 1924 年和 1927 年还做了两次规模很大的实验，受试的学生达 13 000 多人。学生分别选修的科目包括几何、拉丁语、公民课、戏剧、化学、簿记和法语，学习时间为一年。实验者测验了学生学习这些科目前后的智商变化，结果仍然没有发现某些学科对改善学生的智力特别有效。因此，他认为形式训练说主张的形式训练实际上对学生智力并无多大的影响。韦斯曼等研究者 1944 年又重新检验了桑代克早年的结论。在一个学年的开始和结束时，他对中学生进行了一系列一般智力和成绩测验，实验结果同样也说明，学生所学的任何一种学科在增长智力方面并不比其他任何学科优越。后来更多研究者所进行的新研究，也都证实了桑代克早期的发现。

在这些实验的基础上，桑代克提出了迁移的共同要素说，后来又被武德沃斯（R. S. Woodworth）修改为共同成分说（common components），这种理论认为从一种学习情境到另一种学习情境的迁移，只是由于这两个学习情境存在着相同的成分，迁移是非常具体而有限的。桑代克指出："只有当两个心理机能之间有相同的要素时，一种心理机能的改进才能引起另一种心理机能的改进。”不同学习情境之间的相同要素包括相同的内容、过程、事实、行动、态度、方法或原理，但由于桑代克坚持认为，“头脑……就它的功能方面来说，是对特殊情境作特殊反应的一架机器”，按他的观点，人们在特殊情境中所需要的每一种知识、技能、概念或观念，一定要作为一种特殊的刺激—反应的联结来学习，因此桑代克所谓的“共同元素”，实际上指的就是两次学习在刺激—反应联结上的相同要素，指学习内容中元素间的一对一的对应。

桑代克的共同要素说在当时的教育界起到了一定的积极作用，它使学校脱离了那种在形式训练影响下不考虑实际生活，只注重所谓的形式训练的教学状况；学校在各方面开始注意重视应用学科，教学内容的安排也尽量与将来的实际应用相结合。桑代克的共同要素说也揭示了迁移现象中的一些事实，对迁移理论研究做出了重大的贡献。但是，桑代克的理论只注重学习情境客观方面的特点对迁移的影响，而忽略了学习主体特点对迁移的影响，否认了迁移中复杂的主体认知因素的作用，并使迁移的范围大为缩小，这种迁移理论明显表现出机械、片面的色彩，并且使人们对迁移产生了悲观的态度。同时，也有研究发现，即使学习情境与迁移情境之间存在一定的相同元素，前一种学习可能会干扰后一种学习，而不是促进。如鲁格（H. Ruger, 1910）进行的成人解谜的研究中发现，对谜题个别部分的训练，一般不能帮助解决全部谜题。他还发现，当解答的原则相同，但谜题细节不同时，迁移的效果就可能是负的，即妨碍了新谜题的解决。只有相同要素的存在，并不能保证迁移的发生。因此，相同要素不是学习迁移发生的充要条件。

三、概括说

桑代克注意的是刺激—反应之间的关系对迁移的影响，而贾德（C. H. Judd）却强调了原理、原则的概括对迁移的作用。他并不否认两种学习活动之间存在的共同成分对迁移的影响，但不像共同要素说那样把共同成分看作是迁移产生的决定性条件，而是倾向于把两个情境之间的相同要素的重要性减到最低限度。贾德认为，共同成分只是产生迁移的必要条件，而迁移产生的关键在于学习者能够概括出两组活动之间的共同原理，学习者的概括水平越高，迁移的可能性越大。这种理论称为概括化理论（generalization theory）。

为了证明他的观点，贾德于1908年进行过一个很著名的“水下击靶”实验。该实验以小学五六年级学生为被试，根据教师的评定把他们分为能力相等的甲乙两个组，让他们射击置于水中的靶子。甲组在事前学习光学折射原理，乙组则不学。最初射击潜于水下 30 厘米的靶子时，这两个组的成绩基本相同，这说明理论不能代替实际的练习。但当情境改变，将靶子置于水下 10 厘米时，学习了光学折射原理的甲组学生，不论在速度，还是在准确度上，都大大超过没有学过光学折射原理的一组学生。贾德认为这是由于经过训练的儿童对不同深度的目标可以作出更适当的调整，将折射原理概括化，并运用到特殊情境中去。他说："理论（指折射原理）可以把有关的全部经验——水外的、深水的与浅水的经验——组织成为整体的思维体系……学生在理论知识的背景上，理解了实际情况以后，就能利用概括了的经验，迅速地解决需要按实际情况作分析和调整的新问题。"

为了更进一步地说明贾德所提出的原理，赫德里克森（Hendrickson & Schroeder，1941）等人改进了贾德的实验，他们不仅把被试分为原理组与控制组，还进一步将原理组的讲授分为两种层次，第一层次是学习一般的折射原理，第二层次是让被试具体了解光学折射原理与深浅的比例，这样就有了 3 组被试。实验时首先让他们向水下 30 厘米的靶子投标，记录击中靶子所需的练习次数，然后再让他们分别完成迁移任务，即向水下 5 厘米的靶子投标。实验结果表明，了解了原理的两组被试其练习与迁移成绩均比控制组成绩好，三组中已学习光学折射原理与分配比例这一组被试的成绩最好。这进一步证实了贾德的概括化理论，同时也说明，在教学的时候，不仅仅要讲解原理知识，还要结合实际，教学内容与手段都是同样重要的。概括不是一个自动过程，它与教学方法有密切关系，同样的教材内容，由于教学的方法不同，就会使教学结果大为悬殊，迁移的效应也大不相同。

贾德的"概括说"给后来的研究者以重要的启示。他给探究"共同元素"这个范畴注入了新的具体内容，其研究理论实质上涉及的是包含共同原理的两种学习情境，指明了在学习的两种情境中发生迁移的主要原因是学习主体对学习情境共同原理的概括。但概括说在教学上应用时应注意的是，由于通过概括化而产生迁移的前提是学会原理、原则，这与学习材料的性质以及学生能力等因素密切相关。原则概括化的能力有较大的年龄差异，会随着年龄的增长而提高，年幼的学生要形成原则的概括就不容易，但在每一年龄阶段上，有意识地培养概括能力会有助于学生概括能力的提高和积极迁移的发生。同时，应注意到在对知识进行概括时常会出现两种错误，一种是过度概括化，即夸大了两种学习情境之间的相同原则，忽略了差异，在学习中表现为把已学到的原则生搬硬套到新知识的学习中；一种是错误的概括化，造成对学习机械的定势，从而导致了负迁移的产生。

四、格式塔关系转换理论

格式塔心理学家同意迁移主要是学习者对两种学习情境进行概括而引起的观点，但他们还进一步认为，迁移的产生主要是对学习情境内部关系的概括，学习者“顿悟”了某个学习情境中的关系，就可以迁移到另一个有相应关系的学习情境中去，产生学习迁移。换言之，迁移不是出于两个学习情境具有共同成分、原理和规则而形成，而是由于学习者突然发现两个学习经验之间存在的共同关系的结果。所以，他们的理论称为关系转换理论（transposition theory or relationship theory）。

德国心理学家苛勒（W. Köhler）1929年用小鸡、黑猩猩和3岁幼儿为被试进行寻找食物实验。他让这些被试在两张纸中找食物，一张为浅灰色，一张为深灰色，食物总是放在深灰色的纸上。被试必须学会只有在深灰色纸上才能拿到食物。然后，再用一张更深灰色的纸代替浅灰的一张，在这种情况下，原来是深灰色的纸张现在成了浅灰色的，这样，考察被试是到先前放置食物的那张纸（现在的浅灰色纸）上去找，还是到更深的灰色上去找。苛勒认为，如果被试是到总是放置食物的那张纸上去（前后两个情境中的相同要素），就证明迁移是由于相同要素而产生的。但实验结果是被试到更深的那张灰纸上去找食物，这就证明被试不是对相同要素作反应，而是对关系作反应。被试的选择不是比较刺激的绝对性质，而是由两种刺激的相对关系所规定的。

关系转换理论强调个体的作用，认为学习者必须发现两个事件之间的关系，迁移才能产生，但关系的转换是复杂的，转换的实现会受到一些因素，如原先学习课题的掌握程度、诱因大小以及练习量的影响。研究发现，原先学习的课题掌握得好、诱因大和练习量增加，转换现象较易产生。研究还表明，训练时的刺激与现实的刺激差别越大，转换越不容易发生；用语言来表达刺激之间关系的能力越高则越容易发生转化，即语言对转移有调节作用；此外，智力年龄较高的儿童在转换方面要超过那些智力年龄较低的儿童，等等。

事实上，关系转换理论与共同要素说、概括说等迁移理论都各自强调了迁移的一个侧面，它们之间并非毫不相容，如果把苛勒实验中“两个图片中颜色较深的一个”视为两个实验任务中的相同要素的话，则关系—转换说与共同要素说两种理论对实验的解释并不矛盾。此外，关系转换理论又可视为概括化理论的深化或具体化，也就是说，学习者对学习情境的概括，主要是概括出情境的关系，主体越能顿悟学习情境的内部关系，就越有可能实现两种学习之间的迁移。

五、奥斯古德的三维迁移模式

奥斯古德（C. E. Osgood）总结了配对联想学习中大量实验材料，更深入、更细致地分析了刺激和学习材料的相似程度和反应的相似程度与迁移的关系，提出了学习迁移的三维模式。

对偶联想学习的一般形式是给学生一系列成对的材料，这些成对的材料可以是词汇，如“书—汽车”，也可以是无意义音节，如“BSD—AVX”，还可以是无意义音节与词汇，如“KSU—悲哀”，等等。一般把成对项目的第一项叫做刺激项目，第二项叫做反应项目。如在上述例子中，书、BSD、KSU 是刺激项目，汽车、AVX、悲哀是反应项目。实验要求被试当刺激项目呈现时，说出和写出反应项目。在这种对偶联想式学习的迁移实验中，一般改变前后两次学习的材料，以观察和测量迁移的效果。如果先学习的材料以 A—B 形式出现，而后学习的材料以 A—C 的形式出现，这样的学习称为“刺激相同—反应不同”的学习。如果先前学习的材料是 A—B 形式，而后学习的材料是 C—B 形式，这样的学习就称为“刺激不同—反应相同”的学习。这样我们就可以推断出各种类型的学习，如“刺激相同—反应相同”的学习，刺激相同而反应由相似、不同至对抗等多种形式的学习，以及刺激由相同、相似到无关，而反应相同的各种形式的学习，等等。

奥斯古德三维迁移模式描述了正负迁移的变化如何随学习课题和迁移课题之间的刺激和反应的变化而变化，图 10－2 所示。当两种学习之间的刺激和反应的相似程度确定以后，据此图可以对它们之间迁移的正负和大小作出预测，该模式又称为“三维迁移曲面”或“迁移倒摄曲面”。

根据该曲面，我们可以预期：若先后两个材料刺激相同（S_I），反应相同（R_I），则会出现最大的正迁移。若先后两个刺激相同（R_S），反应由相似到不同（R_N），到对抗（R_A），则迁移由正到负，以至最大的负迁移。若先后两个刺激由不同到相同，而反应不同或对抗，负迁移由最小到最大。若先后两个材料刺激不同，反应由相同到不同，以及对抗，迁移效果都是零。

奥斯古德的三维迁移模式不仅能够解释和描述对偶联想学习的迁移情况，而且还可用于解释类似的技能学习迁移。例如驾驶员学习驾驶轿车，然后学习驾驶卡车，这两种学习属于刺激相似、反应也相似的学习，所以会出

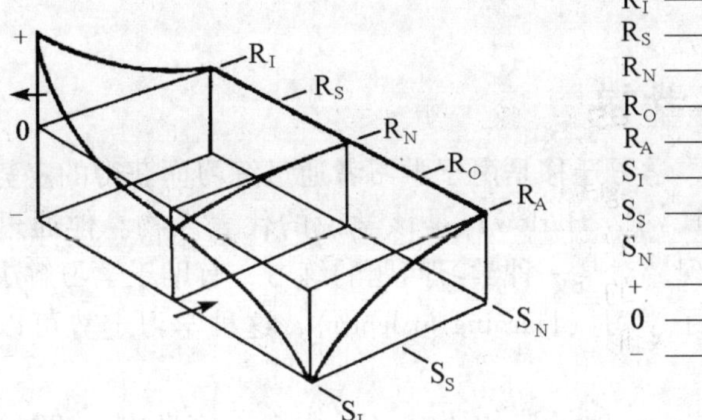

图 10－2　奥斯古德迁移的三维曲面模型

图中以粗线勾画的面表示迁移的方向与数量。正负迁移通过位于零迁移水平面来分界，在该平面之上为正迁移（+），在该平面之下为负迁移（–），与该平面相交则迁移为零（0）。从左到右表示新旧课题之间反应相似性的变化，从相似（R_I）到对抗（R_A）；从前到后表示新旧课题之间刺激相似性的变化，从相似（S_I）到无关（S_N）。正负迁移的数量是刺激条件和所需反应两者相似性变化的函数。

现正迁移。再如驾驶员在国内习惯了靠右行驶，而到了国外却要学会靠左行驶，这时驾驶员的动作就会受到极大的干扰。这些都可以从三维迁移模式中得到解释。

实际上奥斯古德所考察的共同元素与桑代克是一致的，都是联结学习的“刺激—反应”的共同成分，但是，它全面、精确地研究了这些共同要素的相似程度与不同组合对迁移的影响，因此得出更为确定性的结果与结论。可以说，奥斯古德关于迁移的研究是对桑代克理论的深化。

回顾传统迁移理论的发展历史，可以发现，以往对学习迁移的研究，主要局限在动物学习以及人类机械学习的领域，由于学习有不同的类型，不同的学习迁移往往也需要用不同的理论来加以解释。如果用机械学习迁移的规律来解释有意义学习的迁移，用低级学习迁移的规律来解释高级学习的迁移，这就难免会犯片面性的错误。因此，我们必须对不同迁移理论的适用范围进行合理的分析。桑代克的共同要素说主要来自知觉、记忆方面的实验，它更适用于机械学习。奥斯古德的三维迁移模式由于只是对配对联想学习的迁移规律进行总结，因此也只能适用于机械学习。相比之下，贾德的概括化迁移理论与格式塔的关系—转换说在某种程度上弥补了机械迁移理论的不足，但由于它们并没有涉及人类系统的学习过程，其应用价值应该说仍然十分有限。

六、学习定势说

学习定势说认为，学习迁移是由于学习者通过练习而获得的定势或学习能力发生的。哈洛（H. E. Harlow）是该学说的代表人物。他通过对猴子的大量的实验研究发现，对某一种学习问题的练习，有助于学习解决另一种不同的问题，即学会了学习（learning to learn），这种学习定势可以迁移到其他问题情境中去。

哈洛1949年完成了一项经典的研究（转引自：施良方，1994）。在该研究中，让猴子解决一系列物体—选择的问题。猴子要学会对两个不同物体（例如，红的圆圈和蓝的方块）下面哪一个会有食物作出选择。第一轮实验呈现34个问题，每次呈现两个物体，猴子只能选择其中之一，如果下面有食物，就作为奖励。这34个问题各呈现50次，食物始终放在同样的物体下面。猴子能够学会这种选择，因为它们后来选择的正确率（80%）明显高于最初的选择（50%）。然而，哈洛并不是要表明猴子能够学习，而要表明猴子能够学会如何学习。这就是说，他要表明学习一组问题，可以使学习第二组问题更容易些，使学习第三组问题比第二组问题更快些。在第二轮实验中，给猴子200个新问题，各呈现6次。猴子的成功率明显高于第一轮。最后，在第三轮实验中，又给猴子112个新问题，各呈现6次，这次，猴子的正确率达90%。显然，猴子已经学会了如何解决这种问题。学习定势就是指学会如何学习。实验结果如图10－3所示。

学习定势理论可以被看作是转化理论的一种替代，它不认为是通过突然顿悟来解决新问题的。哈洛认为，从一种情境迁移到另一种情境上去的，是一个人学会如何学习的能力。因此，学习定势是一种策略的迁移。

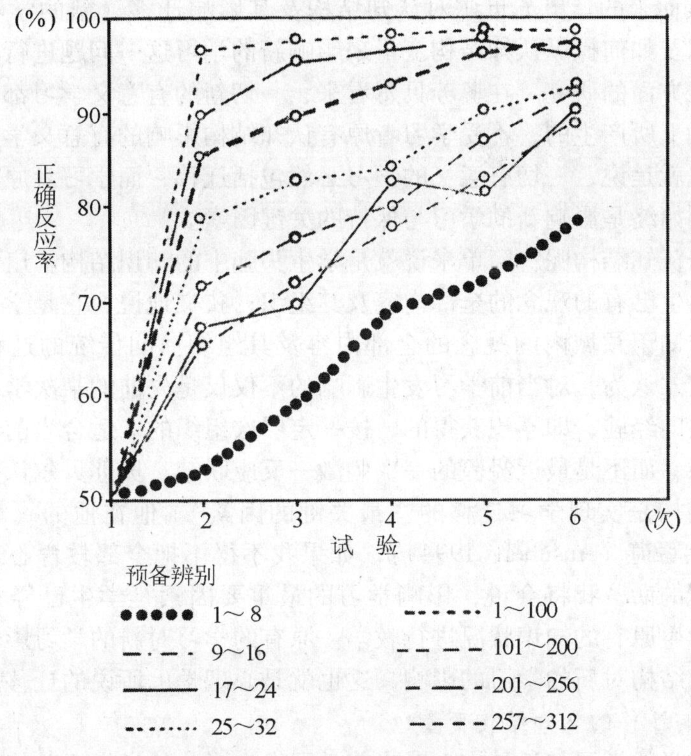

图 10－3 学习方法的学习

第三节 学习迁移研究的新进展

20 世纪六七十年代以来，随着认知科学与信息加工理论的产生和发展，现代认知心理学研究的兴起并向心理学各个研究领域的渗透，人们能比较客观地对人的心理过程进行研究，研究方法和水平不断提高，在此基础上，研究者们提出了许多新的学习迁移理论。

一、当前关于学习迁移的重要理论与研究

（一）认知结构的迁移理论

认知结构迁移理论是奥苏贝尔根据他的有意义言语学习理论（即同化

理论）发展而来的。奥苏贝尔对认知结构及其影响迁移（新的学习）的主要变量，以及如何操纵认知结构变量来影响新的学习这一问题进行过长期的理论和实践方面的研究。在奥苏贝尔看来，一切新的有意义学习都是在原有的学习基础上所产生的，不受学习者原有认知结构影响的有意义学习是不存在的，这也就是说，一切有意义的学习必然包括迁移，而学习者原有认知结构的特征则始终是影响新的学习与保持的关键因素。

什么是认知结构呢？简单来说就是学生头脑中的知识结构。广义上，认知结构是学生已有的观念的全部内容及其组织；狭义地说，它是学生在某一学科的特殊知识领域内的观念的全部内容及其组织。同传统的迁移理论相比，奥苏贝尔认为，对当前学习发生影响的不仅仅是先前的某次学习，还包括个体过去的经验，即累积获得的，按一定层次组织的、适合当前学习任务的知识体系，而不是最近经验的一次刺激—反应联结。奥苏贝尔认为学生原有的认知结构是实现学习迁移的“最关键的因素”。他在他的《教育心理学》扉页上写道（Ausubel，1994）：“如果我不得不把全部教育心理学还原为一条原理的话，我将会说，影响学习的最重要因素是学生已经知道了什么，根据学生原有的知识状况进行教学。原有的学习对新的学习影响，就是已有的认知结构对新的学习的影响，这也就是心理学上所说的迁移。”

1. 影响迁移的认知结构变量

在有意义的学习与迁移中，对当前学习发生影响的过去经验特征，不是指前后两个学习课题在刺激与反应方面的相似程度，而是指学生在一定知识领域内认知结构的组织特征。奥苏贝尔提出了三个主要的影响有意义学习和迁移的认知结构变量：观念的可利用性、观念的可辨别性和观念的稳定性与清晰性。

在认知结构中是否有适当的起固定作用的观念可以利用，这是影响迁移的第一个重要的认知结构变量。在认知结构中处于较高抽象概括水平的起固定作用的观念，对于新的学习能提供最佳关系和固定点。在新的学习中，如果原有的认知结构里没有适当的、起固定作用的观念可以用来同化新知识，那么，个体往往只能进行机械学习。在这种情况下，新知识不能有效地被固定在认知结构中，从而引起不稳定和含糊的意义，因而无法表现出积极的迁移现象。

新的学习任务与原有观念系统可以辨别的程度，是影响有意义学习和迁移的另一个重要的认知结构变量。如果新的学习任务不能与认知结构中原有的观念清楚地分辨，则新的意义很可能会被原有的稳定意义所代表，从而表现出遗忘。

原有的起固定作用观念的稳定性和清晰性，是影响有意义学习与长久保持的第三个重要的认知结构变量。如果起固定作用的观念不稳定而且模糊不清，那么将不能为新的学习提供适当的关系和有力的固定点。

总体上说，奥苏贝尔认为，个体先前通过某次具体学习所得到的最新经验，并不是直接同当前学习的刺激—反应成分发生相互作用，而是通过影响学习者原有认知结构的有关特征，从而间接影响新的学习或迁移。

2. 促进认知迁移的方法

奥苏贝尔提出，设计适当的先行“组织者”来影响认知结构变量，不仅是研究学习迁移的一种策略，也是一种重要的教学策略。

何谓先行“组织者”？在有意义的学习中，在呈现正式的学习材料之前，先用学生能懂的语言介绍一些引导性材料。这些引导性材料的特点是，它比学习材料更一般，更开阔，而且与学习材料有关联，能充当新旧知识联系的“知识桥梁”，奥苏贝尔将之称为“组织者”；由于它的呈现一般先于正式要学习的材料，故又称之为先行“组织者”。“组织者”为原有的知识与新要学的知识之间架设了一座认知的桥梁，使新知识的学习更加有效。

设计“组织者”的目的，是为新的学习任务提供观念上的固定点，增加原有知识的可利用性、可辨别性和稳定性。其作用可归纳为如下几方面：第一，如果原有的认知结构里没有适当的起固定作用的观念可以用来同化新知识，先行“组织者”可补充必要的基础知识，以形成固定点。第二，当学习者的认知结构中已有适当的起固定作用的观念，但它自身不能被充分利用时，可以在呈现正式的材料之前，先用学习者能懂的语言介绍一些引导性材料，以提高原有知识的可利用性和可辨别性。第三，在解决问题时，通过先行“组织者”启发学生实现内化。第四，呈现比较性“组织者”，比较新材料与认知结构中相类似的材料，可增强新旧知识之间的可辨别性，巩固原有的知识。总之，通过设计适当的先行“组织者”可提高学生原有认知结构的可利用性、可辨别性和稳定性，从而促进学习迁移的实现。

奥苏贝尔和他的合作者在1961年研究了原有的知识的巩固性对新的学习的影响（转引自：邵瑞珍，1997）。研究中让被试先学习基督教知识，经过测验将被试的成绩分成中上水平和中下水平，然后将这些被试分成3个等组：第一组在学习佛教材料前，先学习一个比较性“组织者”（它指出了佛教与基督教的异同）；第二组在学习佛教材料前，先学习一个陈述性“组织者”（它仅介绍了一些佛教观念，其抽象水平与要学习的材料相同）；第三组在学习佛教材料前，先学习一个有关佛教历史和传记的材料。在实验后的第三天和第十天进行了保持测验。结果表明，不论在哪一组，凡原先的基督教知识掌握较好的被试，在学习佛教知识后的第三天和第十天的保持成绩均较优，如表 10－3 所示。

表 10－3　起固定作用的观念的稳固性和清晰性对后继的学习与保持的影响

	原先的基督教知识掌握水平	第一组 比较性“组织者”	第二组 陈述性“组织者”	第三组 历史材料
第三天的保持分数	中　上	23.50	22.50	23.42
	中　下	20.50	17.32	16.52
第十天的保持分数	中　上	21.79	22.27	20.87
	中　下	19.21	17.02	14.40

（二）迁移的产生式理论

迁移的产生式理论是由辛格莱和安德森（Singley & Anderson）提出的，这种理论认为学习和问题解决的迁移之所以产生，主要是由于先前学习和源问题解决中个体所产生的产生式规则与目标问题解决所需要的产生式规则有一定的重叠。在他们看来，一个产生式就是一个条件和行动的规则（简称C—A 规则），在这里，C 代表行为产生的条件，它不是外部刺激，而是学习者工作记忆中的认知内容，而 A 则代表行动或动作，不仅是外部的反应，同时也包括学习者头脑内的心理运算。每一个产生式都包含了一个用于识辨情景特征模式的条件表征和一个当条件被激活时用来构建信息模式的活动表征，活动的产生需要对条件的激活。产生式的形成首先必须使规则以陈述性知识的形式编入学习者原有的命题知识网络，并经一系列练习才能转化而成，也就是说产生式的形成必须经由一个陈述性的阶段。

根据产生式的形成过程，产生式迁移理论将迁移划分为四种：

（1）程序性知识—程序性知识迁移。当训练阶段所获取的产生式能直接用于完成迁移任务时，程序性知识—程序性知识迁移就产生了。其先决条件是在现阶段要接受大量的练习，以形成适当的产生式。

（2）陈述性知识—程序性知识迁移。训练阶段获得的陈述性知识结构有助于迁移阶段产生式的获取，这就是陈述性知识—程序性知识的迁移。任何技能的学习总是从陈述阶段开始，然后进入程序阶段，所以每一技能的学习都反映陈述性知识向程序性知识的迁移。因此，这种类型的迁移是非常普遍的。

（3）陈述性知识—陈述性知识迁移。它指已有的陈述性知识结构促进或阻碍了新的陈述性知识结构的获取。这一课题在心理学界一直都受到广泛的研究，如早期的语言与联想学习的迁移研究以及后来奥苏贝尔的认知结构迁移研究。

(4) 程序性知识—陈述性知识迁移。它指获得的认知技能促进了陈述性知识的获取。最有代表性的是读、写、算等这些基本技能，没有它们作基础，我们就不可能吸取大量社会和自然科学知识。此外，掌握一些更复杂的技能，如复述课文、提出假设，都会有助于大量陈述性知识的获得。

在上述对迁移的分类基础上，安德森等研究者重点研究了新手对技能的表征情况，通过追踪个体多次尝试的过程去研究被试的迁移表现，并应用计算机模拟来进行精细水平的分析，在大量研究的基础上，安德森等人对迁移问题得出了如下两个重要的观点：第一，迁移量的多寡（大量、中等、少量或是负迁移），取决于实验情景及两种材料之间的相关。从一种技能到另一种技能的迁移量主要依赖于两任务的共有成分量。这种共有成分的量是以产生式系统来考察的。具体说，就是用相同或相似的产生式法则来描述两任务共有的知识和经验。如果两个情景有共同的产生式，或两情景有产生式的交叉、重叠，就可以产生迁移。第二，知识编辑对产生式的获得与迁移有直接影响。安德森等通过分析一名叫 BR 的被试在学用 LISP 语言定义一个新函数时的学习过程及其所遇到的困难，然后通过计算机辅助教学机模拟他解决问题的过程，发现知识编辑是将陈述性知识转化为程序性知识的一个重要学习阶段。在知识编辑之前，知识处于陈述性阶段，被试用弱方法解决问题。一旦知识经过编辑后，许多小的产生式被一个或几个高级的产生式替代。这时被试用强方法解决问题。用强方法解决问题既快又精确。这种在知识编辑前后解决问题的特点在人的学习中普遍存在。安德森等人进一步认为，这也正是新手与专家解决问题的差异所在，新手是以陈述性知识去解决问题的。

（三）迁移的结构匹配学说

这方面的学说包括“结构映射说”和“问题空间匹配说”。

詹特纳（Gentner）于 1983 年提出了迁移的结构映射理论。他认为，迁移主要是通过类比产生的，而类比则包含了结构组合与映射的过程，是对两事物间的结构特征和事件间的内在联系、关系进行匹配而产生的，而不考虑实际情景中事物具体特征的差异，也就是说，迁移是通过对两种情景中所蕴含的结构与等级组织关系进行映射的过程。

另一些认知心理学家则从问题空间出发来研究问题解决过程中的迁移问

题，这方面的研究者包括莫兰（T. P. Moran）、格里恩（Greeon）、杰弗里（Jeffries）等人，他们认为，迁移是通过问题空间的类比来实现的，个体通过借用已掌握的问题空间来与新问题的某些部分相匹配，也就是将源问题空间（即已掌握的问题空间）的算子、关系或路径等匹配到新问题空间相应的部分中去，从而促进新问题的解决。根据以往心理学家对问题空间的研究，学习者可以从一种任务中获得如下几方面的知识：（1）关于任务空间状态的知识；（2）关于从一种状态到另一种状态移动步子的算子的知识。因而，迁移就是将关于状态和算子的知识迁移到新问题中去，这些新问题具有或者是相同的或者是不同的问题空间，往往涉及类比模式的应用。通过类比过程，已知的“源”问题空间的课题、关系等被匹配或被转移，以便与未知的“目标”系统的课题、关系、算子等相对应。莫兰等人提出，考察两个问题空间的相似性，可以从目标、算子、方法和规则中选择。“目标”指人类具有认知活动的目标和子目标。“算子”指基本的信息加工动作，人用它执行任务。“方法”是指目标与算子的一个特殊的结合，用于完成目标。由于完成目标也许会有好几条可以采用的方法，这时挑选每种方法直接取决于“规则选择”，它是认知活动的控制结构。在此基础上莫兰等人还提出学习者在问题解决中，要形成外部的任务空间、内部的任务空间，并进行从外到内的匹配活动。因此，通过精确评估不同任务可以对迁移进行预期。匹配间的差异和问题空间的重叠部分能预期迁移的程度。这些已大多在人工智能领域得到广泛的证实。

（四）迁移的图式理论

图式是认知心理学领域最为常用的概念之一。里德（Reed）借用桑代克的定义，认为图式是知识表征的一种单元，可以用来表征某种特定的一般程序、物体、概念或社会情景。这种单元提供了一种使某一概念可以用具体例子来进行说明和扩充的框架结构。在进一步分析的基础上，里德认为图式具有五个典型的特征：抽象性、示例性、预言性、归纳性和等级组织性。

里德早年和他的同事对“牧师—生番”问题和“嫉妒的丈夫”等问题解决的迁移现象进行了研究，从20世纪80年代起，他的兴趣逐渐转到了代数应用题解决的类比迁移研究上，重点研究例题和测试题之间的关系如何影响学生对测试问题的完成。由于代数应用题的解决要求学生把文字表述转换成能够反映其深层关系的方程式，因此，里德认为个体在解题过程中生成关于问题结构和解决方法的表征过程，也便是问题解决图式形成的过程，这种图式可在测试问题中得到应用，并且明显地具有一般图式所共有的五条特征。

里德根据例题和测试题之间文字表述内容和解决程序两个方面的同、异，认为例题和测试题之间存在三种可能的类比关系：同形同质（或称等价）问题、同形异质（或称相似）问题、异形同质问题。

在不同类比关系的问题解决中，产生迁移可利用图式的具体过程也存在不同，在等价问题解决中情况比较简单，源问题的表征无需怎么抽象，可直接作为示例对目标问题的解决进行预示；在相似问题解决中，个体必须通过对源问题的抽象、归纳，学会调整一个典型问题的关系式来产生多种变式，才能形成可以映射的概念结构和数值关系，从而导致迁移；而在非同型问题中，由于源问题和目标问题蕴含着结构不同的关系式，如果学生仍然倾向于模仿先前的例题，迁移反而会受到阻碍，此时，个体必须进行更高水平的抽象和归纳，寻找出跨越不同领域的相应要领关系和组织，并对解决方法进行相应的调整，才有可能解决目标问题。

（五）关于样例迁移与样例三维迁移模式的研究

与里德一样，罗斯（Ross）等人也探讨了代数应用题解决的类比迁移问题，重点研究样例（即例题）和测试题之间的关系如何影响学生对测试问题的完成。在学习新的原理时，通常需要给学习者提供样例来对该原理进行说明，学习者在解决新问题时，往往要将新问题与先前样例进行类比而寻找解决方法，这是个类比迁移的过程。荷里奥克（Holyoak）等人指出，类比迁移过程有两个主要环节，第一是类比源的选取，即搜索记忆中可供参考的解决方法或可供参照利用的例子，以确定新问题应该用哪个原理去解决，这个环节称为原理的通达；第二是关系匹配或一一映射，即把新问题与样例的各个部分进行匹配，根据匹配产生解决问题的方法，这个环节称为原理的运用。

有关研究结果表明，样例的表面内容对于新手解决问题有着重要的影响作用。吉克（Gick）、里德以及荷里奥克等人的研究指出，样例与测题的表面内容相似性只影响到原理的通达，一旦找到合适的类比源后，关系的匹配即原理的应用过程将不再受两者表面内容相似性的影响，而只是对问题所包含的结构性信息敏感。

而罗斯则通过一系列研究实验提出，样例的表面内容不仅对类比源的选取起作用，而且对匹配过程也有影响。他将表面内容进一步分离为表面概貌与对象对应两个方面，表面概貌指事件的背景、情节、具体对象等具体内容；对象对应则指问题的具体对象与原理各个变量之间的对应关系。在罗斯的研究中，样例与问题的表面概貌方面设计了相似（+）与不同（0）两种情况，两者涉及的是类似的事件、背景、对象等，则是表面概貌相似，反之则是表面概貌不同。而在样例与测题的对象对应方面设计了相似（+）、不同（0）与相反（-）三种情况，如果样例与测题所涉及的对象相似（能够匹配），而匹配的对象所对应的是相同的原理变量，就可以说两者对象对应相似；反之，如果样例与测题涉及相似的对象，但这些匹配的对象所对应的原理中的变量却相反，则称为两者对象对应相反；如果样例与新问题所涉及的对象不同或难以匹配，那就是两者对象对应不同或无关。

罗斯在20世纪90年代前后设计了一系列研究，比较了+/+、+/-、+/0、0/+、0/-与0/0等条件下的样例迁移效果，根据研究结果提出了表面内容影响问题解决的基本观点：表面内容可以分解为表面概貌与对象对应两个方面，样例与问题的表面概貌相似性可以影响原理的通达，但对于原理的运用没有影响；两者的对象对应相似性主要影响原理的运用而对原理的通达没有影响。

近年来，莫雷等人改进了罗斯的研究设计，进行了系列的实验研究（莫雷等，2000），结果表明：样例与问题的表面概貌相似性对原理运用有影响作用，当样例与问题的表面概貌发生较大的变化，尤其是发生相反的变化时，就会对原理运用产生明显的影响；表面概貌对原理运用的影响，主要是使被试形成按照样例的对应模式来运用原理的定势，因此，当样例与测题的对象对应相似或一致时，其表面概貌相似就会促进解答作业问题时原理的运用，而当两者的对象对应相反时，其表面概貌相似就会对原理运用产生干扰作用。

莫雷根据自己的研究结果，并结合罗斯等人的研究结果，提出样例与新问题的表面内容（包括表面概貌和对象对应）的各种相似关系对解答新问题时原理运用的影响的三维迁移模式图，见图10-4。

图10-4的三维迁移模式表明，表面内容的两个方面（表面概貌与对象对应）相互作用影响着解决问题的迁移效果。当表面概貌与对象对应均相似时（+/+），先前学习的样例对后来解决新问题的原理运用方面产生最大的正迁移，在表面概貌相似而对象对应相反时（+/-），产生最大的负迁移，从+/+到0/0再到+/-，样例对解决新问题的原理运用方面产生的迁移效果从最大的正迁移到零迁移再到最大的负迁移；从+/+到+/0再到+/-，迁移效果从最大正迁移逐步减少到零迁移再逐渐到最大负迁移；从-/+到-/0再到-/-，迁移效果则从正迁移到零迁移逐渐到负迁移；

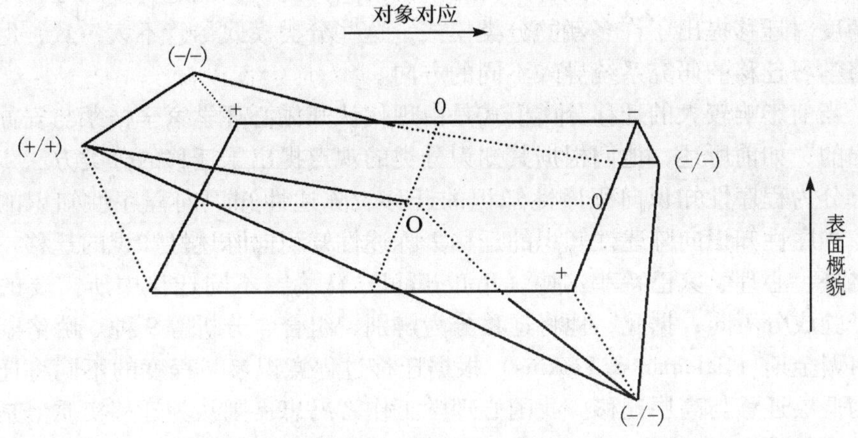

图 10－4　样例学习的表面内容影响原理运用的三维迁移模式图

注："＋"表示相似，"0"表示完全不相似，"－"表示相反；平行四边形 O 为零迁移的平面，在该平面的上方为正迁移，下方为负迁移。

而从＋/＋到－/＋，正迁移效果从最大逐步减弱，从＋/－到－/－，负迁移效果从最大逐步减弱。与奥斯古特的三维迁移模式不同，这个模式是根据有意义学习的迁移研究结果而得出的，虽然它只限于说明特定学习（样例学习）的迁移，但毕竟是运用奥斯古特三维迁移模式的思路来说明不同学习的迁移现象的范例。

二、当代学习迁移研究的特点

20 世纪六七十年代之后的迁移理论和迁移研究同传统的迁移研究相比，表现出如下四个特点。

（一）迁移研究的系统分化

当前对迁移的研究不再像早期那样笼统，不少研究者都力图对迁移过程进行全面的分析，并且根据对迁移的系统分析而开展各个局部的研究，从而表现出迁移研究有系统分化的趋势。这种系统分化的特点，从迁移的分类问题上可以明显地表现出来。

以往人们对迁移做出的多种分类，主要是根据对迁移本身的特征进行分析而做出的。然而，对迁移的研究，还需要根据其产生的条件做出分析。随着研究的不断深入，研究者逐步认识到，在不同的学习、不同任务的情况下，迁移发生的原因、特点与条件是不同的，因此，人们进一步从迁移产生的角度对迁移提出了许多新的分类模式，这些分类模式尽管不太一致，但它们将学习迁移的研究系统导入不同的方向。

当前影响较大的迁移分类模式是由现代认知派心理学家辛格莱与安德森提出的，如前所述，他们根据其知识分类的观点提出了迁移的分类方法，将迁移分为程序性知识向程序性知识的迁移、陈述性知识向程序性知识的迁移、程序性知识向陈述性知识的迁移、陈述性知识向陈述性知识的迁移。除此之外，心理学家巴特菲尔德（Butterfield）认为，不同迁移中所需要的基本经验成分不同，据此，他将迁移分为辨别、组合、分析等9种。萨洛蒙与节目珮金斯（Saloman & Perkins）根据迁移过程意识参与程度的不同将迁移分为低层迁移与高层迁移。我国心理学工作者冯忠良则认为迁移实质上是新旧经验的整合，即通过概括使新旧经验相互作用，从而形成在结构上一体化、系统化，在功能上能稳定调节活动的一个完整的心理系统。他根据新旧经验整合过程的方式将迁移分为同化性迁移、顺应性迁移与重组性迁移三种。对迁移的这些分类表明，当前学习迁移的研究已经脱离了以往那种笼统、含糊的阶段，开始进入一个系统分析的时期。

（二）对共同因素研究的拓展

早期的迁移研究只是将共同元素简单地看成是共同的 S—R 联结，而随着迁移研究的不断发展，人们对不同类型的共同元素在学习迁移中的作用探讨越来越深入，大大拓展了人们对迁移过程中共同元素范畴的理解。

例如辛格莱和安德森认为当两个任务之间存在着共同的产生式，或者说两个任务的产生式有交叉重叠时，迁移就会产生。产生式的迁移理论就是对桑代克共同要素的深化，或者说是运用现代的技术手段对共同元素作出确定的定义。只不过在桑代克时代，难以对迁移的共同元素进行实验室检测，同时也缺乏一套心理表征的语言，因而只能用表面的外部刺激和反应作为共同元素，而在现代认知心理学中，则可利用现代科学技术手段去鉴别这种任务的重要因素，正如辛格莱与安德森所说的："我们在此处提出的理论可以被视为桑代克的共同元素说的复活，但它以产生式规则和他的陈述性前身取代元素的作用。"将这样既有陈述性特性又有心理表征特性的产生式规则作为学习任务之间的共同元素，产生式迁移理论既能容纳原有的原理概括化理论，又能容纳认知结构的迁移理论。

詹特纳则从另一个角度来看待迁移过程的共同元素，认为两事件的结构特征或事件间的内在联系、关系是否匹配决定了迁移的产生与否，而事件的具体特性并不影响迁移，这种迁移理论明显地体现了当年格式塔关系说的思路。

而主张问题空间匹配说的研究者强调的是两个问题空间、算子、关系或路径方面共同对迁移的作用，总体来说，该理论主张抽象图式以及起特殊作用的具体内容在迁移过程中都能起到一定的作用。

相比之下，在里德看来，迁移到底是抽象图式的迁移或是具体内容的迁移，这要具体问题具体分析，为此，她对例题与新问题之间的关系进行了系统分析，希望探讨的课题是在例题和新问题之间关系有所不同的情况下，个体如何辨别两者不同方面的共同因素，以促进新问题的解决。

可见，早期关于学习迁移中共同元素的内涵已得到了很大的扩展，这种扩展也引发了越来越多的研究者对不同方面的共同元素如何综合地对迁移效果产生影响这一问题去进行更深入的探讨。

（三）对迁移过程主体因素研究的不断深化

从贾德开始，心理学家就注意到了影响迁移的主体因素，然而，早期对主体因素的探讨毕竟是较为粗略的，而20世纪六七十年代以后，研究者吸收了现代认知心理学的研究方法与研究技术，使迁移研究能深入到认知过程的内在机制，从主体的认知过程来探讨影响迁移的内在因素。例如，安德森通过计算机模拟的方法考察学习和迁移的过程，证明知识编辑在技能学习与迁移中具有十分重要的作用；罗宾斯（Robins）与梅耶等人研究了有序信息与无序信息、示例训练方法与启发训练方法对学生推理学习及迁移的影响，结果表明在前次学习中如果减少被试工作记忆的负荷，则有利于其后来学习的迁移。这些细致的研究无论从理论建构或教学实践上都具有十分重要的意义。

对迁移过程主体因素研究的深化还表现在研究者对主体方面的各种因素考察越来越全面，并将研究的视野扩展到个体的整个认知结构。例如，奥苏贝尔提出了以认知结构为基础的迁移理论，认为前次学习所获得的知识经验，并非直接同后继学习的内容发生相互作用，而只是由于它影响原有认知结构的有关特征，从而间接影响新的学习。而布鲁纳则认为，学习是类别及其编码系统的形成，而迁移则是把习得的编码系统用于新的事例，正迁移就是把恰当的编码系统用于新的具体事例，负迁移就是把习得的系统错误地用于新事例，这事实上也是将迁移放在主体的整个知识结构背景上进行考察。对学习迁移过程中主体因素的重视及其研究的不断深化，使人们以一种更为乐观、积极的态度来看待迁移，而不把迁移的产生仅仅局限在学习材料本身的相似上。

（四）一般迁移与特殊迁移的争论仍然存在

20 世纪 80 年代初，信息技术开始迅速地应用于教育领域，信息技术教学及其在教育上的应用对学生的学习及智力有何影响成为教育工作者和研究人员关注的问题，并引发了一场关于一般迁移与特殊迁移的新争论。

影响较大的是佩珀特（S. Papert）在他的著作《智力风暴》一书中所提出来的观点。他依据皮亚杰的理论开发了一种 LOGO 语言，他认为儿童通过学习 LOGO 语言，可以“改变他们学习任何别的东西的方式”，LOGO 语言的教学“除了是可以教学生基本的数学、物理和语言学概念的有效方法外，还是可以提高儿童思维和发展解决问题技能的一种强有力的手段”。他的观点一发表便在国际上引起了巨大的反响。人们纷纷将学习 LOGO 语言当作培养思维技能、解决问题能力以及发展创造性的重要途径，并进行多方面的实验研究。

经过多年的研究，以里恩（M. Linn）与皮（R. Pea）为代表的一些研究者对佩珀特的论断提出了质疑，他们认为，多年的研究表明，从表面上看，程序设计课的特点能改进学生解决问题的能力，但这些能力是否为一般能力，能否迁移到其他领域的学习，这仍值得怀疑，因为他们的研究无法证明 LOGO 程序设计语言的学习能发展一般的解决问题能力，只有当教学强调某一方面时，学生在该方面才能有所进步。这些研究者还认为，强调程序设计对一般解决问题能力的迁移，犹如 20 世纪初的官能心理学的翻版；试图通过某一门学科的学习而去发展某种高级的心理机能，只是一种空想。然而，这些研究者也并没有全部否认程序设计语言学习对认知能力可能发生的影响，例如里恩认为，程序设计语言学习可以培养的认知成果可能是一个链，这种认知链有不同的等级。程序设计课所达到的目标可以是链上的不同部位。仅仅通过一门几十个小时的课的学习是不能达到链的高级部位——问题解决的一般技能的，它只能是一个开端，经过一个漫长的过程才能达到培养解决问题的能力。

关于一般迁移的问题，当前争论的另一焦点是能不能离开具体学科，对一般的解决问题的策略加以训练，从而达到在跨学科中普遍迁移的目的。一些心理学家认为，两个任务的特定领域知识可能有重叠，如化学家和物理学家会在数学知识和物质与能量的基本知识方面有重叠，这就会发生所谓专家技能的特殊迁移。若没有重叠，由于解决问题者需要有一个有组织的、方法得当的思考方式，这就有可能产生一般迁移，因此一个任务领域或受训的思维类型对另一个任务领域会有某种微妙的影响。西蒙也认为："强有力的一般解决问题的方法的确是存在的，而且是可教会的。"在美国也有许多大学开展跨学科的一般解决问题方法的训练。然而到目前为止，还没有得到一般思维方法训练在跨学科普遍迁移的证据。不过，近期的一些研究对这个问题的探讨有一定的启示。研究表明，当学习者在解决问题训练中获得了不依赖某一特定领域的原则，即一般原则时，迁移容易发生。巴索克和荷里奥克（Bassok & Holyoak）的研究发现，经过解决代数问题的训练，在解决结构相似的物理问题时，比较容易产生迁移，而反过来，对物理问题的训练则难以迁移到代数问题的解决上。克莱克恩斯基等人（Klaczynski & Gelfand）在研究中也发现了相似的结果：如果首先训练学习者完成任意的广泛专题的选择任务（arbitary selection task），此后再完成某一特定专题的选择任务时，迁移较容易产生，而反过来，特定专题选择任务的训练却难以迁移到任意专题的选择任务上。这似乎表明，先学习材料与后学习材料的关系是影响着一般迁移能否产生的重要因素之一。

第四节　促进学习迁移的教学策略

"为迁移而教"是当前教育界推崇的口号。要实验"为迁移而教"的目标，既要了解影响迁移的条件，也要以此为根据改进教学，以促进积极迁移的产生。

一、影响学习迁移的因素

（一）影响学习迁移的客体因素

1. 学习材料的相似性

前后两次学习材料包括所学知识与技能之间有无共同性，是影响学习迁移能否产生的重要因素之一。在机械学习中，两次学习材料的相似性如何影响学习迁移，这一问题在奥斯古德三维迁移模式中已说明得十分清楚。而在有意义的学习中，学习材料的相似性又可包括许多层次，如可以是表面内容、形式上的相似，也可能是深层结构、原理原则上的相似。学习材料在不同层次上的相似性在迁移过程中的作用有所不同，以往的研究表明，只有在原理上相似的两种学习材料中，表面内容、形式上的相同才有可能促进正迁移的产生，而当原理不相同时，表面内容、形式上的相似性很可能对学习者产生干扰，导致负迁移的产生。这一点在年龄越小的儿童身上表现得越发明显。此外，那些包含了正确的原理、原则，具有良好组织结构的知识以及能引导学生概括总结的学习材料有利于学习者学习新知识或解决新问题。

2. 学习情境的相似性

学习情境如学习场所、环境的布置、教学或测验人员等条件的相似性，能不同程度地提供学生有关的原有学习的线索，促进学习或问题解决中迁移的出现。

3. 教师的指导

教师在教学过程中，有意识地引导学生发现不同的知识之间或情境之间的共同点，启发学生去概括总结，指导学生运用已学到的原理知识去解决具体问题，要求学生将所学的知识举一反三，指导或教会学生如何学习，都有利于促进积极迁移的产生。通常来说，在指导下的练习量越大，就越有可能产生积极迁移的效果；同时，在许多情境中，给学习者提供的指导越多，迁移的效果越大。不过指导不能预先指出正确的答案，以免妨碍学习者主动性的发挥。

（二）影响学习迁移的主体因素

1. 学习者的分析与概括能力

学习者分析与概括能力的高低是决定迁移能否产生的重要因素之一。分析与概括能力高的学生，能有效地根据自己已有的知识经验对当前复杂的问题进行分解，概括出问题所隐含的原理原则，从而加强对新旧知识之间关系的识别，促进积极迁移的产生。

2. 学习者的迁移心向

心向也叫定势，指先于一种活动而指向该种活动的心理准备状态。学习迁移的心向是指学生随时将已学的知识经验迁移到新的场合的心理准备状态。这种心向的产生有利于学习迁移的实现。

杜萨（Dorsey）与霍布金（Hopkins）在一项研究中以大学生为被试，用几种测验——阅读理解力测验、由拉丁语派生词组成的词汇测验、同几何学有关的项目的测验——测量大学生先前学过的知识、技能对理解当前课题的迁移作用。被试分为相等的两组（实验组与控制组）。两组只在心理准备方面有所不同。主试是在测验前先给实验组一定的训练（内容为有效的阅读技术、大学拉丁语、画法几何学），并向他们提出如下建议：（1）在测验时应用你在学习分段时所熟悉的方法；（2）用你的拉丁文知识来辨别测验中的词汇意义；（3）用你的画法几何知识回答这些问题。控制组被试虽接受同样内容的训练，但在测验前并未接受上述建议，因而没有把有关知识应用于当前实验课题的心理准备。结果，实验组的测验成绩大大超过控制组。这说明鼓励学生建立迁移的心向，机敏地发现应用知识的场合，不断地寻求应用知识的机会，对习得经验的迁移有重要意义。

应用已有知识经验的心理准备状态也有消极的一面，它有时会妨碍学生思维的灵活性，使心理活动表现出惰性，显得呆板，因而造成负迁移的效果，这是我们应注意防止的。卢钦斯（A. S. Luchins）的"量杯"实验就说明了定势的消极影响。这项研究中，研究者要被试用容积不同的量杯（A，B，C）来量取一定量的水。量杯与要量的水量如表 10 – 4 所示。实验组与控制组开始时做一道练习题，然后实验组被试做完全部题目，而控制组只做 6 ~ 7 题。

表 10 – 4　三量杯实验

做题序列	三个杯的容量（mL）			要求量出的水的容量（mL）
	A	B	C	
1	21	127	3	100
2	14	163	25	99
3	18	43	10	5
4	9	42	6	21
5	20	59	4	31
6	23	49	3	20
7	15	39	3	18

在 1 ~ 5 题中，被试必须用 B—A—2C 这种三杯量法来量出要求的水量，而事先做了 1 ~ 5 题的实验组被试：无论是小学生、中学生还是大学生，多数都具有强烈的三杯量法的定势，用同样的三杯量法去完成最后两道题，而控制组的被试，通常使用了更为简单的两杯量法（即 A ± C）。实验组被试坚持用三杯量法去完成这一系列的课题，而忽视更简单的可能解法，这就是定势的消极影响。因此，教师要根据心向对迁移的双重影响，注意在教学中必须建立哪一种定势，既要使学生建立将所学知识应用于新情境的迁移心向，又要注意变化课题，以帮助学生具体问题具体分析，减少定势的干扰作用。

3. 认知策略与元认知

尽管在认知策略能否实现跨学科的迁移这一方面，目前尚无非常确凿的实验证据，但许多心理学家仍认为，学习者在原有学习过程中能否形成一种有组织的、方法得当的思考方式或解决问题的方式方法，这也是影响迁移的一个重要因素。按照普莱斯利等人的观点，策略是由凌驾于作为执行一项任务的自然结果的那些过程之上的认知活动所构成的，这样的认知活动可以是单一的，也可以是一系列，相互依赖的。策略可以达到认知的目的（如理解、记忆），而且是潜在可以意识的和可控制的。认知策略反映的是人类认识活动的规律性知识，一般带有很高的概括性，在应用时有很大的灵活性。一些心理学研究者认为，要使认知策略的训练实现在多种任务情境中的迁移，一个重要的条件是提高学习者的元认知水平。

二、促进学习迁移的方法

（一）合理选择教学内容与编排教学程序

1. 选取合适的变式材料

变式是指通过变更对象的非本质特征的表现形式，变更人们观察事物的角度和方法，以突出对象的本质特征，突出那些隐蔽的本质要素，让学生在变式中思维，从而掌握事物的本质和规律。

一个新问题常常在表述中把关键的本质属性“隐蔽”在非本质属性之中，为了促进迁移的发生，教师在教学时，就要启发学生一步一步从非本质属性中把本质属性揭露出来，这就必须运用变式。变式对学生掌握概念及事物的因果联系等都具有极其重要的意义，它可以使学生更好地区分事物的各种因素，并确定哪些是主要的、本质的，哪些是次要的、非本质的。利用变式是防止扩大和缩小概念外延的有效方法，对防止学生颠倒因果关系，发展学生的归纳能力有重大意义。例如，在几何中讲解三角形的“高”这一概念时，就要运用变式，提供给学生各种典型的直观材料，或者不断变换“高”所呈现的形式，通过不同的形式反映其本质属性。图 10－5 是三种不同三角形的“高”的不同位置，通过这几种形式的变换，“三角形各边的高是对角的顶点向这条边所作的垂线 ”这一本质属性就正确地揭示出来了。如果教师只采用锐角三角形讲“高”的概念，学生对概念的理解就会被局限，要他们解决与直角三角形两条直角边的高，尤其是钝角三角形两个锐角所对应的高有关的问题，就会发生困难或错误，从而不利于积极迁移的出现。

变式是重要的，但在教学中也不可过多地运用。变式的成效并不取决于运用的数量，而在于是否具有广泛的典型性，能否使学生在领会科学概念

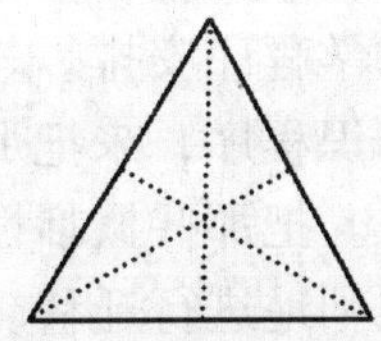
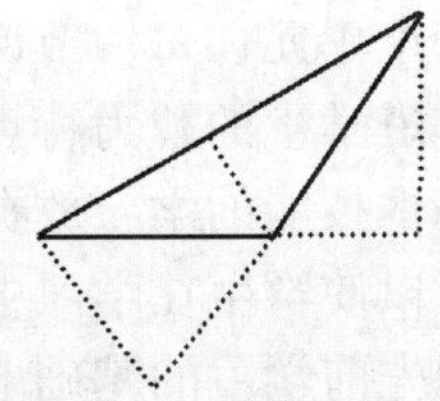
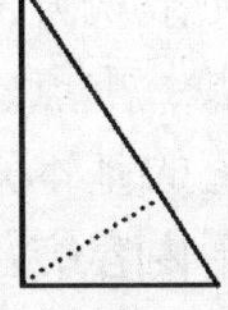

图 10－5 三角形的高

时，摆脱感性经验和片面性的消极影响。同时，材料的变式也不必都在讲授过程中进行，有些也可在练习或巩固作业中让学生来做。此外，教师在运用变式时，要对学生提出明确的要求，思考，才能使变式达到预期的教学效果。

2．选择与应用情境相似的学习内容与学习情境

学习内容与日后运用所学知识的实际情境最好相类似，这样有助于学习的迁移。在教学过程中，教师要选取那些与原理原则的具体运用情境相似的学习内容让学生进行讲解和学习，使学生能脱离学习原理、原则的背景，把握其实质，并能在遇到该原理、原则适用的背景时，准确地运用原理、原则去学习新知识或解决新问题，即达到对原理、原则的去背景化，以防止学生对某一原理、原则的理解和运用仅局限于习得该原理、原则时的情境的情况。

3．教材体系的合理安排

从迁移的角度上说，合理编排教材，就是要使教材结构化、一体化、网络化。结构化是指教材内容的各构成要素要具备科学、合理的逻辑关系，能体现出事物的各种内在联系，如上下、并列、交叉等关系。一体化是指教材的各构成要素要能整合成为具有内在联系的整体。一体化教材要防止教材各组成要素之间相互割裂、支离破碎，或者互相干扰、机械重复。网络化是指教材各要素之间上下左右、纵横交叉联系要清晰，要突出各种知识、技能的联络点，以利于学习迁移。

4．合理安排教学程序

有了编排合理的教材，如何在教学过程中发挥迁移的作用，这就需要教师合理处理教学程序。教学程序主要包括以下三个方面：

一是宏观方面，即整体安排，先学什么，后学什么，学习的先后程序要确定。如小学四则运算的内容，要先学整数四则运算，后学小数和分数的四

则运算。

二是在微观方面，即每个单元、每一节课的教学程序安排。教师要根据教材的难点、重点，结合本班学生的智力特点、知识程序，来把那些具有最大迁移价值的基本知识、基本技能的学习放在首位。把那些概括性高、派生性强的主干内容突出出来，以使学生在学习中能顺利地进行迁移。

三是，要在巩固和熟练先前学习的基础上，再转入下一步的学习。两种知识的学习时间和掌握的熟练程度与巩固程度对迁移是有影响的，如果在先前学习未熟练和巩固的情况下进行另一种学习，则两种学习就容易互相干扰。因此，在必要的情况下，应注意尽可能熟练地掌握先前学过的知识，再转入下一步的学习。

（二）促进学生学习迁移的教学技巧

1. 促进基本概念、原理和科学规律的教学，提高学生对这些内容的理解水平

"概括化原理"表明，两种学习间的迁移部分是由于两种学习中的共同成分，其中主要是由于共同的原理造成的。在教学中相似的原理及法则的迁移是最常见、最重要的迁移现象。为促进原理的迁移，教学中应有目的、有计划地指导学生准确地理解和掌握基本原理。例如在汉字教学时，有经验的老师总是逐步指导儿童掌握汉字的结构规则、偏旁部首的一般规律，让学生学得主动、灵活。

为了让学生理解基本原理，最初给予恰当的学习内容或练习课题，使学生充分掌握以至达到过度学习的程度是十分必要的。接着，不但要演算基本原理、练习题，也要练习解答复杂的应用问题。不过，教师不要在学生还未充分理解基本原理的时候，就要求学生应用原理去解决应用问题，那样容易使学生造成混乱，导致负迁移或出现机械学习。

在学习过程中，学生自己总结出来的规律或方法有助于学习的迁移，因此，应鼓励学生自己总结、归纳和概括学过的知识，充分掌握运用基本原理的条件、方法，使基本原理达到最有效的迁移。

2. 应用比较的方法，有利于防止干扰

在教学上应用比较的方法，可以帮助学生全面、精确、深刻地分析不同情境中的异同。比较就是在思想中将各种事物或其个别部分、特征加以对比，并确定它们之间的异同和关系。比较中，参加比较的事物在性质上应该是有联系的，否则就难以比较；比较还要有明确的标志，并需要始终遵循同一标志进行，否则，比较过程就会发生混乱。

比较有助于学生确切地理解一些基本的概念、原理和原则。例如，哺乳动物的三个基本属性是胎生、哺乳、用肺呼吸，而有些学生只看到某些哺乳动物在陆地上是用四条腿走路的，这时候就需要运用比较的方法，使用变式，如鲸鱼，通过将变式与学生熟悉的某些四腿哺乳动物进行比较，使学生认识到哺乳动物准确的基本属性。

对事物进行系统的比较，还可以帮助学生全面、精细而深入地认识事物。如语文教学中对形近字、同音字、近义词、反义词的区分，对文章体裁的区分，既可避免新旧学习之间的干扰，又有利于促进新旧知识相结合，促进积极迁移的产生。

3．强调迁移的特征，引起学生的迁移心向

教师在教学中要分析教材内容是易于产生何种共同要素的迁移，是内容的迁移还是原理、原则间的迁移，同时在授课时，明确地向学生提示学习的内容更易于应用到哪些情景中去，对学习内容在日常的实际生活中或者对以后的学习究竟有些什么作用，可以举一些具体事例让学生理解，这是引起学生注意的重要方法，同时也有助于唤起学生的学习热情。

在要学习的新内容与已经学习的内容间有共同要素或成分时，可引导学生利用这些共同的要素进行学习，例如，小学中学习的加、减、乘、除和四则运算的知识与初中代数中有关“0”和正数的知识是共同的，可以对代数的学习产生积极的迁移。在适合利用相同成分或要素进行教学迁移时，要了解学生是否已掌握这些知识或要素，除了正式的测验和考试外，教师新授课前有针对性的提问，既可以判断学生掌握这些知识的情况，也可激发学生的有关背景知识，从而有助于新知识的学习。

（三）学习方法的传授与训练

布朗等人在阅读理解的实验中，用矫正性反馈训练法教给学生元认知策略，结果不仅使学生对阅读理解问题正确反应的百分数明显提高，而且使其学到的元认知策略迁移到了他们的常规课堂的其他学习中。可以说，认知策略和元认知是可教的，教师在教学中有意识地教学生一些认知策略和元认知策略将有助于学生学会如何学习，从而促进学习的迁移。

在学习方法的传授与训练过程中，可让学生不断地总结自己的学习经验，同学之间开展学习方法和经验的交流，结合座谈会、报告会等方式使学生尽快掌握能促进积极迁移的学习方法。

（四）帮助学生形成关于学习与学校的积极态度

学习态度是个体的一种非认知因素，其对迁移的影响是间接发生的，学生的学习态度很大一部分表现为对各学科的兴趣，或为喜欢，或为厌烦。一般来说，积极的学习态度能促进积极迁移的产生，这是因为学生对他最感兴趣的学科，能够以最大的热情投入学习，自觉地动员自己的全部智慧而不需付出太多的意志努力，从而使得他能够更好地掌握和巩固习得的知识。使学生形成积极的学习态度，除了结合学生的年龄特点，创设和谐的学校环境和气氛，增加学校对学生的吸引力外，教师还可以通过反馈与归因控制等方式使学生形成良好的学习态度。在每次学习前，教师也应注意帮助学生形成良好的心理准备状态，避免不良情绪、反应定势等消极心态所产生的消极迁移。

第十一章 智力与创造力的培养

智力和创造力是学生学习的重要方面。从发展的角度来看，智力与创造力并非天生的、一成不变的，它们伴随着个体的自然成熟、生活经验的积累和学校教育的影响而不断变化发展，对智力和创造力的培养是我们教育的重要目标。同时，智力与创造力的个别差异也是影响学习的重要认知因素，不仅影响着教学内容和教学方法的选择，同时还影响着教学中师生交互作用的方式。本章主要阐述如何在教学过程中发展与培养学生的智力与创造力。

第一节 智力的发展与培养

一、智力及其结构

（一）智力的定义

智力是一种极为复杂的心理机能。关于智力的概念，在心理学界、教育学界长期争论不休，迄今尚无一致意见。

1921 年，美国《教育心理学家》杂志曾邀请 14 名智力研究领域的著名专家讨论智力的性质，结果他们给出了 14 种各自不同的定义：比如，推孟认为“智力就是进行抽象思维的能力”；桑代克认为“智力是好的反应能力”；科尔文认为“智力是调节自己适应环境的能力”；武德沃斯认为“智力就是获得能力的能力”；弗里曼则干脆说“智力就是智力测验所测的东西”。

1987 年又有人对教育和心理学领域的专家进行调查，结果发现各学者之间观点仍分歧很大，但一般都同意智力包括下列三种能力（皮连生，

1997)：

（1）主要是处理抽象事物（观念、符号、关系、概念、原理）的能力，而不是处理具体事物的能力；

（2）解决问题的能力，即处理新颖情境的能力，而不是对熟悉情境做单纯的熟悉性反应的能力；

（3）学习能力，尤其是学习和运用涉及词或其他符号的抽象观念的能力。

由上可以看出，这些学者至少都认为：①智力是一种“能力”，而不是兴趣、爱好等其他非认知领域的心理特性；②并非所有的认知能力都是智力，智力是指认知活动中最一般、最基本的能力。

（二）智力的结构

智力是具有一定功能和特性的特殊系统，有着自己独特的结构。对智力的定义之所以众说纷纭，其中原因之一就是因为各学者对智力结构的认识不同。下面概括介绍几种关于智力理论的观点。

1. 二因素论

该理论由英国心理学家斯皮尔曼（Spearman）于20世纪20年代提出。他认为智力由两种因素组成：一个一般因素（g因素）和一组特殊因素（s因素），一般因素虽然只有一个，但特殊因素却可以有很多，比如在语文、数字、音乐等活动的学习中都分别相应有某一特殊因素s_1，s_2，s_3，…。任何一种智力活动都必然有这两种因素共同作用，如完成一项语文作业是由g因素和s_1因素发生作用，完成一项算术作业则是由g因素和s_2因素发生作用，两种任务或两套测验的结果出现正相关，是因为它们均有一般因素g，但它们又不完全相关，则是由于每种作业中又包含各不相同的s因素造成的。智力测验所要测量的就是这个一般的g因素。

2. 群因素（group factor）论

美国心理学家瑟斯顿（Thurstone）通过对实际智力测验分数进行因素分析提出，智力并不是由斯皮尔曼所说的一般因素与特殊因素组成，而是由若干个介于一般因素与特殊因素之间的群因素构成的，因此他在批评二因素论的基础上，于1938年提出了智力的群因素理论。

他认为，人类智力由以下七种主要因素（或称心理能力）组合而成：①语词理解能力（V）；②一般推理能力（R）；③语言流畅性（W）；④计算能力（N）；⑤记忆能力（M）；⑥空间关系（S）；⑦知觉速度（P）。在此基础上瑟斯顿编制了一套智力测验，称为“基本心理能力测验”（Primary

Mental Abilities Test，简称 PMAT)，至今仍被广泛使用。

3. 智力的层次结构理论

英国心理学家阜南（Vernon）在斯皮尔曼和瑟斯顿观点的基础上提出了智力的层次结构理论（见图 11－1)。他把斯皮尔曼的一般能力因素作为智力的最高层次，提出在次级层次上又存在两个基本因素群：言语—教育方面的因素（v: ed）和操作—机械方面的因素（k: m)，两大因素群下又分出几个小因素群，如言语—教育方面的因素中又包括言语流畅、数学能力和创造力，操作—机械方面的因素中则包括机械信息、操作能力及空间关系等，顺阶梯继续下行，第四层便可抵及特殊能力。由此可见，阜南的层次结构理论事实上是二因素论和多因素论的结合和进一步深化。

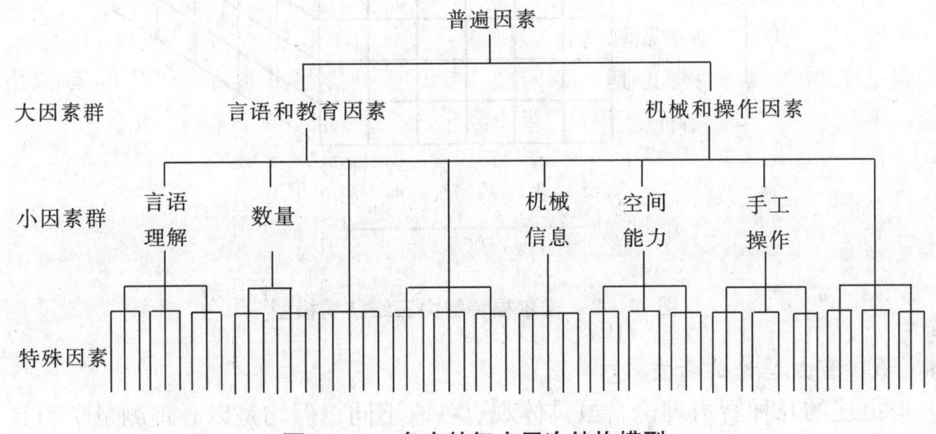

图 11－1　阜南的智力层次结构模型

4. 智力的三维结构理论

与先前的理论不同，吉尔福特（J. P. Guilford）认为，由于任何一项智力活动都不过是对一定内容（对象）进行操作产生一定产品（结果）的过程，所以，对智力结构的分析应该从智力活动的内容、操作和产品三个维度去考虑。

从 20 世纪 50 年代开始，吉尔福特就一直以此为思路不断构建他的智力三维结构模型，试图能尽量涵盖人类所有各种极为复杂的智力类型，到 1988 年该理论最后修订为如图 11－2 所示的模型。

由图可见，吉尔福特把“内容”分为 5 个项目：图形、符号、语义、行为和听觉；把“操作”分为 6 个项目：短时记忆、长时记忆、认知、发散思维、聚合思维和评价；把“产品”分为 6 个项目：单位、分类、关系、系统、转换和推测，从而他的三维智力结构模型共由 5×6×6=180 个立方体组合而成，每一小方块代表一种独特的智力。但目前尚未有哪一份智力测验可以评定该模型包含的所有智力层面及其因子。

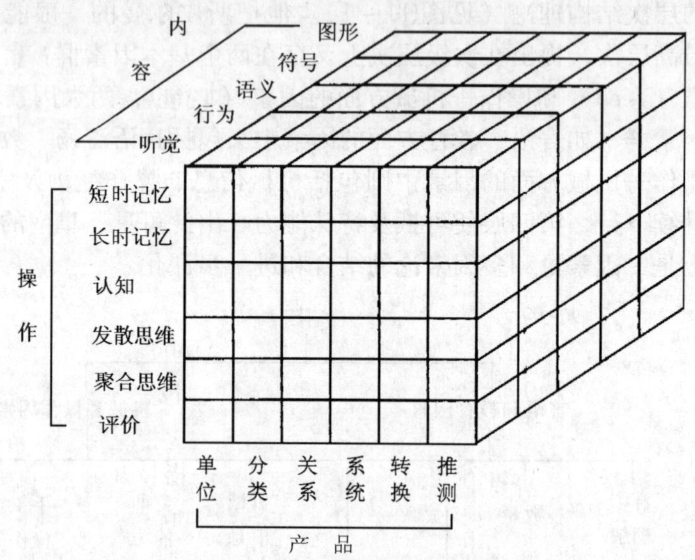

图 11-2 吉尔福特智力三维结构模型

5. 智力理论的新发展

上述的几种智力理论，虽具体观点各有不同，但均是以心理测量学为其建构基础的。无论从这些理论本身还是从据此编制的智力测验内容来看，都未免有将人类智力狭隘化的感觉；对于人类智力表现的许多事实，这些理论都还无法解释或者说不能完满地解释。有鉴于此，近年来有不少心理学家企图超越传统的心理测量取向，他们不采取传统因素分析的做法，而试图从更广阔的视野去探求人类智力的实质和结构。

下面我们简要介绍另外两种当前较有代表性的智力理论。

(1) 多元智力论。

该理论由哈佛大学心理学家霍华德·加德纳（H. Gardner）于 1983 年首先提出，加德纳认为，现代的智力测验，因偏重对知识的测量，事实上窄化，甚至曲解了人类的智力。

他认为，智力应该是指在某种文化环境的价值标准之下，个体用以解决问题或生产创造时所需的能力，据此他认为，人类的智力应该至少包括以下的七种类型（转引自：吴江霖，戴健林，2003）：

①语言智力，即学习和使用语言文字的能力；

②逻辑—数学智力，即数学运算和逻辑推理的能力；

③空间智力，即凭知觉识别距离、判定方向的能力；

④音乐智力，即对音律之欣赏及表达能力；

⑤技能智力，即支配肢体以完成精密作业的能力；

⑥人际智力，即与人交往且能和睦相处的能力；

⑦自知智力，即认识自己并选择自己生活方向的能力。

按照他的观点，每个人在上述七个方面都有一定的表现，但表现水平则可能各人之间相差悬殊。加德纳的理论极大地拓展了传统智力概念的含义。

（2）智力三元论。

耶鲁大学的心理学家斯腾伯格（R. J. Sternberg）从信息加工的角度提出了关于智力的三元理论，认为智力乃是个体对内外情境中的信息刺激进行加工处理的能力，由以下三部分组成：

①成分性智力（componential intelligence），指个体对初级信息进行加工的能力，包含有三个子成分。第一个是元成分，它是智力活动的高级管理成分，参与智力活动的计划、资源分配、评价、监控以及策略的选择等；第二个是操作成分，其功能是执行元成分的指令，进行各种具体的认知加工操作（编码、提取、应用、存贮等），同时提供反馈信息；第三是知识获得成分，它负责对新知识和新信息的获取。

②经验性智力（experiential intelligence），指个体运用既有经验处理新问题时，统合不同观念而形成的顿悟或创造力。

③情境性智力（contextual intelligence），指个体在日常生活中，运用学得的知识经验处理其日常事务、适应环境的能力。

智力三元论从人的内部世界、外部世界及经验与智力的关系三个方面来阐述智力的结构，并集中强调了元成分在智力结构中的核心作用，代表着当今智力研究的发展方向。最近，斯腾伯格又在自己早期智力理论的基础上提出了实用智力、成功智力。

6. 我国学者关于智力结构的观点

我国学者一般认为，智力是使人能顺利地从事某种活动所必需的一般性认知能力，由注意力、观察力、记忆力、思维力和想像力五种基本因素组成（如图 11－3 所示）。但它又绝不是五种基本因素的简单相加，而是各种因素的有机结合，其中以思维力（尤其是抽象思维能力）为核心，每一因素的水平都会影响着整个智力的水平以及其他诸因素作用的发挥。

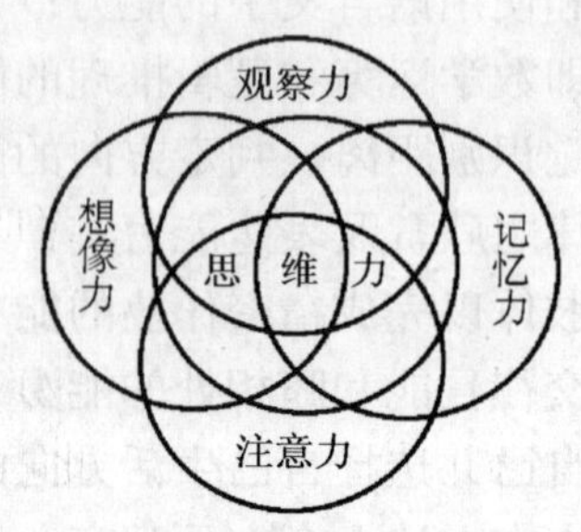

图 11－3 智力五因素结构模式图

（三）智力与知识的关系

智力与知识有着重要的区别。首先，知识是人头脑中的经验系统，是人类社会历史经验的总结，它以符号、观念的形式为人所掌握；智力或认知能力则不是这些经验系统本身，而是对这些思想材料进行加工的活动过程的概括化。比如学习一个数学公式，掌握推导这个公式的步骤，以及推导过程中需要的一切其他公式，这些都属于知识的范围，而在推导过程中负载推导过程的思维的分析、概括活动的动力性质才属于智力的范围。

其次，知识的掌握比智力的培养和发展要迅速，但得到良好发展的智力则比掌握一定范围内的知识具有更广泛的迁移作用。一定的知识只能解决具体的有关问题，而智力这种心理机能则可把对知识的运用迁移到其他相关的问题上，从而解决从未遇到过的新问题，而这也正是我们之所以强调发展个体智力的原因之所在。

同时，智力和知识又有着密切的联系。一方面，一定智力是知识学习的必要条件，智力高低对掌握知识的快慢、深浅、灵活与否有很大的影响作用。比如高智力的学生概括能力强，善于举一反三，能把有关的知识融会贯通，轻而易举地解决问题，在学习平面三角时，他只需记住和角的正弦余弦函数公式，必要时就可以独自迅速推导出差角公式、倍角公式、和差化积与积化和差公式等，整个三角函数知识在他头脑中已经形成了一个系统；而智力较低的学生学习则主要依靠机械重复来分别记住几十个公式，知识零散难成系统，掌握起来费时费力。另一方面，智力又是在掌握知识的过程中形成和发展起来的，离开了对具体知识的掌握过程，学生的智力发展就成了无源之水、无本之木。比如，学生在掌握数学知识的同时，也正获得某些运算技能（心智活动能力），高水平的抽象逻辑思维能力正是在此基础上逐渐形成的。

二、智力的测量

虽然人类很早就已开始使用“很聪明”、“不聪明”、“愚鲁”等词来表示一个人聪明的程度或者智力的高低，但是随着社会的发展，这种简单的、仅仅描述性的分类已远远不能满足教育筛选、职业选拔等许多领域的需要，人们希望能对个体智力进行更加精细的区分。在此需求下，经过学者们的不断研究，终于在20世纪初产生了现代智力测验。

1905年，在法国实行义务教育制度的初期，由于学位的限制，教育当局很希望找出一种方法能够将那些最不适应接受普通学校教育（能力相对低下）的学生筛选出来，以便能最大限度地利用有限的教育资源。

比奈（A. Binet）和他的同事受命承担这一任务。他们通过对儿童的大量研究，设计了世界上第一个智力测验（量表），它包括难度依次递增的30个问题。比奈在量表中首先提出了智力年龄（智龄）的概念，用以表示个体智力水平的高低。

该量表1916年经美国斯坦福大学心理学家推孟（Terman）加以修订和进一步标准化后引进美国，改名为斯坦福—比奈量表，修订后的斯坦福量表中，每一年龄组有六个项目，每一项目代表两个月。该量表后来曾经过多次修订，成为当今世界最为流行的三大智力测验量表之一，适用年龄是2.5～18岁。

同时，推孟还采用了智力商数（IQ）的概念，这极大地推动了智力测验事业的发展和推广，因为传统的智力年龄虽然也可以标明一个儿童智力水平的高低，但作为一个绝对数值，不同年龄间儿童相比较时就有一定困难，而把智力年龄（MA）与实足年龄（CA）的商数之比作为智力高低的反映，就很好地解决了这个问题。

IQ（智商）＝MA（心理年龄）/CA（实足年龄）×100

比如，某9岁（实足年龄）儿童甲，如果他通过了9岁的全部项目，他的智力年龄也是9岁，那他的智商就是IQ＝9/9×100＝100；而另一9岁儿童乙，如果除通过本年龄组的项目外，还完成了10岁组的三项，则其智力年龄为9岁6个月，从而智商IQ＝9.5/9×100≈106。

但上面的公式也有不科学的地方，因为它假定人的智力年龄必然随着实际年龄一起增长，但事实并非如此。儿童到达一定年龄后，其智力基本稳定在某一水平，这时如仍用MA/CA来表示人的智力，就不一定能反映客观情况。因此，另一美国心理学家韦克斯勒（D. Wechsler）在此基础上又提出了离差智商的概念，把一个人与同年龄组正常人的智力平均数之比确定为智商：

$$IQ = 100 + 15 \times (X - \bar{X})/SD$$

式中，X为个人原始分数，$\bar{X}$为同年龄团体平均数，SD为标准差。

这样，智商就只表示一个人的智力在同年龄组中的相对位置，更加不受年龄影响。目前，国际上已普遍采取了这种智商概念。

与此同时，韦克斯勒还发展了一整套新的智力测验，包括韦克斯勒儿童智力量表（适用于6～16岁的儿童和青少年）、韦克斯勒成人智力量表（适用于16～74岁的个体和成人）、韦克斯勒学前和学龄初期儿童智力量表（适用于4～6.5岁的幼儿），均分别从言语和操作两个方面评定个体的智力。韦克斯勒智力量表是当今国际上最为流行的智力量表。

三、智力培养的原则

教师在培养和促进儿童智力发展方面，应注意以下几点：

（一）提高认识，积极促进个体智力的发展

首先要在思想上提高认识，明白智力不是完全由先天素质决定的，而是先天和后天的合金，智力具有极大的可塑性，先天的智力潜能和素质只有在后天良好的教育环境影响下，才能得到充分的发展。因此，教育在个体智力的发展中起着相当巨大的作用。

另外，还要纠正“个体早期才是智力培养的关键期，青少年时再来培养已为时太迟、费时无功”的错误观念。最近几年，在宣传和开展早期教育的过程中，人们引用了许多研究和理论来阐述儿童早期在智力开发中的重要性，许多人便由此以为只有儿童期（尤其婴幼儿）才是智力开发的“关键期”，过了这个时期，再怎么训练效果也不大，甚至根本无用，这其实完全是一种误解。

事实上，韦克斯勒和贝利的研究表明，虽然个体智力发展有种发展速度逐渐递减的规律，但青少年期仍是智力发展相当迅速的时期；而更多最近的研究则进一步显示，由于智力结构的错综复杂性，人的智力实际上一生都处在不断的变化发展之中。

（二）通过教学活动发展个体的智力

教学是教育的主要形式，通过专门的教学，不但可以使学生掌握一定的

知识技能，而且可以从中促进其智力的发展，而事实上学生的智力也正是在学习和运用知识技能的过程中逐步获得的。

古今中外很多教育家都认为，教师应通过教学促进学生智力的发展。德国教育家第斯多惠指出，一个教学能力差的教师在教学中是给学生奉送现成的结论，而一个教学能力强的教师，在教学中则是引导学生去发现真理。因此，在教学中教师要注意启发学生积极思维，教给他们科学的思维方法，使他们在不断发现问题、分析问题和解决问题的过程中，促进智力的充分发展。

（三）创设智力发展的情境，组织学生多参加科技和课外活动

健康丰富的科技和课外活动是促进学生探究兴趣养成和智力发展的重要途径。根据学生的年龄特点，组织开展游戏、棋类、谜语、球类、船模、科技、桥牌、文学文艺等多种形式的活动，不仅可以调剂学生的精神生活，陶冶情操，更可以增进其思路敏捷、判断正确、反应灵活等智力品质。

（四）注意根据智力的个别差异，因材施教，促进发展

我们目前的学校分班制度实行的是“同质分班”，但同质只是相对的。在相对同质的一个班里，个别差异不仅存在，而且可能还很突出，教师如果对所有学生采用千篇一律的教学目标、教学内容和教学方法，那么，对能力强、智力水平高的学生，就难以发挥他们的潜能，而智力较低的学生，则可能因跟不上进度，达不到要求而失去学习的信心。即使是大多数中等水平的学生，其实际智力类型也各不相同，各有自己的特点。因此，教学中，教师要贯彻统一要求与个别教学相结合的原则，实行“抓两头、带中间”的因材施教方针，促进个体智力的良好发展。

四、国内外智力开发的主要模式

人们对智力的培养方式大致可以分为两种，一种是根据学习理论来设计教学模式，将智力开发融入日常的教学活动之中，称为智力开发的教学模式。除此之外，通常还可以采用一定的程序在较短的时间里，对智力进行集中开发，这被称为智力开发的训练模式。

在国外，智力开发和训练的工作开展得较早，且成果比较突出。例如早在 1936 年，美国通用电气公司提出了“创造工程课”来训练工程师等专业人员的思维能力。奥斯本（Osborn，1963）在 20 世纪 40 年代开始推广“头脑风暴法”并取得了显著的效果。苏联、日本等国也都相继开展了大量的智力开发研究工作。随着研究的深入，涌现了大量的智力训练方案，这些方案大致可以分为四类：第一，对智力本身进行的训练；第二，对思维能力进行的训练；第三，对元认知进行的训练；第四，对学习策略进行的训练。由于第四类前已有述，这里只对其他三类进行介绍。

（一）对智力整体的训练

对智力整体进行的训练是智力训练研究较早期的产物，其中代表性的训练方案主要有符尔斯坦（R. Feuerstein）的工具强化训练（instrumental enrichment）和米克尔（M. N. Meeker）根据吉尔福特三维智力结构理论而设计的智力训练方案以及斯腾伯格和韦尔等人的流体智力训练方案。下面以工具强化训练方案为例进行介绍。

工具强化训练是由以色列心理学家符尔斯坦于1980年提出的，后来由他和美国心理学家兰德、霍夫曼、米勒和詹森（Rand，Hoffman，Miller & Jensen）等加以推广。此项目主要用于提高青少年的认知能力。工具强化训练有六个分目标：（1）矫正从认知行为中观察到的认知结构、态度和动机等功能的缺陷；（2）训练完成各种不同要求所需要的认知操作，如再认、辨别、分类、排序或逻辑运算等；（3）通过习惯的形成培养内在动机；（4）使学生了解自己不同认知过程的本质和效用；（5）激发学生对人物的兴趣；（6）使学生从被动接受信息变为主动产生信息。工具强化训练的工具有三种，分别是：（1）非语言个别实施的工具，包括点之组织、知觉分析和图解等；（2）由教师读题，师生之间进行语言交流的工具，包括空间定向、比较、家庭关系、数列和演绎推理；（3）由学生自己读题并理解的工具，包括归类、指导、时间关系分析、时间转换和表征图案设计。

工具强化训练的主要内容有十个方面：（1）点的结构。要学生从给出的一组范例中找出其中的结构关系和规则，然后把它们投射到未曾组织的圆点上去，如图11－4所示。该项目涉及的认知功能主要有本质关系的透射、

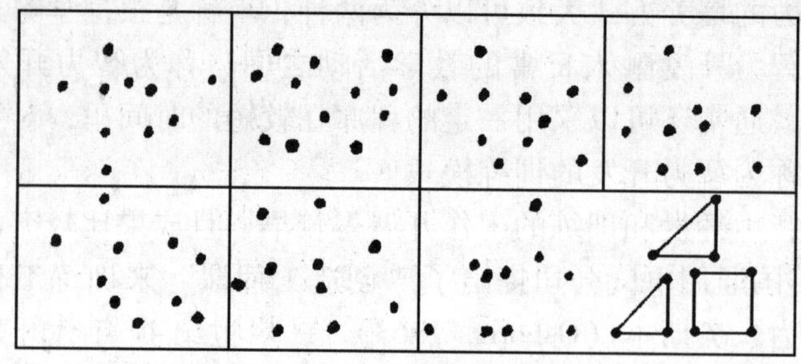

图11－4　点的结构联系图

式样和大小的辨别、有关信息的使用、策略的发展、回顾分析以及抑制冲动。(2)空间定向。该项目主要是让学生学会正确把握空间方位之间的关系。(3)比较。该项目主要是让学生看一幅画，然后再让他们看另外的一幅画，让他们比较后几幅与前一幅画有什么区别。(4)分类。让学生看一些画，给画中的物体命名，然后按它们的所属范畴来分类。(5)表征图案的设计。给学生一些广告图，让他们运用其中有颜色、形状或大小的图案在心理上重新构成一个图案。(6)家庭关系理解。将家庭的纵横和层次关系告诉学生，让他（她）将某个同时兼有几种身份的人，如同时是女儿、妻子、母亲、祖母、孙女的人，按家族中的地位和角色进行分类或再分类。(7)时间关系。该项目是向学生提供时间概念和参照系，让他们逐步理解时间既可以看成是间隙的连续，又可以看成是一个维度。最初提供的时间概念是可测的固定时间，而后这个概念逐渐扩展到未来、过去和现在的相对性，从一个时态到另一个时态的单方向、不可逆转的流逝。(8)数列。该项目是给个体一串数字以及组成数字的规则，让他们延续数字。(9)关系转换。该项目是一种高级的"工具"，它是根据已知的元素之间的关系进行推理，从而得出某些元素之间大于、等于或小于的关系。(10)三段论推理。该项目以抽象的符号代替词语，训练个体用高度严密的形式逻辑进行推理。

工具强化训练适用对象广泛，工具的实施不受年龄、性别、能力水平、社会经济地位的限制，此外，该训练除了能提高练习者在能力测验上的分数以及他们的学业成绩，还能提高练习者的内部动机、自尊心和自信心。它已成为当前国际上最为流行的智力开发方案之一。

(二)针对思维能力的训练

思维能力在个体智力结构中居于核心地位，因此，对思维能力的训练在智力开发训练中占据着尤为重要的地位。对思维能力的训练主要包括对问题解决能力的训练、对归纳推理和演绎推理能力的训练以及对思维品质的训练。这部分的研究成果也比较丰富，下面主要介绍英国剑桥大学心理学家爱德华·德·波诺（Edward de Bono）的横向思维训练。

德·波诺认为，横向思维不同于传统的纵向思维，它是一种与创造紧密联系在一起的思维，横向思维与新观念的生成和旧观念束缚的打破紧密相连。横向思维能使人更有意识地生成新思想，能帮助人们解决复杂的或是需要顿悟的问题。横向思维还能帮助人们重新看待那些被看成是理所当然的事情，富有批判精神。

德·波诺根据其对横向思维的观点提出了横向思维的开发训练方案，该方案包括六个部分，每部分均由10课组成，针对思维的某一方面。这六部分分别是：

1. 广度

该部分主要是帮助个体发展一些能用来广泛考察思维情境的工具和习惯。这包括：（1）思想的处理：对思想的优劣或有趣之处进行审慎思考，不要急于接受或拒绝。（2）涉及的因素：尽可能广泛地了解情境涉及的因素，不要只考虑单方面的因素。（3）规则：把思想的处理和涉及的因素结合起来。（4）结果：考虑可供选择策略的即时、短期、中期和长期的效果。（5）计划：把结果和目的结合起来。（6）优先考虑：对许多不同的可能进行遴选，按顺序排列优先考虑权。（7）可供选择者：考虑一些新的选择，不要限于感觉明显的方面。（8）决策：把优先选择和可供选择者结合起来。（9）观念：考虑情境所涉及的所有观念。

2. 组织

这一部分主要是教个体如何有组织、有系统地处理思维情境。主要包括：（1）识别：为了能容易地理解和处理某个情境，对它进行认真的识别。（2）分析：为了更有效地考虑某个情境，对它进行认真的计划。（3）比较：用比较法加深对某个情境的理解，学会用系统比较方法。（4）选择：从那些符合某人需要的不同选择物中进行慎重的挑选。（5）找出其他途径：仔细找出考察某个情境的其他途径。（6）起始：决定思考情境的第一步。（7）组织：组织思考情境的所有步骤。（8）巩固：了解思考情境已完成了什么，还有什么仍需加以完成。（9）结局：达到一个明确的结论，包括判定不能得到明确的结论。

3. 相互关系

这一部分是关于有争议和引起讨论的情境的内容。主要包括：（1）检查：仔细检查争论的两方面意见，不要盲目支持某一方面。（2）论据的类型：了解论点提出的论据类型，区别事实与舆论。（3）论据结构：检查论据，看它是否独立，还是需依据其他论据。（4）一致、不同、无关：检查论据是如何拼合起来的，使论据一致性增加，不同之处减少。（5）确认正确一：了解两种正确方法。（6）确认正确二：了解另外两种正确的方法。（7）确认错误一：了解两种错误的方法。（8）确认错误二：了解另外两种错误的方法。（9）结论：了解争论到最后所达到的结果。

4. 创造力

这一部分主要是关于创造性思维的内容。主要包括：（1）是否和可能：暂停对观点的价值判断，对它们进行创造性的运用。（2）前进直接：运用某些观点，把它们作为导致另一观点的阶石。（3）随机输入：把随机、无关的观点作为一种刺激放到思维情境中，以便产生新的见解。（4）概念质疑：对概念的唯一性进行检查，看有无其他途径可代替。（5）优势的观点：检查情境中的优势观点，把它们推到一边考虑其他观点。（6）说明问题：准确说明问题，使之易于解决。（7）消除错误：用某些观点确定错误，并予以消除。（8）融合：检查看起来无关的各种观点，以便对之做新的融合。（9）需求：把某个情境的需求作为识别、复制此情境的新途径。（10）评估：决定哪个观点最符合情境需要，并了解优缺点。

5. 信息和感觉

这部分是关于思维中信息和感觉的安置的内容。主要包括：（1）信息：了解什么样的信息适于某个情境的思维，还需要什么样的补充信息。（2）质疑：能够熟练地运用质疑，了解质疑与试探之间的区别。（3）线索：用线索进行演绎，辨明含义，单独并综合地检查线索。（4）反诘：避免错误的跳跃和错误的结论，对错误结论进行反诘。（5）猜测：面对不完整的信息时进行猜测，估计猜对的可能性有多大。（6）信条：区分支持某种信息的各种不同证据，区分可信度、证据、确定性、舆论和权威之间的不同。（7）预制：试用已有的观点。（8）情绪和自我：了解情绪进入思维的方式，识别自我的情绪。（9）价值：了解价值进入思维和影响结果的方式，接受情境中所包含的价值。（10）简化和澄清：了解如何简化某个情境，能够有效地抓住情境的本质。

6. 行动

这一部分是有关执行行动的计划或构想的，是把前面所讲的训练内容进行概括和综合，融合成一套有效的思维步骤，并进行综合运用。

波诺教授的横向思维训练法分别在委内瑞拉的小学（共120万人）和美国、澳大利亚、新西兰、加拿大等国的5 000余所学校进行实施，都取得了较理想的效果。

（三）对元认知进行的训练

斯腾伯格在自己三元智力理论基础上提出了适用于大中学生的"应用智力"培养方案，该方案尤其强调对学生元认知和元成分的培养，是元认知训练的主要模式之一。应用智力培养方案包括学生教材和教师手册两套材料，前者主要是一些叙述性的材料和练习，后者主要是教材使用的方法指导等，以帮助教师最大限度地发挥方案的效用。培养活动的前几个单元主要介绍一些流行的智力理论，其中包括三元智力理论在内，同时还介绍其他一些智力培养方案。斯腾伯格认为，成功的培养方案离不开教师对上述信息的把握，更离不开学生对方案的理解——方案的内容是什么？它为什么有效？怎样发挥其作用？在随后的几个单元中，该方案重点根据“成分亚理论”进行训练，即训练智力活动的三种成分：元成分、操作成分和知识获得成分。每一单元的教学形式都是类似的。在训练某种成分之初，先引入一个与该成分相关的问题。例如，为了引入元成分的概念，教师先讲述一个故事：“我的一个朋友必须从康涅狄格到纽约市去乘飞机。她想先去汽车站，因为那儿有发往机场的汽车，但由于堵车，她没能按时赶到汽车站，因而错过了一班汽车，结果误了飞机。”故事的主人公由于计划不当而误事，教师就从这个例子开始，启发大家讨论元成分的本质和它对解决问题的重要意义，教师用这个例子来帮助学生认识到，从有利于解决问题的角度来给问题下定义是非常重要的。在故事中，主人公一直把她的问题定义为：按时到汽车的始发站，以便去机场。但是，如果她把问题定义为：“利用适合的交通工具，以便准时到达机场。”那么，她可能考虑到别的交通方式，如开自己的车去机场，或把车开到下个汽车站等。

整个训练方案实例丰富，深入浅出。这些实例可以起到引出理论，说明概念，提供练习等作用。教学的形式主要是提出问题和集体讨论。每一单元结束时，教师都要布置和本单元内容相配套的练习，这些练习内容广泛，既有心理学研究中的经典问题，也有日常生活中的问题，例如“元成分”训练结束时，老师布置了这样的作业：“你准备参加一个求职面试。你希望自己能尽可能给人留下最佳印象。在面谈过程中，为了了解面谈的进展情况，你发觉自己不仅在监控着自己的行为，也监控着对方的行为。那么对方行为中的哪些迹象可以流露出他对你的看法？”

现有的实践已经证明，斯腾伯格的“应用智力”培养方案的效果也是较为理想的。

第二节　创造力的发展与培养

一、创造力概述

（一）创造力的定义

自1950年吉尔福特就任美国心理学会主席时发表了题为“创造力”（creativity）的著名演说以来，关于创造力的研究在全世界范围内得到了突飞猛进的发展，但是创造力的定义问题，目前还是众说纷纭，不同的研究者角度迥异，观点也各不相同：有的强调主观创新，有的强调创造的客观目的；有的侧重创造过程，有的则重视创造的结果；有的从创造的认知基础出发，有的则从创造的动机和人格因素着手。这从一个侧面反映了创造力本质的复杂性。

目前，我国学者一般认为，创造力是根据一定目的和任务，产生具有社会或个人价值、具有新颖独特成分产品的一种能力品质，创造性思维是其核心和基础。显然，这一定义主要是根据结果来界定创造力，其判断标准有两个：一是产品必须新颖或独特，要么是前所未有，破旧立新（相对历史而言），要么是不同凡俗、别出心裁（相对他人而言）；二是产品要么具有社会价值，要么具有个人价值，如果某一产品或设想既无社会价值又无个人价值，我们就只能称其为空想或胡思乱想。同时，这一定义还表明创造力是能力的一种，是人类一种比较特殊的能力。

然而，关于创造力是某种单一成分的能力还是具有某种复杂结构成分的综合性能力的问题，人们还没有达成共识。当年吉尔福特强调“正是在发散思维中，我们看到了创造性思维的明显标志”，并以发散思维为指标编制了一套创造力测验，因此，后来许多学者便以为，创造力是发散思维的功能，是它决定了一个人创造力的高低，他们把创造力干脆等同于发散思维能力。但随着研究的不断进行，人们认识到创造力的这种单因素观点是不符合事实的，虽然发散性思维在创造性活动中具有极为重要的作用，但实际上创造力有着更为复杂的心理结构，是一种包含多种智慧品质的综合能力。从横向上看，创造性活动既需要发散思维，也需要集中思维，既需要直觉思维，也需要分析思维，需要它们的共同协调；从纵向上，高度的创造力是敏锐观察力、良好记忆力、生动想像力和独特思维能力等共同综合发展的结果。

另外，还需说明的是，人类的创造力并非仅仅表现在科学、科技领域，也并非只是表现在学术领域，在文学、艺术、体育、政治、商务、管理、人际交往等形形色色的领域都存在着创造力，创造力可以表现在人类生活的一切实践活动中。

随着创造力研究的不断深入，越来越多的学者认为，事实上，创造力应该是所有人都共同具有的一种能力品质，并非天才和伟人所独有，天才之所以为天才，只不过是某个或某些方面创造力高度发展的结果。因此，有人将创造力由高到低分为高级、中级、初级三个层次，高级层次的创造力是经由长期研究和反复探索产生非凡创造的能力，这种创造的产生可能会导致某一领域划时代的变革，具有高级创造力的人数量极少；中级层次的创造力是指经过模仿或革新，在原有知识和经验基础上重新组织材料加工出具有社会价值的产品的能力，具有这个层次创造力的人数较多；初级层次的创造力主要是指对本人来说前所未有，但却很少涉及社会价值的创造力，如学生的模型创作、绘画创作和学生的一些独立见解或独特解题方式等都是初级层次创造力的表现，这一层次的创造力可借助某一专业领域经验的深化，逐渐由量变到质变，向中级和高级层次的创造力发展。

（二）关于创造力的理论

1. 吉尔福特的观点

吉尔福特以其智力三维结构模型为基础，认为创造性思维的核心是发散思维。所谓发散思维是指从一个出发点，沿着各种不同途径去思考，探求问题多种答案的思维。比如要求人们根据“海”字把想到的一切有关“海”字的词组说出来，这时，人们就沿着不同的方向去思考，想出“海洋”、“海鸥”、“海怪”等等；或对某事件的未来趋势发展作出各种估计，这是一种无一定方向和范围、不墨守成规、不囿于传统方法的思维。

吉尔福特还指出，可用思维的流畅性、变通性、新异性作为评价创造性思维水平的指标。流畅性是指产生许多符合要求的答案的能力，多以规定时间内正确答案的数量代表。变通性是指对某一问题变换研究角度的能力，多以正确答案种类的多少表示。新异性则反映答案的新颖和别致程度。

2. 创造性思维的过程模式

根据科学家、艺术家等关于创造性活动思维过程的自述，以及他们的日记、传记及其他资料，英国心理学家约瑟夫·沃拉斯（J. Wallas）提出了创造性思维过程的一般模式。他认为，创造过程包括准备期、孕育期、明朗期和验证期四个阶段。在创造活动的初期，创造者开始思考他的研究对象，熟悉问题，并从各方面初步探索；如果创造者经过长期准备和思考，并试遍传统的办法仍无法解决，那他就可能将问题搁置，不再有意识地去思考它而转向其他活动，这时从表面看问题被搁置了，但对问题的思考仍在无意识地进行，处在不断的酝酿之中；经过前面两个阶段之后，创造者已经抓住了问题的症结，可能某次受到偶然事件的启发便豁然开朗，得到问题的（可能）解决；最后，创造者根据已有的证据，对已有方案进行验证、予以修正，创造出最终产品。

3．精神分析的观点

按照精神分析学家（尤其指弗洛伊德）的观点，人除了有理性的、受自我控制的次级心理过程之外，还有着无理性的、受无意识控制的初级心理过程。创造力的源泉来自无意识的初级心理过程，当无意识的驱力能量没有被压制而得以升华，并且能与次级心理过程相互协调时，创造性行为便产生了。没有初级过程只有次级过程的创造，可能仅仅是概念的堆砌、逻辑的推理，绝不会产生上乘之作；只有初级过程而没有次级过程的“创造”，则不会被社会接受，或者多是二流、三流的作品。只有暂时重返初级过程，让不正常的思维离开通常的轨道开辟更多的可能性，然后再返回次级过程进行加工润色、检验衡量，才有可能创造真正的上乘作品（汪安圣，1992）。

（三）创造力与知识的关系

众多的研究和实践事实都表明，知识技能是创造的前提和基础。新颖、独特产品和观念的产生，从内容上说均制约于人的知识与经验，知识是创造的原料，创造是知识的重新组合，如果没有对前人知识经验的继承，个体知识经验不广不深，创造就成了无本之木、无源之水。

但是，说知识技能是创造力的基础，并不等于说，有了知识技能就一定有创造力。经验主义者和教条主义者的知识经验可能不少，但是他们头脑僵化、循规蹈矩，思维定势，不可能有创造力；而另外的一些人，知识结构不合理，虽然某一领域经验可能很丰富，但学习偏科，知识不能相互渗透，不能灵活应用，也不利于创造。因此，只有结构合理的丰富知识再加上一个灵活变通的头脑，才可能有高的创造力。

（四）创造力与智力的关系

创造力是一种较特殊的智力品质，是智力发展的结果，但创造力和智力的关系如何呢？

为回答这个问题，推孟、吉尔福特、托兰斯（Torrance）等人分别做过大规模的研究，均得出了大致如图 11－5 所示的结果，即：（1）低智力者难以有创造性；（2）创造力高的人，智商多在100~130之间；（3）智力高的人未必都有高创造力。

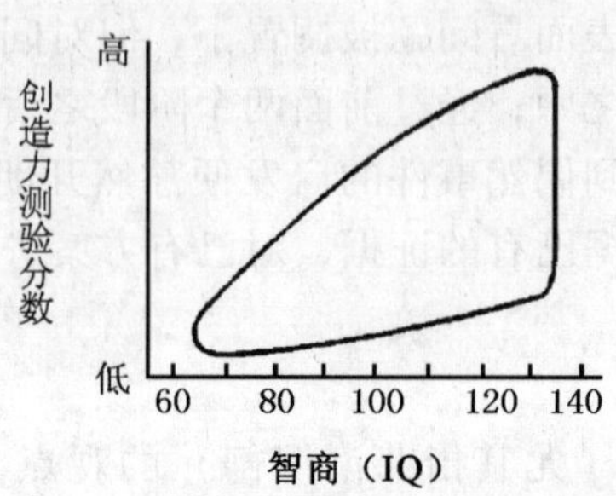

图11-5　智力与创造力的关系

因此，智力是创造的必要条件，但不是充分条件。我们对学生的教育，除了要重视对其智力的开发外，还须重视对他们创造力的培养。

（五）创造力与个性的关系

创造力不仅跟一个人的知识、智力有关，而且和人的个性品质与特点也有着极为密切的关系，真正有作为的创造者，多伴有许多良好的个性品质。研究表明，一般而言，具有高创造力的个体多可能表现下列个性特征：

（1）好奇心强，兴趣广泛，思维灵活，喜欢钻研一些抽象问题；

（2）自信心强，看问题常有自己独到的见解，不满足于书本知识和教师讲解；

（3）独立性强，常独自从事活动，对自己的事有较大责任心；

（4）有较大的主动性和较少的禁止性，对新信息的接收较少防御；

（5）有较大的坚持性和恒心；

（6）对未来有较高的期望与抱负，希望能面对更复杂的工作，能摆脱传统和习俗，不怕风险和压力。

二、创造力的测量与鉴别

（一）以发散性思维为指标的创造力测验

在众多测量创造力的方法中，以发散性思维为指标编制的测验最为常用。最具代表性的有以下三种。

1. 南加利福尼亚大学发散思维测验

当时在南加利福尼亚大学工作的吉尔福特根据自己关于“创造性思维的核心是发散思维”的观点，和他的同事通过研究于20世纪50年代编制了该套发散性思维测验。该测验包括词汇流畅（迅速写出包含一个指定字母的词）、联想流畅（迅速列举某个词的近义词）、表达流畅（写出每个字均以指定字母开头的四词句）和多项用途（列举一个物体各种非寻常的用途）等10个言语分测验，以及作图问题、火柴问题（图11－6，图11－7）等4个非言语分测验。

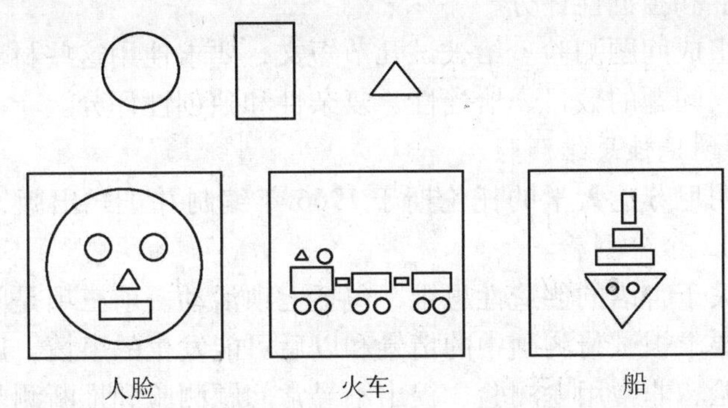

图11－6　作图问题：用所给图形拼成实物

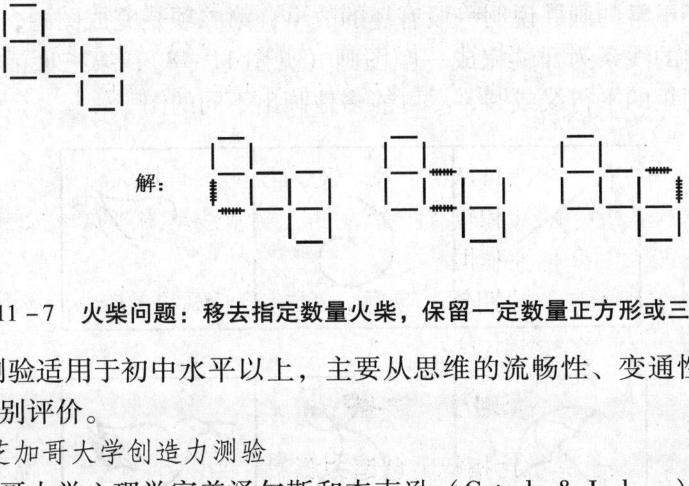

解：

图11－7　火柴问题：移去指定数量火柴，保留一定数量正方形或三角形

该测验适用于初中水平以上，主要从思维的流畅性、变通性、新异性等方面分别评价。

2. 芝加哥大学创造力测验

芝加哥大学心理学家盖泽尔斯和杰克逊（Getzels & Jackson）根据吉尔福特的思想对个体的创造力进行了大量研究，于20世纪60年代初编制了该测验，它包括5个分测验：

第一项，词汇联想测验。要求被试对“螺钉”、“口袋”之类的普通词汇，说出尽可能多和尽可能新颖的定义，根据定义的数目、类别和新颖性来评分。

第二项，物体用途测验。要求被试对“砖”之类的普通物品，说出尽可能多的用途，根据用途的种类和独创性评分。

第三项，隐蔽图形测验。要求被试看一张印有各种隐蔽图形的卡片，找出卡片上的隐藏图形，根据找出图形的复杂性和隐蔽性评分。

第四项，寓言解释测验。给被试几个没有结尾的寓言，要求他对每个寓言都作出三种不同的结尾："道德的"、"诙谐的"和"悲伤的"，根据结尾的数目、恰当性和独创性评分。

第五项，组成问题测验。给被试几节短文，要求他用这些材料组成多种数学问题，根据问题的数目、恰当性、复杂性和独创性评分。

3. 托伦斯创造性思维测验

该测验由明尼苏达大学的托伦斯于1966年编制并正式出版，全部测验包括三套共计12个分测验。

第一套是关于言语的创造性思维，包括七项活动。前三项是问与猜，呈现一张图片，要求被试猜测画中的情景和以后可能发生的事情，后四项分别是成品改进测验、非常用途测验、提出不寻常问题测验和推断测验。

第二套是关于图画的创造性思维，包括三项活动，第一项是要求被试把一个有鲜艳颜色的图形，贴在一张白纸的任何位置上，然后以此为出发点，画出一幅不平常的画并说明一段有趣的故事；第二项是完成图画，要求被试以几条简单的线条为开端完成一幅图画（见图11－8）；第三项活动要求被试用成对的短的平行线或圆，尽可能多地画出不同的图。

图11－8　托伦斯完成图画测验

第三套是关于听觉形象方面的测验，包括两项活动。第一项是音响想像，第二项为象声词想像，要求被试分别说出由某种声音所联想到的事物。

该测验适用于幼儿园儿童直到研究生，四年级以上可采用集体施测，主要从反应的流畅性、变通性、新异性和精致性（反应的详细和特殊性）四个方面分别计分。

大量的研究证明，以发散思维为指标的创造力测验的确测量了创造能力的主要成分，有着较好的同时效度和预测效度。

（二）以创造性个性为指标的调查问卷

在测量人的创造力量表中，还经常见到以创造性个性为指标而编制的调查问卷。其中，高夫编制的“修饰词检查创造性个性量表”，托伦斯编制的“你是哪一种人”量表，戴维斯和里姆编制的“发现创造性才能的团体调查表”等都颇具代表性。

研究表明，以创造性个性为指标来评定一个人的创造性不仅同发散思维测验一样有效，且跟发散思维测验、产品评定等方法相比，更经济、方便，易于实施。

为帮助个体了解自己的创造性，下面介绍美国普林斯顿创造才能研究中心的心理学家尤金·方德塞根据多年对善于思考、具有创造力的男女科学家、工程师和企业经理的个性特征的研究所设计的一套以创造性个性为指标的创造力测试题。该问卷共计 50 题，要求 10 分钟回答（如果你想慎重考虑一下，也可适当延长时间），答题时，只要求在每一句话后面，用一个字母表示你同意或不同意：同意用 A，不同意用 C，拿不准或不知道的用 B。回答必须忠实、准确，不要猜测（转引自：沈永嘉，1981）。创造能力测验的评分标准见表 11－1。

测试题：

1. 我不做盲目的事，也就是我总是有的放矢，用正确的步骤来解决每一个具体问题。
2. 我认为：只提出问题而不想获得答案，无疑是浪费时间。
3. 无论什么事情，要我发生兴趣，总比别人困难。
4. 我认为，合乎逻辑的、循序渐进的方法，是解决问题的最好方法。
5. 有时，我在小组里发表的意见，似乎使一些人感到厌烦。
6. 我花费大量时间来考虑别人是怎样看待我的。
7. 做自认为是正确的事情，比力求博得别人的赞同，要重要得多。
8. 我不尊重那些做事似乎没有把握的人。
9. 我需要的刺激和兴趣比别人多。
10. 我知道如何在考验面前，保持自己的内心镇静。
11. 我能坚持很长一段时间解决难题。

12. 有时我对事情过于热心。

13. 在特别无事可做时，我倒常常想出好主意。

14. 在解决问题时，我常常单凭直觉来判断“正确”或“错误”。

15. 在解决问题时，我分析问题较快，而综合所收集的资料较慢。

16. 有时我打破常规去做我原来并未想到要做的事。

17. 我有收集东西的癖好。

18. 幻想促进了我许多重要计划的提出。

19. 我喜欢客观而又有理性的人。

20. 如果要我在本职工作之外的两种职业中选择一种，我宁愿当一个实际工作者，而不当探索者。

21. 我能与自己的同事或同行们很好地相处。

22. 我有较高的审美感。

23. 在我的一生中，我一直在追求着名利和地位。

24. 我喜欢坚信自己的结论的人。

25. 灵感与获得成功无关。

26. 争论时，使人感到最高兴的是，原来与我观点不一的人变成了我的朋友，即使牺牲我原先的观点也在所不惜。

27. 我更大的兴趣在于提出新的建议，而不在于设法说服别人接受这些建议。

28. 我乐意独自一人整天“深思熟虑”。

29. 我往往避免做那种使我感到低下的工作。

30. 在评价资料时，我觉得资料的来源比其内容更为重要。

31. 我不满意那些不确定和不可预言的事。

32. 我喜欢一门心思苦干的人。

33. 一个人的自尊比得到他人敬慕更为重要。

34. 我觉得那些力求完美的人是不明智的。

35. 我宁愿和大家一起努力工作，而不愿意单独工作。

36. 我喜欢那种对别人产生影响的工作。

37. 在生活中，我经常碰到不能用“正确”或“错误”来加以判断的问题。

38. 对我来说，“各得其所”、“各居其位”是很重要的。

39. 那些使用古怪和不常用的语词的作家，纯粹是为了炫耀自己。

40. 许多人之所以感到苦恼，是因为他们把事情看得太认真了。

41. 即使遭到不幸、挫折和反对，我仍然能够对我的工作保持原来的精神状态和热情。

42. 想入非非的人是不切实际的。

43. 我对“我不知道的事”比“我知道的事”印象更深刻。

44. 我对“这可能是什么”比“这是什么”更感兴趣。

45. 我经常为自己在无意之中说话伤人而闷闷不乐。

46. 纵使没有报答，我也乐意为新颖的想法而花费大量时间。

47. 我认为，“出主意无什么了不起”这种说法是中肯的。

48. 我不喜欢提出那种显得无知的问题。

49. 一旦任务在肩，即使受到挫折，我也要坚决完成。

50. 从下面描述人物性格的形容词中，挑选出 10 个你认为最能说明你性格的词：

精神饱满的	有说明力的	实事求是的
虚心的	观察力敏锐的	谨慎的
束手束脚的	足智多谋的	自高自大的
有主见的	有献身精神的	有独创性的
性急的	高效的	乐意助人的
坚强的	老练的	有克制力的
热情的	时髦的	自信的
不屈不挠的	有远见的	机灵的
好奇的	有组织能力的	铁石心肠的
思路清晰的	脾气温顺的	可预言的
拘泥形式的	不拘礼节的	有理解力的
有朝气的	严于律己的	精干的
讲实惠的	感觉灵敏的	无畏的
严格的	一丝不苟的	谦逊的
复杂的	漫不经心的	渴求知识的
实干的	好交际的	善良的
孤独的	不满足的	易动感情的

下列每个形容词得 2 分：

精神饱满的　观察力敏锐的　不屈不挠的　柔顺的　足智多谋的　有主见的　有献身精神的　有独创性的　感觉灵敏的　无畏的　创新的　好奇的　有朝气的　热情的　严于律己的

下列每个形容词得 1 分：

自信的　有远见的　不拘礼节的　不满足的　一丝不苟的　虚心的　机灵的　坚强的

其余的词得零分。

将得分累计起来，分数在 110 ~ 140 分者为创造性非凡的人，85 ~ 109 分者为创造性很强的人，56 ~ 84 分者为创造性强的人，30 ~ 55 分者为创造性一般的人，15 ~ 29 分者为创造性弱的人，-21 ~ 14 分者为无创造性的人。

表11－1　创造能力测验的评分标准

题号	A	B	C	题号	A	B	C	题号	A	B	C
1	0	1	2	18	3	0	－1	35	0	1	2
2	0	1	2	19	0	1	2	36	1	2	3
3	4	1	0	20	0	1	2	37	2	1	0
4	－2	0	3	21	0	1	2	38	0	1	2
5	2	1	0	22	3	0	－1	39	－1	0	2
6	－1	0	3	23	0	1	2	40	2	1	0
7	3	0	－1	24	－1	0	2	41	3	1	0
8	0	1	2	25	0	1	3	42	－1	0	2
9	3	0	－1	26	－1	0	2	43	2	1	0
10	1	0	3	27	2	1	0	44	2	1	0
11	4	1	0	28	2	0	－1	45	－1	0	2
12	3	0	－1	29	0	1	2	46	3	2	0
13	2	1	0	30	－2	0	3	47	0	1	2
14	4	0	－2	31	0	1	2	48	0	1	3
15	1	0	2	32	0	1	2	49	3	1	0
16	2	1	0	33	3	0	－1				
17	0	1	2	34	－1	0	2				

（三）以创造成果为指标的产品评定

一个人的创造能力作为一种潜在的特质，总是要通过创造活动表露于外，而且常常凝固在活动产品中，因此，用创造产品来评定个体创造力的高低，是最为大家公认的一种方法，也较为客观和公正。

对于科学家、发明家、设计师等，人们一般主要从他们发表的论文或制作出的产品的数量和质量等方面进行评价。对于在校学生也可采取类似的方法，他们也有多种创造性产品，如他们课外活动时的小发明、小论文，参加各种竞赛所取得的实验成果，在各种刊物上发表的文学创作和艺术作品等，均可作为他们创造力的代表和反映，教师和父母应善于综合孩子多方面的表现和成果，正确评价和预测个体的创造能力，以利进一步的培养和发展。

三、创造力的发展与影响因素

（一）创造力的发展特点

幼儿就有创造力的萌芽，表现在幼儿的动作、言语、感知觉、想像、思维及个性特征等各方面的发展之中，尤其是幼儿的好奇心和创造性想像的发展是他们创造力形成和发展两个最重要的表现。一般来说，幼儿通过各种活动来表现他们的创造力，如绘画、音乐、舞蹈、制作、游戏等。其中游戏作为幼儿的主导性活动，一方面满足了他们参加成人社会生活和实践活动的需要，另一方面又使幼儿以独特的方式把想像和现实生活结合起来，从而对他们的心理、行为以及创造力发展都起到重要作用。

小学生已有明显的创造性表现。此时，想像获得进一步发展，有意想像逐步发展到占主要地位，想像的目的性、概括性、逻辑性都有了发展；另一方面，想像的创造性也有了较大提高，不但再造想像更富有创造性成分，而且以独创性为特色的创造性想像也日益发展起来。我国学者林崇德教授（1984，1986）对小学数学学习中培养和发展儿童创造力问题的研究发现，数学概念学习中的变换叙述方式、多向比较、利用表象联想，计算学习中的一题多解、简化环节、简便计算、计算过程形象化、发展估算能力，初级几何学习中的注意观察、动手操作、运用联想、多求变化、知识活用，应用题学习中的全面感知和直觉思维、发现条件和找出关键、运用比较和克服定势、补充练习、拼拆练习、扩缩练习、一题多变练习、自编应用题，等等，不仅对掌握数学知识、提高数学能力极为有利，而且也是小学生创造性的重要表现。

青少年期的初高中生处在从儿童期向成年期过渡的阶段，随着生理发展和知识、经验的不断积累，他们的创造力又有了进一步发展，跟早期发展相比，青少年时期学生的创造力发展有如下特点（吴风岗，1991）：

（1）儿童的创造力更多带有幻想型的特点，而青少年的创造力更多地带有现实性，他们的创造想像和思维多是由现实中遇到的问题或困难情境激发，努力创造的目的也是为了解决这些现实问题。

（2）青少年的创造力带有更大的主动性和有意性，他们常常在解决问题的进程中，能主动和有意地提出新的问题，并进一步运用自己的创造力努力寻求新的解决办法；儿童则不同，在问题面前他们常希望一次就能解决，如遇困难便转而求助成人帮助，或干脆放弃。青少年更勇于克服困难和富于坚持精神。

（3）随着经验和智力的不断增长，跟儿童期相比，青少年的创造性思维品质有了极大的提高：逐渐转变为以发散思维为主，聚合思维和发散思维协同发展；抽象逻辑思维逐渐成熟，辩证思维开始发展，抽象概括能力大大提高；独立意识增强，思维的深刻性和批判性有很大发展，已能独立地分析问题和解决问题，思维的独创性有了明显的提高。

美国学者莱曼（H. Leman）通过对几千名科学家、艺术家和文学家的年龄与成就关系的研究发现，25～40 岁是一个人成才的最佳年龄；另一学者对 711 名发明家进行研究后发现，在 25 岁之前就已有发明的占总数的 61%，而在 40 岁以后才有发明的只有 3.6%，他们首次发明的平均年龄是 21.3 岁。我国学者也通过研究得出了近似的结论。

这些结果说明，到青年期个体虽然还未达到一生创造力的最高峰时期，但已经处在创造力最佳发展年龄的前端。历史上曾有无数人在青少年时期就已表现出卓著的创造性才能，如伽利略 17 岁发现了钟摆原理，伽罗华 17 岁创立群论，爱迪生 21 岁取得第一项发明专利，牛顿 23 岁创立微积分，海森堡 24 岁创立量子力学，王勃 14 岁写成《滕王阁序》，白居易 16 岁吟出"野火烧不尽，春风吹又生"，王维 17 岁写"九月九日忆山东兄弟"，曹禺写《雷雨》时也年仅 23 岁。

（二）影响创造力发展的因素

1. 家庭因素

家庭环境、父母对待孩子的态度和教养方式，对个体创造力的发展具有重大影响，它可以促进，也可以阻抑个体创造潜能的发展，许多对有杰出创造成就人物儿时家庭环境的追溯研究，和对具有创造才能的儿童的家庭调查，都为此提供了有力的证据。

概括说来，人们发现，有利于个体创造力发展的家庭因素有（查子秀，1993）：

（1）家庭比较民主，父母对孩子不专制；

（2）家长对孩子好奇、探求精神和行动给予积极鼓励和支持；

（3）父母信任孩子的能力，给予引导并提供独立锻炼的机会；

（4）孩子在家里与父母之间无拘束，不怕犯错误，有安全感；

（5）父母具有独立性和创造性，孩子在家受到父母思想行为潜移默化的影响。

而不利于个体创造力发展的家庭因素则为：

（1）父母专制，孩子凡事得经父母同意，养成听话顺从的习惯；

（2）家长对孩子过于溺爱，为孩子考虑太多，包办代替，剥夺了个体独立锻炼的机会；

（3）父母对儿童的好奇心、求知欲及探索行为不支持或简单粗暴处理；

（4）家庭缺乏民主自由气氛，孩子缺乏安全感。

2. 学校教育因素

学校教育对学生创造力发展的影响主要表现在两个方面：

（1）教师的个性和行为会影响学生创造力的发展。一般地，人们认为，开放和民主型的教师和教学态度与方法较有利于个体创造力的发展，这类教师教学态度民主，尊重学生意见；鼓励独立思考，师生关系融洽；课堂气氛活跃，注意引发学生的好奇心，鼓励尝试探索；教学方法灵活多样，多采用启发法、发现法、类比法和集体讨论法进行教学，注意引导学生自己思考。而那些过分强调顺从和循规蹈矩，过分看重分数的教学环境则不利于创造力的发展。

（2）各种有关创造力的训练项目、课程和活动也能促进学生创造力的发展。国外的许多研究，我国周林等人、张景焕等人所做的多项研究均表明，各种发散性思维训练，均能有效地促进个体思维的流畅性、灵活性、独创性和精细性品质的发展。20 世纪 70 年代，帕内斯还曾把创造性解决问题的基本原则编成一套程序教材，共计 28 册，在多所初中进行教学实验，结果发现参加实验的学生在思维的独到性和灵活性方面有明显提高，而且即使没有教师指导，由学生自学这套教材，也发现他们的创造力成绩比控制组的学生高。

3. 社会文化因素

社会、文化因素与人创造力的发展也有着相当密切的关系。许多跨文化的研究都表明，在倡导和鼓励独立性、创造精神、主张男女平等的民主开放社会文化环境中，儿童创造力普遍发展较好，且男女差异也较小；而在强调专制、服从、男女地位悬殊的封闭式社会条件下，儿童的创造力则比较缺乏，男女差异也较大。同时，心理学家的研究还指出，有的历史时期创造性人才辈出，而有的历史时期则人才枯竭，社会的需要也是创造力发展的巨大推动力。

个性对创造力的影响前面已进行了讨论，这里不再重复。

四、创造力的培养

（一）培养学生创造力的基本原则

1. 创设一个民主开放的学与教的环境

与智力相比，应该说，创造力的发展受环境因素的影响更大。如上所述，父母、教师、社会文化等均会对之发生影响，为培养儿童良好的创造力，我们应该努力营造一种民主、宽松的教学环境，改变教师全能的传统观念，积极尊重学生的观点、想法；改变原有僵化的评定标准，鼓励学生进行创造性学习。

2. 培养好奇心，激发求知欲

好奇心、求知欲与创造性紧密相关。好奇心强的人对新奇事物总要主动探究，好奇心是激励人们进行创造的内部动力；求知欲旺盛的人，对所面临的问题不满足于现成的答案或书本上的结论，而是积极地去思考、去探索，试图发现新问题，作出新解释，可见，好奇心和求知欲的激发对培养和发展学生创造力十分必要。为了培养学生的好奇心、求知欲，可以不断创设变化的、能激起新异感的学习环境，多创设适当的问题情境，或组织、引导学生去观察大自然，考查社会生活，启发他们自己发现问题和寻求答案。

3. 鼓励学生进行独创，敢于标新立异

独创性是创造活动的最本质特征之一，为发展学生的创造力，必须注意培养他们的独创精神，鼓励直觉思维和大胆想像，允许学生按照自己的猜想去探索问题，鼓励他们用超出书本的知识去创造性地解决问题，按照自己的设想去进行实验，使他们在自己思想认识和行动表现上与众不同时，不是感到不安，而是感到自豪。

4. 积极开展创造性活动

创造性课外活动和比赛可在科学、数学、文学、艺术、计算机等许多领域开展，比较容易实施，每个学校和班级都可随时随地进行，比如，由学生自己办报纸、画刊、出诗集，亲自动手设计和制造各种模型与产品，撰写科技小论文，等等。通过这些活动，儿童、青少年的各种创造才能均能得到有效的发展。

5. 训练学生的发散思维

发散思维的训练应当有意识地从培养思维的独创性、灵活性和流畅性入手，给学生提供开展发散思维的机会，安排一个刺激学生发散思维的环境，逐渐养成学生多方向、多角度认识事物和解决问题的习惯，如可以通过“一题多解”和“一题多变”的练习，培养学生思维的灵活性和变通性，可通过学生自编应用题，以发展思维的独特性和新颖性，也可以通过班级集体讨论的方式培养发散思维。

历史上，许多学者还提出了专门训练发散性思维的方法与程序，美国创造学创立者奥斯本（A. Orsborn）首创的头脑风暴法便是较早和较具代表性的一种。头脑风暴法又称“急骤联想”，即采用座谈会形式组织人们对特定的问题进行讨论，使他们互相启发，引起联想，产生尽可能多和尽可能价值大的设想和方案。研究表明，这种训练确能有效地促进个体的发散性思维和创造力的发展。

6．培养创造性的个性

个体创造性的高低不仅跟智力因素有关，而且和一个人的个性等非智力因素也有关。独立、勤奋、自信、有恒、谦虚、细致、好进取、好探究均有利于创造性的发展，值得我们去培养；而怠惰、怯懦、自卑、骄傲、粗心、安于现状、墨守成规等不良性格则不利于创造力的发展，要注意及时消除和矫正。

（二）培养学生创造力的方法

1．创造力训练的一般技巧

（1）创设适宜的条件。

托伦斯曾总结近30项有关创造力的研究，提出了培养创造力的九点建议：

①为创造力提供大量机会：安排新颖性的工作，提出要求创造性思维才能解决的问题，采用专门用以改善创造力的策略。

②重视独特的问题、想法和解决办法：创造性的学生会察觉教师所忽视的关系，教师应对他们的答案予以反应，而不是轻率地忽略。

③向学生证明他们的想法是有价值的：倾听、考虑、验证并实践学生的想法，鼓励学生相互交流看法。

④营造一种非评价的、安全的气氛：教师经常性的评价会使学生害怕冒险表达自己的想法，从而阻碍创造性的发挥。

⑤避免同伴的品头论足（评论性评价）：让学生提出其他的可能性，而不是其缺点，鼓励创造性或富于建设性的同伴评价。

⑥提供感受环境刺激的经验：让学生描述通过视、闻、触摸、尝和嗅获得的感觉经验。

⑦避免提供限制思维的例子或模式：给定的模型或例子常会造成学生们难以打破的心理定势，他们可能认为模型是“正确”的作品，不敢再创新。

⑧偶尔根据能力分组：与混合能力水平的小组比，能力水平均一的小组表现出更少的混乱和更多的合作行为。

⑨允许实践和课程安排的灵活性：过分迷信在规定时间内完成规定的课程内容，将会妨碍教师利用学生们自然而然的想法。

（2）采用发散式提问模式。

通过发散式提问方式，教师可以为学生提供展示其创造性思维能力的机会。研究表明，在吉尔福特和托伦斯提出的发散性思维的四要素（流畅性、灵活性、独创性和精致性）中，概念形成的流畅性是创造性活动的一个主要因素，独创性与精致性都有赖于流畅性。发散式提问鼓励学生“讲出你所想到的全部方法”或“列出你所想到的全部事物”，允许大量可接受的替换性回答，从而最有利于解决生活和科学活动中的难题，有利于创造力培养。

（3）摆脱习惯性思维。

摆脱习惯性思维的训练，被人们称为是“创造性思维的准备活动”和软化“头脑的智力柔软操”。这类训练的意义在于促使人们探索事物存在、运动、发展、联系的各种可能性，从而摆脱思维的单一性、僵硬性和习惯性，以免陷入某种固定不变的思维框架，使思维具有多端性（流畅性）、柔软性（变通性、灵活性）和独创性（新颖性）。比如，可通过对“玻璃瓶里装橘子水，瓶口塞着软木塞，既不准打碎瓶子，弄碎软木塞，又不准拔出软木塞，怎样才能喝到瓶子里的橘子水？”“两个父亲和两个儿子吃了 3 个苹果，每人都吃了一个，这是怎么回事？”等类似问题解决的训练，来增进学生的创造力。

（4）通过自我知晓增进创造力。

梅钦鲍姆的研究表明，认知行为调节方法能够引发学生积极的自我状态，从而提高其自我知觉和发散思维能力。

梅钦鲍姆认知行为调节法的具体步骤是：

①让学生们观察教师创造性任务的执行，教师大声报告出自己完成的方式，示范自我指导的状态。

②学生执行创造性任务，并大声报告自己完成的步骤，知晓自己。在这一过程中，开始时教师要有适当的指导，慢慢地教师就不再直接参与。

③学生执行创造性任务，先是小声的言语自我指导，然后是内部语言的自我指导。

④指导学生有利于创造的语言模式，这包括：问题界定，“我需要做什么”；集中注意力，“我得专心”；应对状态，“如果我犯了错误，我可以重新开始”；自我强化，“太棒了！我成功了！”等等。

2. 创造力训练的具体技巧举例

（1）缺点列举训练。

对于某个事物存在的某个缺点产生不满，往往是创造发明的先导，只要把列举出来的缺点加以克服，那么就会有所发现、有所创新。通过缺点列举训练，可以逐步树立创新志向，甚至可以直接导致发明创造。

［**例**］请尽可能多地列举出玻璃杯的缺点。

［**可能答案**］容易翻倒；容易碎；活动时带在身边不方便；比较滑；盛开水后摸上去比较烫手；容易沾上脏物；有了小缺口会划破手；装上热水后很容易凉；成套的玻璃杯花色相同，喝水人稍不注意就分不清自己所用的杯子……

［**训练题**］请尽可能多地列出伞（或眼镜、手套、保暖瓶、雨衣、热水袋、铝锅、手表、日光灯、圆珠笔……）的缺点。

（2）希望点列举训练。

“希望点列举”是另一个重要的方案设计方法。人们对美好愿望的追求，往往会成为创造发明的强大动力。希望点列举就是把对某个事物的要求——“如果是这样就好了”之类的想法列举出来。

［**例**］什么样的电视机才理想？尽可能多地写出你的愿望。

［**可能答案**］可以通过遥控选择节目；能够看到全世界的节目；有香味的画面；看起来像立体的；具有每个人都可以分开看的镜框式装置；想看的频道节目会自动出现；拍摄的东西想看时就会在眼前出现；观看时可以调节画面的宽度；像磁带一样，想看可以随时重放……

［**训练题**］怎样的钢笔（或照相机、电话、城市、汽车、食品、书包、衣服、教师、工厂……）才理想？请尽量多地写出你的愿望。

（3）图形想像训练。

［**例**］尽可能多地写出什么东西与图 11－9 所示的形状相像。

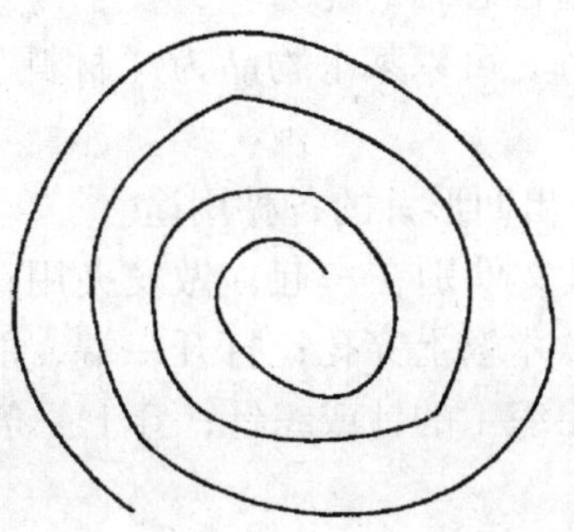

图 11－9　写出与此形状相像的东西

［**可能答案**］漩涡；指纹；蚊香；弹簧；盘着的大蛇；妇女头上盘着的发髻；葱油饼上的细纹；卷尺；码头上卷着的缆绳；盘山公路；牛粪；唱片上的纹路；草帽顶上的细纹；卷起来的纸筒截面；对数螺线……

[训练题] 请尽可能多地写出什么东西与图 11－10 中各图形相像。

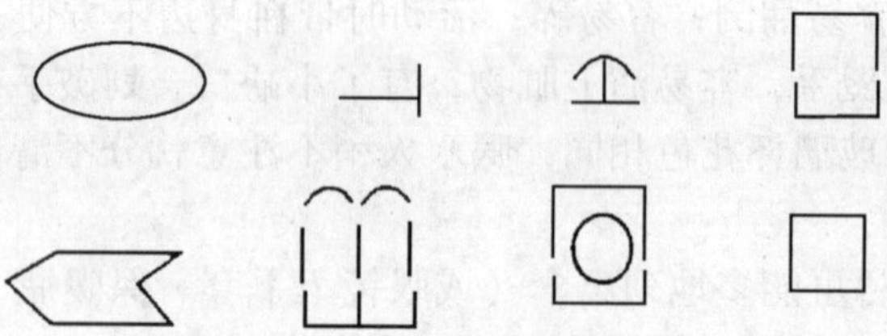

图 11－10　写出与各图形相像的东西

（4）联想训练。

见到一事物形象、语词或动作想到另一事物形象、语词或动作就叫联想。研究表明，在现有知识和经验的基础上训练活跃的联想能力，能够促进创造力的发展。

[例] 在两端表示不同意义（概念）的词的中间，再写出两个与前后词意义（概念）有联系的词，如钢笔—（书桌）—（窗帘）—月亮。

[训练题] 在“纸—土”，“鸟—书”，“铁—月饼”，“树—皮球”，“战争—火星”等两词中间分别写出两个与前后词有联系的词。

（5）展开性思维训练。

展开性思维训练可从多个方面进行，以材料、功能、结构、形态、组合、方法、因果、关系等各方面为“展开点”，进行具有集中性的灵活、新颖的展开训练，培养创造性思维的能力。

譬如，材料展开训练，可以某个物品为“材料”，以其为展开点，设想它的多种用途。

[例] 尽可能多地写出回形针的各种用途。

[可能答案] 把纸或文件别在一起；做发夹用；当鱼钩；当领带夹用；打开一端，烧红了可在软木塞上穿孔；打开一端，能在蜡版或泥地上画图、写字；拉直了，可用作粗织工的针或织针；穿上一条线当挂钩；装在窗帘上代替小金属圈……

[训练题] 尽可能多地写出砖（或玻璃杯、火柴盒、废旧牙膏管、玻璃瓶、塑料薄膜、旧罐头盒、书、报纸……）的各种用途。

又譬如，因果展开训练，可以某个事物发展结果为展开点，推测造成该结果的各种原因；或以某个事物发展的起因为展开点，推测可能发生的各种结果。

[**例**] 尽可能多地写出造成玻璃杯破碎的各种可能原因。

[**可能答案**] 没抓稳，掉在地下碎了；被某种东西敲碎了；冬天冲开水时爆裂了；杯里水结冰后胀裂了；被猫碰到，掉在地上碎了；被火烧裂……

[**训练题**] (a) 尽可能多地写出随便扔一块石头（或随地吐痰、上课迟到、给每个小学生都戴上手铐、每户人家都装上电话、每个人都近视眼等），可能会发生哪些结果。(b) 有一个一年级新生，在开学上第一节课时不在教室里，请尽可能写出他不在教室里的各种原因……

3. 奥斯本—帕内斯创造性问题解决方案

托伦斯曾比较过 140 多项有关创造力训练的研究，结果发现，以奥斯本—帕内斯创造性问题解决方案（Orsborn-Parnes creative problem-solving program）为基础的训练最为有效。

奥斯本—帕内斯创造性问题解决方案是一种结构性的、综合性的方法，鼓励个体在问题解决中运用想像力。该模式假定所有个体都具有某种水平的创造力，并且创造力可以通过训练得以提高。该模型有六个步骤，其中综合了许多激发创造力的技术，如头脑风暴法、对偶法、酝酿、想像、延迟判断、强制关系和针对性练习等。其基本步骤如下：

(1) 发现目标。学生开展集体自由讨论法（头脑风暴法），提出问题、想法或要处理的情况；教师指导学生"列出你头脑中的人和想法、疑问或问题、目标或灵感，然后从中选出你认为最重要的想法"。

(2) 发现事实。学生探索已知情况；教师引导学生："列出你对问题的所有认识，会发生什么，不会发生什么？与谁有关？问题为什么出现？何时出现?"

(3) 发现问题。学生从不同的角度来考察情况；教师则训练学生"列出你所想到的有关问题，审核目标并变换措辞，以重新定义问题"。

(4) 形成想法。学生总结多种可供选择的答案；教师指导学生"延迟判断和评价"，梳理思路，列出尽可能多的解决问题的办法。

(5) 发现解决办法。学生选择解决问题的最佳办法；教师指导学生置身于问题的情景之中，列出决定最佳解决办法的评价标准，从而使更多的联系和想法明朗化。

(6) 接受发现。学生制定计划，以执行这种解决方法，并获得人们的认可；教师指导学生运用所列的标准决定最佳选择，展开集体的自由讨论，引出实施计划的特殊步骤，想像细节，将计划付诸行动，确定随之而来的后果，并在可能的情况下据此调整计划。

第十二章 品德的形成

教育不仅要培养“有才”之人，而且也要培养“有德”之人，培养“德才”兼备之人。这里所谓的“德”，就是指个体的品德。所以，品德的形成与培养一直是学校教育的重要任务，也是教育心理学研究的一个重要部分。本章主要阐述品德的概念、品德的心理结构，然后介绍西方关于品德形成的各派理论及相应研究，包括道德认知发展理论、新行为主义的社会学习理论与新精神分析派的道德发展阶段理论，在此基础上进一步重点阐述学生行为规范形成的过程，并结合品德不良学生的心理特点介绍相应的矫正措施。

第一节 品德概述

一、品德的概念

(一) 品德

要理解品德的含义，就一定要了解道德的含义。所谓道德是指一定社会为了调整人们相互关系的行为规范的总和，是人类所特有的现象。遵守这些行为规范就会受到社会舆论的赞赏，而违反这些规范就会引起舆论的谴责。“道德”一词古已有之。我国古代《论语》中所谓“以德报德”、“以政为德”，就是指道德教育或道德感化。《论语》中还说：“君子之德风，小人之德草，草上之风，必偃。”荀子《劝学篇》也说：“夫是之谓道德之极。”这是所谓的道德教育，还含有品德、品质之意。

道德与法律是不同的。法律虽然也是一种行为的规范，也是人们必须遵守的规定，但它具有强制的性质，违反法律要受到制裁或判刑，而违反了道德行为准则，只会受到良心、舆论的谴责。

品德，道德品质的简称，在我国又称为德行或品行、操行，等等，它是就个人道德面貌而言的，是社会道德现象在个人身上的反映。道德品质是一定的社会或阶级的道德准则，转化成个人的道德信念和道德意向，在言行中表现出来的稳固的心理特征。正如黑格尔所说："一个人做了这样或那样合乎伦理的事，还不能说他是有德的，只有当这种行为方式成为他性格中的固定因素时，他才可以说是有德的。"作为一种心理现象，品德是一种反映形式，它具体体现一定社会道德要求的个人意识和行为总体的特征。品德是人在实践活动中，在社会道德关系和道德舆论的作用下，在道德教育影响下形成的，它是社会现实在人脑中的反映。

品德与性格既有联系又有区别，某些性格既是人表现在对现实的稳定的态度和与之相适应的行为方式上的心理特征，同时也包含一个人有关道德和伦理方面的行为倾向。因此，性格与品德有相重叠的部分。但品德与性格又有区别，品德只是属于同道德伦理有关系的范围。当我们谈论有道德价值或处理是非、好坏和善恶的问题时，如说某人有说谎、欺诈和偷窃的行为，我们说的是品德，而不是性格特征；当我们从一个人对人对事的专断和顺从、内向和外倾等一类品质评价一个人的社会行为时，我们说的是性格。

（二）道德与品德的辨析

品德与道德是两个既有联系又有区别的概念，其联系主要表现在：第一，个人品德是社会道德的组成成分，离开社会道德也就谈不上个人品德，同时，个人品德的发生发展与社会道德一样都受到社会发展规律的制约。马克思说："人的本质并不是个人所固有的抽象物。在其现实性上，它是一切社会关系的总和。"第二，品德的形成不是由遗传获得的，而是在后天的社会条件中，主要是在社会道德舆论的熏陶和学校道德教育的影响下，在家庭成员潜移默化的道德感染下，通过自己的实践活动形成和发展起来的。第三，个人品德不可避免地要受到社会道德风气的影响，同时它对社会道德风气也能产生一定的反作用，特别是一些优秀的代表人物的品德，作为一种道德品质的典范，往往对整个社会道德风气产生十分深远的影响。

品德与道德的主要区别在于：第一，道德是依赖于整个社会的存在而存在的一种社会现象，而品德则是依赖于某一个体存在而存在的一种个体现象；第二，道德反映整个社会生活的要求，它的内容全面而又完整，而品德的内容只占其中一个部分；第三，道德的发展完全受社会发展规律的支配，而品德的形成和发展不仅要受社会发展规律的支配，还要服从于个体的生理、心理活动的规律；第四，道德是伦理学与社会学研究的对象，品德则是教育学与心理学研究的对象。

二、品德的心理结构

（一）关于品德心理结构的观点

品德的心理结构即指品德的组成成分，或品德的各种心理成分按照一定的关系和联系构成的结构。我国心理学家对品德的心理结构做了多年的探索，提出了因素构成说、功能结构说和系统结构说等观点。

1. 因素构成说

因素构成说认为品德是由一组相互联系的心理因素所构成的。但这些因素是什么，不同学者又有不同看法，基本上分为三因素说、四因素说、五因素说和六因素说。

三因素说把品德看成是道德认识、道德情感和道德行为的统一体。目前国际流行的心理学文献，也大都采用这种观点，正如美国品德心理学著作所写的那样，“综观品德的研究，一般都是将它分成道德观念、道德情感和道德行为”。美国传统的品德心理学持这样的观点，苏联的品德心理学基本上也持这样的观点。这种理论认为情感是发动道德行为的重要因素，没有为别人着想的关怀，不具有体谅、理解他人的情感，就不可能产生有道德判断和有道德的行动。道德行动是德育的目的，为了达到这个目的，关键是要把发展道德情感与发展道德判断力以及引导做出有道德的行为这三者统一起来。我国教育心理学界大都也持这样的观点。潘菽教授主编的《教育心理学》中就明确认为，任何一种品德结构都包含有一定的道德认识、道德情感和道德行为方式三种基本成分，而把道德意志包括在道德行为的训练中。

四因素说认为完整的品德心理结构应包含道德认识、道德情感、道德意志和道德行为四种成分。四因素说不仅反映了我国心理学家对“意志”、“行为”和“习惯”等心理现象的见解，而且也体现了我国心理学家对中国古代心理学思想的继承。早在2 500年前春秋时期的孔子就将道德品质划分为道德认识、道德情感、道德意志和道德行为四种成分，并将其形成看作是一个过程。孔子是提出关于品德结构及其发展思想的杰出先驱。

五因素说认为品德心理结构是由道德认识、道德情感、道德信念、道德意志和道德行为构成的。它在四因素说的基础上，强调道德信念在个体品德结构中的地位。

六因素说认为品德心理结构除了上述五因素说包含的因素外，还有一个重要的因素即道德评价。该学说突出了道德评价在个体品德活动中的调节功能，注意到了道德动机在品德活动中的动力观念，是有一定意义的。

有研究者指出（郭祖仪，2000），品德结构的因素论对品德教育产生过广泛的影响，但也存在明显的缺陷，具体表现为：第一，重视品德心理因素的分析，忽视品德结构的内在运行机制的揭示；第二，重视品德表层结构的描述，忽视品德深层结构的探索；第三，重视对品德结构线性的、静态的分析，忽视对品德结构做立体的、动态的考察。因此，对品德结构应做深层次、动态的考察，如果不对品德结构做系统分析，再提出七因素说或八因素说等都是可能的，但从研究的角度，这实际上是没有太大意义的。

2. 系统结构说

林崇德从系统的角度出发，认为品德结构是个多侧面、多形态、多水平、多联系、多序列的动态的开放的整合系统，提出了品德结构的系统学说，认为品德由三个子系统组成：

一是品德的深层结构和表层结构的关系系统，即道德动机系统和道德行为方式系统。

二是品德的心理过程和行为活动的关系系统，即道德认识、道德情感、道德意志和道德行为的心理特征系统。

三是品德的心理活动和外部活动的关系及其组织形式系统，即品德的定向、操作和反馈系统。

品德结构中的这些成分是彼此联系、互相制约的。其中道德认识与道德情感居于核心地位，它们不仅决定着品德的性质，而且也决定着道德意志与道德行为技能和习惯的发展。同时，道德认识、道德情感与道德行为之间的联系又具有多渠道的性质，同一道德认识与情感在不同情境下可能发挥不同的推动作用，反过来说，同一行为也可能同多种道德认识与情感发生联系。在道德认识与情感内部或同行为之间的联系还可能存在种种冲突。

3. 功能结构说

章志光提出了功能结构说（章志光，1990），认为品德心理结构由生成结构、执行结构和定型结构三个断面或维度构成，并认为这种结构与宏观的社会环境与微观的群体环境（包括人际关系和教育方式）发生联系或相互作用时，就构成了一个包含品德机制在内的大的社会动力系统。所谓生成结构是指个体从非道德状态过渡到开始出现道德行为或初步形成道德性时的心理结构，具体表现为个体获得道德规范的行为经验，产生是非感，形成道德行为的定势或习惯的过程。执行结构是指个体在道德性生成结构基础上发展起来的更有意识地对待道德情境、经历内部冲突、主动定向、考虑决策和调节行为等环节的一种复杂的心理过程及其结构。定型结构是指个体具有品德（道德品质）的心理结构。生成结构、执行结构和定型结构是个体品德形成过程中相继出现的不同形式，但又是彼此包括、相互渗透的统一体。如果前一种结构的形成为后一种结构做好了铺垫，那么后一种结构的形成则是前一种结构的因素、序列的发展和功能的跃进。该学说重点在于解释品德形成的动态过程。

近几年，郭祖仪提出了对品德心理结构的探索应从传统的普通心理学模式转变为社会心理模式（郭祖仪，2000），突出品德的态度结构，对深入研究品德心理结构具有一定的启示意义。

由于品德心理结构十分复杂，难以从总体上去把握和研究，所以西方品德心理理论或流派都侧重研究品德心理结构的某一方面，并据以解释品德的整体性发展。例如，认知发展观或称道德认知发展理论侧重道德认知方面的研究，行为主义的品德理论着重道德行为方面的研究，精神分析的品德理论强调道德情感、动机和人格方面的研究。

（二）品德心理结构的特征

1. 品德心理结构的统一性与差异性

品德心理结构是各成分相互联系又相互矛盾的统一体，同时它们的发展还有差异性。人的知、情、意、行不能截然分开，当个人有了某种道德认识，往往伴随有道德情感，随之产生道德行为，而当道德行为遇到困难或不能实现时，意志即进行调节，或改变行为方式，或调节自己的情感。品德的这几种成分，是一种对立统一关系，它们是互相联系、互相作用、互相矛盾又相互独立的，关系是错综复杂的。

品德的心理结构不单是一种对立统一体，它的发展和其他事物一样，也有差异。在儿童品德发展中，认识、情感、意志和行为的发展水平各有不同特点。有的儿童言行不一，或只言不行，或盲目行动。之所以会出现这些情况，其原因或者是由于他们的道德认识与道德行为脱节，或是由于道德情感淡漠，或是由于意志薄弱，等等，这就说明他们之间是有差异的。可见在品德心理结构各成分之间存在着相互联系、相互矛盾、相互作用又相对独立的种种错综复杂的关系，是一个矛盾对立的统一体。

2. 品德心理结构各成分具有层次性

品德心理结构中各心理成分都是多层次的，国内外心理学家对这方面进行了研究。有的研究认为，道德认识可分为道德知觉、道德表象、道德判断与道德意识等几个层次；道德情感可分为直觉的情绪体验、由道德形象所引起的情绪体验、伦理道德的情感体验三种形式；道德意志行动可分为简单的道德行动、道德模仿行动、初期道德意志行动（即不完全自觉）和自觉的道德行动等。虽然在对各心理成分的层次划分上，有不同的争议，但是学者们都认为道德认识、道德情感、道德意志和道德行为等是有不同层次与水平的。

3. 品德心理结构各成分发展的顺序性和连续性

品德心理结构各成分的发展是循序渐进的。例如，道德认识的发展，一般是遵循由个别到一般、由具体到抽象、由片面到全面、由表面到深刻、由现象到本质的认识规律发展的。在道德判断上，判断的依据由行为后果到动机和后果相结合。学生道德情感的发展，是由初级到高级、由简单到复杂、由易变到比较稳定。学生道德行为由不稳定、有条件发展为无条件、自动的、带情绪色彩的行为。学生任何一种道德品质的形成和整个道德水平的发展，遵循着一定的顺序，都有一个从他律到自律的趋势。

4. 品德心理结构发展的阶段性

对于儿童道德发展有没有阶段性，早在20世纪20年代，哈桑（H. Hantshorne）和梅（M. A. May）就坚持认为儿童的道德行为完全是由情境所支配的，而麦考莱（Macaulay）和瓦金斯（Watkins）的研究结论与此截然相反，他们认为品德心理结构的发展具有阶段性。在主张道德发展有年龄阶段的研究者中，意见不尽相同，阶段的划分也各异。科尔伯格提出道德认知的三水平、六阶段理论，埃里克森提出人格发展八阶段假说，苏联心理学家佐西莫夫斯基1973年也提出了儿童道德发展三个阶段六个时期的学说。从道德发展和人的智力发展、参加社会活动的关系来看，我们认为，儿童、青少年的道德发展有年龄阶段的特点。

5. 品德心理结构发展的多端性

品德的培养可以有不同开端。苏联心理学家尼·德·列维托夫指出，在某种情况下，可以从培养道德行为方式或习惯开始；在另一种情况下，可以从激起学生的道德情感着手；在第三种情况下，则可以从提高学生的认识做起，也可以同时并进，相互促进。但是，无论怎样做，只有当这些品德的基本成分都得到相应的发展，特别是在一定的道德动机和一定的行为方式之间构成稳固的联系时，某些道德品质才能更好地形成起来。受教育者与教育者之间以及所处情境存在种种差异，这就要求并且允许品德的培养可以有不同的开端，使受教育者得到多种教育机会。教育者要真正做到晓之以理、动之以情、炼之以志、习之以行，积极促进学生良好品德的形成。

第二节　关于品德形成的理论和研究

一、西方关于品德形成的理论与研究

（一）认知发展论的品德理论

认知发展论的品德理论又称道德认知发展理论。这一理论由杜威作先导，皮亚杰建立理论体系，后经柯尔伯格的继承和发展，成为迄今为止最有影响的一种品德理论。

1. 杜威的道德发展阶段观

杜威在《我们怎样思维·经验与教育》中对“服从”、“表面的一致性”、“受冲动和欲望的控制”以及“自我控制”、“自我判断”、“自己确立目的”进行了分析，这些分析无疑都是对“他律”和“自律”的最好说明。杜威还进一步指出，从受冲动的支配到“服从最机械的标准”再到“自我指导”本身代表了一个发展的过程，而且这一过程是呈阶段连续性发展的。他在与塔夫茨（J. Tufts）合著的《伦理学》一书中，把个体道德的发展划分为以下三个阶段：

（1）第一阶段：行为受有道德结果的生物和社会性冲动的激发；

（2）第二阶段：个体几乎不加批评地接受其所在团体的标准；

（3）第三阶段：行为受个体对一个目的对己是否为善进行思维和判断的指导，不再不加思考地接受其所在团体的标准。

在《哲学的改造》一书中，杜威对这一过程作了进一步阐发，他指出：我们是生而无知和不成熟的，因而处于社会的依赖状态。教学和道德训练，实际上就是成年人逐渐提高幼弱者照料自己的能力的过程。童年期最重要的就是通过已经达到独立的成人的指导实现自己的独立。所以，当年轻人从社会的依赖状态中解放出来接受自己的独立指导时，教育过程即告终结。显然，杜威不仅把自治看作成熟道德的标准，而且把自治视为教育所追求的最高理想。由上述可见，杜威不仅区分、界定了“他律”和“自律”的性质和特点，而且提出从他律——受本能冲动和团体标准的支配到自律——接受

自我指导是一个逐步实现的过程，是一个逐步摆脱外来束缚而达到自觉自治的过程，这一发展模式和皮亚杰、柯尔伯格的发展阶段模式基本上是吻合的。难怪柯尔伯格在20世纪70年代反复强调："道德教育的认知发展方法是由约翰·杜威第一次完整陈述出来的。"

2. 皮亚杰的道德认知发展理论

皮亚杰的道德发展研究是建立在思维发展基础上的。他认为儿童的道德发展是认知发展的一部分，因而他把儿童的逻辑思维能力和道德判断能力看作是一种蕴涵关系，他认为儿童道德判断的发展与儿童认知发展的阶段相平行，儿童道德发展的进程可以在他们的认知发展中找到根据。皮亚杰的研究方法是间接故事法，根据所要探究的道德现象，设计编拟一些包含道德价值内容的对偶故事，组成不同的结构形式，要求儿童辨认是非对错，从他们对特定行为情境的评价中去查明他们的道德观念。他在大量研究后指出，儿童道德发展具有一条总的规律，这条规律就是：从他律（heteronomous）发展到自律（autonomous）。所谓他律，是指早期儿童的道德判断只注意行为的客观效果，不关心主观动机，是受自身以外的价值标准所支配的道德判断，具有客体性。这个阶段也叫道德现实主义（moral realism），或者强制的道德，他们是按照绝对的标准判别是非。所谓自律，则是指儿童自己的主观价值标准所支配的道德判断，具有主体性。这个阶段又称为道德相对主义或者合作性道德（morality of cooperation）。他律水平与自律水平是儿童道德判断的两级水平。儿童的道德判断从他律到自律的发展是贯穿在皮亚杰关于儿童道德发展理论中的一条思想主线。其次，皮亚杰在此基础上进一步提出儿童道德发展的年龄阶段。

（1）自我中心主义（2~5岁）。大约从2岁起，儿童开始模仿别人接受规则，但由于跟成人或同伴之间还没有相互合作关系，儿童总是按照自己的想像去接受规则。因此，5岁前是一个"无律期"，他们顾不上人我关系，而是以自我为中心来考虑问题，规则对他来说还不具有约束力，他还不能把规则当作一种义务去遵守。儿童的这种既模仿别人接受规则而又按个人的意愿去应用规则的二重性，皮亚杰称之为道德的自我中心主义。因此这一阶段的儿童在道德要求上，有时采取毫无异议的顺从态度，有时采取拒绝甚至反对的非顺从态度。正是儿童的这种道德的自我中心主义特征，使得他不能按照我们称之为道德的方式去行动。皮亚杰认为，促进儿童和同伴之间形成合作关系，是使儿童摆脱这种自我中心主义的唯一方法。

（2）权威阶段（6~8岁）。在这个阶段，儿童的道德生活几乎完全是以服从权威为特征的，服从权威的力量是一种约束的道德判断和道德品质，它起源于幼儿期的道德的自我中心主义。在儿童看来，一定要绝对服从父母、老师等成人或年龄较大的、更为成熟的、更有力量的权威者。听他们的话就是好的，不听他们的话就是坏的。同时，在儿童的心目中，权威者规定的规则是固定的、不可改变的，必须绝对地服从，不可违背。谁破坏了规则，谁就必须要受到惩罚。皮亚杰把儿童绝对驯服地服从规则要求的倾向称为道德实在论。他指出，成人的约束和滥用权威对儿童的道德发展是极其有害的。

(3) 可逆阶段（8~10岁）。在这个阶段，儿童的道德判断不再是以单方面服从权威为特征，而是以相互遵从规则为特征。儿童意识到跟同伴交往的社会关系，他不再把规则看作是一成不变的东西，而把它看作是同伴间共同约定的东西。如果所有的人都同意的话，规则是可以改变的。儿童不再按是否服从权威来判断行为的好坏，而是以是否公平来判断行为的好坏，认为公平的行为就是好的，不公平的行为就是坏的。由此可见，儿童的道德判断已经开始摆脱外界的约束，并具有自律道德水平的初步萌芽。

(4) 公正阶段（11~12岁）。正如可逆阶段是从权威观念发展而来的那样，公正阶段是从可逆的道德观念发展而来的。在皮亚杰看来，从同伴之间的可逆关系转变到公正关系的主要原因是利他主义因素。当可逆的道德观念从利他主义角度去考虑时，就产生了关于公正的观念。公正观念不是一种判断是或非的单纯的规则关系，而是一种出于关心与同情人的真正的道德关系。也就是说，儿童不再刻板地按固定的规则去判断，他已认识到在依据规则判断时，应先考虑到同伴的一些具体情况，从关心和同情出发去判断了。皮亚杰认为公正观念是一种高级的平等关系，这种道德观念已经能够从内部对儿童的道德判断起着决定性的作用。

皮亚杰早在20世纪二三十年代就对儿童的道德判断进行了创造性的研究，开创了现代道德认知发展学派的先河。无论是他采用的对偶故事法还是他提出的儿童道德发展水平和阶段理论，都对后继的研究产生了深远的影响。然而皮亚杰的理论在当时并没有引起人们的重视，对他的理论的认识、继承和发展是由美国心理学家柯尔伯格完成的。

3. 柯尔伯格的道德认知发展阶段理论

柯尔伯格（L. Kohlberg）是美国著名的发展心理学家，以“10~16岁学童道德思维与判断方式之发展”的论文，于1958年获芝加哥大学博士学位。柯尔伯格沿着皮亚杰《儿童的道德判断》的研究路线，对个体的道德认知发展进行了大规模的追踪研究和跨文化研究，先后长达30多年，取得了丰硕成果。

柯尔伯格继承并发展了皮亚杰的道德发展理论，把儿童的道德发展看成是整个认知发展的一部分，认为儿童的道德成熟过程就是道德认识的发展过程。与皮亚杰的看法相似，柯尔伯格将儿童看作是道德哲学家，认为儿童有自己的关于价值观问题的思考方式，能自发形成他们的道德观念，这些道德观念又形成有组织的思维方式。按照柯尔伯格的看法，道德认知是对是非、善恶行为准则及其执行意义的认识，并集中在道德判断上。道德判断是一个人根据道德原则对什么是正确的或错误的行为进行的判断，即道德评价。在柯尔伯格看来，儿童的道德成熟首先是其道德判断上的成熟，然后是与道德判断相一致的道德行为上的成熟。

柯尔伯格认为，我们对道德发展阶段的划分是根据道德判断的结构，而不是道德判断的内容。他指出："我运用的是一个严格精确的阶段概念，这个概念来自皮亚杰和其他认知发展理论家的结构传统。"道德发展的机制是道德判断的认知结构的变化发展过程。处于不同发展阶段的个体或同一个体处于不同的发展阶段，对道德问题的判断、推理有着明显的区别。

道德发展的阶段概念是柯尔伯格理论的核心概念。他认为道德发展阶段具有四个基本特征，即结构的差异性、不变的顺序性、结构的整体性和层次的整合性。第一个特征是结构的差异性。柯尔伯格发现处于不同发展阶段的个体，或同一个体处于不同的发展阶段，其道德判断和推理的结构（思维模式）有不同类型，它们之间不是量的差异，而是质的差异。柯尔伯格正是按照这种结构的差异特征来划分个体的道德发展水平和阶段的。第二个特征是不变的顺序性。个体的道德发展遵循着由低级向高级发展的不变的、普遍的阶段顺序。文化和教育可以加快、延缓或阻止个体道德发展，但绝不能改变其阶段顺序。第三个特征是结构的整体性。每个不同的、依序发展的思维模式形成了一个结构上的整体。在特定的道德任务中，一个特定的阶段反应不只代表与该任务相似的任务所决定的具体反应，而代表了一种潜在的思维组织。第四个特征是层次的整合性。道德发展的阶段形成一种不断增加分化与整合的结构顺序，以逐步达成其共同的功能。前一阶段的思想总是融合到或整合进下一阶段的思想中，并且为下一阶段所取代。新的阶段是从前一阶段中发展出来的，因而它是新旧结合的综合体。

柯尔伯格运用了"道德两难情境"（moral dilemmas）对儿童的道德发展进行了系统研究。其中一个经典的两难情境是关于"海因茨偷药"的故事。

欧洲有个妇人患了特殊的癌症，生命垂危，医生认为只有一种药能救她，那就是本城一个药剂师最近发明的镭制剂。制造这种药要花很多钱，药剂师索价又高于成本10倍，他花了200元制镭制剂，而这点药他竟索价2 000元。病妇的丈夫海因茨到处向熟人借钱，一共才借到1 000元，只够药费的一半。海因茨不得已，只好告诉药剂师，他的妻子快要死了，请求药剂师便宜一点卖给他，或者允许他赊债。但药剂师说："不成！我发明了这种药，就是用来赚钱的。"海因茨走投无路，竟撬开此人药店的门，为妻子偷药，及时挽救了妻子的生命。

主试讲完故事后，给被试提出一系列问题，如"海因茨该不该偷药？为什么该？为什么不该？"等。柯尔伯格关心的不是对两难问题回答"是"或"否"，而是儿童回答问题时是如何推理的。主试在与儿童交谈的过程中还可以提出新问题来帮助理解儿童的推理，并注意被试回答背后的推理，据此将各种反应划分阶段。

柯尔伯格根据儿童对这些两难问题的回答，将个体的道德发展划分为三个水平六个阶段，提出了他的最全面的阶段模型，详见表12－1。

表12－1　柯尔伯格关于儿童道德判断的三级水平与六个阶段

一、前习俗水平（根据行为的直接后果和自身的利害关系判断好坏是非）	儿童对偷药故事可能的反应
第一阶段：服从和惩罚定向 儿童评定行为好坏着重于行为的结果，认为受赞扬的行为就是好的，受惩罚的行为就是坏的。	赞成：他可以偷药，因为他先提出请求，又不偷大的东西，不该受罚。 反对：偷药会受到惩罚。
第二阶段：朴素的利己主义定向 儿童评定行为的好坏，主要看是否符合自己的要求和利益。	赞成：他的妻子要这种药，他需要同他的妻子共同生活。 反对：他的妻子在他出狱前可能会死，因而对他没有好处。
二、习俗水平（依据行为是否有利于维持习俗秩序，是否符合他人愿望进行道德判断）	儿童对偷药故事可能的反应
第三阶段：好孩子定向 儿童认为：凡取悦于别人，帮助别人以满足他人愿望的行为是好的，否则就是坏的。	赞成：他只不过做了好丈夫应做的事。 反对：他这样做会给家庭带来苦恼和丧失名誉。

续上表

第四阶段：维护权威和社会秩序的定向 儿童认为，正确的行为就是尽到个人责任，尊重权威，维护社会秩序，否则就是错误的。	赞成：不这么做，他要为妻子的死负责。 反对：他要救妻子的命是自然的，但偷东西犯法。
三、后习俗水平（能摆脱外在因素，着重根据个人自愿选择的标准进行道德判断）	儿童对偷药故事可能的反应
第五阶段：社会契约定向 儿童认为，道德法则只是一种社会契约，可以改变，不能以不变的规则去衡量人。	赞成：法律没有考虑到这种情况。 反对：不论情况多么危险，总不能采用偷的手段。
第六阶段：普遍的伦理原则定向 儿童已具有抽象的以尊重个人和个人良心为基础的道德概念，认为个人一贯依据自己选定的道德原则去做就是正确的。	赞成：尊重生命、保存生命的原则高于一切。 反对：别人是否也像他妻子那样急需这药，要考虑所有人生命的价值。

从20世纪70年代后期开始，柯尔伯格在个人和社会关系问题上的看法开始转向。这种转向一方面表现在他对道德发展模型的修正，在修正后的道德发展模型中，柯尔伯格增加了对每一阶段的社会观点的说明，表明他开始以社会观的发展为轴心来评定发展的等级；另一方面，表现在更加重视习俗道德即第四阶段的道德——即习俗的道德。柯尔伯格在谈到这种转变时指出：在60年代，由于反战高潮和各种公民权运动，“在美国大地上风行的是追求公正和关心，所谓第六阶段即普遍原则化的道德”。70年代中期，“水门事件”以后，人们的注意力开始转向“杰弗逊和美国国父们第五阶段的道德，第五阶段是一种社会契约和人类权利的道德，正是这种道德产生了《独立宣言》和《宪法》。研究证明，事实上，当时“也只有少数成人甚至大学生达到了阶段五”。至80年代初则发现，即使维持和鼓励阶段四的习俗道德都已经相当困难，所以，进一步退至“把阶段四的目的作为公立教育的目的”。

柯尔伯格对道德认知发展的研究方法最初直接来源于皮亚杰的间接故事法——通过向被试讲解故事的方法让被试判断研究者所设计的那些行为类型，从儿童对特定行为的评价中去分析他们的道德认知。这些包含道德价值内容的对偶情境故事每一对都包含着两种道德情境，每一种道德情境代表着一种道德发展水平，故又称对偶故事法。柯尔伯格发现，皮亚杰用一对对偶故事代表儿童道德判断发展的两种水平，其方法显然是有缺陷的，因为儿童道德发展不止两种水平，而应有更多级水平或阶段。

如果说皮亚杰是现代道德认知发展学派的开创者，那么柯尔伯格则是这一学派的集大成者。柯尔伯格把他的毕生精力都贡献给了儿童道德认知发展的研究，他在皮亚杰研究的基础上，建立了他自己的道德认知发展理论体系，克服了皮亚杰理论上的缺陷和实践上的空洞。由于他几十年的不懈努力，为道德认知发展理论确立了学科地位，使其成为西方最有代表性和最有影响的一种品德理论。

柯尔伯格道德认知发展理论的贡献是多方面的。首先，促进了道德现象研究的科学化。柯尔伯格认为，道德上的“应该”要从道德判断和推理的实证研究中所揭示的认知上的“是”为依据。这样柯尔伯格就在实证科学（道德心理学）与规范科学（道德哲学）之间成功地架起一座桥梁，把道德现象的某些可实证的内容，交由心理学进行实证研究，使之具有科学的形态。其次，建立了道德发展的阶段模型，促进了道德教育科学化。柯尔伯格在30多年的追踪研究和跨文化研究的基础上，建立了儿童和青少年的道德认知发展阶段模型，这一模型反映了个体道德认知发展的普遍规律。根据道德认知发展阶段模型，柯尔伯格提出把促进发展作为学校道德教育的目标，并用道德讨论策略和公正团体策略来促进个体的道德发展。由此可见，柯尔伯格的道德教育理论和实践主张根据儿童道德认识发展过程的规律来实施道德教育。再次，发展了道德认知发展研究的科学方法。柯尔伯格发展了皮亚杰的道德对偶故事法，提出道德两难故事法。他以道德判断谈话的形式来测量个体道德认知发展的水平和阶段，由他发展的标准问题评分系统具有较高的信度和效度，不失为一种标准化的道德判断测量方法。正由于使用了科学的方法，儿童道德认知发展领域研究才能在短短的几十年里就取得了很大进展。许多学者使用这些方法对儿童的道德概念、道德判断、道德评价以及道德观念进行了深入细致的研究，发现了许多儿童道德认知发展的规律和特点。

道德发展阶段理论也存在一些局限。第一，该理论的基础是建立在对两难故事进行评分之上的，这种评分虽然有一定的标准，但还是比较主观的，这可能会导致错误的解释。第二，该理论只是揭示了复杂道德现象的一个方面的发展规律，即道德认知方面的发展规律。尽管认知发展是儿童品德发展的一个必要条件，但却并不是充分条件，因为道德认识和道德行为之间的关系不是单一的，更不是同义的，因此人们普遍认为柯尔伯格没有解决道德发展中的知行问题。第三，忽视了道德情感在道德推理中的作用。他们认为，柯尔伯格对道德判断的分析过于“冷血无情”了，太多地强调“冷冰冰”的理由，而没有充分说明共情、热情、义愤、内疚等情感在道德判断中的作用。柯尔伯格从根本上说，还是过于强调道德判断的认知成分，轻视道德判断的情感因素，他没有阐述清楚道德认知与道德情感的关系以及道德情感究竟在道德发展中起什么样的作用，也没有把道德中的知、情有机统一起来。最后，在关于儿童通过一系列阶段的固定顺序问题上，也否认了儿童可能出现的“倒退”现象，这也与实际不完全相符。

4. 人际观点采择的阶段理论

该理论的倡导者是美国心理学家罗伯特·塞尔曼（Robert Selman），其主要研究课题是阐释有关人际关系推理的发展，特别是在人际道德情境中选择别人观点的能力。所谓观点采择（perspective taking），是指个体区分自己与他人的观点，并进而根据当前或先前的有关信息对他人的观点作出准确推断的能力。

塞尔曼用“霍莉爬树”的两难故事研究了儿童的观点采择能力，并根据儿童的反应，将观点采择能力的发展分为5个阶段（转引自：李维，2000）：

（1）阶段0：自我中心的观点采择阶段（3~6岁）。儿童不能区分自己对事件的解释和他们认为是真实的或正确的事情，不能认识到他人观点与自己的不同，是产生自我中心观点的水平。

这个阶段的儿童知道别人和他一样具有思想和感情，但不能将别人的感情和自己的感情明显地区别开来，因此，其人际关系既可以用自然的术语来解释，也可以用自我中心的愿望来解释：一个朋友可以是邻居，也可以是拥有好玩玩具的人。

（2）阶段1：社会信息采择阶段（6~8岁）。儿童已意识到与他人有不同的观点，但还不能理解这种差异的原因，是产生主观观点的水平。他们虽然能将自己的观点和别人的观点区分开来，但每次只能觉察该关系中的一个特定观点，也即能够理解在一个事件上某人的观点与自己不同，但他不承认一个人会有两种观点，也不承认观点间的相互影响。所以，这时的儿童既不会接受与自己观点相冲突的别人观点，也感觉不到内部观点的矛盾。

（3）阶段2：自我反省的采择阶段（8~10岁）。儿童逐渐认识到即使得到了相同的信息，自己和他人的观点也会有冲突，是产生反省观点的水平。他们已能接受一个以上的主观观点，认识到不仅一个人的行为影响别人的感情，而且两个人的意图和感情也可能彼此发生影响，这就使他有可能根据别人的观点来剖析自己，从而形成自我意识。

（4）阶段3：相互性观点采择阶段（10～12岁）。儿童能考虑他人和自己的观点，能够以一个客观的旁观者的身份来解释和反应，能从第三者、共同的朋友的角度来看待两个人的相互作用，是产生第三者观点的水平。这期间的少年开始理解不感兴趣的旁观者的观点。通过理解外部观点，少年能够把自己看作可对别人主观感觉进行反应的人，同时也能看到别人可以对他的主观感觉做出反应。这就开创了使相互关系走向共同兴趣的道路。从认识自己到反省自己的社会活动，期间有一个发展过程，这一过程通常是由人格来构成和解释的。

（5）阶段4：社会和习俗系统的观点替换（12～15岁以上）。儿童已开始运用社会系统和信息来分析、比较、评价自己和他人的观点，儿童认识到存在着综合性的观点，而且也认识到为了准确地同他人交往和理解他人，每个自我都要考虑社会系统的共同观点，这一阶段达到象征性的相互作用水平。这期间的青年（青春期）能以较深、较复杂的角度看待人格和人际关系，承认人具有不同的特质、态度和价值，意识到人际关系有两种不同的表现：一种是深奥的，另一种是表面的，一个人可以同时在这两个水平上操作。更重要的是，个体还可以对社会和道德问题进行假设，从社会和道德角度处理人际关系。这里，个体的概念和人际关系的概念合并在一个复杂的过程之中。相互关系可以看作是人格结构的一部分，而个体的主观感受则取决于与其他人的相互关系。

随着观点采择能力的发展，儿童能从人与人的关系上，能从不同角度看待某个道德问题，在社会交往中能意识到彼此对等的地位，觉察到别人行为时的心理状态，因此能使其道德判断顺利地从他律向自律过渡。在道德情感中有一种情感被称为移情，而移情的产生需要对他人的情绪状态的敏感性，并在此基础上产生替代性体验。观点采择的发展与观点采择能力的提高是儿童道德发展的直接推动力量，与柯尔伯格的道德发展的阶段可大致对应如下：自我中心阶段对应服从和惩罚取向阶段；自省阶段对应工具性取向阶段；相互性观点采择阶段对应“好孩子取向阶段”；社会和习俗系统阶段对应社会秩序取向阶段；象征性互动阶段对应社会契约倾向阶段。

塞尔曼关于儿童观点采择发展的研究继承了皮亚杰和儿童心理发展研究的结构分析方法。对观点采择进行结构分析的目的在于形成一个儿童在理解他人观点中表现出来的结构或形式的发展顺序（阶段）。这个顺序与儿童的年龄相联系，同时各阶段之间又存在着逻辑上的联系。通过对不同年龄阶段儿童对观点采择测验故事的回答的结构分析，塞尔曼建立了自己关于儿童社会观点采择发展的阶段学说，指出儿童的观点采择经历着从自我中心到社会的观点采择这样一个发展历程。塞尔曼刻画的儿童观点采择发展阶段与皮亚杰的认知发展阶段之间有着密切的关系。塞尔曼曾用纵向研究设计考察了不同认知发展阶段儿童的观点采择水平，结果表明：儿童观点采择的发展阶段与认知发展阶段之间存在平行关系。认知发展处于前运算阶段的儿童，其观点采择的发展处于第一或第二水平，具体运算阶段儿童的观点采择处于第三或第四水平，大多数形式运算阶段儿童达到了观点采择的第五水平。这与皮亚杰关于儿童自我中心化及去自我中心化的发展与其认知发展水平有关的观点是一致的（丁芳，2002）。

（二）新行为主义的品德理论

新行为主义的品德理论重视外部环境对儿童品德形成的作用，认为品德的形成是学习与强化的结果，而没有固定的发展阶段。新行为主义的品德理论包括斯金纳的新行为主义品德理论和班杜拉的社会学习品德理论。虽然他们都属于行为主义的范畴，但两者也存在着明显的不同。前者强调品德的形成是操作学习和直接强化的结果，后者则强调品德的形成是观察学习和替代强化的结果。

1. 斯金纳的新行为主义品德理论

根据斯金纳的操作性条件反射的原则，儿童品德的形成是操作行为本身强化的结果。在他看来，一切受到正强化的行为就是善或好的行为；一切受到惩罚的行为就是恶或坏的行为。斯金纳坚持从强化理论来说明人的道德行为，指出道德“不过是强化作用的依随联系，而非这些依随联系所产生的感受”。强化有益于我们的行为，乃是人类的自然倾向。通过强化人们建立了各种社会性的依随联系，而这些依随联系又反过来强化行为。在斯金纳看来，这种强化作用构成了人类社会联系的基本方式。

斯金纳特别重视外部环境对道德行为的强化作用。他指出，环境之所以能影响人的行为，是因为它构成了满足人们基本需要的必要条件和活动条件。由于环境对行为具有重要的强化作用，道德教育就是通过环境的控制和改变而实现对道德行为的控制和改变的，因此，控制了强化就可以控制人的行为。

总之，斯金纳是从外部环境和强化效应来解释道德行为的。他强调的是行为操作而非主观能力，是行为效果而非行为动机。这既不同于认知发展观的品德理论，也不同于精神分析的品德理论。他以科学事实说明价值判断，以外部环境规定道德行为，以行为分析技术作为道德教育方法，这些对我们理解儿童的品德形成和进行品德培养具有一定的启发价值。但斯金纳简单地把道德行为归结为强化行为，忽视道德行动中的认知和情感活动，显然是错误的。同时，他在人与环境的关系上最终陷入机械唯物主义的循环论之中：人创造环境，环境又决定人。但两者关系究竟如何，他仍无法解释清楚。

2. 班杜拉的社会学习品德理论

班杜拉是美国著名心理学家，他提出的品德社会学习理论认为，儿童品德的发展既依赖于儿童的内部条件，也同强化、榜样在学习过程中所起的作用有关。其著名的研究是攻击性行为榜样作用的儿童观察学习研究。1977年出版的《社会学习理论》（*Social Learning Theory*）是他的代表作，也是至今关于这一理论的最完善、最系统的论著。

（1）主要观点。

在班杜拉看来，社会学习主要不是直接强化的操作学习，而是替代强化的观察学习。他认为，儿童的学习不必事事经过直接反应，亲身体验强化，而只需要通过观察他人在相同社会环境中的行为，从他人行为获得强化的观察中进行体验学习。观察学习是儿童学习的主要形式，从动作的模拟到语言的掌握，从态度、品德的习得到人格的形成，都可以通过观察学习来加以完成。儿童的大部分道德行为都是通过观察学习获得和改变的，通过观察学习不仅可以使习得过程缩短而迅速地掌握大量的整合的行为模式，而且可以避免由于直接尝试的错误和失败而可能带来的损失或危害。

观察学习中，观察的对象称为榜样或示范者，学习的主体称为观察者。观察学习表现为一定的过程，包含注意过程、保持过程、运动复现过程和动机过程四个组成部分。这四个过程在第四章第四节已作了阐述，在这里不再重复。

（2）经典实验。

社会学习学派对道德问题的研究主要集中在模仿学习、抗拒诱惑和言行一致等方面，所采用的方法主要是实验室研究。

模仿学习的实验研究是班杜拉和麦克唐纳在1963—1968年间做的。他们先用道德判断故事测量5岁至11岁学生道德判断发展水平。然后，把儿童分为三个等组进行不同的实验处理。第一组：当儿童所做出的道德判断比初测时稍有进展，就予以表扬、奖励，即进行积极强化；第二组：儿童在评价一个故事时有一个比儿童水平高的成人做榜样，同样给予积极强化；第三组与第二组类似，但儿童不受到积极强化。经过训练，这些儿童在另一个成人的要求下再评价另外 12 个成对的故事，这次既无榜样，也不给予表扬或批评。结果发现：初测时三个水平相等的组对后来 12 个成对故事的评价，第二和第三组的成绩远远超过第一组，而第三组稍高于第二组。可见，第二、第三组儿童道德判断水平的迅速提高是由于成人判断的榜样起了积极作用，而表扬的作用在此不十分显著。研究者认为，儿童的道德定向（判断）不像皮亚杰所说的有明确的年龄差异，而更重要的是个体差异，后者主要是由于不同的社会学习和不同的成人及同辈榜样的影响造成的。

攻击性行为的实验是班杜拉和罗斯在 1965 年做的。他们选择 66 名 4 岁的儿童作为被试，并随机地分成三组，每组 22 人。不同组的儿童观看电影中的同一攻击行为的不同对待结果。第一组是攻击—奖赏组：一个成年人采取攻击行为后，另一个成年人对他奖赏，称赞他为勇敢的胜利者，并给他巧克力糖和汽水等食品；第二组是攻击—惩罚组：一个成年人采取攻击行为后，另一个成年人对他指责，骂他是暴徒，打他并迫使他低头逃跑；第三组是控制组：一个成年人采取攻击行为后，既没有得到奖赏，也没有得到惩罚。然后，实验者把儿童带到与电影里相同的实验情境中，让儿童玩 10 分钟，通过单向观察屏观察儿童的行为。结果发现，攻击—惩罚组与其他两组相比，几乎没有人模仿攻击性行为。他们认为替代惩罚降低了对攻击行为的模仿。但是，如果给予足够的诱因，如告诉儿童凡是能模仿观察到的行为可以得到果汁和一张优美的图片，结果三组间几乎没有区别了。这就说明学习在没有直接强化情况下仍能够进行。

抗拒诱惑的实验是华尔特等人在 1963 年进行的，其目的是为了说明这样一种观点：人的道德行为也表现在能否抗拒各种外界诱惑，而对诱惑的抗拒可以通过榜样的影响加以学习和改变。实验采取了三个步骤：先挑选一批来自低收入阶层的 5 岁男孩，并让他们参观一间放有玩具和字典的房间，成人的指导语是“这些玩具不准玩，但可以翻翻字典”。然后，把儿童分成三组：第一组是榜样—奖励组，让儿童观看一部短片，影片中有一男孩在玩一些被告之不许玩的玩具，不久男孩的妈妈进来了，夸奖了男孩并和他一起玩被禁止玩的玩具。第二组是榜样—指责组，也看了与第一组情境大致相同的影片，但当男孩的妈妈进来时看到孩子违反了禁令就严厉地训斥他，男孩显出害怕的样子。第三组是控制组，不看电影。实验的第三步是对所有男孩进行抗拒诱惑的测验：每个男孩都在上述的房间内单独呆 15 分钟，其活动可以通过单向玻璃被观察和记录。结果发现：第一组儿童很快屈从于诱惑，其潜伏期只有80秒；第二组儿童能克制7分钟左右，有的甚至整个实验时间都服从禁令；第三组儿童平均克制5分钟左右。研究者认为，榜样的示范活动具有一种“替代强化”作用，在很大程度上影响着儿童对诱惑的抗拒能力。

社会学习论的另一个实验是米切尔等人的言行一致的研究，揭示了成人言行不一致对儿童品德形成和发展的影响。研究者认为，要提高儿童的道德水平，成人和教师不能只进行口头指导，还要给儿童树立以身作则的榜样，包括同伴中的榜样；否则，即使道德水平较高的儿童也会受到不良影响。

班杜拉认为，儿童观察榜样的行为表现并进而加以模仿的过程，受到观察者的内部和外部因素的影响。外部因素指榜样的示范特征及其后果。榜样可以是活的榜样或真实的榜样，也可以是符号性榜样。一般地，榜样的地位越高，越具权威性，就越容易被模仿；榜样与观察者越相似，被模仿的可能性越大；攻击性行为易被模仿；受奖励的行为更容易被模仿。内部因素指观察者的动机和认知水平。儿童不是被动地接受外界刺激的作用，而是积极地对这种刺激做出选择、组织和转换。因此，与观察者自我判断相符的行为容易被模仿，不符合观察者动机倾向的行为容易被拒绝和排斥。总之，在儿童的行为（包括道德行为）形成过程中，个人、环境、行为是相互作用的，个人的行为是内部过程和外部影响复杂的相互作用的产物。儿童不是一个机械的刺激接受体，他们能够对作用于自己的外部环境的刺激进行选择、组织和加工，并以此来调节自己的行为。

（3）对品德的社会学习理论的评价。

班杜拉的社会学习理论有许多积极的意义。首先，它广泛地研究了社会性行为的习得问题，给古老、狭义的模仿概念赋予了新的意义，充分强调观察学习即广义的模仿在儿童道德行为形成中的重要性，具有许多实际意义。该理论提出了“道德观念和行为经过后天的观察学习可以形成和改变”的观点，强调教师言行一致和为学生树立榜样的重要性；强调父母教育方式对儿童品德形成的影响，例如，父母常用体罚“教育”孩子不去打架，结果无意间使孩子们的打架变本加厉；强调社会环境中的影视和书刊等传播媒介对儿童道德发展的影响，例如电视和电影中的暴力行为往往会增长儿童在日常生活中的暴力性。其次，社会学习理论十分强调实验室研究，其实验设计中的变量控制较为严密，这是以往品德心理研究中所缺少的，因此在研究方法上有其积极的意义。再次，社会学习理论与道德认知理论的争论也将有助于品德心理学理论的繁荣和完善。

但是，社会学习理论也有其局限。第一，它坚持环境论观点，忽视了儿童自身的认知结构在观察学习过程中的作用，低估了发展变量的重要性。它未涉及道德判断的顺序问题，当然也未考虑以什么为前提促进其发展。在班杜拉等看来，儿童的道德判断并不是年龄的特别产物，只要控制影响道德行为的榜样、强化等环境变量，就能使儿童的道德行为不断变化和发展。这种无视道德发展阶段性、顺序性的观点，显然不符合儿童道德发展的实际情况。第二，班杜拉的实验室研究有其进步和创新的一面，但实验室中的榜样对儿童道德发展的影响，不能完全解释实际生活中儿童道德行为和道德习惯的形成，因为实验室中包含着人为的遵从压力，使得榜样的效果比在实际生活中要大些。

（三）新精神分析派的道德发展理论

新精神分析派对品德发展也有自己的理论研究，不过其考察角度与皮亚杰、柯尔伯格不同，与斯金纳、班杜拉也不同。新精神分析派的品德理论与其人格理论是密切联系的。新精神分析理论主张品德或道德是人格的一部分，个体的人格发展过程也是其品德发展过程。它重视文化社会因素在人格形成和发展中的作用，把注意力放在人本身和社会上，并强调人格特征的可变性，认为人格在整个一生中都在发展变化着，儿童早期的失败可以在以后的成功中得到补救，这样就为人格的培养提供了希望。

新精神分析派的代表人物是埃里克·埃里克森（Erik H. Erikson，1902—1994）。下面对埃里克森的主要理论观点进行阐述。

1. 人格发展阶段理论

埃里克森把人的一生分成八个阶段，其中前五个阶段与弗洛伊德的阶段划分是一致的，后三个阶段则是埃里克森独创的。他认为这八个阶段是以不变的顺序逐渐展开的，而且在不同的文化中是普遍存在的，每个阶段能否顺利地渡过是由社会环境决定的。

埃里克森认为，人格发展的每一个阶段都由一对冲突或者两级对立所组成，并形成一种发展危机（developmental crisis）。危机的积极解决就能增强自我，人格就得到健全发展，有利于个人对环境的适应；危机的消极解决就会削弱自我，会使人格不健全，阻碍个人对环境的适应。而且，前一阶段危机的积极解决，会扩大后一阶段危机积极解决的可能性；前一阶段危机的消极解决，则会缩小后一阶段危机积极解决的可能性。每一次危机的解决，都存在着积极因素和消极因素，只是根据其中的哪一种因素多而称为积极的解决或消极的解决，当积极因素的比率大时，危机就顺利地解决。一个健康人格的发展，必须综合每一次危机的正反两个方面，否则就会有弱点。例如，成长过程中有一点不信任等消极因素，不能认为是不好的。他认为，在任何一个阶段，个体都在前后两个阶段之间往复发展，比如一方面是自主，另一方面是羞愧感和怀疑，如果一个人没有完全解决这个危机，在他的一生中就要一直与羞愧感和怀疑做斗争。埃里克森还指出，不仅所有的发展阶段是依次地相互联系着的，而且最后一个阶段和第一个阶段也是互相联系着的。例如，老人对死亡的态度会直接影响幼儿的人格发展。他说："如果儿童的长者完美得不惧怕死亡，儿童也不会惧怕生活。"人格的发展阶段以一种循环的形式相互联系着，一环扣一环，形成一个圆圈。

埃里克森把人格的发展划分为八个阶段，它们分别是：

(1) 基本信任对基本不信任阶段（0~1岁）。

埃里克森认为，信任感是一个人健康人格的基础，这种信任感是在出生的头两年发展起来的。一个婴儿出生后最迫切的需要是父母爱他、照顾他。如果他们能得到合理的照顾、哺育、关切与爱抚，就会感到世界是个安全而可信赖的地方，也因而发展其对他人信赖的人格，对生活持有一种积极的态度。反之，如果父母对他照顾不周，环境多变，哺喂习惯欠缺，对其态度恶劣等，就会使他们对周围环境产生猜疑，因而发展不信赖他人的人格，对世界产生不可靠甚至是敌意的看法。如果这一阶段的危机得到积极解决，就会形成希望的美德；如果危机消极解决，就会形成惧怕。

(2) 自主对羞怯和疑虑阶段（1~3岁）。

这个阶段的儿童开始试探自己的能力，许多事情喜欢自己动手，不愿他人干预。如果这种试探得到成人允许，父母鼓励幼儿做力所能及的事，幼儿会逐渐体会到自己的能力，出现自主的感觉，而养成自主发展的人格。反之，如果父母过于溺爱与保护，对他们的独立行动表现得不耐烦，横加干涉，批评过多，孩子就会对自己的能力表示怀疑，感到羞怯。如果这一阶段的危机得到积极解决，就会形成自我控制和意志的美德；如果危机消极解决，就会形成自我疑虑。

(3) 主动对内疚阶段（4~5岁）。

这个阶段的儿童活动更为协调，语言更为生动，想像更为丰富。如果父母肯定和鼓励儿童的主动行为和想像，儿童就会得到主动性；如果父母和教师经常讥笑和限制儿童的主动行为和想像，儿童就会缺乏主动性，发展拘谨、压抑与被动而内疚的人格。如果这一阶段的危机得到积极解决，主动超过内疚，就会形成方向和目的的美德；如果危机消极解决，就会形成自卑感。

（4）勤奋对自卑阶段（6~11岁）。

学习成为这一阶段儿童的主导活动，儿童在这一阶段最重要的是“体验从稳定的注意和孜孜不倦的勤奋来完成工作的乐趣”。他们所追求的是自己的工作获得成就与成绩所得到的认可和赞许。如果儿童能够得到老师的支持，并且经常获得成功的经验与赞许，则儿童勤奋感就会加强，再接再厉，因而培养起乐观进取和勤奋的人格。反之，如果对儿童教育不当，或屡遭败绩，或其成绩受到冷漠的对待，则儿童就会自视不如他人，使他们对自己能否成为一个对社会有用的人缺乏信心，从而产生自卑感。如果这一阶段的危机得到积极解决，就会形成能力的美德；如果危机消极解决，就会形成无能。

（5）同一性对角色混乱阶段（12~20岁）。

个体进入青年期以后，便开始建立一种新的自我同一感，包括认同和自居作用。具有自我同一感的青年会不断地通过自己的行为产生自我肯定和自我实现的积极意向；而不具有自我同一感的青年，就会产生角色混乱或消极同一性。角色混乱指个体不能正确地选择适应社会环境的角色，消极同一性指个体形成与社会要求相背离的同一性。如果这一阶段的危机得到积极解决，青少年获得的是积极同一性，就会形成忠诚的美德；如果危机消极解决，就会形成不确定性。

（6）亲密对孤独阶段（20~24岁）。

个体在成年早期，往往十分关注镜像自我，关注印象管理，关注自身的前途和发展。过去所达到的同一性加上这个阶段从事工作、从事生产活动的特点，就出现了人与人之间的新关系，个体乐于与人交往，建立友谊，分享苦乐，而在其中又不失掉自己。如果一个人不能在朋友之间、夫妻之间建立一种友爱关系，他就会产生孤独感。如果这一阶段的危机得到积极解决，就会形成爱的美德；如果危机消极解决，就会形成混乱的两性关系。

（7）繁殖与停滞阶段（25~65岁）。

在这里，繁殖不仅指生育后代，还包括通过活动创造事物和思想，当然以前者为主。如果一个人能形成积极的自我同一感，并且过着充实和幸福的生活，他们就试图把这一切传给下一代，或直接与儿童发生交往，或生产和创造能提高下一代精神和物质生活水平的财富。如果这一阶段的危机得到积极解决，就会形成关心的美德；如果危机消极解决，就会形成自私自利。

(8) 自我整合对失望阶段（65 岁以后）。

前七个阶段都能顺利度过的人，具有充实幸福的生活，对社会有所贡献，他们有充实感和完善感。这种人不惧怕死亡，他们在回忆过去的一生时，自我是整合的。而过去生活中有挫折的人，在回忆过去的一生时，则经常体验到失望。他们对死亡没有思想准备。然而，当个体面临失望时，常常会进行自我整合，肯定自己一生中的成绩，以弥补失望之感。如果这一阶段的危机得到积极解决，就形成智慧的美德；如果危机消极解决，就会形成失望和毫无意义感。

后来，埃里克森把人格发展的八个阶段进一步归并为三个伦理发展时期，不同的时期具有不同的发展内容，即：①儿童期的道德学习；②青年期的伦理或思想实验；③成年期的伦理巩固。

正如格莱因所指出的，作为一种理论，“埃里克森的思想和弗洛伊德的思想同样丰富和深邃，不论是为了对人的本质的个人理解，还是为了科学的进步，都是值得努力去掌握的”。

2. 对人格发展阶段理论的评价

人格发展阶段理论有许多积极意义。首先，它扩展了精神分析理论。弗洛伊德关于人格发展的学说十分强调生物学的变化，特别是区位转移的意义，而忽视了个体内部心理矛盾的作用。埃里克森则很重视自我与社会文化生活之间的冲突，详细探讨了它在个体发展各阶段中的作用；而且，埃里克森将人格发展研究扩展到了整个生命的全过程，使成年期、老年期的发展问题受到广泛的重视。其次，埃里克森的阶段理论十分强调人格发展阶段的顺序不变性，强调每个个体都将通过这八个阶段，强调前面阶段的通过对后面阶段的影响。因此，在教育中采取系统的、科学的培养措施，十分有利于个体健全人格的形成和发展，有利于个体正确、完善的道德观念及行为的形成与提高。

但是，埃里克森的理论也有不足之处。首先，他的人格和品德发展阶段理论缺少足够的实证依据，我们很难检验他所提出的每个阶段的各种美德。他的发展模式思辨性多于科学性。其次，埃里克森只强调人格和道德发展中的情绪和情感的作用，而忽视高级理智活动的作用。再次，像弗洛伊德一样，埃里克森是从治疗者的观点来看待道德发展的，只重视父母和家庭对儿童品德形成的影响，而不重视教师和学校对儿童品德形成的作用。

二、我国心理学家关于品德心理的研究

我国古代的思想家如孔子、孟子、荀子等对品德与道德有着极其深刻的思想和论述，但从心理学角度进行研究则为数不多，因此，在此我们不予涉及古代的思想。本小节只是简要分析科学心理学建立后，我国心理学家对品德心理的探索。我们将它分为三个时期进行分析。

第一个时期是新中国成立前，此时期对品德心理的研究非常之少。1919年陈大齐发表的《北京高小女生道德意识之调查》是最早的一篇报告。1922年，受美国学者麦柯尔（W. A. McCall）关于教育测验的影响，廖世承编制了测查道德辨别力的“理由测验”，肖孝嵘修订的“梅和哈特逊的诚实测验”及“普莱西团体情绪调查量表”等。然而利用这些量表进行实验并取得成果的，除毛起鹓等发表过《罪犯情绪态度和个性倾向的实验研究》（中央大学心理半年刊，1936）外，可谓凤毛麟角（陈松，陈会昌，2002）。

第二个时期是1950年至1966年“文化大革命”。心理学研究受苏联模式的影响和政治因素的影响，许多心理学工作者不能或不愿去研究与社会性密切关联的品德人格问题，使得我国品德心理学长期落后。仅有极少数心理学家对儿童与青少年品德发展的某些问题进行了零散的、片断的研究。仅有的研究有：贺宗鼎、查子秀等在1962年对小学低年级学生自觉纪律性形成的探讨。章志光、朱文彬在1964年对小学生课业责任心进行了探索研究。谢千秋则对青少年的道德评价能力做了一些研究。聂世茂研究了榜样对比对少年学生自我评价的作用。源良佐、李端吾研究了革命英雄故事对小学生道德意识形成的作用。这些为数不多的研究报告，填补了中国品德发展心理学研究的空白。

第三个时期是“文化大革命”结束后，品德心理及其发展的研究进入一个崭新的阶段。不仅有国外相关研究的介绍，我国心理学工作者也独立进行了一些有意的探索。特别是在20世纪80年代末到90年代初，几个全国性的品德研究小组的研究工作在国内掀起了一个小高潮。有研究者对1980年至1998年我国品德心理实证研究的文献进行了统计，发现共有112篇文献，主要研究有：

上海师范大学李伯黍领导的“全国儿童道德发展研究协作组”围绕我国儿童与青少年道德判断发展这一课题，在国内18个地区开展了全国性的协作研究。天津师范大学李怀美领导的“儿童品德心理研究协作组”从道德认知、道德情感和道德意志行为三个方面对中、小学生品德发展做了研

究。北京师范大学章志光领导的“学生品德形成的内外条件及动力系统课题组”主要运用教育心理实验法来探索学生道德行为表现的心理结构及其与教育条件、方式的关系，同时结合教育经验总结法了解学生的问题行为及其矫正方法。北京师范大学林崇德等人对教育同儿童与青少年品德发展的辩证关系进行了深入研究。

在道德认知发展方面，陈会昌研究了我国5岁、7岁、9岁、11岁儿童对公私财物损坏的道德判断。程学超、王美芳对我国儿童亲社会道德推理的发展进行了研究。黄光扬等人以“儿童道德规范理解能力测验”为材料，分析了小学生道德规范认知水平发展状况。寇彧根据吉伯斯等（Gibbs，et al. 1992）发展的“社会道德反应测验”（SRM—SF）对我国青少年的道德判断发展水平进行了比较研究。顾海根、岑国桢、李伯黍还对我国儿童道德发展进行了跨文化比较研究。

在道德认知发展的相关和影响因素方面，岑国桢、李伯黍就训练对儿童道德判断的影响进行了研究，他们的研究结果在某种程度上证实了皮亚杰的关于儿童品德发展阶段的理论，并且证实用组配结构相同的材料进行短期训练，能有效地改变5~7岁儿童原有的道德判断定向，加速他们获得成熟反应的过程。王新玲调查了中学生价值系统与道德判断的发展状况和特点以及两者的关系，结果表明：中学生的价值系统主要受社会因素和个体心理因素的影响；中学生的道德判断水平随年龄的增长逐步提高，初中二年级是道德判断发展的关键期；不同道德发展阶段的被试所重视的价值观不同，价值观是被试进行道德判断的基础。陈欣银、项宇对我国青少年道德判断的发展及其相关因素进行了研究，他们的研究证实道德判断的发展主要与教育有关，而与年龄关系不大。此外，青少年道德判断的水平与地区经济和文化发展状况、学生的学习成绩、校内同伴关系及父亲的经济收入也有一定的关系。岑国桢等人则研究了儿童在道德判断时的从众现象，他们发现8~12岁儿童在属于社会内容认知的道德判断方面，存在着明显的从众心理倾向，年幼儿童的这种倾向大于年长儿童。

在道德情感方面，李怀美领导的“儿童品德心理研究协作组”曾对中小学生道德情感发展做了一些探索。他们发现，中小学生道德情感的发展水平是随年龄的增长而逐步提高的，但不等速；道德情感的不同侧面、不同水平上表现出多层次性及多水平的特征，而且随年龄增高逐步趋于复杂化。

在道德行为方面，张向葵等通过设置两类实验情境（非紧急情境，如问路和紧急情境，如急病人求助）测量儿童助人行为的发生。研究发现，不同情境对儿童助人行为的发生产生极大影响：在他们力所能及的情况下，儿童有着较强的助人倾向，能积极热心助人；在紧急情况下，受能力所限及自我保护心理的提示，儿童助人行为明显减少。研究还发现，儿童的助人行为不存在明显的性别差异，但更倾向于帮助与自己性别相同的人。

总的来看，我国品德心理研究的发展过程经历了从无到有、从模仿验证性研究到创新性研究、从对发展状况的调查评定到判断其影响或相关因素的研究、从单一化的研究方法到多元化的研究方法的转变，并取得了一定的成果，为我国的思想品德教育工作提供了理论基础。但我国的品德心理研究尚嫌薄弱，研究缺乏系统性，具体表现为：（1）一些重要概念含糊不清，没有做出明确的界定，如究竟什么是道德认知、道德情感和道德意志等。（2）一些研究方法的科学性有待于进一步提高，如一些道德认知研究中的对偶故事是自行编写的，测验时没有经过初测，也未进行必要的信度和效度检验；又如关于道德行为的研究，一些研究结果都是在人为创设的情境中短时间内获得的，这些结论是否符合实际情境中的事实，都是值得怀疑的。（3）研究的取样也存在问题。多数研究是关于幼儿与学龄期儿童，对成人关注少，而且研究的都是普通人，对一些特殊的人群缺乏关注。这是不利于品德心理研究的深入的。（4）品德心理与教育联系的问题。多数研究只停留在对我国儿童与青少年品德心理发展状况的探讨上，而对如何将品德心理研究的成果运用到教育中去，使之为教育服务却明显不足。特别是当前社会正处于新旧体制的转型期，儿童道德品质发生了新的变化，但未能引起研究者足够重视。因此，未来我国的品德心理研究在研究内容方面要拓宽加深，力求体系化、创新化；在研究方法方面要改进完善，力求合理化和科学化；在研究成果方面要加强与教育实践、人才选拔等应用领域的结合（倪伟，2001）。

第三节　品德形成的心理过程与条件

品德形成与态度改变不仅仅为教育心理学家所关注，它也是社会心理学的研究内容。品德形成与态度改变包括方向的改变和程度的改变。方向变化可以由好变坏，也可以由坏变好；程度变化可以从轻微到彻底改变。美国社会心理学家凯尔曼（H. C. Kelman）1961 年提出了态度改变和品德形成的三阶段：顺从、认同和内化。

顺从阶段，指个人为了获得奖酬或避免惩罚，按照社会的要求、群体的规范或别人的意志而采取的表面服从的行为。这一阶段人的态度和行为的特点是：①态度或言行受外部压力的影响，或外力的胁迫强制，或外力的诱惑；②表面的顺从，但内心并不相信；③服从行为往往是一时的，有人监督就规规矩矩、“绝对服从”，没有人监督就违反纪律；④从被迫服从，逐渐形成习惯，就转化为自觉服从。态度或品德的形成和转变除肇端于强制顺从之外，也可能从不知不觉地模仿他人的态度、品德开始。社会生活实践表明：许多人的态度、品德的形成和转变，并不一定受外界强制力量的影响，常常是从无意识地模仿父母、教师、成人及自己崇拜的对象的态度、言行开始的。这是形成和改变自己态度的一种最常见的形式。

同化阶段，指个体不是对社会压力被迫屈服，也不是不自觉地模仿，而是自觉地接受他人的观点、信念、态度与行为影响，使自己的态度和行为逐渐与他人或某个团体的态度与行为相接近的过程。他人或团体的观点、信念、态度和行为是否有吸引力，是同化的重要条件；而同化又是内化的前提，是形成与转变个体的信念和态度的重要环节。

内化阶段，指个体真正从内心深处相信并接受他人的观点，彻底转变自己的态度。这意味着把外部的新思想、新观点、新行为归于自己的思想体系之中，使之成为自己态度与品德体系的一个组成部分。内化阶段是人们的态度和品德真正形成或彻底转化的阶段，也是人的态度和品德最稳定、最持久、较为系统的阶段。

品德心理学家在研究品德形成的过程时，往往采用分别研究的方法，就品德构成的几个要素：认知、情感、意志、行为的形成过程分别进行探讨。这样的思路有助于揭示品德形成的几个成分各自的学习规律，有助于指导教育实践。下面我们拟从道德认知、道德情感、道德意志和道德行为的形成过程及教育策略展开讨论。

一、道德认知的形成

（一）道德认知的形成过程

道德认知是对客观存在的道德规范和道德范畴及其意义的认识，它是人的认知过程在品德上的表现，成为品德的理智特征。道德知识的掌握、道德评价能力的发展和道德信念的产生是道德认知的三个基本环节。掌握道德知识是形成道德认知的一个前提条件；道德评价是个体道德认识的主要表现形式，也是其道德认知逐渐形成的主要标志；道德信念是系统化了的、深化了的道德知识，是道德认知发展的最高形态，也是个体道德生活的指南。

道德认知方面的最早研究当推“儿童心目中的惩罚”和“儿童的公正观念”两篇报告，它们同时刊载于1894年英国出版的《教育论丛》杂志上，作者分别是英国的巴恩斯和美国的夏伦伯格。巴恩斯的研究用问卷法进行，他发现儿童总认为成人的惩罚是对的，行为过失应该用忍受苦痛来抵偿，这种看法年龄越小越普遍，随年龄增大而减少。夏伦伯格的研究方法是向儿童讲述主人公犯了过错的故事，要求听后提出应如何对待主人公的意见，结果表明年幼者主张严厉惩罚，年长者则主张多批评，而这种变化是一个平稳的渐进过程而非飞跃式的突变。皮亚杰和柯尔伯格在道德认知方面都进行了富有成果的系统研究。

一个学生的道德判断水平同他所掌握的道德概念和道德知识有关，在一定程度上同他的成熟和智慧有关。研究表明，学生的道德评价能力是随着道德知识的丰富和加深，身心的成熟，在舆论、别人的评价、教育影响下逐步形成和发展起来的。道德评价能力发展的一般过程是：（1）最初是在别人评价的影响下形成起来的。儿童开始常常只是重复老师或别人的评价，以后才慢慢有自己较独立的评价标准。（2）对道德行为的评价最初是以行为的直接效果为标准，然后逐渐转向对行为动机的分析。（3）少年学生对自己的评价往往落后于对别人的评价，少年认识和评价自己品德的能力，是从他们评价别人的品德开始的，先学会分析别人的行为，然后学会分析自己。（4）少年的道德评价常常带有很大的片面性，容易对一个人的一次行为表现或某一品德作出全面肯定或否定的结论；随着年龄的增长，道德知识和经验的丰富，逐步学会对自己和别人进行全面、客观、正确的评价。

我国心理学家李伯黍主持的儿童道德发展研究表明：中国儿童4岁已能基本上摆脱成人的影响，开始做出较多的独立的道德判断；7岁儿童的主观性判断已经有了比较明显的发展，到了9岁，这种判断已基本上取代了客观性判断，与国外儿童相比年龄均有些提前。在公有观念的发展上，中国5岁儿童已经具有了初步的分辨公私关系的能力，做出正确判断的转折年龄在7~9岁之间。在集体观念的发展上，中国一年级小学生已开始出现集体意识，根据为集体的动机做出判断的比例随年龄的增长而递增（详见图12-1和图12-2）。

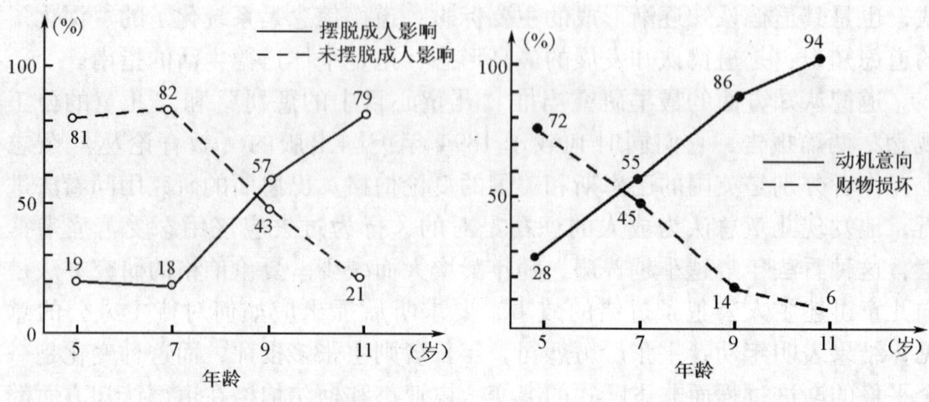

图 12－1　对成人惩罚影响的判断分析　　**图 12－2　对动机意向和财物损坏的判断分析**

（二）道德认知的教育干预研究

关于道德认知发展的教育干预研究，其目的是为了检验某种教育干预方法的效果，对促进儿童道德认知发展作用大小。

综合来看，现行教育干预研究中涉及的教育干预方法可以分为五种：短期训练法、课堂讨论法（或称认知冲突法）、人格发展法、学业课程法、价值观辨析法。

（1）短期训练法。最早采用短期训练法进行教育干预研究的学者可能要数图里尔（Turiel）。他在 1966 年就曾用短期训练法研究训练对儿童道德认知发展的影响，发现该方法能提高儿童道德认知发展水平。但是，他在 1973 年进行的重复研究中，并没有取得相同的结果。在我国岑国桢、李伯黍（1982）、陈会昌（1986）等人做的研究中，都发现短期训练能够有效地改变儿童的道德判断定向。因此，关于短期训练法的效果存在不同的看法。莱斯特采用元分析法对干预研究进行评价时发现，“无论处理的类型如何，短期教育程序都是无效的”。一般认为，短期训练很难使儿童的道德认知在结构、水平上发生长期变化，也即是说，短期训练对儿童道德认知的影响是短暂的，或者说这种影响中包含了两次施测之间的时间间隔所引起的变化。

（2）课堂讨论法。课堂讨论法由教师和处于道德认知不同发展水平的儿童共同参加。柯尔伯格的学生布莱特（M. Blatt）于 1969 年采用这种方法进行了为期 12 周的教育干预研究。结果发现实验组儿童大多提高了道德认知水平，而控制组没有什么变化，一年后成绩也较稳定。

对几种方法在促进儿童道德认知发展的作用大小问题，莱斯特1986年曾作过元分析，他指出，课堂讨论法的效果要优于人格发展法，人格发展法的效果要优于学业课程法，学业课程法的效果与短期训练法是一样的。

由价值观学派提出的价值观辨析法包括许多方法。洛克武德（A. L. Lockwood）在分析了用价值观辨析法进行的几十项研究之后发现，价值观辨析法不仅能提高儿童的道德认识水平，而且还可以直接影响行为调节、社会态度、自我概念和适应行为，并认为它是一种非常有用的方法。

二、道德情感的形成

（一）道德情感的涵义

道德情感是情感的一种高级形式，它是人们根据社会的道德准则去处理相互关系和评价自己或他人的言行举止时所体验到的情感。它是道德行为的内部动力之一，也是一种自我监督和自我检查的力量。道德情感可以从内容和形式两方面进行分类。在道德情感的内容上，可分为公正感、责任感、义务感、自尊感、羞耻感、友谊感、荣誉感、集体主义情感、爱国主义情感，等等。在道德情感的形式上，可分为直觉的道德感、形象性的道德感和伦理性的道德感。

道德情感对于个体的品德有重要的作用。首先，道德情感对道德认识有一种动机激发作用，它促使一个人积极地接受某种道德教育，努力地掌握有关的道德知识，有力地推动道德知识转化为道德信念。道德情感的这种激发作用常常是道德教育成败的关键。其次，道德情感对道德认识有一种引导作用。个体在接受道德概念或准则之前总带有一定的倾向性，这种倾向性促使个体乐于接受某种道德概念或准则，而不愿接受另一种道德概念或准则，或者乐于接受某人的教育，而不愿接受另一人的教育。个体的这种对道德认识的倾向性是已有道德情感所起的引导作用的表现。

个体对自己和他人道德情感的知觉和理解也有重要意义。个体对他人的道德情感的认识水平明显地影响着个体的道德行为。一些研究发现，那些能精确地辨别人有什么感情的小学生更能与别人合作。有关研究还发现，罪犯的道德情感认识能力低于普通人。

在道德情感中有一种共情（empathy）的心理现象，所谓共情指的是个体对他人情绪状态的无意识情绪体验。共情是自我与道德行为间重要的中介变量，只有当个体能从受困扰的人的角度看待其所处的情境，他才能明确当事人的情绪所表达的意义，从而产生与此相应的情感体验。在这种共情作用下，个体更易于做出利他的道德行为。

（二）道德情感的发展

1. 小学儿童道德情感发展的特点

苏联心理学家雅科布松曾对小学儿童道德情感的特点进行了实验研究。他以小学儿童为被试，采用综合方法，揭示了小学生道德情感在各个方面的表现，及其由顺从逐步发展到独立的过程。

李怀美等人设计了一套问卷，用以测查小学二、四、六年级儿童的道德情感的发展趋势。试题包括5个道德情感范畴：爱国主义、良心、荣誉、义务和幸福，各有4个试题，共20题，每题又根据道德情感的不同水平拟定了5个答案：①自然的、直接的情感（直接感受到的痛苦与快乐为依据）；②由对直接的个人得失的预测引起的情感（对直接赏罚的预测）；③不是个人意愿，而是按照社会反应而行动的情感（社会奖赏的作用，借助于行为理想）；④不管自愿与否，由必须遵守道德行为准则的外部作用力引起的情感（不论愿意不愿意都必须服从的外部作用力）；⑤以已被内化并结合成为自我的抽象道德观念为依据，不仅是自觉的，而且已成为一种激励的力量（具有高度概括性的、理论型的道德情感）。他们认为，品德发展应该是多层次、多水平、多深度的，所以道德情感发展不应以单维度来表示。问题测查的结果表明：

（1）每个年级都有道德情感的5级水平，随年级的递增，高级水平逐步增加。低年级从第3级向第4级转化；中年级以第4级为主；高年级约有半数左右被试达到第5级水平。

（2）小学三年级是道德情感发展的转折点，即一、三年级之间道德情感水平的差异较显著；而三、五年级的差异没有如此明显。

（3）小学儿童对不同道德范畴所表现出的道德情感有差异，即道德情感发展具有不平衡性。其表现是义务感最强烈，荣誉感次之，良心和爱国主义再次之，幸福体验最差。

2. 中学生道德情感的特点

（1）道德情感的内容更为丰富并有明显发展。青少年由于身心迅速发展，知识、技能显著提高，他们在家庭和学校中的社会地位明显改变，自我意识也迅速发展，这使他们意识到个人的成长，出现了“成人感”，这些变化对他们的道德情感产生重大影响，他们的道德情感如义务感、责任感、荣誉感、自尊感等不仅内容丰富而且有明显的发展。

（2）道德情感更具有自觉性。心理学家曾对中学生道德情感的社会性水平进行追踪研究，发现中学生道德情感社会性发展趋势有三级水平：一级水平是利己的情趣，如只顾自己不顾别人，对集体无感情，与同学不团结，斤斤计较；二级水平表现为重感情，讲义气，能与同学和睦共处，但常与几个小团体亲密无间，尚未意识情感的社会意义；三级水平的学生能自觉热爱集体，具有集体荣誉感、义务感和责任感。随着学生知识水平的提高、年龄的增长和情感的发展，越来越多的青少年达到三级水平，而第一级水平的人数则逐年递减。

（3）道德情感仍然不稳定且难于自制。青少年思想敏感且不十分成熟也不善于自控，社会上各种思潮、各种风气都对青少年的道德情感产生影响。同时，刚刚步入青春期的少年，由于出现成人感，因此要求与成人建立平等的、相互尊重的、相互帮助的朋友关系，教师与家长若是伤害了这种关系，往往会引起青少年激烈的情绪反应，甚至会故意违背师长的要求，做出有违道德的行为来。

三、道德意志的形成

（一）道德意志的概述

道德意志是一个人自觉地战胜利己的道德动机，是坚持排除内外障碍去完成预定的道德目的、任务，实现一定道德动机的活动。道德意志是调节道德行为的内部力量，它是人的意志过程或主观能动性在品德上的表现，成为品德的意志特征。

道德意志主要表现在道德意志的品质和言行一致这两个方面。道德意志的品质又包括道德行为的自觉性、果断性、坚持性和自制力，这些品质，不仅保证主体道德行为的目的性、毅力的实现，而且也能作为区分人与人之间道德意志发展好坏的标志。言与行关系的统一，是道德意志行为发展的重要方面。儿童中言行脱节往往出自只会说、不会做的原因，这说明他们还不善于用道德意志调节自己的言行，道德认识是一回事，道德行为又是另一回事。

（二）道德意志的发展

1. 小学儿童道德意志的特点

西方心理学在阐述小学儿童的道德意志行为特征时指出，小学儿童逐步地掌握“做好孩子”的道德观，学会充当遵从惯例的角色，避免与他人的冲突，尽量不被他人谴责。社会认知学派的抗拒诱惑的实验表明，良好的榜样、愉快的情绪能增强儿童道德行为的抗诱惑力。苏联心理学家较重视小学儿童的道德动机和道德意志对行为方式的作用。例如，斯拉维娜研究了少先队员执行道德任务时的特点。她指出，由于在大多数场合，任务的实际执行往往比对任务的接受较迟一些，所以儿童必须把任务跟他在头脑里的“执行”联系起来，即在头脑里确定在何时并如何执行这一任务。可见，小学儿童在道德行动中，已逐步明确道德意志的目的性，并为达到这个目的、任务而做出意志努力。我国心理学界对小学儿童的意志品质及行为的研究材料并不多。品德发展研究协作组的实验研究指出了我国小学儿童道德意志行为的发展趋势：在外部力量的作用下，其道德意志控制力和自觉性会明显地表现出来，但这种控制力和自觉性还不能完全离开外部的检查和督促。

2. 中学阶段道德意志的发展

随着年龄的发展，青少年逐渐形成了一种比较明确的内部的行为动因，并且这种动因常常具有一定的社会意义，这时，他们往往不再随外部环境和外部动因的影响而转移，而以内部的道德意志来调节自己的行动。他们品德的形成过程，也从由外向内的传导，转化为由内向外的传导；由客体到主体的转变，转化为由主体到客体的转变。他们的意志决定也一般不那么容易受他人的暗示和诱导，而具有较强的独立性。

史莉芳等研究了青少年在社会公益活动中的道德意志发展的指标。其研究表明，少年期和青年初期在道德意识的坚持性和自制力方面有明显的差异，青年初期道德意志的控制能力有了明显的提高，虽然外部的检查和督促是必要的，但其自觉的伦理道德毕竟起了很大的作用。

青少年道德意志的发展，很重要地表现在言行一致的水平上。林崇德对此研究，结果发现存在四类情况：第一类是道德认识、动机基本正确，只是由于意志力不强而引起的言行不一致；第二类是有良好的道德动机，道德言论与道德行为统一，即言行一致；第三类是以不良道德认识或情感作为动机而引起不良的道德行为，但由于集体或教师的压力，青少年说假话，于是造成言行不一致；第四类是个别品德不良青少年在私下发表的错误认识和暗中进行的不良行为是一致的。其发展趋势如表 12－2 所示。

表 12－2　追踪班言行一致性的类型

年　　级	Ⅰ（%）	Ⅱ（%）	Ⅲ（%）	Ⅳ（%）	差异的考验
初二（上）	37.6	43.5	13.2	5.7	$P<0.05$
初三（下）	15.1	69.8	11.3	3.8	
高一（下）	8.8	81.4	6	3.8	$P>0.05$

这一研究表明，言行统一问题是一个十分复杂的问题。第三类就其道德行为的正确性看，不如第二类；但就其思维程度看，就不一定比第二类低。言行统一表现在年龄特征上也显得很复杂，在正确的教育条件下，在良好的集体中，青少年的道德言论和道德行为可以在初中三年级之后趋于一致，且动机与效果也可以在那时得到初步的统一。

苏联心理学家提出了青少年时期道德意志行为的矛盾特点。典型的矛盾有：

（1）一方面愿在自我教育中表现出意志努力，另一方面对成年人建议的具体的自我教育方法有时持消极态度。

（2）一方面对集体对自己个性的道德评价十分敏感，另一方面对这种评价力求装出无所谓的样子，表现出我行我素。

（3）一方面追求理想和重大事情上的原则性，另一方面在微不足道的事情上失去原则。

（4）一方面有形成沉静自制品质的愿望，另一方面在言谈举止中表现出儿童般的天真和好冲动，倾向于夸大个人的痛苦和微不足道的不愉快。

四、道德行为的形成

（一）道德行为概述

道德行为是个人在一定的道德认识指引下和道德情感激励下，表现出来的对他人和社会具有一定道德意义的行动。它是人的道德认识（观念）的外在表现，也是实现道德动机的手段。列宁曾明确地指出："判断一个人，不是根据他自己的表白或自己的看法，而是根据他的行动。"个体的道德行为是其道德认识和情感的一种具体表现，也是人们确证其道德认识和情感之有无、真假及其程度的一个重要依据。

（二）道德行为模型

20 世纪 70 年代末 80 年代初，美国心理学家 J・莱斯特在已有研究的基础上深入分析了特定的道德行为何以产生的问题，指出人的道德行为由四个过程组成：

（1）解释情境。一个人面临具体道德的情境，首先必须理解这个情境，即弄清面前发生了什么和估计可能采取的各种行动；这时个体会激起一定程度的道德敏感性，敏感地意识到自己的行动对他人带来的影响，这会使一个人去突出或无视情境的某种道德意义，故它对形成行为动机起一定的作用。研究表明，一个人对道德情境的理解能力越差，对情境的道德敏感性越缺乏，则产生道德行为的可能性就越小。

（2）做出判断。在对当前道德情境有所理解后，个体就要考虑可以采取的各种可能的行动中哪一个符合或更符合道德规范或准则，也就是要考虑面对这样的情境应该做什么才符合道德要求，这一过程所涉及的主要是道德判断及有关的问题。

（3）道德抉择。在对情境做出判断后，个体要进而决定是否按道德判断行事去做出道德行动计划，这是个道德决策的过程。在抉择时，个体据以做出判断的价值取向有时并不占优势，而另一些非道德的价值观念可能极有诱惑力，这些会影响个体做出相应的道德抉择，不能把对情境的理解和判断付之以行动。道德抉择主要与道德动机斗争有关，这种斗争有时会很激烈。

（4）实施行动。在道德抉择基础上，个体要把道德意向变为具体的道德行为，实施道德行动计划；这种实施不仅需要个体明确具体的行动步骤，而且要求个体对实施中的困难有充分的估计，并以坚定的意志去加以克服，完成道德行动。

莱斯特的四过程模型勾画了道德行为产生的合乎逻辑的心理过程，但四过程不是一种线性的决策模型，每一过程由于正负反馈的作用会相互影响。

（三）道德行为发展

1. 小学儿童道德行为习惯的特点

从已有的研究中，我们可以发现，儿童品德的可塑性很大。低年级还没有形成必要的道德行为习惯，四年级以后逐步养成初步的道德行为习惯。但从总体来看，小学儿童的道德行为习惯不巩固，容易变化。北京市“小学生行为习惯培养系列化实验课题组”于1987年曾围绕19个方面对羊坊店学区220名小学儿童的行为习惯进行了全面调查。研究结果见表12－3。

表12－3　小学儿童道德行为习惯的总体情况

项目	守纪	尊重	待人	爱劳动	爱护公物	节约	关心集体	爱科学
百分比（%）	33.6	54.1	46.8	30.0	73.7	44.2	29.1	44.4

由表12－3可以看出：

（1）当前小学儿童各种道德行为习惯的水平偏低，表中8个项目中有6个未过半数。特别是关心集体、爱劳动、守纪三项要求的品德指标方面，形成行为习惯的仅仅只有30%上下。

（2）劳动习惯较差，这是当前小学儿童中的普遍现象。如果再细分析一下，在家庭中能自理生活，如收拾被褥的只占26.4%；参加家务劳动，如洗碗的只有13.2%，可是做值日的却达50.5%。可见，目前小学儿童在家里的劳动习惯较差，也就是说，他们缺乏自觉劳动的习惯。由于劳动习惯差，随之而来的便是不爱惜劳动成果，能注意节约的只占44.2%，还有27.3%的儿童不爱护公物。

(3) 小学儿童关心父母、教师、他人的习惯达50%左右，尽管有差距，但总的来说还是理想的。我们认为，对小学儿童进行爱人民的教育，首先要从爱父母、爱教师、爱同学开始，从人道主义教育开始。

表12-4列出了不同年级的小学生道德行为习惯的发展变化情况：

表12-4 小学儿童道德行为习惯的年龄特征

项目	守纪	尊重	待人	爱劳动	爱护公物	节约	关心集体	爱科学
低年级	37.2%	46.2%	46.2%	25.5%	83.3%	51.3%	37.2%	55.7%
中年级	11.4%	54.8%	57.3%	24.2%	57.1%	41.4%	23.3%	32.8%
高年级	52.2%	62.3%	52.2%	41.0%	79.7%	39.1%	44.9%	40.5%

从表12-4可见，小学儿童道德行为习惯的发展水平形成一个“马鞍”形，低年级和高年级较高，中年级较低。按理说中年级道德行为习惯各项数据都应比低年级高，可实际并非如此。这说明，低年级形成的行为习惯，是出于一种依附性很强的“家长和教师的权威”阶段，这种行为习惯并不巩固；一旦升入中学，由于独立性和自觉性的发展，有些儿童就显得不完全“听话”了，于是就可能破坏了原先形成的道德行为习惯，因而导致行为习惯水平下降。高年级儿童道德行为习惯水平的上升，不仅是一个数量问题，而且还是一个质量问题，说明他们的道德行为习惯已带有一定的自觉性。

2. 青少年道德行为习惯的特点

青少年正处于逐步过渡到自律的品德发展阶段，道德行为的产生已能受一种较为稳定的社会道德行为准则的调节，受自己内心的较为稳定的道德认识的调节，也就是说，内化了的、稳定的道德认识逐渐成为控制自己道德行为的枢纽。但从青年和少年道德行为的发展来看，两者仍有明显的差别，主要表现在如下两方面：

(1) 少年的道德行为规范远不如青年建立得牢固，不论是良好的，还是不良的道德行为规范，其成熟程度都有差异。这事实上是由于任何道德行为习惯的形成都需要反复的行为练习，青年比少年更具备这一条件。

(2) 少年由于道德认识的不成熟，情绪、情感的不稳定和偏激，以及意志力不强，常常产生一些偏激的、不计后果的行为。例如，为打抱不平将别人打伤，动机可能不错，但行为却偏离了正确的道德行为的轨道。到了青年初期，随着道德认识的成熟和道德情感的稳定，以及道德意志的发展，道德行为才具备更大的稳定性和可靠性。

林崇德的研究指出：青少年道德行为习惯发展的总趋势，从道德行为习惯的形成来看，人数随着年龄的递增而上升。初三前后形成道德行为习惯的有 60%，高中阶段有 80%。从道德行为习惯的内容来看，随着年龄的递增，良好的道德习惯与不良的道德习惯的两极分化在增加。从道德行为习惯发展的稳定性来看，初中三年级之前带有更大的不稳定性和可塑性；初中三年级之后带有更大的自动性，可塑性越来越小，这与由动荡性走向成熟的青少年品德发展趋势是一致的，这种品德的成熟正是与道德行为习惯化紧密地联系在一起的。他还指出，青少年特别是少年期的道德习惯具有不一致性，往往在学校表现得要比在家里好，尤其独生子女更是如此。这反映出青少年道德行为习惯发展中存在着不平衡性和可变性。

五、影响品德形成的因素

影响品德形成的因素可以分为外部因素与内部因素两类。

（一）外部因素

影响学生品德形成的外部因素是指学生自身以外的一切条件，包括社会文化、家庭环境等因素。教育实践和心理学研究表明，外部因素对学生品德的形成有重要影响。1983 年，美国学者亨利（Henry）在《品德的心理动力学基础》一书中提出了“道德观念影响源理论”，认为个体的品德是对一定社会文化、规范、习俗和价值观念的反映。

1. 社会文化条件

社会文化条件对个体品德形成的影响，主要通过社会风气、民族文化、宗教及所处学校集体等方面因素体现出来。

（1）社会风气。社会风气是由社会舆论、大众媒介传播的信息、成年人的榜样作用等构成的。学校的青少年不可能与社会隔绝，他们的道德信念和道德价值观正处于形成过程中。他们既容易接受良好的社会风气的影响，也容易接受不良的社会风气的影响。据美国帕克（Parke）等人研究，在其他生活条件相似的情况下，观看暴力电影的学生比其他学生有更多的攻击性行为出现。彼得逊（Perterson）等人对美国 7～11 岁学生的一次全国性调查显示，常看暴力电视节目的学生有更多的恐惧感，担心一个人在外玩的时候被人杀害，有时甚至对社会失去信心。

（2）民族文化。生活于不同社会文化背景之中，具有不同民族血统的儿童，在道德发展速度上是否存在着差异？是否在道德发展的内涵上存在差异？这种差异究竟达到什么程度？有关这方面的研究得出的结论并不一致。杨国枢（1974）等进行的跨文化研究指出，中国人传统的行为模式是社会取向的，是要求个人按照外部的社会期望和社会规则，而不是根据个人内部的愿望或需要行事；美国人则相反。中国文化历来强调与他人相关的“大我”，轻视与个人利益相关的“小我”，所以，中国人相对于美国人来说更愿意追求群体活动。研究者认为造成这些差异的原因是由于个体多年来将本社会的习俗、风尚、观念内化以后形成了自己独特的评价标准和认知倾向。这种内化了的评价标准和认知倾向就是个人的价值取向，它对人的行为起着重要的调节和定向作用。李伯黍等人（1987，1991）曾对国内九个不同少数民族地区儿童的道德判断发展做过跨文化研究，研究结果表明，各族儿童的道德认知发展的总趋势是一致的，但在公正观念、惩罚观念、公有观念和行为责任的判断的发展上，各族儿童存在着显著的差异。显然，不同民族血统、不同文化背景，对儿童道德发展有一定的影响，但这种影响主要体现在道德发展的某些方面，而总体的发展水平大体上是比较一致的。正如柯尔伯格有关道德发展阶段的跨文化研究所发现的那样，所有的群体都表现出相同的发展模式，阶段顺序有普遍性，但发展阶段出现的迟早以及可能达到的最高水平，则会受到一定的文化差异的影响。

（3）学校与集体。学校是影响儿童和青少年品德发展的重要因素，这种影响不仅通过德育途径来实现，还通过诸如集体舆论、班风、教师的工作作风及他们之间的关系等因素来实现。

林崇德对先进班集体作用的系统研究发现，集体道德心理从两个方面影响着集体成员——个体的品德诸因素，即知、情、意、行的发展。第一，良好的集体的道德品质促使大部分正常儿童与青少年形成良好的品德；第二，良好的集体的道德品质能改造品德不良学生。

李皮特（R. Lippit）和怀特（R. K. White）研究了教师的领导方式与儿童、青少年的反应以及教师的作风与儿童、青少年自我管理之间的关系。他们指出，如果教师以民主的态度对待儿童和青少年，他们将向着情绪稳定、态度友好和具有领导能力等方向发展；如果教师采取专制的态度对待儿童和青少年，将易于导致他们的紧张情绪、冷淡、攻击性和不能自治；而如果教师采取放任的态度对待儿童和青少年，将易于使他们向无组织无纪律的方面发展。

在美国，哈桑和梅等人曾对校风、班风进行了一定的研究，他们发现，如果班集体的主导风气（即班风）不健康，将会影响到该集体中几乎所有的成员。他们注意到，在某个班级中，几乎人人都有欺骗行为，而在另一个对照班中，却没有一个儿童进行欺骗。研究者将来自同一个班的毫无共同之处的一些儿童配成对，凑成足够的对数，然后对这些儿童进行欺骗测验，计算所得分数之间的相关，结果所得出的正相关为0.35。国内的一项调查中也发现，具有良好而稳定班风的班集体对改造学生的不良道德行为习惯的效果是很明显的（见表12-5）。

表12-5 先进班集体对不良道德行为的儿童与青少年的影响作用

影响	进行帮助，开始变化		发生一般变化		发生显著变化		基本无变化	
	人数	百分比	人数	百分比	人数	百分比	人数	百分比
严重品德不良儿童与青少年（43人）	39	90.7%	21	48.8%	17	39.5%	5	11.7%
一般品德不良儿童和青少年（132人）	132	100%	52	39.4%	67	50.7%	13	9.7%

2. 家庭环境

家庭对个体社会化的影响是最早和最重要的。虽然很多道德观念的形成与家庭以外的社会交往分不开，但个体进行这些交往活动的同时并没有脱离开家庭的影响，并且由于顺序效应，往往将多渠道的影响都归因于家庭方面。艾森伯格等人（Eisenberg & Fabes）1995年的研究发现，如果儿童在早期有较丰富的与父母或兄弟姐妹的交往经验，那么他们在幼儿园和学龄阶段就倾向于对他人的情感更敏感，也更容易对自己的违规行为产生羞怯的情绪。研究者认为，与父母或兄弟姐妹的交往为儿童一方面提供了道德定向的信息，另一方面也提供了意识这些定向的机会。怀特（White，1996）根据系统理论从家庭凝聚力、家庭适应性和家庭沟通这三个方面的结构及其与道德观念影响源的关系，揭示了家庭影响个体品德内化的原因。

家庭环境对儿童、青少年的品德既有有意识、有目的的教育和促进，同时更有潜移默化的影响。因此，家长要加强自身品德修养，注重正确而科学的教育方式，创造出融洽的、和谐的家庭气氛，那么其子女的品德就会向着正确的方向发展。

（二）内部因素

影响个体品德形成的内部因素是指学生自身的各种因素，如智力水平、受教育程度等，包括年龄、性别以及其他各种心理因素。

1. 智力水平

智力是一个人的一般的认知能力，这种一般认知能力对道德判断、道德行为的发展有没有影响呢？有人以小学二年级、五年级和初中二年级学生为被试，研究者在谈话中告诉他们许多问题情境和纠纷事件，要他们设想最好的解决办法。如“一天早晨甲把乙书桌上的一台计算器拿走了，甲不愿归还。这时乙应怎么对待呢？”之类，属于破坏性和报复性的回答有四种类型，表 12－6 列出了各类型回答在每个年级所占人数的百分比。

表 12－6　不同回答类型在各年级的人次（%）

回答类型	年级		
	二	五	初二
拒绝共用工具	72	21	7
宣扬对方的坏品德	55	39	6
夺取对方的用品	57	40	3
也毁坏对方的器具	69	31	0

由表 12－6 的数据可见，被试做出的四项破坏性和报复性的回答人次比例随着年级提高逐步减少。尽管这一研究未涉及道德行为本身，但人的道德观念可以迁移到道德行为。低年级学生或文化水平不高的成人，常常因道德观念水平低，为细小的事感情冲动，发生不道德的行为。

鲍姆（L. Boehm）在智力对道德判断的发展的影响方面做了不少研究，其关于行为动机和后果的道德判断与智力的关系问题的研究结果表明，不管是哪一种学校（教会的还是公立的）、哪一个社会阶层的儿童，凡是聪明的儿童，在幼儿阶段（8 岁以下），行为动机的道德判断的得分，都比智力中等儿童的高。这说明一个人的道德判断水平同智力水平、文化素养是有关系的。柯尔伯格也指出，原则的道德推理（第五或第六阶段）需要以形式运算思维为基础。普林格尔和古奇（Pringle & Gooch，1965）所做的一个有趣的纵向研究中，也获得智力和道德行为之间相关的证据，他们的研究对象是 11～15 岁的儿童。研究者发现，要能预测儿童对任务的反应，最好的依据是心理年龄而不是实际年龄，聪明的 15 岁儿童提到的个人或社会不公正的行为比中等智力或愚笨的同龄人多得多，也比他们自己11岁时提出的多得多。这项研究的结论是，有关邪恶概念的转变，显然与儿童的智力发展的普遍水平变化有关。但是，我们必须认识到，智力并不能保证个体有较高水平的道德意识和道德行为。智力仅是道德发展的一个必要条件，而不是充分条件。

2. 受教育程度

许多研究者认为，学校正规教育是影响一个人道德发展的最有力因素之一。受正规教育的多寡，影响一个人最终将要达到什么样的道德水平。陈欣银等人（1988）用雷斯特的DIT（中文版）对不同受教育程度的人进行测验，其中包括初中生、高中生、大学生以及少年大学生。测验结果表明，接受正规教育的程度与青少年道德判断发展有显著相关。少年大学生的道德判断水平与普通大学生的判断水平一样，明显地高于同年龄的初中学生的判断水平。由此可见，不论文化背景如何，受教育程度始终是影响道德判断发展的一个重要因素。此外，道德教学和短期道德教育训练都能促进儿童道德发展。

六、品德培养的策略

对于如何进行品德教育，形成学生良好的品德，人们从“知、情、意、行”四方面提出了相应的方法。

（一）晓之以理，提高认识

在对学生进行品德教育时，通过说服，提高学生道德认识，是最常采用的策略。如何使说服这一使用频度最高的品德教育方法发挥最大的效果，心理学家与教育家提出了以下几种策略。

1. 价值澄清（values clarification）

该学派产生于20世纪60年代，是美国当代道德教育复兴运动中最富有争议、应用极为广泛的一种学校道德教育的改革尝试。其方法与柯尔伯格的道德教育的认知发展理论被人们称为“在美国过去20年的实践中最主要的两种道德教育方法”。1966年由拉斯（I. Raths）、哈明（M. Harmin）和西蒙合著的《价值与教学》是这一学派的奠基性文献。他们认为，价值观念是个体的一种内在价值，往往不能清醒地被意识到，因而难以指导人的行为。为了让这些潜在的价值观念发挥作用，就需要对它们进行一步步的澄清。价值澄清所采用的形式是使学生在他们的直接生活中思考一些价值选择途径，同时使他们对学校生活的周围人产生积极的态度。

价值澄清包括三个部分、七个子过程，第一个部分是选择：①自由地选择。如让学生思考："你认为你是从什么时候第一次产生这一想法的?"②从可选择的范围内选择。如让学生思考："在你产生这一想法之前，你常考虑其他什么事情?"③对每一可选择途径的后果加以充分考虑后的选择。如让学生考虑每一可选择途径（想法）的后果将会怎样。第二个部分是赞赏：④喜欢这一选择并感到满足。如让学生考虑："你为这一选择感到高兴吗?"⑤愿意公开承认这一选择。如让学生回答："你会把你知道的选择途径告诉你的同学吗?"第三部分是行动：⑥按这一选择行事。如教师对学生说："我知道你赞成什么了。现在你能为它做些什么吗?要我帮忙吗?"⑦作为一种生活方式加以重复。如教师问学生："你知道这一途径已经有一段时间了吗?"从价值澄清的七个环节来看，教师首先必须诱发学生的态度和价值陈述。其次，教师必须无批评地和无判断地接受学生的思想、情感、信念和观念。最后，教师必须向学生提出问题以帮助学生思考自己的价值观念。总之，价值澄清采用诱导性的品德教育方式，反对呆板的说教和强硬的灌输式教育，教师易于掌握，学生乐于接受，有助于提高自我认识，直接导致道德行为发生积极的变化。但是对学生的价值观念不辨好坏，一概予以承认的态度不可取。

2．恰当地运用单面论据、双面论据

霍夫兰德（C. L. Hovland）有关态度转变的实验提示我们，教师说服低年级学生，主要应提供正面论据，而说服高年级学生，则可以考虑提供正反两方面的论据。另有研究表明，如果教师提出自己的观点之后，学生不产生相反的观点，则教师只提出正面的观点和材料有助于学生形成肯定的态度。如果在这种情况下再提出反面的观点和材料，则会引起学生对反面材料的兴趣，进而怀疑正面观点和材料。如果学生本来就有反面的观点，就应主动提出正反两方面的观点和材料，并用充分的证据证明反面的观点和材料是错误的。这会使学生感到教师是公正的，容易改变态度，并增强对错误观点的免疫力。此外，提供正面论据还是提供正反两方面的论据，还取决于说服的任务。若说服的任务是解决当务之急的问题，只提出正面的观点和材料比较有效。这时提出反面的观点和材料，会延长学生做出正确反应的时间。若说服的任务是培养学生长期稳定的态度，提出正反两方面的观点和材料比较有利。

3．小组道德讨论

小组道德讨论是柯尔伯格的合作者布莱特于1973年设计并实施的道德

教育模式。他们认为，儿童通过对假设性两难道德问题的讨论，能够理解和同化高于自己一个阶段的同伴的道德推理，拒斥低于自己道德阶段的同伴的推理。后来柯尔伯格又与劳顿（E. Renton）合作在20所中学中再次证实了“布莱特效应”。小组道德讨论涉及三个要素。第一是课程要素。道德讨论的内容必须由一些能引起学生认知冲突的道德两难故事构成。第二是班级要素。道德讨论的班组必须由处于不同阶段的学生混合而成，使学生有机会接触到高于他们推理水平的道德判断，触动其原有的道德经验结构，产生不满足感，以达到改变自己原有的道德经验的目的。第三是教师行为要素。教师应具备儿童道德发展的理论知识，并根据儿童道德发展的阶段特点，启发学生在小组讨论中积极思考，主动交流或辩论，做出判断，寻找自己认为是正确的答案。教师还要鼓励学生在讨论中考虑他人的观点或意见，协调与他人的分歧。所以，柯尔伯格认为小组道德讨论是符合苏格拉底的助产术精神的，并称之为“新苏格拉底模式”。

4. 群体规定

经集体成员共同讨论决定的公约、规定会有助于学生态度的改变。因为经成员讨论的规定，使成员承担了执行的责任，这样的规定对学生会产生约束力。这种约束力随学生觉察到群体内意见一致程度的提高而增强。一旦某个学生出现越轨行为，就会遇到群众的有形或无形的压力，迫使他们改变自己的态度。据裴宁同（D. F. Penigton）等人研究，如果群体讨论和群体决定在程序上结合，群体中的意见一致性最高，最有可能引起态度的改变。所以，如果教师期望有效地改变学生的态度，适用集体讨论后做出集体规定的办法，肯定是有益的。

（二）动之以情，引起共鸣

培养学生健康的道德情感，应从如下几方面着手进行。

1. 情感感染，以情育情

引起情感共鸣有利于道德情感的培育，在进行道德教育时，教师应以满腔热情和真挚的情感来感染学生，热爱学生，善于调节和控制自己的情感，教师对学生爱得越深，其对学生的亲近感、期望感、信任感越可以使学生对教师产生依恋仰慕之情，从而受到感染、感动和感化，即所谓“亲其师而信其道”。

2. 情境引发，因境育情

道德情感具有情境性，一定的道德情境能激发相应的道德情感。因此，在道德情感的培养中，教师要注意教育情境潜移默化的作用，创造某些情境以帮助激发青少年的情感体验。例如组织班会、班集体活动，从会场布置到活动程序，从活动内容到会场气氛，都要考虑情感因素及其心理效果，努力做到在情景交融的道德情境中引发、培育学生的道德情感。

3．引导理解，以知育情

道德情感是以道德认识为基础的，并且随着道德认识的发展由直接性发展到形象性，再发展到理论性，它的水平和道德认识的水平相联系。因此，培育道德情感可采取在具体情境中阐明道德概念与观念，激发学生的直接情感，并引导他们的情感体验不断概括、不断深化。

4．舆论强化，以群促情

道德总是在一定的情境中发生，而情境的各种因素对道德情感的产生具有综合性的作用。道德情境对青少年学生来说，关系最直接的是学校情境、课室情境，尤其是其中的气氛情境。例如，某个同学做了坏事，只有在大多数同学表示谴责的舆论情境下，他才会真正地感到羞愧与痛苦；反之，若大多数同学表示支持或者不反对，他就不仅不会感到羞愧，有时还很得意。因此，良好的舆论情境有利于健康道德情感的培养，而不良的道德情境则会将学生引入歧途。作为教师应注意组织健康的舆论并帮助青少年学生形成对舆论的正确态度。

（三）导之以行，落实行动

道德行为的形成要注重道德意志的培养与道德行为方式的训练。主要应通过如下的步骤和方法。

1．激发愿望

青少年学生要做出一定的道德行为，首先就要有道德行动的愿望，换句话说，要有道德行为的动机并确定道德行动的目的，从而下定决心去干某事。由于激发道德动机的原因多种多样，而道德动机本身又种类繁多，所以在下定决心时常会导致动机斗争。教师在进行品德教育时，要善于进行正确引导，经常激励和鼓舞学生，帮助学生战胜非道德动机，促使低级形式的道德动机向高级形式转化，使动摇、软弱的道德动机转化为坚定的道德动机。

2．组织训练

坚强的意志是在实践活动中形成和发展的，教师应有意识地将教学、教育活动作为培养学生道德意志的实践活动，给他们创设克服困难的情景，引起青少年学生自觉锻炼的意向，例如，组织各种类型的比赛，利用学生的好胜心和集体荣誉感，引起学生强烈的“赢”的欲望，使他们在自身的努力中得到意志力的锻炼。

3. 自我强化

自我强化是自我教育的一种表现，具体包括自我命令、自我检查、自我奖励、自我惩罚等。教师不仅要充分信任学生，而且还要有明确的外部监督和检查措施，帮助学生能够逐步过渡到自我调节和自我监督。例如，要求学生自己制订行为目标，自己管理自己，自己奖励自己，自己惩罚自己，这些方法都有利于青少年道德意志的锻炼。自我教育是以中学生自觉地参与他们自身思想品德塑造的最高形式，也是进行教育的最有效的方法。这种教育效果最真实、最牢固，即使在无人监督的情况下，在结束学校生活后，学生也会朝着道德修养的目标不断前进。

4. 适当的奖励与惩罚

奖励是施之于行为之后以增加该行为再次出现可能性的事物，它包括外部奖励和内部奖励。在运用奖励时，首先要注意奖励的应该是具体的道德行为，如尊老爱幼、拾金不昧、乐于助人等，而不是一般的概括性行为。其次，要正确选择奖励，减少物质奖励、外部奖励，多运用精神奖励、内部奖励。惩罚是指为了减少或消除某种不良行为再次出现的可能性而在此行为发生后所跟随的不愉快事件。一般来说，教师可运用的惩罚包括：制止、约束、说理批评、警告、冷淡、鼓励、暂时取消他的某些权力以及要求儿童用自己的行动来补偿过失造成的后果等。不过，主张运用惩罚，并不等于提倡体罚与变相体罚。运用惩罚应该注意以下原则：第一，避免不适当的惩罚，对违反课堂纪律的行为施以体罚或罚款是不适当的。第二，惩罚应与学生的不良行为相对应。批评学生在课堂随便讲话，不应同时又指责其过去曾在上课时吃东西。第三，至少需要有一种不相容的逃避反应，学生在课堂里随便吐痰的不相容反应是擦掉痰迹。第四，惩罚应尽可能及时，若惩罚延迟，不良行为不容易消除。第五，在实行延迟惩罚时，应力求使受罚者想到原先的过失情境。第六，力戒惩罚后又立即出现奖励。第七，向学生指出合适的行为以代替被惩罚的行为。

5. 树立榜样，促成迁移

我们常说“榜样的力量是无穷的”，应该给学生提供榜样行为，使学生通过模仿，进行迁移，促进道德行为方式的掌握与道德行为的形成。在通过榜样示范进行道德行为训练时，情境的安排应注意两方面：一是以各种变式来安排榜样示范行为的情境，即榜样示范的行为本身的本质方面保持不变，而情境的非本质的因素和条件应加以各种变化；二是注意安排从榜样示范的训练情境逐步地向学习者会仿效加以操作的真实生活情境过渡。

总之，培养学生的优良品德是个极其细微而又复杂的工作，学校、教师、家长应根据学生的心理特点，充分利用各种心理机制，通过最优化的组合方式构成统一的合力，使学生的品德形成及培养始终处于一种发展的动态中。

第四节 品德不良的矫正

品德不良学生，指的是经常违反道德准则或犯有较严重道德过错的学生。他们有的甚至处在犯罪的边缘或已经有轻微的犯罪行为（或称准犯罪水平）。第二次世界大战以后，青少年品德不良和违法犯罪已成为国际性的社会问题。国内外一些统计数据表明，13～15 岁是初犯品德不良或出现劣迹行为的高峰年龄。及早发现品德不良学生，重视对不良行为的矫正工作，不仅关系到这些孩子自身的成长和前途，而且对整个社会风气也有不可忽视的影响，教师在了解品德不良的原因的同时，要掌握他们的心理矛盾和转化他们的教育规律与方法。

一、品德不良产生的原因

学生品德不良是在某些客观原因影响下，通过学生的一定心理活动而形成的。分析品德不良产生的主客观因素，有助于教育上采取预防与矫正措施。

(一) 学生品德不良的客观原因

1. 不良社会风气的影响

从总体来看，我们的社会风气的主导方面是好的，是有利于青少年成长的。但社会上存在的某些不正之风，如黄、赌、毒，一些腐朽的思想意识，如贪图享乐、损人利己等，也在浸染着我们道德判断标准本来就不高的青少年，使他们难辨是非、不明美丑。

2. 家庭教育不当

父母对子女的溺爱、迁就会使孩子产生性格上的畸形：自我中心、自私、专横、任性等，以致逐渐发展成为不良的品德。父母教育方式的失误，如专制、暴力、暴虐，也会使孩子秉承父母的待人风格，动辄拳头相见。另外家长在教育上的不一致，也使孩子无所适从。家庭成员本身的恶习或家庭结构的剧变，也使儿童心灵受到创伤，有可能导致品德不良。

3. 学校教育的失误

学校教育工作者在教育观点上的偏颇或方法上的不当，也会在一定程度上间接地造成或助长学生的不良品德。如片面追求升学率，只教书不育人；对学生不一视同仁、处理问题不公正；对待品德不良学生或时严时松，或睁一眼闭一眼，或一推了之，结果使他们的问题每况愈下；有的教师对学生的要求忽高忽低，教育方法不恰当，使学生产生厌恶反感情绪，造成师生之间的对立，教育效果甚微，等等。

（二）学生品德不良的主观原因

1. 缺乏正确的道德观念和道德信念

不良品德的形成与学生道德认识上的错误或无知常有密切的联系。有的学生不理解或不能正确理解有关的道德要求和道德准则，如把违反纪律视为“英雄行为”，把敢打群架等同于“勇敢”。有的学生虽知道什么能做、什么不能做，但这种认识没有转化为指导行为的信念，一旦在富有诱惑力的不良环境影响下，就可能走上邪路。

2. 道德意志薄弱，自制力不强

有些品德不良学生在道德认识方面并非无知，他们对是非、善恶的判断是清楚的，甚至也想做好事，但他们道德意志薄弱，正确的道德认识不能战胜不合理的个人需要，个人欲求在外界某种诱因的影响下占了优势，结果做出了违背社会道德规范和侵犯他人或集体利益的行为。

3. 不良行为习惯的作用

按社会学习理论的观点，一切品德行为无论好坏，都是受外界强化的结果，都是习得的。个体偶尔产生的过错行为如受到强化，就会形成不良的行为习惯，固化成为其品德的一部分，并因此而产生愉快的情绪体验。不良行为习惯如不予以根除，任其发展，就必然会导致品行不良。

品德不良多发生在青少年期，也并非是青少年心理特点本身造成的，只有当这种特点与失败的教育、恶劣的环境等社会因素交互作用时，才会导致青少年品德不良行为的发生。

二、品德不良的矫正与教育

（一）创设良好的交流环境，消除情绪障碍

品德不良的学生因常受到成人、教师的斥责、惩罚和同学的耻笑、歧视，常常比较心虚、敏感，对教师和进步同学存有戒心和敌意，认为教师和

同学轻视自己，厌恶自己，常以一种沉默、回避、怀疑或粗暴无理的态度对待老师和同学。处于这种心理状态，教育是很难奏效的。因此，必须先解除他们的顾虑，使他们摆脱消极的态度定势。为此，教师应设法改善师生之间与同学之间的关系。教师要真心实意地尊重、关心和爱护这些学生，以教师的爱去交换学生的爱。机智的教师还应充分利用集体的气氛和力量，使后进生感到集体的温暖和接纳，使他们在集体中享有一定的地位，体验到自己的价值和尊严。只有消除了情绪障碍，这些品德不良学生才敢袒露心迹，增强对他人的信任感，乐于接近老师、同学，乐于参与、接受集体活动并从中受到教益。

（二）提高道德认识，消除意义障碍

中小学生受认识水平所限，往往会按似是而非的理解来领会道德要求，但不一定立刻接受它们，甚至可能拒绝这些道德要求。这就造成了认知意义的心理障碍。消除学生的意义障碍，可以通过启发、讨论使青少年学会分辨是非、好坏、美丑，重新激起上进心。教师应使教育内容适合学生的实际，以正反两方面的事实对比来帮助学生消除歧义，利用行为的消极后果使他们认清不良行为的危害。可向他们进行说理教育，坚持正确的舆论导向，严格要求，开展批评与自我批评；坚持正面教育、启发讨论，以奖励表扬为主，奖惩分明。这些都是提高是非观念，增强辨别是非、提高道德认识的行之有效的办法。在此基础上再逐步地向学生提出一些力所能及的要求和改正办法，一旦学生有了明显而稳定的进步，不但要充分肯定，还要帮助他们总结取得成绩的原因，引导他们“更上一层楼”。

（三）锻炼学生与诱因做斗争的意志力，消除习惯惰性障碍

青少年产生不良行为的一个重要原因是由于意志力薄弱造成的。因此，在矫正初期，加强管理，切断不良诱因，如不良场所、书刊、影视、同伴等。但避开诱因只是暂时的，而且是消极的。成功的改造教育最终是使这些学生在充满诱惑的环境下，具有抗拒诱惑、坚持正确的方向和行为的能力。为达到这个目的，我们必须培养他们自觉地与外部环境做斗争的能力。马卡连柯曾经让班上一位有偷窃行为的学生，在其有所转变后，令其保管钱箱，一方面表示对他的信任，另一方面又等于给他以诱因，对他是一个考验。

（四）发现积极因素，多方法协同进行，促进转化

善于利用学生的积极因素，帮助他们扬长避短，择善去恶，使其自身逐渐增长起克服缺点或错误的内在的精神力量，这是最有效的教育措施。品德不良学生也有“闪光点”，教师如能及时发现并不断培养、发展，使其在某一方面获得成功，就会重新点燃他们自尊心的火种，获得克服缺点、重新做人的信心，达到长善救失的目的。

上述几点是矫正与教育品德不良学生的一般方法与策略，但品德不良有不同的表现形式，程度也不同，品德不良学生的年龄、性别、个性也不同，因此在矫正时要充分考虑这些差异，具体问题具体分析，俗话说得好，“一把钥匙开一把锁”。同时还应看到，生活在21世纪这个价值观多元化时代的青少年有其特有的心理特点，教育方法必须细致灵活，教育必须多角度、多途径协同进行，如果不同社会、家庭协调配合，教育也难以收到成效。

第十三章 学生心理健康教育

心理健康不仅是促进青少年各种素质发展的重要中介，而且本身就是21 世纪现代学校教育所强调的青少年全面发展素质中的一个组成部分。也就是说，心理健康本身就是青少年必备的一个重要素质。因而，心理健康对于青少年素质发展具有双重意义：作为中介，作为手段，有助于其他各种素质的发展；作为对象，作为目标，它充实了素质体系，丰富了素质的内涵。在本章中，我们将就青少年心理健康的标准、意义、原则、策略、途径与方法进行阐述。

第一节　心理健康教育概述

一、心理健康的一般概念与标准

（一）心理健康的定义

长期以来，人们对“健康”的理解，主要囿于有机体的生理方面，如身高、体重是否符合标准，眼睛是否近视，身体是否患病等。近年来，有关中小学生心理障碍问题日益引起社会及教育部门的重视，心理方面的健康问题也就渐为人们所关注。但对心理健康的认识，则往往仅局限于没有心理疾病而已，缺乏对“健康”概念的正确理解。今天的“健康”概念已不再局限于纯生理学范畴，而是拓展到了心理学范畴，也不只是无疾，更注重健全。正如联合国世界卫生组织所指出的那样：“健康，不仅是指没有疾病或虚弱，而且指包括身体、心理和社会适应在内的健全状态。”

对于什么是心理健康，心理学家提出了不同的定义，但大多数人都倾向于认为它是指一种持续的积极发展的心理状况，个体在这种状况下能具有良好的适应，充分发挥身心潜能，而不仅仅是没有心理疾病。它包含两层含义：第一，是心理上的正常状态；第二，处于这种正常状态，能使个体实现内外平衡。我们认为，心理健康是指个体具备正常的心理特质，从而能更好地调控心理以维持内外的平衡与协调，合乎常规地应付环境与交往。

（二）心理健康的标准

提出青少年心理健康的标准，应考虑三个主要依据：一是强调心理健康的根本内涵，突出其积极的、富有建设性的一面。二是注意个体心理发展的年龄特征。一个青少年的心理是否健康，其判断标准的参照系只能是同年龄组的人，离开这一点去谈论心理健康的标准则将失去标准的实际意义。三是要符合心理活动的系统性原则，尽可能从心理活动的各主要方面来考察个人的心理健康状况。以下六个指标就是人们总结出来的青少年学生心理是否健康的标准。

1. 现实地认识自我，承认自我，接受自我

这个标准是指要有正确的自我观念，并对自己采取现实主义的态度。一个人对自己的认识与自己的实际情况越相符，就越有利于适应环境，表明其心理处在正常健康的状态。心理健康的人会现实地接受自己。

2. 对现实合乎常理地认识与反应，有效地控制自己的观念与行为

所谓合乎常理地认识客观现实，是指对一些可以说是人人皆知的常识性东西不要有悖于常理。心理健康者对外界刺激的反应是合乎常理的，适度的，该大喜则大喜，该小愠则小愠。

3. 对挫折有较高的承受力，具有正常的自我防御机制

个体在活动过程中遇到障碍或干扰，使其需要得不到满足，在心理学上称为“挫折”。心理健康的人遇到挫折时，会不自觉地运用一些自我防御的方法将由于需要得不到满足而产生的内心紧张消除掉，从而表现出对挫折有较好的耐受力；相反，如果由此而焦虑不安，烦闷异常，则表明其心理已经失去平衡，处于不健康状态。

4. 行为方式与社会角色相一致，符合常规

社会对各种角色有相应的要求或规范。个体的行为与其充当的角色的规范基本一致，则是其心理处在健康正常状态的表现。青少年学生中有的不道德行为表现为过程性而不是结果性，这也是一种不符合常规的行为。某些不良的习惯也是一种不合常规的行为模式，如咬指甲、扯头发、吮手指等。

5. 正常健康的交往

心理健康的人能与他人保持正常的人际交往，但我们不要将那些不大喜欢交往或社交能力不强的人斥之为心理不健康。

6. 统一的人格，心理保持延续性

心理健康的人，其人格是统一的，因此其行为表现出一贯性与统一性。如果人格缺乏统一性，其行为表现出不连贯，时而这样，时而那样，变化无常甚至自相矛盾，心理学上称之为双重人格或多重人格。

二、什么是心理健康教育

国家教育部颁布的德育大纲明确地把心理健康教育作为德育的一个重要组成部分。中小学心理健康教育，是根据中小学生生理、心理发展特点，运用有关心理健康教育方法和手段，培养学生良好的心理素质，促进学生身心全面和谐发展和素质全面提高的教育活动。

(一) 从内容来看，心理健康教育包括心理素质培养与心理健康维护两项任务

第一项是心理素质培养，主要是教育与培养个体形成各种良好的心理素质，以助其学业、事业成功。

第二项是心理健康维护，它主要是使个体形成并维持正常的心理状态，从而能适应社会，正常地成长、发展。这项任务包括：（1）帮助学生形成自我调控能力，使之能维持正常的心理状态。（2）帮助进入了不利心理状态的学生及时摆脱这种状态，恢复正常状态。（3）帮助心理不健康的学生康复，使之恢复健康状态。

这两项基本任务层次不同，心理素质培养主要是使学生能成功、成才，心理健康维护则主要是使学生能正常地生长发展，能适应、成人。

(二) 从性质来看，心理健康教育包括发展性教育与补救性教育两项任务

发展性教育主要是有目的、有计划地对学生的心理素质与心理健康进行培养、促进，使学生的心理品质不断优化。

补救性教育则主要是对心理处于不良状态或心理出现问题的学生进行专门的帮助，使之恢复正常状态。

这两项任务也是不同的层次，发展性教育主要是面对正常发展的学生，是提高性的；而补救性教育则主要是面对在心理方面出现不同程度问题的学生，是矫正性的。

三、中小学心理健康教育工作的基本意义

（一）注重中小学心理健康教育，是时代赋予的任务

现代生命观、现代健康观、现代教育观都对心理健康提出了更高的要求。进行心理健康教育，提高中小学生的心理健康水平，成为时代赋予的任务。

1. 现代生命观

人的生命本质，主要不是表现在身体上，即不是表现在生物学生命上，而是表现在我们的生活与行为上，人格生命上。对人来说，身体只是生命的工具，是我们活动与行为的工具，是完成人生事业的工具，而精神才是生命的主宰、生命的本质，是真正体现生命的价值的。人真正的富有是精神的富有，真正的力量是精神的力量，人的价值是由他的精神力量和精神深度决定的。正是从这个意义上讲，人的发展的本质，是人的精神的、心理的发展。人的身体的潜能是有限的，而人的心理的潜能是无限的。所以，苏霍姆林斯基说："人是一种精神力量。"随着时代的进步、文化的提高，人们越来越重视心理健康在个体生命中的作用。

2. 现代健康观

毛泽东曾提出学校教育应是"健康第一"。陶行知先生也提出："健康是生活的出发点，也就是教育的出发点。"世界卫生组织（WHO）的章程序言中指出："健康不仅是没有疾病的表现，而且是一种个体在身体上、精神上、社会上完全安好的状态。"这说明，一个健康的人应该是身心健康的，心理健康既是身体健康的重要保证，也是人类健康的最终标准。

3. 现代教育观

从现代教育观念来看，人格教育或个性教育远较知识或智能教育更为重要。有健全的人格而缺乏知识，仍不失其为人的价值，而且有了健全的人格，就自有求知的欲望；若没有健全的人格，仅仅只有知识，就会造成知识的误用或滥用，结果知识和智慧反而成了有害的东西。因此，从某种意义上讲，成为一个健康的人远比成为一个有专业的人才重要得多。

（二）注重中小学心理健康教育，是避免各种突发事件，维护社会安定稳定，学校正常运作，学生家庭幸福的需要

从心理健康的角度来看，人们的心理状态可以分为三种情况或状态：正常状态（常态）、不平衡状态（偏态）与不健康状态或病态（变态），与这三种心态相应，其不适应行为表现出不同的特点，具体情况见图 13－1。

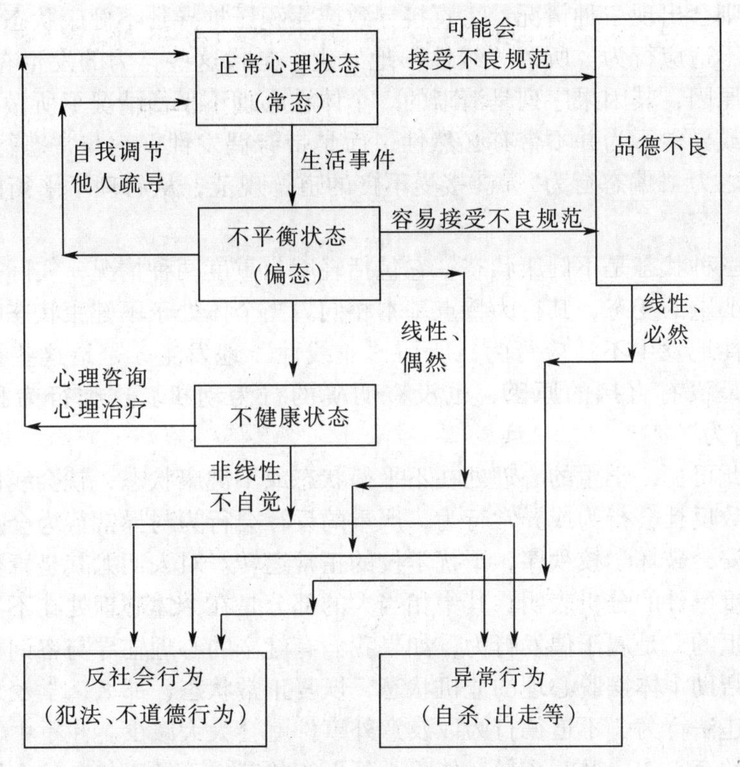

图 13－1 个体不同心理状态及行为模式

图 13－1 反映出人的三种心理状态以及相应的行为特点。

首先是正常状态，简称“常态”。个体在一般的没有较大的困扰的情况下，心理处在正常状态之中。个体在这种状态下的社会行为称为“常态行为”，个体的常态行为基本与其价值观体系、道德水平及人格特征相一致，因此带有必然性，是具有这种特定的价值观、道德水平与人格特征的人必然会发生的。

第二种状态是不平衡状态或危机状态，简称“偏态”。个体一旦发生了“生活事件”，即扰乱正常生活、引起人们消极情绪的事件如受挫折、欲求不能满足、受到威胁等，则会进入一种不平衡状态。所谓不平衡状态，是指个体心理处于挫折、焦虑、压抑、恐惧、担忧、矛盾、应激等状态。一旦个体处在不平衡状态，在通常情况下，他会通过自我调节来消除，如果单靠自我调节无效，就得借助于他人疏导，使之消除不平衡，恢复正常状态。

然而，如果由于各种原因个体无法通过自我调节或他人疏导以恢复正常状态，则会出现三种情况：①直接导致或累积压抑导致不健康状态。②线性地发生不适应行为。所谓“线性”地发生，是指这些行为的发生有明确的、直接的原因，其因果序列是清晰的。个体在心理不平衡情况下所做出的反社会行为或异常行为并不带有必然性，而是带有偶发性，它与常态行为不同，可以称之为“偏态行为”。③接受不良的道德规范，从心理不平衡向品德不良蜕变。

第三种状态是不健康状态，它包括轻度与重度两种情况，实际是轻度的变态与严重的变态，其行为特点基本相同。当个体处于不健康状态时，往往会非线性地发生不适应行为，所谓“非线性”地发生，是指这些行为的发生常常是没有直接的原因，也没有明确的行为动机。这类行为我们称为“变态行为”。

由此可见，学生的心理处在不平衡状态或不健康状态，就会线性或非线性地导致反社会行为或异常行为，严重的反社会行为与异常行为会直接危及社会治安，破坏学校秩序，干扰学校的正常运转。对人们尤其是青少年中发生的严重事件的分析表明，其中相当大的部分是在个体心理处在不平衡的情况下发生的，是属于偶发行为，如果我们有健全的心理辅导与咨询机构，能及时地帮助个体摆脱心理的危机状态，恢复正常状态，那么，学校乃至整个社会的违法行为、不道德行为以及意外事件就会大大减少。注重中学生的心理健康教育工作，及时疏导，使陷入不平衡状态或不健康状态的个体回复到正常状态，就可以大大减少偏态或变态的不适应行为，减少青少年违法犯罪事件与异常事件，维护好学校、社会的正常治安与秩序，保证家庭的幸福。

（三）注重中小学生心理健康教育，是保证学生正常健康发展的需要

从个体发展的角度来看，注重中小学生心理健康教育，对于个体的发展有三方面意义。

1. 促进学生学业事业成功

心理健康教育，无论是团体性的，抑或个别的，都着重于促进学生形成适应社会、适应生活的心理素质。以往几十年的基础教育比较注重学生智力的发展，教师在分析影响学生学习的影响因素时，也较多从智力入手，教育实践与研究都已证明，这是一个极大的错误。西方同样如此，自从比奈和西蒙于1905年建立世界上第一个智力测验量表起，它们即以鉴定人（尤其是儿童）的学习能力、预测人的学业成就的面孔出现，并在西方，尤其是美国，逐步发展成为一项庞大的教育工业。1990年由萨丽雯等（Salovey & Mayer）首次提出并很快获得人们认同的“情绪智力”概念，就反映了人们对于传统智力概念内涵的扩大。根据他们的分析，情绪智力是一种社会智力，这种新命名的智力把传统上基本作为学习知识的认知能力的智力结构拓展到情绪领域，把情绪过程与认知过程相互影响、相互渗透、相互促进的结构特点高度概括成为一种能力，这种智力结构联结着人格结构中的两个基本成分：认知与情绪。情绪智力反映个体准确、有效地加工情绪信息的水平，并揭示个体由情绪引起、激发和促进的心智良性发展的可能性。情绪智力本质上是情感与理性（认知）协调联结的结果。尽管情绪智力的概念还存在许多争议，情绪智力的结构还不清楚，但重视情绪在人的学习和工作中的作用，有一定的积极意义。

2. 促进学生良好品德的形成

虽然心理健康教育与道德教育有重要差异，但是两者也有密切联系。心理健康教育能促进学生的道德教育，有助于学生良好品德的形成。注重学生心理健康教育，使其心理处于健康正常状态，是其形成良好品德的基础。因为：第一，个体心理只有处于正常状态下才最易于顺应社会，倾向于与社会保持一致，接受社会的各种要求包括道德规范，形成符合社会要求的品德。第二，某些好的品德往往要在某些心理素质的基础上才易于建立起来，因此，只有注重个体的心理健康教育，使之处于正常健康的状态，才会形成正常的心理素质，从而有利于品德的培养。例如，人的一项重要品德是“利他”，而心理学大量的研究表明，人的利他品德要在“共情”个性心理素质的基础上才易于形成，所以，注重心理健康教育，使个体形成共情这个心理素质，才有利于利他品德的培养。第三，从反面来看，个体如果心理处于不平衡状态，则最易于形成不良的品德或发生不道德行为。因为，心理处于不平衡状态的青少年，往往倾向于接受与主流的社会规范、价值观相悖的观念，对不良规范失去抵抗力或易于接纳不良的规范，从而逐步地形成不良的品德。同时，如上述，心理处于不平衡状态往往会线性地直接导致非道德行为，而心理不健康状态，则往往会非线性地导致个体发生不自觉的非道德行为，要防止或消除这类非道德行为，从根本上说，就要注重心理辅导，及时疏导青少年心理产生的不平衡状态。

3. 保证学生正常健康地生活与发展成长

学校开展心理健康教育从根本上说是基于学生成长发展的需要。人类个体从出生后必须经过一系列发展阶段才能走向成熟，即生理基本成熟，智力达到高峰，情绪基本稳定，行为能够自控，成为一名能独立承担社会责任的社会成员。在这期间，他要解决一系列发展中的矛盾或人生课题。例如，儿童从进入学校的第一天，就要逐步学会适应学校生活；学会同教师打交道，将教师视作权威并将其与父母的形象区别开来；学会执行教师的指示，并向教师表达自己的合理要求；学会将学习当作一种社会义务、一种职责；学会遵守社会规范，应付人际关系中各种两难情境；建立正确的自我概念并接纳自己；追求人生的意义等。这是一个长期的、复杂的探索过程，离不开成人的指导与帮助。从这一个意义上说，每个学生在其成长的全过程中都需要指导。实施心理健康教育，在学生成长与发展过程中可以发挥其引导、示范、催化、矫正与疏导等多方面作用，使学生的心理处于健康状态，能正常地生活、正常地发展。

（四）注重中小学生心理健康教育，是青少年身心发展特点的需要

青少年时期是一个非常特殊的阶段，个体从儿童进入青少年阶段，其身心发展起了重大的变化。他们出现了对其心理与行为有重要影响的两方面需要，第一是性的成熟，使青少年性意识与性冲动出现，即出现了性的需要；第二是由于身体的全面发展与性的需要的形成，使青少年产生了成人感，出现了强烈的独立性需要。这就是青少年期的新需要与其心理成熟水平及社会地位水平的矛盾，具体表现为四个方面：

（1）新的性需要与社会地位的矛盾；

（2）性成熟、性意识增强与心理上、道德上准备不足的矛盾；

（3）新的独立性需要与社会地位的矛盾；

（4）新的独立性需要与心理成熟水平的矛盾。

青少年期这些特定矛盾，导致他们在各方面表现出既不同于儿童，又有异于成人的心理特点，使他们最容易进入心理不平衡状态而又最不容易通过自我调节或寻求成人疏导以得到解脱。青春期是个体发展急剧转变的时期。青少年由于缺乏必要的经验和充分的思想准备，往往会不适应，从而体验到焦虑、紧张、恐慌与不安。首先是生理上的快速变化，特别是性生理方面的一系列变化，使他们在惊慌中夹杂着几分好奇，对自己身材与容貌的关心也给自己平添了几分烦恼。加之在这一时期，成人对他们的要求和责备增多，这就使得他们一方面要处理自己的生理变化，另一方面又要遵守外来的许多特殊的规范。尽管他们努力调整自己，应付这些内外变化，却又好像总是无法使自己与他人满意。其次是独立性的增长也遭遇到来自自主、客观两方面的限制与阻碍。从主观上说，他们渴望独立自主而又缺乏独立处世的能力与经验；从客观上说，成人既要求青少年子女减少依赖行为，又要限制他们的独立活动，以维持自己的权威。这就使青少年对自己的身份地位感到迷茫，成为身份不明、处境尴尬的“边际人”。再次，青少年交往范围日益扩大，交往活动增多，群体意识增强，但青少年中流行的价值观念、学生中非正式群体的规范，往往与成人社会的价值观念、学校正式群体的规范相冲突，使青少年无所适从。一些人缺乏社交技能，不知道如何在交往中表现自己，由于交往不成功而变得行为退缩，甚至脱离群体，将自己封闭起来。极少数学生交友不当，受不良友伴的影响，甚至误入歧途。对于个体社会化过程中的这些问题，青少年学生如果无法解决，或采取不合理的方式解决，就会形成不良适应，出现程度不同的心理与行为障碍。这些学生一方面将要长期体验难以缓解的焦虑和冲突，损害心理健康；另一方面也可能产生对社会的不信赖情绪，在行为上与他人难以合作，成为正常社会生活中的消极因素。同时，青少年接近于成人的活动能量，对以上的矛盾系统又起着激发作用，容易使矛盾爆发。因此，如果说学生在其成长发展的全过程中都需要心理辅导，那么对于青春期的学生的心理健康教育就显得尤为迫切。

（五）注重中小学生心理健康教育，是当前社会变动时期的需要

近二三十年来，随着社会变革而产生的一些变化或暂时不可避免地滋生的一些因素，对青少年的心理状态产生了消极作用。

从家庭方面看，离婚率不断增高，家庭气氛温馨减少，家庭对独生子女不恰当的管教方式，会对青少年心理健康产生消极影响。

从学校方面来看，高考升学的压力，频繁的测验考试，学生的分数排位等，导致竞争激烈，压力剧增，使青少年学生无休止地陷于紧张、焦虑、担忧、挫折等不平衡状态之中。

从社会环境方面来看，一些黄色、淫秽的东西出现，西方的不良思想影响，政府部门的一些不正之风以及观念的多元化等，对青少年的心理健康产生不利的影响。

因此，注重与加强中小学生心理健康教育不仅非常重要，而且非常迫切。

四、影响中小学生心理健康的主要因素

研究表明，在影响学生心理健康的众多因素中，学校教育的因素是被列为首位的（见表13－1），而其他如家庭因素、社会文化因素、学生自身因素，也是影响学生心理健康的重要因素。

表 13－1　影响学生心理健康的因素名称、条目、因素负荷量、解释方差

因素 1 学校教育		因素 2 家庭环境		因素 3 社会文化		因素 4 学生自身	
学习负担过重	0.83%	父母感情不和或破裂	0.81%	恐怖的影视小说	0.78%	情绪不稳定	0.63%
教师教育方法粗暴	0.82%	经常受父母打骂训斥	0.80%	受人歧视冷遇	0.77%	缺乏意志力	0.61%
被老师讽刺挖苦	0.82%	家庭发生天灾人祸	0.80%	淫秽的录像小报	0.71%	生理缺陷	0.61%
经常性考试失败	0.81%	父母关心少管束多	0.78%	色情凶杀的影视录像	0.68%	不良习惯	0.58%
教师偏心不公平	0.81%	父母行为不端	0.78%	不良的社会习俗	0.64%	交友不当	0.43%
教师教学水平低	0.80%	父母过分溺爱	0.76%				
与教师同学关系紧张	0.80%	父母放任不管	0.74%				
教师作风不正	0.78%	父母管教不一	0.71%				
教师有病态	0.68%						
解释方差	33.27%		27.83%		18.26%		10.38%

从表 13－1 可见，4 个因素揭示了项目总方差的 89.74%。因素 1 所含的 9 个条目大都涉及学生的学习、教师的教育教学方法等内容；因素 2 含父母的教育方式、家庭情况等 8 个条目，这两个因素的累计解释方差达 61.1%，提示学校教育、家庭环境是影响学生心理健康的首要因素。

学校是学生心理健康教育的主要场所。教师应该清楚地意识到自己所承担的对学生进行心理健康教育的职责，要在维护学生心理健康过程中发挥自己的独特作用。

第二节　学生心理健康教育的原则与策略

一、心理健康教育的原则

中小学心理健康教育的基本原则是指在学校开展心理健康教育的整个过

程中应该遵循的一些基本指导思想，它是心理健康教育工作者在长期实践中不断认识并逐步累积提炼的结晶。

（一）教育性原则

教育性原则是指在进行心理健康教育的过程中始终要注重培养学生积极进取的精神，树立正确的世界观、人生观、价值观。心理健康教育本身是德育工作的一部分，虽然它有其自身的特殊性，但最终的目标是使学生“学会做人”。但心理健康教育与品德教育在学生观、内容、目的、原则、方法等方面都有所不同。例如，德育工作者更多地持“评价性学生观”；心理健康教育人员则更多地持“移情性学生观”，强调要给予学生尊重、理解、支持和信任，并运用同感，设想学生的处境和感受。品德教育致力于解决学生的社会倾向，解决学生的政治方向、思想倾向问题，解决高层次的社会定向问题；心理健康教育则要解决学生心理成熟不成熟、健康不健康问题，并通过促进学生心理成熟，发展学生的判断能力、选择能力，为学生确立正确的生活方向和崇高的理想追求准备好心理基础，例如，如何成功地进行人际交往、如何处理同异性的关系、如何应付生活中的挫折、如何调整情绪状态、如何克服不良习惯、如何选择专业与职业、如何设计生活道路、如何发挥个人的主动精神与创新意识等。心理健康教育与品德教育的方法也各有不同，品德教育的工作方法很多，如谈话、说服宣传、批评表扬、提供榜样、实践锻炼等都是经常采用的方法；心理健康教育的方法主要是会谈、心理测量、生活技巧训练、角色扮演、行为矫正、沟通分析等，其中有些方法是品德教育工作中很少采用的。

（二）整体性原则

进行心理健康教育，应从个体心理的完整性和统一性，个体身心因素与外界环境的制约性、协调性，来全面考察和分析学生心理问题的形成原因及其对策，同时也要协调学校、家庭、社会各方面的教育力量，使心理健康教育更加有效和持久地展开。所谓整体性原则，是指在进行心理健康教育过程中，要运用系统论的观点指导工作。从学生的内部来看，学生的心理是一个有机整体，知、情、意、行是密切联系在一起的，心理过程、心理状态和个性心理特征交互影响，学生的心理状况与其整个人生观、世界观、价值观也有密切的联系，心理素质与生理素质也相互作用、密不可分。从内外关系来看，个体身心因素与外部环境特别是社会环境、家庭、学校环境存在着彼此制约、互为因果的错综复杂的联系。正如马卡连柯所说：“一个人不是由部分因素的拼凑培养起来的，而是由他所受过的一切影响的总和造就成功的。”

（三）平等尊重原则

在心理健康教育过程中，教师应从平等尊重的立场出发，尊重学生的人格，对所有学生一视同仁，相信他们的诚意和谈话内容，努力和他们建立朋友式的友好信赖关系，以确保心理健康教育工作的顺利进行，取得圆满的结果。

（1）平等尊重的原则，就是要求教师与学生的交流不是那种传统权威的、单向的，而应该是平等的、双向的，这样才能更好地沟通。教师在交谈中不宜用权威的口气，避免使用诸如“我告诉你，你听我说”、“我认为你说错了”、“你还不动”这类命令式、灌输式的口吻，而多用商量的语气，如“请告诉我你现在的想法”、“你的意思是不是这样”、“原来如此”，等等。

（2）平等尊重原则，就是要耐心启发，认真倾听学生自己讲述问题，了解对方存在的心理问题，可以使学生解除心理重负，放松紧张情绪。教师在听取来访学生讲述问题时，不要过早地进行评价，要让人家把话讲完。倾听过程中要集中注意力，关注的态度也是一种支持。适当的应答活动，如首肯、简要的重复或适当的简语插话都是必要的。在来访者的诉说告一段落时，教师可以提出问题。细心询问是为了澄清问题实质，更好地帮助来访者理清问题的头绪，进行有的放矢的支持和帮助，做到对症下“药”。由于学生语言表达的疏忽、遗忘与误记的影响或其他一些主客观因素，教师可能会发现他们提供的信息含有矛盾或不实之处。对这种情况的出现，教师不应大惊小怪，更不应表露出不信任的情绪和态度，而应授以信任的目光，委婉地提醒学生注意自己的语言表达和记忆的疏漏，以便在不损害双方信赖关系的前提下尽量获得准确的信息。有些学生前来咨询时抱着疑虑、观望和试试看的心理，提供的信息往往比较含混甚至失真。对这种情况，教师也不应责怪或不悦，而应看准求询者的心思和顾虑，进行真诚的交流与排解，只有打消这些求询者的顾虑，求得他们的信任，才能获得较可靠的信息。

（3）平等尊重原则，就是要关怀、理解、接受学生。一般来说，在心理咨询中，主动上门进行咨询的学生，往往是意识到自己在心理上存在某种问题，想要通过辅导得到帮助的人，他们对作为咨询人员的教师抱有很大的希望，同时也可能存在某些担忧和疑虑，担心咨询人员不能诚恳相待，不能理解他们的苦衷。因此，咨询人员要热情诚恳地接待来访者，向他们讲明心理咨询的基本精神和原则，鼓励他们消除顾虑，畅所欲言。咨询人员热情自然的态度，有助于形成和谐的交谈气氛，建立相互信任的咨询关系。一个人在心绪不宁或精神上感到痛苦的时候，最需要别人的支持与安慰，有时几句温暖人心的话，一些同情和关心的表示，都可以使一个情绪快要崩溃的人重新振作起来。在人的精神需要中，人与人之间的理解与尊重至关重要，它可以使人心头的郁结得以消除，使感到孤立无援的人获得勇气和力量。来访学生的心理问题各种各样，有些问题在常人看来是一种不可理解的怪癖，但教师对此应有正确的理解，应给予真诚的关心和帮助。

（4）平等尊重就是要对学生一视同仁，充满爱心。学生的情况是千差万别的，有的温文尔雅、彬彬有礼；有的则衣冠不整，语言粗野；有的谈吐自若，微露傲气；有的却词不达意，畏缩自卑。无论对什么样的学生，教师都应满怀交往的热情，坦诚相待，一视同仁，绝不厚此薄彼。

（四）艺术性原则

在心理健康教育过程中要通晓心理工作的理论与技巧，善于运用言语表达、情感交流和教育手段理解学生心灵，促进学生的心理发展和行为改变。心理健康教育的艺术性主要体现在以下几个方面：

（1）在语言表达上，要求既鲜明准确，毫不含糊，又讲究分寸，委婉合宜，使教育者的劝导、帮助易于为受教育者所理解、接受。同时，教师的语言表达还要紧扣时机，恰到好处。

（2）在情感交流上，一方面要靠耳目传情，把教师的坦诚、信任、关怀、体谅和期待等复杂的情感通过眼神的调节传递给学生；另一方面要凭借表情、手势、体态的恰当使用，使学生及时领会教师的意图和希望。

（3）在探索学生内心世界方面，教师要善于启发，循循善诱，鼓励学生吐露真情，启发他们准确地表达所要表达的思想。能否准确了解学生的全部思想是教育工作能否顺利进行的前提条件。学生可能因为思想上有顾虑，不愿讲明全部缘由；也可能因为思维不清、语无伦次而表达不清；也可能因为心情紧张，叙述受到影响；也可能因为学生讲自己的思想感情和客观事件本身搅和在一起，使人茫无头绪。这就要求教师根据学生的具体情况，循循善诱，弄清哪些是事件的来龙去脉，哪些是咨询对象的思想感情。如果学生因为顾虑而不愿讲，不必着急，首先应建立相互信任的气氛，借助和谐的气氛慢慢打消他的顾虑；如果他不知需要讲哪些内容，可以多提一些问题，掌握谈话的主动权，使谈话不断向着明确的方向发展。要注意经常给予学生肯定和鼓励，如果他们抓不住问题的主要矛盾，颠三倒四重复啰嗦，教师要善于冷静倾听，不要随意打断对方的谈话。要留心谈话中出现率较高的词汇，并从中发现这些词汇背后所隐蔽的内容。当吃不准对方的意思时，可以用反问的方法帮助学生抓住主要矛盾，比如问："你的意思是……"，"这就是说……"，等等。如果符合事实，对方就会肯定，否则他就会否定、纠正。如果学生表达能力差，分不清原委，教师就要善于归纳，帮助学生叙述事情的全过程，然后再帮助他说明自己的主观看法，这样可以比较准确地找到问题的症结。

（五）促进成长的非指示性原则

非指示原则是美国人本主义心理学家罗杰斯提出的，他认为心理辅导应以双方的真诚关系为基础，这种关系不是一种灌输的关系，而是一种启发或促进成长的关系。人有理解自己、不断趋向成熟、产生积极的建设性变化的巨大潜能，心理健康教育的任务就在于启发和鼓励这种潜能的发挥，并促进其成熟或成长，而不是包办代替地进行解释和指导。所谓非指示性，意味着以非指示性的形式实现对受教育者的"指示"，在心理健康教育中非指示原则比早期的指示性辅导更具科学性。

教师在弄清来访学生的存在问题进而寻求解决问题方法的时候，不宜主观地指示学生一定要怎样做或一定不怎样做，而是与来访者共同分析、讨论，设想有助于问题解决的各种方案以及不同方案可能导致的不同后果，但究竟采取哪一种方案去解决问题，则应由学生自己进行选择，教师不应代替。

（六）保密性原则

心理健康教育过程中，教师有责任对学生的谈话内容予以保密，学生的名誉和隐私权应受到道义上的维护和法律上的保证。保密性原则是学校心理健康教育的重要基础，它是鼓励学生畅所欲言的心理基础，同时也是对学生人格及隐私权的最大尊重。一切热情、诚恳、耐心都要以尊重咨询对象的秘密为前提，否则一切都将失去意义。

当然，替咨询者保守秘密，并不是说咨询过程中的一切都不能公开，在下列两种情况下可以不受限制：一是有明显自杀意图者，应与有关人士联系，尽可能加以挽救；二是存在伤害性人格障碍或精神病患者，为免于使别人受到伤害，也应做一些预防工作。

（七）坚持性原则

教师要充分认识解决心理问题的艰巨性、复杂性，树立坚持不懈、不怕反复的思想，这才有利于心理健康教育效果的巩固与提高。

进行心理健康教育，做学生的心理工作，需要时间，常有反复。因为，其一，心理问题或心理障碍的形成非一日之寒，因而其化解或克服也同样需要一段时间、一个过程。其二，人们对事物的认识不是直线的，其间有反复、有波折，这是正常现象，教师对求询者心理问题的认识，也同样如此。其三，人的心理活动是作为一个整体起作用的，当个体心理活动的某一个方面出现问题或障碍时，心理活动其他方面的品质对问题的解决也有影响。其四，人们所处的环境是在不断地发生变化的，环境中的各种因素也不断地作用于学生，其中既可能有积极因素的影响，也可能有消极因素的干扰。一旦消极因素的干扰作用处于支配地位，就会抵消咨询工作的效果，造成学生心理问题的再生和反复。因此，学生出现了心理方面的问题，教师不要指望谈一两次话就解决问题，要注意克服急躁和厌烦情绪，持续不断。即使情况有所改善，仍然要随时关注追踪，毫不松懈，直至问题真正解决。

（八）适应个别差异原则

教师既要注意学生的共同表现和一般规律，遵循心理健康教育的一般特点和规律，又要重视学生的个别差异，包括年龄差异、性别差异和个性差异等，因人而异，努力使教育适合学生的个别特点。教师应懂得他所面对的既是一群学生，又是一个个来自不同家庭环境，具有不同能力、不同需要、不同兴趣、不同经验、不同价值观的学生。所以，不可能期待以同样的方法达到同样的效果。在心理健康教育方面同样需要“因材施教”，灵活运用各种教育策略，因人、因事、因地而制宜。

二、心理健康教育的基本策略

为了实现心理健康教育的目标，根据我国中小学的实际，应注意三方面的策略：一是全面渗透、多渠道全方位推进策略；二是创设良好的心理发展环境策略；三是发展优先、防重于治的策略。

（一）全面渗透、多渠道全方位推进策略

为了更好地实现心理健康教育的目标，要求将心理健康教育全面渗透到学校各项工作中去，形成多渠道实施。心理素质教育、心理咨询与心理治疗就是专门的渠道。但是，仅限于专门的渠道是不够的，应该将心理健康教育工作渗透到各教学中去，任课教师可以根据本学科教学内容与学习活动的特点渗透相应的心理健康教育内容；同时，心理健康教育也应该渗透到学校各项活动，如班主任工作、团队活动中去；这样就能形成众多的非专门渠道，促进学校心理健康教育工作的开展，如图 13－2 所示。

在全面渗透、多渠道全方位推进的同时要求形成学校、家庭、环境的心理健康教育网络，全方位地推进学生的心理健康教育工作，形成环绕着学

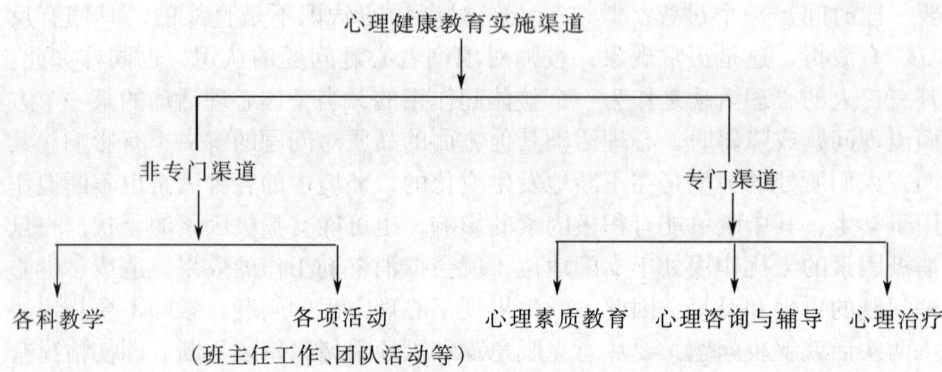

图 13－2　学校心理健康教育实施渠道

生心理健康教育的网络系统，使学生的心理健康教育工作突破校园围墙界限，成为一种整个社会关注的事业。

（二）创设良好的心理发展环境策略

在育人的过程中，优化育人环境是十分重要的。荀子在《劝学篇》中说，“蓬生麻中，不扶自直；白纱在涅，与之俱黑”；“故君子居必择乡，游必就士，所以防邪僻而近中正也”。这讲的就是环境对人的影响。创设健康的教育环境，避免学生经常性地陷入危机状态，维持其心理的平和、积极、顺畅，对于实现心理健康教育的基本目标，起着重要作用。教育是一种有目的、有计划、有组织的育人活动，应该有意识地创造一个有利于学生心理健康成长的环境。健康的教育环境应是有利于学生充分发挥潜能，形成健全人格的环境。其中最为关键的，是要有利于学生形成积极的自我概念，并在此基础上形成自信心与自尊心，从而能较好地适应环境。

我们的教育环境中确实还存在着不少直接影响学生心理健康发展的消极因素，这些因素的存在，直接成为学生产生心理问题的环境根源。因此，心理健康教育的一项重大策略就是为学生的心理健康成长与发展创造良好的环境。要达此目的，需要在下述几个层面做出改进。

第一，要继续努力推进从应试教育向素质教育的转变。这个问题涉及多个方面，既要改革学校教育中的课程设置、教学内容和教学方法，又要改革对学生的评价指标与评定方法，包括改革考试制度这个指挥棒。总之，要使学校教育的课程模式、教学模式和评价模式都有利于学生发展潜能，发展个性。实现这个转变可能是异常艰难的持久战，但为了下一代能健康成长，却是必须要打赢的一仗。

第二，学校领导要转变观念，树立正确的教育观、质量观和学生观。强调学生完整人格的发展本是中外教育思想家历来重视的观念。后来由于教育科学发展趋向上的偏差以及升学第一思想的影响，学校教育实际已背离了追求学生完整人格发展的目标，只重视知识灌输，由单纯的“教书”代替“育人”，教师目中“无人”，只有知识、书本、分数。国内外教育界有识之士近年来对学校教育中的唯智主义（或唯知主义）思潮提出过尖锐的批评。台湾教育心理学家张春兴近年来提出了“教育对象全人化”的观念，并以此作为指导思想构筑了富有特色的教育心理学理论新体系——《教育心理学——三化趋向的理论与实践》。他曾引用美国教育心理学家盖茨（A. L. Gates）对教师提供的一条建议来印证他的“全人教育”的理念。该建议是：当别人向你询及类似“你是教数学的老师吗?”的问题时，你最恰当的回答应该是：“我不是教数学的老师，我是教学生学数学的老师。”

（三）发展优先、防重于治的策略

发展优先、防重于治，是指学校心理健康教育工作应首先着眼于发展学生良好的心理素质，注重维护与促进学生心理健康，而不能将工作重点放在心理出了问题的学生的矫正与治疗方面。因为，从心理健康教育的任务来看，中小学心理健康教育的根本目的在于使学生正常健康地发展、成长、成才，因此，发展学生良好的心理素质，维护学生心理健康，必然是学校心理健康教育的重点。从效果来看，如果到了学生心理偏常或心理障碍的时候才来做补救工作，进行矫正与治疗，则难度很大，要花大量的时间和精力，效果还不一定显著。而如果预防工作做在前面，就能防患于未然，学生的心理问题就不会出现，或者即使出现问题，但尚在轻微或早期阶段就及时发现、及时处理，则比较容易解决。因此，抓预防工作是关键。而发展学生良好的心理素质，使学生具备坚定的自信心、坚强的意志、良好的心理承受力与心理调节力，他们就不可能出现严重的心理问题，因此，从心理健康的角度来看，培养学生良好的心理素质是对心理问题的最根本的预防。坚持发展优先、防重于治的策略，才能更好地发挥学校心理健康教育工作在促进学生心理健康发展方面的作用。

第三节 学生心理健康教育的途径与方法

一、学校心理健康教育的途径

目前国内各级各类学校开展心理健康教育主要是通过以下途径来完成的。

（一）按照性质分，可以分为：心理素质教育、心理咨询与辅导、心理治疗

心理素质教育，是指根据个体心理特点与规律，运用心理学方法，设计并实施各种活动方案，让学生在活动中形成良好的心理素质。心理素质教育一般是发展性辅导，面对的是正常学生，既可以是学生集体，也可以是个别学生。除了专门的心理健康教育活动之外，心理素质教育还可以渗透在各科教学、班级与团队活动中进行。

所谓心理咨询与辅导，是指根据心理特点与规律，运用心理学方法，帮助心理出现问题的个体摆脱不利的心理状态，或排除各种心理障碍，回复到健康状态。心理咨询与辅导有两种形式，一种形式是教育者提供一个能自由倾谈的环境（咨询室），让学生（咨询者）主动前来咨询。一般来说，学生意识到自己的心理问题，但无法依靠自我调节加以克服，因而主动前来请求帮助，在这种情况下教育者进行调节疏导工作，这种形式通常称为心理咨询。第二种形式是教育者发现心理或行为出现问题的学生，主动地与他们沟通疏导，或者设计方案，在他们的配合下实施，这种形式通常称为心理辅导。心理咨询与辅导一般是补救性的，它所面对的主要是心理处于不平衡状态的学生或者是程度较轻的心理不健康的学生。

所谓心理治疗，是指运用心理学方法，对已经产生较严重心理障碍的人员进行专门的调节，使之恢复到正常状态。心理治疗是补救性的，它的对象是有比较严重的心理问题的学生，往往需要较长的时间与周密的治疗处理，有时要辅之以药物。进行心理治疗要有专门训练的、有较高技术的人员。

图 13－3 直观地展现了心理健康教育的三个方面即心理素质教育、心理咨询与心理治疗的关系。

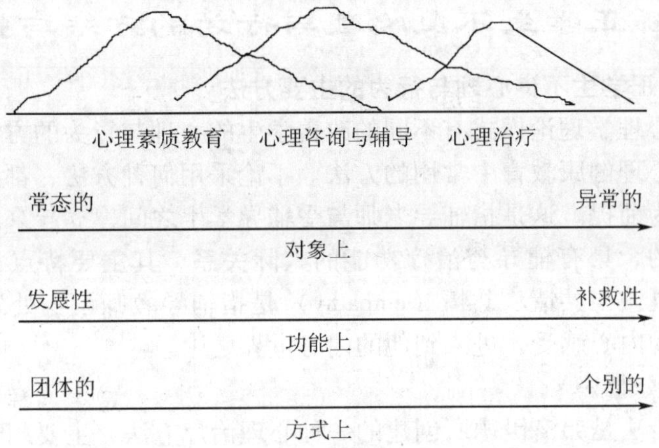

图 13－3　中小学心理健康教育三种途径的比较

（二）按照形式分，可以分为：团体发展性教育、团体补救性教育、个别发展性教育、个别补救性教育

团体发展性教育是指有目的、有计划地以学生班组为单位实施系列的教育方案，以促使学生形成适应社会、适应生活的心理素质。团体发展性教育是学校心理健康教育的主要部分，是常规性的教育。一般来说，学校要根据办学方针、培养目标与办学特点，确定应重点培养学生哪些心理素质，各年级应如何安排，然后设计相应的团体教育方案，并按计划实施。

团体补救性教育是指根据学生值得注意或普遍存在的心理问题设计教育方案，以学生班组为单位实施教育方案，使学生能获得正确的观念，改变不利的心理健康状态。

个别发展性教育是指有目的、有计划地根据各学生的心理素质实际，设计适合学生心理健康发展的系统的培养方案，然后对该生个别实施，使该生能健康发展。

个别补救性教育是指根据各个学生值得注意的心理健康方面的存在问题，结合该生的个人特点实际，有针对性地设计适合该学生改善该心理健康问题的专门的培养方案，然后对该生个别实施，使该生能获得正确的观念，改善不利的心理状态。

二、矫正学生不良心理与行为的方法与技术

(一) 矫正学生不良心理与行为的主要方法

不同的心理学理论模式有不同的改善学生的心理与行为的方法，这里主要介绍学校心理健康教育中常用的方法。不论采用何种方法，都必须以良好的辅导关系为前提。这是指辅导老师与受辅导学生之间建立起来的一种新型的、建设性的、具有辅导与治疗功能的人际关系，其主要特点是：积极关注、尊重、真诚与共情。共情（empathy）是指辅导教师设身处地地去体会受辅导学生的内心感受，进入到他的内心世界之中。

1. 精神分析法

精神分析法是弗洛伊德所创建的一种心理治疗方法，主要用于对心理不健康或心理变态的治疗。它是西方心理治疗的一大派系。该学派认为，人的不健康心理主要来自于心理的压抑与创伤，尤其是幼年的压抑与创伤，这种压抑与创伤潜伏在潜意识的层面上，在一定的时机就会以象征性的行为形式表现出来，形成心理障碍的症状，而障碍者自己无法觉察出这种症状的根源。精神分析的任务是通过各种技术将其症状的根源探明，了解患者病源所在，然后向患者指明其不适应行为的象征意义及根源，使患者对此有所认识，这样就能使患者恢复到正常状态。进行精神分析的主要技术是追溯患者的童年经历、释梦、自由联想、分析口误、笔误，等等。总的来说，精神分析法的基本原理是：探明患者潜意识的心理创伤或致病情结，把它们带到意识领域，使患者对其有所领悟，然后在现实的原则下纠正或消除它们，从而使患者恢复正常健康状态。

2. 来访者中心疗法

来访者中心疗法是人本主义心理学家罗杰斯创立的一种治疗方法。这种方法认为，人类有自我实现的潜能，能够了解自身，使生活态度和行为产生建设性的改变。患者的这种潜力，在与治疗者建立起融洽的关系后，就能得到释放与发挥。因此，对于不正常的行为，只要患者得到治疗者的温暖与鼓励，就能发挥出他们内在的潜力，完全有能力做出合理的选择，使自己恢复正常。来访者中心疗法在治疗中要求治疗者像患者的一个有专业知识的朋友，与患者建立融洽的关系，使患者感到温暖并产生信任感。治疗者不对患者发出指令，也不控制治疗的程序与内容，只决定治疗时间的长短，并努力创设一个环境，使患者感到自由、轻松、安全、无所畏惧、大胆倾吐；治疗者表示完全接受、了解与同情患者，抱着充分理解与宽容的态度，愿意倾听

患者的陈述，并不需要去引导患者的讲述，也不需要表达自己的意见。患者在倾吐内心的痛苦经验过程中会恢复正常的自我，从而解决自己的心理问题。总的来说，来访者中心疗法是主张给予患者充分的时间与注意，让他们以自己的方式与步调来探索其处境，使患者感到自己是独立自主的，而不像在日常生活中总是受他人评价、拒绝或劝说。这样就可以帮助病人从消极防御的情感中解脱出来，而产生健康的和自我实现的态度。

3. 行为主义方法

行为主义方法也称行为疗法，是以行为主义学习理论为指导，按一定的程序，来消除或纠正人们的异常或不良行为的一种心理治疗方法。这种方法认为，个体所有的异常行为或不适应行为，都是个体在其过去的生活经历中，通过学习而固定下来的。因此，也就可以设计某些特殊的治疗程序，通过条件反射作用的方法即学习的方法，来消除或矫正这些异常或不适应行为。行为疗法有许多技术，包括系统脱敏法、厌恶疗法、暴露法、自我调整法、行为演练法、行为塑造法等。行为疗法已经在很多领域中得到应用以帮助人们改变各种问题行为，在中小学心理健康教育中应用价值非常广阔，在下文我们将做重点介绍。

4. 认知疗法

认知疗法的基本观点认为，认知过程是情绪与行为的中介，指导者的任务就是与患者共同找出这些适应不良的认知，通过认知与行为矫正技术来改变这些不良的认知，使患者的认知趋向于与现实和实际相一致，随着不良认知的矫正，患者的心理问题也会随之好转。认知疗法重视患者的不良认知与思维方式。所谓不良认知，是指歪曲的、不合理的、消极的信念或思想，它会导致情绪障碍及非适应行为，治疗的目的就在于矫正这些不合理的认知，从而使患者的情绪与行为得到相应的改变，恢复到正常状态。

下面重点介绍艾里斯（Ellis）关于 改善认知的 A—B—C 理论与方法。

艾里斯认为人的情绪是由其思想决定的，合理的观念导致健康的情绪，不合理的观念导致负向的、不稳定的情绪。人有许多非理性的观念，如我“必须”成功，并得到他人赞同，别人“必须”对我关怀和体贴；事情“应该”做得尽善尽美；课堂上回答问题有错误是很糟糕的事，等等。他提出了一个解释人的行为的 A—B—C 理论：

A：个体遇到的主要事实、行为、事件。

B：个体对 A 的信念、观点。

C：事件造成的情绪结果。

我们的情绪反应C是由B（我们的信念）直接决定的。可是许多人只注意A与C的关系，而忽略了C是由B造成的。B如果是一个非理性的观念，就会造成负向情绪。若要改善情绪状态，必须驳斥（D）非理性信念B，建立新观念（E）。这就是艾里斯理性情绪治疗的ABCDE步骤。理性治疗是一项具有浓厚教育色彩的心理治疗法。台湾的吴丽娟在此基础上编拟了“理性情绪教育课程”。该课程首先让学生分辨理性观念与非理性观念，然后试图驳斥非理性信念。以下是实例：

A：事件：“考不好，受父母训斥。”

B：观念：“同学会取笑我，真丢面子。”

C：情绪：难过、沮丧。

D：驳斥：这不是事实，只是我的主观想法，怎么知道同学会取笑？即使有人取笑，难道我就真的无法忍受？

E：新观念：可能无人取笑我；被取笑只是一时，只要用功，成绩可以改善；何况我还有其他长处。

5. 宣泄疏导法

当个体处于非常痛苦、压抑、焦虑等状态时，指导者可以引导或提供机会让他采取不危害社会与他人的方式把心中的积怨发泄出来，从而减轻其心理的压抑，这就是宣泄疏导法。这种方法主要是创设出某种情境，让个体在这个情境中将压抑的情感通过大哭、大闹、大骂、倾吐等方式发泄出来，以减轻心理压力。指导者应充当一个同情、理解者的角色，但不一定是支持者。

6. 自我防御启动法

一般来说，个体在遇到生活事件，心理进入不平衡状态时，往往会运用自我防御机制来摆脱这种不利状态，恢复正常状态。但是，在某种情况下，个体自己无法启动自我防御机制，因而陷入危机状态而无法解脱。自我防御启动法就是，由指导者通过暗示等方法将心理处在不平衡状态的个体的自我防御机制调动出来，让其发挥作用，从而使个体摆脱不利的心理状态。

7. 代偿迁移法

当个体受到挫折或需要无法实现而陷入心理不平衡状态时，指导者可以引导他从事另一种有一定关联的活动以作弥补，使之因欲求不满而产生的内心紧张得到一定程度的缓解。如果引导个体进行的是非常有社会意义的活动以补偿其心理上的挫折，则可以称之为升华引导法。

8. 暗示法

暗示法是指指导者装作无意识地通过语言、动作、行为、表情等给患者以健康方向的暗示，使患者有意识地接受这些暗示，促使他摆脱不利的心理状态，恢复正常状态。

9. 自信疗法

对一些非常自卑的学生，为了使他增强自信心，克服自卑感，指导者可以在一定时期内慎用批评，多肯定成绩，尤其是指出该生潜在的长处、优点、优势，创造机会让他发挥出来，多运用正反馈予以加强，有时甚至可以用一些特殊措施，如人为地提高该生的某些学习成绩，以增强学生的自信心。

（二）行为主义方法的各种技术简介

1. 强化法

强化法是用来培养新的适应行为的方法。行为主义学者强调人类一切行为都是学习而来的，举凡日常生活中的语言文字、课业知识、社交技巧、习惯态度等都需通过学习，方能习得。至于不良行为如脾气暴躁、反抗权威、恐惧害怕、不做作业、破坏公物等也是个体在学校、家庭或社会情境中学习而来的。强化（reinforcement）其实质是个体在某一情境下做某种事情（即行为），如果获得满意结果，下次遇到相同情况时，再做这件事的几率就会提高。这整个历程便称为强化，此种令个体满意的东西，不管是物质或精神的，均称为强化物（reinforcer），因此我们可以把强化定义为“个体行为倾向因获得增强物而增加其强度的过程”。以下是强化法的实际应用（见表 13－2）：

表 13－2　使用强化原理强化学业学习行为的例子

情　境	反　应	立即效果	长期影响
陆迪考不好	发下成绩单	妈妈看了说：很高兴有些科目陆迪有兴趣	以后再努力的力量增强
放学回家	淑芬赶紧把作业做完	准许她看 6 点的电视节目	赶快做作业的行为加强
功课做完	张羽自动练习钢琴	爸爸夸奖她弹得越来越好	以后自觉练琴的机会增加
无聊没有事做	青音翻阅书本	爸爸说她聪明，知道自己读书	读书的行为强化
写完功课	王军自动整理书桌	妈妈说：整理得这么干净，真了不起！	整理书桌的行为增多

成绩单

陆迪带着成绩单回家，悄悄地走进房间。妈妈知道了情况，耐心等到陆迪独处时才对陆迪说："乖孩子，你的成绩单不要妈妈签名吗?"陆迪才慢吞吞地把成绩单拿出来。妈妈看一看，签完名，然后说："妈妈很高兴你喜欢语文、社会（中等成绩），这些科目很有趣吧!"陆迪觉得很难过地说："有的同学每科都是90多分，我却几科不及格。""你是否也和成绩优秀的同学一样全优，这并不重要，有一天你会领悟到学习的乐趣，而且发现自己比现在进步多了。"

从上例看出：肯定自我意识，避免无谓比较，就掌握了强化原则。当然，正强化原理可以提供给我们应用，以改变个体不良行为，进而培养良好行为，但如果应用不当，反使不良行为获得增强而带来负面结果。表13－3提供了班级不良行为而给予正强化的例子。

表13－3　班级不良行为而给予正强化的例子

情　境	反　应	立即效果	长期影响
上课中	雄飞扰乱秩序以引起同学注意	老师叫他坐到前面	扰乱秩序以引起注意的行为加强了
上课中	之红扮鬼脸	同学大笑，老师也忍不住笑了	扮鬼脸的行为增加了
上课中	文源与老师唱反调	同学拍手，老师没有办法	唱反调的行为增多
第4节课	耀辉吵着老师下课	老师最后同意	吵着下课的行为增多

2. 代币奖励法

为促进个体正常的学习活动，行为主义者们建立了一套完整的筹码制度，它不仅可使每次行为反应都能获得增强，而且可使行为发生之后立刻获得满意结果。这种筹码就像电动游乐场用来代替硬币的铜板，它在行为改变技术使用当中，可当作行为与增强物之间的媒介。这种代币奖励法有广泛应用领域及良好的使用价值。台湾高雄七贤小学，从几年前就开始采用一种荣誉制度，成效甚好，颇受好评。"七贤小学的荣誉制度"是这样的：

凡同学在校期间，表现出具体良好行为者，均可获得白鸽奖章，而奖章分为下列4个等级，依序累进。

①白鸽奖章：表现良好行为者，一次颁给1张。

② 荣誉奖章：获得白鸽奖章10张的人，可换取荣誉奖章1张。

③ 荣誉奖：获得5张荣誉奖章的人，可换取荣誉奖状1张。

④ 荣誉榜：获得5张荣誉奖状的人，可到咕咕团换取荣誉榜。

此种措施不仅可以应用到全校性的团体，而且也可以缩小在班级实施。据该校辅导室主任称：实施此种制度后，效果非常显著。

下面这个例子也是一个利用代币奖励法改变学生不良行为取得成功的案例。

罗老师从师范学院毕业不久，教学认真，学生表现也不错，然而总是有几个同学上课迟到。为解决这一问题，他想了一个办法，全班以排为单位，分成4组比赛。凡迟到的同学，每满5分记1点，3天结算1次，点数最少的那排，下半周免除清洁工作，清洁工作那段时间，可以做课外活动。实施一学期，成效良好。

该老师以免除清洁工作为后援增强物（不影响到教室清洁工作，因为没有必要全班来做），采用团体代币制的原理，不仅可以强化团队精神，而且也可以对迟到同学形成团体压力，促进其改善。

3. 行为塑造法

当个体要学习某一项较复杂的行为时，家长或老师若一开始就要等到个体百分百完成重点行为后才给予增强，必然难以如愿。可是假若能够在发展一项新的行为过程中，连续分段增强与终点行为的一连串反应，并削弱无关的反应，顺序增强，逐渐推进，复杂行为的建立则指日可待。

哈特曼（Hartmann）和霍尔（1976）曾应用行为塑造方法进行提高数学作业的实验。被试是一位在有行为困扰的班级里学习的学生。在基线阶段，老师给被试一张作业单，上有9道除法题，被试完成的量，从第一天的4题，降到第四天的零题，如图13-4所示。在第一个实验处理阶段里，老师把要求标准定为两题。被试如在45分钟内正确完成，则可获得休息时间及打篮球活动的即时增强。若在指定时间内不能完成，则必须继续做，直到那两道题正确地完成。以后各实验处理阶段都相同，只是在连续3次达到标准后，就把标准提高一题。

在E阶段是连续5次达到标准才把标准提高一题。

在J阶段，标准不但没提高，反降减一题。

在K阶段，被试要正确完成10道数学题，才能获得增强。

图13-4显示被试除在C阶段有一次没达标准外，其余皆能随着标准逐步提高而完成较多的作业题。

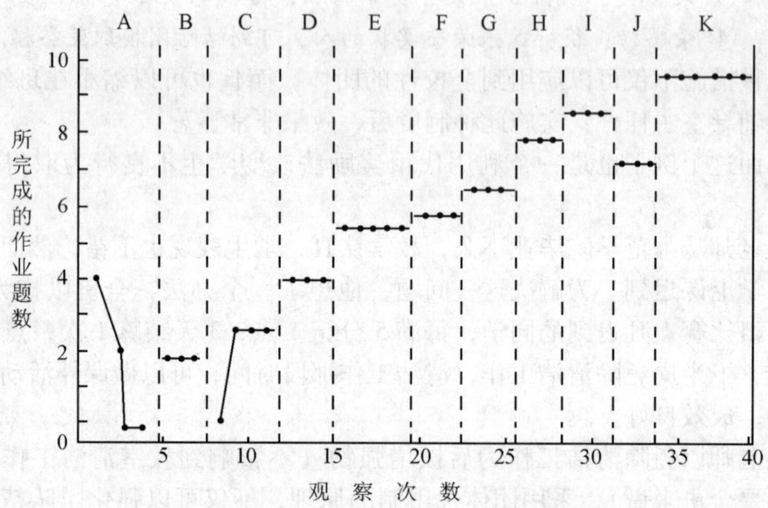

图 13－4　应用行为塑造法以提高数学成绩

（资料来源：哈特曼和霍尔，1976）

另外，在学校心理健康教育中，辅导老师曾将行为塑造法应用于技能训练、学习习惯、生活习惯以及特殊儿童，如自闭症、高焦虑的辅导，都取得较好的效果。

4. 削弱法

对学生行为偏差的辅导，最有效且最简单的处理方式莫过于防微杜渐，凡刚形成或出现不久的偏差行为，可采取忽略、不直接作反应的方法来削弱。心理学者强调注意力是给孩子最有力的增强之一，尤其是年龄越小越发如此。因此对于幼小孩子的不良行为，就可以利用对此行为的忽略不理来减弱或消除它，反之就会增强此种不良行为。以下是有关运用削弱法消除校园不良行为的例子：

> 学生打扫办公室，某同学把老师的茶杯弄翻了，正当学生惴惴不安时，老师拿了一块抹布给他，同学深感意外。
>
> 校门口的摊贩不少，如果师生都不去买，则摊贩自然消失。
>
> 在教室里，小明用方言跟老师说话，老师不加理会，以后说方言的机会就减少了。
>
> 同样的，在同事中，李老师喜欢说三道四，如果同事不理他，

那么，李老师随意指责的行为就减少。

我们在使用削弱法时，一定要能够客观保持一致。这要求家长（如父母、老人、兄妹及其他人）、老师（各科老师、本班及别班老师）上下一致，同心协力，不破坏实施的原则，否则无法发挥功效。例如，魏老师正运用削弱法消除文海在上课中经常发出怪声的行为，可是即使老师故意不去理会他，而班上其他同学仍然忍不住笑，同时转头去看他。此种增强让这位同学发怪声的行为，一直持续下去。

5．隔离法

学生必须为自己的不当行为付出代价，例如，权利、自由活动时间、喜爱的游戏活动等被剥夺，以及分数被扣除等。所谓隔离是指当儿童表现某种“不受欢迎的行为”时，训练者终止他所嗜好的正增强，以削弱不受欢迎的行为，这种改变行为的策略称为隔离。这也就是指把行为个体从增强的环境中撤离到一个单纯或无聊的特别房间，而且在时间的限度当中，不准外出。暂时隔离法有两个主要目标，短期目标是立即阻止有问题的行为；长期目标则是帮助学生达到自我控制。

学生不喜欢“暂时隔离”，是因为他们遭受到许多立即性的损失。在“暂时隔离”期间，孩子失去家人的关注；他们失去了令父母生气或沮丧的权利，以及控制父母的能力，也失去了操作玩具、玩游戏，以及参加各种有趣活动的自由。隔离是枯燥无聊的，理想上被隔离的孩子应该被送到隔离区孤立起来，这种措施是一种迅速、简单、容易执行的管教技巧。它不但适用于许多不同情况，而且适用对象几乎涵盖全部年龄层的学童。

实施隔离时，首先要选择目标行为，其次要计算发生次数（不良行为属偶发则不实施隔离）、选定隔离地点和时间，同时要向他解释实施目的。实施最重要的要领是要很快地把孩子放在隔离地点或叫他走到隔离地点，这将有助于孩子明白坏行为和不是滋味的隔离有立即的连带关系。每一次孩子表现不良行为被送去隔离时，不要跟他说话或争辩，等到隔离时间到后，父母或教师应问孩子为什么被隔离，以提醒他。

6．惩罚法

假若个体在某一情境中，做某件事情，立即引起某些厌恶结果，个体在下次遇到同样的情境时，再做这种事的几率降低，这就是惩罚。

7．自我控制法

在上述各项改变行为的技术中，强化、惩罚、削弱等均是由他人实行或建议实行的。而自我控制则是让当事人自己运用学习原理，进行自我分析、自我监督、自我强化、自我惩罚，以改善自身行为。从理论指导来说，它是一种经过人本主义心理学改造过的行为改变技术。其优点在于：强调当事人（学生）个人责任感；增强了改善行为练习时间。例如，一个体重超常的学生可以通过对自己的进食行为进行自我控制，来达到使体重趋于正常的目的。他可以定出减轻体重的目标；记录每日进食的种类和数量；控制刺激条件（例如不把食品放在书房）；规定正常的进食行为（例如专注地进餐，细嚼慢咽）；发展与贪食行为对立的或替代的反应（例如当在规定进食时间之外想吃东西时，可以听音乐）；记录体重改变的进程，做自我分析；当通过努力使体重有所减轻时，实行自我强化（例如看一场电影）。

8. 系统脱敏法

系统脱敏法的含义在于，当某些人对某事物、某环境产生敏感反应（害怕、焦虑、不安）时，我们可以在当事人身上发展起一种不相容的反应，使对本来可引起敏感反应的事物，不再发生敏感反应。例如，一个学生过分害怕猫，我们可以让他先看猫的照片，谈论猫；再让他远远观看关在笼中的猫；最后让他摸猫、抱起猫，消除对猫的惧怕反应。这就是“脱敏”。系统脱敏法由沃尔浦（Wolpe，1958）首创，它包括以下几个步骤：

第一，进行全身放松训练。

第二，建立焦虑刺激等级表。

焦虑评定以受辅学生主观感受为标准，按所引起焦虑程度由最弱到最强为序。下面是一个关于考试焦虑的焦虑刺激等级表：

a. 学期结束了，明年再也没有考试了。

b. 上学期第一天，老师告诉我们教学计划与考试计划。

c. 约在考试一周之前，我感觉到它即将来临。

d. 考试前两天，我变得特别紧张，开始感到难以集中思想。

e. 考试前一天，我的手掌变得潮湿，并且感觉把一切重点都忘了。

f. 考试前一夜，我失眠，并且半夜惊醒。

g. 前往考场的路上，我觉得自己摇摆不稳，几乎生病了。

h. 当我走进教室时，我双手潮湿，我真把一切都忘了，我真想离开。

i. 当考卷传过来时，我几乎全身紧张，无法行动。

j. 当我看着考卷时，发现其中有一两道题我实在不知如何作答，并且感觉十分紧张，有一次我便离开了教室。

第三，焦虑刺激与松弛活动相配合。让受辅学生轻松坐在椅子上，闭上双眼做肌肉放松运动。等达到完全放松后，要求学生想像上述焦虑刺激等级量表上的第一个刺激情境，然后转入想像第二个刺激情境。如果学生感到紧张，就留意肌肉紧张，同时做肌肉放松运动。然后再想像同一刺激情境，直到不再感到焦虑为止。进行30～40秒钟肌肉放松运动后，想像等级表上的第三个刺激情境。如此训练，直到通过等级表上的全部刺激情境，如果经过“放松—想像”过程训练有了一定成果，以后就可以在现实情境中加以验证（刘华山，1998）。

9. 肯定性训练

肯定性训练也叫自信训练、果敢训练，其目的是促进个人在人际关系中公开表达自己的真实情感和观点，维护自己的权益，也尊重别人的权益，发展人的自我肯定行为。自我肯定行为主要表现在三方面：第一，请求。请求他人为自己做某事，以满足自己合理的需要。第二，拒绝。拒绝他人无理要求而又不伤害对方。第三，真实地表达自己的意见和情感。实际生活中，许多学生表现出的是不肯定行为。如谈话时眼睛不敢看对方，说话句子短，不敢提出合理要求，不敢拒绝别人的无理要求，不敢表示自己的不满情绪；与同学发生矛盾时不敢正面解决问题，而是哭着找老师、家长。

肯定性训练时通过角色扮演以增强自信心，然后再将学得的应对方式应用到实际生活情境中。通过训练，当事人不仅减低了焦虑程度，而且发展了应付实际生活的能力。肯定性训练的步骤如下：

（1）设置训练情境。这些情境都是当事人难以应付的情境。例如：

①排队购票时有人在你面前“加塞”；②老师不公正地批评你；③把不合格的商品退回商店；④考试时同桌要抄袭你的答案，你不愿意；⑤因眼睛近视要求老师将你调到靠前的座位上。

（2）以角色扮演方式逐一进行训练。

（3）决定其他变通方式。

（4）在现实生活中运用学得的交往方式。

（5）评价训练的效果。

三、心理健康教育方法的综合运用

在学校心理健康教育中，应根据心理健康教育目标的要求，综合运用各种方法，形成一个统一的心理健康教育的工作模式。在这方面台湾的吴武典提出的基本模式很有参考价值。这个模式考虑到三个维度：问题、方式与策略，即针对受辅学生的问题，提供他所能接受的最适当的方式，予以最适当的处理。

（1）问题。问题的实质是个人的基本需要。个人的基本需要不能得到满足或用偏离常态的方式来满足就是问题。问题按严重程度可分为发展性问题、预防性问题与治疗性问题。

（2）方式。方式指辅导途径，可以分为三种：个别辅导、团体辅导、课程设计，后者指在各科教学及各种教育情境中渗透心理健康教育。

（3）策略。策略即方法。这里将心理健康教育方法作了适当的筛选归并，归纳成六类十二种。

①关注。辅导老师对受辅学生无条件接纳、关注与关怀，以便建立良好的辅导关系。②反馈。辅导老师作为学生的一面镜子，引导学生自我探索与了解。③阅读治疗。推荐优秀读物，开辟辅导专栏，组织书报讨论。④认知改变。消除学生非理性观念，恢复其合理思考，进而改变其情感与行为。⑤ 行为练习。对于缺乏自信与行为勇气的人，可制定行为作业令其练习，并给予督导和鼓励，以促进当事人的“自我肯定”。⑥行为改变。运用行为改变基本技术（强化、惩罚、消退等）消除不适应行为与情绪，养成良好的行为习惯。⑦角色扮演。借角色扮演体验、学习新角色经验，增强社会适应力。⑧示范作用。辅导老师保密、公正热忱、守信，以及表里如一、诚恳待人，对受辅学生都有示范作用。⑨同辈辅导。利用同辈资源，取得青少年中“得力分子”的合作，提高辅导工作成效。⑩家庭治疗。约请家长与子女共同来面谈，增进父母与子女的沟通了解。⑪改变环境。设置“中途之家”，举办夏令营、周末营，协助有特殊困难学生离家住校，转、调班，让他们在新环境中获得新体验。⑫自我管理。调动学生求善、向上动机，让学生学会自我观察、自我指导、自我监控、自我强化。

以上十二种策略分别归于六类：关系策略（第①、②种）、认知策略（第③、④种）、制约策略（第⑤、⑥种）、模仿策略（第⑦、⑧、⑨种）、环境策略（第⑩、⑪种）和自我控制策略（第⑫种）。综合考虑问题、方式和策略，并将其具体化，就可进行活动单元设计。

第四编

第十四章 学习动机与学习

学生的知识学习过程受多种因素的影响，诸如动力方面的因素、认知方面的因素与人格方面的因素，等等。大量的研究证明，非智力因素对学生的学习有十分重要的作用，而动机在各种非智力因素中又处于核心地位。无论在小学、中学还是大学，学习动机与学业成绩之间存在着明显的正相关。因此，在学校教育过程中，动机教育应成为非智力因素教育的突破口，以动机教育带动其他非智力因素的发展。作为教师，应特别注意对学生学习动机的了解、培养与激发。本章主要介绍学习动机的概念与类型、学习动机的作用、国外主要的动机理论，以及如何有效地培养和激发学生的学习动机。

第一节 学习动机概述

一、学习动机的一般概念

在分析学习动机之前，我们应首先明确心理学中"动机"的含义。动机（motivation）是由某种需要所引起的直接推动个体活动、维持已引起的活动并使该活动朝向某一目标以满足需要的内在过程或内部心理状态。美国心理学家阿特金森（Atkinson，1964）把动机分成两个层次，即 motive 和 motivation。在汉语中，两者都译成"动机"，但两者还是有一定差异的，前者是指隐藏的倾向，即潜在动机；后者是指所激发的动机，即由潜在动机经过激发转化为现实的动机。换言之，只有当适当的刺激（诱因）出现时，潜在动机（motive）才会被激发，并转变成现实动机（motivation），推动个体的行为。我们所运用的动机概念既有 motive 也有 motivation 的含义。

因为将动机界定为引起行为的内部动力或原因，因此，它本身是无法直接观察的，只能根据动机引起的行为及行为表现的方式去推论。正因为这样，动机一直是教育心理学乃至整个心理学中十分重要但研究难度较大的课题。

人的一切活动都是由一定的动机所引起的，动机是一切活动的原动力。动机是以内驱力和诱因为必要条件而存在的，内驱力是推动有机体的能量，包括生理的内驱力和社会的内驱力；诱因是指吸引有机体的行为目标，即是能满足有机体需要的目的物。当有机体的行为被内驱力激起并指向一定的诱因时，就会产生行为的动机，直接推动一个人进行某种活动。

学生的学习行为同样受到动机的支配和调节，学生的学习活动也离不开学习动机在其中的激起、调节、维持和停止的作用。学习动机是激发个体进行学习活动、维持已引起的学习活动，并使学习行为朝向一定目标的一种内在过程或内部心理状态。

二、学习动机的分类

第一类，根据学习动机起作用时间的长短来划分，把学习动机分为直接的近景性动机和间接的远景性动机。直接的近景性动机是指由活动的直接结果所引起的对活动的动机，如学习是为了应付老师的测验或为博得老师的好评等。这种动机很具体，效果比较明显，但不够稳定，易随环境的变化而变化。间接的远景性动机是指由于了解活动的社会意义、活动结果的社会价值而引起的对某种活动的动机，如为了实现个人对社会做贡献的远大理想而努力学习。这种学习动机既具有一定的社会性和理智色彩，又与个人的志向、理想、世界观相联系，因此，具有较强的稳定性和持久性，能在相当长的时间内起作用。

第二类，依据动机起作用的大小来划分，把学习动机分为主导性的学习动机和辅助性的学习动机。人的动机虽多种多样，但在一定的时期或某个特定的活动上总是有一种或一些动机处于支配地位，发挥着主导作用，这就是主导性动机，对人的活动起着主要作用，制约着活动驱力的大小、久暂以及活动的方向。其他动机则处于从属地位，只起辅助作用，称为辅助动机。

西方心理学家更多的是根据动机产生的诱因来源，把动机分为内部动机和外部动机。内部动机是指诱因来自于学习者本身的内在因素，即学生对活动本身发生兴趣而产生的动机，活动本身就能使其得到满足，无需外力的作用，也不必施以外部的报酬和奖赏而使之产生某种荣誉感。如，孩子们从生活经验中知道木头和纸片等可以浮在水面上，而小石子和钉子等会沉在水底，而轮船那么大却可以浮在水面上，这些疑问推动他们去了解物体浮沉的奥秘，这就是内部动机。与此相反，外部动机是指诱因来自于学习者外部的某种因素，即在学习活动以外的、由外部的诱因而激发出来的动机，如，学习是为了得到教师的表扬、父母的嘉奖，或学习是为了避免因学习失败而受到惩罚等。

三、学习动机对学习过程和学习结果的影响

学习动机一旦产生，就要发挥作用。学习动机的作用表现在两方面，一是对学习过程的影响，一是对学习结果的影响。

（一）学习动机对学习过程的影响

1. 对学习行为的启动作用

学习动机对学习行为的启动作用首先是在桑代克的动物实验中得到证实的。在桑代克的实验中，要想让猫解决如何从问题箱中逃脱的问题，就必须使它处于饥饿状态，这样，它就会表现出焦躁不安的内心紧张状态，为克服这种紧张状态，就会唤起觅食行为。而且，饥饿程度越高，寻找食物的内驱力就越强，即启动作用就越大。同样，对学生的学习来说，当学生有了学习需要，获得了学习动机后，就会在学习前做好准备，集中精力在某些学习上，从而较易启动其学习行为。

2. 对学习行为的维持作用

由某种学习动机激起的学习行为出现后，学习动机就像指南针一样指引着学生的学习行为，使已被激起的行为始终朝着既定的学习目标进行。苏联心理学家马卡连柯的研究发现，如果毫无内容，要求一个5~6岁的学龄前儿童保持某种姿势站立一些时候，是比较困难的。然而，如果让他在游戏中扮演某个感兴趣的角色，使他对这一活动有较强的动机，那么，他就会较长时间地保持某种站立姿势，保持同一站立姿势的时间差不多是前一种情况的3~4倍。

3. 对学习过程的监控作用

在实际教学情境中，学生的学习动机和由之而激起的学习行为可能经常要受到来自学生自身和外部各种因素的影响，如学习目标的改变、学习兴趣的转移、外界要求的变化、诱因价值的变化等，都会影响已出现的学习行为，影响学生学习的专注程度，影响其注意分配，影响其付出努力程度等。如果学生具有正确的、水平适合的学习动机，那么，由之而引起的学习行为

的各个环节就会受到它有意或无意的调节和监控，排除来自内外因素的干扰，朝着既定的学习目标做出不懈的努力，直到目标的实现。

（二）学习动机对学习效果的影响

由于学习动机对学习过程有着广泛的影响，这种影响最终会在学习结果上表现出来。学习动机与学习结果之间的关系一直是心理学家和广大教育实际工作者十分关注的问题，正确把握两者的关系对教育者来说是十分重要的。学习动机对学习效果的影响可分为两个方面：一方面是总体上整个动机水平对整个学习活动的影响，另一方面是具体的学习活动中学习动机对学习效果的影响。

首先，总体而言，学习动机越强，有机体学习活动的积极性就越高，从而学习效果越佳。学习动机作为一种非认知因素，它对学习效果的影响并不是直接发生的，它必须通过学习者的学习行为这一中间环节才能作用于学习效果。学习行为除了受学习动机影响外，还受到一系列主客观因素的影响，因此，学习动机只是影响学习结果的因素之一，而不是充分条件；影响学习的因素，除了动机之外，还有学生的智力、知识基础、学习方法、人格特征、身体及情绪状况等。总的来看，学习动机作为一种非智力因素，会直接对学习起促进作用。但是，不能认为学习动机与学习结果是一种单向的影响关系，动机并非绝对是学习的先决条件，它与学习之间存在着显而易见的互为因果关系。因此，当学生尚未表现出对学习有适当的兴趣或动机之前，教师没有必要推迟学习活动。对于那些尚无学习动机的，尤其是年龄较小的学生，教学的最好方法是，把重点放在学习的认知方面而不是动机方面，致力于有效地教他们掌握有关知识，让他们获得成功的体验。学生尝到了学习乐趣，就有可能产生要学习的动机。

其次，对一项具体的学习活动而言，学习动机对学习效果的影响并不是那么简单。有时随着学习动机的增强，学习效果反而下降。例如，有些学生想上大学的动机过强，结果是一进考场便因情绪紧张而产生“怯场”现象，使注意力和知觉的范围过分狭窄，记忆和思维也都受到影响，平时非常熟悉的问题这时也答不出来了。当然，一个人对学习抱无所谓的态度，缺乏一定的学习动机也肯定是学不好的。因此，在具体的学习活动中，为使学习最有成效，就要避免过高或过低的动机。只有当学习动机的强度处于最佳水平时，才能产生最好的学习效果。已有的研究表明，在各种学习活动中存在着一个最佳的动机水平。但最佳的动机水平并不是固定不变的，它随着课题性质的不同而不同。在比较容易的任务中，学习效率有随着学习动机的提高而上升的倾向，中等偏高的动机水平时，学习效率最好；在比较困难的任务中，学习效率反而会由于学习动机强度的增加而下降，中等偏低的动机水平时，学习效率最好；在中等难度的任务中，学习动机水平为中等时，学习效果最好。随着任务难度的不断增加，动机的最佳水平有随之下降的趋势，这一现象是由心理学家耶基斯和多德森（R. M. Yerkes & J. D. Dodson）于1908年通过动物实验发现的，心理学上称之为耶基斯—多德森法则，见图

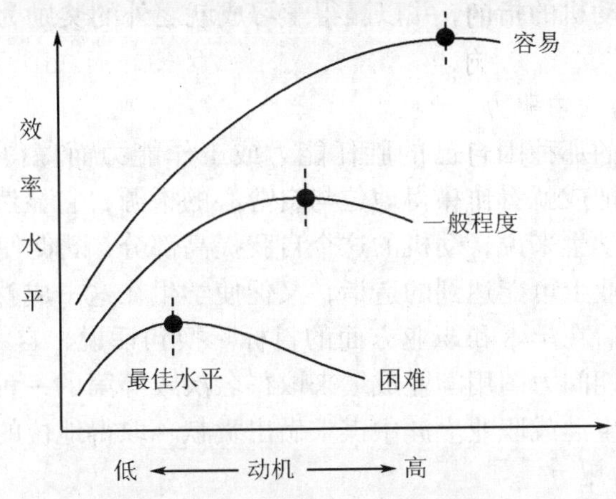

图14－1　耶基斯—多德森法则

14－1。耶基斯—多德森法则找出了不同的任务难度水平上的最佳的动机水平，这对我们是有较大的启发意义的，但这一结论是动物实验的结果，它未能考察学习者的能力水平在其中的作用，因此，对此结论应持谨慎态度，如对同样困难的任务，对能力水平低的学习者来说，其最佳动机水平是在中等偏低处，但对高能力水平的学习者而言，其最佳动机水平则可能在中等偏高处。

四、学习动机的内部构成

对于教育心理学家和教育实践工作者来说，他们更为关注的是学生在课堂中表现出的学习动机。在课堂里学生主要有哪些需要和动机，可促使他们把自己的行为指向学习呢？它们由哪些心理因素构成？根据美国著名教育心理学家奥苏贝尔的观点，学生课堂学习动机由三个方面的内驱力（需要）构成：认知的内驱力、自我提高的内驱力和附属的内驱力。

1. 认知的内驱力

认知的内驱力把求知作为目标本身，是指向学习任务的动机，也就是想理解知识、解决问题的欲望。这种内驱力多半是从好奇的倾向与探究、操作、领会以及应付环境等有关的心理素质中派生出来的。这种动机指向学习任务本身（为了获得知识，获得能力），满足这种动机的奖励（知识的实际获得）是由学习本身提供的，因而也被称为内部动机，用以区别以学习成就之外的目标为动机的指向，并以赢得学习成就之外的奖励为满足的外部动机。

2. 自我提高的内驱力

它是指个体的那种因自己的胜任能力或工作能力而赢得相应地位的需要。这种内驱力把成就看作赢得地位与自尊心的根源，它显然是一种外部动机。所以，对于学生来说，动机的这个自我提高部分，既促使学生把自己的行为指向当时学业上可能达到的造诣，又促使学生在这一成就的基础上把自己的行为指向今后在学术和职业方面的目标。换句话说，自我提高的动机，既是学生在学习期间力图用学业成绩来取得名次或等第的一种手段，又是他们在未来的学术生涯或职业生涯中谋求做出贡献、取得地位的一种手段。

3. 附属的内驱力

它指的是人们为了获得长者们（如家长、教师等）的赞许或认可而表现出来的把工作做好的一种需要。这是一种典型的外部动机。

通常在动机中表现出来的认知、自我提高与附属内驱力这三个组成部分的不同比重，随着年龄、性别、社会阶层的成员地位等因素而异。

第二节　国外几种主要的动机理论

学习动机理论，实际上是动机理论的组成部分或展开，动机理论主要探讨动机的产生与本质问题，目前主要的动机理论有本能论、驱力论、强化论、需要层次论、认知失调论、自我效能论与成就动机论。

一、本能论

本能是指先天的、在物种演化过程中形成并以遗传方式传递的、不学而能的行为或行为模式。本能论主要是用本能来解释人的行为的动因。

本能的观念最早来自于古代的先哲们。他们认为人与动物是完全不同的两种存在物，人的行为受理性思想的支配，而动物的行为则是一种机械方式的顿悟，这种顿悟就是本能。因此，本能的概念在早期只限于解释动物的智慧行为。到18世纪末19世纪初，以达尔文的《物种起源》为标志的进化论的提出，使得人们逐渐接受人与动物虽有差异，但还有相似之点的观点，因为人是由所谓的“低等动物”演化而来的。既然动物的行为是由本能推动的，而人是由动物演化而来的，他们在种系发展上是有连续性的，因此，人的行为也必定受到本能的影响。从那时起，人们开始用本能来解释人的行为的动因。

美国心理学家詹姆斯（W. James）1890年根据人的大量行为指出人类有清洁、建设、好奇、恐惧、饥饿、嫉妒、谦逊、慈爱、幽默、忠诚、秘密、害羞、合群性、同情心14种本能。他说：“母爱就是一种本能，绝大多数母亲都会自然而然地产生母爱行为，没有一个女人会拒绝自己孩子的呼唤。”英国心理学家麦独孤（W. M. Dougall）的观点更为极端，他认为人类的一切行为都来源于本能。他在1908年出版的《社会心理学导论》一书中列举了10种本能，后来扩展到18种，包括逃生（flight）、好奇心（curiosity）、好斗（pugnacity）等，他认为，社会只是一种结果，是人们与生俱来的、大体相似的本能趋向的结果。他还指出，本能是有机体自己不能知觉的，但经一连串预定的行为方式所达到的一种生物目标。詹姆斯和麦独孤本能论的共同缺陷是把本能行为与习得行为混淆在一起，并错误地把许多习得行为看成是本能行为。当时很多人赞同本能说，其他心理学家也纷纷提出不同的本能。阿特金森（Atkinson，1964）指出，到20世纪20年代为止，大约有14 000种本能被用于解释几乎所有的人类行为。

著名的精神分析学家弗洛伊德认为，人的一切行为都是由一个或多个内在的生物本能所引发的，只是一些行为直接满足人的本能需要，另一些行为是间接地满足本能的需要。弗洛伊德的“本能”一词源于德语的“Trieb”，相当于英语的本能或驱力。弗洛伊德把本能作为“根源”、“张力”、“目标”和“客体”来考虑。他认为：“内部或外部的刺激引发了本能（根源），这种本能带来了不同水平的、与行为强度相关的力量（张力），当事人试图减弱这种张力（目标），最后，这一过程由某个客体的获得而终结。”

弗洛伊德指出人类有两种基本的本能：一是生的本能，如饮食、性、自爱、他爱等，以此来说明人的日常生活行为；二是死的本能，如自杀、杀人、攻击等，以此说明人的破坏行为。弗洛伊德认为人类从其祖先——动物那里遗传而来的本能，在文明社会中不可能像动物那样随便表现出来，也不能被容纳在由文化和伦理势力所铸就的个人意识之中，因此，个体的行为只是他的特殊个体经验所致，只是本能受到了社会的压抑，但并未消失。由于压抑，本能冲动可能会以极其伪装的方式寻求自己的出路，如以社会所允许的方式（如跳交谊舞、练拳击），通过升华以高尚的方式（如绘画宣泄内心的欲望）或以梦的形式表现出来。人的许多非理性行为是由主体无法知晓的本能所激发的。但通过适当的方法，其原因也是可能被推论的。弗洛伊德完全排除物种特有行为，竭力强调驱力的本能观是有失偏颇的。

被誉为西方教育心理学之父的桑代克也是非常强调本能的，他的代表作《教育心理学》就是由学习、本能和个性三部分组成的。他著名的三条学习律中的其中一条——准备律，也只不过是陈述了“一个有机体只有当他准备反应时才会反应，当他不准备反应时就不会反应”，却未能指出哪些内在的力量是活动的主要原因。此外，习性学家劳伦茨（K. Lorenz）关于刻印（imprinting）的研究也是属于典型的本能研究。

表面看来，用本能来解释人的一切行为似乎是放之四海皆准的，实际上，其解释力是很弱的，如吃饭有求生的本能，那么，读书有求知的本能，打架有暴力的本能，等等。我们可以为每一种行为找到一种相应的本能，那就等于根本没有说明行为产生的根源。因此，本能论受到了很多人的诘难。第一，几乎没有人能证明究竟有多少种本能，每一种本能激发何种行为。第二，在习得行为和本能行为之间很难找出明确的界限。第三，以往认为是本能的许多行为被证明是强烈地依赖于过去经验的。第四，一些研究者为解释新观察到的行为而提出的新的本能概念，实际上是循环论证的过程，它与科学的方法论背道而驰。

本能论强调人和动物的连续性这一点是有积极意义的，但把人还原为动物则是错误的，抹杀了人类意识的存在，否定了人类行为的自觉性和目的性，这是不正确的。

二、驱力论

面对本能论的困境，心理学家们试图运用其他的理论来解释行为的动因，驱力论便应运而生。驱力论认为，当有机体的需要得不到满足时，便会在机体内部产生内驱力刺激，内驱力刺激又引起机体的反应，结果使需要得到满足。所以，驱力论有时又称为驱力还原论。

心理学家武德沃斯（R. S. Woodworth）于1918年最早运用了驱力这

一术语。坎农（Walter Cannon）于1922年也运用了类似于内驱力的概念——“内衡状态”（homeostasis）用以解释人体为何需要维持稳定的体温。根据坎农的观点，人体内的各种物理条件及物质成分必须有一定的配合，如温度、含水量、血糖浓度等，它们只能在很小的范围内变化，否则，会引起死亡。为维持这种内衡状态，体内的不同类型的“内衡器”需不断监察各种变化，发生失衡时，便报告中枢，进行调节。当体内缺失某一物质，失去平衡时，便形成生理上的“需求”（need），因需求产生的相应的心理状态，便称为“内驱力”（drive）。所以，内驱力推动适当的行为，解决生理需求，从而消减内驱力。

驱力论能在整个动机理论中占据一席之地应归功于心理学家赫尔（C. L. Hull）。他提出的驱力论叫做“内驱力消减论”（drive reduction theory），根据内驱力消减论的观点，生理需求产生驱力，如缺营养产生饥饿驱力，缺水分产生渴驱力等，行为因内驱力的推动而产生，行为的目的在于消除内驱力带来的不适。假如行为成功地满足了生理需求，身体便自然恢复平衡，内驱力不再存在，结果使这种行为更可能重复出现。他说：“由于一种需要，不论是现时的还是潜在的，通常在有机体的行动之前出现或伴随着有机体的行动出现，因此，人们常说它激起或发动了与其相关的活动。需要的这种诱发性使得人们认为它是产生有机体行为最基本的驱力。”他进一步解释说，驱力是行为的非特殊加力器，各种驱力汇合到一起，激励有机体行动。他坚信驱力是各种基本动机的共同特征，不论这些动机是由缺乏食物、性刺激或是由其他原因引起的。在某种程度上，驱力的性质与力比多概念相似，只不过没有任何一种驱力能够居于支配其他驱力的特殊地位。可以看出，这一点上他与弗洛伊德十分相似，都认为行为是有原因的，而行为的原因是能够被确定的；身心规律是相互依赖的；驱力的减弱是行为的基本目标，因为机体竭力维持内部的平衡。与弗洛伊德不同的是，他非常重视实验研究，他的所有结论都来自严格控制的实验结果。他采用明确定量的研究方法，对相关概念都给予操作性定义。驱力消减理论有个有趣预测：若动物处于适当的环境及所有需求获得满足，达到全面平衡状态的话，那么它便不会有任何动作，变为完全静止。

心理学家相信，用维持内衡状态这种倾向可以解释人类的探险和寻求刺激的行为。他们认为每个人都有一个最适合自己的刺激水平，太高或太低都会产生不平衡，因此人们会致力维持均衡状态。比如，生活太平淡、外来刺激太少，就会驱使人寻求刺激；生活太忙碌、外来刺激太多，人们便会设法减少刺激的入侵，保持最适宜的均衡状态。心理学家查克曼（Zukerman，1978）编制了一个“感觉寻求量表”（Sensation Seeking Scale，简称SSS量表），用以度量人对特别刺激及新鲜经验的渴求程度，从而决定最适宜的刺激水平。

驱力论对引起驱力刺激的原因仅局限于人的生理需要，正如托尔曼1932年所说的：“行为的发生，讲到底仅是因为要寻找某些最终的生理上的安宁或要回避某些最终生理上的干扰。我们可以猜想，这些基本内驱力给一切行为提供了基本的依据。”我们认为，把人类行为复杂的原因仅停留在生理需要上无疑就使其理论的解释力大为缩小。诚然，人类有不少行为是由生理需要引起的，但把一切行为的原因都归之于生理需要显然是不正确的。而且，根据驱力论的预测，当人的衣食住行等所有一切生理需要满足后，人便会停止一切活动，变为完全静止，但实际上却并非如此，因此，用驱力来解释人类所有的行为是以偏概全、有失偏颇的。

三、强化论

联结派学习理论有一个著名的论断，即一种行为发生的概率是该行为所受强化的函数。所谓强化就是指有机体在学习过程中增强某种反应重复出现可能性的力量。能起强化作用的所有刺激物都是强化物。联结派学习理论家们同样用强化来解释行为产生的原因。动机强化论认为，过去受到过强化的行为比未受到强化的或受到过惩罚的行为更可能重复发生。事实上，斯金纳（Skinner，1953）和其他一些联结派的心理学家就明确提出过是否有必要建立单独的学习理论和动机理论，因为动机仅仅是以往强化史的产物。比如，在学习中受到强化（获得好分数、得到教师或父母的称赞）的学生，就获得了进一步学习的动机，但没有得到强化的学生（未获得好分数、父母未称赞其学习）就不能获得学习的动机。在学习中受到过惩罚的学生（被同学所讥笑）就会设法逃避学习。因此，联结派学习理论家更愿意运用的是学生在多大程度上去学习以获得所期望的目标，而不是用动机的概念。

强化论认为行为不是像驱力论所说的那样是由身体内在的因素所推动的，身体本身只提供了反应的基础，但启动和改变正在进行的行为却是由外在环境（各种强化物）控制的。外部提供的强化物实际上就是诱因，所以，强化论又称为诱因论（incentive theory）。

在强化论中，斯金纳的观点最具有代表性，他对强化的类型和程式做了系统的、权威的研究，前面第四章已做了详细的论述，这里不再赘述。

动机的强化论把行为的原因归结为外部刺激和外部强化的作用，在一定意义上，它纠正了本能论过分强调个体先天本能的不足，这是有其积极意义的。但把所有人类行为的原因完全都归之于外部强化，实际上等于否定了人的主动性和自觉性，是一种机械论的观点，强化论走向与本能论正好相反的另一个极端，这是错误的。

四、需要层次论

人本主义心理学家马斯洛（A. H. Maslow）认为人的学习不是外加的，而是自发的；学生本身就有一种自发的成长潜力，教师的任务不只是教学生知识，更主要的是为学生设置良好的学习环境，任学生自行学习。由于受这样一种思想的影响，马斯洛坚决反对人类的所有动机都可用剥夺、驱力、强化等来解释的观点，在20世纪40年代提出了他自己的动机理论。

马斯洛认为动机和需要实际上是一回事，认为人类所有的行为都是由一定的需要所驱使的。他认为人类的基本需要包括生理需要、安全需要、归属和爱的需要、尊重需要、认知需要、审美需要和自我实现的需要。其中，自我实现的需要是最高级需要。七种需要是从低级到高级有层次地排列着的，只有低一级的需要满足后，才会产生高一级的需要，低层次的需要没有满足时，人就会设法去满足它。因各种需要之间有先后顺序与高低层次之分，故被称为需要层次论。该理论如图14-2所示。

马斯洛认为不同的需要驱动不同的行为：（1）生理需要，指维持机体生存及延续种族的需要，如对水、食物、休息、性等的需要，它驱动人的求食、睡眠、配偶等行为。中国有句古话说“衣食足，知荣辱”，说的也就是生理需要满足后，人才会追求更高级的需要。（2）安全需要，指希望受到保护、免于危险从而获得安全的需要。它驱动人寻求帮助，避免疾病、恐惧、焦虑等行为。（3）归属和爱的需要，它驱动人寻求他人和社会的接纳、爱护、关注、鼓励等行为。（4）尊重需要，包括自尊和他尊，前者驱动如自信、自强、独立、胜任等行为，后者驱动如注意、接受等行为。（5）认知需要，它驱动人类对自身和周围世界的探索、理解、解决疑难等行为。（6）审美的需要，它驱动人对对称、秩序、完整结构及自身行为完美等行为。（7）自我实现的需要，它驱动人通过创造和追求自我理想，充分发挥和表现自己潜能的行为。马斯洛把前四层需要称为基本需要（或缺失性需要），后三层需要称为成长需要。基本需要是一般人所共有的，但成长需要不是所有人都有的。在七种需要中，马斯洛认为，自我实现的需要是最重要

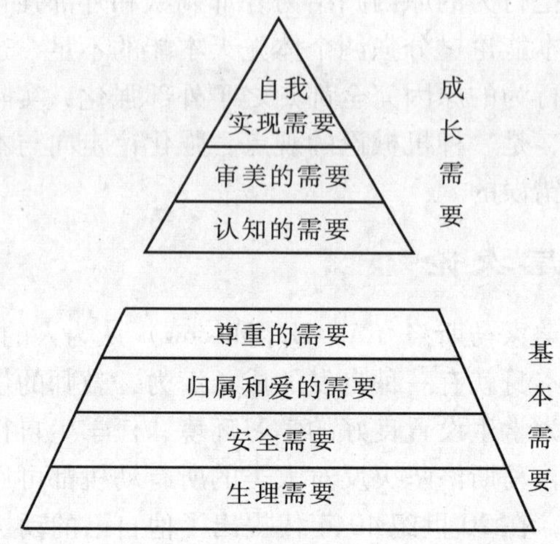

图 14－2　马斯洛需要层次论示意图

的，其他各种需要都是属于次要的手段性质，自我实现才是人生存在的目的。就人性而言，自我实现的需要是人人皆有的，但由于现实生活中的多种原因，只有极少数人能在生活实际中达到自我实现的地步。

马斯洛的需要层次论与本能论、驱力论以及强化论相比，有着许多合理的因素：首先，需要层次论作为一种动机理论，把人类的需要按高低层次的不同分为七种，提出了人所独特于动物的高级需要，这一点对于探讨人类行为的根本原因是有莫大的启发意义的。它指出了把人等同于动物的本能论的错误，也纠正了把人还原为机器的强化论的缺陷。其次，需要层次论把学习的内部动机和外部动机结合起来，对广大教育工作者具有重大的实际指导意义。显然，当学生处于极度饥饿状态或遇到各种危险时，是很难有较高的学习动机的。当然，学校中学生最缺的需要不是生理需要，而是爱、尊重和关注的需要。如果学生感受不到他是被教师或他人所爱护、接受和尊重的，他们就不可能有追求知识、开发创造力、实现潜能的成长的需要。教师如果能使学生感受到他们是被喜欢、接受的，那么，学生就更易于投入学习，渴望学习，愿意为创造性活动作出冒险，更容易接受新思想。

需要层次论作为一种动机理论也有其不足之处：首先，该理论主张的是抽象的人性，认为人追求成长的需要是先天固有的，说到底是遗传决定的，这是极端错误的，在一定程度上又走向本能论的立场。人的本性是社会关系的总和，人的需要，特别是社会性需要，是对客观现实的反应，受到社会历史条件的制约。避开社会文化、社会制度等，大谈需要层次的满足是不合客观事实的。其次，该理论认为只有低一级的需要满足后，才能出现高级的需要，这一观点与许多事实相去甚远。它忽视了人的自觉性、人的主观能动性对自身行为的调节作用。人类为了一个更高的目标而暂时放弃低一级需要的满足的例子不胜枚举，这是该理论无法解释的。再次，自我实现的界定是相当不清楚的，因此受到了许多人的非议。根据马斯洛所举的例子，如爱因斯坦、林肯、尼克松等人物是自我实现者，这似乎是说只有事业极其成功并拥有世界知名度才是自我实现。如果以此作为自我实现的标准，那么，只有极少数的人才能做得到。这一推论与最大限度地发挥每个人的潜能的说法是背道而驰的。最后，整个需要层次论是建立在现象描述的基础上的，很多观点带有假设的性质，虽然反映了一些实际情况，但要作为一种有力的理论，还缺乏客观、科学的验证。

五、认知失调论

认知失调论最早是由费斯廷格（L. Festinger）于1957年发表的题为“一种认知失调的理论”的文章中提出的。费斯廷格认为，人有许多认知因素，如关于自我、关于自己的行为以及环境方面的信念、看法或知觉，当各种认知因素出现“非配合性”（non-fitting）关系时，认知的主体就会产生认知不协调，这种不协调会产生心理压力，使个人去改变有关的态度或观念，从而改变行为，来减少或避免这种不协调。这种理论自20世纪50年代提出后，引起了心理学家们极大的关注，激起了许多研究。

费斯廷格认为各种认知因素之间存在三种情况：（1）相互一致和协调（如吸烟影响健康，我不吸烟）；（2）相互冲突和不协调（吸烟影响健康，我吸烟）；（3）无关的（吸烟影响健康，今天刮风）。当两个认知因素 x 和 y 处于第二种情况时，人就会感到不舒适和紧张，并力求减缓或消除不舒适和紧张。这种由认知冲突引起的内心不自在的状态，即是认知失调现象。认知失调现象出现后，人就会设法消除失调，恢复或保持认知因素之间的相对平衡和一致性。主要途径有：（1）改变或否定某一个认知因素（将“我吸烟”改为“我不再吸烟”；或将“吸烟影响健康”改为“如停止吸烟将会使我超重”）；（2）对两个因素重新评价，减弱其中一个或同时改变两者的重要性或强度（将“吸烟影响健康”改为“吸烟对我可能有一些影响”；或将“我不吸烟”改为“我将少抽点烟”）；（3）在不改变原有认知因素的条件下，增加一个或几个能弥补鸿沟的新认知因素（如增加“吸烟可提高工作效率，健康是次要的”或“吸烟长寿者大有人在，我可能就是其中之一”）。

为证明认知失调论，费斯廷格进行了一项经典的研究。他让大学生在实验室里进行长达1小时的单调、枯燥的重复性工作。除控制组外，要求所有被试在工作结束时对等在门外的一个妇女（研究者的同谋）撒谎说，这项任务是非常有趣而愉快的。同时，给一些被试付1美元奖赏（低奖赏组），另一些被试付20美元（高奖赏组）。最后，要求所有被试在一个喜爱程度为10个等级的量表上回答他们在多大程度上喜爱这种任务。结果发现，高奖赏组和控制组的被试大多认为这项工作枯燥无味，不大喜欢；而低奖赏组被试大多认为从事这项工作是有趣的、愉快的。也就是说，他们对此项工作的认知因素发生了改变。

认知失调论从认知的角度探索了人类行为可能的动因，强调主体行为的变化与主体自身的价值观和主体占有的信息量有关，突出了主体自我意识的作用，颇有新意，这是值得肯定的。但人类行为的引起和改变还有许多更深层、更复杂的社会原因和理性原因，仅凭一种内部认知方面的动力倾向性的理论是难以揭示其全部奥秘的。

认知失调论作为一种动机理论，对教育实际也具有很大的启示意义：当一个学生因学习成绩受到不愉快的反馈时，就会引起不协调，产生不舒适和紧张，为消除不舒适和紧张，他就会决心努力学习以取得好成绩。另一方面，他也可能为他的不良成绩做出合理化的解释，如我是一个差生、我身体不好、考试题太偏、我没有做出努力等借口。这时教师的作用就在于帮助学生找出一个合理的认知因素，避免学生寻找那些不利于进一步学习的借口，以期改进以后的学习行为。

六、自我效能论

自我效能论是社会学习理论的创始人班杜拉于1977年提出的，它最早出现在他发表的论文《自我效能：关于行为变化的综合理论》一文中。该理论在20世纪80年代得到了进一步的丰富和发展。班杜拉希望运用自我效能来解释人类行为的启动和改变。

自我效能是人们对自己能否成功地进行某一行为的主观判断。班杜拉认为人类的行为不仅受行为结果的影响，而且受通过人的认知因素形成的对结果的期望的先行因素的影响。因此，他认为行为出现的概率是强化的函数这一传统观点是不确切的，行为的出现不是由于随后的强化，而是由于人认知了行为与强化之间的依随关系后对下一步强化的期望。班杜拉指出，传统的期望概念只是结果期望，此外，还存在着一种期望，即人对自己能够进行某一行为的实施能力的推测或判断，这就是效能期望，即人对自己行为努力的主观推测。人们在获得了相应的知识、技能后，自我效能就成了行为的决定因素。

班杜拉通过大量的研究指出，个体自我效能的形成有四个来源：

（1）个体自身行为的成败经验。因为它基于个人的直接经验，所以，对自我效能形成的影响最大。一般来说，成功经验会增强自我效能，反复的失败会降低自我效能。但事实并非这么简单，成败经验对自我效能的影响还要受到个体归因方式的左右，如果把成功归于外部不可控的因素就不会增强自我效能；把失败归于外部不可控的因素也不一定就降低自我效能。因此，个体的归因方式直接影响自我效能的形成。

（2）替代性经验。人类许多的效能期望来自于观察他人所获得的替代性经验，能否成功获得这种经验，一个关键因素是观察者与榜样一致性的问题。

（3）言语劝说。在影响自我效能的各种因素中，言语劝说因其简便有效而得到广泛地应用，但由于它缺乏经验基础，所形成的自我效能不是十分牢固的。

（4）情绪唤醒。班杜拉在"去敏感性"（desensitization）的研究中发现情绪唤醒也是影响自我效能形成的一个重要因素。高水平的唤醒使成绩降低而影响自我效能，只有当人们不为厌恶刺激所困扰时，更可能期望成功。

上述四种影响源对自我效能的影响取决于它们是如何被认知评价的，人们必须对与能力有关的因素和非能力因素对成功和失败的作用加以权衡。通过成功的经验，人们可能提高觉察到的自我效能的程度，它取决于任务难度、付出的努力程度、接受外界援助的多少、成绩取得的情境条件以及成功和失败的暂时模式等。

自我效能形成后，对人的行为将产生极为深刻的影响，主要表现在：

（1）决定人们对活动的选择，以及对活动的坚持性。自我效能水平高者倾向于选择富有挑战性的任务，在困难面前能坚持自己的行为，而自我效能水平低者就相反。

（2）影响人们在困难面前的态度。自我效能水平高者敢于面对困难，富有自信心，相信通过坚持不懈的努力可以克服困难；而自我效能水平低者在困难面前缺乏自信，畏首缩尾，不敢尝试。

（3）自我效能不仅影响新行为的习得，而且影响已习得行为的表现。

（4）自我效能还会影响活动时的情绪。效能水平高者活动时信心十足，情绪饱满，而低效能者则充满恐惧和焦虑。

班杜拉强调人的认知因素在行为的引起和改变中的重要作用，同时也十分重视强化的作用，但他对强化的理解与传统强化论的理解却有所不同。班杜拉认为强化有三种：

（1）外部直接强化，即通过外界因素对学习者本身的行为直接进行强化。如一个学习成绩差的学生经过自己的努力，取得了好成绩，并得到了教师、父母的表扬和鼓励，同学们的接受和认同，那么，他就会更进一步努力学习。

（2）替代性强化，即学生如果看到其他人的成功行为或受到赞扬的行为，他也会增强同样行为的倾向；如果看到他人失败的行为或受到惩罚的行为，就会削弱或抑制发生同样行为的倾向性。

（3）自我强化，即当自己的行为达到自己设定的标准时，以自己能支配的报酬来增强、维持自己的行为。

班杜拉指出，人经过社会化后，就能依靠自己内部的标准来评价自己的行为，并对自己的行为进行奖赏或惩罚。个体评价的标准是在其社会化的过程中形成的，如成人对儿童达到或超过为其提供的标准时表示喜悦，而对未达到标准的行为表示失望，这样，儿童就逐渐形成了自我评价的标准，获得了自我评价的能力，从而对榜样示范行为发挥自我调节的作用。

自我效能理论作为一种动机理论，博取了联结派和认知派动机理论的合理之处，并且拓展了强化论关于强化的含义，使之更符合客观实际，同时也延伸了传统的认知派关于期望的范围，把人的需要、认知、情感有机地结合起来，提出了人类行为动机的综合理论，这是该理论最具生命力之处。特别地，它突破了联结派动机理论的某些局限，强调了人的认知因素和自我调节等中介因素在人类行为产生和改变中的重要作用，这是该理论对整个动机理论最大的贡献之处。此外，该理论自始至终采用科学、严谨的研究方法，研究结论具有很强的理论价值和实际应用价值。当然，由于哲学思想的局限，班杜拉提出人类行为是受环境、行为和个体三个因素交互作用决定的三向交换作用论的观点是值得商榷的，因此，在这一总的哲学思想的指导下，他的动机理论在一定程度上带有循环论的色彩。所以，有人认为他的动机理论是联结派的，有人认为是认知派的，也有人认为是折衷派的，其原因皆因于此。

七、成就动机论

成就动机的研究最早可追溯到20世纪30年代的墨里（H. Murry），他在1938年研究人的需要时发现，人有一种非常重要的需要，叫成就需要，并编制了主体统觉测验（TAT）来测量这种需要。之后，希尔斯（R. Sears）于1943年提出“成功与失败的需求”，奥尔波特（F. H. Allport）于1943年提出自我参与的概念，勒温于1944年进行了志向水平的研究等。但真正对成就动机进行研究是在20世纪50年代以后，主要研究者有阿特金森（J. W. Atkinson）和麦克里兰（D. McClelland）等，他们对成就动机进行了系统的研究，提出了在当今动机领域中最重要的理论。

麦克里兰是从宏观角度对成就动机展开研究的，着重探查在特定的社会中成员如何在所处的社会文化影响下，通过社会化塑造成就动机，以及如何形成对成就的态度和价值观等，从而分析社会集体成员的成就动机水平与该社会的经济、科技发展的关系。阿特金森则是从微观的角度着重探讨成就动机的实质、发生和发展，成就行为的认知和归因等问题。在这里，我们论述的是阿特金森的成就动机理论。

所谓成就动机是指人们在完成任务中力求获得成功的内部动因，亦即个体对自己认为重要的、有价值的事情乐意去做，并努力达到完美地步的一种内部推动力量。它具有以下特征：（1）对中等难度的任务有挑战性，并全力以赴地获取成功；（2）对达到的目的明确，并抱有成功的期望；（3）精力充沛，探新求异，具有开拓精神；（4）选择工作伙伴以高能力为条件，而不是以交往的亲疏关系为前提。

以往的动机理论认为，行为是个体的特性（内驱力或张力）、目标对象的性质（诱因值）、经验或学习变量（习惯或心理距离）的函数。阿特金森则将各因素综合起来，将个体的动机、成功的诱因以及成功的可能性设想为行为的决定因素。阿特金森认为成就动机由追求成功的倾向和回避失败的倾向组成，前者表现为趋向目标的行动，后者表现为设法逃避成就活动或情境，避免预料到的失败结果。一个人面临一种任务时，这两种倾向通常是同时起作用的，两种力量势均力敌时，个体就会感到心理冲突的痛苦。如果力求成功的倾向强于回避失败的倾向，会促使人奋发上进；反之，会导致迟疑退缩。因此，在阿特金森看来，每个人的成就行为都受到这两种倾向相互制衡和消长的影响。

在阿特金森的理论中，追求成功的倾向（Tendency of success，简称 T_s）

是成就需要（M_s）、获得成功的可能性（P_s）和成功的诱因值（I_s）三者乘积的函数。用公式表示为：

$$T_s = M_s \times P_s \times I_s。 \quad (14-1)$$

M_s 表示长期的、稳定的追求成功的需要；P_s 表示认知的目标期望、对导向目标手段的预料，或影响学习者实现任务和获得成功信心的任何信息、刺激；I_s 是成功的诱因价值。阿特金森认为 I_s 和 P_s 是一种相反关系，即 $I_s = 1 - P_s$，成功的可能性降低，诱因值就增大。如，在易学的科目上得高分，并不感到自豪，但在难学的科目上得高分，就会体验到自豪和胜任感。阿特金森的理论因特别强调期望和诱因价值的作用，所以，他的理论又被称为期望—价值理论。与力求成功的倾向一样，回避失败的倾向也是在成就活动中引发的。阿特金森认为，回避失败的倾向（T_{af}）是回避失败的动机（M_{af}）、失败的可能性（P_f）和失败诱因值的函数（I_f）。用公式表示为：

$$T_{af} = M_{af} \times P_f \times I_f \quad (14-2)$$

根据阿特金森的设想，$P_s + P_f = 1$，因此，$P_f = 1 - P_s$。与追求成功倾向中的 $I_s = 1 - P_s$ 相结合，可得 $I_s = P_f$。由此可以得出，个体成就动机的合成倾向等于追求成功的倾向减去回避失败的倾向，用公式表示为：

$$T_a = T_s - T_{af} \quad (14-3)$$

T_a 表示成就动机的合成倾向，T_s 为追求成功的倾向，T_{af} 为回避失败的倾向。由公式（14-1）、（14-2）可知：

$$T_a = (M_s \times P_s \times I_s) - (M_{af} \times P_f \times I_f) \quad (14-4)$$

因 $I_s = 1 - P_s$，$P_f = 1 - P_s$，$I_f = P_s$，所以：

$$T_a = (M_s - M_{af})\,[P_s \times (1 - P_s)] \quad (14-5)$$

由公式（14-5）可知，当人的 $M_s > M_{af}$ 时，T_a 是正值，合成成就动机高，表现趋向成就活动；当 $M_{af} > M_s$ 时，T_a 就是负值，合成成就动机就低，表现为逃避成就活动。但这种演绎出的结论与现实生活中的事例有时不相一致，遭到很多人的指责。如当 $M_{af} > M_s$ 时，人并不是都回避成就活动的，有鉴于此，阿特金森又提出了成就行为多种决定因素的公式：

$$成就行为 = T_a + 外部的动机力量 \quad (14-6)$$

公式（14-6）表明，成就行为除了取决于合成成就动机倾向的强度外，还有环境中引发的外部动机力量的作用，它们与成就需要无关。

在阿特金森的理论中，任务的选择是判断成就动机的主要内容，对 $M_s > M_f$ 的人来说，$P_s = 0.5$，任务处于中等难度水平时，成就动机值最大，P_s 增大或减小时，动机值对称性地降低。换言之，最大的动机强度既不是最高的动机诱因值，也不是最高的成功期望值造成的，而是在 P_s 和 I_s 都等于0.5时出现的。对 $M_s < M_{af}$ 的人来说，当 P_s 处于中等难度水平时，动机的阻碍最大，随着 P_s 在0.5水平上增大或减小，动机值相应地提高，即个体在受回避失败的动机占优势时，最回避中等难度的任务，他们倾向于选择非常容易或非常难的任务。当 $M_s = M_f$ 时，合成的成就倾向等于零，他们不受任务难度的影响。

行为的坚持性是成就动机研究中另一个重要变量，一个人在成就任务上工作时间的久暂也是衡量成就动机值的一个指标。坚持时间越长，成就动机值就越高。费塞（N. T. Feather）进行了一项研究，让被试解决一个与成就有关的课题，同时创设一个让被试自由选择时间的情境。告诉被试在完成课题时只要愿意，什么时候停止工作都可以。任务是摹描一张复杂图形上的全部线条，铅笔从起点的线条开始，描到终点时要落在原先的线条上，不许铅笔离开纸面。实际上这个任务是不可能的，但被试不知道。此外，还分别告知被试错误的 P_s 标准，让一部分被试知道任务难度很大，只有5%的人可以完成该任务；告知另一些被试有70%的人能完成该任务。详细记录每个被试试做的次数和持续工作的时间。结果发现，对 $M_s > M_{af}$ 的被试来说，在 $P_s = 0.7$ 和 $P_s = 0.5$ 的条件下，对活动的坚持性更久。

阿特金森的成就动机理论综合了需要、期望和诱因价值，把人的动机的情感方面与认知方面统一起来，并用数学模型表述出来，揭示出了影响成就动机的某些变量和规律，并用实验检验、证实了该理论的合理性和客观性，这对整个动机理论来说是一种突破性的进展，对更完整的动机理论的建立和发展有着深远的理论意义，此为其一。其二，阿特金森的成就动机理论对教育实践来说，又有着重大的实践指导意义。比如说，关于学习任务的难度问题，根据他的理论，一般说来，给学生的任务既不应太难，也不应太易。但这并不就是说，给学生所有的任务都应是中等难度的，或者说，只有一半的学生能回答正确。一个学生如果觉得不需怎么努力，就可以获得成功，那么，他的学习动机就不会是最高的。相反，如果一个学生觉得不管做出多大的努力，都将面临失败，他的学习动机将是最低的。所以，在评价标准的设置时必须做出这样的考虑：获得成功是困难的，但对绝大多数学生来说又是可能的；遭到失败也是可能的，如果不付出努力的话。也就是说，成功必须在学生可及的范围内，但又不是那么容易达到。

然而，这一理论并不能很好地说明成就动机的本质、发生、发展的条件及影响成就动机的各种变量。首先，该理论更多地注重动机的内部因素，未能充分考虑到外部社会生活条件对人的成就动机的作用。人的成就动机是一种社会性动机，它的形成、发展和变化都受社会经济、政治和文化的影响和制约。看不到这一点，就不可能科学地解决成就动机的起源等本质问题，把它看成是个体经验的产物是很不充分、很不彻底的。在这一点上，阿特金森的理论就不如麦克里兰的理论。其次，试图把动机的情感和认知方面结合起来，这种思路是正确的，值得肯定的；但它对认知作用的分析是模糊的、不具体的。人的期望、诱因价值都要通过人对环境和自身条件的认知才能影响人的动机，阿特金森未能对这些影响做出进一步的分析。最后，该理论对影响成就和行为的内部因素的分析也是不完整的，成就动机作为一种人格特征，与其他人格特征存在着什么样的关系也不清楚，尚待进一步的研究。

第三节　学习动机的培养与激发

学习动机的培养是指学生把社会、学校和家庭的需要变为自己内在的学习需要的过程；而学习动机的激发则是指学生将自己已形成的学习需要调动起来，以提高学习积极性的过程。学习动机的培养是一个从无到有的过程，而学习动机的激发是一个从静到动的过程。所以，学习动机的激发和培养是两个既有区别又有联系的概念，学习动机的培养为激发提供了基础，学习动机的激发则为培养的动机提供了进一步的强化。但在实际的教学中，学习动机的培养和激发是紧密联系在一起的，很难截然分开，因此，在教学中应坚持培养与激发并行的原则。

学生的整个学习动机系统是由多种动力因素组合而成的，不同年龄阶段的学生的动力因素的构成有一定的差异，而且，在不同的时期、不同的个体身上，占主导地位的动力因素也是不一样的，因此，在对学生进行学习动机教育时，应针对特定时期学生的动机发展规律进行教育，只有这样才能起到事半功倍的效果。一般来说，年龄越小的学生，外部动机对他们的学习起的作用就越大，这时，一味地要求他们对学习本身产生内部动机是不怎么现实的。年龄大一些的学生，内部动机起的作用才逐渐增大。因此，在学习动机的培养与激发过程中应该注意学生学习动机发展的年龄特征。

培养与激发学生的学习动机有多种具体的技术与方法，下面从内部学习动机和外部学习动机两个方面分别谈谈培养与激发的方法与技术。

一、内部学习动机的培养与激发的方法与技术

（一）激发和维持学生的求知欲和好奇心

求知欲和好奇心是内部动机最为核心的成分，它们是培养和激发学生内部学习动机的基础。心理学家怀特（White，1959）指出，人有一种探索和认识外界环境的内在需要，这种内在需要会引起个体的好奇行为和探索行为，并表现为求知欲。克什（Kersh，1962）的研究就显示发现学习比指导学习更能提高学生的内部学习动机，原因就是学习者能根据自身的情况向有适当难度的任务挑战，可以满足其好奇心。

教育实践证明，创设问题情境是激发学生的求知欲和好奇心的一种十分有效的方法。创设问题情境是指提供的学习材料、条件、实践能使学生产生疑问，渴望从事活动，探究问题的答案，经过一定的努力能成功地解决问题。有效的教学在于形成一种使学生似懂非懂、一知半解、不确定的问题情境，由此产生的矛盾、疑惑、惊讶最能引起求知欲和学习兴趣，产生学习的愿望和意向。心理学的研究表明，人类从出生起就具有一种好奇求知的本性，只不过儿童入学后，他们的求知欲、好奇心开始出现分化，有些儿童的好奇心、求知欲随着学习的成功而不断得到发展，大多数学生则因学习失败而对知识失去好奇心、求知欲。成功的教学应不断创设问题情境，来激发学生的好奇心、求知欲，激发学生的内部学习动机。例如，有个物理教师在教“压强”这一概念时，要学生设想把一块砖放在沙地上怎样才能陷得最深这样一个生动有趣的问题入手，在横着放、竖着放、斜着放、砖的一角触地等热烈提议中引出“压强”概念。这样的教学由于激发了学生的好奇心、求知欲，因此，教学效果往往是良好的。

（二）设置适合的目标定向，使学生获得成功体验，鼓励学生的自我强化

心理学家迪威克（Dweck，1986）和尼克尔斯（Nicholls，1984）等发现学生的学习行为是由两种目标定向引起的：学习目标或掌握目标（learning goals or mastery goals）和成就目标（performance goals）。学习目标定向的学生把学习的目标看成是掌握所学的知识、获得某方面的能力；而成就目标定向的学生则把学习的目标基本上看成是为了获得对其能力的积极的评价或避免否定的评价。学习目标定向的学生更易于选择困难的课程、寻找挑战，而成就目标定向的学生关注的是好的分数，因而，选择容易的课程，回避有挑战性的情境。虽然两种目标定向的学生的智力在总体上没有什么差异，但

其学业成绩却有相当大的差异（McClelland，1985）。当遇到困难时，成就目标定向的学生很容易丧失信心，而学习目标定向的学生则会不断地尝试，他们的学习动机和成绩实际上增加了（Dweck，1986）。特别地，那些觉得自己能力低的成就目标定向的学生很容易形成习得性无力感现象，而学习目标定向的学生却不会，因为他们关心的是自己学会了多少知识，并不关心他人的成绩。目标定向研究的最重要的含义是教师应让学生懂得学业的目标是掌握知识，而不是获得分数。这可以通过强调学生学习材料的兴趣价值和现实的重要性，降低对分数和其他奖赏的重视而达到。如教师应该说："今天我们将学习关于火山爆发原因的知识。"而不是说："今天我们将学习火山爆发的原因，以便在明天的考试中得高分。"教师尤其要避免高竞争性的评分或诱因体系，只有这样，才能使学生都能获得成功体验，从而获得进一步学习的动机。与此同时，要鼓励学生对自己学习的成功结果进行自我奖励和强化。

（三）帮助学生正确认识自我，形成恰当的自我效能

国外有不少研究表明自我效能与学业成绩呈正相关。班杜拉 1981 年的研究发现，那些对数学毫无兴趣、数学成绩特别差的学生，经过一段时间的训练后，他们的成绩和自我效能都显著地提高了，而且，觉察到的自我效能与对数学活动的内部兴趣呈明显的正相关。舒恩克（D. H. Schunk）1984 年的研究和约翰（John）1987 年的研究都表明学生的自我效能水平可以准确地预测学生的学业成就水平。国内也有研究者（何先友，1992）通过实验研究发现，自我效能不仅与学习成绩呈正相关，而且，在教学实践中通过一定方法和措施也是可以改变和提高的。

许多学生，尤其是学业成绩不良的学生，由于对自己的学习能力持怀疑态度，表现出很低的自我效能水平，在学习中放弃尝试和应有的努力，进而影响学习成绩。教师可以通过为他们选择难易适合的任务，让他们不断地获得成功体验，进而提高自我效能水平。其次，让他们观看和想像那些与自己差不多的学生的成功操作，通过获得替代性经验和强化来提高他们的自我效能，使他们确信自己也有能力完成相应的学习行为，从而推动学习的进行。最后，教师还可以通过归因训练改变学生对自己学习能力的错误判断，形成正确的自我效能判断。

（四）训练学生对学习结果做出积极的、现实的归因

根据动机的归因理论及相关研究，学生把学习成败的原因主要归为：能力、努力、任务难度、运气、他人帮助、情绪等，不同的归因方式对其后的学习行为产生巨大的动机作用。归因的控制源维度与个体的自尊有关，把成功归于内部因素则产生自豪感，强化动机。反之，把失败归于内部因素则减少自尊。稳定性维度与对未来的期待有关，把成败归于稳定的因素则会预期同样的结果，归于不稳定的因素则会引起期待的改变。可控性与个体的体验有关，将成功归于可控因素可产生满意，归于不可控因素则产生幸运或感激；将失败归于可控因素产生羞辱和负罪感，归于不可控因素则产生愤怒。在各种因素中，能力和努力是两个最为主要的因素，将成功归于能力，有助于增强个体的自我效能，进而有利于以后的学习和归因；如果将失败归于能力，就会使学生容易放弃努力，久而久之，就会产生习得性无力感，变得无助、冷漠，听之任之，破罐子破摔。

由此可见，在教学中进行归因训练是十分必要的。我国青年学者隋光远提出的“积极归因训练”模式是改变学生不正确的归因、提高学习动机的一条有效的途径。“积极归因训练”包含两层含义，一层是“努力归因”，无论成功或失败都归因于努力与否的结果。因为学生将自己的成败归因于努力与否会提高学生学习的积极性，当学习困难或成绩不佳时，一般不会因一时的失败而降低将来会取得成功的期望。第二层含义是“现实归因”，针对一些具体问题引导学生进行现实归因，以帮助学生分析除努力这个因素外，影响学习成绩的因素还有哪些，是智力、学习方法，还是家庭环境、教师等因素。分析这些因素在多大程度上影响其学习成绩，并尽力指出解决这些问题的方法，以提高学生克服困难的勇气，增强自信心。这种归因训练的好处在于，在学生作“努力归因”时又联系现实，在作“现实归因”时又强调努力，体现了主客观相统一的辩证法思想，在教育实践中也被证明是行之有效的好方法。

（五）利用原有的内部学习动机，使之向不同的学习情境发生迁移

教育心理学的研究表明，不仅一般的知识、技能可以迁移，学生的学习动机同样也是可以迁移的。布鲁纳在其名著《教育过程》一书中，把原理和态度的迁移看成是教育过程的核心。在学生还没有对某种学习产生内部学习动机之前，教师不应是消极地等待，而应积极利用学生原有的学习动机，因势利导地使之迁移到新的学习活动中去。心理学家伯尔林（Berlyne，1965）指出，人有一种“认识的好奇心”（epistemic curiosity），总是试图获取用以理解和控制环境的各种知识。他认为，这种认识的好奇心源于遇到的新信息与原有知识之间的不一致所导致的观念冲突。这种认识的好奇心是内部动机能迁移的根本原因之所在。伯尔林指出，利用惊奇、疑问、困惑、矛盾等方法可以激起个体的这种认识的好奇心。教师在教学过程中，应特别重视这一点，因为学生总是在学习和接触新知识。至于怎样才能更有效地实现这一点，确实需要教师的创造性的发挥。

二、外部学习动机的培养与激发的方法与技术

（一）提供学习结果清楚、具体、及时的反馈信息

"反馈"在这里的意思是提供给学生的关于其成绩的信息。心理学家发现反馈可作为一种诱因，在很多情况下，可作为个体行为的适当的强化。通过反馈，学生可以及时了解自己学习的结果，包括运用所学知识解决问题的成效、作业的正误、考试成绩的优劣等。知道自己的学习结果，会产生相当大的激励作用，看到自己的成功、进步，会增强信心，提高学习兴趣；知道自己的缺点和错误，可以及时改正，并激起加倍努力，力求获得成功。

有人以大学生为研究对象，把他们分为甲乙两个水平相等的组，要求他们练习两位数乘两位数的心算，一共练习了45次，每次半分钟。让甲组的学生知道自己每次练习的成绩，而不让乙组学生知道，只要求他们每次努力练习。练习达30次后，甲组学生进步的占43%，乙组学生只有36%。后来15次练习的安排恰恰相反，让甲组不知道成绩，乙组学生及时了解成绩，结果发现甲组学生进步的只占15%，乙组学生却占29%。这一实验有力地说明了让学生及时了解自己的学习结果的重要性。

运用反馈时，要注意的是反馈必须清楚、具体，这一点很重要，特别是对年幼的学生，更是如此。教师如果给某学生提供一个抽象的、不具体的反馈（"你做得很好"），而不做任何解释，学生就难以从反馈中知道他下一步应做什么，以获得成功，也不会做出最具有动机效应的努力归因。及时的反馈也是很重要的，必须使反馈紧随个体的学习结果。如果反馈与作业结果相隔的时间太长，反馈就会失去其动机和信息价值。最后，必须提供经常性的反馈，使学生能付出最大的努力。社会学习理论家班杜拉发现，不管外界的奖赏具有多大的价值，如果只是偶尔才能得到的，那么，它的动机价值还不如小的但能经常得到的奖励。心理学家迪姆普斯特（Dempster，1991）较近的研究发现经常给学生提供一些小测验比很长时间后进行一次大考，更易于评定和促进学生的学习。

（二）合理运用外部奖赏

这里所说的外部奖赏是指物质上的奖励。根据奥苏贝尔对课堂学习动机的分析，学生的课堂学习动机既有认知的内驱力，又有自我提高的内驱力和

附属的内驱力，仅仅依靠认知的内驱力是不足以激发和维持学生学习动机的。大量的心理学研究表明，对学生的学习行为和学习结果给予外部的物质奖励能有效地促进其学习。但外部奖励如果运用不当，很可能会引起意想不到的负面效果。莱伯（Lepper）进行了一项有趣的研究，他让幼儿园的儿童进行一项有趣的游戏，实验的第一阶段不给任何奖励，两组儿童都非常投入地进行游戏，两组没有什么差异。实验的第二阶段，给一组儿童以糖果等物质奖励，另一组儿童不给任何奖励。实验一段时间后发现，得到奖励的那组儿童对该游戏的兴趣明显降低了，而未得到奖励的那组儿童仍然表现出很大的兴趣。这个实验表明，外部提供的奖励使得儿童对本来有内部学习兴趣的活动变得没有兴趣了，外部奖励产生的是负面的效应。蒂茜（Dici）等人的实验也得出类似的结果。个体在行为过程中，常常要对行为的原因加以探究，或者产生自我决定感，或者产生他人决定感。对某一行为，如果多次受到外部奖励，个体就会产生他人决定感，或从自我决定感变为他人决定感，结果，在没有外部奖励的条件下，就会表现出行为动机的丧失。因此，教师在运用外部奖励时，应持谨慎的态度。对那些已有内部动机的活动最好不要轻易运用物质奖励，只有对那些缺乏内部动机的活动予以物质奖励才可能产生积极的激励作用。

（三）正确运用表扬与批评

表扬在课堂教学中的作用主要是强化学生适当的行为，对他们所表现出的期望行为提供反馈。教师对学生的肯定评价具有积极的强化作用，能鼓励学生产生再接再厉、积极向上的力量。对学生的评价，赞扬、表扬、奖励一般比责备、批评、惩罚更具有激励作用，特别是对年龄小的学生和学业成绩不良的学生更是如此（Brophy，1981）。

美国心理学家赫洛克（E. B. Hurlock）做了一个有名的关于表扬与批评效果的实验。他把 106 名四、五年级的小学生分成 4 组，各组条件相等，要求每组学生连续 5 天，每天练习 15 分钟，做难度相等的算术加法。对第一组控制组学生的成绩不给予任何信息，既不批评也不表扬，而且，让他们独处一处做练习。其余三组同处一室做练习，但待遇不同。第二组是受表扬的组，每次练习后，实验者逐个点名表扬；第三组是受批评的组，实验者从不表扬他们，而对他们练习中的错误大加指责；第四组是受忽视的组，每次练习后不表扬也不批评，但使他们都看到其他两组受表扬或挨批评。实验结果表明，受表扬的组每次都有进步，受批评学生的成绩不如受表扬的学生，成绩最差的学生是控制组的学生。受忽视的学生的成绩比控制组学生的成绩稍好些，因为他们本身虽然不被强化，但还是间接地得到了一些信息，但成绩不如受表扬组和受批评组好。这个实验说明，教育中表扬的作用优于批评，批评又比不闻不问要好。

然而，表扬不是无限地起作用的，纳夫帕克逖迪斯（Nafpaktitis，1985）等心理学家指出，表扬给予的方式比给予的表扬的多少更重要。奥利尔雷（O'Leary，1977）等认为作为课堂激励机制之一的表扬的有效性取决于它的具体性、可靠性以及与行为结果的依随性。因此，教师在运用表扬与批评时，要根据学生的年龄特征与个别差异，做到客观、公正、全面、恰到好处，既要赏罚分明，又要以理服人，这样才能收到预期的教学效果。

（四）营造适度紧张的竞赛或竞争气氛，调动学生的好胜心

竞赛或竞争活动历来被当作激发斗志、争取优良成绩的手段之一。国内外的研究表明，学校中开展适当的竞赛，对提高学生学习积极性具有促进作用。

查普曼（J. C. Chapman）等人对五年级两个等组的学生进行为期 10 天的加法练习，每天练习 10 分钟。竞赛组学生的成绩每天都公布在墙上，有进步者和优胜者都添上红星；无竞赛组只做同样的练习。结果竞赛组的成绩优于无竞赛组。竞赛有个人间的竞赛、集体间的竞赛和自我的竞赛，其中竞争性最强的是个人间的竞赛。另外，教师在激发学生学习动机时，也应当提倡鼓励学生自己和自己比赛。这种竞赛不必和别人比较，只求自己有所进步，可以减轻学生过重的心理负担。

但要注意，各种形式的竞赛如果被频繁地使用，而且又组织得不好，则不仅会失去其激励作用，反而会加重学生的负担，适得其反。但这并不一定是竞赛本身的必然产物，它与竞赛的内容、要求、组织形式及宣传等因素都有关系。为了开展好竞赛，以下几点是教师应注意的：首先，竞赛内容不要单一化，不要只局限在语文、数学方面，可以在学校生活的各个方面开展竞赛，如在写字、唱歌、作文、图画、讲演、朗读、集邮等方面开展竞赛，以培养学生广泛的兴趣，丰富生活内容。其次，竞赛形式要多样化，不只搞个人间的竞赛，还要多开展团体间的竞赛，鼓励学生自己与自己比。最后要做好对竞赛的宣传教育工作，提倡“友谊第一、比赛第二”，同时，竞赛中要做到客观公正，防止弄虚作假。

第十五章 认知因素与学习

学生的知识学习过程受多种因素的影响，除了上一章阐述的动机因素之外，认知方面的因素对学习也有重要影响，智力是影响学生学习的最重要的认知因素，智力的个别差异直接影响着学生学习的速度和质量。学生在认知活动中各有其偏爱的信息加工方式，认知方式也是影响学生学习的重要因素。教育者应该了解学生的认知特点，根据学生的个别差异进行教育、教学，对于提高教育、教学效果具有重要的意义。学生认知方面的特点与差异表现是多方面的，本章主要阐述在智力的差异和认知风格的差异对学习的影响以及如何根据这些因素的情况进行因材施教。

第一节 智力差异与因材施教

一、学生的智力差异与教育

（一）学生的智力差异

学生智力的个别差异主要表现在年龄、类型、水平和性别等方面。

1. 智力发展的年龄差异

个体智力随着年龄的增长不断发展，但发展的具体过程如何，早期智力的发展与后来的发展是否一样呢？很多学者通过研究提出了各自的看法：

推孟在20世纪30年代通过自己的研究认为，智力发展在10岁前是线性增长，超过这一年龄增长速度开始减慢，18岁停止增长。

贝利（N. Bayley）所领导的“伯克利成长研究”(Berkeley Growth Study)曾对相同被试在不同年龄阶段进行智力改变的长期追踪研究，结果获得如图

15－1 所示的智力发展曲线。由图可见，12 岁到 20 岁是个体智力继续迅猛发展的时期。

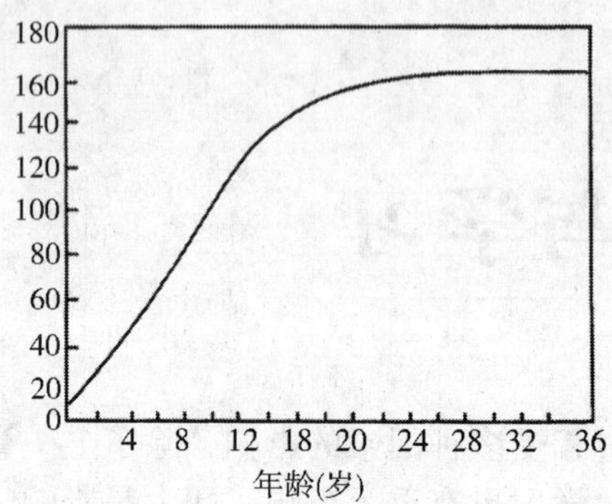

图 15－1　智力发展曲线

韦克斯勒在编制智力量表的同时，用标准化的智力测验分析了从 7 岁儿童至 65 岁成人的智力发展状况，结果发现，20～34 岁是智力发展的高峰期，此后逐渐缓慢下降直到 60 岁，60 岁之后迅速下降。

因此，人们一般认为，儿童青少年时期是智力快速发展的时期，20～35 岁之间智力发展保持一种高原水平，之后开始下降。

另外，在研究智力发展总体趋势的同时，人们还对个体不同智力成分的发展变化进行了更为细致的研究。比如，迈尔斯（Miles，1944）就通过研究发现不同的智力成分在各阶段发展的速度和程度不一样（见表 15－1），其中观察力与动作反应速度发展的顶峰年龄约在 10～17 岁，记忆力发展的顶峰年龄约在 18～29 岁，比较和判断力发展的顶峰年龄在 30～49 岁。事实上，贝利在上面所述的研究里同时也发现，被试在词汇和言语理解方面的能力直到 36 岁仍在持续增长，而在知觉速度与反应、算术、积木操作等方面的能力 20 岁就已达顶峰。

表 15－1　智力不同成分的年龄变化

年龄（岁）	10～17	18～29	30～49	50～69	70～89
知觉	100	95	93	76	46
记忆	95	100	92	83	55
比较、判断	72	90	100	87	67
动作、反应速度	88	100	97	92	71

注：最高值为 100

2. 智力的类型差异

智力的个别差异是普遍存在的现象，除了上面所说的年龄差异之外，还表现在其他诸多方面。根据个体在知觉、记忆、表象、思维和言语等活动中的特点和品质，可总结出智力表现上的类型差异：

（1）分析型、综合型与分析—综合型。

这是根据人们在知觉过程中的特点而划分的类型。属分析型的人，在知觉过程中，对细节感知清晰，但概括性和整体性不够；属综合型的人富有概括性和整体性，但缺乏分析性，对细节不大注意；属分析—综合型的人集以上两种类型的优点于一身，既具有较强的分析性，又具有较强的综合性，是一种较理想的知觉类型。

（2）视觉型、听觉型、运动觉型与混合型。

这是根据人们在记忆进程中某一种感觉系统记忆效果较好而划分的类型。视觉型的人视觉记忆效果最好；听觉型的人听觉记忆效果最佳；运动觉型的人有运动觉参加时记忆效果最理想；混合型的人用多种感觉通道识记时效果最显著。研究表明，多数人的记忆属于混合型。

（3）艺术型、思维型与中间型。

这是根据人的高级神经活动中两种信号系统的相对优势而划分的类型。艺术型的人，第一信号系统（除语词以外的各刺激物）在高级神经活动中占相对优势，而思维型的人则第二信号系统（语词）占相对优势，中间型的人两种信号系统比较均衡。

属于艺术型的人在感知方面具有印象鲜明的特点，在记忆方面易于记忆图形、颜色、声音等直观材料，在思维方面富于形象性，想像丰富，而且具有高度的情绪易感性。具有上述特点的人，比较容易发展艺术活动的能力。

属于思维型的人在感知方面注重对事物的分析、概括，在记忆方面善于记忆词义、数字和概念等材料，在思维方面倾向于抽象、分析、系统化、逻辑构思和推理论证等。具有以上智力特点的人，有利于发展数学、哲学、物理、语言学等学科的学习和研究的能力。

3. 智力的水平差异

心理学的研究表明，人的智力分布近似常态分布，有些人智力发展水平较高，有些人智力发展水平较低，而大部分的人智力属于中等水平。根据智力测验的有关资料，按照智商高低可进一步将人的智力划分为不同的等级（见表 15－2）。从表 15－2 可以看到，智力超常和低常的各约占 2.3%、

2.2%，几乎一半的人口智力则属中等。

表 15-2　智力等级的分布

IQ	智力等级	百分比（%）
130 以上	智力超常	2.3
120~129	优 秀	7.4
110~119	中上（聪明）	16.5
90~109	中 等	49.4
80~89	中下（迟钝）	16.2
70~79	临 界	6.0
69 以下	智力低常	2.2

注：表中 IQ 值为韦氏分数

处在智力分布两个极端的超常和低常儿童，虽然他们人数比例低，但如果人口基数大，人数也相当可观，我国就属于这种情况，即使特殊儿童比例不高，如若低智儿童占 2.2%，我国 2 亿儿童青少年中也有 440 万低智儿童，由于他们各自具有与一般儿童显著不同的特点，故常常值得教育和心理学工作者的重视。

4. 智力的性别差异

虽然人们一直都对男女性之间智能表现上的差异，以及这些差异产生的原因颇有兴趣，但既有的研究并未给这个问题充足的和令人满意的回答。

一般认为，男女智力总体上无差异。早在 20 世纪 30 年代末英国学者麦克米肯（MacMeeken）就曾以团体智力测验施测于整个苏格兰各年龄儿童近 9 万人，结果发现两性间智力无显著差异；然后又用斯坦福—比奈量表测量并比较了其中四组同一天出生的儿童的智力，结果也说明两性间没有显著性差异。其后大量的研究均表明，男女智力在总体平均分数上基本一致，若考虑社会文化的潜在因素，男女两性在智力总体上并没有可靠的差异。

然而，有关研究发现，男性智商离散程度较女性大，男性智商分布较离散，女性智商分布较均衡。美国的一项研究表明，智力处于某一较高等级的男生占总人数的 5.1%，女生则为 3.4%；智力处于某一较低等级的男生人数占 4.0%，女生为 2.8%，这说明男生中智力处于两端的人数比例高于女生，女生则更多处于中等水平。确实，在日常生活中我们也可看到，在非常聪明和非常愚笨的人中，男人比女人更多。

虽然在智力总体上男女性之间并无可靠的差异，但大量的研究揭示，在智力的不同方面男女性则有着明显的差异。一般来说，男性在数学推理、空间知觉、机械操作方面比女性占优势，女性在言语能力、知觉速度、图形识别和艺术欣赏方面比男性略占上风。在现实生活中我们也经常看到，科技领域优秀人物中男子居多，而女子多在文学诗歌、外语、音乐和某些社会领域中露头角。造成这种差异的原因既有生理方面的，也有社会和教育方面的，如女性言语能力较优，有人认为可能是因为女孩大脑左半球功能成熟得比男孩早，但也可能因为父母与女孩说话机会比男孩多；男性机械能力较强，可能跟童年期比较多玩弄各种可装拆玩具的经验有关。有些研究还指出，男女智力不同方面的某些差异（如空间能力的差异）直到青春期才开始显现，这更进一步说明，男女性间的差异可能并非主要是先天的，可能更多的是社会文化、父母对男女儿童不同的期望与教养方式等因素影响的结果。

（二）适应智力差异的教学组织形式

为了适应学生的智力差异，常常采用两种教学组织形式，一是同质分组，另外一个是留级和跳级。

1. 同质分组

同质分组是最早用来解决同一班级学生智力和知识程度差距悬殊的方法之一。所谓同质分组，就是按照学生的智力或知识程度分校、分班或分组。我国从初中开始分重点学校和非重点学校以及前几年有些学校搞的重点班和非重点班，性质上都是同质分组。同质分组有利于缩小班内学生之间的差距，便于用统一的进度和方法进行教学，在一定程度上可以提高教学质量。但是，同质分组也有许多局限性。首先，很难找到一种理想的分组标准。以智商分组只适应小学低年级学生，随着年级升高，智力和知识发展不完全同步，智商相同的学生，知识水平仍可能有较大的差距。若以知识程度分组，由于学生各学科成绩参差不齐，很难得到对各学科成绩的一致评价。其次，同质分组客观上给学生贴上了不同的标签，容易使程度高的学生骄傲自满，使程度低的学生感到羞辱和受挫，不利于学生健康成长。

在常规教学班组内可采用灵活分组的形式。有时，为了便于分组辅导，教师可按学生程度将全班学生临时分为若干组，根据各组学生实际，采用不同的方法和进度进行辅导，也布置难度不同的作业。有的教师为了促进学生之间的相互影响，将不同程度的学生混合编组，共同完成某项任务。

2. 留级和跳级

除了同质分组以外，留级和跳级也是缩小班内学生能力差距的方法。留级的目的，是让学习成绩差的学生有第二次学习的机会，去掌握以前尚未掌握的知识。但是，留级的效果往往不够理想，只有少数学生通过重读成绩有显著进步，多数学生留级后成绩仍无多大进步，有的甚至比原来更差。究其原因，除了教师教学方法没有改进外，主要是由于留级有损于学生的自尊心。留级学生往往会遭到家长、教师和同学的蔑视，他们因此而自暴自弃。为了达到留级的教育效果，教师除了做好被留级学生的思想工作外，还需做好家长和同学的思想工作，让留级学生得到更多的温暖和关怀，重新树立自信心。

让智力高、成绩好的学生跳级，不仅能缩小班内学生的差距，也有利于跳级学生的身心发展。中国科技大学少年班的学生，都有跳级的经历，他们进入大学后，一般适应良好。从办学的目的、经济效益和实际效果看，我们应该尽量鼓励有能力的学生跳级，适当控制留级学生的比例。

3. 适应智力差异的教学方式

在传统的课堂教学中，教师往往只是将眼睛盯在中等程度、中等发展水平的学生身上。其结果，一方面智力水平高、成绩优秀的学生由于不能以更高的速度前进，求知欲得不到满足，对课堂教学内容丧失学习兴趣；另一方面，智力水平低、成绩差的学生往往因跟不上进度，达不到教学要求，且屡遭失败而失去学习的信心。为了解决上述矛盾，教育学家和心理学家设计了许多新的适应学生智力差异的教学方式。掌握学习、个别指示教学法和个人化教学系统就是其中的三种教学方式。

(1) 掌握学习。

掌握学习是一种教育观，又是一种教学形式。作为一种教育观，掌握学习概念是布卢姆（B. S. Bloom）在卡罗尔（J. B. Carroll）“学校学习模式”基础上提出的。掌握学习认为，除了处于智力分布两个极端的少数学生外，其余绝大多数学生的智力差异不过是学习速度的差异。布卢姆明确指出：“如果按规律有条不紊地进行教学，几乎所有学生都能达到教学目标水平，即达到完全掌握学习内容的程度。学习能力强的学生，可以在较短的时间内达到这种掌握程度。学习能力弱的学生，则要花很长的时间达到同样的掌握程度。”传统教学的弊端，就是不管学生能力高低，在学习进度上搞一刀切，结果使学生知识掌握程度的差距日益拉大。为了克服上述的弊端，他设计了一种掌握学习的程序。这种掌握学习程序，将精选的、结构化的教学目标分解成许多小目标，根据这些小目标设计了一系列相互联系的学习单元。学生在学完一个单元后，教师就进行诊断性测验，测验成绩符合要求者才能进入下一个单元，否则应当重新学习这一单元，并根据学生具体情况提供“矫正学习”或“深化学习”的程序。经矫正学习学生全部达到掌握要求后转入下一单元教学。如此循环往复，直至学完全部教材。

采用掌握学习程序后，由于学生在每一单元知识掌握程度上的差距缩小了，最终绝大多数学生在这门课上的成绩都能得A或B，从而可以使大面积丰收得到保证。

(2) 个别指示教学法。

个别指示教学法（IPI）是由美国匹兹堡大学学习研究开发中心所提出的，是当前很受欢迎的教学方式之一。IPI的特点是根据学习者的能力、需要和学习情况准备教材及教学媒体，经常详细诊断学生的学习情况，根据其学习结果设计个别指导的内容和程序，保证每一学生获得最优的学习效果。IPI已在美国和其他一些国家的成百万学生中使用，深受学生和教师双方的欢迎。

(3) 个人化教学系统。

个人化教学系统（PSI）是由凯勒（F. S. Keller）于1968年提出的，目的是避免单一的演讲式教学和呆板的时间安排，允许学生按自己的速度前进，同时保证对教材的掌握水准。PSI要求教师将课程分为许多独立的单元，然后为每一单元准备相应的书面材料、学习材料和学习指导书。学生从第一单元开始学习，当他学完这一单元后，就可参加诊断性测验，只有当测验成绩表明已达到教学目标后，才允许进入第二单元的学习，否则必须重新学习有关材料，直到通过测验。所以，各个学生的学习速度往往各不相同。

为了增强学生间的相互影响，PSI还设置学生辅导员。学生辅导员往往由学过这一课程且成绩优秀的学生担任，他们主要负责给学生个别辅导、帮助解决疑难问题、测验评分和向教师提供反馈信息等。学生辅导员不仅减轻了教师的工作量，扩大了辅导范围，有效地促进了教学个别化，而且，他们在辅导他人的同时，使自己的知识更系统、更扎实，学习方法更完善，能力、责任感和自信心也得到增强。

PSI课程一般以学生一个学期或一个季度完成多少单元来决定学习等第，这一做法调动了学生的积极性。PSI一般较适合于年级较高、独立性较强的学生，小学生和依赖性较强的学生实行起来比较困难。

二、天才儿童及其教育

（一）天才儿童的概念与类型

1. 天才儿童的概念

最早给天才儿童下定义的是贾通（F. Gtaiton），他认为天才是针对儿童的综合能力而言的，与天才相关的因素有能力、热情、体力等。天才涉及文学、艺术、科学等多方面的问题。

自从1920年美国斯坦福大学的推孟推行智力测量之后，天才这个概念就与智商IQ结合起来了，并且认为智商130以上的儿童便是天才的儿童。但是1967年前后吉尔福特的一系列研究却表明，许多重要的资质是智力测量所测不出来的。

那么，什么样的儿童称为天才儿童，怎样评估和鉴定等许多问题，目前仍在讨论之中。我们只能说关于天才儿童的限定是合乎逻辑的，在教育上是比较有用的，但很难说是非常准确的。美国教育部USOE就采用一个较广泛的有关天才儿童的定义："天才是指在学校中有高水平的智力、创造力、领导能力和艺术能力的儿童。"实际上，关于天才儿童的定义既考虑到儿童的一般能力，也考虑到儿童的特别能力，还意味着天才儿童超过一般儿童的发展水平。

2. 天才儿童的类型

近半个世纪以来，许多心理学和特殊教育的专家对天才儿童进行了广泛的、长期的追踪研究。这些研究结果认为，可以根据天才儿童的潜能、成就与行为特征将他们分为6种不同的类型。

（1）智力型。

这类天才儿童的特点是智商高，无论是采用比纳量表、韦克斯勒量表、瑞文推理量表，还是其他有较高效度和信度的智力测量量表，都能得到超出常人的高智商。

（2）学术型。

这是指那种学业成绩特别突出的天才儿童，他们的显著特点是一门或几门功课特别优秀，超过了同年龄或同年级儿童的学业水平。他们有的特别擅长数学运算，有的擅长阅读或语言。这类天才儿童往往在考试中名列前茅，在数学竞赛、辩论赛这类学科性的竞赛中夺得奖牌。学术型天才儿童有较好的符号思维能力、理解力和逻辑推理能力。

（3）创造型。

这类天才儿童的特点是创造性强，能不拘一格进行发明创造。这类儿童的思维具有流畅、灵活、新颖等特征，善于从不同的角度来考虑问题和解决问题。高智商、高学绩和具有不同寻常的创造性被认为是天才儿童的显著特征。

（4）领导型。

这类天才儿童具有很强的组织能力、分析判断能力、感召力和自我控制能力等领导者的素质和潜能。这些有远大的志向、明确的团体活动目标，能运用自己的力量去影响、指导同伴的儿童应被列入超常儿童的范畴。

（5）艺术型。

这一类型的儿童擅长美术、音乐、戏剧，有很高的艺术天资和素养。为了及早地评估和鉴别这类天才儿童，20 世纪 70 年代前后，设计出一批艺术能力测试量表，如《西肖尔音乐资质测试量表》、《阿里弗内斯音乐资质测试量表》等。测量结果表明，这类天才儿童有超出常人的视觉观察能力、声音辨别能力、空间想像能力和表演能力。

（6）运动型。

运动型超常儿童不仅有很高的运动记忆和形象思维能力，而且反应灵活，具有很好的动作协调和模仿能力。运动型的天才儿童擅长舞蹈、杂技表演、体育运动。

（二）天才儿童的身心特点

（1）体质。在日常生活中，有些人认为智力与体力的发展呈负相关，大凡智力超群者，身体都显得虚弱。但是，有关的研究表明，从总体上来看，智力高于平均水平的儿童体力也高于平均水平，并不出现负相关的情况。

（2）学业成就。一般来讲，天才儿童因智商很高，学习成绩都比较理想，尤其是阅读、计算、抽象思维方面常是遥遥领先。但也有智商在 130 分以上的天才儿童，学业成绩并不理想。

（3）情绪控制。很长时期以来人们都有一种误解，即认为资质优异儿童多半性情古怪，情绪欠稳定，直到最近几年，通过研究才消除了这些误解。例如，1985 年，格布莱斯对美国 40 个州 400 多名天才儿童的调查研究表明：他们多数有愉快的心境，充满着热情，关心他人和世界的前途，有明确的是非观和正义感；但也有个别的天才儿童表现出孤僻、冷漠、自私。

（4）独立性。认知、情感、行为的独立性是天才儿童的又一显著特征。他们往往有比较强的自尊心，非常相信自己的能力和毅力，喜欢依靠自己的力量去独立完成任务。

（三）天才儿童的教育模式

根据加拉赫等人多年的研究，目前存在七种天才儿童的教育模式，它们分别是：(1) 加强班，即在普通班由普通教师给天才儿童提供增补性的教育项目，这是目前采用得最多的教育形式。(2) 辅导教师项目，即将学生安排在普通班学习，但另请经过专业训练的辅导教师对天才儿童进行特殊的辅导和帮助。(3) 资源教室，即让学生部分时间离开普通教室到有专门设备的资源教室接受专门的特殊教育老师或顾问的指导和帮助。但天才学生大部分时间还是在普通班上课。(4) 专题报告，是指定期地到校外请学有专长的专家、学者到学校来给天才儿童做专题报告。(5) 独立学习项目，即为天才儿童提供独立学习探索、实验和调查的机会，把他们较早地引入研究领域，培养他们独立学习和工作的能力。(6) 特殊班，即把学习程度大致相同的天才儿童编成单独的特殊班以便接受系统的指导或训练。(7) 特殊学校，即让学生进入到专为天才儿童设立的特殊学校接受教育与训练。

三、弱智儿童及其教育

弱智（mental retardation），也称智力残疾、智力迟钝或智力落后。弱智儿童是智能明显低于平均发展水平，并伴有缺陷行为的儿童。弱智儿童的教育是特殊教育的重要组成部分。

（一）弱智儿童的概念与分类

1. 弱智儿童的概念

到目前为止，所谓“弱智”仍是一个含有伸缩性的描述性概念。在特殊儿童教育中，多采用“智力缺陷”、“智力残疾”、“智力落后”、“可教性智能不足”、“可训练性智能不足”等术语来描述这些偏低的智能与行为水平。弱智儿童就是指智力明显落后于同龄正常儿童的发展水平并在社会行为的适应方面也有明显障碍的儿童。

2. 弱智儿童的分类

对弱智儿童有三种分类方法，即病源分类法、临床分类法和智力分类法。在特殊儿童教育中常采用的是智力分类法，即按照智力程度的高低，将弱智分成轻度弱智、中度弱智、重度弱智和极重度弱智四类。

轻度弱智，也称可教性弱智。轻度弱智儿童在外观上没有明显的异常状态，《韦氏智力量表》的记分在 55 ~ 69 分之间；《斯坦福—比奈智力量表》的记分是在 52 ~ 67 分之间。轻度弱智儿童有生活自理能力，能承担一般的家务劳动和工作，但缺乏技巧和创造性；在学业上经过特殊教育和训练，能读完小学程度的课程，具有一定的阅读和计算能力，经过教育能学会遵守一般的社会行为规范。

中度弱智，也称可训练性弱智儿童，韦氏智力量表的记分在 40 ~ 54 分之间；《斯坦福—比奈智力量表》的记分在 36 ~ 51 分之间。中度弱智儿童具有部分的生活自理能力，但对周围环境的辨别力差。中度弱智儿童的阅读与计算能力都很低，经过特殊教育和训练，也可以完成大约小学一二年级的学习任务。在没有人照料的情况下，可以在很熟悉的地方单独活动。

重度弱智儿童，《韦氏智力量表》的记分在 25 ~ 39 分之间；《斯坦福—比奈智力量表》的记分在 20 ~ 35 分之间。重度弱智儿童有明显的智力异常的外形，缺乏生活自理能力，运动与语言交往能力很差。经过特殊教育与训练，能获得最基本的生活自理能力，但训练效果多不明显。

极重度弱智儿童，《韦氏智力量表》的记分在 25 分以下；《斯坦福—比奈智力量表》的记分在 20 分以下。极重度弱智儿童有明显的智力异常的外显症状，如面容明显呆滞，多伴有大脑器质性的损伤和严重的生理障碍，经过训练也只能是在上下肢、颈部运动等方面有所反应。极重度弱智儿童需终生护理，不可能有生活自理能力。

（二）弱智儿童的心理特征

弱智儿童由于智能偏低，发展迟滞，在认知、情绪、意志行为与人格特征方面都有一些不同于正常儿童之处。了解弱智儿童的心理特征有助于我们从实际出发，因材施教。

1. 认知特征

与同龄的正常儿童相比，弱智儿童在感知觉、注意、记忆、语言与思维等认知能力方面有明显的差距。

在感知觉方面，有关的实验研究发现，弱智儿童感觉的绝对阈限高于正常儿童，但绝对感受性则低于正常儿童。这样，同一强度的刺激可能引起正常儿童的感觉，却不一定能引起弱智儿童的感觉。因为弱智儿童感知不敏感，可能对教师的呼唤反应迟缓，对近似音节听觉也分辨困难。此外，弱智儿童的知觉恒常性也比正常儿童差，当把同一事物置于不同的环境中时，弱智儿童往往缺乏辨认能力。

在注意方面，注意力容易分散是弱智儿童的心理特征之一。那种没有预定的目标，不需要作任何意志努力的无意注意在弱智儿童的注意中占优势。而有意注意，即有一定目的，需要作一定的意志努力才能办到的注意则发展迟缓。此外，弱智儿童注意范围狭窄，可接受的信息量少。与此同时，弱智儿童注意的分配、注意的转移也比正常儿童差，他们很难根据任务的改变把注意从一个对象转移到另一个对象。

在记忆方面，由于记忆的速度迟缓，范围狭窄，保持不牢靠，再现不准确也是弱智儿童的认知障碍之一。由于记忆的组织能力差，弱智儿童很少采用间接记忆的方法来进行意义记忆。

在语言方面，语言发展缓慢，词汇量少，语言理解能力差和运用困难也是弱智儿童的显著特征之一。与正常儿童相比，同龄轻度弱智儿童只有几百个字、词，发音错误较多。尽管弱智儿童有时也能机械地模仿从电视机里听到的话（如多次重复的广告用语），但未必真正理解。

在思维方面，弱智儿童的思维有三大特征。一是多停留在具体的形象思维阶段，缺乏分析、综合、抽象的概括能力。二是思维刻板，缺乏目的性和灵活性，很难做到根据条件的变化来调整自己的思维定向和思维方式。三是缺乏思维的独立性和批判性，容易随大流，随声附和，很难提出与众不同的见解。

2. 情绪、行为与人格特征

在情绪与情感方面，弱智儿童多受机体需要的支配，高层次情感的协调力差。有的弱智儿童缺乏交往热情，态度冷漠。但也有的表现为热情、真挚。与其他的残疾儿童相比，弱智儿童的情绪稳定性较好，内心冲突不大，两极性不明显。

在社会行为与人格特征方面，一是期望值偏低，行为的动机水平不高。由于弱智儿童从小就饱尝失败，很少有成功的体验，常充满着失败的自卑感。加上环境中一些不良因素，如嘲笑、戏弄等方面的刺激，有些弱智儿童不相信可以改变自己的命运，从而放弃了努力并对未来表示出一种无可奈何的失望。二是缺乏自强不息的精神和社会责任感。与其他残疾儿童相比，弱智儿童缺乏接受外部控制和积极的自我控制的能力。

（三）弱智儿童的教育

1. 教育目标

从教育的总目标来看，弱智儿童的教育也和普通教育一样，都是把他们培养成德、智、体、美、劳全面发展的人才。但由于弱智儿童本身的一些特殊智力障碍的限制，对他们的要求必须符合弱智儿童体力与智力的实际情况。

由于弱智儿童本身也有轻度、中度、重度和极重度之分，因此，对不同程度的弱智儿童有不同的教育、训练的要求。通过特殊教学，轻度弱智儿童可以具有初步的阅读和计算能力，发展身心机能和矫正不适当的行为，掌握简单的劳动技术，养成良好的社会公德和文明习惯。对中度弱智儿童，除了进行符合他们接受水平的思想、文化教育之外，要着重培养和训练他们的感觉—运动机能和生活自理能力。重度和极重度弱智儿童的教育属于护理教育，训练的目的是让他们能具备一点个人自理能力和通过手势、表情告诉他人一些与个人的安全有关的简单信息。

2. 弱智教育的学制和教学内容

参考了许多国家弱智教育的发展状况，根据我国不同地区经济文化发展的实际情况，我国弱智教育也采用了9年的学制。无论是弱智学校，还是弱智班，都不必实行考试留级制度，教师根据平时的观察、课堂提问和作业考察等方式对学生的学习成绩作出评价，制订下一阶段的教育、教学计划。

目前，我国弱智教育的教学内容为语文、数学、常识、音乐、美工、体育、劳动技能等，与普通教育相比，更强调定向劳动技术教育和音乐、体育、美术三科的教学。

3. 弱智儿童的课堂教学

为了真正地体现因材施教的原则，弱智儿童的课堂教学也是采用以个别教育为主，以集体教育为辅的方法，针对弱智儿童的心理缺陷进行补偿教育。国内外大量的实验表明，无论是文化知识的教学还是动作技能的训练，都要针对他们的缺陷着重培养和发展他们的智能。

在对弱智儿童的课堂教学中应该注意以下几点：一是要充分地运用直观教学的原理，发展弱智儿童的观察能力。二是要通过反复练习，提高弱智儿童的记忆能力。三是要创造条件，提供情境，发展弱智儿童的语言能力。四是通过具体运作和演练来发展弱智儿童初级的逻辑思维能力。五是通过各种活动，发展弱智儿童的活动技能，使他们能从事简单的劳动。

四、学习困难学生及其教育

（一）学习困难儿童的概念

在特殊儿童教育的领域内，学习困难儿童的教育是重要的组成部分。在1963年纽约市召开的学生代表大会上，由科克（S. A. Kirk）第一次使用了学习低能这一术语。后来，许多教育家发现有这样一部分学生，他们既没有视力、听力的障碍，脑部受伤的病史及其他弱智现象，也没有明显的情绪紊乱和非规范性行为，但在学业上遇到较大的困难，有一门或几门功课学习成绩不佳甚至每况愈下。国外便把这类儿童称为学习困难儿童或缺乏学习技能的儿童。在青少年中的研究还进一步发现，不仅在儿童和青少年中有这类学习困难的现象，在成年人的学习中也同样存在这种现象。

学习困难也称学习低能或学习无能、学习障碍。学习困难儿童是在学习上缺乏普通的竞争能力，学习成绩明显落后于其他儿童的儿童。学习困难儿童有时也伴有轻度的脑功能障碍或其他轻度的伤残，但其主要特点是缺乏正确的学习策略，没有形成良好的认知结构。大多数学习困难儿童是由于认知过程中信息加工的紊乱所致。学习困难儿童的主要特征是理解、阅读、思维、表达、计算等主要学习问题方面的低能和学习成绩的低下。

（二）学习困难儿童的心理特征

美国复活节研究基金会1966年对学习困难儿童进行了广泛的调查，调查报告中将学习困难儿童的心理与行为特征归纳为如下十个方面。

1. 多动

各种动作异常增多，例如可以不停地玩弄铅笔，掰手指，或表现出坐立不安；上课时小动作过多，注意力分散，从而严重地影响学习。患有多动症的儿童有的到少年期会自然消失和缓解，有的则需要给予特殊教育和训练。

2. 感知—运动不协调

这类儿童常缺乏精确地复制感知印象的能力，表现为眼—手、耳—手配合不好。但是，这种不协调又不是由明显的感觉障碍，如视觉、听觉或运动障碍引起的。

3. 注意力分散

学习困难儿童很容易被无关刺激干扰，不能集中精力较长时间地从事某项活动。上课时多表现为东张西望、交头接耳，不能集中精力听老师讲课。

4. 记忆力与思维紊乱

这主要表现在短时记忆的保存和长时记忆的提取都出现紊乱。有些学习困难的儿童甚至记不起家庭的地址、出生年月或电话号码，还有的记不清刚刚告诉他的事情。

5. 听与说的不协调

这主要表现为语言听力、语言组织的能力差，在语言模仿中经常出现吞音、误音和病句。但这种现象多源于内部信息加工过程的紊乱而不是由于听力障碍或发音器官的障碍。

6. 情绪不稳定

学习困难儿童的情绪稳定性差，变化较快，一种情绪状态会很快地被另外一种情绪状态所代替。有时显得急躁、易怒和孤僻，情绪不稳定。

7. 易冲动和鲁莽

表现为不加思考地做出反应和回答问题，缺乏审时度势和周密思考的能力。

8. 缺乏一般的动作协调能力

动作笨拙，尤其是从事比较精细的活动时表现特别明显。有些学习困难儿童动作的笨拙程度和弱智儿童相近，但他们缺乏这种动作协调能力又不是由于智能不足引起的，可通过特别项目的训练而加以改变。

9. 脑电波异常

有的学习困难儿童可能出现脑电波异常。尤其是患有多动症的儿童更可能出现异常脑电波。

10. 有特定的学习障碍

这是学习困难儿童最明显的特征之一，这些特定的学习困难主要有：阅读困难、计算困难、写作困难和操作困难四种。

（三）对学习困难儿童的教育

要帮助学习困难儿童提高学业水平，必须针对儿童的实际情况采取各种不同的特殊教育与训练方法。这种特殊教育应从三个方面来进行：一是改变教育形式，将集体教育和个别教育结合起来，做到特殊教育与普通教育有分有合；二是改变教学方法，针对学生的实际情况进行学习心理过程的训练；三是提高学生的学习兴趣和内在的积极性，养成良好的学习习惯。

1. 学习困难儿童的教育模式

我国中小学也有一部分学生学习能力偏低，跟不上普通学生的学习水平，大多数是采用补课、补考的方法，个别的让其留到下一年级重读。学习困难问题的研究尚未广泛展开。学习困难儿童的教育包括普通班、咨询模式、巡回模式、资源教室模式、特殊班、走读特殊学校和寄宿特殊学校等几种模式。具体采用哪种模式对学习困难儿童进行教育，要根据学生的实际情况和客观环境所能提供的条件，加以选择。值得一提的是，近些年来，国外多采用资源教室的教育模式来帮助学习困难儿童提高学习能力和学业水平。资源教室也是目前最广泛采用的一种特殊教育模式，它的最大优点是花费较少，作用较大。

2. 学习困难儿童的教学

大多数学习困难儿童不一定有什么器质性的疾病，主要是缺乏正确的学习方法。所以，改进教学方法，加强心理过程的训练，增强学生信息加工的能力是非常重要的。国外把这类训练称为对症性教育，即针对学习困难儿童的特点进行个别教育。这种教育与训练分三步进行：一是确定教育与训练的目标，如确定为是语言能力的训练、计算能力的训练或解决问题的策略训练等；二是明确训练的心理过程，如语言训练则应明确该生的主要障碍是音位加工、句法意识还是工作记忆；三是评估和测定训练的效果。通过评估得到反馈信息来进一步改进训练程序。与此同时，不断地给学生的进步予以肯定和鼓励，以提高他们学习的兴趣与积极性。

第二节 认知风格与学习风格

一、认知风格

（一）认知风格的含义

认知风格（cognitive style）又称为认知方式，指个体偏爱的信息加工方式，表现在个体对外界信息的感知、注意、思维、记忆和解决问题的方式上。在心理学史中，有许多心理学家对当今的认知风格研究产生过重要影响，如詹姆斯（W. Jame，1890）关于个体差异的研究；高尔顿（F. Galton，1883）关于天才儿童的研究；巴特莱特（Bartllet，1932）关于个体认知差异方面的研究。奥尔波特（Allport）在他的工作中发展了生活风格概念（life-style），他认为认知风格就是个人典型的或习惯性的解决问题、思考、知觉、记忆等的模式。特纳尼特（Tennant）认为认知风格就是“个体的特征和一贯性的组织和加工信息的方式”。这是西方两个典型的认知风格定义，两者略有不同，前者暗示每个认知领域都可能发展出不同的认知风格，这意味着有大量的认知风格结构比较理想，它符合认知风格的发展增殖期人们对认知风格的认识；而后者强调认知风格是认知过程中的一贯性特征，它具有更大的概括性，符合认知风格理论成熟期和认知风格结构定型期人们对认知风格的认识（李浩然、刘海燕，2000）。

个体的认知风格具有两个重要特征：第一，持久性，即一个人的认知风格一旦形成，在时间上就具有相对稳定的特征；第二，一致性，即一个人的认知风格在完成类似的任务时始终表现出这种稳定性。因此，认知风格与个体的个性特征有关，它与个性特征一样，并无好坏之分。

（二）认知风格的类型

不同的研究者从不同的角度对认知风格类型进行了不同的划分。麦西克（Messick，1984）区分出 19 种认知风格，雷丁（Riding，1991）提出认知风格有 30 余种。有些研究者从整体—分析维度进行分类，有些从言语—表象维度进行分类，而有些研究者则综合了整体—分析维度和言语—表象维度进行分类。下面只介绍整体—分析维度中典型的、有代表性的认知风格类型，包括：场独立—场依存、水平化—尖锐化、反思性—冲动性、聚合思维—发散思维、整体—序列。

1. 场独立—场依存

威特金（H. Witkin）在对知觉的研究中最先提出场独立（field independence）和场依存（field dependence）。在第二次世界大战期间，他研究飞行员利用什么线索来判断自己的身体的位置问题，为此，他设计了一个可以摇摆的坐舱，舱内设一座椅。当坐舱发生倾斜时，被试可以调整座椅使身体保持与水平垂直。研究发现，有些被试在离垂直差 35 度的情况下，仍然坚持认为自己是完全坐直的；而有些被试则能在椅子与倾斜的坐舱看上去角度明显不正的条件下，仍能使椅子非常接近于垂直状态。对此结果，威特金的结论是，有些人知觉时较多地受到他所看到的环境信息的影响，而有些人则较多地受到来自身体内部线索的影响。他把受环境影响大者称为场依存性，把不受或很少受环境影响者称为场独立性。在知觉外界对象时，场依存者是外部定向者，而场独立者是内部定向者。威特金等指出：“当呈现一个具有支配作用的场的时候，比较场独立的个体倾向于克服场的组织，或重新构建它，而场依存的个体倾向于依附于给定的场的组织。”古德意纳夫（Goodenough）也指出：“一个在知觉情境中表现出分析型的个体，在其他知觉和问题解决情境中也倾向于是分析型的，具有整体型风格的个体在其他情境中也倾向于使用外在的参照物。这样的个体在社会人际环境中喜欢依赖他人进行自我定义。他们特别留意社会刺激。”

威特金等人通过大量的研究后发现，场独立—场依存性认知风格具有以下一些特征：①有关认知过程而非内容。②普遍性。不仅在知觉领域，而且在记忆、思维、问题解决以及人格领域都有场独立—场依存性认知方式的差异。场独立者在这些领域的任务中表现出较大的独立性和较少的受暗示性，而场依存者表现出较高的暗示性和较低的独立性。③稳定性。稳定性特征表明，个体在场依存性—场独立性连续体上的位置是相对稳定不变的。④两极性。大量研究结果表明，场依存性—场独立性连续体这个维度是两极性的，两极性表明在场依存性—场独立性连续体两极的特征是反相关的。比如，场独立的人在认知改组技能和人格自主上高，但在社会敏感和社会技能上低；与此相反，场依存的人在社会敏感和社会技能上高，而在认知改组和人格自主上低。

场独立与场依存者还表现出学科兴趣的差异，国外的研究表明，场依存性的大学生更可能选择的学科有：社会学、人文学科、语言学、初等学校教学、临床心理学、写作、护理等；场独立性的大学生更可能选择：自然科学、数学、艺术、实验心理学、工程学、建筑学等。威特金曾对1 500名学生进行长达10年的跟踪调查，结果表明：场独立性者喜欢需要认知改组能力的非人际领域（如自然科学）；场依存性者喜欢无需强调这些能力的人际间领域（如初等教育）。当初入学的大学生所选的专业与自己的认知方式符合时，学生在该专业学习直至毕业，有的考入与该专业一致的研究生院；当学生所学专业与自己的认知方式不符合时，他们在大学阶段或考入研究生院时，倾向转入与自己的认知方式相一致的专业。另一类关于社会行为的研究表明，场依存性者对社会线索更敏感，更喜欢与人有联系的情境，选择与人有关的社会工作，如精神病科护理等。在社会交往活动中场依存性者表现得热情、温暖、老练、宽容、容纳他人、情感更加开放等，他们是社会定向的(social orientation)；而场独立性者则是非社会定向的（nonsocial orientation)，他们对社会线索不敏感，在社会交往活动中，表现得冷漠、苛求、不体谅别人、摆布他人、与他人保持距离等。相关的调查表明，在一个专业选择较为自由与开放的学校氛围中，学生们往往转向与他们认知方式相匹配的专业，这有助于取得更加理想的学业成就。反之，则由于缺乏专业兴趣而厌学，无法获得相应的学业成就。

2. 水平化—尖锐化（leveling-sharpening）

这种认知风格反映的是在将信息“吸收”到个人的记忆中时表现出的差异。具有水平化风格的个体倾向于将相似的记忆内容混淆起来，倾向于将知觉到的对象，或从先前的经验中得出的相似事件联合起来，记忆对象中的差异往往被丢失，或弄得模糊不清。与此相对，具有尖锐化风格的个体倾向于不将记忆中相似的事件进行混淆，甚至可能夸大相似记忆内容之间的较小差异。水平化—尖锐化的风格特性来自于观察，它们在个人身上具有一致性。吉尔福特发现，个体倾向于在一个方向，或在另一个方向上一端是浓缩和简化信息，相对的一端是对信息之间的差异进行夸张。赫尔兹曼（K. Holzman）和加德纳发现，这个维度在各种知觉信息的场合起作用，包括视觉、听觉和动觉以及对语义信息的知觉。克莱因（G. S. Klein）发现，对水平化组的描述遵循“自我指向”（self-inwardness）的模式，包括从外在对象退却，避免要求自己去主动参与的情境；他们对指导和相助有一种夸张的需要，倾向于自我贬抑。具有尖锐化风格的个体，显示出“外在指向”（self-outwardness），他们对竞争和自我展示表现出适意性，对成就有高度的需要，竭力把自己向前推进，“对自制有种高度的需要”。

3. 反思性—冲动性

反思性与冲动性（reflectivity-impulsivity）这种认知风格的划分最初是由卡根（J. Kagan）及其同事提出来的。这个认知风格来源于早期调查知觉速率方面的工作，在不确定的情境下个体做出决定的速度是非常不同的。学习者被分为两个不同的类：一类在简短地考察各种可能性后迅速地做出决定，被称为“冲动性”；冲动性的人往往以很快的速度形成自己的看法，在回答问题时很快就做出反应，他们有一种迅速做出决定的欲望，容易犯错误。另一类在反应前进行深思熟虑的思考，仔细考虑所有的可能性，被称为“反思性”。反思性的人则不急于回答，他们在做出回答之前，倾向于先评估各种可替代的答案，然后，给予较有把握的答案，他们往往采取小心谨慎的态度，做出的选择比较精确，但速度较慢。

海瑟林等（Hethering & Mcintyle，1975）在一个对许多研究的综述中总结说，反思性的儿童表现出更成熟的解决问题的策略，而且比起冲动性的学生，表现出更多可能去考虑不同的假设。然而，罗林斯等（Rollinsh & Genser，1977）发现，虽然反思性的儿童解决较少维度的问题比起冲动性的孩子要快得多，但是冲动性的儿童解决具有许多维度的任务比起反思性的儿童要快得多。泽林尼科（Zeliniker，1979）等人的研究发现，反思性的学生在需要细节的作业中做得更好，而在要求整体性的作业中，反思性与冲动性的人做得一样好。

4. 聚合思维—发散思维

聚合（convergent）思维—发散（divergent）思维这种风格模型由吉尔福特（Guilford，1967）提出，作为他的智力模型的一部分。这种认知风格最初用来区分两类人：一类是在处理具有常规答案的问题时表现出较强的能力，答案可以从给定的条件中推导出来；另一类人在处理具有不同答案的可能性问题时表现出高度的熟练性。聚合思维者在智力测验中的表现要比在开放式测验中（open-ended）好，他们在解决问题时需要从提供的信息中找到一个明确的传统的正确答案；而发散思维者恰好相反，他们善于解决需要多个同等可接受答案的问题，这些答案强调多样性和创造性。换言之，聚合思维者不擅长辨别没有进行明确区分的信息。有证据显示这种认知风格具有较强的稳定性。发散思维者的兴趣超出课程内容，他们喜欢阅读了解流行的事物和艺术，而聚合思维者则对汽车、广播、模型制造、爬山野营和自然有兴趣。

5. 整体—序列

整体（holist）—序列（serialist）这个认知风格是由帕斯克（G. Pask）和司科特（Scott）提出的。整体型思维者对学习任务倾向于采用整体策略，行为反应特征是“假设导向”的，他们倾向于去检验较大的特征或假设，喜欢收集大量的材料，努力探索某种范式和关系；序列型思维者倾向于采用聚焦策略，行为特征是按步骤进行，他们努力探索具体明确的材料，倾向于考究较少的材料，利用逐步的方法来证实和否定他们的假设。整体—序列的认知风格也是根植于知觉功能上的个体差异的，它与个性有重叠。在一个自由的学习情境中，序列型学习者喜欢注意或知觉较小的细节，把问题分解成较小的部分，而整体型的学习者则恰好相反，将任务作为一个整体对待。帕斯克和司科特指出：序列型学习者在学习、记忆和概括一组信息方面，常根据简单的关系将信息联系起来，即信息之间呈现的是低序列的关系，因为序列型学习者习惯于吸收冗长的序列型的数据，不能容忍不相关的信息；而整体型学习者的表现与此相反，学习、记忆和概括时将信息作为一个整体对待，他们倾向于把握“高层次的关系”。

采用整体策略的学生在从事学习任务时，视野比较开阔，对整个问题涉及的子问题的层次结构和自己所采取的方式进行预测，能把一系列子问题组合起来，而不是一遇到问题就立即着手一步一步地解决。采用序列策略的学生，把重点放在解决一系列子问题上，他们十分重视子问题的逻辑顺序，解决问题是一步一步地进行，所以，只有到学习快结束时，才能对所学的内容形成一种比较完整的看法。

（三）认知风格的发展

认知风格主要是先天遗传的还是后天养成的，它的发展是进一步展露和完善还是随着特定的时空环境而塑造，这是一个目前仍有争议的问题。为了探索认知风格究竟是由遗传决定还是由环境决定的，雷丁等（Riding, Rayner & Banner, 1999）对家庭背景与认知风格之间的关系进行了考察，他们考察的对象为两所学校 432 名 12 岁儿童。儿童的家庭背景由老师根据学生家长对孩子可能提供的支持按从高到低五个等级进行评估。然后分析家庭背景与认知风格之间的关系，结果表明，学生的家庭背景与其所形成的认知风格之间没有明显的关系。他们认为，这表明认知风格具有先天性，有先天遗传的基础。法雷尔和斯腾伯格（Ferrair & Sternberg, 1998）认为，尽管一些研究表明类型偏好受遗传的影响，但类型的倾向性明显是在与环境的交互作用中发展的。这所有的环境因素中，至少有四种因素对认知风格的发展起重要影响（转引自：杨治良、郭力平，2001）。

（1）性别角色的期待。一般认为女性倾向于更加直觉、保守、细致，而男性则倾向于更具分析性、开放性和整体性。这种传统的性别角色期待制约着认知风格的发展。

（2）家庭环境。儿童的认知风格往往倾向于父母亲所鼓励和奖赏的类型。父母亲的教育程度、职业类型等都有可能是影响儿童认知风格的重要因素。

（3）学校教育。如果说在儿童早期，家长和教师所鼓励的风格是在相对非结构化的开放环境中塑造行为，那么一旦进入学校，儿童所面临的环境就具有更加明显的价值导向。如果儿童不能按照一定的模式发展，他们很可能会被认为是社会化不良或适应不良的儿童。

（4）学校环境。学校环境对儿童的行为塑造起着极为重要的强化作用，这将直接影响到儿童的认知风格的发展。不同的文化因其价值取向的不同对特定的类型有独特的偏好，比如北美所强调的创新性与亚洲文化中的传统保守特点是完全不同的，这种文化上的差异很可能促进不同认知风格的发展。

（四）认知风格研究对教育的启示

1. 根据认知风格选择适合的教学策略

在教育过程中，如果教师采取的教育策略、指导方法与受教育者的认知风格相适应，就能更大程度地促进其发展，反之则可能阻碍其发展。从认知风格的角度来看，教学策略可以分为两类：一是与认知风格中的长处或学习者偏爱的方式相一致的匹配策略；二是针对认知风格中的短处或劣势采取有意识的适配策略。匹配策略对知识的获得直接有利，它能使学生学得更快、更多，但无法弥补学习方式上的欠缺。而有意识的适配策略在一开始往往会在一定程度上影响知识的获得，表现为学习速度慢、学得少，学生难以理解学习内容，但它的特殊功效是能弥补学习方式上的欠缺，使学生心理机能的各方面均得到发展。

雷丁等人根据他们的研究结果，提出了三种匹配策略：①转译。转译包含对信息的重新构造。由于有些信息的呈现方式不适合学习者的认知风格，通过转译，可以把信息转化为学习者易于操作和理解的形式。②适应。适应是指如果学习者的学习不适宜于他某一维度上的认知风格，可以用他另一维度上比较擅长的认知风格帮忙。③减轻加工负荷。减轻加工负荷是通过信息加工的办法实现的，如果信息的呈现方式是个体所适宜的，信息加工的负荷就比不相匹配的加工负载小。

在具体教学情境中，学习情况往往千变万化。在某些情境中，学习者单凭其偏爱或擅长的认知风格无法“驾驭”某些学习内容，而需要对他们来说相对薄弱的学习方式应对，这就需要对其认知短处加以补偿。因此，教师必须帮助学生学会其他的适配策略，以应对真实情境的挑战。

2. 根据认知风格采用不同的教育、教学措施

第一，教师要充分认识到每个学生在认知风格上的差异性。每一种认知风格都有两极性，都有其优点与不足，不能因为某些学生与自己的认知风格不符，就对他们另眼相看，也不能因为某些学生的认知风格与自己的一致，就对他们刮目相看。这些都是不利于教学的开展的。

第二，教师要根据对学生认知风格的了解，在教学中有针对性地提供与认知风格相匹配的教学方式。这一方面的研究表明，当教师的认知风格与学生的认知风格完全匹配时，学生的学习适应最好（这里的适应指学习成绩、学习态度、师生关系等）；师生认知风格类型不适配的学生组，其学习适应较差；师生认知风格部分适配组学生适应居中。这一结果启示我们，学生学习障碍的形成有可能与师生之间的认知风格不相匹配相联系，因此这对学习障碍的诊治大有裨益，也为教师根据学生的个别差异进行因材施教提供了新的途径。

第三，教师不仅自己要分析把握学生的认知风格，而且要引导学生认识自己的认知风格特点，帮助学生学会学习。雷丁等人在1998年进行的一项研究中发现，当学生学习的某个学科的材料要求与其认知风格相匹配时，他们实际的学习结果没有他们自己所预期的那么好，而在学习材料的要求与其认知风格不匹配时，他们学得却比预期的要好。雷丁等人推测：由于这些学生意识到了自己的认知风格与材料结构的匹配性，所以做出了相对较高的预期。其实这一结果在某种程度上也显示出，当学习者能够意识认知风格特征与学习任务要求的匹配关系时，便能够做出主动的努力。只有在教师有意识的点拨下，学生才有可能充分了解自己，主动地扬长避短。当学生具备了学习策略的意识，而且认识到自己的习惯性学习方式及其利弊时，就会主动地进行调节，这才学会了学习（辜筠芳，2002）。

二、学习风格

（一）学习风格的含义

学习风格与认知风格常常混在一起使用，目前研究者一般认为学习风格是一个更广泛的概念，它包含认知风格、情感风格和生理风格（Keefe，1988）。哈伯特·塞伦（Herbert Thelen）于1954年首次提出“学习风格”（learning style）这个概念之后，学习风格的理论和模式如雨后春笋般不断涌现，从20世纪80年代初开始，学习风格的研究从理论走向教学实践，其影响被称为发生在“美国中学里的静悄悄的革命”（谭顶良，1995）。但对什么是学习风格却有着许多不同的理解。托马斯·贝勒说：“学习风格的定义差不多与这一课题的研究者一样多。”

邓恩（R. Dunn）等认为，学习风格是学生集中注意并试图掌握和记住新的或困难的知识技能时所表现出的方式，这种方式受周围环境、自身情感特征、社会性需要、生理特征和心理倾向性的影响。亨特（D. Hunt）用反映学习者学习独立性程度的理性水平定义学习风格，学生理性水平越低，说明学习独立性越差，越依赖师长的监督控制；学生理性水平越高，其独立性就越强，则较少依赖师长的监督控制。凯夫（Keefe）认为学习风格即学习者特有的认知、情感和生理行为，是学习者知觉与学习环境相互作用并对之做出反应的相对稳定的指标。肯赛拉（Kinsella）认为，学习风格是指学习者个体在接受信息和信息加工过程中所采用的自然习惯的偏爱方式，这些偏爱方式具有一定的持久性。每个人都有其独特的学习风格，就像各自的签名一样与众不同，它既反映出个体独特的生理特征，又反映出个体受环境影响的痕迹。

国内学者一般认为，学习风格是学习者持续一贯的带有个性特征的学习方式，是学习策略和学习倾向的总和。

学习风格是学习者在一定的生理特征基础上，在长期的学习活动中逐步形成的相对稳定的个体偏爱的学习方式，主要表现在个体对外界信息刺激的感知、注意力和解决问题的方式上。它的形成受制约学习者个体发展的多种变量或因素的影响，包括学习者自身的因素（人格特质、学习兴趣、生物节律等）、成长环境（家庭背景、伙伴类型、社会环境等）和教育形式（授课方式、信息刺激形式、教学场所布置等）等。它很少因学习内容、学习场所的变化而变化，表现出持续一贯的稳定性和鲜明的个性特征。

（二）学习风格的要素

1972 年，美国圣·约翰大学的邓恩夫妇（R. Dunn & K. Dunn）在对纽约30 多名学生的学习方式研究的基础上将学习风格分为 4 大类 24 个要素。

（1）环境类要素，如对学习环境安静或热闹的偏爱、对温度高低的偏爱等。

（2）情绪类要素，如自我激发动机、教师激发动机、学习坚持性强弱等。

（3）社会性要素，如喜欢独立学习、喜欢结伴学习、喜欢与成人一起学习等。

（4）生理性要素，如喜欢听觉刺激、喜欢视觉刺激、清晨学习效果最佳、学习时是否喜欢活动等。

凯夫则对学习风格做了三类划分：

（1）认知风格。它包括接受风格和概念化与保持风格。接受风格如对感知觉通道的偏爱、场依存性与场独立性等；概念化与保持风格包括概念化速度、概念化风格、认知的复杂性与简约性等。

（2）情感风格。情感风格指注意、情绪表露、价值判断等活动的方式及其个性特征，包括注意风格、期望与动机风格。

（3）生理风格。生理风格包括以生理特性为基础的性别差异、个人营养与健康状况以及对物理环境所做的习惯性反应，如男性—女性行为、与健康有关的行为、时间节律、活动性、环境因素等。

国内学者一般把学习风格要素分为三类：

（1）学习风格的生理要素。学习风格的生理要素包括个体对外界环境生理刺激（如声、光、温等）、对一天内时间节律以及在接受外界信息时对不同感觉通道的偏爱。皮泽（Pizzo，1981）对学习时需要决定的安静和学习时需要伴随背景声音才能集中注意的两类学习者在不同的声音背景下进行阅读理解测验，结果发现，在相对安静的环境中，前者的阅读理解力优于后者，而在有噪音背景的情况下，后者优于前者。克列姆斯基（Krimsky，1982）的研究发现，当光照条件满足个体需要时（分别给偏爱强光者以强光，弱光者以弱光），各类学习者的阅读速度和准确性均得到提高。邓恩（Dunn，1986）等的研究发现，大约 20% ~30% 的学龄儿童通过听觉更容易接受并贮存信息，40% 通过视觉，另有一些通过具体操作运动能较为有效地获取知识，还有一些人属二种或三种感觉结合型。

（2）学习风格的心理要素。心理要素中包括认知的、情感的和意动的三个方面。认知要素包括辨别、归类、对信息的同时性加工与继时性加工、分析与综合、记忆过程中的趋同与趋异、沉思与冲动。情感要素包括理性水平、学习兴趣和好奇心、成就动机、抱负水平、焦虑水平。意动要素包括坚持性、言语表达、冒险与谨慎、动手操作。

（3）学习风格的社会要素。学习风格的社会要素体现在学习者的学习活动形式上（如独自学习与结伴学习、竞争与合作等）。不同的成长环境（家庭、社会）反映在个体处事方式上的社会特征也不相同，这些社会性特征反映在个体身上就是学习风格的社会性特征。

（三）学习风格研究对教育的启示

首先，教师要认识到学生之间学习风格的差异，并允许不同学习风格的并存。全面深入了解学生各方面的特点是有的放矢地进行教学设计的基本前提，这即所谓的“备学生”的含义。教师可以通过观察、谈话、作业分析等多种方法，了解学生学习的一般特点，也可以运用诊断学习风格的测试量表，从不同角度对学生的学习风格类型及其特征加以测定。教师通过多种渠道、多侧面把握学习者的学习风格及其特征，可以为教学方法、教学策略的选择与运用提供基本依据。

其次，制定扬长补短的教学策略。每一种学习风格都有其长处与不足，教师如果了解了不同的学习风格，就能根据其特征制定相应的教学策略。如，视觉型的学习者长于通过视觉接受信息，但其不足是难以接受听觉指导；相反，听觉型学习者长于通过听觉接受信息，但可能会“视而不见”。如果教师能在教学设计中充分考虑到学生学习风格的差异，并能制定适当的教学策略，那么，他的教学一定会是成功的教学，他的教育对象中就不会出现“差生”。

再次，建构均衡匹（失）配的教学模式。不仅学生有学习风格的差异，教师本身也有其独特的教学方式或教学风格。如果教师的教学方式与学生的学习风格相一致，则能产生良好的教学效果，但一个班级中总是有一些学生的学习风格与教师的教学风格是不相一致的，因此他们就有可能面临学习失败。因此，教师应尽可能掌握多种教学方式以适合不同学习风格的学生。为此，可设计两种课堂教学模式：同时匹（失）配模式和继时匹（失）配模式。同时匹（失）配模式即在同一时间内匹配或失配不同类型的学习者，其程序是：先大班教学，教师向全班学生提出学习目标与学习要求，讲授最基本的知识；接着进行分类匹配教学，以各类学生偏爱的方式进行自学，老师巡视指导，各组基本完成学习任务后，教师集中全体学生进行归纳小结，并请各组介绍自己的学习方法，从中相互启发；然后再分类失配，令各组以非偏爱的方式学习新任务；最后集中大班归纳总结，提出运用各种学习方式进行学习时必须注意的问题（谭顶良，1998）。

最后，教师应根据学生的学习风格进行因材施教。如有些学生的学习主要靠外部动机激励，对他们则较多地加以关注，需经常检查并督促他们做好听课笔记和读书笔记，随时掌握他们的学习状态。对那些受内部动机激励的学习者，则无需上述特别的监控，只需对他们提出学习的总体要求即可。另外，学生对学习时间也有不同的偏爱，有些学生属“猫头鹰”型，长于晚间学习；而有些则属于“百灵鸟”型，早晨学习效率较高，因此，指导他们适当调整自己的作息时间，充分利用他们一天内学习的高效期进行学习，可以使他们取得事半功倍的效果。

第十六章 人格因素与学习

除了学习者的认知因素、动力因素影响学习外，学习者的人格因素对学习也有重要影响。学习者对自己的学习能力、性格以及学习目标与理想追求等的认识，学习者对事件结果原因的追溯及其习得性偏向，也就是归因方式或风格，学习者的焦虑水平等，都与其学习有较大的关系，因而一直受到教育心理学的重视。特别是近年来，随着非智力因素研究的深入和心理健康教育的进一步开展，人格因素在学习中的作用受到了越来越多的关注，成为教育心理学的又一个研究热点，并取得了一定的成果。

本章主要阐述有关人格因素如自我概念、归因、焦虑等对学生学习的影响，并提出相应的教育和教学建议。

第一节　自我概念与学习

无论从心理学的哪个领域来看，“自我”的研究始终贯穿其中。然而，对自我的研究却是相当困难的，其原因是自我不能从外在进行观察测量，而只能靠个人的自身体验。个体所体验到的自我，包括两个相对的层面：一个层面是指主体性的自我，也即属个人肉体、精神存在的实体；另一层面是指客体性自我，也即属于个人所觉知的自己。两者结合起来就构成了一个与他人及环境分离的产物——自我。心理学对自我的研究大多偏重客体性自我的层面，因为，客体性自我是个人对自我的觉知，是具有变化性的心理研究主题。如《论语》中提到的“吾日三省吾身”就是一个很好的例证，前一个“吾”代表主体自我，后一个“吾”代表客体自我。所谓“省吾身”是指主体自我对客体自我进行评价；由评价所显示的正是个人对自我觉知的表达，这实际上就是心理学研究的自我概念。

一、自我概念的界定

自我概念（self-concept）最简单的解释就是个人主体自我对客体自我的看法。20 世纪 90 年代以来，自我概念的研究在心理学的研究中逐渐占有重要的地位，这是因为，人们普遍认为，自我概念与人类学习以及其他行为有着非常密切的关系。自我概念是个人心目中对自己的印象，包括对自己存在的认识以及对个体身体、能力、性格、态度、思想等方面的认识。个体对自己的认识往往表现在行为上。在早期对自我概念的研究中，心理学家把它看作是一种个体在反射和社会相互作用基础上构成的单维结构的产物。而在近 20 年来，许多著作和实验报告中所提到的自我概念不再是单维的、粗线条的，而是多维的、有层次的。人们不再局限于对自我概念基本要素的发现、确认，而是更多地研究这些要素之间的关系、程度、组合等，因为这些方面比基本要素更重要。这种多维的、有层次的自我概念结构，是由许多次级的、对自身在不同行为方面的认知的表征组成的；最初分为两种次级自我概念，即学业与非学业；后来又对之作进一步的区分，学业自我概念中又根据学习对象再作细分，如言语、数学等；非学业的自我概念又分成社会、情绪和身体等几种更基本的自我概念。不过在心理学与教育心理学的研究上，对自我概念一词却有着不同的解释和界定。人本主义心理学家罗杰斯的界定一般被认为是对自我概念最完整的诠释。他强调现象学取向和个人的现象场，提出自我概念是个人现象场中与个人自身有关的内容，是个人自我知觉的组织系统和看待自身的方式。罗杰斯的理解表明自我概念是个人对自己多方面的综合看法，包括个人对自己能力、性格以及与人、与事、与物的关系等诸多方面；也包括个人从目标与理想的追求中所获得的成败经验，以及对自己所作的正负评价。从这一定义可以看出，罗杰斯把自我概念和自我结构视为同义词，其一在表示自我概念中所指的自我，是由多个彼此关联的成分结构而成的。另外在个人的自我概念中不仅包括对自己心理特征的看法，而且也包括对自己身体特征（美、丑、强、弱）以及行为表现（包括自觉的及与别人相比较之下的优劣）的积极或消极评价。一个人对自己的评价，称为自我评价（self-evaluation），也称自我关注（self-regard）。个人的自我评价如是积极的、不偏不倚的，即表示个人自我接纳（self-acceptance）。个人能接纳自己的体貌、能力及成就表现等，即使自身有缺点也毫无怨忧而心安理得。自我接纳代表个人对自己的一种态度，此种态度背后的心态称为自尊

(self-esteem)，反之，如个人自我评价是属于消极的，不接纳甚至否定自己，不敢在别人面前显露自己的身心特征，此种态度背后的心态称为自卑(inferiority)。辅导学生自我认识与自我接纳，从而培养其自尊心，一直是学校教育的目的之一。

以上的讨论，说明的是心理学家研究一般人自我概念的大概情形。在此我们主要关心学生的自我概念问题，因为学校教育是以学生健全的人格发展为目的的，学校中一切教学活动的效果不能单独从进行教学的观点来看，而应从学生的观点去了解他对自己学生角色的看法，也就是学生自我概念的问题。

我国台湾心理学家张春兴将学生自我概念界定为：学生在身心成长及学校生活经验中，对于身心特征、学业成就以及社会人际关系等各方面所特有的综合性知觉与自我评价。自然，学生在对自己多方面知觉的整合与自我评价中包括认知、情感、意志三种心理成分；他知道自己是什么样子，知道自己的优缺点；在他对自己所知的一切中，有些是他喜欢的，也有些是他不喜欢的；有些是他在追求中达到目的的，有些是有理想而未实现的。

二、关于自我概念的研究

自我概念的研究是心理学研究的中心问题之一。但是对于自我概念的研究，长期以来由于方法论的局限，进展较慢。20 世纪 80 年代以来，情况有所改观，自我概念的研究有了一些突破性的进展。这一方面是因为自我概念研究中的统计分析策略和各种手段有了改善，另一方面是因为自我概念的理论模型建构有了根本性的发展，使自我概念的测量工具日益完善，研究层面更加具体深入。

（一）自我概念的单维理论模型

所谓自我概念的单维模型就是指对自我概念用自尊测量的单项成绩来描述自我概念的水平。西方最早比较系统地研究自我概念的心理学家是詹姆斯。他认为自我概念可以分为身体和物质的、社会的、精神的自我概念和纯粹自我概念四个成分，这些成分自我概念以及价值的不同在层次上是有序的，各成分自我概念的总和构成了总体自我概念。詹姆斯对自我概念的具体成分分析开启了对自我概念进行元素分析的道路，为自我概念的具体测量研究提供了一定的理论依据。从詹姆斯那里就可以看到，对自我概念要进行深入细致的实证性研究，有两方面是必不可少的：一方面需要对自我概念有一个确切的操作定义，另一方面要对自我概念的构成成分进行基本的元素分析，即建构一定的理论模型。但在实证和测量的范围之内，最初对自我概念的测量研究却忽视了这一点。对自我概念的测量做出重要贡献的库珀史密斯（Coopersmith，1967）认为，自我概念是个体对自己的总体评价。根据这种理解他编制出了自尊测量问卷（Self-esteem Inventory，简称 SEI）。这是一种单维建构的测量问卷，问卷没有内部结构维度，库珀史密斯用 SEI 的单项成绩来衡量个体的自我概念水平。皮尔斯（Piers）和哈里斯（Harris）也提出过自我概念的理论模型，并于 1969 年编制出皮尔斯和哈里斯自我概念量表，这一量表也是单维的，没有内部结构维度。尽管后来通过因素分析，初步形成了几个次级量表，但这几个次级量表所反映的成分自我概念没有明确的定义，每一次级量表要测定什么不够明确。因此，皮尔斯和哈里斯的自我概念量表仍是单维的、笼统的，反映出他们对自我概念的理解缺乏深入的元素分析。

罗森伯格（Rosenberg）认为，自我概念是个体对自我客体的思想和情感的总和，他对自我概念进行了比较深入的元分析，提出自我概念包括个体对自己许多方面的看法，这些方面包括生理和身体方面、社会结构、作为社会行动者的自我、能力与潜能、兴趣与态度、作为个性品质的一些本质特征、内在思想、情感与态度等。他非常重视自我概念中各成分要素之间的关系，认为现象自我不是各种成分要素的集合，而是有的成分处于中心位置，有的处于边缘位置，有些成分可凝结为一个大的单元部分，各个部分又构成一个整体。同时他认为自我概念是有层次的，包括一般水平和具体成分水平的层面。自我概念的一般自我概念与具体水平是不可互换的，不能把一般的自我概念与等价的自我概念的具体侧面相混合。罗森伯格对自我概念的元分析的许多方面是很有价值的，但他提出的自我概念的成分要素没有明确的定义，各种成分自我概念是相互包容的，没有明确的界定，同时他所编制的自我概念的测量问卷的结构效度很低，所进行的实证研究没有给其理论以有力的支持。因此，他的自我概念理论模型虽然比库珀史密斯有所发展，但仍然是一种单维建构。

（二）自我概念的多维阶段理论模型

与单维自我概念模型不同，研究者把自我概念区分为能力自我概念和普遍的自我价值信念，从多个维度探讨自我概念的发展，并考虑了自我概念发展的年龄特征。哈特（Harter）认为，在自我概念研究中，有两点非常关键：第一，要把涉及具体领域的能力自我概念和普遍的自我价值信念予以根本的区分，要重视具体成分的测量。第二，评价儿童的自我概念水平时必须考虑其心理发展的年龄特征，不同年龄阶段的儿童的自我概念的成分要素是不同的，随着年龄的增长，自我概念的要素成分在不断地增加。根据这种对自我概念的基本认识和大量的研究，哈特（Hater，1984，1985，1986）先后提出了不同年龄阶段儿童自我概念的不同成分要素，编制出5种测量问卷，见表16－1：

表16－1 哈特的不同年龄阶段儿童自我概念测量问卷维度

测量工具名称	学龄前儿童自我知觉侧面	学龄儿童自我知觉侧面	青春期学生自我知觉侧面	大学生自我知觉侧面	成人自我知觉侧面
成分要素	认知能力	学术能力	学术能力	学术能力	学术能力
	身体状况	艺术能力	艺术能力	智力	幽默感
	同伴认同	同伴社会认同	社会认同	创造能力	工作能力
	行为成果	行为成果	行为成果	工作能力	道德
		身体状况	身体状况	艺术能力	艺术能力
		一般自我价值	朋友关系	身体状况	身体状况
			魅力	同伴社会认同	社会性
			工作能力	朋友关系	亲密关系
			一般自我价值	亲密关系	抚养关系
				幽默感	供给者的适当性
				道德	家务管理
				一般自我价值	一般自我价值
年龄(岁)	4～7	8～12	13～18	19～24	25～55

哈特的不同年龄阶段的测量问卷的结构效度不同程度地得到了具体测量的支持（Harter，1985，1986，1988；O'Brien & Bierman，1988；Marsh & Gouverenet，1989）。虽然哈特对自我概念的成分分析也可能存在一些局限，但她对自我概念的理论建构和具体研究做出了重要贡献。首先，她提出的自我概念的多维度对一般的自我价值信念与具体的能力自我概念所作的区分是有价值的。其次，她的大量研究表明具体的某一领域相关的能力自我概念与某一领域内的行为成就密切相关。再次，她的自我概念理论模型考虑了自我概念的认知发展的制约性，这也是自我概念研究中不可忽视而往往被忽视的内容。不同发展阶段的儿童其自我概念所包含的具体内容肯定存在着差异，自我概念的维度会随着年龄阶段的变化而变化。

（三）沙沃森等的自我概念多维度层次模型

目前，在国外的自我概念研究中，对自我概念理论模型建构做出重要贡献的除哈特之外，影响较大的模型建构是沙沃森（Shavelson）等提出的自我概念的多维度层次模型。沙沃森等人认为，自我概念是通过经验和对经验的理解而形成的自我知觉，这种知觉源于个人对人际互动、自我属性和社会环境的经验体验，被认为是多维度的，按一定层次组织到一个范畴系统之中，即自我概念是一个有层次、多维度的范畴建构；这种范畴建构可以从多个方面来理解：多维性、组织性、稳定性、发展性、可评价性和区别性。以此定义范畴为基础，沙沃森等提出了自我概念的多维度层次理论模型。在这个模型中，一般自我概念位于最顶层，一般自我概念可区分为学业自我概念和非学业自我概念；学业自我概念又可细分为具体学科的自我概念，如数学自我概念、英语自我概念；非学业自我概念又可细分为社会的、情绪的、身体的自我概念，如图 16－1 所示。

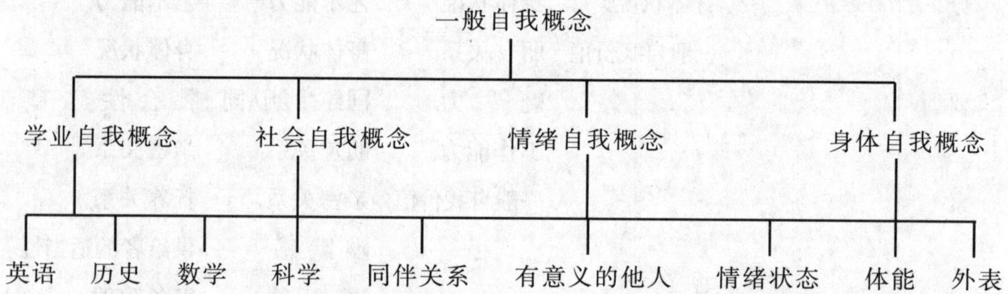

图 16－1　沙沃森等人的自我概念多维度层次模型

（资料来源：Shavelson，Hubner & Stanton，1976）

综合上述关于自我概念理论模型的研究，我们可以概括出自我概念的一些基本特征：

（1）它是一种组织或结构，在这个结构中人们将关于自身的信息加以归类整理，并找出各种信息之间的关系。

（2）它是一种多侧面结构，特定的侧面反映一种自我参考系统，这种系统由特定个体调节并被一个团体共享。

（3）它是一种等级结构，个体对自身的知觉由基础等级逐渐发展到特定领域（如数学、语文等），最后达到对自身的一般的总体的知觉。

（4）它的等级结构中，一般自我概念即等级结构中的最高点，是相对稳定的。随着等级的降低，自我概念与特定情境的关系越来越密切，其稳定性也随之逐渐降低。

(5) 随着个体的成熟，自我概念变得越来越复杂，即维度区分越来越多。

(6) 它同时具有描述性和评价性两个特点：个体可能会描述自己（“我的学习成绩很好”），也会评价自己（“我很擅长语文”）。

(7) 自我概念与其他结构（如学业成就）有所区别。

三、自我概念与学习的关系

一般地，教育心理学家认为，学生的自我概念与学业成绩之间的关系是复杂的，但总的来讲学生的自我概念与其学业成绩之间有正相关关系，但相关不是很高（贺岭峰，1996）。这一结论有两点含义：其一是自我概念与学业成绩之间是相关关系，而非因果关系。因为，两者之间可能互为因果：自我概念可能影响学业成绩，学业成绩也可能影响自我概念。其二是学业成绩只是构成学生自我概念的两大基础之一，除此之外还有一类与学业成就无关的自我概念。这两者的范围不同，所以分不出相关程度的高低。贝勒（Byrne，1984）的研究认为，学业成就与特定的自我概念之间密切相关。玛什等人（Maesh，Relich & Smith，1983）发现，数学成绩与数学自我概念之间的相关系数为0.55，与其他自我概念的相关则小得多（如与阅读自我概念的相关值为0.21），而与非学业自我概念则几乎无关。国内学者对自我概念与学业成绩之间的关系也进行了一定的研究，杨国枢等人的几个研究发现，自我概念与学习成绩、智力几乎没有相关或相关很低；宋剑辉、郭德俊等（1997）的研究发现，语文成绩与语文自我概念高相关，数学成绩与数学自我概念高相关，而语文成绩与数学自我概念是负相关，数学成绩与语文自我概念是负相关；卢钦铭等的一些研究发现自我概念与学习成绩之间有正相关，但因性别、年龄、学校以及各分量表情况的不同而不同；姚计海等（2001）研究发现，学业成绩与自我概念有显著正相关，而且学业成绩对自我概念有显著预测性；何先友（1998）的研究发现数学自我效能与自我概念对小学生的数学成绩有显著的影响，数学成绩优秀生和不良生在自我概念上有着显著的差异。

既然自我概念与学业成绩之间存在正相关关系，是否可以培养学生正确的自我概念，从而提升学业成绩呢？教育心理学家在这方面做出了很多努力，但是从实际研究的情况来看，很多刻意设计情境来培养学生自我概念用以提升学生学业成绩的实验，均未取得预期效果。曾有教育心理学家搜集了

26 项专案实验研究（均属旨在培养学生自我概念以提升学业成绩的专案），经分析之后，得出如下结论：

> 这些研究之所以未能获得预期效果，原因是研究者在理论上的假设是错误的。研究者认为，学生的自我概念是导致其学业失败的原因。事实并非如此，先给学生获得学业成功的机会，并给予赞赏，学生才会自行建立起积极的自我概念（Scheirer & Krant，1979）。

总之，通过上面的分析可以看出，学生的自我概念与其学业成绩之间具有正相关关系，自我概念正确者其学业成就较高，自我概念不正确者其学业成就较低。若单从各项与学业成绩有关的自我概念与学业成就两个方面的因素来分析，其间相关的程度将更高。只从学校教育的角度来看，辅导学生从学习中获得成就，从而间接地培养其正确的自我概念，较之直接培养学生的自我概念以提高其学业成就的做法更为有效。

四、对学校教育教学的建议

既然自我概念对学生的学习有着不可低估的影响，那么学校教育应怎样培养学生正确的自我概念呢？

（一）注意辅导学生从学习中发展正确的自我概念

简单地说，正确的自我概念是指个人经过自我评价之后，能自我接纳而且感到自尊。这类人的自我概念可以说是积极的、正确的。应该看到个人经自我评价后能否自我接纳是相对的，因为个人在自我评价时，在心目中有一个理想的标准，作为其评价自己的根据，这一理想的标准就是理想自我（ideal self），它是个人对自己应是什么样子的期望。在理想标准下评定的自己就是现实自我（actual self），即此时此地个人所觉知的自己的样子。而实际上个人的理想自我与现实自我是有差距的，差距越大个人就越不能接纳自己。因此，辅导学生确实认识其现实自我，并适度调整其理想自我，使两者接近以利于自我评价后的自我接纳，这也就是培养学生正确自我概念的基本原则。教师应特别注意，这一原则实施起来并不是一件容易的事，因为学生的理想自我固然是想像的，但学生的现实自我未必就准确地代表他自己。正确自我概念的养成关键在于自尊心的形成，因为自尊是经由自我评价之后自我接纳时的自我价值感，有自我价值感的学生在学习中会尽心尽力。教育心理学家库珀史密斯（Coopersmith，1976）在《自尊心的养成》一书中提出培养自尊心的三个先决条件，认为这三个方面的条件满足后自尊心才会出现。这三个条件是：①重要感（sense of significance），指个人觉得他的存在是重要的和有意义的。学生的重要感主要来自与人交往过程中形成的各种社会关系，在家庭中得到父母关爱和在学校中得到教师与同学的接纳，就会使他产生重要感。②成就感（sense of competence），指个人能在具有挑战性的任务中表现出成就，而且能达到预期目的，此时所产生的完美感受。学生在学业上的成就感，自然是形成其正确自我概念的关键。③有力感（sense of powerness），指个人感觉到自己有处理事务的能力。对学生而言，在智能和经验上能接受学校考试的压力，能每天不接受别人监督协助即可独立完成课后作业，就会产生有力感。有力感是使人敢于面对困难、接受挑战的重要心理特征，也是克服困难获得成功的重要因素。显然，库珀史密斯关于自尊培养的理论解释，在学校教育上有三层含义：第一，除家庭、父母关爱子女外，学校、教师应对所有学生一视同仁，对他们表示接纳与支持。这也是所倡导的"爱"的教育的实践。第二，教师在教学上应配合学生能力的个别差异，使每个学生均能在相对标准之下，获得符合其能力的成功经验。第三，在现实生活中，应提供学生多方面锻炼的机会，并鼓励他们自定目标，自行完成，从而培养其独立能力与自我价值感。

（二）通过改变学生的自我概念来影响其学业成绩

改变自我概念是自我概念研究中一个重要方面，也是学校教育关注的重要方面。斯瑞等（Scheire & Kraut，1979）认为，试图改变自我概念的尝试实际上是提高个体学业成绩的尝试。关于自我概念的干预一般而言有如下几种方法。

1．后团体奖赏效应（post-group euphoria effect）

研究发现，当个体顺利参与并完成某一团体任务后，会有一种很愉快的感觉，这种效应称为后团体奖赏效应。玛什（Marsh，1986）利用后团体奖赏效应设计了一系列的标准课程，用于改变个体的自我概念。研究发现，实施这种标准课程并配合以父母的支持，将提高学业成绩较差的在校男生的学业成绩和学业自我概念。也有人采用相似的干预手段，研究发现，正确的干预将有助于提高个体的自我确认感和自尊水平。

2．动机训练

动机训练有两种基本方法：其一是引导个体在预先设定的领域中获得高成就。在引导过程中，主要培养个体的特定技能与能力。其二是帮助个体形成追求成就的倾向与态度，具体的行为目标由个体自己确定。齐茨（Tice，1985）根据第二种方法设计了一个动机训练方案 PTE（pathways to excellence），用于青少年的动机训练。它假定，借助改变个体的习惯、态度、信念与期望等，个体的潜能能转化为真正的成就。PTE 的运用涉及动机、认知失调、问题解决、自尊、自我决策及目标设计等众多因素。潘瑞叠和哈蒂（Purdie & Hattie，1995）采用 PTE 对青少年进行动机训练，结果显示，PTE 能够提高学生的深层成就动机水平和自信心，这两个方面的改变有助于提高学生的学业成绩。

3. 归因训练

归因研究表明，对以前行为结果的归因的改变可以促成后继行为的改变，即通过一定的训练程序采取适当的干预措施，可以使学生掌握某种归因技能，纠正或改善原来不适当的归因方式，形成积极的归因倾向，从而改变行为。关于归因训练的理论模式基本上有三个：塞利格曼的习得性无助理论、班杜拉的自我效能理论和维纳的动机情绪的归因理论。以维纳的归因理论为例，该理论认为，对于学生应尽量引导他们把失败归因于努力不够或学习方法不当等不稳定的因素，减少他们对失败的稳定归因（如能力差），这样失败的状况在后来的活动中有希望改变，从而增强对未来学业成功的期望和实现目标的信心，并促进成就行为。沙沃森和布劳斯（Shavelson & Blous，1982）认为，个体自我概念的形成部分地与"个体自身的行为归因"有关。我国学者隋光远（1991）、胡胜利（1996）的研究表明：对中学生进行积极的再归因训练，将有助于增强其成就动机水平，提高学业成绩。成云等人（1998）的研究表明：归因训练促进了学生良好态度和情感的形成，使学生正确地分析和评价自己的学习行为，从而更积极、更主动、更自觉地从事自己的学习活动。另外，通过归因训练可以巩固正确的归因模式，也能改变其不正确的归因倾向。

第二节　归因、控制点与学习

一、归因与归因方式

（一）归因与归因方式的一般概念

归因（attribution），就字面意思而言，是指"原因的归属"，即：将行为和事件的结果归属于某种原因，通俗地说，归因就是寻求结果的原因。心理学将归因理解为一种过程，因此，归因是指人们通过知觉、思维、推理等内部信息加工过程，确认自己或他人的行为或结果的原因的认知活动。归因总是与“为什么”这样的问题联系在一起的。在学生的学习活动中总要遇到这样或那样难以理解的行为、事件和现象，因此，他们总是在不断地为自己提出这样或那样的“为什么”的问题，对这些问题的回答就构成了归因活动。归因总是作为一种结果而言的，只有当行为、事件和现象作为一种实实在在的结果表现出来时，学生才会去寻找对原因的归属。比如，当一个学生的考试成绩不理想时，对这种结果他们就会提出“为什么”的问题。

归因方式（attributional styles）又称归因风格，关于归因方式的研究可以看作是认知心理学关于“认知方式”的研究向归因领域的拓展，它试图将个人的人格特征与其归因认知过程结合在一起，系统探讨两者之间的关系，从一个侧面展现了人们之间的个别差异。这就提出了一个问题，为什么不同的人有不同的归因方式？对这个问题有两个不同的回答：一种解释认为一个人的归因方式是其在现实生活中所实际经历的典型的因果关系的结晶，人们之间的归因方式的不同，真实地反映了他们的生活道路和所经历的现实的因果关系的不同；一种解释认为一个人的归因风格反映了其在归因活动过程中歪曲现实的特定偏向，这种偏向或是源于在社会化过程中获得的“习得性偏向”，或是源于维持稳定的自我概念或对环境控制感的“动机性偏向”。但是在实际上将这两种解释截然分开是不可能的，对学生归因方式不同的解释当然也不能只认为是哪一种原因在起作用。

（二）归因理论

在心理学中，归因理论起源于社会心理学关于“人际知觉”的研究。20 世纪 50 年代是该领域研究最活跃的时期。1958 年海德（F. Heider）出版了《人际关系心理学》一书，由此揭开了归因研究的序幕，此书也被看作归因理论产生的标志。下面简单地介绍与教育有关的几种归因理论。

1. 海德的理论

海德是最早研究归因理论的学者，他非常关心现象的因果关系。他认为需要控制周围的环境，预见他人的行为，只有这样才能更好地在复杂多变的社会中生活。因此每一个人都会致力于寻求人们行为的因果性解释。海德把这种普遍现象称为“朴素心理学”。朴素心理学认为，为了预见他人行为并有效地控制环境，关键问题在于对他人的行为或事件做出原因分析。

海德认为，一个人的行为必有原因，其原因或者决定于外界环境，或者决定于主观条件。如果判定人们行为的根本原因是来自外在环境，如个体的周围环境、与个体相互作用的其他人对个体行为的强制作用、外加奖赏或惩罚、运气、任务的难易等，称为情境归因；如果判定个体行为的根本原因是个体本身的特点，如人格、品质、动机、情绪、心态、能力、努力以及其他一些个体所具备的特点等，则称为个人倾向归因。可以认为，个体的任何行为既有外部原因也有内部原因，是内外两个方面原因共同作用的结果，但在每一特定的时刻，总有其中某一原因起作用。海德归因理论的核心在于：只有首先搞清楚其根本原因是内在的还是外在的，然后才能有效地控制个体的行为。一学生学业上取得了成功，要从他的能力或努力程度（内部原因）以及运气等（外部原因）上来归因。

2. 维纳的归因理论

维纳认为在分析他人行为时，原因的稳定与不稳定乃是第二个重要的问题。个体的行为可以归纳为许多可能的因素，但都可以把它归入内在—外在、稳定—不稳定这四个范畴之中。维纳根据海德的理论，研究了人们对成功与失败的归因倾向，概括出归因的几个重要维度，如表 16－2 所示。

表 16－2　维纳关于归因的维度划分

支配原因 稳定性	内在的	外在的
稳　定	能　力	工作难度
不稳定	努　力	运　气

把个体成功与失败的行为归因于何种因素，对学生今后学习的积极性有重要作用。维纳等人的研究表明：把成功归因于内部因素如努力、能力等，能使人感到满意和自豪；若把原因归因于外部因素如任务、运气等，则使人产生意外的和感激的心情。若把失败归因于内部因素，会使人感到内疚和无助；若把失败归因于外部因素，则会使人产生气愤和敌意。把成功归因于稳定因素如任务容易或能力强，会提高以后的学习积极性；若把成功归因于不稳定的因素如运气好或努力，则以后学习积极性既可能提高也可能降低。把失败归因于稳定因素如任务难和能力差，会降低以后学习的积极性；若归因于不稳定因素如运气不好或不够努力等，则可能提高今后学习的积极性。

维纳认为，能力、努力、运气和任务难易是学生学习成败的主要因素。一般来说，追求成功的人把成功的原因归因于自己能力强，而把失败归因于自己的努力不够，认为只要努力学习总会提高。相反，避免失败的人往往把成功的原因归结为运气好、任务容易等外部原因，而把失败归结为自己无能。由于避免失败的人把成功与否归结为自己无法控制的外部因素，因此认为再次成功把握不大，这种人往往处于退让的姿态。追求成功的人把成功与否归结为自己是否努力，这种人往往在下次选择任务时，仍然选择有一定难度的任务，相信自己通过努力可以成功。因此，归因理论推崇自我努力感，强调努力会带来一种兴奋自豪感，不努力会产生一种内疚。

大量的实验证明，个体对学习成功的归因变化是有规律的。一般来说，幼儿和小学生看重努力的作用，但当学生进入初中时，努力的“价值”逐渐贬值，他们会愈来愈感到努力会表明自己能力低下，这种感觉与年俱增，到了大学阶段，就把能力看作是最能体现个人价值的关键。

3．凯利的三维理论

凯利提出了一种颇有说服力的理论。他认为人们行为的原因十分复杂，有时仅凭借一次观察难以推断他人行为的原因，必须在类似的情境中做出多次观察，根据多种线索做出个人或情境的归因。凯利指出，人们要跨越三个不同的范围来检验因果关系，即客观刺激（存在）、行为者（人）、所处的情境或条件（时间和形态）。因为这个理论涉及上述三个独立的方面进行归因，所以称之为“三维理论”。

凯利的三维理论将外界信息分成不同的信息资料，即区别性资料、一致性资料和一贯性资料。所谓区别性资料即他人行为是否特殊。例如，语文教师看到他所教的某一学生的语文成绩差，那么在分析其原因时，首先看该学生学习其他学科成绩如何，若其数学、外语、物理等学科成绩很好，则其语文成绩差是特殊的。所谓一致性资料，即分析他们行为表现是否与其他人一致。如上例，若其他人的语文成绩也很差，证明语文成绩差具有一致性。所谓一贯性，即分析他人特殊行为的发生是一贯的还是偶然的。例如，某学生语文成绩差是历来如此还是最近骤然下降，若是前者，则肯定其学习成绩确实是差。在对他人行为进行归因时，根据三个不同的范围，沿着上述三个方面的线索，就可以做出正确的归因。还是以上述例子来分析：如果区别性低，即该学生学习各门功课成绩都很差，不仅是语文差；一贯性高，即该学生语文成绩一直很差；一致性低，即该学生语文成绩差而其他学生则不差。综合这些材料，可以认为这是该学生自己的原因。如果区别性高，即该学生学习其他功课都很好，只有语文学得不好；一致性高，即不仅是该学生语文成绩差，而且其他学生语文成绩也差；一贯性高，即该学生语文成绩总是不好。综合这些资料可以归因为语文教师没教好。如果区别性高，即该生语文学得不好，其他功课都好；一致性低，即其他人语文学得很好，该生却不好；一贯性低，即该生过去语文成绩一直很好。综合这些资料，可以归因为当时的情境或条件。

（三）归因对学生学习的影响

1. 归因与习得性无助感

归因理论及相关研究发现，在各种因素中，能力和努力是两个最为主要的因素，将成功归于能力，有助于增强个体的自我效能，进而有利于以后的学习；如果将失败归于努力，会有利于维持学生的自信心，并能激发他投入以后的学习中去，以改变其目前的境况；而如果将失败归因于能力，就会使学生容易放弃努力，久而久之，就会产生习得性无助感，变得无助、冷漠，听之任之，破罐子破摔。因此，在教学中引导学生形成积极的、进取的归因是十分必要的。

"习得性无助感"（learned helplessness）这一概念最早是由动物学习理论家提出来的，他们发现当动物被置于难以逃避的电击区域时，起初它们试图逃避电击的反应很积极，然而24小时之后它们的逃避反应明显地减少或消失，表现为：动机缺失、认知或联想缺失、情绪缺失。这种现象叫做"习得性无助"。"习得性无助"是一种认为失败无法避免的观念。一旦学生由于消极的归因形成了"习得性无助感"，则表现为自尊心下降，有强烈的失败感，学习消极，不愿做出努力。一般而言，那些在学校被教师视为能力低下，同时被其他同学看不起的学生，通常具有"习得性无助感"的特点。心理学家们指出，对于这样的学生，教师最好采用鼓励与引导他们进行积极归因的方法，对他们给予帮助。只要他们的消极归因得到改变，那么他们身上的"习得性无助感"现象将会逐渐消失。

2. 归因与成就动机

由于归因影响期望的改变，因而也必然影响成就动机。具体地说，个体对先前活动结果原因稳定性的知觉首先影响了他对活动结果的预期，而后影响了他从事进一步活动的动机。假如一个学生在一次数学考试中失败了，他将其归因于自己的数学学习能力不足这一稳定的原因，他将会预期自己以后在数学考试中还会失败，这将削弱或终止他继续从事数学学习的动机；相反，如果他将失败归因于努力不够这样的不稳定因素，他将保持一种对未来的较乐观的期望，这将有助于维持继续从事数学学习的动机。归因对成就动机的影响由此可见一斑。另一方面，归因还通过影响人们的情绪情感而作用于人们的成就动机。如上述例子，除了对实现目标的可能性的估计或预期外，个体对目标价值的判断在成就动机的产生中也是很重要的一种变量。人们通常不去追求自认为毫无价值的目标，即使达到该目标的可能性非常大。归因理论研究认为，归因对成就动机的影响有如下规律：失败被归因于稳定的、内部的、不可控制的原因，将会弱化进一步活动的动机，而失败被归因于不稳定的、外部的、可控制的原因，则不会弱化甚至还会强化进一步活动的动机；成功被归因于稳定的、内部的、可控制的原因，将会强化进一步活动的动机，而成功被归因于不稳定的、外部的、不可控制的原因则无助于强化甚至还会弱化进一步活动的动机。

迈耶（1970）的一项实验开创性地证明了归因与成就动机之间的关系。研究结果表明：归因影响了对随后成功的期望，即如果被试将先前的失败归因于能力、任务难度这样的稳定原因，他们将对随后在类似任务上取得成功的可能性低估，而且失败持续的时间越长，对未来成功的希望就越低。

二、控制点

（一）控制点的概念

控制点的概念最初是由社会学习理论家罗特（Rotter）提出的，这个概念指的是个体在与周围环境相互作用的过程中，个体对控制自己生活的力量的定向，也就是每个人对自己行为方式和行为结果的责任的认知或定向。在这里涉及一个控制源的概念，所谓控制源是指人们对影响自己生活与命运的那些力量的看法。根据学习者在控制点上的差异，一般分为两种类型：外部控制和内部控制。具有外部控制的学习者认为自己的行为结果受机会、运气、命运、权威人士等外部力量控制，而自己的行为是无能为力的。他们缺乏自我信念，相信奖励不因自己的活动而出现。具有内部控制特征的学习者，有强烈的自我信念，并认为自己所从事的活动及其结果是由自身的内部因素决定的，自己的能力和所作的努力能控制事态的发展。他们相信奖励依个人的行为而定。当然，在全体人群中，极端的外控者和内控者只是少数，大多数是介于两者中间。

（二）控制点对学习的影响

学习者持有的不同控制源主要是通过影响学生的成就动机、学生投入掌握任务的精力、学生对待任务的态度和行为方式、学生对奖励的敏感性及惩罚或分数对他们的意义、学生的责任心和对待教师的态度等一系列变量，从而影响学生的学习的。

许多研究表明，控制点能够影响学生对学习的兴趣和求知欲望，能够决定学生对学习任务持接受的还是拒绝的态度，在完成任务的过程中注意力是否集中，是否克服困难等。一般认为，内控者由于倾向于把学习上的成功归结为自己的能力和勤奋，而把学习上的失败归结为自己的努力不够，因而在事后分析原因时，把失败作为需要付出更大努力的标志；这样，无论是学习上的成功还是失败，都能够促进他们更加勤奋、更加努力，因此这些学生的成就动机就比较大，学业成功的可能性也比较大。具有外部控制特征的学生，一般倾向于从外部找原因，学习的成功认为是运气较好，而学习的失败则认为是运气不好、教师教得不好、学习任务太难。这是对学习成功和失败的消极态度，这种学生的成就动机比较弱，对学习无兴趣，逃避有关的学习活动；在被迫选择任务时，不是怀着侥幸的心理选择太难的任务，就是从保险的角度选择容易的任务。他们在失败的情境中，显得无能为力，并且会中止自己的学习，因为他们把失败的原因看成是缺乏能力，自己是无法改变这种状况的。实际上他们的能力并非如此低下。与外部控制的学生相反，内部控制的学生对自己的行动有责任心，能够控制自己的成功和失败，因而能积极地适应中等的、适度的课堂挑战，选择现实的学习任务。这些学生的成就动机也较高，对自己能力的信念坚定，因此，当处于失败的情境时，也能坚持学习行为。在他们看来，失败或成功是受他们自己控制的，失败不过是更需要做出努力的标志。但这并不是说，内控水平越高越好，科学的观点是应帮助学生发展平衡的控制结构。为达到这一目标，教师应经常对学生进行归因训练，鼓励学生阐述适当的归因，对正确的归因加以强化，对那些实事求是承认责任的学生给予表扬，帮助学生掌握合理的自我责任的标准，最后建立起内外平衡的控制点结构。

三、对学校教育教学的建议

大量的研究表明，学生对成就原因的归属更接近自己的老师而不是其父母，所以通过改变教师的行为来改变学生的归因，是教育本身所能够，也应该做到的。教师对学生成败的原因归属常常不同于学生自身的原因归属，而且这种原因归属决定了教师对学生产生什么样的教育行为。教师的原因归属是通过影响他们对学生未来成就的期望而改变他们对学生的态度和行为的。根据学生成败归因的可控性和稳定性，教师确定这种结果将来会不会重复出现。如果教师相信学生的成败是由稳定的原因引起的，他们就会预期同样的结果将会被重复；如果学生的成败被教师归因于不稳定的、可控制的原因，教师也许相信他将来有可能获得成功；然而，如果教师将学生的成败归因于不稳定的、不可控的原因，那么教师就无法预言学生未来的成绩。而教师对学生未来成绩的预期或期望直接影响他们对学生的态度和行为。在很大程度上，这种来自教师的信息决定了学生的心理或行为反应。单就学生的原因归属来看，有时教师会直接将学生成败的原因告诉他们，有时学生会根据教师的行为间接地推断它们。教师可采取以下行为影响学生对自己的成败归因。

（一）正确进行口头评价

口头评价是指教师直接指出或强调学生的成就或非成就行为是好还是坏，并要求他们继续发扬或纠正的教育行为，它和具体的成绩无关。许多研究调查了教师的口头评价对学生归因的影响，结果发现：（1）教师更经常地对男生而不是女生的非智力方面的品质提出口头批评或要求；（2）教师更经常地对男生而不是女生的智力方面的品质做出积极的口头评价；（3）教师更经常地对女生而不是男生的非智力方面的品质进行积极的口头评价；（4）教师更经常地对女生而不是男生的智力方面的品质进行消极的口头评价；（5）在失败的情况下，教师更经常地指出男生而不是女生动机方面存在问题。他们发现，教师对男、女生口头要求方面的上述差异直接导致学生对成败、结果、原因知觉的差异：在失败情况下女生比男生较少意识到努力程度所起的作用，她们比男生更多的将失败归因于缺乏能力。教师对男生非智力品质的消极评价通常被视为教师对他们不公正的态度，而不被归因为对他们学业能力的客观评价。然而，教师对男生智力品质的积极评价却被接受和认同。此外，当男生失败时，教师经常地用努力不够来解释他们的行为，并提出口头要求，这就向男生表明他们的失败是努力不够造成的，而不是能力不够造成的。而女生所以在失败时较少地使用努力归因，也因为教师在解释她们的失败时较少地使用这种归因。教师的行为增加了女生将失败归因于能力不足的倾向。虽然教师也会对女生的非智力品质进行鼓励和表扬，但这种表扬非但不会增加女生的能力归因，恰恰相反，它对女生的能力归因具有破坏作用，因为女生一般把教师对她们的这种口头的鼓励和表扬视为一种“怜悯”或对能力缺乏的“补偿”，而不是把它视为对自己学业能力的“奖赏”。

（二）指导完成学习任务

指导是指教师在学生完成任务之前对给定的任务所作的说明和解释，它包括教师对任务的难度、条件、所需要的技巧和动机等方面的提示。一些研究调查了教师的指导是如何影响学生的成败归因和成就行为的。这些研究着重比较了成就动机水平不同的学生接受教师指导后的归因倾向。例如在库克拉（Kukla，1972）进行的一项研究中，指导一组被试完成一项任务，告诉他们完成这种任务主要依赖于能力；指导另一组被试完成同样的任务，但告诉他们完成任务既依赖于能力，也依赖于努力。两组被试中都包含了成就动机高和成就动机低的学生。结果表明：在第一组被试中成就动机水平高和低的被试的作业成绩没有明显差异，但在第二组被试中成就动机水平高的被试成绩显著地好于成就动机水平低的被试。这表明，完成任务前的指导影响了被试的原因归属。如前所述，成就动机水平高的人一般倾向于对自己的成败作努力归因，而成就水平低的人则倾向于对自己的成败作能力归因。因此，当成就动机水平高的被试得知完成当前任务在一定程度上依赖于努力时，他们就会付出更多的努力来完成这种任务。他们相信努力是行为结果的重要决定因素。相反，成就动机水平低的被试相信努力决定行为结果方面是不重要的，因此即使研究者告诉他们努力是影响行为结果的重要因素之一，他们也较少受到这种指导的影响。而当告诉被试完成任务主要依赖于能力时，被试都不会付出很大的努力来从事这种任务，因为他们知道能力是不大可能通过暂时的努力来改变的。

（三）合理进行教育强化

强化是指教师对学生在成就情境中的行为表现或成绩给予有形的奖励或惩罚的教育方式。阿姆斯（Ames，1977）等人发现，教师如何使用奖励直接影响学生对成败结果的归因。在他们的研究中，学生要么在竞争性任务上意外地受到奖励，要么在非竞争性任务上受到奖励，在前一种条件下竞争双方只有优胜者获得奖励，在后一种条件下所有学生都依据完成任务的情况获得相应的奖励。在此之后要求他们从能力、努力、任务难度或运气四类原因作出选择，对自己的成功或失败进行归因。结果显示，在竞争条件下学生倾向于更多使用“运气”归因，而且在竞争条件下失败的学生对自己能力的评价低于在非竞争条件下失败的学生。因此，竞争条件下的奖励也许造成失败者自我贬抑的归因，这种归因的结果是消极的。这是因为竞争涉及社会比较，在这种情况下的失败使学生能力方面的问题突出，从而增加了他们将失败归因于能力低的可能性。总之，在教育教学活动中教师应谨慎地使用奖励这种强化手段。

（四）注意运用言语反馈

教师对学生行为结果提供的言语反馈也直接影响学生对自己成败结果的归因。在一系列实验研究中，梅耶（Mayer，1979）等人系统地调查了言语反馈（表扬和批评）对能力归因的影响，但他们的多数实验是关于被试是如何利用言语反馈信息来归因别人的能力的，而且所用的实验情境或材料都是虚设的。被试有成人、大学生、高中生和小学生。总的来说，他们的研究发现：（1）当人们获悉一个人在一项容易的任务上成功后受到了表扬，或在这种任务上失败后未受到批评时，他们对这个人的能力判断较低；（2）当人们得知一个人在一项困难的任务上成功后未受到表扬，或在容易的任务上失败后受到了批评时，他们对这个人的能力判断较高。对这种结果的一般解释是：人们预期和相信只有能力低的人才需要来自外部的表扬以支持他们的自尊和价值，甚至能够忍受外界的批评，并将之作为对价值的肯定。虽然这些发现来源于非真实的情境，但它的确说明人们对表扬和批评这类反馈信息的归因和理解是很复杂的。由此可以认为，教师对学生的成败结果提供的评价性反馈信息也必然会因学生的不同理解而具有不同的含义，从而导致学生对其行为结果作出不同的归因。一般地说，表扬不一定引起学生高能力归因，批评也未必造成学生低能力归因，有时情况甚至恰恰相反。这取决于来自教师的反馈信息和学生对自己的能力的归因判断是否一致。

（五）直接给予学生正确归因的提示

迪威克（Dweck，1975）的一项研究指出，教师对学生行为原因的直接干预影响了学生的原因知觉和成就行为。在她的研究中，给具有无助感的学生一种注定要失败的任务，在每次失败之后，教师都告诉学生“这意味着你尚需更加努力”，也就是说教师不断用“努力”归因来提示或暗示无助的学生，目的是改变他们原先持有的过多地将自己的失败归因于能力低的倾向。经过一段时间训练后，无助的学生表现出了作出努力归因的倾向，其无助行为也得到了一定程度的控制，在面对失败时显示出了更大的行为坚持性。查普林和迪威克（Chapin & Deweck，1976）的研究得到了类似的结果。他们也在学生失败后直接向他们指出其失败的原因，对他们说“你做的还不够，还需要进一步努力”，即把缺乏努力作为学生失败的原因。结果学生在随后的成就行为上表现出了更大的坚持性。另外，安德鲁斯和德巴斯（Andrews & Debus，1978）的研究发现，如果被试把失败归因于努力不够，教师及时地给他们以强化，经过这样的训练之后，学生增加了对其行为结果的努力归因，并改进了他们的成绩。可见，在学生失败后对其进行努力归因是一种既不伤害学生自尊，又有助于增强其学习动机的有效的教育方法。

上述几种关于归因训练的方法是学校情境中常用的方法，在使用这些方法时应坚持这样一些基本原则：尽可能用较为隐蔽的、间接的方法来引导学生归因，即能用巧妙的、不外漏的方法影响学生的归因，不要用简单的、带有强制性质的方法直接要求学生作出特定的归因。具体地说，上述五种影响学生归因的方法中，教师应该先考虑利用口头评价来影响学生归因，然后依次考虑利用指导、强化、言语反馈影响学生归因，最后才能考虑利用直接指出原因的方法影响学生归因。在利用这些方法引导学生归因时，有几点需要教师特别注意：

首先，在用强化手段时，不能不加区分地利用批评和表扬。一般来说，学生在困难的任务上获得成功时，尤其应该受到表扬，因为这暗示他们付出了较大努力或具有较强的能力；而当学生在容易的任务上获得成功时不能过分地加以表扬，因为这暗示了他们能力较低。同理，只有当学生获得的成绩低于其能力应该达到的成绩时，他们才应该受到批评。

其次，对学生的口头要求应主要集中在其成就行为上。不要过多地对学生进行口头评价和提出口头要求，尤其是不要不加考虑地对学生的人格特点、社交能力等非成就行为方面的特点吹毛求疵，因为学生常常将这作为教师对他们的一般态度，而不把它视为有关其能力或努力程度的反馈信息。

再次，应尽可能避免在竞争的情况下使用奖励或惩罚手段，因为这容易导致一部分学生做出不良的归因。

总之，每一位教师应该意识到学生对自己学业的成败归因在决定其行为中的重要性，了解自己对学生原因知觉的重要影响，并利用归因研究的成果去影响学生的行为。

第三节　焦虑与学习

一、焦虑概述

（一）焦虑及其分类

焦虑是对当前或预计到对自尊心有潜在威胁的任何情境而产生的一种担忧的反应倾向。它是由于个体受到不能达到目标或不能克服障碍的威胁，致使自尊心与自信心受挫，或致使失败感或内疚感增加，从而形成的一种紧张情绪状态。关于焦虑的分类依不同的标准有不同的分法。

1. 按焦虑的性质，可分为正常焦虑和过敏性焦虑

正常焦虑是客观情境对个体自尊心可能构成威胁而引起的焦虑。如学生面临重要考试而又把握不大时产生的考试焦虑；个人做了错事感到有可能损

害自己形象时产生的焦虑等。这里需要指出的是正常焦虑并不是指适当水平的焦虑，它同样可能出现过高或过低的不同水平，这取决于自尊心受到威胁的程度。过敏性焦虑不是因为客观情境对自尊心构成威胁而引起的，而是曾遭到严重伤害的自尊心本身引起的。自尊心受伤害程度越高，过敏性焦虑水平就越高。某些儿童或学生在成长过程中没有得到外界，主要是父母的内在认可和评价，从而导致缺乏内在的自尊心和价值感，当他们遭到失败和挫折时，就极易引发神经过敏性焦虑。

2. 按造成焦虑的根源，可分为现实性焦虑、神经性焦虑和道德性焦虑

现实性焦虑是由于感知到环境中真实的危害和害怕这种危险的情况下产生的情绪状态，如学生在知道学业失败或考试不及格情况下产生的焦虑，一般来讲，在威胁清除时，这种焦虑也就减轻或消失。神经过敏性焦虑是对任何情况都可能发生的焦虑，神经性焦虑一般是由心理—社会因素诱发的忧心忡忡、挫折感和自尊心的严重损伤引起的。道德性焦虑是由于违背社会道德标准，在社会要求与自我表现发生冲突时引起的内疚感或情绪反应。上述三种焦虑中现实性焦虑和道德性焦虑有一个共同的特征：焦虑的产生由客观上对自尊的威胁引起，无论这种威胁是外界的危险还是内部的道德与自我行为之间的冲突，威胁是实实在在存在的。我们把这两种由客观现实引起的正常人的焦虑称作正常焦虑。而神经性焦虑是个体在生长发育过程（特别是在童年期）由于自尊心受到严重伤害而产生的异常焦虑。一个有神经性焦虑的人，其自尊心特别容易受到伤害，严重者还可能诱发慢性焦虑神经症。从这个角度讲，为了保证学生的健康成长，要注意学生自尊心的维持，特别是要避免对学生施加对其自尊心有严重损伤的刺激。

通过上面的分析可以看出，焦虑的产生起因于个体对情景或情景刺激的评估，正是由于个体把情景或情景刺激评估看作是一种对其自尊心有害的危险刺激，个体才会产生焦虑反应，并以生理变化及行为变化的形式反映出来。因此，焦虑包括三种基本成分：其一，认知成分，它是由消极的自我评估所构成的意识体验；其二，生理成分，这是一种与植物神经系统活动增强相联系的特定的情绪反应，表现为血压升高、心率增强、皮肤出汗、面色苍白、呼吸加深加快、胃肠不适，甚至头痛、失眠等；其三，行为成分，这是一种以动作或行为变化形式表现出来的外部反应，如不安、多余动作增加等。

（二）焦虑与学习的关系研究

1. 焦虑水平与学业成绩关系的研究

在一个人的一生中，焦虑水平始终是影响其学业成绩的重要变量。自

20 世纪 50 年代以来，有大量的关于焦虑水平与学业成绩关系的研究。这些研究一般发现：在容易的任务上，高焦虑被试比低焦虑被试做得更好，而在困难任务上，高焦虑被试比低焦虑被试做得差。一定要注意这些任务难度既是指任务本身的客观难度，又是指外部情景或线索对完成任务所造成的困难或紧张。具体地说除了客观的任务难度以外，还有一些情景因素影响不同焦虑水平被试的作业成绩：(1) 计时。在计时的情况下高焦虑被试比低焦虑被试做得差，而在不计时的情况下则相反。(2) 任务性质。当相信任务与智力测验或评价有关时，高焦虑被试比低焦虑被试做得差，反之相反。(3) 反馈。在获悉自己失败时，高焦虑被试比低焦虑被试做得差，而在获悉自己成功时，高焦虑被试比低焦虑被试做得好。(4) 他人的成绩。如果发现别人在类似的任务上失败了，高焦虑被试比低焦虑被试做得差，否则他们比低焦虑被试做得好。曼德勒（Mandler）和沙拉森（Sarason）的焦虑理论对上述结果做出了很好的解释，他们区分出两类完成任务过程中的反应行为模式：一类是与完成任务有关的行为反应，另一类是与完成任务无关的行为反应。前者常常以自我暗示或鼓励的形式表现出来，对完成任务有积极的作用，有益于提高作业成绩；后者则常常以自我松懈或泄气的方式表现出来，不利于或有害于作业的完成。高焦虑者喜欢用第二种方法对任务做出反应，任务越困难越需要集中精力，因此，与任务无关的反应对成绩的干扰或抑制作用就越大。这种解释得到了有关研究的支持，如莫里斯（Morris，1969）研究发现，高焦虑被试在计时任务上成绩偏差，而且因素分析的结果显示，导致他们成绩偏差的主要因素是担忧成分。

具体来讲，关于焦虑对学习的影响要注意下列几个方面：

(1) 不同程度的焦虑对知识学习的影响。由于焦虑是在对个体自尊心有潜在威胁的情境中产生的，因此，焦虑势必会促使个体改变自己目前的唤醒状态，从而动员体内更多的能量，以谋求目标的达到。从这个意义上讲，无论是正常的焦虑还是神经过敏性焦虑，只要程度适当，对知识学习是有促进作用的。相反，过低的焦虑，使个体处于较低的唤醒状态，则会使个体毫无顾忌，且注意集中程度也较低，从而对知识学习产生不良影响。而过高的焦虑也会因为缩小了个体的感知范围，降低了感知的精确性，最终抑制个体的知识学习。在知识学习中，只要教师了解不同程度的焦虑对学习的这一不同影响，就可以通过对学习情景的控制使学生处于一种适当的焦虑水平，从而达到有效学习的目的。但现在的问题是，对于神经过敏性焦虑来说，个体的焦虑水平与情境刺激并不成比例，教师无法使这类个体处于适当的焦虑水平，这就需要教师在日常教学中通过避免挫折和失败来培养或恢复学生的自尊心，减少或防止神经过敏性焦虑。

（2）焦虑对不同难度的学习的影响。心理学研究发现，对于不十分复杂的学习和机械的学习，一般来讲焦虑具有促进作用；而对于比较复杂的学习，如对于非常生疏的知识的学习或需要依靠随机应变、较灵活知识的学习，高度焦虑则有抑制作用。此外，焦虑对不同维度学习影响的差异还受焦虑种类的制约。对于神经过敏性焦虑来说，由于这类个体缺乏内在的自尊心和价值感，他们面临新问题时会认为这类问题是对自己自尊心的极大威胁，从而产生恐慌反应。这类恐慌反应有好的一面，它会促进个体积极思考，以寻求正确答案；如果他们面临的问题不是很灵活的，答案可以从记忆库中提取，那么积极思考的结果是寻找到正确答案，从而以问题的解决、知识的获得、焦虑的降低作为顺利完成任务的标志。但是，如果面临的问题是灵活的、需要重新组织自己的认知结构才能解决的，那么恐慌反应不仅会抑制学习，而且还会进一步损害其学习信心和自尊心，从而加剧其业已存在的神经过敏性焦虑。

（3）焦虑对不同学习能力的学生的影响。焦虑对知识学习的影响还受学生学习能力的制约。对于一般学生来说，中等程度的焦虑是一种最佳的焦虑水平，对学习有促进作用，而过强的或过弱的焦虑则会降低学习效率，甚至破坏学习。对于少数学习能力强的学生来说，焦虑的程度与学习效率成正比：焦虑程度高，学习成绩反而会上升。

（4）不同持续时间的焦虑对学习的影响。焦虑对学习的影响还受焦虑持续时间的制约：短期焦虑对学习影响不十分明显，而长期的焦虑不仅会影响个体的身心健康水平，而且还会对学习产生消极影响。

（5）焦虑对不同年龄学生的影响。焦虑对学习的影响还受个体年龄的影响。对年幼的学生（如小学生）来说，焦虑对其学习易产生不良影响：抑制其学习。随着学生年龄的增长，焦虑的消极影响逐步减少，而积极影响则逐步增大，一般到了初中，焦虑的积极影响超过了消极影响，具体表现为焦虑水平与学习成绩之间出现了正相关。一些心理学家甚至还发现，在学习上能充分发挥潜力的大学生，往往比一般人表现出更多的焦虑，这说明，对于年长的学生，甚至对于成人来说，较大强度的焦虑是激发其智力潜能的因素。

关于焦虑的这些研究对教育实践有着十分重大的意义。一般来说，对焦虑水平高的学生无限制地降低任务难度以提高他们的学业成绩和增强其行为动机的做法是不可取的，但教师可以有意识地控制和改变完成任务时的紧张刺激或情景因素，缓解紧张气氛，以减少他们的心理压力来提高他们的学业成绩。研究者在如何排除或减少焦虑上做了大量的工作，下文专门对之进行论述。

2. 关于考试焦虑的研究

关于考试焦虑，不少人对之提出了不同的观点和理解，曼德勒（G. Mandler）认为考试焦虑是一种处于失助和紊乱状态下的情绪。沃朴（J. Woipe）强调，考试焦虑是一个习惯性的、条件性的情绪反应。沙拉森主张应当把考试焦虑看作是同注意和认知评价相联系的紧张情绪状态。综合这些观点，我们认为考试焦虑是在一定的应试情境激发下，受个体认知评价能力、人格倾向与其他身心因素所制约，以担忧为基本特征，以防御或逃避为行为方式，通过不同程度的情绪反应所表现出来的一种心理状态。考试焦虑是一种特殊的焦虑，其对学习的影响也与一般焦虑对学习的影响不一样。从总体上说，考试焦虑与学业成绩之间存在一种负相关：考试焦虑越高，其学业成绩越差，而且这种关系与学生的年龄及学习能力有关，学生的年龄越小，学习能力越差，考试焦虑与学业成绩间的这种负相关就越明显；而对于一个学习能力强的学生而言，考试焦虑的这种消极影响就不十分明显了。就不同学科而言，学习材料越复杂、越抽象，其受考试焦虑的影响也就越明显。

关于考试焦虑的形成过程见图 16－2：

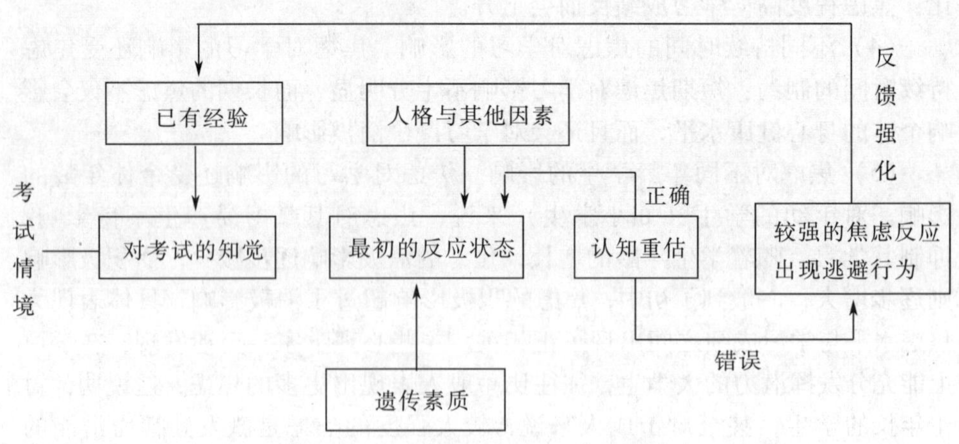

图 16－2　考试焦虑的形成过程示意图

从图 16－2 可以看出，考试情境的出现，是一种现实的应激源或焦虑的直接原因。考试情境由于考试类型的不同而显得非常复杂，重要的、大型的考试具有较强的刺激作用。当个体受到考试情境的刺激时，会形成对考试情景的知觉，如考试类型、考场气氛，此次考试对个人产生的影响和意义等。应试者从中获得了一些必要的信息，如果个体把考试觉知为对个人具有现实或潜在的威胁，那么，便会导致最初的反应状态。最初的反应状态包括一系列生理、心理反应，这种最初的反应状态由于受到个体遗传素质、人格倾向等多种因素的制约，因而使得个体之间在表现形式上差异很大。认知重估，使应试者针对个人最初的反应状态及其所处的应激条件，运用理智的力量重新进行权衡分析，试图寻求一种应对的方式。如果应试者认知重估错误，寻求不到一种合理的应对方式，那么他的焦虑反应便会加剧，如坐立不安、头昏脑涨、思维停滞、注意力难以集中等等，甚至会出现逃避行为。强烈的逃避行为和焦虑反应会在应试者的心目中留下深深的烙印，这种感受和体验作为反馈信息输入到个体已有的经验结构中，在下一次应试中便会发生消极作用，长此以往就会出现更强烈的焦虑反应。

通过焦虑形成的过程可以看出，考试焦虑的形成具备以下四个条件：第一，应试情境的激发性。其中包括角色期待、社会赞许、传统、时尚舆论等社会因素对应试情境的间接干预和影响。第二，认知评价的调控性。认知评价在考试焦虑形成中处于主导性的调控地位，因此在焦虑的减轻和治疗中应着重考虑对考试焦虑者的认知评价能力的训练。第三，考试焦虑的个体差异性。正确认知考试焦虑形成过程中的个体差异及其成因，对考试焦虑的咨询具有指导意义。第四，反馈信息的强化作用。如何控制焦虑反应所引起的反馈强化的消极后果，是考试焦虑咨询指导中一个非常重要的问题。

以上讲的是一般的考试焦虑，如果是严重的考试焦虑（即过度考试焦虑），那无论是对于学习能力强的优等生，还是对于学习能力一般的普通生或差生；无论是对于简单的学习内容，还是对于复杂的学习内容，危害都是十分严重的。关于严重的考试焦虑的危害，德莱加和路易斯（V. J. Derlega & H. J. Louis）曾作过如下概括：严重的考试焦虑至少有三个方面的危害，第一是认知的僵硬性；第二是社会适应障碍；第三是病态性恐惧和神经分裂症。因此，作为学生指导者的教师和家长都应对学生严重的考试焦虑予以必要重视，并采取相应的措施克服之，以保证学生学习的正常进行，并增进其身心健康。

二、对学校教育教学的建议

焦虑可以影响学生学业成就，但也不能一概反对学习焦虑，学生如果学习时缺乏一种压力，也不利于克服学习中的困难，因此，关键在于要有适度的学习焦虑水平。但对我国儿童而言，主要还是学习焦虑过度，如何让学生维持适度的焦虑水平，消除或减轻学习与考试过度焦虑的消极影响，是值得教育工作者认真研究的。

为什么会产生过度的学习或考试焦虑？在对焦虑的分析中，我们可以看出学生主要存在以下几个方面的担忧：担心考不好导致别人对自己的评价不利；担心考试失败会对个人的自我意象增加威胁；担心自己未来的前途；担心对应试准备不足。学生的这些担心关键在于他们对学习的期望值较高（主要是教师和家长的高期望和社会压力），而自我评价又与这种期望不相适应，因而精神上始终处于高度紧张和亢奋状态，不能理智地分析自己的客观情况，陷入一种盲目的焦虑状态，对外界丧失信心，整日郁郁寡欢，情绪低落。下面就如何调节和减轻学生的学习焦虑提几点建议。

（一）改变教师和家长的态度，调适压力

教师和家长的态度直接影响着学生的学习焦虑水平。教师的态度和蔼、要求宽松，学生的焦虑水平较低；反之，学生的焦虑水平就高。因此作为教师应该用严和（“严肃”、“和蔼”）的态度来传授知识，所谓“严”就是使学生感到知识的严肃性，来不得半点虚假，从而加强学生一定的焦虑水平；所谓“和”则是使师生距离缩短，降低学生焦虑水平。这样，通过教师的工作可以将学生的学习焦虑调整到一个适度的水平上。

同样的道理，如果家长对孩子要求过严，整日不苟言笑，孩子成天提心吊胆，怎么能学习好呢？因此作为家长应该理解孩子一天在学校已经够累了，回到家应该适当放松，但不是任其放任，而是宽严适度，劳逸结合。这样孩子既不感到过分紧张，也不觉得闲散无趣。教师可以有意对家长进行这方面的指导，如果教师和家长能相互配合，共同施教，肯定会收到更好的效果。

（二）帮助学生正确进行自我评价，建立自信

许多学生之所以学习焦虑水平过高，一方面是教师、家长的期望值过高，儿童在认同的情况下就会患得患失，担心失败，怕在竞争中失利；另一方面是缺乏自信，有自卑心理，低估自己，一旦遇到失败就归因于自己的能力不足，即使成功也认为是偶然所至。因此对这类学生一方面应进行思想认

识上的疏导，另一方面应进行自信心训练，使他们能从自卑中解脱出来。

进行思想上的疏导，首先，要帮助他们克服片面的、以偏概全的思维方式，告诉他们，一两次失败并不能说明什么，成功的路上充满艰辛，失败是难免的，没有失败就没有成功；如果把暂时的困难看成是永久的，就会丧失信心，对前途悲观失望。其次，要帮助他们客观评价自己的能力，使他们看到与别人相比自己并不缺什么，每个人都有自己的长处，只要刻苦努力、取长补短，完全可以赶上并超过别人。最后，提高学生对失败和困难的心理承受能力。面对压力，不同的人有不同的表现。有的学生焦虑水平高，但能自我控制，不使其妨碍学业；有的学生则难以自控，心理承受能力差。教师、家长应先从认识入手，帮助他们客观正确地评价自己，充分肯定自己。

所谓自信训练主要是利用交互抑制原理，通过使考试焦虑患者自我表达正常的情感和自信心，使得那些消极的自我意识得以扭转，借以削弱或消除考试焦虑的一种自我训练方法。研究表明，当一位应试者充满担忧的情感时，便会在大脑皮层产生保护性抑制，妨碍正常的认知活动。因此自信心训练也主要是针对担忧进行的。自信心训练的基本步骤是：

1. 学会觉察个人消极的自我意识

考试焦虑者在临考前对自己的消极的自我意识往往是觉察不到的。这是由于这种消极的自我意识已经成为习惯化的东西，应试者早就对此熟视无睹。要扭转这种情况，需要应试者仔细留心个人在临考前的细微生理变化，以便通过身体反应的知觉来促进自己对个人消极自我意象的觉察。一般来说，当个体面临一场重大考试时，假如具有神经性胃痛或面部肌肉紧张感等生理变化，通常便意味着大脑已经出现了消极的潜意识，对即将来临的考试已经朦胧地浮现出一些担忧的念头。针对这些潜意识或朦胧的状态，把它清晰地用语言表达出来，也就是在一张纸上把它写下来，这种做法可以把个体朦胧的潜意识提高到意识的水平，从而使个体清楚地意识到自己当前消极的自我意识究竟有哪些。这是自信心训练的第一步，也是非常关键的一步。

2. 养成向消极的自我意识挑战的习惯

在逐条记述个人的自我意识之后，下一步就是要训练自己向消极的自我意识挑战。这是自信心训练的决定性一步。所谓挑战，就是向消极的自我意识中的不合理成分进行自我质辨，其中包括指出这些消极的自我意识的不现实性和不必要性，阐明由此对个人所造成的危害，并明确今后应采取的态度。

（三）创造适宜的学习气氛，劳逸结合

学习气氛也是影响学生学习焦虑水平的因素之一。如果学校每天只是安排学生上课、看书，看书、上课，或是家里总是“一定好好学，不能看闲书”地唠叨，那儿童的学习焦虑水平能不高吗？反之，如果学校管理松懈，家里又放任自流，那儿童的学习焦虑水平又会过低。这两种倾向都是不好的。家长应和学校共同配合，创造一个宽松和谐，同时又严肃活泼的学习气氛，这样既能保持一定的学习焦虑水平，又能将之控制在适度范围之内。

学校应该在每日紧张的学习之余，安排适当的调节性活动，如课间操、课间休息、第二课堂等。不要轻易拖堂、晚下课或挤占挪用这些时间。课上也应有调节型间歇，如游戏型的教学活动、一段表演型的朗读，都可以松弛学生绷紧的神经。作业不能不留，但也不要过于繁重。

家庭必须保证孩子每天有一定的学习时间，同时允许他们充分支配学习之余的时间，做到劳逸结合。

第五编

第十七章 教学设计

在教育心理学的研究过程中，发现了许多有价值的关于学生学习和发展的规律。如何充分利用这些规律，将它们有效地应用于教学实际，从而提高教师的教学效果，这便是教学设计所要考虑的重点问题。教学设计也是心理学的研究者们一直关注的问题，著名心理学家加涅于1969年首先提出了“教学心理学”的概念，此后，教学设计成为教学心理学的核心部分，越来越为教育心理学家所重视。而对于基层的教育实践者而言，教学设计对他们无疑具有更为特别的意义，如果他们能在学习与教学理论的指导下，合理利用教学设计的知识，规划好自己的教学过程中的各个要素，优化自己的教学过程，那么无疑会对其教学效果有良好的促进作用。

本章首先概要阐述教学设计的概念、种类以及基本的设计流程，在此基础上，按照“目标—形式—模式”的顺序，具体展开探讨在教育教学中，如何根据学生身心发展的实际情况，设计合理的教学目标，选择合适的教学形式以及发展有效的教学模式等问题。

第一节 教学设计概述

一、教学设计内涵与类型

（一）教学设计的内涵

教学设计是教学理论向教学实践转化的桥梁。所谓教学设计，是指根据教学对象和教学目标，确定合适的教学起点与终点，将教学过程中的各要素有序、优化地安排，形成教学方案的过程。从方法的角度看，教学设计是对教学过程进行设计的系统方法。从过程的角度看，教学设计是应用系统的方法，对教学过程进行分析，确定教学目标，优选教学策略，试行教学方案并对其结果进行评价，然后对设计方案进行修正的过程。从学科的角度看，教学设计是研究如何对教学过程进行系统设计以实现教学优化的科学。

在理解教学设计时应该把握以下几点：（1）教学设计必须有确定的教学对象和教学目标；（2）教学设计是将教学中各要素有目的、有条件、有顺序地安排，以达到最优组合；（3）教学设计仅是对教学系统的预先分析与决策，是一个制定教学计划的过程，而非教学实施，但它是教学实施不可缺少的依据和前提。

（二）教学设计的类型

(1) 根据所教知识类型，可以分为陈述性知识的教学设计和程序性知识的教学设计。

在进行陈述性知识的教学设计时，应当考虑如下问题：一是确定教学目标应以学生回忆知识的能力为中心，要求学生口头或书面叙述学到的有关知识，以此检查他们是否具备了这种能力。二是设计教学的内容要注重确立新旧知识之间的联系，找准联系点。三是确保用于同化新知识的原有知识的巩固。四是应着重考虑如何帮助学生把新旧知识联系起来，找到新知识的生长点，运用各种手段促进学生对新知识的理解。

在进行程序性知识的教学设计时，应当考虑的问题是：首先，程序性知识教学设计的教学目标应定位在应用概念规则解决问题的能力。检验这种能力的行为指标不是学生能告诉我们学到了什么，而是能面对各种概念和规则的运用情境，进行有效的识别、运算和操作。其次，应让学生理解相关概念或规则。如果教学内容是概念，在讲上位概念时，主要应唤起、充实下位概念；在讲下位概念时，主要应帮助学生将其与相应的上位概念联系起来，使新知识能顺利地纳入相应的知识网络中。再次，对于那些由一系列产生式组成的程序性知识，应考虑练习内容与时间的分散与集中、部分与整体的关系，一般先练习局部技能，然后进行整体练习。

(2) 根据所教课程类型的不同，可以分为新授课的教学设计、讨论课的教学设计以及复习课的教学设计、视听课的教学设计等。这其中，新授课和复习课是教学中最常用的教学课型。

新授课是各类课型中最常见的课型，也是传授新知识的一种重要课型。在进行新授课的教学设计时，教学的主要环节是揭示新内容的关键点和难点。一般而言，难点的形成主要有以下四种情况：一是该知识远离学生的生活实际，学生缺乏相应的感性知识；二是该知识较为抽象，学生难以理解；三是该知识包含了多个知识点，知识点过于集中；四是与该知识有关的旧知识掌握得不牢或因大多数学生遗忘所致。教学的重点和难点常常呈交叉关系，有些是难点而不是重点，有些则既是重点又是难点。对教学重点、难点的分析是教学设计不可缺少的任务，也是成功教学的重要前提。

复习课是巩固知识的一种重要课型。对教学内容进行合理复习不仅需要，而且十分必要。在进行复习课的教学设计时，应遵循新中有旧、旧中有新的原则。这里的“新”不是引入新知识，而是有新意，即不是按部就班、重蹈覆辙，而是给学生以新面孔，产生新异感或在原有知识基础上深化、引申，而产生一种新的认识与理解。

二、教学设计的流程

美国心理学家马杰（R. Mager）认为，教学设计依次由三个基本问题组成：首先是“我要去哪里”，即教学目标的制定；其次是“我如何去那里”，即包括学习者起始状态的分析、教学内容的分析与组织、教学方法与教学媒体的选择，这是教学设计的关键；最后是“我怎么判断我已经到达了那里”，即教学评价。从这种观点中可以看出，教学设计是由目标设计、达成目标的诸要素分析与设计、教学效果的评价所构成的一个有机整体。迪克（Dick）等人在前人研究的基础上，提出了完整的教学设计的系统模式，更为细致地刻画了教学设计的具体流程。它包括九个步骤，如图 17－1 所示（转引自：沈德立等，2003）。

（一）确定教学目标

根据教学设计模式进行教学设计时，第一步工作是确定所教课程的教学目标。所谓教学目标是指在教学之前预期教学活动结束之后，学生从教学活动中学到些什么，是知识与技能，还是态度与观念。教学目标的确定，其根据一般是：（1）课程的需要（语文、自然、技能课的需要不同）；（2）学生的能力与个别差异；（3）教师的教学经验（了解以往学生学习的情形）。

（二）进行教学分析

这是教学设计的第二步，它与第三步的检查起点行为并列，两者并无先后之分，可同时进行。为讨论方便起见，这里先说教学分析。所谓教学分析是指在教学目标之下，对达到目标过程中学生进行学习所需要的技能的分析。

（三）检查起点行为

在进行教学分析的同时，为了了解学生是否确实具有学习新单元的先备

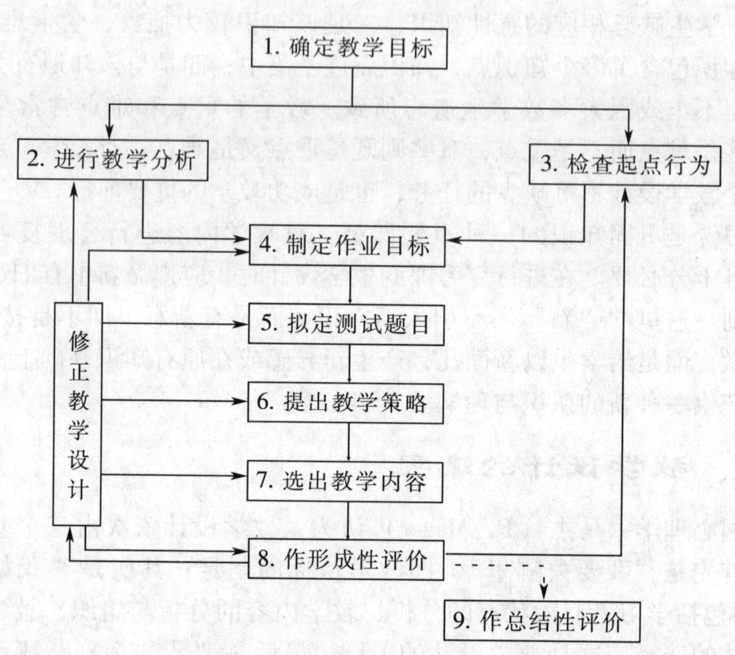

图 17－1　教学设计系统模式示意图

知识与先备技能，设计者必须先检验学生的起点行为。所谓起点行为是指学生学习新经验之前必须具备的基础性经验。面对新的教学情境时，学生们会因起点行为不同，而表现出个别差异。教师必须先了解学生这些个别差异的具体表现，然后才能决定如何教导他们学习。检查起点行为的方式，既可以采用口头提问，也可采用纸笔测验。

（四）制定作业目标

根据教学分析和起点行为，就可以进一步制定作业目标。所谓作业目标是指教学设计者或者教师，预测学生在经过教学后所学到的知识技能的具体表现。同时，在制定作业目标时，还要附带出学习成败的标准，即指明达到什么标准才算及格。

（五）拟定测试题目

这是根据作业目标以及教学内容所进行的学后成就测验的命题工作。学习之后的测试题目，必须以作业目标为范围，这样才能准确反映出每个学生学习的情形。

（六）提出教学策略

根据前面的五个步骤，教学设计者即可进一步提出实际教学中的教学策略。教学策略包括教材的讲解、教学媒体的使用、问题及解答方式、测试及回馈原则、师生间与同学间互动功能的运用等。

（七）选定教学内容

教学策略的运用，是以教学内容为范围的。教学内容主要是指学校规定的教材。现成的教材是固定的知识，在实际教学时教师还必须灵活运用并考虑如何使用媒体来加强学习效果。

（八）作形成性评价

形成性评价是指在教学未结束之前，为了解学生的学习与进步情形所作的评价工作。在进行实际的教学之前的教学设计时，应预先考虑到形成性评价的时机及方式，以便将来及时发现学生的学习困难，随时予以补救。

（九）作总结性评价

总结性评价是指在教学结束之后，为了解学生学习结果是否达到预计目标，是否符合教学前所定的教学目标及作业目标而作的评价，通常以期末测验的方式进行。

第二节　教学目标

一、教学目标的含义与作用

（一）教学目标的含义

教学目标是教学设计的起点，也是整个教学设计的最重要的部分，它是关于教学将使学生发生何种变化的明确表述。在教学目标中，会对教学活动提出具体的要求，不仅规范着教师教的活动，而且也规范着学生学的活动。

（二）教学目标的作用

在教学中，教学目标的设置对学生的学习、课堂行为以及教学评价都具有一定的作用，主要表现在如下几方面。

1. 激发学生学习动机

教学目标不仅告诉学生所要学习的内容，而且能显示学生学习完成以后能够达到的能力水平。如果学生的学习目标与教师的教学目标一致，他就能制定出正确的学习计划、明确的学习方向，保持学习的积极性。但教师向学生阐述的教学目标能否促进学生的学习，不能一概而论，需要一定的条件，包括学习活动的内容、特点以及学习任务的性质等因素。

2. 促进课堂社会交流

在日常的课堂交往中，教师的言语和非言语信息大多是不清晰的。如果教学目标明确，教师就可以预测课堂上会出现什么样的情况，从而选择和创造那些能帮助学生掌握重要目标的活动，使自己的行为和交流朝这一方向努力，这不仅使预期的变化更容易达到，而且也会促进师生间的交流。

3. 提高教学评价效果

在教学评价和教学测验中，学生往往可以体会和意识到教师的教学目标即使教师的课堂中没有明确指出这一点。例如，如果教师总是给那些单词记忆效果好的学生以高分，学生们会想到单词的记忆就是重要的教学目标。如果教师事先提供了教学目标，对于学生就等于知道了学习的标准，其学习目的会更明确，效率也会更高；而教师也会很容易地实施教学评价和测验，来判断学生的学习成绩和教学的有效性。

4. 控制教学的全过程

教学目标不仅规范着教师和学生双方的活动，也是教师选择教学方法、使用教学媒体、进行教学评价的依据。在教学过程中，教师是教学信息的传播者，媒体是教学信息的载体，学生是教学信息的接受者。但教师的活动、媒体的选择、学生的反应都要受到教学目标的限制。

二、教学目标的种类

在教学中，一般教育工作者常常会设置几种不同的目标。在对教学目标的划分中，美国心理学家布卢姆（B. Bloom）的研究影响最大。布卢姆认为，教育目标可以分为认知目标、情感目标和动作技能目标三种类型。在日常的教学过程中，有些目标常常是同时发生的，然而，在达到的各种目标中，所需要的学习时间和准备时间却存在着差异，有的教学认知目标可能学生几分钟内就可以学会，而一些动作技能目标，可能会耗费几小时、几天，甚至更长的时间才能达到。

（一）认知领域

布卢姆等人根据认知的复杂性设计了一种目标分类法，它包括知识、理解、应用、分析、综合和评价六个级别。六个级别从知识水平到评价水平，从简单到复杂呈等级排列，较高水平的目标包含并依赖于较低水平的认知技能。不同认知目标之间的关系如图 17－2 所示。

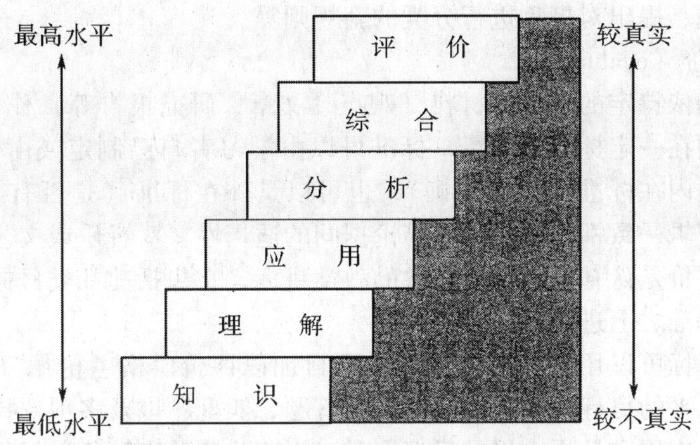

图 17－2　教育目标分类：认知领域

1. 知识（knowledge）

知识指个人对学习过材料的记忆，记住了常用词、具体事实、方法、基本概念、原理等。这是认知方面最低层次的教学目标。

2. 理解（comprehension）

理解指个人能够掌握所学材料的意义。对材料的理解有三种形式：一是转换，指用自己的话或用与原先的表达方式不同的方式来表达，如由文字表达转换成数字表达；二是解释，指对所学材料加以说明或概述；三是推断，指估计将来的趋势，如预测从资料中可能获取的结果。

3. 应用（application）

应用指能将所学材料应用于新的具体情境，包括概念、规则、方法、规律、原则、法律、理论等的应用，如将原理应用于新情境，应用法律与理论解决实际问题、解决数学问题等。

4. 分析（analysis）

分析指能将整体材料分解为构成成分并明确其组织结构，包括鉴别各部分、分析各部分间关系和了解其中的组织原理，如鉴别结论证据，区别相关材料与无关材料，注意一种观点怎样与另一种观点联系，区分事实与假设，分析文学作品或音乐的结构等。进行分析时既要理解材料的内容，又要理解其结构，这是更高水平的教学目标。

5. 综合（synthesis）

综合指能将各部分组成一个新的整体，强调产生新的模式或结构，如发表内容独特的文章或演说，设计一项实验，将各方面知识结合起来形成计划去解决问题，提出对事物进行分类的新规则等。

6. 评价（evaluation）

评价指依特定的目的对材料（观点、文章、研究报告等）作价值判断。价值判断须在一定标准上进行，标准可以由学习者自己制定或由他人指定，标准可以是内在标准（是否正确），也可以是外在标准（是否有效），如评价文章的逻辑一致性，判断论点与论据间的适当性，对音乐或文艺作品进行评价等。评价是认知领域最高层次的教学目标，它包括前几类目标，并需要在明确的标准之上进行。

认知目标可以用各种不同的测验项目加以评价。格兰伦德（1988）提出，知识水平的目标可以用是非题、简答题、匹配题以及多项选择题进行测验。领会、应用和分析水平的目标也可以用这些测验来评价。但是，综合和评价水平的目标不适于使用这些测验，而比较适于使用论文测验。论文测验对中等水平的目标也能行得通，但是对测量知识水平的目标则不那么有效。因此，在评价中等水平的目标时，我们可以选择不同的方法，但在评价最高水平和最低水平的目标时，我们一定要注意评价方法是否适于这些目标。

（二）情感领域

情感领域的目标是由克拉斯沃尔（Krathwohl，1964）等人制定的，它包括接受、反应、价值化、组织和个性化五个层次，见图 17－3。和认知领域的目标一样，这些不同水平的目标是有等级的，较高水平的目标包含并依赖于较低水平的情感目标；等级越高个体会越用心，越投入，越依靠自己，逐渐让自己的情感、态度和价值观不再受别人的约束和支配。

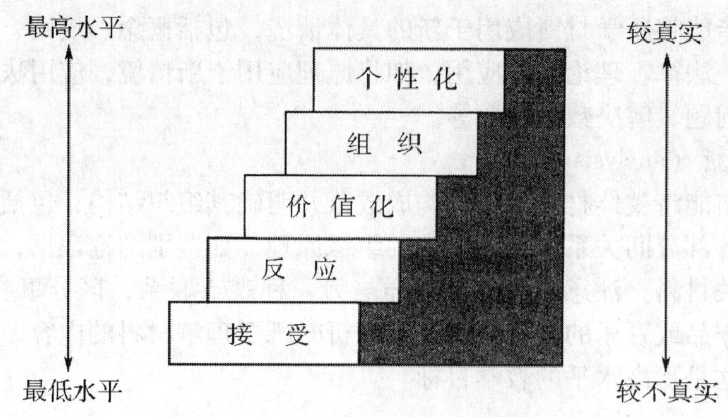

图 17－3　教育目标分类：情感领域

1. 接受（receiving）

接受指学习者愿意注意某一事件或活动，如认真听课，注意某种观点，意识到某事的重要性等。以下的例子是接受目标应用的例子：

（1）学生应该在课堂上追随别人的榜样，从而注意到从小组讨论到大组演讲的转变。

（2）学生应该能够倾听一部完整的乐曲，在这个过程中不离开自己的座位。

2. 反应（responding）

反应指以某种方式参加活动，表示出自己的反应。此类目标强调反应意向（如主动阅读）和从反应中得到满足（从阅读中得到乐趣），表示为对特殊活动的选择与满足，此类目标为通常所说的“兴趣”。以下是反应目标应用的例子：

（1）在提出要求后，学生应该不用讨论就能按书上所给的提示去做。

（2）学生应该在教师要求下练习一种乐器。

3. 价值化（valuing）

价值化指对所接触物体、现象或行为进行价值判断，包括接受某种价值标准，偏爱某种价值标准或坚信某种价值标准，此类目标为通常所说的“态度”。以下是价值化水平目标应用的例子：

（1）当讨论社会问题时，学生应该展示自己对于学生谈恋爱的观点。

（2）当讨论教育问题时，学生应该表达出自己对于教育腐败的观点。

4. 组织（organization）

组织指将不同的价值标准组合在一起，克服它们之间的矛盾、冲突，建立内在一致的价值体系，强调将各种价值观加以比较、关联和系统化，如形成一种与自己的能力、兴趣和信仰协调的生活方式，确信系统计划对解决问题的重要性。这一目标涉及通常所说的“人生哲学”。以下是组织水平目标应用的例子：

（1）学生能够比较某种生活方式的利弊，并确定哪些形式符合他（她）的信念。

（2）学生应该能够阐述自己支持某种观点的理由，并能够识别出那些不支持他（她）信念的观点。

5. 个性化（characterization）

个性化指形成个人独特的价值观，其行为是普遍的、一致的和可预测的，如独立工作的自信心、参加团体活动的合作性、解决问题的坚持性、保持良好的健康习惯等。以下是个性化水平目标应用的例子：

(1) 学生应该对残疾学生表现出乐于帮助和关心的态度，在课堂内外帮助残疾学生解决行动不方便的问题。

(2) 无论何时，只要替代选择不够清晰，学生就应该陈述和检验假设，从而表现出科学的态度。

(三) 动作技能领域

动作技能领域的目标分类有多种，哈罗等人（Harrow et al.，1972）设计的动作技能的分类是影响比较大的一种。他将动作技能从模仿水平到自动化水平分成五个不同的等级（见图 17－4）。

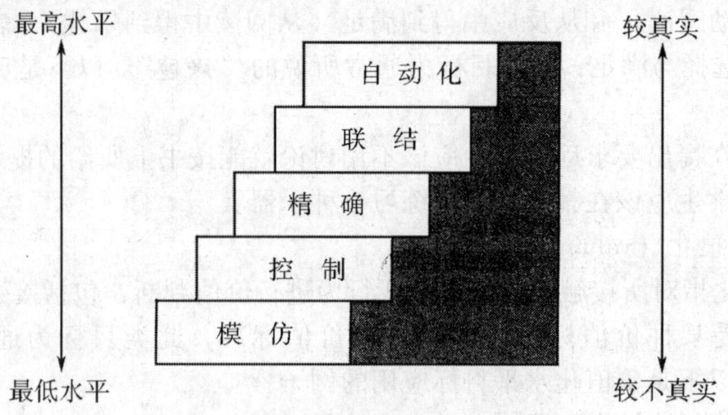

图 17－4 教育目标分类：动作技能领域

1. 模仿

模仿水平指的是向目标学生展现可观察的动作，然后让学生当众模仿。在这一水平上，学生应观察并能够重复演示过的行为。如，先向学生展示如何徒手画平行四边形，然后要求学生照着画。

2. 控制

控制水平的目标要求学生不必像前一水平那样借助于视觉上的榜样或直接的观察，只需要书面或口头指导便可以执行所选择的行动。如，根据教科书上的指导，可以调节显微镜来观察标本的轮廓。

3. 精确

精确水平的目标要求学生执行独立于视觉上的榜样或者书面的系列指导，在这一水平上，学生要熟练地重现动作，使动作更加精确。例如，学生应该能够精确地把标本放在显微镜的托盘上，并熟练地使用高倍焦距。

4. 联结

联结水平的目标要求学生协调一系列相关动作，建立适宜的序列，精确而有效地执行动作，同时还要保证速度并把握时机。例如，学生应该在10分钟内写出所有的英文字母，大写字母和小写字母之间要有适当的比例。

5. 自动化

自动化水平的目标要求学生高度熟练地执行所教技能或行为，并且这种行为是自动化和自发的，耗费的能量达到最小。例如，在学期末，学生可以轻松地写出100以内的所有数字。

三、教学目标的表述

在对教学目标进行详细的分析之后，教育者所面临的一个技术上的问题是，如何将这些教学目标明确、具体、清晰并科学地表达出来。对于这一问题，研究者基本形成了三种不同的表述技术：以行为主义为理论基础的表述强调以可观察、可测量的行为来描述教学目标；以认知主义为理论基础的表述强调以内部心理过程来描述教学目标；也有人尝试将两者结合起来，同时结合外显行为和内部过程来进行教学目标的表述，其中，美国著名心理学家马杰提出的行为观的教学目标表述和格伦兰（N. E. Gronland）提出的综合观的教学目标表述影响最大。

（一）马杰的行为观的教学目标表述

以行为主义的心理学理论为基础，马杰在1962年出版了《准备教学目标》一书，在书中他提出了行为目标的理论，系统论述了用行为术语表达教学目标的方法。他认为，与传统的、不可观察、难以测量的模糊的教学目标不同，行为目标是指用可观察和可测量的行为所陈述的目标，这样的目标应该能够说明“学生能做什么以证明他的成绩和教师怎样能知道学生能做什么”。一个好的行为目标应该具备三个要素：行为的表述、行为条件的表述、行为标准的表述。

1. 行为的表述

它要求以可观察、可测量的具体行为来描述教学目标，使教师了解学生是否已经达到并在多大程度上达到了所要求的目标。同时，他要求学生尽量避免使用“知道”、“理解”、“掌握”、“赞赏”之类描述内部心理过程的词语。行为表述的一般做法是使用动宾结构的短语，行为动词表明学习的类型，宾语指出了学习的内容。如，能操作计算机，能按照语法结构指出句子的各成分，能比较人的学习与动物学习的异同。

2. 条件的表述

行为的条件中规定了学习者行为产生的条件，即在什么情况下表现行为。例如，陈述"要求学习者能够辨别各种鸟类"这一教学目标时，就必须指明"是从黑白图片中，还是从彩色图片中"、"容许学生使用什么工具，不容许使用什么工具"等条件。所表述的条件一般有如下因素：环境因素，包括空间、室内外、安静程度等；人的因素，包括独立进行、小组进行、在教师指导下进行等；设备因素，包括工具、仪器、计算器、说明书等；信息因素，包括笔记、词典、资料、教科书等；时间因素，包括时间长短、速度快慢等；问题明确性因素，即使用什么刺激来引发学习者的反应。

3. 标准的表述

标准的表述指确定通过测验对结果可以接受的一个标准，用它来衡量作为学习结果的行为是否达到了最低要求。行为标准通常是规定行为在熟练性、精确性、准确性、完整性、优良性、时间限制等方面的标准，所以其常常与"精确到什么程度"、"至少百分之多少正确"、"保持多大比例完整"、"好到什么程度"、"在多少时间内完成"等问题有关。

按照马杰的观点所作的教学目标表述，具有具体、明确、便于落实和评定的特点。比如，对于表述培养学生"阅读分析能力"这一目标，可转化为如下的表述方式（见表 17 – 1）：

表 17 – 1　马杰的三部分系统

部分	中心问题	例子
学生行为	做什么	用字母 F 标出陈述文字中的事实，用字母 O 标出其中的观点
行为条件	在什么条件下做	提供一篇报纸中的文字
行为标准	有多好	标对陈述中的 75%

行为目标的阐述虽然有效克服了传统教学目标陈述含糊、难以操作和评测的特点，但由于其只强调了学习结果的行为表现，忽视了支持学习者这些行为的认知和情感的变化，并且由此设计的教学目标常常变得十分烦琐，教学活动也往往表现得机械、呆板，难以真正达到教学目的。为了克服行为目标所带来的新问题，有研究者提出了将学生的内外过程结合起来描述教学目标的设想。

（二）格伦兰的结合观的教学目标表述

1978 年，格伦兰提出了教学目标表述的内外结合观，认为可以先用描述内部过程的术语陈述概括的教学目标，然后用可观察的行为作为例子，使这个目标具体化，这些例子行为能为学生提供是否达到目标的依据。例如，"领会生物学'光合作用'的含义"，这是教学目标的概括陈述，但"领会"是一个内部活动过程，难以直接观察和测量，必须用可以证明"领会"水平的行为实例来进一步说明，如"能用自己的话转述光合作用的定义"、"能列举2~3种表象实例"、"能区别表象与想像的异同"等等。在表17-2的例子中，格伦兰认为，这里的真正目标是理解，教师并不想让学生停留在定义、识别和区分等具体行为上。相反，教师根据这些样例任务中的成绩来决定学生是否已经理解。教师能选择三种不同的任务。

表17-2　格伦兰的表述目标的综合系统

部分	例子
一般的目标	理解元认知的一些术语
子目标A	用自己的话定义这些术语
子目标B	在上下文背景中识别这些术语的含义
子目标C	区分那些在意义上相似的术语

格伦兰强调要把具体的目标当作较为一般的能力的样例，这一点是很重要的。由于教师不可能列出真正理解某个主题的所有行为，因此，表述一个基本的一般目标可使人做到心中有数：理解才是目的。

第三节　教学形式

教学目标和教学内容制定之后，接下来所面临的一个问题就是："我应该如何恰当地给学生呈现这些内容?"这便涉及课堂上有效教学形式和教学方法选取的问题。教学内容在课堂上转化成各种教学形式和活动，教学目标也因此在课堂上得以具体化地展示出来。下面我们所介绍的是一般的课堂教学中常用的教学形式和手段。

一、直接教学法

直接教学法是一种以教师为中心的策略，主要由教师来提供信息，教师的作用是尽可能以直接的方式把事实、规则和动作序列传达给学生，它主要包括讲述、提问、作业等方法。

(一) 讲述

教师讲述是学生获得知识的重要方法，也是接受性学习的重要形式。通过讲述，教师将自身拥有的知识向学生进行信息性的陈述，如教师告诉学生如何使用乘法交换率、什么是牛顿第二运动定律、为什么季节会有变化，等等。教师讲述的目的是给学生提供关于某些事实、观念、概念和解释方面的信息。教师的讲述与演讲不同，后者更为正式，而讲述则穿插着教师或学生的提问，它更自由一些。一般而言，在课堂上的讲述具有如下特征：教师或别人都可以进行讲述；讲述可以是现场进行，也可以是录音；讲述的时间可长可短；讲述可以是正式的或非正式的。

罗森夏因和史蒂文斯（1986）认为在教学中的陈述会发生下列事件。

（1）在下列时候清晰呈现目标和要点：

①事先陈述呈现内容的目的或目标的时候；②每次集中关注一个想法（点、方向）的时候；③避免离题的时候；④避免模棱两可的用语和发音的时候。

（2）在下列时候按顺序呈现内容：

①以小步骤呈现材料的时候；②为了让学习者在教师给出下一点之前掌握当前一点，组织和呈现材料的时候；③给出清晰、一步一步指导的时候；④当材料复杂，呈现概要的时候。

（3）在下列时候要明确具体：

①示范技巧或程序（在恰当的时候）的时候；②对难点给出详细而多样的例子的时候；③为学生提供详细而多样的例子的时候。

（4）在下列时候检查学生的理解情况：

①在进行下一点之前弄清学生对当前一点理解情况的时候；②提问学生，检测他们对呈现内容的理解情况的时候；③让学生用自己的话总结要点的时候；④对学生理解起来有困难的部分重教——要么进一步地教授或解释，要么让学生相互指导的时候。

教师讲述一般可分为准备、实施、总结三个阶段。

在准备阶段，教师所需要做的工作包括如下内容：一是建立讲述的一般性目的和特定的学习目标；二是收集和复习将要讲述的信息；三是为实施进行组织或计划。

在实施阶段，教师所需要进行的主要工作是：（1）给学习者呈现学习目标——告诉他们被期望了解什么、能做什么。（2）采用先行组织者，将新信息与学生已经掌握的信息联系起来。(3) 采用有组织的、一步步的方式来呈现信息。(4) 期望学生以提问和发表看法的方式进行互动。(5) 从一般性的观念或信息到特殊性的观念或信息。(6) 当教一个新观念或新概念的时候，同时采用正反两方面的例子。(7) 进行好的解释。(8) 鼓励学习者反思和应用所学到的知识。

在结束阶段，教师需要对本次讲述的重点内容给予强调，并采用提问等手段对学习者的理解进行检查。

(二) 提问

提问是一种艺术，但也是可以通过实践学会的技能。教师在课堂教学中能否提出有效的问题也是其教学水平的体现。教师提出的有效的问题，不仅可以使学生积极回答，而且能使学生因此积极参与到学习过程中去。教师在课堂提问前，必须清楚提问的目的所在。一般而言，教师的提问可以有以下不同的目的。

(1) 引起兴趣和吸引注意力。如："如果你能到月球上去，你会首先注意到什么?"

(2) 发现问题和检查。如："哪位同学知道英语 psychology 的意思?"

(3) 回忆具体知识或信息。如："谁能说出古典文学《红楼梦》中的主要人物?"

(4) 课堂管理。如："你随便说话得到允许了么?"

(5) 鼓励更高层次的思维活动。如："结合我们所学的知识，哪些家用产品会表现出与钠元素有关的特性?"

(6) 组织或指导学习。如："我们已经学习了不同的写作形式，谁能告诉我什么是'说明文'?"

根据问题答案的性质，可以将问题分为封闭性问题和开放性问题。封闭性问题是指一个将回答限定在一个或少数几个答案之内的问题，如："《红楼梦》的作者是谁?" 据统计，课堂上的教师所提的问题有 80% 属于此类问题。开放性问题需要的是一般的、开放性的回答，它没有唯一正确的答案，但可能有错误的回答。例如："《红楼梦》中你最喜欢哪个人物?" 开放性的问题会让学生表达出他们的感觉，并使教师的教学更有吸引力。

此外，按照认知领域的教学目标分类，问题因其指向的认知水平不同也可以形成不同类别，表 17－3 列出了各种层次的问题及其相对应的学生行为类型。

表 17-3　问题认知分类及其学生行为

行为层次	问题样例	预期学生的行为	教学过程
识记	直线的定义是什么？	学生能够回忆信息，识别事实、定义和规则	重复记忆
理解	画一条直线需要哪些步骤？	学生能够改变交流的形式，能够转述或重新组织读过或讲过的知识	解释说明
应用	你可以在这两点之间画一条直线么？	学生能够将所学知识运用于新的环境之中	练习转换
分析	在下面的图画中，哪幅图表示一条直线？	学生能够将一个问题分成几部分，并能在各个部分之间建立联系	推理演绎
综合	不使用尺子，你怎样画一条直线？	学生能够将各个部分的知识加以整合，构建出一个问题的独特新颖的回答	发散思维归纳
评价	以下这些线条中，哪些是曲线？哪些是直线？	学生能够按照一定标准对不同方法、思想、人物或产品的价值作出判断	辨别推断

在课堂教学中，提问是双向的，既有教师对学生的提问，也有学生对教师的提问。对教师而言，对学生提出问题是教学的重要形式，有效回答学生的提问也是促进教学效果的重要手段。对学生问题的回答，也是教师教学水平的体现。表 17-4 列出了教师回答学生提问时不同水平的表现（斯腾伯格，2003）。

表 17-4　教师回答学生提问的不同水平

假设一个学生在荷兰参观，或他在电视上看一个有关荷兰的纪录片，或看了一本有关荷兰的书，他可能会提出这样的问题：为什么荷兰人那么高？然后教师用多种方式回答这个问题。做答水平越高，教师在学生智力发展上就做得越好。

水平一：拒绝问题

* “别来问这么多的问题！”——“别问我这么愚蠢的问题！”——“别吵！”

* 教师用这个水平做答时，对于学生来说就是让他们闭嘴。问题被视为是不适当或是不真实的。教师忽视学生的学习需要，并且连续地斥责学生的提问，结果会造成他们学着不去问问题，因此也就不会学习。

续上表

水平二：重述问题作为答案 ＊“因为他们是荷兰人，荷兰人本来就很高”或“因为他们长得高”。 ＊ 在这种水平，教师虽然回答了学生问题，却是一堆空话，他们的答案只不过是对问题的重述。
水平三：承认不知道或直接回答 ＊ 直接回答：“我不知道”或“因为……”然后再说一个比较合理的理由（说是由于营养学或遗传学方面的原因）。 ＊ 这种水平，教师要么在他们知道的基础上做一些简单的回答，要么说他们不知道。学生要么被给予了认识新知识的机会，要么认识到他们的教师无知。如果教师用这个水平作答，他们这样做或有或无地有加强作用：他们要么因学生提问而赞扬学生，要么不赞扬。例如，可以这样赞扬：“那确实是个好问题”或“这个问题很有趣”。这样的回答赞扬了提问。很可能提高以后提问的频率，这就为学生创造了更多的机会学习。
水平四：鼓励学生通过理论寻找答案 ＊“我会在专著中为你查一下”，“你为什么不查一下专著呢?” ＊ 在这一水平，仅仅做一个回答或者承认自己不知道并不能结束问题—回答过程。要教育学生不能只提出问题而不去寻求答案。然而，我们应该注意这两方面的不同。第一种做答，教师有责任心去探索信息，学生由此不仅会理解答案是会被找到的，而且也知道有人会为他们找，这会使学生的学习很被动。对于另一种做答，是赋予学生责任，不仅要学习而且还要学习方法——通过实际行动，学生会提高他们自己搜集信息的能力，而不是变得依靠他人。
水平五：考虑可能性的解释 ＊“荷兰人高可能是由于食物、天气、基因遗传、激素注射、杀死了矮个子的孩子、穿了增高鞋等原因。” ＊ 这种水平，教师不知道答案，但会建议学生去探索一些可能的答案，最好是教师和学生一起探究（这样学生会认识到简单的问题也可以假设很多可能，然后去检验）。
水平六：考虑解释与确定解释的路径相结合 ＊“我们怎样确定哪种解释是正确的?” ＊ 在此，教师不仅像水平五那样鼓励选择解释，而且对确定最终答案的方法进行讨论，例如：“如果要验证遗传影响荷兰人的平均身高的解释，我们应该做些什么观察呢?”学生不仅可以从他们的教师那里得到怎样去找出可能的解释，还会知道如何去检验它们。

续上表

水平七：考虑、解释，再加上确定答案的方法和确定的过程 ＊“我们要找到需要的信息来帮助我们从可能的解释中做出选择。” ＊在此，教师鼓励学生去做实验并搜集信息加以区分供选择的答案。学生不仅学习怎么思考，还要付诸实践。尽管我们不能逐条地验证，但我们可以选择其中的几个。例如，学生可以搜集一些资料，如个子高的荷兰人是否愿意要高个子的孩子，是否新闻报道过有矮个子孩子失踪，等等。

二、间接教学法

间接教学法是和直接教学法相对应的一种教学方式，探询、解决问题以及发现学习是其基本特征。如果说直接教学法适合教授事实、规则和动作序列，那么间接教学法更适合的教学内容是概念、模式和抽象的理论，而讨论法和发现法是其两种主要的教学方式。关于直接教学法和间接教学法的一些比较见表17－5。

表17－5　直接教学法和间接教学法的比较

直接教学法	间接教学法
目标：教授事实、规则和动作序列	目标：教授概念、模式和抽象理论
教师以复习旧课内容来开始新课	教师以一种全景式并且利于内容扩展的先行组织者开始新课
教师小步调地呈现新内容，并伴有解释和例子	教师运用归纳和/或演绎来提炼和聚焦普遍性原理，使学生的反应集中
教师对少量的标准例子给出练习机会，并对学生进行指导	教师呈现该普遍性原理的正例和反例，辨别本质属性和非本质属性
必要时提示和示范，达到60%～80%的准确性	教师以学生自己的经验、兴趣和问题引出额外的例子
教师根据学生回答问题的准确性、回答的速度以及肯定程度给予反馈，并提供正确答案	教师围绕解决问题，来指导学生发现和澄清该普遍性原理
教师提供当堂独立练习的机会，争取达到95%准确的自动反应	教师评价学生的反应时，让学生也参与进来
教师提供每周和每月的（累积的）复习，并且重新教授尚未掌握的内容	当必要时，教师促进和调节普遍性原理，使之巩固和扩展

从某种程度上说，直接教学和间接教学的比较也是以教师为中心的教学

和以学生为中心的教学的比较。前者的理论基础更多的是斯金纳等人的行为主义理论和奥苏贝尔等人的认知主义；而后者更多的是皮亚杰与布鲁纳的认知理论，以及新近发展起来的建构主义理论。

（一）讨论法

讨论法是教师教学过程中常见的形式，它是学生根据教师所提出的问题，在学生之间或者学生与教师之间相互交流彼此的信息、观点，相互启发与学习的一种教学形式。在教学中，有效地运用讨论法，可以对某些事实观点进行反思和测查，也可以复习知识、解决各种问题，并且，有效的讨论还可以提高师生的口头交流技能。

在讨论法的运用过程中，教师需要注意以下几个问题。一是讨论中的互动模式。讨论与背诵，或者与教师提问—学生回答的方式不同，讨论中的互动更具备交谈性，并且更自由。谈话不仅在学生之间发生，也会在学生与教师之间发生，在好的讨论中，每个人都是主动的参与者。二是讨论的规模。讨论既可以采用整个班级集体讨论的形式，也可以采用将班级分成几个小组，再分别讨论的形式。一般而言，在其他条件相似的情况下，采用小组讨论的形式可能更为合适，因为这样可以提供更多的交流机会。三是讨论中教师的角色。在不同的讨论中，教师所承担的角色也有不同。如果讨论是严格地在学生之间进行，那么教师一般可以作为观察者和记录者，也许还是仲裁者。然而，在更多的时候，教师会成为讨论小组中的一个成员，而不是它的领导者，但可能是一个特殊的成员，因为教师有时候还要承担讨论的推动者和调控者的任务。

在小组讨论的过程中，教师要做到如下几点：

讨论前，师生要做好充分准备。教师要向学生提出讨论课题，指出注意事项，布置一些阅读的参考资料；每个学生都应按要求，做好讨论发言的准备。同时，教师设置的讨论问题要深浅得当，是学生感兴趣并且是有言可发的。

讨论中，教师需进行适当监控和引导。讨论进行过程中，参与者交流信息观点，教师要注意引导学生围绕课题中心进行发言。教师作为讨论的重要调节者，要根据发言的进展情况，随时抓住和深入理解与主题有关的其他争论的课题，引导学生深入展开讨论，以求讨论步步深入。讨论过程中教师的另一个重要任务是引导更多的学生参与到讨论中来，鼓励学生勇于表达自己的观点，并抓住问题的主要矛盾来展开讨论，让学生在讨论中不断清楚问题的关键所在，发表观点，修正错误，有所收获。

讨论后，教师要做出总结。对于一些疑难问题或者是有争议的问题，学生不一定能通过讨论得出比较一致的结论，此时教师要阐明自己的观点，指出讨论中的优缺点；对某些有争议的问题，学生一时想不通，要允许他保留自己的看法，不能强求学生接受。

（二）发现法

发现法是以学生为中心的一种教学方法，它是指为学生提供可使用的知识来建构理解的一种策略。在发现法教学中，教师首先提供一系列事例，然后让学生运用归纳推理的方式得到隐含于其中的原理。学生做出发现的过程类似于问题解决的过程。在发现学习开始时，教师给学生呈现一个问题，学生在教师的指导下试着解决该问题。在这个过程中，学生提出疑问并形成假设。进而，学生对自己的假设进行检验，并从自己的试验中得出结论。可以看出，发现学习关注的是过程，而非结果。所以，在发现法的教学中，教师的责任是激发学生的好奇心和探究精神，给学生提供许多事例，让学生进行检验，最后发现一般观念或原理。由于在本书前面的关于学习理论的探讨中，关于发现学习的理论已经充分讨论，这里仅用一个教学的实例来进一步说明发现法在教学中的运用（盖伊·莱弗朗索瓦兹，2004）。

教学实例：露的产生

地点：美国特瑞蒙特小学

情境：八年级自然课

教师：克瑞西

教学过程：

克瑞西老师：我的问题是：露是怎么产生的？

保罗：我知道，它就是雨。

杰克：不，没有雨的时候才有露。

克瑞西老师：方法呢？我们怎么才能知道？

异口同声地回答：科学调查。

然后，克瑞西很有耐心地带领他的学生们，沿着他先前设计好的步骤走下去。接着，他阐述了“露”是什么，并让学生们去收集在生活中观察到的有关事实。

随后，在课堂中，他们把观察到的东西集中在一起，进而在这些事实（露从天上落下，从空气中来，从物体自身产生）的基础之上形成理智的推测或假设。克瑞西指导学生们做耐心的观察，有时他也设计实验（露在相对较冷的物体上形成，在无云的夜里产生，它甚至在最初很干的物体上也能形成）。

结果，学生们在一个结论上意见达成了一致，即，一个相对较冷的物体可以把雾气冷却并从中挤出水滴，集中在物体的表面。然后学生们又设计各种各样的实验来看这个结论是否总是正确。

这个题为“露的产生”的教学课例为我们提供了一个例子，它是一个发现取向的科学小组内使用科学调查方法的典型。我们要记住的是，虽然最明显的事例常常出现在自然科学中，但这些方法也能被用在各种各样的其他学科上。

三、多媒体教学

（一）多媒体及其教学的特点

“多媒体”（multimedia）顾名思义就是多种媒体的集合，它将文本、图形、动画、静态视频、动态视频、声音等媒体结合，借鉴各种媒体的优势，形成一种在功能上更为完善的体系。多媒体计算机是多媒体的一个组成部分，而多媒体计算机技术是指用计算机处理多种媒体信息——文本、图形、图像和声音等，使多种信息建立逻辑联结，集成为一个系统并具有交互性（Lippincott & Robinson，1990），它的最大特点就是集成性和交互性。

多媒体技术的应用范围相当广泛，在教育领域的应用效果是非常明显的。多媒体计算机教学有以下几个特点：

1. 交互性

交互性指信息的传播者和接受者之间能实时交换信息。多媒体计算机集激光唱盘、录像机、电视机和计算机控制为一体，既可以充分利用语音和电视教学的优势，又有计算机交互式视频教学的特点，产生出一种全新的图文并茂的人机交互作用、支持交互性和以学生为中心的学习环境。在这个环境中，学生拥有更大的操作自由度，可以根据自己的先前知识、学习兴趣来选择自己所要学习的内容，选择适合自己水平的练习，甚至选择学习模式。教师可以按自己的意愿控制计算机的信息处理过程，实现更理想的人机交互作用。交互性能在以下几个方面促进学习：确保信息的接受，确保课的关键受到注意；孤立反应，以加强认知练习和对反应的回忆；允许对不正确反应进行矫正，有助于学习成功。

2. 教学形式多样性和表现手法形象性

多媒体提供了一个复杂的学习环境，通过把计算机技术和其他技术结合起来，直观、形象、生动地展示教学内容，学生可以访问来源不同、性质不同的大量信息，扩大了学生的视野，突破了课堂教学时空的局限，为教学提供了逼真的表现效果。多媒体 CAI 软件可以利用声音和图像来模拟一些难以用常规教学方式表达的实验过程，可提供文字、图形或声音等多视觉化的静态与动态内容，可以填补一些教具的空缺，极大程度地丰富了教学手段（丁军，2000）。因此，多媒体辅助教学在教学形式和表现手法上比传统的 CAI 更加形象、直观、生动活泼。

3. 学习的主动性和开放性

大多数学习者在知识体系里不是以线性方式来探索的，多媒体教学软件对知识和信息的组织形式有利于学生通过探索和发现进行学习，重视学生学习过程的主动性和积极参与，从而克服了传统教学软件固有的被动不足。在多媒体环境下，学生能够从多种媒体中获得大量信息，依据某些问题进行创造性的学习，也能把自己的观点以多种媒体形式表达出来，充分发挥学习的主动性。多媒体环境没有事先固定的路径，它支持开放性的学习，学生可以根据自己的需要选择学习路径。

4. 知识存储量大

利用多媒体系统先进的声音与图像压缩处理技术，可以在极短的时间内存储、传输、提取或呈现大量图、文、声并茂的教学信息，这是一般的教学媒体和微机系统不可能达到的。

5. 具有模拟手段

多媒体技术已经能够模拟实际难以做到或者根本做不到的现象、事物和规律，它的最终发展趋势是计算机在应用中最重要的一个突破——虚拟现实。多媒体辅助教学中大量使用虚拟性现实技术，提供虚拟现实，使学习者如身临其境，强烈地感知并且能动手操作虚拟现实中的各种对象，丰富了学生的想像力。

（二）多媒体的教学应用形式

这里所说的多媒体技术指的是以计算机为中心的多媒体技术。

1. 用于课堂讲解演示教学

多媒体技术具有呈现客观事物的时间顺序、空间结构和运动特征的能力，将其用于课堂教学，模仿教师课堂讲授与演示的教学方法，选择合适的多媒体教学软件，利用多媒体计算机所具备的图像、动画、语言和音乐功能，将教材内容呈现给学生，可增强和丰富学习者正确观察和解释事物相互关系的能力，便于学生学习用语言难以表述清楚的，变化过程复杂的、抽象的或无法用肉眼直接观察到的内容，如电磁场、波、电子云、原子弹爆炸、细胞分裂等概念，还可以分解知识的复杂程度，减轻学生的认知负担，有利于知识的迁移。然而，尽管教学课程的有些内容适宜于转化为多媒体呈现，但有些内容采用传统教学方法再辅之以教师的循循善诱却能发挥出更好的效果。

2. 用于小组学习

以学生小组活动为中心，在计算机视听阅览室多媒体教室中，利用网络上计算机学习资源的共享性和计算机特有的交互性，学生不仅可以自己接受和处理信息，而且可以实现与同学之间的信息交流，这有利于学生自我学习和产生活跃的学习气氛，提高学生学习的积极主动性。同时，由于在网上进行学习，学生可以通过电子邮件或公告栏向周围的同学或教师发出信息或接收来自同学或教师传递的信息，共同讨论问题，寻找解决问题的关键所在。在这一过程中，教师在学生讨论交流的基础上对其中的难点和不同观点进行启发、解惑、引导，指导学生自己做出结论。

3. 用于个别化学习

由于多媒体计算机具有良好的交互特性，可以快速存取和自动处理信息，因此学生可以按照自己的特点和水平来选择学习内容、时间和进度，与多媒体计算机进行交互作用，独立进行学习。多媒体计算机呈现的内容图文并茂、声色俱全，交互形式生动活泼、丰富多彩，可以激发学生的学习兴趣，他们可以在没有教师指导与监督下，主动进行学习，并可以得到及时反馈。但有的学生对自己的能力不甚了解，还需要教师提供必要的帮助。

4. 用于训练与考试

多媒体技术用于训练与考试，能造成逼真的仿真环境，原来必须经过实际训练和考试的内容，可以在多媒体教学系统上使用仿真软件来进行，节省了真实训练与考试所需的人力、财力和物力，并且训练与考试形式多样化，提高了效果。

5. 虚拟教室

虚拟教室是指在计算机网络上利用多媒体通讯技术构造的学习环境，允许身处异地的教师和学生互相看得见、听得见，学生能以自然的方式和对象发生作用，活生生地处在一个可以由自己控制的环境里，通过活动和探索虚拟世界而获得知识。虚拟教室界面的隐匿性促进了操纵，使得学生在完成任务时更容易，不会受到计算机界面的干扰，从而把更多的注意力放在学习内容上。目前尚处于探索阶段。

6. 远程教学

远程教学是区域间利用计算机互联网进行的教学活动，可以在同一学校的不同教室、不同学校以及不同区域进行，打破了学习时间和学习地点的局限性。随着多媒体网络的不断延伸，边远地区的学生再不会因为师资、教学设备等原因，而不能接受良好的教育。他们同样也能听到、看到大城市中著名教师的讲课，并与他们共同讨论问题。远程教学目前还存在反馈不及时、教学信息不能随意选取等问题。

（三）教学中影响媒体选择的因素

教学媒体的采用虽然越来越多地在我国的实际教学中采用，但教学媒体的选择并非越高级就越有效。面对林林总总的教学媒体，只有从教学的实际出发，选择合适的媒体，才能充分发挥媒体的作用，从而优化整个学习过程。一堂课的效果起决定因素的是师生的互动，而不是教学媒体的高级与否。正如美国学者库尔所指出的那样："一堂演讲是否吸引人，并不在于你的多媒体做得是否精彩，而主要在于你是否有精辟的思想。"下面是教学中选择媒体应该重点考虑的几个因素。

1．学习任务因素

学习任务因素包括学习目标、学习内容、学习方式等。选择媒体时首先是考虑学习目标，即对学习结果的预期。学习某些有时空顺序或时空关系的概念时，使用言语描述的效果就不如使用视觉图片。因为使用言语很难描述清楚事物各部分的关系和位置，而使用图片则一目了然。其次是考虑学习内容本身的特点。如有些媒体可能适合文字材料，有些媒体可能适合图片材料。再次是考虑教学方式差异对媒体的不同要求，如讲授式的概念学习需要听觉呈现，演示性的技能学习需要视觉呈现。

2．学习者的因素

不同学生在知识背景、学习风格、理解能力、个性倾向性和年龄等方面存在着差异，因而在选择媒体时，要考虑到这些差异，以便使他们从适合于自己的媒体形式中受益。就知识学习而言，低年级的小学生应尽可能通过直接观察事物的现象来进行学习，而年龄大的学生则通过词语符号间接学习；在态度的教育方面，上述年龄与媒体的关系是颠倒过来的，即年龄小的学生愿意接受自己尊敬的师长的口头讲解来间接学习，但年龄大的学生则往往接受事实，即要通过自己直接的亲身经验，才能容易改变或形成态度。

3．教学环境因素

教学环境因素是指教学的地点和空间、班级的大小、电教媒体的可利用性、教师的素质、学校可使用的经费等。例如，语音实验室是一种极其有效的外语教学媒体，但并非各个学校都具备，每堂课都能用上，有时只能因陋就简地采用录音机代替。使用计算机辅助教学的前景看好，但除了需要资金购买计算机，还得编制软件，培训教师。

第四节 教学模式

一、教学模式概述

（一）教学模式的内涵

教学模式（model of teaching）一词最初由美国学者乔伊斯（B. Joyce）和威尔（M. Weil）提出，他们认为教学模式是“试图系统地探讨教育目的、教学策略、课程设计和教材，以及社会和心理理论之间相互影响，以设法考察一系列可以使教师行为模式化的各种可供选择的类型”（转引自：李定仁，1993）。一般而言，教学模式是某种教学理论或教学思想在教学活动中的具体表现形式，它总是以简化的形式表达和反映它们依据的教学理论或思想，具有一定的操作基本程序，便于教育工作者掌握。一定的教学模式以一定的学习与教学理论为指导，为完成某一教学目标，使教学活动中的各种因素如师生互动、教学内容、教学形式等优化组合，具有其特定的功能和适用范围。教师恰当地选用教学模式，有助于提高教学质量和改进教学工作。尤其对初涉教育领域的年轻教师而言，借助教学模式可以促进其教学活动的结构与框架的掌握，使教学有序、有方，教学水平迅速得到提高。

（二）教学模式的构成

根据乔伊斯和威尔的理论，一个成熟的教学模式由以下四个部分组成。

1. 结构序列（syntax）

结构序列是指对教学活动顺序、阶段的安排。例如，如果教师要以某模式作为教学策略的基础，他们会首先采取什么样的活动？紧接着又会发生什么？每个教学模式都包括一系列独特的有顺序的活动，每个教学模式也都分成前后不同的阶段。表 17－6 列出了两种模式阶段划分的比较。

表 17－6 两种模式的阶段划分

	第一阶段	第二阶段	第三阶段
模式 1	呈现概念	呈现资料	将资料和概念相联系
模式 2	呈现资料	由学生提出范畴	确认概念并命名概念

2. 社会系统（the social system）

社会系统描述的是学生和教师的角色、师生之间的相互关系以及应予鼓励的各种规范。依照教学过程中教师所起主导作用的大小，可以把师生关系分成三种类型：第一种是高度集中型，教师作为教学活动的中心，有步骤地向学生呈现知识信息，组织、协调学生在课堂上的活动；第二种是温和型，教师对教学活动的集中控制作用较第一种弱，学生有一定的自主活动空间，教师与学生的作用相当；第三种是松散型，教学活动以学生的自主活动为主，教师鼓励学生独立思考，自己寻找问题的答案。不同的教学模式对教师在教学过程中应起的作用大小、学生应有多大的自主活动空间，都有独特的看法。

3. 反应原则（principles of reaction）

反应原则指的是教师如何对待学习者，怎样对学习者的表现做出反应。由于各种模式所要达到的目的各不相同，对教师的反应也就有不同的规定。在某些模式中，教师要公开奖励学生的某些行为，以此来塑造良好的行为习惯；在另一些模式中，教师对学生的行为不置可否，不急于作出评价，而是任由学生自由发挥，充分调动学生的创造力，培养学生的独立自主性。

4. 支持系统（support system）

支持系统指为了使特定的教学模式达到预期目的，必须具备的前提条件。有些模式的实施要求具备一定物质条件，例如需要配备特定的图书资料、声像仪器等。有些模式则可能对教师的心理准备有特殊的要求，例如“非指导性模式”要求教师特别耐心，对学生的活动不多加干涉；而人际关系模式可能需要训练有素的领导者。

（三）教学模式的选择

教师在教学实践中，采用何种教学模式才是最适合的模式，这要受到以下几种因素的影响。

1. 教学目标

教学目标不同，所采用的教学模式也不同。如果教学目标的重点是培养学生的自学能力，那么可采用自学成分较多的教学模式；如果想在单位时间内传授和学习较多的基本知识，则适合采用以知识传授为主的教学模式；而以练习为主的模式则着眼于技能技巧的获得。

2. 教学内容

不同课程、不同教学内容应该采用不同的教学模式。如以知识传授为主的教学模式比较适合于事实、现象等以陈述性知识为主的教学；而研究型的教学模式则适合理科中概括性、规律性知识的掌握。当然知识内容与教学模式的匹配不是绝对的，在根据教学内容而选择教学模式时也可以灵活掌握。

3. 学生特点

不同的教学模式对学生的知识、智力水平等要求不同。如以探究、发现为主的教学模式要求学生对所学知识有一定的知识基础，并掌握了初步的自学方法和思维方法。而社会互动模式在智力上对学生的要求则不很高，适合于各个年龄阶段的儿童。

4. 教师偏好

不同的教师因为其知识基础、人格特质的差异，对各种模式掌握的水平不一，个性偏好也不一致，这也会影响到教师在教学时对教学模式的选取。一个逻辑性强的教师对认知取向的教学模式可能会更擅长，而一个交际能力强的教师对社会互动的教学模式的运用则更得心应手。

二、行为取向教学模式

（一）行为取向教学模式的内涵

行为取向的教学模式以行为主义理论为基础，重视的是学习者的外部行为，而不是内部心理结构和不可见的心理活动。在教学过程中，该模式强调教师的及时反馈、强化、行为塑造、知识技能在学习中的决定作用。行为取向模式在教学过程中倾向于把学习任务分解成一系列有顺序的步骤，由教师决定对什么行为给予强化，对什么行为不给予强化，学习情境的控制权一般都掌握在教师手中，是一种教师占主导地位的教学模式。

（二）模式范例：掌握学习

最能代表行为取向教学模式的应该是斯金纳的程序教学模式，因为这种模式在学习理论的章节中已经做了详细介绍，这里我们介绍另一种影响比较大的行为取向的教学模式：掌握学习（master learning）。

掌握学习是美国心理学家布卢姆在卡罗尔“学校学习模式”的基础上提出的，这种模式的基本理念是，只要给每一个学生足够的学习时间，每个人都能达到学习所要求的标准。能力是学习速率的指标而不是学习成就的指标，所有的学习者都能达到某种学习成就，只不过每个人所需要的时间量不同而已。具有某种能力的学习者只要短暂的学习时间即可学好该门学科，而具有其他能力者则需要较长的时间去学习。虽然每个人的能力不同，但是只要给学习者适合其需要的时间，大多数都会达到相同的成就。

美国匹兹堡大学的学习研究和发展中心所开发的个别处方教学（IPI，Individually Prescribed Instruction）很好地体现了掌握学习的理念。其操作步骤如下：

第一步：设计者在构思一个行为的操作模式时，考虑到学习者应该达到的一套目标，还设计了学习过程以及学习者将在其中学习的那个系统。有关学习者的目标是：

（1）使得每个学生按照自己的速度通过学习顺序中的每个学习单元。

（2）使每个学生的掌握发展到一种可演示的程度。

（3）发展学习中的自我激发和自我指导。

（4）通过学习过程培养解决问题的能力。

（5）鼓励对学习进行自我评估和激发学习动机。

关于学习环境方面的设想如下：

（1）学习可有不同的学习时间与练习总量，达到掌握特定教学目标。

（2）配合个别差异安排学习环境，使每个学生依自己速度与所需练习总量，完成一连串的教学单元。

（3）如果学习材料适当，只要有人指导，无需太多直接教学，即使是小学生，在自我学习的环境中也能学习。

（4）在一连串的教学单元的学习中，学生如果没有达到基本单元最低的掌握程度，不进行新单元的学习。

（5）经常评估学生的学习进度，并以此作为发个别处方教学的基础。

（6）专业训练的教师应积极有效地从事诸如个别学生或小团体的教学、诊断学生需求、设计教学计划等工作，而不是担任计分、改卷等工作，这样，他们才能获得更大的工作成效。

（7）每一个学生对规划以及执行自己的学习计划所承担的责任都可以比大多数课堂所允许的大。

（8）如果允许学生之间以某种方式相互帮助，教师和学生的学习都能促进。

第二步：把行为操作模式分解为一系列按序列组成的行为目标。个别处方教学的设计者相信这是这种教学计划的其他部分的基础，并且必须具有以下特征：

（1）每个目标都应该准确地说明为了表明是否掌握了指定的内容和技能，学生应该能做到什么。这一般应是普通的学生在相对短暂的一节课时间里所能掌握的东西。目标应该用解决、表述、解释、罗列和描述这样一些行为动词来表示，而不应用懂得、体会、知道和理解等一些术语来表示。

（2）目标应按内容意义的序列来分组。例如，在数学中，应当把典型的目标分成这样几组：数数、数位、数值、加法、减法等。这样的分组有助于教学材料的有意义编制和诊断学生的成就。同时，这种分组并不排除跨领域目标的可能性。

（3）在每一个系列或领域里，目标序列分成有意义的亚序列或单元。这样一些单元可以用来代表不同程度的进步，并提供突破点，以便一个学生结束那个领域中的一个单元的学习时，既可以继续进行同领域的下一个单元的学习，也可转到另一个领域中的一个单元的学习上去。

第三步：编制学生自学教材，如果发现有些学生对某项目标具有相同的学习困难，教师可组合成小团体进行教学。

第四步：把系统的三个组成部分——教师、学生和教材等结合起来，以便行成目标。

第五步：形成一个督促学生进步、调整各项处方和规定的管理系统，以便获得反馈—控制论方法的核心。

在 IPI 的教学中，教师的工作职责与传统的教师角色有些不同，他（她）的主要任务是：

（1）准备教学单元。教师首先要把一个科目分为许多单元，最好以自然分段为好，每一单元的教学大约需要一周到两周的时间。

（2）准备教学目标。教学单元组成后，教师应进一步分析并制定各单元的教学目标，以确定学生在单元学习后，会产生什么行为。然后，在这一教学目标的指引下，设计教学活动，并发展教学的形成性评价和总结性评价。

（3）确定单元目标掌握的最低标准。每个单元学习之后，学生掌握多少才算达到标准？如果标准定得太高，学生容易失去信心而降低学习的兴趣；如果目标定得太低，又失去了掌握的意义。教师应视学习的性质，妥善制定最低通过的标准。

（4）提供不同的学习资料。为了达到个别化需要的掌握目标，除改变教材、教法外，对学习困难的学生应提供不同的学习资料和指导，例如：

①以 2~3 个学生为一小组，进行学习；

②个别的辅导；

③学生阅读不同的教科书；

④作业本或编程序教材；

⑤使用视听教材辅助学生学习；

⑥用游戏的形式来促进学习；

⑦如果班级中有许多学生未能掌握教材，即进行重新教学。

三、认知取向教学模式

（一）认知取向教学模式的内涵

认知取向的教学模式在乔伊斯所总结的教学模式中称为信息加工的教学模式。此类模式与行为取向的教学模式不同，它们重视教学的信息加工过程，着眼于如何充分发挥每个学生的信息加工能力，以及如何提高这种能力。

人的信息加工涉及多方面的内容，比如对外界刺激物理特征的感知，主体根据已有的知识和经验、技能结构对信息资料进行组织、归纳，问题解决，等等。对信息加工过程的侧重点不同，就形成了众多有关的教学模式。例如，有些模式重视提高学习者分析问题、解决问题的能力，要求教师创设丰富的问题情境，启发学生思考，由一个个小问题一步步把学生引向问题的答案，特别强调逻辑思维能力的培养。有些模式可能更关心一般的智力发展问题，要求教师根据学生的年龄特点，有步骤、有针对性地培养学生的观察力、理解力，最终达到促进学生整体智能发展的目的。信息加工模式的另一个共同特点是，在强调智能因素的同时，还普遍重视学生社会化的过程，重视每一个学生作为一个独特的个体的自我发展过程，只不过选择的途径是通过提高个体的认知能力实现促进个体整体发展的目标。

（二）模式范例：探究训练

认知取向的教学模式有许多种，皮亚杰的认知发展模式、布鲁纳的发现学习模式以及奥苏贝尔的同化接受学习模式都属于这种取向的教学模式，由于这几种模式在学习理论相关章节中都有所介绍，我们在这里不再赘述。这里我们再介绍另外一种认知取向的教学模式：探究训练（inquiry training）模式。

探究训练模式由萨奇曼提出，其目的在于给学生一种用于调查并说明特殊现象的方法。该模式的基本理念在于使学生掌握学者用来组织知识、形成原理的各种过程的方式。探究训练以科学方法的观念为基础，试图教学生学术研究的某些技能和语言。探究训练的理论基础是“发展独立的学习者”的信念，认为儿童充满好奇心，渴望成长，而探究训练可以充分利用儿童自然而又旺盛的探索精神，给他们指出一个特定的方向，以便儿童有力地探究新的领域。探究训练的一般目标在于帮助学生发展知识素养和理智技能，而这种素质和技能是他们提出问题和寻找源于其求知欲的答案所必不可少的。在探究训练模式中，其基本的假设和要求如下：

（1）探究训练教学模式要求学习者必须发展并熟悉十二种基本的探究过程，这包括：观察、归类、运用数字测量、运用时空关系、预测、推论、操作定义、形成假设、解释资料、控制变量、实验和沟通。

（2）各级学校教师、校长必须全力支持“探究训练教学”的观念，并使教学与行政密切配合。

（3）各年级学生必须具有发现新资料、提供解决问题的办法等兴趣。

（4）学生所提供的解决问题的办法或反应，不限于教科书的内容，学生在探究期间，对教科书和参考资料的使用，就像科学家研究问题一样。

（5）探究训练教学所重视的是过程，而非问题解决的完成或结果，即更强调达成问题解决过程对于学习者的意义。

（6）探究的结论应是相对的、试验性的，而非绝对的与终极的，当有新的资料再度发现时，则结论必须加以修正，也就是强调知识的试验性，教师和学生都必须对此充分理解。

（7）探究学习不受时间限制，因为在真正从事思考或者创造时，通常不受 50 分钟的上课时间的限制。

（8）学习者自己负责计划、执行以及评估成果，教师在探究学习中主要是辅导者的角色，而不是指导者的角色。

（9）探究的过程中必须进行系统的教学，使学生掌握探究学习的基本过程以及进行探究训练的规则。

（10）在探究训练过程中，教师应尽量增加与学生的双向互动，从而不断引导和修正学生的探究学习。

探究训练共分为五个阶段（见表 17－7）。在每个阶段，探究训练都有不同的内容和任务。

表 17－7　探究训练教学模式的过程

阶段	主要内容
1. 遇到问题	解释探究的程序 呈现有差异的事件
2. 资料搜集——证实	证实事物和条件的实质 证实问题情境的发生
3. 资料搜集——实验	分离相关的变量 假设（并检验）因果关系
4. 形成系统的解释	设计规则或解释
5. 探究过程的分析	分析探究策略，并形成更有效的策略

第一阶段是让学生遭遇疑难情境。在这个阶段中，教师要向学生呈现问题情境并解释探究的程序。萨奇曼认为，如果在探究训练开始时，呈现一个

疑惑事件（探究性刺激），必能引发学生的自然探究的本性，教育者必须把握这种自然探究机会，教导学生做学术探究程序的训练。呈现探究性刺激时，教师应当注意以下问题：

一是矛盾事件的设计。对学习者而言，必须具有真实感。萨奇曼认为，“如果探究者能够知觉到问题是真实的，则他的探究过程必然会更加积极，也更能根据以往的经验来确认问题”。

二是探究性刺激的呈现，必须能引起探究者的有意探究过程，才能直接教导学生科学探究的呈现。

三是探究性刺激可源于单一概念，也可源于多数重复或复杂的概念，这种矛盾事件的刺激，必须是透过学生本身的观察而确定的。

四是教师必须熟悉“探究性刺激”，这样才能顺利地刺激学生反应或提出问题、回答学生的问题并引导学生学习。

第二阶段是证实的过程。学生借助这个过程收集他们所见或者所经历的事件的信息。

第三阶段是学生在实验中把新的因素引进原有的情境中，从而了解事件是否以不同的方式发生。尽管第二、第三阶段是作为探究模式的不同阶段来描述的，但学生的思维和他们所提出的问题通常是作为资料搜集过程的两个侧面而交互发生的。

在此期间，教师的作用体现在两个方面，一是阻止学生在变量尚未被证明不成立时就认为它不再成立；二是通过扩大学生获得信息的类型而扩大学生的探究范围。

第四阶段是形成解释。教师要求学生形成解释，但有些学生很难从理智上把他们所收集的信息与明确的解释贯通起来。他们或许会遗漏掉最基本的细节，而作出不充分的解释。有时几种理论或解释都能以相同的资料为基础。所以，此时教师要求学生阐述自己的解释以便看出解释差异的程度，这有利于学生思维的发展。

第五阶段是探究过程的分析。教师要求学生分析他们的探究类型和策略，检讨在探究过程中所提问题的有效性或搜集资料的需要程度，以便改进其探究过程，发展更有效的探究策略。

四、社会互动教学模式

（一）社会互动教学模式的内涵

社会互动教学模式近年来越来越受到国内外教育界的重视。与认知取向和行为取向的教学模式不同，社会互动模式更重视个体与社会或他人之间的关系。这类教学模式一般认同的思想是，智能发展与社会历程关系密切，知识是在个人与团体的经验操作和互动中不断重组而产生的，并非仅源于感官和环境的交互作用。每个人眼中的“现实世界”都是不同的，它实际上是每个个体与社会、他人签订协议的过程。每个人把他和社会、周围人的关系的状况、性质纳入他的“现实世界”，决定了他对待社会与他人的态度，同时也决定了他对自我的认识，影响到其学习态度和行为。如果在社会互动中，个体缺乏经验或观察力不强，就不能对现实环境产生深刻看法，反之，个体越能吸取经验，则他对现实环境的感受也越丰富和深刻。

所以，社会互动的教学模式致力于增进个体对物理与社会环境的洞察力，增进个体对现实环境的反映能力，以及个体在团体活动中的协商能力。基于社会互动的教学模式以改善学生的人际关系为重要目标，鼓励学生积极参与社会工作，提高社会活动能力；通过提高个体对社会的适应能力，提高他对学习的适应能力。此外，社会互动的教学模式也比较重视意识与自我的发展，注重学习的过程。

（二）模式范例：班级会议

美国教育家格拉泽（William Glasser）在其现实疗法的基础上，提出了班级会议模式（classroom meeting model）。格拉泽认为，每个人都有两种基本的需要，爱与自我价值（self-worth），它们植根于我们与他人的关系，或植根于我们社群的准则。个人产生问题是因为他们没有满足其基本需要，建立相互亲密与从众的关系。课堂中，爱以一种相互帮助、相互关心的社会责任的形式表现出来。他相信，学校的失败不在学术成绩方面，而在培育温暖、建设性的关系方面，这些关系对于成功绝对是必要的。失败是由孤独造成的，那些在社会中失败的人是孤独的，他们在孤独中盲目地寻求自我认同，但通往成功的许多道路已经关闭，最终导致了自我认同的失败。如果儿童和校外的人缺乏良好的、亲密的关系，他们就需要在校内得到这种关系。没有爱与重视自我价值的实现，一个成功的自我认同是不可能的。此外，与传统治疗理论依赖于行为的改变不同，格拉泽的现实疗法更注重实际所为，注重引导接受治疗者满足当前的和未来的需求。现实疗法试图帮助人们做真实的、负责的和道德的事情来改进行为，并满足基本需要，其目标是使接受治疗者获得行为变化的能力，并获得对自我价值、爱和自我认同的情绪需要的能力。现实治疗的三个必要条件是：个人热心参与；面对现实和排斥不负责任的行为；学会更好的行为方式。

班级会议是格拉泽开创的一种相互关心的群体，发挥自我—纪律和行为约束的机制。在会议时间里，师生最好每天自由地、不加判断地讨论行为问题、个人问题、学术或课程问题。班级会议有不同的形式，社会问题解决会议是其中重要的一种，它通常以讨论行为和社会的问题为主。在班级会议这段时间里，学生试图在教室里解决他们的问题而共同承担学习上和行为上的责任。班级会议的定向总是积极的，也就是趋向于得到解决问题的方法而不是埋怨或者批评。在这里，许多问题并没有单一的答案。例如，在处理欺凌弱小者的案例中，解决问题的方法常常在于讨论本身，通过讨论来减少其他学生受到的恐吓，并增强他们的力量。

社会问题解决的班级会议包括六个阶段（见表 17－8）。

第一阶段是所有班级会议的必要前提。卷入（involvement）的气氛并不是每次会议都要重新建立，它是渗透在教室里所有关系的一种特质。卷入的气氛是温暖的、个人的、关心的关系的气氛。在这种气氛中，大家自由表达意见和情感而不受到责备，也无须害怕被批评和受评价，每个人都可为自己说话，鼓励所有人共同参与，每个人的观点都有同样的价值并受到尊重，坦诚是最好的方式。

表 17－8　班级会议模式的六个阶段

阶段	主要内容
1. 形成卷入的气氛	鼓励每个人参与并为他自己辩护 不加责备或评价地分享意见
2. 暴露有待讨论的问题	学生和（或）教师提出争端和问题 举例 充分描述问题 确认后果 确定社会准则
3. 作出个人价值的判断	确定问题行为背后和社会准则背后的价值 学生就准则作出个人的判断以便遵循，并明确表达这些准则的价值
4. 确定可供选择的行动步骤	讨论可供选择的行为 学生同意采取所选择的行为
5. 达成承诺	达成公共承诺
6. 随后行为的事件	一段时间之后，评估承诺和新行为的效果

第二阶段，暴露有待讨论的问题。学生或者教师都可提供争论性问题，举出实例，充分说明问题。当问题发生时，教师可要求学生提供事件实例；作为团体的辅导者，教师应避免要求对行为的辩护，并阻止学生在说明时就开始责备与批评；当问题说明后，学生应求证结果和支配这种情况的社会准则。

第三阶段的目的是使学生就他们的行为作出个人的价值判断。要做到这一点，他们就需要确定其行为背后和社会准则背后的价值。然后，要求他们在行为之间进行选择，并总结他们自己看到的他们所选择的行为的价值。

第四阶段，学生进一步明确一些可以选择的行为，并同意特殊的行为。

第五阶段，对第四阶段选择出的行为进行共同承诺。

第六阶段，在随后一次的班会中，教师要学生考察新行为的效果，并为了将来的行动而强化这些新行为。

第十八章 课堂管理

在实际的教学中，教师课堂管理的水平会对实际的教学效果产生重要的影响。可以说，课堂管理的成功，并不一定标志着教学的成功，但课堂管理的失败，所导致的后果是教学一定不会成功。在我国，人口众多且在中小学普遍实施义务教育，因而在教育实践中，一个普遍性的特点是班级规模比较大，很少有条件进行小班教学。这样，课堂管理对我国的教育工作者具有更为特别的意义。如何有效地进行班级的课堂管理，如何为学生提供一个有利于其学习和发展的物理和心理环境，是每个教师所面临的重要而现实的问题。

心理学在课堂管理的研究中也有许多有价值的发现，这包括不同取向的课堂组织模型、课堂中人际互动的规律，以及如何创造良好的课堂环境和维护有效的课堂秩序等。本章对以上内容分别进行介绍和讨论。

第一节 课堂管理概述

一、课堂管理心理学研究

（一）课堂管理的内涵

与每一位教师的教学过程密切相关的，是如何对课堂进行管理。一般而言，课堂管理是指为了实现预定的教学目标而建立并维持课堂秩序的师生互动过程。课堂管理最主要的目标是设置一个最适合学生学习的环境，在这样的环境中，学生的知识得到促进，人格得到完善。然而，课堂管理并不简单地等同于使学生都安静下来。现实教育实践中，有的教师的课堂上学生表现得很听话，悄无声息，但实际上可能并没有学习，这并不是好的课堂管理。此外，教师的课堂管理还应当帮助学生成熟起来，使他们最终学会自我管理，使学生在学习过程中学会对自己的控制。教师帮助学生发展他们理解、控制和评价自己学习的能力，促进其成熟发展，并成为一个终生的学习者。

课堂管理研究者由于对“课堂”、“管理”等基本概念的理解不同，形成了不同的课堂管理模式，研究中也有不同的侧重点；但就课堂管理的心理学研究而言，他们常常关注的是以下一些内容。

1. 学生的心理行为

学生心理发展规律的研究一直是发展和教育心理学研究的重点内容。在课堂管理的研究中，对学生心理规律的关注是要将心理学的研究结果用于课堂，强调根据学生的心理发展规律，对学生的行为进行引导和调控，使学生的注意力集中于教学相关方面，从而最终促进学生的身心发展。

2. 课堂环境的研究

在20世纪80年代以前，对课堂环境的研究主要集中于对课堂物理环境的分析。这包括教室内的光线、颜色对学生学习的影响以及课堂座位的编排方式对学生学习的影响等。80年代以后，课堂环境的研究重点从物理环境向心理环境转变，研究者们更为关注课堂内的一些心理因素对学生学习发展的影响。这包括班级中的师生关系、学生间的合作、竞争等方面。

3. 课堂秩序的研究

课堂秩序研究的重点在于课堂规则的制定与执行。如何根据学生的心理发展特点，在师生共同参与的条件下，制定出既能激发学生的积极性，又能规范学生行为的课堂规则，是研究者们一直关注的内容。在规则制定之后，如何能有效实施以维持良好的课堂纪律，也是课堂管理的研究者们所强调的重点。

4. 课堂问题行为研究

这主要包括两个方面：一是问题行为的原因分析。课堂中学生问题行为的出现受多种因素影响，家庭、学校、教师和学生自身都是其中可能的原因。教育心理学对问题行为的原因分析的重点集中于学生的心理因素和教师的行为表现。二是问题行为的干预。西方国家对这一问题的研究成果非常丰富，从其根本上说，问题行为的干预模式可分为人本主义、行为主义和民主管理三种取向。

（二）心理学对课堂管理的研究

夸美纽斯的《大教学论》出版以后，课堂教学逐渐成为一个重要的研究领域，但课堂管理的研究，到了20世纪，才成为研究者们所关注的热点。管理学、教育学、社会学等众多学科的发展对课堂管理的研究产生了重要影响，而心理学在课堂管理研究中更是扮演了重要的角色。近百年来，心理学的研究者们在对传统课堂管理的弊端进行抨击的基础上，确立了各种课堂管理的新观念，构建了许多有效的课堂管理模式，为课堂管理确立了一种重要的研究思路。

心理学家最初对课堂管理的研究一般以行为主义为基础。桑代克在其著名的《教育心理学》一书中，便确立了一种客观研究的思路。这对行为主义、格式塔心理学都产生了深远的影响，许多研究者也尝试对桑代克所提出的学习规律，尤其是效果律等进行改造，并用于课堂管理实践。其后的新行为主义的代表斯金纳的研究对课堂管理更是产生了深远的影响，他对于强化及其规律的研究使行为方法（behavioristic method）一度成为课堂管理的主要模式。在这一模式中，强调通过确切地告知学生教师所期望或反对的行为，伴以各种强化方式，对学生的行为给予矫正。以行为主义为代表的心理学对人的行为的关注这一理论研究范式的确立及其在课堂管理中的应用，使课堂管理在科学化的轨道上走向深入，并在以后的几十年中占据了主导地位，成为课堂管理的主要理论。

从20世纪中叶开始，随着认知心理学和人本主义心理学的发展，心理学对于课堂管理的研究范式产生了新的转换。认知主义和人本主义的一些观点也成为课堂管理的重要理论基础。认知心理学强调从对人的认知的分析入手，试图使学生了解课堂管理的一般规范，理解教师课堂管理行为的原因与方法，从而使学生形成自觉的课堂行为，并由此形成积极的师生关系，维持与促进课堂秩序，如向学生说明行为的目标，使学生明了其行为与结果之间的逻辑联系，进而产生教师所期望的行为。而人本主义心理学则从对学生的需要、潜能的分析入手，对人的行为产生的原因和发生机制进行研究，进而将这种研究运用于课堂，形成各种各样的行为控制方法和技术。在人本主义思想指导下的课堂管理，更强调将课堂建设成一种积极的、富有启迪的环境，教师应向学生提供最好的机会去发掘归属感、成就感和积极的自我认同。

二、课堂管理的组织模型

（一）课堂管理的人本主义模型

人本主义更为关注个体的内心思想、感觉、心理需要以及学习者个体情感。在课堂管理中，人本主义方法强调给学生时间来发展其对自己行为控制的重要性，而不是坚持立即的行为纠正或者要求学生百依百顺。人本主义的课堂管理模型认为，学生有自己的决策能力，他们可以对控制自己的行为负主要责任。教师的责任是建构一种能够促进学生自我控制的学习环境，并且强化有序的环境。人本主义模型强调，在课堂管理中，教师应更多运用沟通技能，强调理解学生的动机，并运用私下交流、个人和小组问题解决，并参考专家权威的意见来达成课堂秩序的建立和维护。

金奥特（Ginott，1972）创建的课堂管理中的沟通技能的方法就是人本主义课堂管理的典型例子。和谐沟通技能方法的最重要的原则是，只要教师许可，学生就能够控制他们自己的行为。教师通过允许学生选择他们所希望改变他们自己行为的方式和管理班级的方式，来鼓励这种自我控制。以下的活动是教师与学生之间和谐沟通的重要方式（鲍里奇，2002）。

（1）表达“明智的”信息。明智的信息告诉学生，他们的行为是不受欢迎的，但是这些信息要以一种不责备、不训斥、不说教、不控诉、不命令、不威胁以及不羞辱的方式来表达。明智的信息描述哪些必须做，而不是责备曾做了什么。“罗瑟林，我们都应该在上课铃响前坐在座位上”，而不是说，“你总是在门口聊天，迟到教室”。

（2）接受感情宣泄而不是否决。教师应接受学生关于其个体环境的感觉，而不是同他们争辩。如果一位学生抱怨，“我没有朋友”，教师应该接受这位学生的孤独感，并且认同这位学生，比如这样说，“那么，你觉得你不属于任何一个小组”，而不是试图使学生相信是他错误地感受了社会环境。

（3）避免贴标签。当和学生谈论他们干得好或坏时，教师应避免使用诸如“懒惰”、“马虎”以及“不好的态度”等词，同时也避免用“敬业的”、“勤奋的”或“完美的”之类的话语。相反，教师应该用纯粹的行为术语来描述他们所喜欢和不喜欢的学生的行为。用“你的家庭作业上有许多涂改、错乱”而不是“你的家庭作业很马虎”。“你的信件结构不错”而不是“你是一位优秀的作者”。

（4）谨慎使用赞扬。金奥特认为许多教师过分地和带操纵意义地运用赞扬来左右学生行为，而不是认可卓越的表现。他们判断式地运用赞扬（“霍勒斯，你是个好学生”），将正确与善良混为一谈（指那个作业中几乎没犯多少错的孩子为“好孩子”），赞扬那些表现出很少犯规行为的学生，作为影响其他学生的手段（“我喜欢琼的坐姿”），如此多类似的赞美，以致它们毫无意义，甚至学生根本不把这些话当回事儿。金奥特督促教师仅在认可优秀行为时使用赞扬，并且赞扬的方式应将行为本身和行为者分开，例如，“那篇文章显示出大量的原创性的思想和研究”。

（5）引导合作。一旦教师和学生有着相关的行为上的考虑，金奥特鼓励教师为学生提供解决问题的选择性，而不是强制权威来告诉他们去干什么。“合作，不要约束”是良言。

（6）宣泄怒火。教师也是凡人，他们同其他人一样受挫和发火。金奥特认为教师应该通过用“我消息”而不是“你消息”来表达他们的感情。前者使你的情感集中于导致你发火的情景和行为（“当特邀发言人在作报告时你们随意说话，我为此感到很不高兴，很难堪”），后者集中在学生身上，典型地训斥、责骂（“你们对特邀发言人很不礼貌”）。“我消息”应在你自己出问题时，即在你自己发火或难过时使用。

（二）课堂管理的行为主义模型

课堂管理中的行为主义模型是以教师为核心来实施的。这种模型的基本观念是，学生的成长和发展是由外部环境造成的，他们在课堂中所表现出来的不良行为，或者是通过学习获得的，或者是因为没有学会正确的行为。在课堂管理中，教师的责任是选取和强化合适的行为并根除不合适的行为。

典型的行为主义课堂管理模型依据的是斯金纳的行为矫正技术。行为矫正，顾名思义，主要集中在改变或调节行为。行为是可以被观察、听到、计算和测量的人的行为，或者说行为是人的行动的快照。行为矫正的基本原理是操作性条件反射的学习理论，图 18－1 总结了行为矫正中的一些概念，相关概念的解释可以参照本书操作性条件反射学习理论的相关章节。

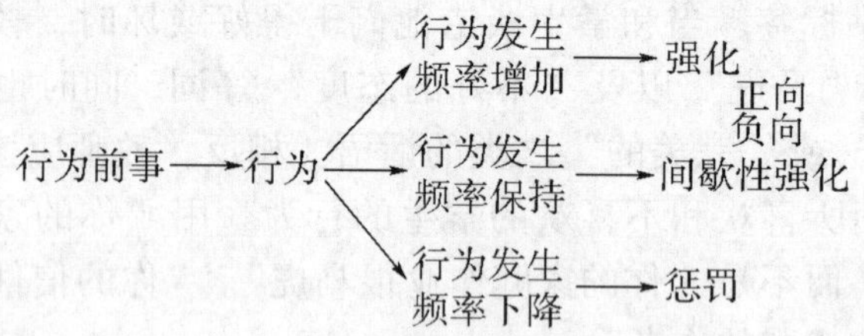

图 18－1　行为矫正流程图

行为矫正中的一些概念可参考本书第十三章的相关论述，这里对行为前事做一下解释。行为前事是你表现出某行为，该行为是由前面的事件引发出来的，这个事件即为行为前事。前事可以是声音（如：一个喧闹的教室将身处其中的学生都影响得更加喧闹；同伴口中的污秽谩骂影响学生也回击他一个污秽的谩骂；教师要求学生时的那种腔调导致学生回敬他一个争辩)、情境（教师将手举到嘴唇上来表明要求安静，或要求调节灯的开、关)、人（校长进来，每个人都保持安静)、材料（数学习题导致学生发出一阵抱怨声)，或位置（会导引出区别校长办公室里许多不同的行为)。行为主义者认为我们的许多行为是在前事的控制下产生的（称为“前事控制”)，这是因为在行为和环境刺激下，强化或惩罚和事件结对反复出现（声音、情境、人和材料)。

普莱斯兰德（Presland，1989）认为，对于单个学生的行为干预程序，一般需要如下步骤：

（1）确定问题。确定问题时学生可以参与其中，这一步骤中通常制定出关于行为的书面清单，其中所描述的行为或者是过于频繁的（如，在课堂上大声说话)，或者是过于缺少的（如，自愿回答教师提问)。

（2）测量问题。教师尽量确定这一行为的严重性（频繁或不频繁)，也可以通过计算发生率来确定。

（3）确定原因和结果。什么条件先于这一行为？什么是它最明显的结果？换句话说，它是怎样被引起的，什么强化了它？

（4）确定怎样改变原因和结果。是否存在一些能强化一种过于频繁行为的结果？是否存在一些可能会强化一种不频繁行为的新的结果？例如，令人不快的行为的其中一个结果可能是教师的注意增加，该结果可能维持着这一行为。如果是这样，教师不必去注意可能会起到相反的作用。同样，教师对较可取但发生频率较低的行为增加注意则可以提高这些行为的发生率。

（5）计划和实施干预。确定什么行为需要改变，并确定与这些行为有关的原因（刺激）和结果（潜在的强化物)，然后可以设计一个程序来矫正问题行为。这个程序通常以合约的形式取得学生的同意，并具体说明原因和结果将怎样使用，以及这名学生将怎样参与其中。

（6）追踪。随着这个程序的实施，教师和学生评价这一程序的有效性，并确定是否需要额外的或不同的干预。

严明纪律（assertive discipline）模式也是行为主义指导下的课堂管理模型，但它与强调行为强化的行为主义模式的侧重点不同，希望借用有效的课堂秩序的制定和实施来进行课堂纪律的管理。

严明纪律模式认为，在课堂管理中，教师应注意自己有的三种权利与职责：其一，是建立规章和指南，明确地说明可接受与不可接受的学生行为之间的界限。其二，教导学生在校期间应自始至终遵循这些规章和行为指南。其三，管理学生行为时，如果需要别人的支持，可向家长和行政人员寻求帮助。坎特（Canter）认为，这些权利和职责非常重要，它们为教师将要建立的课堂环境提供了一个蓝本，同时，它们也和学生的权利密切相关。

在课堂管理中，如何更好地帮助教师履行自己的三种权利和职责，同时也维护学生的权利，坎特提出了建立课堂纪律方案的办法。一个课堂纪律方案要明确规定三件事：（1）学生必须遵循的规章；（2）如果遵循规章他们将得到积极的认可；（3）不遵循规章的后果。

坎特提出了在学校设立和实施严明纪律方案的四个步骤：

（1）制定规章和建立期望。

（2）鉴别不良行为。

（3）使用处罚以及强化规章和期望。

（4）为合适的行为建立一个积极的结果系统。

在课堂规章制定中应当注意，规章应当是明确的，而且是可观察的，不能含糊不清。例如，“排队时，不要推拉其他同学”就是清晰简洁的规定，而“别无所事事”则十分含糊，难以解释和执行。对学生说明不遵循规章的后果时，应当考虑到：后果应当是学生们所不喜欢的，但他们不应该受到身体或是心理的伤害；而且，后果是可以选择的，同时，后果也不必为了有效而制定得极其严重。

（三）课堂管理的民主模型

与行为主义和人本主义的比较极端的模型不同，课堂管理的民主模型分别借鉴了人本主义和行为主义管理的一些特点，采用了一种比较折衷的办法。与人本主义课堂管理的方法相似，民主模型也关注学习者的个体性和学生个人的权利，强调学生观点的重要作用。在课堂管理的民主模型中，学生有机会参与课堂管理的决策。但是同时，民主模型也在一定程度上强调教师指导，使模型也带有行为主义的一些特点，如期望教师对学生的行为确立合理的标准，制定行为的目标，对学生违反规则后进行适当的处理等。

寇林等人（Kounin et al.，1970）提出的课堂管理模型就是民主模型的一个典型例子。在这一模型中，强调的是教师的“心在教室”（with-it-ness）和“制止”（desist）。其中 with-it-ness 是心理学家杜撰的英文词汇，它是指教师时刻注意到教室里所发生的任何事情。寇林认为，对一个教师而言，预防不良行为的发生比对不良行为发生后进行处理更为重要。在对实际课堂中的教师行为进行分析之后，他总结了一些与课堂管理密切相关的教师行为，同时也指出了一些容易引发学生不良行为的教师行为。

相对于一般的教师，优秀的教师更能明白课堂中所发生事件的性质和意义，如哪些学生扰乱了课堂纪律，什么时候需要教师进行干预等。能恰如其分地处理事件的教师对课堂中的事件性质的判断能力比较强，而这也更有可能得到学生的尊敬。同时，在对学生的不良行为进行干预时，优秀的教师能成功地使用“制止”，即教师可以恰如其分地对学生的不良行为进行干预，时机把握非常及时。然而，对那些管理经验不丰富的教师而言，他们在制止学生的不良行为时，常常将制止的对象搞错，而且进行干预的时机把握不好，或者过早，或者过晚。有效制止的特征参见表18－1。

表18－1　有效制止的特征

最有效的制止（要求学生停止与任务无关的行为）
1. 给学生提供足够的信息，使之明确理解课堂的要求。（例如，“住手”就不如“爱德华，不要在窗子上乱画。”）
2. 建议一个可供选择的目标行为而不是简单地要求停止与任务无关的行为。（例如，老师继续说：“爱德华，请回到你的座位上。”）
3. 忽视与任务无关的行为而对与任务有关的行为进行表扬。（例如，老师又对爱德华说：“你能像昨天一样把这些单词整洁地抄在作业本上吗？你的作业本这么漂亮。”）
4. 对理想的行为或相关的课堂规则做出描述。（例如，“嗨，爱德华，如果有人在窗户上乱画，管理员会伤心的，因为他又不得不去擦洗它。”）
5. 及时制止（在不良行为扩展或加剧之前）。
6. 制止目标准确（直接指向主要的错误行为者）。

如何维持学生课堂上的注意力，也是民主管理模型一直强调的重点内容。寇林总结了优秀的教师保持学生的注意力集中于教学活动时常采用的三种方法：

（1）设计出使每个学生都参与的方法——通常让班级中的每个学生都描述一项成果、能力或意见；其他使学生参与的方法是要求学生同时回答问题，以及当某些学生在作陈述时，要求学生从事有意义的活动（例如记笔记或做一些特定的观察）。

（2）使用群体警觉线索，指用于维持注意警觉的信号；随机提问学生，使他们随时对下一个问题谁出来回答保持警觉，这些都是普遍使用的群体警觉线索。在需要个体单独回答的问题中穿插集体回答的问题。

（3）转换课堂活动的形式，保持学生的注意力，防止烦躁。一次只能一个学生参与的活动（如阅读），经常导致其他学生注意力不集中，与这种课堂活动形式不同的是当一个学生阅读时，要求其他学生完成相关任务

（比如，回答问题，思考问题，听一个答案）。

就民主管理模型而言，其优点是综合了人本主义和行为主义的一些长处。首先，民主模型重视对学生权利的尊重，比如，在制定课堂规则时会让学生参与讨论，并共同商议学生犯错误时应有的结果。寇林等人的民主模型也为教师提供了一些具体的，有时是非常有用的方法来预防和应对管理上的问题。其次，课堂管理的民主模型也让学生明确他们的错误行为所带来的后果，这也提高了学生的自律性和责任心，同样也促进了师生之间的相互尊重。表 18－2 列出了三种课堂管理模型的比较。

表 18－2　三种课堂管理模型的比较

	教学哲学	理论基础	对不良行为原因的分析	主要建议	倡导者
自由度最高—支配性最低	高度学生中心（建构主义）	人本主义的	错误的自我概念	最少的干预：教师应该提倡支持性环境，鼓励自我发展	卡尔·罗杰斯
↕	相对学生中心（学生参与性高但由教师指导）	民主的	不合适的目标，对结果错误的理解 不合逻辑的假设和结论	教师应该民主而不是专制，设定合理的界限，通过逻辑推理确立目标；指出行为的逻辑结果；利用班级会议设立规则和讨论	寇林等
自由度最低—支配性最高	高度教师中心（直接讲授教学）	行为主义的	不良行为是习得的；没有习得适当的行为	行为矫正技术如强化、榜样作用、惩罚	斯金纳

第二节　课堂中的人际互动

一、师生互动与班级群体

（一）课堂中的师生互动

师生关系是在师生互动过程中形成与发展起来的。由于教师与学生之间具有正式关系，彼此之间要进行交往，相互之间就会产生影响，这种相互影响的过程可称之为师生相互作用的过程，简称师生互动过程。在这一过程中，教师和学生是相互作用的两方，每一方都包含着认知和行为两个侧面。认知指对另一方行为的选择性知觉与评价；行为是各自认知的体现，表现为在认知指导下的言语和非言语两类活动，行为会影响对方的认知。

学校教育的特点决定了教师在师生互动过程中起着主导作用。在师生互动过程中，教师在认知学生的行为时，一定要注意反省自己的一些看法是否正确，以免给学生带来消极的影响。在认知过程中人要将新的信息与认知者已有的信息相互联系，但人的认知有一个特点，就是容易接受那些与自己已掌握的信息一致的内容，而忽视或者排斥那些同已知信息不一致的内容。基于此，教师应该注意了解在学校中教师容易产生的对学生的偏见，不断主动调整自己对学生的行为，使师生互动成为一个积极的、有利于学生发展的过程。

师生交往对师生关系的影响很大。一般来说，师生交往有单向交往、双向交往和多向交往三种形式（见图 18 -2）。

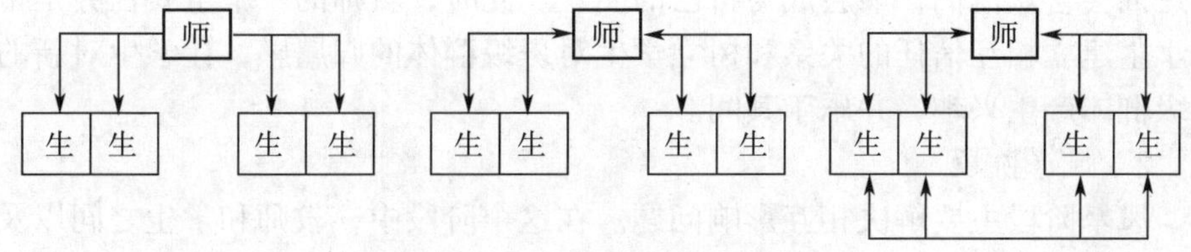

图 18 -2　师生交往的三种形式

在班级中，特别是在课堂教学中，很多教师更多地使用单向交往的形式。郭继动（1992）以初中生为对象的调查发现，26%的学生与教师缺乏最起码的沟通，87%的学生不愿意把心中的秘密告诉教师，这一结果与很多教师偏爱单向交往不无关系。

（二）班级群体的发展

师生互动的过程也是班级群体建立和发展的过程。对于学生而言，他（她）在学校中的大部分时光都会在这一群体中度过，班级群体也会对其学习和发展产生深远的影响。教育者也必须了解班级群体的特点与形成规律，才能更有效地促进学生掌握知识、发展能力、形成良好的道德品质和人格特征。

一个有益于学生发展的班级群体常常具有如下特点：在目标上，班级群体成员能够把社会和学校明文规定的教育目标内化为自己的目标，达到群体成员之间目标定向的统一，个人目标和班级目标的统一；在价值上，每个成员都关心和爱护班级群体，个人以自己是群体一员为荣；在行动上，班级群体决定的事情也会得到班级成员的支持和遵守，即使个人有不同的看法，也会服从；在情感上，群体成员之间彼此相悦相容，不同的人都可以从班级群体中得到关心、照顾和帮助。

然而，理想的班级群体也不是一蹴而就的，在发展的不同阶段，班级群体都有着确定的任务要完成，重要的问题需要解决，而这些任务的完成、问题的解决，也决定着教师能否高效地管理班级、实现教学目标。莫尔(1985)认为，班级群体的形成会经历如下四个阶段。

1. 形成阶段

形成阶段主要解决接受和责任问题。当学生们刚刚进入班级群体时，他们通常会关心两件事：一是找到他们在班级群体中的位置；二是发现学校对他们的期待。学生（包括教师）常常会问自己："我如何适应这里?""谁会接纳或拒绝我?""我通过做些什么来赢得尊敬?"在这个阶段，学生从事各种具体的活动，观察教师和同伴对他（她）的反应。他们也彼此好奇，想知道谁会喜欢他们，谁会成为自己的朋友。此时，教师的一个重要任务是帮助学生建立相互信任的关系和树立学生对班级群体的归属感，让学生对新的班级群体产生兴趣，并乐于其间。

2. 风暴阶段

风暴阶段主要解决相互影响问题。在这个阶段中，教师和学生之间以及学生和学生之间将会形成彼此亲近和疏远的动态变化。如果教师以及班级干部最初建立权威是通过其地位而不是能力或者威信，学生就会对教师的权威发出挑战，并发生对教师逐渐疏远的行为。此外，学生也会很快注意到教师是否对班级群体的某个成员有所偏爱。学生在此阶段中关心的问题是："班级能给我带来什么?""对于学业期待（家庭作业、课堂作业、测验等）我应采取什么样的反应?"学生也会对班级座位的安排、家庭作业的责任、当堂练习的常规等提出质疑。在风暴阶段，教师需要监察学生对课堂常规所遵守的情况，并使他们相信，教师会倾听自己的心声，公正地对待每个人。

3. 规范阶段

规范阶段主要解决有关如何完成任务的问题。规范是成员之间关于他们应该怎样思维、感觉和行动的共有期待，它是班级群体行为的基本规则。当班级群体中的大多数学生对什么是、什么不是社会认可的课堂行为有了认识时，这个班级群体就有了规范。课堂规范对于课堂教学与管理具有重要作用，它可以让班级成员明白所发生的社会互动是否恰当，并约束着这些互动；而且，规范还创造了班级群体的认同感和凝聚力，并对学生的学习产生积极影响，促进了班级群体的良好人际关系。教师在此阶段的重要任务是知道怎样正面地影响班级规范的制定，辨别和改变现存的规范，使学生了解、认同和遵守这些规范。

4. 作业阶段

作业阶段主要解决有关自由、控制、自我约束的问题。当班级群体发展到作业阶段时，学生们相互间感到融洽，知晓规则和他们各自的角色，接受班级规范，熟悉课堂的秩序。处在这个阶段的群体成员主要关心个体独立性的建立，学习者想知道在脱离教师、独自行动时应该做些什么。教师在这个阶段中，应该通过少控制课堂，多教授学生如何完成学习任务的程序、预算时间和自我管理等来鼓励学生独立的愿望，以促进其自我管理、自我调节学习的发展。

表 18－3 列出了每个教师在各个阶段应该回答的问题，这些问题会促进班级群体的健康发展。

表 18－3　关于班级群体发展的重要问题

形成阶段	风暴阶段	规范阶段	作业阶段
开展了让每个人相互熟悉的活动了吗？	冲突被公开承认和讨论了吗？	存在一个解决争端的过程吗？	这个群体能够评估自己的效率吗？
每个人都有机会被聆听了吗？	群体能否评估它自身的职能？	群体能够设定目标吗？	群体和个体能够解决他们自身的问题吗？
学生同形形色色的同班同学交往吗？	倾听并评价了不同的新的思想吗？	学生能表述学校对他们期待着什么吗？	群体有机会独立工作且通过他们自己选择的媒介表达自己吗？
师生相互倾听吗？	所有成员的技能都被利用了吗？	师生间相互尊敬吗？	个体能自我评估且为自我提高设定目标吗？
学生对已经讲述的学术活动和期待存在关心或恐惧吗？	所有学生都有分享领导权和承担责任的机会吗？	对不遵守规范的学生采取什么手段？	群体准备解散吗？

二、教师的领导方式

教师的领导方式与课堂气氛紧密相关，对学生的学习会产生重要影响。

1939 年勒温等人进行了领导方式的经典研究。一个研究中，训练成人分别以民主的、专断的和放任自流的三种领导方式与 11 岁组的儿童相处，要求每组儿童都经历三种不同的领导方式。在民主的领导方式下，成人将政策、活动以及工作步骤交与领导讨论，然后对目标作出概括并提出可供选择的步骤，让集体自己分配工作，显示集体精神。在专断的领导方式下，集体的一切由成人管理：成人独自提出集体的目标、制定工作步骤、分配成员任务，对儿童严加管理，自己不参加集体的活动。在放任自流的领导方式下，成人只笼统地说明目的，提供各种材料，以一种被动、不介入的姿态，不提供计划和建议，在解答问题时也不提供帮助。

后来，李皮特（R. Lippitt）等人又将专断型领导方式分成强硬型专断和仁慈型专断两种，把研究对象扩大为四组。研究结果表明，在民主型的领导方式下，学生喜欢学习；喜欢与同伴尤其是教师一起工作，工作的质和量都很高；相互鼓励，独自承担某些责任；不论教师在不在课堂，都能自觉学习。在专断型的领导方式下，学生会产生较高水平的挫折，小组气氛是紧张的、沉闷的，并对领导产生一定程度的反感；领导在场，纪律较好，活动性较强；领导不在场，纪律涣散，学习气氛低落，学习效率明显下降。放任自流的领导方式导致学生学习不稳定，纪律松弛，没有合作，推卸责任，谁也不知道应该做什么、应该怎样做，在集体内产生较多的攻击性行为，工作效率低，小组气氛表现出无组织、无纪律、无目的的特点。通过对班集体活动进行系列观察，安德森等人（1946）发现如果教师依靠支配的方法管理班级，会有更多的人际冲突的迹象，如果采用合作的方法，则情况大不相同，而且教师带班的时间越长，教师对学生的影响就越大。此外还发现如果是换了教师，原来教师对学生的影响随着新教师的到来而消失。穆斯（Moos，1978）研究了不同出席率的班集体课堂气氛的特点，发现在出席率高的班集体，教师理解支持学生，教学主动热情，学生在学习过程中感到愉快和满足；在出席率低的班集体，教师态度不友好，不能理解学生，管制非常严格，行为规则明确而具体，班集体竞争气氛浓厚。

这些研究为以何种方式领导班集体更能提高学习效率提供了依据。在教学活动中教师应以民主的方式领导学生集体，因为在民主型的领导方式下，确立的是合作性的学习目标，学生采用相互作用的学习方式，共同探讨疑难问题，在独立思考、相互交流中感受到集体的力量和个人的作用，调动了学生的积极性，形成既热烈活跃又恬静严谨的课堂景象。在民主型的领导方式下，每个学生的观点都被充分重视，激发了学生的学习动机；在专制型的领导方式下，喜欢用惩罚手段的教师，往往会增加学生的焦虑，学生因害怕暴露自己的短处而退缩不前，导致集体计划、协作及自我定向出现低效，甚至无效。

三、学生的同伴关系

（一）同伴关系及其类型

同伴关系是同学之间在进行交往和相互作用的基础上建立起来的同学之间的心理关系，它是除教师之外的班级成员间关系的总和，包括学生个体之间的关系、班级内的学生群体之间的关系以及学生群体与个体之间的关系。在学校的情境中，学生间的相互作用以及由此形成的同伴关系是课堂教学和管理的前提和背景之一，也是影响学生学习的重要因素。心理学研究发现，具有更经常、更亲密同伴关系的学生，其学习成绩要高于没有亲密同伴关系的学生。

按照同学之间是相互吸引还是相互排斥，可将同伴关系分为友好型、对立型和疏远型三种。具有友好型同伴关系的同学之间在心理上彼此相容，相互接近、相互吸引，彼此相处融洽；对立型的关系是指同学之间在心理上彼此不相容、相互排斥的关系，具有这种关系的同学常表现为摩擦、反感、冲突等；疏远型的同伴关系表现为同学之间情感淡漠，相互之间很少交往，几乎不进行非正式的交往，同学之间在心理上也相互忽视，彼此的关系若有若无，以这样的关系为主形成的班集体也会缺乏凝聚力。

（二）青少年同伴关系特点

对于处在青少年时期的学生而言，他们的同伴关系具有如下特点。

1. 与同伴互动时间、频率都增加

有学者（Csikszentmihalyi et al.，1984）曾要求中学生在一周的时间内以固定的时间间隔记录自己的活动、情绪，结果发现，中学生课下与同伴在一起的时间（29%）是与其他成人共度时间（13%）的两倍多。成人在青少年社会网络中的占有率不及25%；青少年指称的“重要他人”有近半数是同伴。我国学者对8 000多名小学、中学和大学生人际交往的研究表明，在总体上，学生的课余时间、游乐、倾诉和乐趣分享的对象均将同伴放在首要的位置（陈仙梅，1993）。从年龄特点来看，个体在生活各个领域选择同伴作为交往对象的比例都随年龄增大而呈现递增趋势，而对父母、老师的选择则呈递减趋势。再者，青少年被赋予较强的自主性，他们与同伴的交往不再受到成人的监控。此外，儿童期同伴互动中的“性别对立”现象逐渐消失，青少年开始将更多的活动指向异性同伴，异性之间的接触有了显著的增加（Dunphy，1963）。

2. 与同伴互动的水平进一步深化

这主要体现在青少年时期对友谊及其一系列相关问题的认识上和理解上。随着年龄的增加，青少年对友谊的理解逐步由肤浅到深化。开始的时候，他们注重表面现象，注重共同的活动而非彼此内心感情和观念的交流，对他们而言友谊的中心任务是“彼此要好、互相帮助”。而随着年龄增长，他们会意识到友谊不再意味着活动的共性，而是强调双方互相影响的感情上的依赖，友谊的主题是彼此的理解和亲密的情感支持，青少年尤其注重朋友的忠诚、可信赖和尊重。更年长一些的青少年虽然仍强调信任和忠诚，但他们普遍认为朋友之间需要相互的理解和支持，对朋友的要求已经涉及彼此在深层次个性心理特征上的一致性，由此产生了真正的“互惠”意识——思想、情感甚至是人格上的共享。在他们看来，友谊的“互惠”意味着共同的同一性，互相获得自我。心理学者（Bigelow & La Gaipa，1975）在一项大规模研究中，要儿童和青少年描述他们所期望的最好的朋友，结果表明，年长的学生会更为重视忠诚、亲密感等在友谊中的作用。较之年幼儿童，青少年自我报告的友谊关系的亲密水平更高；对青少年的观察研究也表明青少年期的友谊关系双方注重亲密的重要特征。另外，青少年期的友谊关系不再拘泥于同性之间，异性之间的友好亲密互动构筑了新型友谊关系。

3. 同伴互动的范围扩大

研究表明，个体在青少年期的交友范围日益扩大，开始归属特定的同伴群体，同伴群体的规模也渐次扩大：从范围较小、关系紧密的小群体到更大规模的群体；从单一性别的群体到两性合一的群体。青少年初期，个体的活动大都围绕单一性别的紧密小群体，还没有涉及更广泛的社会活动，日常只是与有限的几个朋友交谈、游戏。随着发展，异性之间开始了交往，但尚不是紧密小群体内部，而是在相对松散的大群体背景下。群体范围内两性均参与的互动促进了男女关系的发展，从而使异性关系逐渐发展到小群体内部。这时，小群体的结构发生了彻底的变化，即性别混合。随着发展进一步深入，到青少年末期，男女关系发展到一对一的朋友之间，最终出现男女之间的恋慕。同时，群体这一组织松散、宽泛的团体结构开始瓦解，紧密小群体内部也渐渐减少了相互间的密切联系，取而代之的是二元男女关系。不过，小群体内部的联系仍在特定水平维系着，并会一直延续至成人生活中。青少年期是个相当不稳定的时期，个体对自我、社会都有一种不确定感，同伴群体由此成为其重要的行为参照系统，青少年对同伴文化的遵从明显增加。

在同伴交往过程中，一些学生自由结合、自发形成小群体，被称为非正式群体，它是同伴关系的一种重要形式。很多研究都发现，大多数班集体都由一些小群体构成，而大多数学生又都在某个小群体中充当一定的角色，这就构成了班集体中的非正式群体，对学生的影响很大。

非正式群体可以分成不同的类型，根据成员间需要的性质，可将非正式群体划分成情绪型、爱好型和利益型三种类型。在情绪型的非正式群体之中，成员之间享有共同的感情，彼此能友好相处、相互支持。在爱好型的非正式群体中，成员在某些方面具有共同的兴趣爱好，经常在一起进行活动。利益型的非正式群体成员间有共同的利害关系，结合在一起则能够趋利避害。

一般而言，班级中的非正式群体具有如下特点：

（1）成员之间相互满足心理需要。非正式群体多是由于心理需要而自愿结合在一起的，成员之间或是有共同的观点，或是受过类似的挫折，或是兴趣爱好相投，或是有着共同的利害关系，或是由于性格互补。因此，非正式群体的成员之间情投意合，交往频繁，传递信息迅速，对其同伴的行为相互认可并支持。

（2）具有较强的凝聚力，但有可能存在着排他性。非正式群体的成员之间具有强烈的情感联系，相互之间都以感情为重，对自然产生的领导言听计从，每个成员对非正式群体都有一定程度的归属感，但有的小群体或其某些成员对其他小群体有排斥的倾向与行为。

（3）行为上具有一致性。非正式群体具有共同的行为规范，这些规范是约定俗成的，而且成员往往具有共同的行为目标，并为实现共同目标而力求行动协调一致。

（4）成员的角色和数量不固定。虽然非正式群体中有领导者或中心人物，但不固定，随着情境的变化，会涌现出由成员认可的新领导者。非正式群体没有固定的数量，成员的流动性也很大，自由参加，自由退出。

第三节　创造良好的课堂环境

人的任何活动都是在一定的环境中进行的。在与环境的相互作用中，人类既受环境的影响，也可以发挥其主观能动性来改进和创造有利于人发展的环境。教育系统内的教学活动也是如此，教学活动的效果取决于教师与学生的相互作用，而教学环境则是影响师生相互作用的重要因素。一个教师，只有了解教学环境，适应教学环境，控制教学环境，使教学环境为教学工作服务，教学才能取得比较良好的效果。在这里，教学环境有广义和狭义之分。广义的教学环境既包括教学中的物理环境，如教室、活动区域、座位、照明等，也包括教学中的社会心理环境，如学生群体、师生关系等。在本节中，我们将分别讨论教学环境中物理环境和心理环境的两个重要方面，即课堂环境布置和课堂气氛营造的问题。

一、课堂环境的布置

（一）课堂设计

教学中的物理环境对学生的影响近年来越来越多地受到心理学家的重视。他们发现，如果教学目标和教学活动能够与相应的物理环境设置相匹配，则有利于教学目标的完成。在我国，由于教学设施的不断完善，如何设置更好的课堂环境来促进学生的成长也逐渐成为许多教育和心理工作者所关心的问题。课堂物理环境在学习中的作用可以通过两种基本的空间组织方式来实施，一是遵循区域原则，将空间划分成一个个区域，某些区域只属于某个人，直到教师重新改变某人的位置为止。二是按照功能安排空间。在这种安排里，教师将空间划分为各种兴趣范围或工作中心。每个人都能达到所有的区域。一般而言，前一种空间安排适合于面向全体的课程；而后一种空间安排适合进行小组同时进行的活动。如何利用心理学、教育学等多方面的知识，来进行面向学生全体的物理环境的研究，被称为课堂设计。而在课堂设计的研究中，目前研究者所关注的一个重要内容就是以课堂座位安排为主的课堂环境布置问题。图 18－3 为一间美国小学教室的环境布置。

（二）课堂设计的主要形式

1. 座位安排对学生的影响

教室中，座位的安排会影响课堂教学和学生学习吗？20 世纪 70 年代以

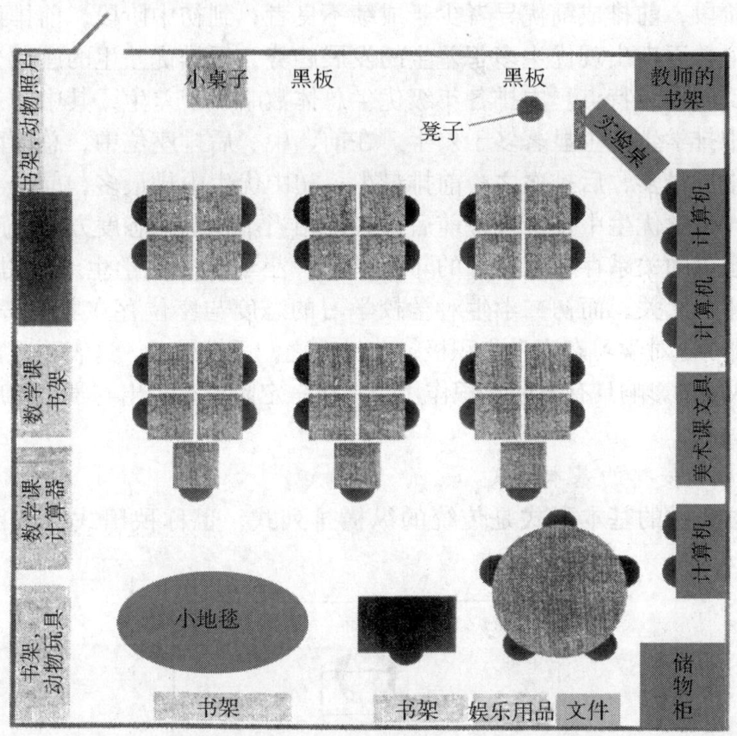

图 18－3　一间美国小学教室的环境布置（斯腾伯格，2002）

来，国外许多研究者考察了秧田形、马蹄形、环形、V 形、长方形等座位编排方式与学生学习的关系，发现课堂座位编排方式对学生的课堂行为、学习成绩、社会交往、学习态度、人际关系以及整个教学活动发生着直接或间接的影响。贝克尔等人（1973）在一项对大学生的课堂座位研究中发现，坐在教室前排和中间的学生的成绩要好于坐在两边的学生的成绩。这与许多教师的直观体验也是一致的，课堂中，最受注意的学生常常是坐在前排和中线上的学生；如果让学生自己选择座位，那些最感兴趣的学生往往坐在前排，那些想尽早离开座位的学生尽可能靠门而坐。亚当斯等人（1970）认为，在传统的课堂座位安排中，存在一个“活动区”（action zone），即在教学活动中，教室座位的前排和中间是言语交流集中的区域，教师也常常在教室正中的一条线上活动，而这个区域，也正是学习最积极的学习者集中的位置。

我国也有研究者对座位与学生课堂学习的关系进行了调查，结果发现：在学习成绩方面，座位与学生学习成绩的分布存在着一定的动态模式关系。

在小学阶段，前排成绩优异者少于成绩不良者；到初中阶段，前排优差生基本接近，并逐渐出现优生多于差生的发展趋势。后排优差生的座位分布则显示出相反的年级特点。中排各年级优生总体数略多于差生，其中初二、初三年级的中排学生优生显著多于差生。在前、中、后排座位中，总体而言，小学优生中排最多，后排次之，前排最少；初中优生中排最多，前排次之，后排最少；大学优生中排最多，前后排大体相当。在学习态度方面，座位与学生学习态度的关系存在着显著的年级差异。小学低年级学生对学习的兴趣、态度与座位无关；而初二学生对学校学习的态度与座位存在着显著的关系，其中中排学生对学习态度最为积极，前排次之，后排最差。这表明座位对学习兴趣、成绩的影响具有量的累积作用，并在一定阶段显示出与学习态度的显著关系。

2. 座位安排的基本形式

座位安排的基本形式是传统的纵横排列式，也称秧田式（如图 18－4 所示）。

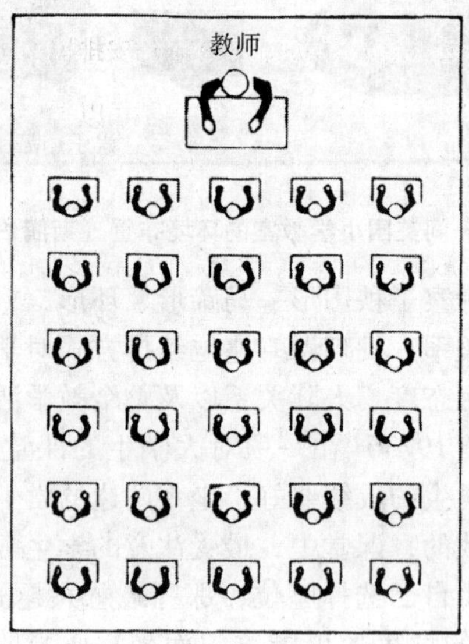

图 18－4　传统的秧田式座位设计模式

传统的座位排列适于独立课堂作业、提问和回答，它有助于学生集中注意于教师，使学生更容易配对学习。传统排列式也最适于演示，因为学生更接近教师，并且有助于全班的集体讨论。这种设计模式的最大缺点在于它会降低学生的主动参与感，这样设计的课堂教学也常常是以教师为主导的。

3. 座位安排的变换形式

在进行以学生为中心、非指导性的教学活动中，课堂座位也可以做出各种特殊的安排，如矩形、环形、马蹄形等（见图 18－5）。

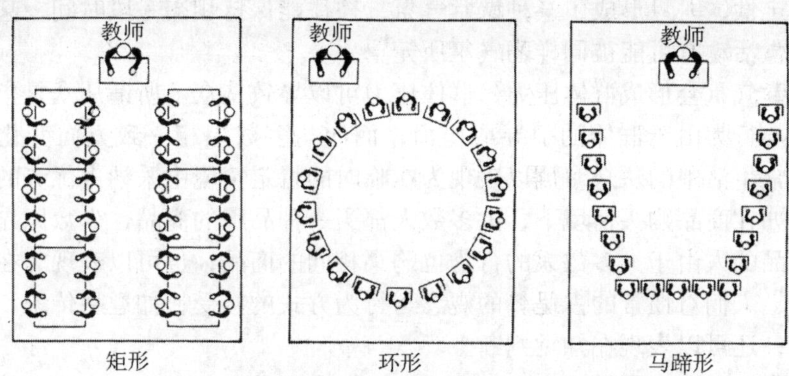

图 18－5　特殊的课堂座位安排模式

在这些特殊的座位安排中，每个学习者可以与教师一样面对更多的其他同学，当然这时候可能会面对较多的教学管理和课堂控制问题。一般而言，教师座位的安排应按照教学活动的具体要求和实际的条件来进行分析和选择。在我国，由于一般的学校班级人数常常较多，所以应用非正式座位安排要慎重一些，一些有经验的教师常常每隔一段时间变换一次学生的座位，以使每个学生都在“活动区”坐过。

二、课堂气氛的营造

（一）课堂气氛的内涵与作用

课堂气氛是学生课堂学习的重要社会心理环境，在一个班级群体中，每个成员的态度、情绪不同，认知和行为方式上也有差异，成员之间在课堂中的相互作用和相互影响，构成了课堂气氛。课堂气氛的概念最初源自国外学者对课堂行为的测量。早期的课堂行为测量侧重于对课堂行为作观察性的描述，后来转向对课堂行为作价值归因分析，进而扩展到考察课堂行为测量与学业成就测量之间的相关性。我国学者认为课堂气氛是指班上各种心理的和社会的气氛，如拘谨程度、灵活性、结构、焦虑、教师的控制、主动性以及激励作用，等等。课堂气氛由课堂中师生之间、学生之间的情感交流与认知活动构成，既反映了师生关系性质，又影响了师生关系。不同的班级有不同的课堂气氛，如在一个班级里，课堂气氛紧张，相互之间的交流则是小心谨慎的；在另一个班级，课堂气氛热烈，相互之间的交流则是自发和自由的。即使在同一个班级，也会存在不同的"气氛区"，如一位教师上课时气氛融洽、活跃，另一位教师上课时气氛却是躁动或漠然。但是，课堂气氛又有相对的稳定性，一旦形成了某种课堂气氛，往往能保持相当一段时间，甚至不同的课堂活动有可能被同样的气氛所笼罩。

课堂气氛会形成群体压力，群体压力可以导致从众。所谓从众是指个体的观念与行为由于群体的引导或压力，而向与多数人相一致方向变化的现象。日常生活中的从众，可以表现为在临时的特定情境中采纳占优势的行为方式，如在商品购买情境下，大多数人都买一种品牌的商品，少数原先不买这种商品的人由于大多数人的行为也购买相同的商品；也可以表现为在一般情境下，人们对惯常的占优势的观念与行为方式的接受，如遵从传统、顺应风俗等；还可以表现在知觉判断上。

社会心理学家阿希（S. Asch）1956 年报告了一个有关群体压力的经典实验，考察了影响从众的各种因素。阿希将被试组成 7 人小组，请他们参加所谓的知觉判断实验，判断编号依次为 1、2、3 的比较线中，哪一条与标准线一样长。7 名被试中只有编号为第七的为真被试，其他均为实验助手，三条直线中只有一条与标准线等长。实验结果表明，数十名自己独自判断时正确率超过 99% 的被试，跟随大家一起作出错误判断的总比率占全部反应的 37%，75% 的被试至少有一次屈从了群体压力，作了从众的判断。

课堂情境中，从众行为的发生一般认为有两个原因。第一，学生往往相信大多数人的意见是正确的，跟随大多数，犯错误的可能性会降低，因而遇到自己意见与大多数人不同时，往往放弃自己的意见，追随大多数人。如果学生越相信群体信息的正确性，自信心越差，从众的可能性就越大。第二，学生往往不愿意被群体其他成员视为不合群者，为了避免他人的非议或排斥，发生从众行为，与多数人的意见保持一致。

从众的行为方式，对学生适应班级管理是有积极意义的。一个班级需要有共同的行为目标、明确统一的行为规范，只有这样，同学之间才能顺利进行交往，学生才能接受教师的影响，课堂教学、集体活动才能正常运行。可见，多数人的观念与行为保持一致是必要的。但是从众也有消极作用，正如阿希实验所揭示的，大多数人的观点并不能代表真理，如果不能独立思考，盲目听从别人意见，人云亦云，对学习是很有害的。从课堂管理的角度看，如果风气不好，不良言行就会通过从众行为像瘟疫一样在班里蔓延，使自信心不强、意志薄弱的学生随波逐流。

（二）课堂气氛的类型

史玛克（Schmuck，1988）提出课堂气氛的类型可以通过观察群体成员的身体动作、姿态、人际之间的距离和口头交流的模式来判定。如学生怎样定位与教师的关系，他们与教师离得近还是保持一定距离；学生看上去是轻松自然还是紧张焦虑，是快乐、充满活力还是沉闷、厌烦和漠不关心；教师是否经常口头表扬学生等。有学者根据课堂师生的注意、思维、情感和意志等心理状态的观察记录，将课堂气氛分为积极的、消极的和反抗的三种类型。积极的课堂气氛是指学生精神饱满，课堂纪律良好，学生注意力集中，师生关系和谐，教师善于引导启发学生，学生积极思考，踊跃发言，课堂里呈现出既热烈活跃又恬静严肃的景象。消极的课堂气氛则相反，学生显得无精打采，课堂纪律较差，学生注意力分散，师生关系疏远，教师不善于组织教学，不能有效地引导学生思维，多数学生被动回答教师提问，有的学生上课时甚至提心吊胆，收不到良好的教学效果。反抗型的课堂气氛的基本特征是：学生不认真听课，故意捣乱，课堂纪律极差，教师不能集中精力讲课，时常为了维持课堂纪律而中断讲课，完成不了预定的教学目标。

更多的时候，研究者根据课堂内成员之间的互动性质，将课堂气氛分为竞争、合作和个人主义三类。在这三类不同的课堂气氛中，课堂内的社会心理环境从权威主义到放任主义之间波动。处于权威主义时，教师是信息、观点、指导的主要提供者，而处于放任主义时，学生则成为这些内容的主要提供者。当一个教师将课堂气氛从竞争变换到合作再到个人主义时，他（她）将不断降低对学习过程的控制，在个人主义的情形下，学生则几乎完全独立地承担起评判自己学习的责任。有经验的教师不仅使用多种教学策略，而且会根据自己的教学需要，不断营造和调整有益于学生身心发展的课堂气氛。表18－4和表18－5列出了三种不同的课堂气氛在应用中的比较（鲍里奇，2002）。

一般而言，竞争、合作、个人主义都是开展班级群体学习的手段，它们适用于不同的学习情境，并没有哪种气氛是绝对有效或无效的。就我国课堂教学中最常见的教师所营造的竞争和合作气氛而言，都有其积极作用，但也有一定的消极作用，教育工作者必须注意到这一点。

表 18－4　三种课堂气氛的比较（一）

社会气氛	典型活动	赋予学生的权力	赋予教师的权力
竞争的：教师是唯一的裁判。学生们为他们自己间的正确答案或教师所立的标准而展开竞争	操作和练习	无	组织教学，提供刺激材料，评估回答的正确性
合作的：学生在教师的指导下进行对话活动。教师有条不紊地插进来，使观点鲜明，且使讨论迈向更高水平	小组讨论和大组讨论	呈现观点，提供观点，自由、自发地发言和讨论	激发讨论，仲裁争议，组织和团结学生
个人主义的：学生完成教师布置的任务，他们被鼓励按他们认为最好的答案完成任务。强调通过并且考验自我	独立的课堂练习	用最可能的回答来完成任务	布置工作，确保工作朝完美而有秩序的方向发展

表 18－5　三种课堂气氛的比较（二）

	竞争的	合作的	个人主义的
全班	轮到学生活动时，学生通过获得正确答案相互展开竞争	当一位同学寻找正确答案遇到困难时，其他同学允许提供暗示或线索	全体学生联合背诵答案
小组	作为相对立的团队，小组相互竞争	小组分工进行同一课堂的不同然而相关的层面，将结果综合成能面向全班进行的最后的报告	每个小组完成所分配课题的独立部分。不进行面向全班的共享的报告
个人	通过对相同的问题的回答，个体间相互竞争。做出最快、最精确的回答的个体“获胜”	个体结队合作，他们交换试卷、分享答案，或者相互纠正错误	个体依靠他们自己，在没有教师直接参与的情形下，完成课堂作业

1. 竞争的利与弊

课堂里的竞争包括群体内的竞争和群体间的竞争两大类。

（1）群体内竞争。在一个班级与小组内部学生之间的相互竞争属于群体内的竞争，这种竞争的好处在于：

①可以使课堂气氛显得活跃，集体生活富有生气，避免或减轻了学生对例行作业的单调感，增加了他们学习与工作的乐趣，如约翰逊（Johnson，

1974）的研究表明，竞争活动能增强或促进简单的操作和背诵活动。

②能激发个人的成就动机，提高个人树立的标准和抱负，缩小个人的能力与成绩之间的差距，提高学习效率。

③能使学生在与他人比较中，较好地发现自己尚未显示出来的潜力和自己的局限性，对自己的能力作出更符合实际的评判，有利于克服某些不良的人格特征。

但是群体内的竞争也有不利的一面，具体体现在：

①从学生个体的角度看，对那些学习成绩一贯优异，知道自己不需要太多努力就能成功的学生，竞争缺乏激励作用；对那些学习成绩一般，但又想在群体中获得好名次的学生，竞争会产生过分的压力，致使产生不惜任何代价也要赢得胜利的倾向；对于那些知道自己没有成功希望的学生，竞争会使其丧失信心。

因此，在竞争中，对学习成绩优异者，教师要注重激发其内部动机，启发他们从求知的角度，以自己为竞争对象，不断进步；对学习成绩中等的学生，教师要引导其进行正确归因，调整过高的志向水平，对学习付诸更多的努力，以取得理想的成绩；对学习差的学生，教师要给他们提供额外的帮助，如补习基础知识，安排更多的时间学习，对取得的进步及时强化，帮助他们树立信心。

②从学生群体的角度看，频繁的竞争会使学生间产生敌意，失去信任感，从而使班集体出现紧张、不安、不团结等消极的气氛。此外，经常不断的竞争还会降低学生学习的内在动机，使学生的注意力集中于取得好成绩以赢得老师的称赞、同学的羡慕，从而削弱或失去了学习活动本身带来的愉悦感。

（2）群体间竞争。学校之间、班级之间和小组之间的竞争属于群体间竞争。一般来说，群体间竞争的效果取决于群体内的合作，有利于集体主义的培养，在学校教育中通常得到推崇。

2. 合作的利与弊

合作对学生学习的积极作用在于：

（1）能增强集体凝聚力，形成积极的课堂气氛，促进学生智力和创造力的发展。集体凝聚力是集体对成员的一种吸引力，合作性的学习，无论是面对面进行还是结队进行，都可以获得一种激励，有利于产生有感染力的行为和竞争性的努力。

（2）为了解决新问题而需要提出多种可供选择的方案时，学生间的合作可以集思广益，对问题的解决往往胜过个人的努力；在决定任务和评价作业时，如果不是以正确答案作为学习的唯一标准，而是以集体成员每一个都有所收获作为评判成就的标准，那么，学生间合作讨论所形成的一致意见往往更有效，因为集体中能力较低的学生能够受到能力较高的学生的思想和策略的激发，从中受益。

（3）能促使学生积极思考彼此之间的互补性，学会取长补短，启发学生学会学习，自觉改进学习的态度与方法。

（4）有助于学生发展良好个性。

但是课堂里的合作也有不足之处，表现在：首先，如果学得慢的学生需要得到学得快的学生的帮助才会有进步，学得快的学生可能在一定程度上放慢学习进度，影响自身的发展。其次，能力强的学生或活泼好动的学生有可能支配能力差或沉默寡言的学生，可能造成沉默寡言的学生更加退缩，能力强的学生更加不动脑筋。再次，合作容易忽略个别差异，影响对合作感到不自然或焦虑的学生的学习进步。

学生之间的合作与竞争是对立统一的，随能否满足各自的利益而转移。在课堂的集体活动中，有时可能同时发生合作与竞争，有时可能交替出现。不能片面强调合作，也不能片面强调竞争。有效的课堂管理应该协调合作与竞争的关系，使两者相辅相成，成为促进课堂管理和调动学生积极性的有益手段。

第四节　建立有效的课堂秩序

一、课堂规则的制定与实施

（一）课堂规则的内涵与种类

课堂秩序是进行正常教学的必要条件，要建立和保持良好的课堂秩序，就必须建立制度化的课堂规则，明确学生在课堂中的行为。课堂规则是课堂成员应该遵守的保证课堂秩序和效益的基本行为要求或准则。通过课堂行为的制定，学生能知道在课堂上的行为标准，知道应该做什么，不应该做什么，做什么会得到肯定，做什么会受到批评。此外，课堂规则一旦被学生所接受，就会逐渐内化为学生的自觉行为，就能唤起学生内在自主的要求和自我管理的欲望，激发学生自我管理的动机，最终形成自律的好习惯。

在实际的课堂教学和管理活动中，教师需要根据不同的情况，制定各种类型的课堂规则，课堂规则从内容和规定时间两个维度出发，主要包括以下四类：

（1）有关学习活动的规则；

（2）有关课堂行为的规则；

（3）首次授课时必须与学生沟通的规则；

（4）可以稍晚、在适当时候进行说明的规则。

表 18－6 呈现了教师在制定四种不同规则时所需要考虑的一些问题。

表 18－6　课堂规则的四种类型

	有关课堂行为的规则	有关学习活动的规则
首次上课需要阐明的规则	坐在何处 座位怎样布置 上课铃响前应做些什么 回答，大声说出来 下课铃响后离开 饮水、食品和口香糖 上卫生间和饮水的特权	上课所需要的材料 完成家庭作业 补做功课 未完成的功课 缺考 等级评定 违反守则
可以稍后阐明的规则	迟到和缺席 爬上课桌 当有客来访时 离开教室 对违反守则的处罚	完成笔记 获得帮助 记笔记 同他人共同承担工作 学习中心和参考书的利用 小组工作过程中的沟通 整齐 实验室的安全

（二）课堂规则制定与执行

1．制定课堂规则的原则

课堂规则的制定必须要注意以下几点：

（1）合理性，即与学生的年龄和行为能力符合，容易理解。一项好的规则必须是合理的，它要考虑到学生的年龄和行为能力，而且，要能被学生理解。例如，对小学一年级的儿童而言，过于繁琐的课堂规则是不适宜的，需要循序渐进地提出课堂上应该注意的事项，而不是在开学之初便一股脑儿说出这些规章制度，其后就不再提醒。

(2) 清晰性，即清楚表明学生要做什么。规则不能模棱两可，不是暗示做什么，而是清楚地说明做什么。“所有学生必须上课”，这样的表述就很模糊，而清楚的表述应该是，“除非有学校教师或家长的请假条，所有学生在休息日之外必须参加所有课程的学习”。

(3) 可实施性，即规则必须是可操作的。“不要骂人”就是一条不具备可实施性的规则，教师不能时刻和学生在一起以监督其是否有说脏话的恶习。“不要在课堂上骂人”则是可以实施的。

(4) 条件性，即表达出行为执行的一项或多项条件。如，“不要打架，除非你被袭击或者为了保护你的同学不受伤害”。这样，学生就会清楚，与别人争斗不是绝对禁止的，在一定的条件下是需要正当防卫的。

(5) 灵活性，即规则能根据不同情况灵活加以处理。有时，课堂上有可能会出现超越课堂规则之外的特殊情况，教师则应当根据具体实际而灵活处理，不要拘泥于固有的规则。

2. 制定课堂规则的方法（陈时见，1998）

(1) 自然形成法，即将原已存在并适宜多数学生的良好规则加以具体化。例如对多数学生“进出课堂都能请假”、“上课发言能先举手”等自然的良好行为加以处理，经由师生共同讨论，便可成为大家共同遵守的课堂规则。这种方式简单易行，也较容易建立。

(2) 引导制定法，也就是将原本不存在或没有引起注意的常规引申为课堂规则，让大家共同遵守。这又可分为三种方式，一是先由学校或教师设计某种规则，再经由学生讨论后形成为课堂规则的自上而生法；二是先由学生自己发动、建议设立某种规则，再经由教师许可而成为课堂规则的自下而生法；三是由师生在课堂活动实践的基础上针对某种不良行为共同讨论制定课堂规则的上下交融法。

(3) 参照制定法，也就是教师或学生发现其他班级的课堂有某种良好的行为规范，而这一行为规范又正好是本班课堂所缺少或不足的，于是便参照别的课堂规则，在此基础上进行修改，使之适宜于本班课堂活动，从而制定出类似的课堂规则，以养成学生在这方面的良好行为。

(4) 移植替代法，也就是将其他课堂中好的规则直接移植过来，作为要求本班学生遵从的课堂规则，或用来替代原有的不合理的规则。采用这种方法，要特别注意所移植来的规则是否适合于本班课堂。因为其他的课堂规则是与其特定的课堂环境相对应，并在其课堂活动实践中逐步规范起来的。即使是最好的课堂规则，移植到自己的课堂，也并不一定是完全适合的，因而要做深入细致的分析，采取谨慎的态度。

3．课堂规则的表述

教师在进行课堂规则的表述时，如果想使自己的信息表达能够真正得到实效，必须在表述规则时考虑到如下方面：

（1）态度坚决。当教师说“不”时，一定意味着是“不”，非常的肯定。学生接收到的教师信息，不仅是一种期望，也是一种要求。这样的信息是关于制度和期望的清楚而明确的表达，此时，教师的语气和行为必须是一致的。必须让学生知道，教师希望他们好好学习并健康成长，因此会随时纠正他们的错误行为，而这并不意味着教师不喜欢他们。

（2）针对行为。教师在纠正学生的行为时，要告诉学生他（她）的行为是错误的，但不要把重点放在对学生的态度和个人的价值上，即要记住批评时要“对事不对人”。如果教师不让学生打断自己的谈话，应该说“请你等我把话讲完再发言”，或者“请别插嘴”，而不是说“你怎么这么不长记性还插话”，“什么也不能堵住你的嘴”等等。

（3）清晰详细。教师应当直接地告诉学生自己想让他（她）做什么，必要的话，可以清楚地告知学生自己希望他们在什么时间内做、怎样完成某件事。“现在必须交卷”、“下课后请大家立即离开教室”是很清晰的表达，而“别在课堂上惹我不高兴”这样的说法就比较模糊，类似“课堂讨论时，我希望大家安静地坐在前排与我面对面进行讨论”就是清晰、详细的信息。

（4）用词简洁。教师的长篇大论往往招致学生的厌烦，也容易使学生抓不住重点。教师在表达课堂规则时，应当精心选择自己的用词，控制住自己的情绪，简洁地表达出清楚的观点。只要能够保证学生明白教师在说什么，教师的影响就发挥作用了。

（5）伴随行动。教师在发出要求的同时，必须让学生知道不服从要求的后果。要让学生认识到，这不是威胁，也不是惩罚，这是一种更好的解决问题的方法。教师的言行必须是一致的，学生才会认真考虑你的要求，如果教师做不到这一点，所说的话常常不能在学生身上奏效。

4．课堂规则的执行

要想使规则真正促进课堂管理，必须使它得到有效的实行。教师在运用规则来管理课堂的时候遇到的最大问题是，如果学生违反了课堂规则，那么教师应当如何应对？一般而言，学生对课堂规则的违背有轻重之分，教师也应当根据学生的具体情况做出相应的反应。当问题发生时，教师可以首先对这一问题进行判断，“这个问题有多严重？这种情况在以前是否经常发生？

过去对它的惩罚是什么?”

如果学生对课堂规则的违背属于初犯，那么很多时候教师只要表示出对此的遗憾就可以了。当然，教师也可以使用一些轻微的处罚措施，如剥夺他的一段休息时间，或者让他写出对课堂规则的认识，以解释和弥补他们的错误，等等。如果学生的错误行为比较严重，或违反规则的频率增加，教师可以采用一些自由活动的时间让他做作业，或者下课之后将其留下来等惩罚措施。如果学生违反规则的程度十分严重，教师可以寻求增援，找学校领导或者学生家长出面来帮助解决问题。

表 18－7 列出了当学生违反课堂规则时教师可以采用的应对策略，对于课堂管理中的学生问题行为及其干预，我们在下面的内容中将进行更为深入的讨论。

表 18－7　处理学生行为问题的策略（斯腾伯格，2002）

* 不要忽视已经出现的问题：在问题恶化之前找到解决的办法。不要反应过度，使得问题比它们实际看起来还要严重
* 给那些爱捣乱的学生重新安排座位，将他们与其他学生隔离开来
* 将那些爱捣乱的学生的精力引导到其他事情上：安排一些同伴互助活动，让他们去帮助其他学生；给他们一些特殊的任务，比如看护宠物；激励这些学生做得像其他人一样好
* 对好的行为给予小小的奖励，给予那些表现好而不是表现差的学生更多的关注，对那些想要引起人们注意的捣乱学生不予理睬
* 对表现好的学生在周末不布置作业，为他们提供郊游的机会，以及一些由全班所给予的奖励——这样一来，学生之间会相互影响，都向好的方向发展
* 对学生休息的时间，让他们平静下来从而使局势得以缓和
* 在奖励和惩罚的执行上要前后一致
* 在处理一些重大问题上寻求家长的合作，每天给家长一份简要的报告卡片使他们知道进展的情况，随机给那些表现好的儿童的家长打电话表扬他们的儿童。这样你在将来会得到他们更好的合作
* 保持冷静，不要发怒
* 表扬好的行为，向班上的学生说明什么是好的行为，这样学生们对教师的期望会更明确
* 尝试布置一些与学生的生活相关的作业。避免以无聊的方式教授一些无聊的素材
* 请学校的心理咨询师来帮助一些有特殊困难的学生。取得其他教师和有关管理者的帮助

续上表

---

* 树立好的行为的楷模，使学生明白什么是好的行为；经常给学生讲那些一开始在学校学习十分艰苦的人们后来取得成功的事例

* 排除由于医学方面的原因而造成的问题，比如生病、视力不好、听力或其他方面的障碍

* 对问题学生进行测评，看看他们是天生如此还是有其他特殊要求

* 运用循序渐进的原则来一步一步塑造学生的行为，使他们建立起积极的行为方式

二、常见的课堂纪律问题及原因

（一）常见课堂纪律问题

虽然在课堂上，学生的纪律问题的表现千差万别，不同的学生纪律问题也有不同的表现，但一般而言，以下五种情况是课堂中带有共性的纪律问题：

（1）争论。主要表现为在课堂上对教师或其他同学的态度或观点的质疑。

（2）粗俗的言行。以侮辱或粗鄙的语言和行为来寻求刺激或使别人接受。

（3）遗忘。以“忘记了”为不完成任务的借口，或者以此来吸引教师和其他同学的注意。

（4）争吵与打斗。在课堂上与同学进行口头的争吵或肢体上的冲突。

（5）缺乏责任心。对分配的任务不能及时完成，行动迟缓，不能坚持工作，缺乏耐心等。

（二）课堂纪律问题的学生心理动因

学生在课堂活动中极度需要归属感，他们通过参与来获得这种在集体中的归属感。自我感觉良好且健康的学生能够找到积极的方法表现自己，并为集体做出贡献。他们喜欢合作与参与，可以与周围的人和睦相处。然而，一个不管因为何种原因遇到挫折的学生，他可能会感到被排斥或轻视，不再注重参与集体活动，而试图在集体之外找到自己的位置，因此会在课堂中设置一些错误的目标，而这，正是课堂纪律问题的重要根源。以下是常见的影响课堂纪律的学生心理动因：

1．引起注意，成为大家的关注焦点

受到挫折的学生往往会失去自尊，并错误地认为只有成为注意的中心时才会体现出自身的重要性。他们要成为注意的焦点，觉得自己有能力，而且可以控制其他人。因此，受到挫折的学生总会使用各种办法来吸引别人的注

意。很显然，学生需要教师的注意。然而，如果这种引起注意的方法不适合当时的情境，它就会成为一种“过度注意”，因而会使教师生气，甚至厌烦。课堂上想引起别人注意的常常是以下几类学生：一是“课堂小丑”学生，这种学生常常用一些与课堂活动无关的古怪和可笑的语言和表情来获得大家的注意；二是一些对自己也无好感的学生，他们会故意做错一些事来吸引别人的反面注意；三是无助的学生，这类学生只有在获得别人帮助的时候才会高兴，所以在课堂上也会通过表现自己的无助来获得他人的注意；四是矫揉造作的学生，他们在课堂中是比较关注课堂活动的进程的，但很多时候会出现故意讨好教师的行为，如果吸引不到教师的注意，便会引起他们的不快。

2. 显示力量，成为团体中的领导者

如果教师长时间没有满足受挫折学生的关注需要，受挫折的学生会通过做自己想做的事来满足其归属需要，并体现其重要性。此时，他们便产生与同学或教师的反抗行为，并争取在这种力量抗衡中获胜。反抗教师的要求就成为受挫学生心理的极大满足，就像小孩有时惹父母生气之后得意地偷笑一样，他们以力量抗衡来体现其重要性，认为能够让教师生气就是一种胜利，是自身力量的显示。

3. 寻求报复，平衡先前冲突中的失败

在显示力量的抗衡中，如果学生再次遭受到挫折，他便会进一步寻求机会报复，以证明自己的重要性。因为受到教师和同学的排挤，受挫的学生错误地认为，他们不再属于这一集体，不被接受也无所谓，由于不被重视，因此，他们便用伤害别人来体现出自己的存在。这主要包括三类学生：一是破坏型的学生，他们认为自己周围的人都排斥他，所以便以破坏课堂来反抗他人和环境；二是反抗型的学生，如果他认为教师或其他同学对其产生了伤害，便会以同等的伤害来回应别人；三是玩世不恭的学生，他们总是觉得自己受到了不公平的待遇，很难与别人建立相互信任的关系，便会在课堂中寻求机会报复。

4. 试图逃避，竭力避免可能的失败

屡次在课堂上遭受挫折的学生，他们由于认为自己能力不足而放弃学习的努力，认为自己无论采用什么样的方式都不会取得成功，即使是一件很容易的学习任务他们也不再愿意尝试。这类学生面对任务挑战时总是选择放弃。他们不认为自己可以被接受或多么重要，却希望别人不要烦自己，有时教师也会因为这类学生的能力不足而感到失望并放弃他们。

（三）课堂纪律问题的教师自身因素

课堂纪律问题的出现，除学生错误的课堂目标设置之外，教师自身的一些因素也可以直接或间接导致课堂纪律问题的发生。

1. 教师的个性

教师不同的个性可以形成不同风格的教学和管理，虽然没有哪种个性特点是成为一名优秀教师的必然，但某些个性特点却可以对课堂的纪律管理带来一些不利的因素。这包括言语缓慢、犹豫不决，以及某些令人厌烦的怪癖和恶习等；性格急躁、缺乏自信、羞涩多疑等个性特点也不利于课堂纪律的管理。

2. 教师的外在形象

教师是否习惯于奇装异服，在衣着和发型上有没有会招来学生嘲笑的地方？有没有哪种习惯性动作可能惹人讨厌？是否在讲话的时候没有与学生进行眼神的交流？是否在讲台上授课时无精打采？……这些教师外在的表现也能影响到课堂管理。

3. 教师的授课方式

教师的授课方式应当与学生的能力水平、年龄和兴趣相适宜，在课前应当备课充分，在授课过程中，尽量安排充足的练习时间和学生参与的活动。教师授课方式越灵活多样，越能吸引学生的注意，对课堂纪律的影响越是正面的；反之则会引发学生在课堂上不良行为的出现。

4. 师生的交流水平

在教师与学生的谈话方式中，教师是对学生们表现出由衷的喜爱，还是对学生的态度唐突草率、不屑一顾？他们究竟是能够和每一个孩子、和全班学生都和睦相处，还是只能和坐在前排的学生或自己喜欢的学生愉快相处？此外，教师在与学生的交流中是否能做到公平无私、尺度如一，期望是否切合实际等都会对其课堂管理的效果有一定的影响。

三、课堂问题行为的防范与干预

（一）课堂问题行为的防范

优秀的教师常常会未雨绸缪，在学生的课堂问题出现之前，他们便会想到运用适当的课堂管理策略，来减少该类行为的产生。以下是课堂问题防范中教师常用的方法。

1. 适当地运用表扬

一个人的言行受到肯定无疑是一件值得高兴的事，对青少年学生而言，得到教师的肯定和奖励，对他们的鼓舞常常是巨大的。有经验的教师常常会用肯定的语言提示学生课堂上哪类行为是受欢迎的，哪类行为是不允许的。而且，他们还能运用多种方式，对学生的进步进行有针对性的奖赏。这其中，语言的表扬是其中重要的方面，但若想教师在课堂中的表扬收到实际的效果，必须注意：

（1）表扬要简单明了和直截了当，语气和语调要自然，而不要华而不实或夸大其词。

（2）表扬要用直接的肯定句（“我以前从来没有想到过”），而不要用热情洋溢的解释或反诘句。后者像是在给人施恩惠并且更可能使人觉得浑身不自在，而不是感觉受到了奖励。

（3）将所表扬的特别成绩具体化，并承认任何值得注意的努力、认真或毅力（“太棒了！完全是你自己算出来的。我喜欢你面对困难绝不屈服的做法”）。让学生注意到新技能或进步的证据（“我注意到了你会在作文中使用各种类型的比喻，这使得你的作文读起来非常生动有趣，保持这个好风格”）。

（4）用多种多样的词语表扬学生。过于用一些表扬的套话会很快让学生听起来有些不真诚，给学生一种老师并没有真正注意自己取得的成绩的印象。

（5）用非言语的赞扬来支持言语表扬。“那太好了！”只有在教师说这话时面带微笑并且说话的语气带着欣赏或温馨时，学生才会觉得是在表扬自己。

（6）避免模棱两可的表扬（如“你今天真的非常不错”），学生会把这种表扬看作是为了服从而不是学习。相反，表扬学习努力时要具体：“我对你今天早上的阅读非常满意，尤其是你有表情的那种朗读方式，我非常欣赏。你把毕利和泰勒先生之间的对话模仿得就跟真的一样。希望继续发扬你的优点。”

（7）平时，对个别学生要进行私下的表扬。当众表扬会让一些学生觉得难为情，甚至会引起他们与同学之间的麻烦。在与学生私下打交道时所给予的表扬会让学生觉得这种表扬是真诚、真实的，就会避免这种表扬像是在把这个学生树立为班上其他同学的榜样的问题。

2. 吸引学生的注意

人的注意具有指向性和集中性的特点，如果教师能吸引住学生的注意，使学生的注意集中于教师的课堂活动，那么会有助于降低课堂问题行为的发生。这就要求教师在整个的教学过程中时时刻刻要注意激发、保持和监控学生的注意。在上课之初，教师应该树立起每个学生都要对上课全神贯注的期望，而不是急于对学生进行知识的传授。用语言简洁而准确地向学生表露出“我们现在准备上课了”，然后一个短暂的停顿一般就可以收到这样的效果。在上课的过程中，教师除保持适当的上课进度之外，也要不时监控一下学生的注意情况。教师不应埋头于讲义之中，或两眼只盯着讲话的学生，而是应定时扫视一下全班，如果学生知道教师在定时观察他们每个人，他们就更可能会保持注意力的集中。

在吸引学生注意的过程中，让学生保持听课的责任感非常重要。所有的学生应该对一直要认真听讲、积极投入上课之中有种强烈的责任感，而不只是在回答问题或做演示时才认真。保持学生良好责任感的重要技巧是在提问的时候要做到问题多样化并具有不可预料性。这样学生就会知道不管前面发生了什么，他们随时可能会被叫到回答问题。然而，需要注意的是，这种技巧是针对全班的，而不是为了抓住不专心的学生来让他难为情或受到惩罚。如果这种技巧被误用或滥用，就可能适得其反，难以收到良好的效果。

3. 布置有价值的作业

教学过程中，给学生布置一定的作业，让其在课堂上进行相关课程的练习是必需的。但是，有研究发现，教师在课堂上布置的作业，常常具有水平低、重复多的特点；教师的监督也主要放在学生的行为上，而不是其理解水平或表现水平上；对作业水平的反馈也只局限在答案正确与否或作业是否整洁两方面。根据奥斯本（Osborn）的研究，能够有效进行课堂管理的教师布置的作业常具有如下特点：

（1）布置的作业学生可以成功、独立地完成；

（2）布置的作业要有趣，反映了各种类型以及完成的步骤、方法；

（3）可以让学生愉快地进行综合阅读；

（4）作业内容与学生的个人生活相关。

4. 鼓励学生自我管理

随着学生的发展，他们应当逐步承担起课堂自我管理的责任，这也是教师课堂管理的重要目标。就课堂管理目标而言，强调学生课堂规则的内化比强调课堂规则的遵从要重要得多。这是因为，其一，遵从要求教师时刻进行课堂监控，而这对于教师而言是会对其教学产生一定影响的；其二，非内化的遵从不能迁移，学生在课堂上遵守纪律，而在自习中就有可能成了捣乱者；其三，如果学生只局限在遵从课堂规则的层面上，那么就会影响到一些复杂形式教学的效果，比如说在缺乏教师监督的小组学习。因此，教师对学生的课堂表现进行监控的同时，也必须培养学生课堂自我监控和管理的能力。

在鼓励和培养学生自我管理时，首先，教师要相信学生有能力对自己的学习以及行为进行最大程度的规范。有的教师往往不放心学生，在课堂管理中方方面面都时刻注意，殊不知，这样学生就学不会自我约束和自我控制，教师自己也搞得疲惫不堪。其次，教师鼓励学生发展自我管理时要注意三个方面：一是学生的自我计划能力，学生应当学会怎样设置目标、寻求信息以及推迟奖赏；二是学生的自我监控能力，学生应学会判断自己在课堂中学习的进展情况，与教师、其他同学的互动水平，并及时做出调整；三是学生的自我评价能力，知道自己什么时候对作业和要处理的问题是理解的，什么时候是糊涂的，并能进行恰当的自我反馈。

（二）课堂问题行为的干预

即使教师尽最大的努力对学生的课堂问题进行预防，一些教师不期望出现的影响课堂秩序的现象还是会发生。这时，教师就必须懂得一些课堂问题行为的干预措施与策略，以应对这些问题，排除干扰，使教学能够继续顺利进行。以下是在课堂管理中，对待学生问题行为的常用策略。

1. 有意忽略

对于一些学生的不良表现，教师不必急于给予纠正，有时候教师可以采用有意忽略其言行的办法，即忽略较小干扰的同时，要表扬或对捣乱学生附近的另一个学生的正确行为表示关注。例如，一个学生在课堂上故意将书弄掉在地上，或是一个学生整堂课表现都异常活跃，以吸引其他同学的注意。这时教师就可采用该法。

采用忽略法的基本条件是：①学生的不良行为不可能被重复；②学生的不良行为不可能传播给其他学生；③特殊的环境所引起的暂时的不良行为；④学生的不良行为不会严重妨碍学习。

2. 直接纠正

直接纠正学生的不良行为有两种方式，一是教师向学生提出恰当的行为要求，这类要求应简洁明快，并需要点出学生的名字，指明他们应该做什么。例如，学生在考试前忘记合上笔记本，就可以直接点其名告知。二是提醒学生应遵守的规则以及教师有什么样的期望，如果学生对课堂规则已经清晰明确，教师便可简要向学生提及这些规则，从而纠正其不良行为，而学生也不会因此产生尴尬的感觉。比如在分组讨论时，某小组讨论的声音非常大。教师便可指出：“同学们，你们的声音太大了。要记住小组讨论时不要影响到其他的同学。”

对学生不良行为的直接纠正主要针对的是会影响学生学习的不良行为，但不是严重的侵害，而且这种行为是可以随及时的指出而改变的。教师对学生不良行为进行直接纠正时应该避免这些举动：（1）进行反问或没有意义的质问；（2）不必要的威胁或显示自己的权威；（3）对学生不良行为唠唠叨叨。这些做法不但对解决问题没有帮助，反而会引起不必要的担心或抱怨。

3．私下交流

学生的有些不良行为不具备共性，或者原因不清或者在课堂上来不及解决，或者课堂直接的纠正不起作用，便可以采用私下交流的办法。如有的学生频繁迟到，有的学生不愿意做某种特定的作业，有的学生没有明显原因而突然学习成绩下滑等都属于这种情况。总之，当教师在课堂上获得真实情况可能会引发不必要的争议时，通常最好的办法是找学生进行私下的谈话和调查。这样，就避免了把学生个人暴露在学生群体面前，防止了他出于维护个人面子或不想与他人发生冲突而撒谎。

在与学生进行私下交流时，教师应当清楚地向学生表明，他希望得知事情的真相，说谎肯定不会得到表扬，而告诉真相也不会遭受惩罚，学生可以知无不言，据实以告。教师调查事实时所提的问题应当直截了当，表明自己是真心诚意想获知情况，而不是进行诘问，任何问题都不应该是对学生的责难。当学生的回答相互矛盾时，教师必须谨防做出不成熟的决定或谴责学生说谎，而应该继续耐心询问，了解学生言辞矛盾背后的原因。

4．应用惩罚

教师在课堂上面对学生的不良行为，虽然有时候采用惩罚很有必要，但惩罚是不得已而为之的一种办法，需要谨慎使用。一般而言，惩罚只用于学生反复发生的不良行为，它是针对那些没有自制力的学生的控制方法；或者某种不良行为已经严重干扰了课堂秩序，而其他的教育措施都失效。例如，学生很难安静地坐一段时间；尽管教师有所提醒，但有些学生还是常说脏话；等等。总之，如果没有理由认为学生会再犯，惩罚就不适合用于处理孤立的事件，即使是非常严重的事件。

研究表明，惩罚能控制不良行为，但惩罚本身并不能教会受人欢迎的行为或减少学生捣乱的欲望。在对学生行为进行惩罚时，要取得较好的教育效果，必须注意以下几点：（1）惩罚时教师的语气和态度非常重要，要表达出对学生的深切关心以及对其行为的遗憾。（2）惩罚要与学生的不良行为相联系，比如，重新作业可以作为作业差的惩罚，但额外布置作业对于其作业差的纠正效果就不显著。(3) 惩罚时要让学生清楚这不是教师的报复行为，有些教师因自己的发怒对学生进行惩罚时，常常伴随着“我们走着瞧”之类的话语，将惩罚作为情绪发泄的方式，这就失去了惩罚的意义。(4) 惩罚伴随不良行为的迅速反应也是相当重要的，惩罚的最佳时机就是学生不良行为发生的时候，这样可以使学生更清楚惩罚与其行为的关系。

5. 家长会谈

学生在课堂上所表现出的问题根源可能并不在学校之内。比如，有的学生课堂上表现很好，但很少上交应该做的家庭作业；有的学生几乎每天都在课堂上打瞌睡；有的学生对其表扬和惩罚都不起作用，等等。在这些学生所表露的课堂不良行为背后，有可能隐藏着比较深入的家庭原因，如果此时，学生父母与教师的合作有希望形成合力来改变学生的不良行为，与家长沟通便是对学生不良行为进行干预的适当手段。

在与家长进行关于学生问题的会谈时，教师一般应采取的行动包括：(1) 努力让家长认识到问题，并使他们参与纪律管理工作。(2) 呈现一份行动计划，即如何在家庭里、在学校中讨论问题。(3) 后续的活动（如通知家长每周的进展，如果问题再次发生时应立即电话通知，在下次家长—教师见面会时应总结一下情况）。(4) 对会谈发生的活动备案，包括会谈所产生的协议和异议。

第十九章 教学评价

教学离不开评价，教学评价也并不是仅仅发生在教学过程结束之后，它其实贯穿于整个教学活动的始终。通过教学评价，可以对学生进行筛查，可以对教学效果进行诊断和分析，也可以据此调整教育教学的相关措施，使教学达到最优化。然而，如果教学评价被误用，对于教育教学就会产生不良的导向作用，进而会影响学生的发展和进步。如何更好地设计和组织教学评价，也一直是理论工作者和教育实践者所关注的问题。

本章首先介绍教学评价的概念、类型和过程，然后介绍标准化测验的相关知识；最后，重点探讨两类评价形式：一是教师自编测验，即教师如何在日常的自编测验中有效运用各种不同类型的测验题目；二是真实性评估，这是国内外最近发展出来的教学评价形式，也是未来教学评价发展的重要方向。

第一节　教学评价概述

一、评价和测量

评价贯穿教学活动始终，是教学活动不可缺少的组成部分。在教学前阶段，安排学生、选择教学程序以及确定学生的意愿都涉及评价，而且在这一阶段，也要制定出教学评价计划；在教学阶段，评价被用于确定教学是否正在接近目标，这也是调整教学程序的基础；在教学后阶段，评价不仅用于确定教学目的在何种程度上得到了实现，还要测量教学策略的成效以及重新评价学生的安排和准备状态。教学评价涉及教学过程的许多方面，在教学中具有重要地位。对于实际的教育工作者而言，对教学评价手段的掌握与熟练，无疑有益于其教育教学效果的促进。

对许多人来说，评价和测量这两个专业术语很容易被混淆，因为它们可能包含在同一个教学过程中。以下是评价和测量的基本定义：

评价（evaluation），是指在获取关于学生表现的信息时所使用的各种方法的总称。它是一个更为一般化的术语，既包括获取与学生学业有关信息的所有方法，如观察、项目评价或纸笔测验等，也包括对学生学业进步的价值判断过程。评价的过程就是判断—赋值的过程，如对某人的表现做出“好”或“不好”的赋值。就评价而言，它所要回答的问题是“个体的表现如何”。

测量（measurement），是指对个体具有某一特征的程度进行量化描述的方法，它是依据特定的规则对测验或其他评价方式的结果进行量化的方法和过程。测量所回答的问题是“个体在某一方面表现的程度如何”。

在与这两个常用概念相关的术语中，还有测评（assessment，也有人译为评估）一词，这个术语通常用于学生成绩评价的过程中，它包括测量和评价两方面的意思。

对测量而言，它只限于对学生的定量描述，即测量的结果总是用数字来体现，如“某人语文得了90分”。在测量中，既不包括定性的描述，如“某人的作业很整齐”，也不包含对所得结果的价值判断。而评价则不同，它是一个涵盖面更广的术语，既包括对学生的定量描述（测量），也包括对学生的定性描述（非测量），还包括对结果的价值判断。总体而言，很多时候，测量是一个更加精确、更加客观的过程，而评价的精确性要弱些，也更为主观。一次真实的考试就是使用测量；而当教师做出关于教学程序适宜性以及课程目标实现程度的判断时，就是在使用评价。

二、教学评价的功能与类型

（一）教学评价的功能

教学评价是学习与教学的重要组成部分，从教学的准备到课堂教学的具体实施，如果没有评价这个重要的操作步骤参与其中，就不能说是一个完整的教学过程，就不能完成整个教学的“周期环”（见图19-1）。可以说，教学评价既是一个教学过程的结束，又是下一个教学过程的开始。

学生可以通过教学评价来检验自己的学习效果，教师通过教学评价可以发现自己教学的有效性，学校可以通过教学评价来判断教师的教育水平，家长可以通过教学评价来考察自己孩子的发展状况。具体来说，对课堂教学而言，教学评价的功能主要体现在如下方面（Salvin & Ysseldylee，1991）。

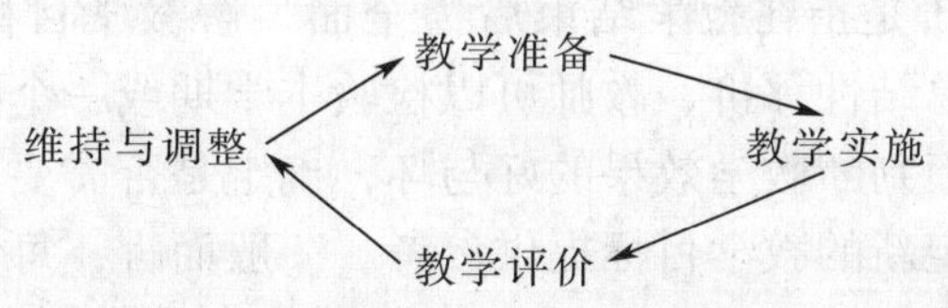

图 19－1　教学的周期环

(1) 筛查：对所有的学生进行粗略、简单的考核与测试，确定哪些学生需要更全面、综合的检查。例如，通过让某一年级或学校的学生完成一份简单的测验，可以筛选出某些学生以进行更深入的评估。

(2) 分类（分班）：决定学生应该接受什么水平的教育。对于特殊儿童，可以确定学生需要接受哪一种类型的特殊教育。

(3) 诊断：对学生进行一系列详细的测查，了解学生的优势与不足以及对教学的准备情况，以便为教育决策提供信息。

(4) 制定教学计划：根据评定结果，教师可以针对个别学生制定教学计划。评定信息是对学生进行分类、确定教学目标和内容以及制定教学的特殊计划的重要依据。

(5) 指导学生：通过前测和后测的比较，了解学生的优势与不足以及对教学的准备情况，以便指导学生的学习。有许多方法可以使用，如正式测验、观察、课程本位评定等。

(二) 教学评价的类型

教学评价根据不同的划分标准，可以分成不同的类型。根据实施教学评价的不同时机，可以将教学评价分为诊断性评价、形成性评价和总结性评价三类。

(1) 诊断性评价（也称准备性评价），是在教学之前了解学生对学习新知识应具备的基本条件的评价。通过诊断性评价，教师可以了解学生是否具备学习某种新科目所需要的基本知识或技能，也可以了解在新内容的教学目标中，有哪些知识与技能是学生已经掌握的。实际教学中的“摸底测验”就是一种诊断性评价。

(2) 形成性评价是指在教学中为了了解学生的学习情况，及时发现教学中的问题而进行的评价。通过形成性评价，教师可以随时了解学生在学习上的成败情况，获得教学中的连续的反馈，作为教师随时调整教学计划、改进教学方法的参考。在实践中，形成性评价常以非正式考试或单元测验的形式出现，测验中应考虑到单元教学中的所有重要目标。

（3）总结性评价是指在教学结束后为全面了解教学目标的实现情况所进行的评价。通过总结性评价，教师可以检验本学期或一个阶段以来教学目标的实现程度，从而判断教学效果的好与坏，确定是否需要对教学做进一步的改进，以及为制定新的教学目标提供参考。一般而言，每学期的期末考试就是一种总结性评价。

表 19－1 列出了对三种评价类型的比较。

表 19－1　三种评价类型的比较

种类	诊断性评价	形成性评价	总结性评价
作用	查明学习准备和不利因素	确定学习效果	评定学业成绩
主要目的	合理安置学生，考虑区别对待，采取补救措施	在教学过程中监控和指导教学	教学过程结束时对教学效果进行评判
评价重点	素质、过程	过程	结果
手段	特殊编制的测验、学籍档案和观察记录分析	非正式的观察、小型测验、家庭作业、学生的问题、学生的作业单	正式测验、作业、试卷
测试内容	必要的预备性知识、技能和特定样本	课题和单元目标样本	课程和教学目标的广泛样本
试题难度	较低	依据教学任务而定	中等
主要特点	“前瞻式”	“进行式”	“回顾式”

三、教学评价的过程

课堂教学是依据一定的教学目标而有计划展开的，相应的教学目标决定了预期的学习成果，有计划的学习活动则促进了学生的发展和进步，而学生的学习进展水平与深度则由教学评价来做出鉴定。因此，评价的过程离不开教学，教学的过程也是评价的过程。具体而言，在教学和评价的过程中，一般会经历如下的步骤：

（一）确定评价目标

确定评价目标也就是确定教学目标，不论是教学还是评价，它们的第一个步骤都是确定教学所要达成的学习成果。一般而言，教学评价的目标应符合以下要求：能够直接考察学生的行为方式，并能使用量化的方式进行清晰、客观和具体的描述。进行教学评价时，目标要求具体化，也就是要求将目标进行分解，把大目标分解成小目标。

以语文教学为例，语言运用能力是大目标，可以分解为读的能力、听的能力、说的能力、写的能力、作文能力等小目标；还可以分解为更细的目标，如读的能力又可以分为：是否能够对字母发音、发音是否正确、是否能够拼读、是否能够正确读出词的轻重音以及是否能够流畅地读短句等。

（二）了解学生需要

在确定学习目标之后，对学生的学习准备状态做出评估也是教学评价的重要组成部分。此时，教师需要思考的问题是：学生已经具备了进入下一步教学所必需的知识和技能吗？学生是否已经具备了目标技能或者达到了期望的理解程度？对于这些问题的回答需要教师对学生进行诊断性的评价，并据此对教学计划进行应有的修订，从而能够在教学目标的指引下，进行有针对性的因材施教。

（三）提供有效教学

在教学阶段，测量与评价是监测学习进步和诊断学习困难的手段。蕴涵在教学之中的评价可以提供教学效果的及时反馈，有助于教师不断地对教学进行调整从而适应班级群体与学生个人的需要。此时，教师可以将许多评价紧密地整合进教学活动，以便能够监控和调整教学。

在教学之中的评价常常是以非正式测验的形式出现的，这些测验可以测定学生的理解力、判断力、态度、价值观、鉴赏力等。其缺点就是客观性差，因为学生的回答过于自由，而且评价受教师主观因素的影响较大。

（四）评价结果的解释和运用

收集到各种评价资料后，就要对其进行分析，首先，是对资料进行统计处理；其次，是对资料进行分析，根据分析做出评价。解释评价结果可以是根据教学目标所做出的绝对评价，也可以是根据学生团体平均成绩所做出的相对评价，还可以是根据个人学习情况所做出的自我评价。

课堂教学中的教学评价不仅有助于教学过程的改进，也直接有助于学生的学习。这主要表现在：对教师而言，教学评价的结果可以帮助他（她）做出判断，教学前所设立的教学目标是否恰当和可行；教学中的教学资源是否有用；教学方法是否有效，等等。对学生而言，通过教学评价结果，他（她）可以了解教师期望的学习成果、学习的近期目标、自己学习的效果以及今后学习的方向，等等。

第二节　标准化测验

一、标准化测验概述

（一）标准化测验的内涵与种类

标准化测验产生于19世纪末20世纪初的美国，所谓标准化测验（standardized test），是指那些具有规范的标准、各个环节按照系统的科学程序组织、对误差做了严格控制的测验，是一个系统化、科学化、规范化的施测过程。所谓“标准化”包括了测验全过程的标准化（即按照标准确定测验的目的和计划）、项目的编制标准化、测验的管理标准化、评分记分的标准化、分数解释的标准化等。

标准化测验一般是由测验设计专家所开发的，常常是在教育专家、教师以及相关科研人员的帮助下，评价一个学生的作业水平相对于年龄相仿、年级相同的其他人的水平。当一个学校使用标准化测验时，人们能更为容易地将测验结果与不同的学生、班级、学校与学区进行对比。与非标准化测验相比较，标准化测验具有如下优势：（1）具有测验所需的统一的标准；（2）内容覆盖全面；（3）质量可严格操控；（4）适用范围广；（5）有独立实施的主体。

从不同的维度出发，标准化测验可以分为不同的类型。根据测验内容的差别，可以把测验分成成就测验（achievement test）、能力测验（aptitude test，又称性向测验）和人格测验（personality test）三类。

成就测验所测量的内容是个体经过某种正式教育或训练后对知识和技能的掌握程度，又称学绩测验。能力测验所测量的内容是个体现有的知识、经验与技能水平，或者某种行为可能达到的水平，一般是通过学校教育或其他非正式方式发展出来的。成就测验和能力测验的主要区别在于：前者测量的是学生在学校教育中所学到的东西，而后者强调测量的是学习的潜能，也就是在人具备了一定的学习机会时，可能达到的成就水平。人格测验用来测量性格、气质、兴趣、态度、品德、信念等方面的个性心理特征，即个性中的非智力因素。

（二）常用标准化测验简介

在我国的学校教育中，随着学校教育科研的兴起，教学科学化水平的提高，对测验的标准化要求也越来越高，下面我们介绍几种在学校情境中具有代表性的标准化测验。

1. 韦氏智力测验（Wechsler Test）

韦氏智力测验是典型的个别智力测验，它得名于其编制者美国心理测量学家戴维·韦克斯勒（D. Wechsler）。韦氏智力测验由言语分量表和操作分量表组成，每个分量表又包括一些分测验。韦氏智力测验有多个版本，在学校情境中常用的是韦氏儿童智力量表（WISC－R），它适用于7～16岁的儿童，主要包括以下类型的题目：

（1）常识。包括33个一般性知识的问题，要求被试用几句话或几个数字回答。题目涉及的知识，都是普通成人能够从美国社会的一般文化和日常生活中获得的。测量的是被试知识的广度、一般能力、对学习材料的记忆能力。

（2）添图。共有27张图片，所绘图形残缺不全，要求被试指出图中缺失的部分。测量视觉记忆、敏锐性和注意区分细节的能力。

（3）数字广度。呈现一系列随机组合、个数不断增大的数字，要求被试顺背或倒背。测量注意力和短时记忆能力。

（4）图片排列。共10张图片，每组图片都具有一定的情节，主试以打乱的顺序呈现给被试，要求被试按适当的顺序重新排列。测量被试的分析综合能力、观察因果关系的能力和计划性等。

（5）词汇。包括37个词语，要求被试解释每个词的意思。测量被试言语理解能力和一些与一般智力有关的能力。

（6）积木图案。主试呈现给被试10块立方积木，要求被试按照所规定的图案来拼积木。测量分析综合能力、知觉能力以及视动协调能力。

（7）算术。含有15道算术题，被试只能用心算回答。测量基本的数理知识、数学推理能力、计算和解决问题的能力。

（8）拼图。共有4套图形板，以散乱的形式呈现给被试，要求拼成一个完整的人或物体图形。测量概括思维能力、知觉组织能力和注意力。

（9）理解。共有18个问题，要求被试回答在某种情形下最佳的活动方式，为什么要遵守某项社会规则，或解释成语等。测量普通常识、判断能力和运用实际知识解决问题的能力。

（10）译码。1～9每个数字分别对应一个符号，要求被试在数字下面填写对应的符号。测量被试的学习能力、注意力、知觉辨别速度和灵活性等。

（11）类同。要求被试概括出14对词语的相似点。测量逻辑思维能力、概括思维能力和分析能力等。

在以上的分测验中，标号为单数的项目属于言语量表，标号为双数的分测验则属于操作量表。

2. 瑞文图形推理测验

瑞文图形推理测验是典型的团体智力测验，它是由英国心理学家瑞文编制的一种非文字智力测验。该测验包括瑞文标准推理测验、彩色推理测验和高级推理测验，以适应不同的人群。测验中，它要求受测者对量表中的图形关系进行推理（见图 19－2），可测量图形比较、组合以及系列关系、互换等抽象推理能力。

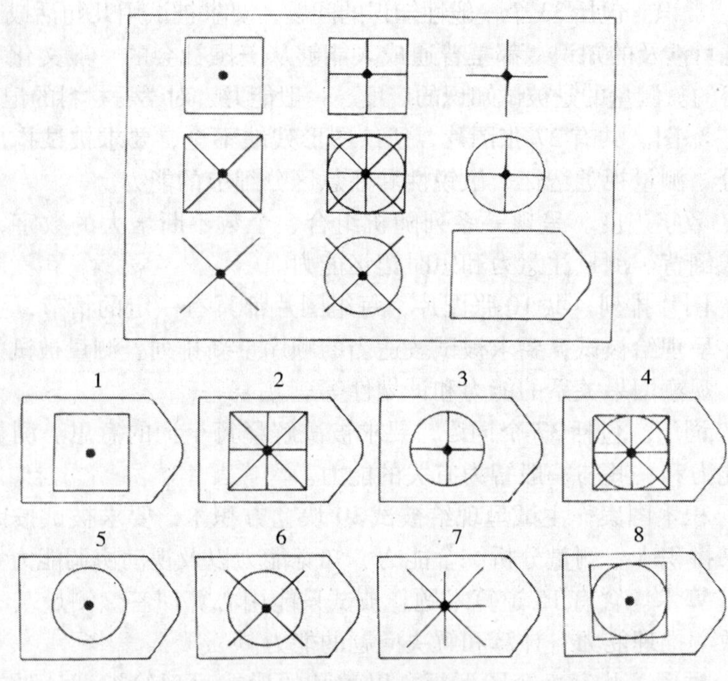

图 19－2　瑞文图形推理测验

教育工作者在应用能力测验时需要注意，不要以为智力测验的分数是固定不变的，相同个体的测验分数有可能会产生波动，如：相同测验的 IQ 分数可能有 5～10 分的波动，如果某学生 IQ＝100，对其解释为 95～105 比较妥当。而且，不同测验的 IQ 得分不同，在语文方面的差异要大于非语文方面，由于各测验所测的是不同的心理能力，不同的取样标准，所以不同测验的 IQ 也不应该直接比较，解释时应了解测验设计的目的。此外，与中学生相比较而言，小学生的智力测验得到的 IQ 波动较大，这是因为小学生正处在能力形成和发展阶段，具有不稳定的特点，所以对年幼儿童依据智力测验做出解释时，更应注意。

需要说明的是，在某些情况下，智力测验分数也可能出现错误，如：学生所处环境并无充分学习机会的题目；或者学生测验动机过强或过弱，以至影响了作业水准；或者学生的阅读能力差或有语言障碍，等等。

3. 16种人格因素测验（16PF）

卡特尔16种人格因素测验（Cattell 16PF）是美国著名心理学家卡特尔（Raymond B. Cattell）经过几十年的系统观察、科学实验，以及用因素分析统计法确定、编制而成的一种人格测验。该量表测量的是16种彼此独立的人格因素，每一种因素的测量都能使主试对于被试某一方面的人格特征有清晰而独特的认识；同时，通过次级人格因素的计算和测验应用的计算更能够对被试人格的16种不同因素的组合做出了解，从而全面评价人格的整体面貌。

卡特尔16种人格因素测验所测量的人格特质包括：乐群性（A）、聪慧性（B）、稳定性（C）、恃强性（E）、兴奋性（F）、有恒性（G）、敢为性（H）、敏感性（I）、怀疑性（L）、幻想性（M）、世故性（N）、忧虑性（O）、实验性（Q_1）、独立性（Q_2）、自律性（Q_3）、紧张性（Q_4）。通过该量表的测量，不但能了解被试16种人格因素的特点，还可以进一步就所得的资料，依据各个次级因素分数的公式，选用某些因素预测并诊断其他方面的人格特征，如内外向型、果断型、心理健康和创造性等。由于在测验中可以分别或合并应用16种人格因素，因此，此量表不仅适合于教育实践中的诊断应用，也可以作为心理和教育实验研究者的有效工具。

二、标准化测验质量评估

如何对一个标准化测验的质量进行评估，换言之，怎样确定一个标准化测验的有效性，是每个标准化测验制定者所必须考虑的问题。一般而言，测验的信度、效度是衡量一个标准化测验质量的最重要指标。

（一）信度及其种类

1. 信度的定义

信度是指所测量属性或特征前后一致的程度。也就是说，保持我们的测量的特质不变，对所有个体经过反复测试，如果测量结果前后一贯地得出近乎相同的水平等级，那么就可以说该测验可信，即具备相当的信度。

2. 信度的种类

（1）重测信度（test-retest reliability）。

重测信度是采用重测法获得的信度系数，即使用同一测验，在不同时间对同一组受测者施测两次，根据这两次测验分数所计算出的相关系数，就是重测信度。它考察了测验跨时间的一致性，又叫稳定性系数。如果一个班级的学生在三个月前学习态度的测验结果和现在的测验结果几乎相同，我们就认为测验具有较高的重测信度。

(2) 复本信度（alternate reliability）。

使用两个等值但题目不同的测验来测量同一组受测人，然后计算出两次测验分数的相关系数就是复本信度。所谓复本，就是指平行的等值测验，即对所有可能题目不同取样的结果。复本信度考察了测验的跨形式的一致性，又叫等值性系数。

(3) 分半信度（split reliability）。

分半信度是采用分半法估计得到的信度系数，适用于测验没有复本而且只能实施一次的情形。使用分半法把测验题目分成对等的两半，根据个体在这两半测验的分数，计算出相关系数，就是分半信度。由于它考察了两半题目之间的一致性，所以有时又叫内部一致性系数。如果题目的分半信度低，那么说明测验所测量的不是单一的心理特征，很可能有两种甚至更多的心理特征。

(4) 评分者信度（scorer reliability）。

上面的信度都是针对测验而言的，评分者信度则考察评分者造成的误差。评分者信度最简单的估计方法是，随机取样若干份试卷，由两位评分者独立地按评分规则给分，再计算每份试卷两个分数的相关系数。例如，两位评分教师对试卷的评分比较接近，那么评分者信度较高。

(二) 效度及其种类

1. 效度的内涵

效度指的是测量的正确性，即一个测验能够测量出其所要测量的东西的程度。如果一项测验测量了它所想要测量的内容，那么它就是有效度的。比如，如果它想测验小学三年级学生的数学能力，那么它应该测量的就是三年级的数学技能，而不是阅读能力。效度考虑的问题是：测验测量什么？测验对测量目标的测量精确性和真实性有多大？效度的重要性大于信度，因为一个低效度的测验，即使具有很好的信度，也不能获得有用的资料。

2. 效度的种类

(1) 内容效度（content validity）。

内容效度指的是测验题目对有关内容或行为范围取样的适当性。当测验管理人员想知道测验对于目标内容的代表性如何，就可以查阅测验手册的测验内容，并确定所要测量的内容或个体行为是否与所描述的内容相符合。例如，Iowa 测验手册详细地描述了它所测量的所有技能。如果这些内容和某所学校所教的内容完全匹配，我们就可以认为，Iowa 测验对于这所学校有内容效度。

(2) 构想效度 (construct validity)。

构想效度指一个测验对某种心理学理论所涉及的抽象概念或心理特质测得如何。心理学家研究和考察构想效度的目的，主要是为了解答：一个测验测量了什么心理构想？在多大程度上验证了这个构想？测验分数的变异有多少是由构想所引起的？要建立具有构想效度的测验，必须从某一种理论构想出发，推导出各项关于心理功能或行为的基本假设，以此为依据设计和编制出测验，然后由果溯因，用实验、相关分析、因素分析、聚类分析、路径分析等方法，审查测验结果是否符合原来的理论假设。构想效度对于研究具有不可忽视的作用。

(3) 效标关联效度 (criterion-reference validity)。

效标关联效度又称实证效度，指一个测验对处于特定情境中的个体的行为进行预测时的有效性，即测验对我们所感兴趣的外在行为能够做多好的预测。这种外在行为是衡量测验是否有效的标准，简称效标 (criterion)。效标关联效度一般用测验分数与效标行为的分数的相关系数来表示。例如，一些成就测验可用于选拔能够在以后的工作或各级教育中成功的个体。那么，效标关联效度的大小就显示出对于满足这个目的是否有用，而且依据测验分数进行人员安置有可能出现多大的失误。

三、标准化测验的应用

(一) 标准化测验对使用者的要求

标准化测验的“标准化”要求中，很重要的一条就是使用过程中的标准化。这就意味着，实施标准化测验进行测量和解释工作的，必须是经过专门训练的施测人员。教师只有经过一定的测验有关知识的学习，掌握了测验和解释的相关技能，才可以在科研和教学中利用标准化测验实施教学测评。

使用标准化测验所需要的一般技能包括：能对测验的信度、效度以及测验是否合适等问题做出判断；能正确解释测验分数，精确描述测验分数包含的信息；能识别测验和测验分数的不恰当说明或解释；明白不同的测验在施测、计分和解释上需要不同的能力；防止所做的测验超出自己的能力所限；能在与测验标准化相当的条件下实施测评；在测验结果的解释上接受一定的训练。

（二）标准化测验选择的要点

首先，要清楚测验的意图。测验的目的是为了分类、选拔，还是评价学习进步；测验的内容究竟是学业成就、智力、特殊能力还是性格。

其次，要考虑到测验和被试的匹配。这主要是要注意到所选用测验的适用年龄段、施测的方式等。

再次，要了解测验的性质。这包括测验的质量；测验测查的内容和提供的信息是否是需要的；测验有无文化、民族等偏差；测验如何经过标准化、常模的特点；测验项目是如何建立的；测验提供的信息是整体情况还是部分情况；测验的信度、效度和误差；专家和有经验的教师对该测验的评价。

此外，由于标准化测验的使用和选择对人员的要求都比较高，因此教师在使用测验前需要查阅测验手册，确定自己是否可以实施测验。对于超出自己能力的测验，教师可以考虑聘请心理学专家来施测和解释，共同合作。这也启示我们，心理学专家需要对教师进行专门的培训，以提高他们在测验方面的知识和技能，从而可以更好地推广标准化测验在我国教育领域的应用。

（三）标准化测验常见的使用误区

教师在使用测验时应该明确，标准化测验作为一项工具，只有和其他工具一起运用，才能对教学和学习进行准确的评价。学校和教师在使用标准化测验时，经常走入以下误区：

一是使用了错误的测验，对测验考察的内容、技能和行为缺乏认识。测验一定要与学校的实际教学内容匹配。

二是过分迷信测验分数，认为测验分数是准确无误的。有时，甚至利用某一个测验的分数进行重要的教学决策。

三是没有把测验分数和其他来源的资料结合在一起。教师要事先确定还需要哪些其他类型的信息，以及如何利用这些信息。

四是听凭测验来指导教学，使得教学成为应付考试的手段。

第三节　教师自编测验

一、教师自编测验概述

（一）自编测验的内涵及特点

与标准化测验比较起来，在我国的教育环境中更常见到的是教师自编测验。所谓教师自编测验（teacher-made/developed test），就是由教师根据具体的教学目标、教材内容和测验目的，自己编制的测验，是为特定的教学服务的。标准化测验在许多方面都与教师自编测验有区别，表 19－2 列出了两者之间的比较。

表 19－2　标准化测验与教师自编测验的比较

维度	标准化测验	教师自编测验
内容取样	内容由课程及教材专家决定，包含对教学大纲、教科书和教学发展计划的深入研究，并对教材内容做了系统的取样	内容及其取样全部由任课教师决定
编制过程	经过精心策划的编制程序，包括编制目标及测验计划，并经过题目测试、项目分析及项目修订和筛选步骤	可能仓促随意编成。通常没有测验计划、题目测试、项目分析或修订。其测验性质可能很差
测题质量	一般而言题目的质量高，由专家编制，进行了预备性测验，以大量的题目分析的结果为基础而进行选择	题目的质量如何常不得而知。由于教师可获得的时间有限，质量总是低于标准化测验
信度	信度高，通常在 0.80～0.95 之间	信度未知，但如果题目精心设计，可能会高
常模	除了本班常模，标准化测验必须具备全国性常模、学区性常模	只采用本班常模
实施和评分	标准化程序；具有特别的标准化施测计分方法的说明	标准化的程序也有可能，但通常没有统一、具体的规定
分数解释	分数能与常态群体对比。有测验手册和其他指南帮助诠释和使用	分数的对比和诠释局限于本班和学校情况。如果有任何解释和使用指南，也是极少
目的及应用	最适用于测量广泛的课程目标，作为班级、校际及地区性比较的依据	最适用于测量教师设定的特殊教学目标，作为班内比较的依据

（二）自编测验题目类型

在教师的自编测验中，测题形式可分为两类：客观题和主观题。客观题具有良好的结构，试题多样且取样广泛而系统，评分也较为客观，能涵盖多数教学内容，但它大多测量细节知识，较难反映对知识的组织与运用以及创新的想法，这类题目包括选择题、完形填空、匹配题和是非题等。主观题可测量文字的表达能力、综合运用知识能力与分析评价能力，但缺点是客观性差，评分较为主观，测题少且取样代表性差，评分困难而且费时较多，这类题以论述题为代表。

（三）自编测验的步骤与注意事项

1. 自编测验的基本步骤

一般而言，教师在实际的教学评价中进行自编测验可以按以下的步骤进行：

（1）明确测验目标。测验目标是测验的编制者实施测验所要达到的具体目的，它明确规定测验的对象、内容、使用材料以及要达到的预期效果。测验目标是测验的出发点和依据。确定测验的目标首先要深入分析课程教学目标，根据课程教学目标，可分解成单元教学目标，再根据单元教学目标设计出课时教学目标，如果需要，还可根据课时教学目标，制定出知识点的教学目标。教学目标的具体化有利于提高测验目标的清晰性和可操作性。其次，要正确选择目标领域。测验目标领域，可分为认知、技能和态度三大领域。由于学科的性质不同，其社会要求、教学目标也不尽相同，着眼点也不同，因此，测验目标要根据社会要求和学科的性质去确定。

（2）设计双向细目表。为了使测验所考察的知识与能力要求充分体现编制者的意图，帮助测验编制者合理分配测验题目与知识内容的比例关系，使测验的编制更具计划性，提高命题的速度与效率、测验题目对测验内容的覆盖率和测验结果的效度，编制测验命题双向细目表是一种最有效的方法。命题双向细目表由纵横两个栏目构成，其中一栏列出测量目标，另一栏列出测量内容。测量目标反映测验题目所要测量的能力因素，体现了测验的能力要求，测量目标一般采用布卢姆的学习水平六层次系统；测量内容规定了教学的知识点，是测验题目对知识点的覆盖情况的反映。表 19－3 是某份现代汉语教师自编测验的双向细目表。

从这份双向细目表中我们可以明确地看出，本份试卷的满分是 100 分，本学期的学习重点是语音部分，占 35 分；其次是词汇部分，占 30 分；文字部分也较重要，但内容很少，只占 20 分；绪论部分是对现代汉语课程的说明，内容很少，但很重要，占 15 分。几项相加，识记占 20 分，理解占 12 分，应用占 18 分，评价占 24 分。

表 19－3　现代汉语测验的双向细目表

能力 / 分值 / 项目	识记	理解	应用	分析	综合	评价	合计
一、绪论	5					10	15
二、语音	10	2	6	2	8	7	35
三、文字		6	6	8			20
四、词汇	5	4	6		8	7	30
合计	20	12	18	10	16	24	100

（3）确定测验题型和难度。不同的教学内容、教学目标需要用不同的题型加以测量，因此，选择适当的测验题型，对于提高测验的有效性是十分重要的。一般而言，对于识记、理解这些较低层次的测量目标，可以用较为简单的题型，如是非题、配对题和选择题等；对于较高层次的测量目标，则必须采用论文式的题型。此外，难度也是编制测验试题所要考虑的一个重要方面。难度太大或太小，都会降低测验的信度，从而降低测验的效果。因此，测验题目的编制要根据测验的不同目的，确定适当的难度。测验的难度究竟多大最为适宜，没有一个统一的标准，这要根据不同的测验而定。如果是单元测验或学期测验，则难度应小些，让更多的人通过，以免影响学生的情绪；如果是选拔性测验或竞赛性测验，则难度可适当增大，以便拉开距离，这样才能把最优秀的学生选拔出来。

（4）命题。命题是测验编制中的核心环节。命题时应首先考虑四个方面，即教学内容、目标水平、难度和鉴别力。在编制试题时，要根据命题双向细目表和命题计划的要求进行，使编制的试题符合测验目的所要求的教学目标和教学内容。同时，根据测验的具体要求，确定合适的试题难度。对同一测量目标的教学内容，可以多编几种难度、鉴别力不同的测题，供拼题时综合考虑选用。在命题时也要注意，试题的表述要准确、简明扼要；试题的内容要正确，不能出现知识性错误；文字的表述要明确、简练、规范、通顺；标点符号要准确；图表要清晰，计算条件要充分；各题应彼此独立，不应把前面题目的答案作为解答后面题目的条件，否则，回答不出前面问题的学生在回答后面问题时就会处于非常不利的地位；不出类似的试题；试题不要有相互暗示或相互启发的现象。

（5）制定标准答案和评分标准。标准答案要具体明确，正确无误，答案各层次、各步骤的分值要标明，做到试题赋分合理。此外，对答案的评分要求也要详细说明，尽量减少评分造成的误差，提高评分信度。

2. 自编测验的注意事项

教师在为教学评价需要而进行测验的自行编制时，必须对测验和测题的一些相关方面加以考虑。就测验本身而言，教师应当注意以下几个问题。

首先，测验内容与评价目的是否相符。教学评价有不同形式，根据评价的目的和功用，测验内容涵盖的范围应有所不同，如用于形成性评价的测验只能包括新近学习内容，而用于总结性评价的测验必须包括一学期的学习内容。

其次，测验编制得是否科学。自编测验必须具有科学性，除了以教材内容为根据外，测验还可以通过以下方式来提高其科学性：明确测题意义；增加测验题目；避免测题内或之间存在暗示正确答案的线索；答案无争议；施测和评分要标准化；等等。

再次，测验的使用能否达到一定的效果。教师自编测验不仅要有助于教师的教学，更要有助于学生的学习，所以教师应及时给予学生测验的反馈信息，帮助其纠正学习中的偏差，达到知识内容的进一步深化掌握。

就测题本身而言，教师应当注意的问题包括：

一是测验题目与目标、内容的一致性。测验题目必须反映教学目标以及教师教过的重要知识，测量出学生的学习结果；同时，测题范围必须不超出教材的知识范围。

二是测题是否具有代表性。测题必须代表教材内容中的重要知识；在题目数量的分配上，必须权衡教材中的各个重点。为达到这一要求，教师可根据教学大纲列出教材内容和教学目标的双向细目表，并根据考试的性质和目的，确定题目的取材范围、形式和数量。

三是测题形式与测验目的是否一致。在课堂学习后，学生对同一知识可形成不同的能力，如辨别能力、理解能力和记忆能力等。根据不同的测验目的，教师可选择不同的测题形式，如用是非题、选择题、填空题来测量学生的知识辨别能力或再现能力，用论述题或操作题来测量学生的综合分析能力。

二、客观测验题

（一）选择题

选择题是一种最具有适应性和最常用的客观性试题，它由题干和两个或更多的选择支组成。题干可以是直接提问或者以不完整的句子的形式出现，目的是为了设置问题情境。而选择支则提供可供选择的答案，包括一个正确答案和若干具有干扰性的错误项或迷惑支。学生的任务就是阅读题目，再从一系列选择支中挑选出正确的项目。

选择题可以以直接提问的形式出现，如：

下列哪一个城市是广东省的省会？（ ）

A. 沈阳　　B. 广州　　C. 福州　　D. 济南

也可以用不完整陈述的形式出现，如：

广东省的省会在________。

A. 沈阳　　B. 广州　　C. 福州　　D. 济南

还可以以最佳答案类型出现，如：

下面哪一项因素能说明选择广州作为广东省省会的原因？（ ）

A. 中心位置　　B. 适宜的气候　　C. 便利的交通　　D. 其他原因

在教学评价中，有效利用选择题，可以测量从简单到复杂的不同种类的学习结果，并且适用于大多数的学科内容；而且，它有较大的灵活性，能够在一个测验里尽可能多地从课程内容中取样；易于计分，客观性强。由于这些优点，大多数教师都倾向于使用选择题的形式。但是，我们也应看到选择题所具有的一些局限性，不要在教学评价中对选择题盲目依赖。首先，选择题和其他纸笔测验一样，只局限于对言语水平的学习结果的测量；其次，选择题因其题目性质不太适合于一些数学和自然科学中的问题解决技能，也不适合于测量组织能力和观点陈述；再次，利用选择题有时会难以找到足够多的似是而非的干扰项。

（二）是非题

是非题属于二选一的试题，一般由陈述句组成，要求学生做出“对、错”或“是、非”的判断。在需要识别、选择出正确答案这一点上与选择题是相似的。是非题也可用于测量不同水平的教学目标。

是非题的优点在于其高效率。它形式简单、容易理解，如果限定时间，学生做三道是非题的时间等于两道选择题的时间。教师在评判时也较客观，计分简便省时。但是，是非题的局限也是相当明显，一个重要的问题是，学生只有两种选择——对或错，所以即使在完全猜错的情况下，他们也有50%的机会选择到正确答案。一种可行的办法是，增加题目的数量。由于题量大，对题目总体的取样较全面，学生很难只凭猜测获得高分。其次，是非题的得分不用实际正确题数表示，而是用正确题数减去错误题数的一半的差来表示。不过，许多教师反对这种做法，因为它使得那些模糊地知道正确答案的学生，因为不太肯定而不敢冒险选定，从而得分较低。而且另外一类学生也比较吃亏，他们的知识水平已经超出了教师所设想的范围，对于有些答案他们会认为不准确或不对。这样由于考虑太多，反而会失分。如果教师要使用这种评分方法，他们就应在考试前声明，以便让学生知道该怎样做题。另一个引起人们批评的缺点是，是非题出得不好时，会造成学生只注重机械记忆，忽视理解和运用知识等更高级的认知活动。

（三）匹配题

匹配题常见的形式是由两列词句组成，一列的内容与另一列匹配，要求学生根据题意按照某种关系将左右的项目连接起来。要寻找匹配的一列称为前提项，而被挑选的另一列为反应项。

匹配题形式简单、结构紧凑，能在相对短的时间内测量大量的相关事实材料，并且易于计分。但是，它只能用于测查彼此存在着简单关系的知识。匹配题要求项目之间具有内在联系，属于同一类型，这使得项目很难编写。比如，我们有几位伟大的科学家和他们成就的材料，这些我们认为学生是比较容易掌握的。但为了设计一个匹配题，就需要加入几位不怎么知名的科学家及其成就，这样我们就会发现测量了一些我们原先计划中没有的事实信息，而这些信息并不是我们考察的重点。此外，匹配题只限于测量陈述性的知识，而且容易出现无关线索，这也使得匹配题的应用受到了限制。

（四）填空题

填空题属于建构型的测验题目，它要求学生用一个词、短语、数字或符号做出回答。常见的形式是，呈现给学生一句或一段不完整的话或者直接提问，要求学生简要做答。当教师的目的只是让学生写出事实时，填空题是十分有用的。填空题经过认真设计后，也可以要求学生构想出一个有意义的论点。

填空题通常可以独立成题，或者针对一段文字材料。其优点在于：一是考查了学生的回忆和再认能力。二是它把学生猜测的可能性降到最小，回答者必须自己回忆所需要的信息或进行必要的计算以解决呈现给他们的问题。但是，填空题往往要求学生扼要地写出答案，因此经常只能考查较低层次的信息加工产品。而且对于教师来讲，学生的答案各不相同甚至还会有出人意料的答案出现，这无疑加大了评卷的劳动量。此外评分还会受到笔迹、用词等无关因素的影响。

三、论述测验题

（一）论述题概述

论述题是一种主观性试题，对于论述题，学生可以用自己的言语自由地解释和表达观点，其字数可以从几段到几页不等。论述题可以分为两种类型：限制反应的论述题和开放反应的论述题。限制反应的论述题总是限制内容和反应，内容常常受到有待讨论的主题范围的限制，在问题中也常常说明反应形式的限制。例如："请论述认知派学习理论和联结派学习理论有何异同?"开放反应的论述题，则允许学生在内容上可以自由选材，而且篇幅较长，学生也可以根据自己最佳的判断来组织相应的答案，整合、评价他们认为合理的观点。例如教师要求学生就目前我国小学数学课堂评定的情况写一份报告，学生可以从不同角度来探讨这个问题。

论述题的一个主要优点是能够测量综合的学习结果，而这些结果是不能被其他方式所测量的。论述题可以测验知识的理解或运用水平，也可考查学生的分析、综合、类比和评估知识的能力。对于考查高级的思维技能，论述题是最佳选择，而且编制起来也比较方便。此外，通过论述题人们还可以直接评价学生的写作技能。然而，使用论述题也有不理想之处。首先，学生回答论述题需要花费很多时间。因此，在一份试卷里只能出现少量的题目，对课程内容的取样也是非常有限。通过增加小的论述题（即简答题或问答题），就可以避免这个问题。其次，对于熟悉自己学生的教师，在判卷时很难做到客观，导致信度较低。在评分时，经常出现一种现象——晕轮效应，即教师对学生的总体印象影响到对论述题目的评定。因为平时的接触或者前面几道题解答的情况，使得教师对学生形成了某种印象，从而影响到对之后题目的评判。此外，论述题目的评分相当费时耗力。

（二）论述题的使用条件与设计

1. 论述题的使用条件

如果其他的条件都相同，客观题比论述题会更有效、更可信。但在以下情况下，运用论述测验题比较合适。

（1）测量高水平的认知目标。有一些学习结果，如果只采用客观测验题的话则很难完成，比如与组织、整合、表达观点相关的结果，这些教学目标需要提供信息而不是仅仅识别信息，因此，相对于客观题来讲，利用论述题可以很好地检验这些教学目标。有效利用论述题，可以充分实现对学生复杂学习结果的评价。表 19－4 列出了限制反应和开放反应论述题所测量的复杂的学习结果的种类。

表 19-4　论述题所测量的复杂学习结果的种类

题目类型	主要测量的学习结果
限制反应的论述题	解释因果关系 描述原理的应用 提出相关论据 阐明可行的假设 陈述必需的假设 描述信息的局限 解释方法和过程
开放反应的论述题	提出、组织和表达观点 整合不同领域的学习 创造新的形式（如设计一次实验） 总结（如给一段文字写概要） 设计创造性的故事（如记叙文） 解释概念和原理（如议论文） 劝说读者（如说明文）

（2）需要评判的试卷不要过多。如果你教 50 位学生，设计的一份试卷上有 6 道开放反应论述题，那么将耗费你大量的时间来判分。当班级规模不大时可以使用论述题，或与客观题配套，仅用 1～2 道论述题。

2. 编制论述题的建议

（1）要清楚表明学生的任务。

设计问题的时候，如果题目的意思模棱两可，学生就不一定能够体会到教师脑中的想法，这样便会导致其偏离考察目标的反应。由此，教师也难以知道学生的错误回答是由于对问题的错误理解还是由于缺少技能或者知识能力，所测验的结果也没有什么实际价值。因此，在出论述题时，教师必须保证论述题的文字清晰、不模棱两可，以使得学生明白题意。

（2）给问题以适当的时间限制。

在设计问题的时候，教师应该估计获得满意回答需要的时间一般是多少。在分配做题时间的时候，一定要考虑到那些反应较慢的学生。在分配时间上教师常犯的错误是时间太少，最好是使用的题目少一点，时间限制松一些，这样可以充分发挥学生在回答论述题时的能力水平，也避免由于时间限制给学生带来的过分焦虑。

（3）使用诸如“对比、比照，陈述……的理由，提出……的原始例子，如果……则预计要发生什么”等词汇或短语提出论述问题，不以如“什么、谁、何时”以及“列举”这样的词语开头，因此这些词语通常仅仅导致那些需要复述信息的任务。

（4）尽量减少论述题的主观性。

论述题一个很大的问题就是不可避免的主观性，但我们可以通过一些手段尽量将其缩小。比如，对每道题都应设想出可能的内容、分值和时限。如果可能的话，教师自己先试做一遍；论述题一般由几道题目组成，允许学生自由地选择其中的一部分做答；如果是开放式论文，教师应该给学生提供具体的评分标准、范例和一些参考文献，这样有助于学生明确怎样高质量地完成自己的论文。

（三）论述题的评分方法

对教师而言，使用论述题的一个难点是在评分的时候怎样保证测验公平、准确。绝对的公平是不现实的，但一般而言，教师可以利用如下的方法提高评分的公正性：

（1）通读分类法。在只有一篇长论文，而不是好几篇短论文的情况下，教师可以先把学生写的所有论述通读一下，然后分成几堆，一般分成五堆最好。第一堆中应该是最优秀的论文，第五堆是最差的论文，处于这两者之间的论文属于中等水平。给这些论文排完顺序后，再把每一堆粗略看一下，确保分类公正。最后详细阅读每篇论文，给出该级别的合适分数。

（2）预定答案法。在评分之前，给每道题写一个答案范例，内容包括要求学生回答出来的所有事实和主要论点。这个答案范例应该显示出在正确答案中每一部分学生得分点的总数。这种评分技术，尤其适用于那一类引出事实、直接说明的限制反应的论述题，开放反应的论述题利用这种评分技术则不大合适。

（3）等级评定法。这种方法在评分之前，需要建立一个通用的计分要点，随后能够用于多种不同类型的论述评估。这种计分要点由不同的等级组成，每个等级都规定出评分的标准，按照事先预定的评分框架进行分数的评定，这样可以减少评分过程中评分标准的起伏对评价效果的影响。

表 19－5 列出了论述题测验评分计划的样例（斯腾伯格，2003）。

表 19－5　论述题测验评分计划样例

1~5级评分	标准
5	在每一方面都优秀的论文——写得好，撰写清楚；组织得好，能够流利地使用书面英语。优秀的理解水平和对相关知识的组织。显示了对学过的知识能够用一种良好的方式组织，达到了综合理解、分析，对思想和概念的整合水平超越了简单的重复
4	很好的论文。缺少某些要素，但是一般会有确定的证据表明具备很好的驾驭书面英语的能力。有很好的理解能力和对相关知识的组织能力（4~5分之间的论文表明其中有几处错误，5分的优秀论文被假定认为仅有极少的错误）
3	好论文。流利，易读。但是在语法、句子结构、词汇、表达方式的区分方面有一些错误。对相关知识有好的理解能力和组织能力（许多严重的错误将意味着这篇论文只能得2分）
2	差论文。做了努力，但是论文质量较低。有许多明显的错误，在写作中学生明显地运用了附加的内容。对相关知识的驾驭较差
1	极差的论文或者基本上空白。没有写任何内容，学生显然在写作中表现很差，确实需要提供大量的指导和帮助。几乎不能运用相关知识

（4）合作评分法。如果要根据对于论述题的评价做出特别重要的决定，比如，进行奖励、授予奖学金、特别的培训等，为了评价公平，可以采用合作评分法，也就是让两个或更多的人独立地对同一份论述题进行评分，然后将他们的评分放在一起比较。在对结果之间的分歧做出合理的公断之后，才给出最后的论述评价结果。这样可以最大限度地减少评分者个人偏好对评分的影响，但这种评价方式也是成本最高的。

四、测验的包装

在测试题目经过认真的准备之后，教师面临的任务是如何将这些题目有效组织起来，形成测验，这就是测验包装的过程。在这个过程中，应当注意以下内容。

（一）从易到难安排题目顺序

题目内容有难易之分，在编排题目的顺序时，一般试卷开始的部分安置几道简单的题目，把比较复杂的题型放到试题的后面，这样可以建立学生答题的信心，降低他（她）的考试焦虑。就题型本身而言，一般采用如下的顺序编排比较合适：

（1）判断题；

（2）匹配题；

（3）填空题；

（4）选择题；

（5）问答题；

（6）限制反应的论述题；

（7）开放反应的论述题。

（二）合理安排试卷空间

在测试的卷面空间安排上，一些问题需要教师注意。

（1）为方便学生阅读，可在题目之间适当留有空白，这样每道题都能清晰地和其他题目分开，防止题目混在一起使学生误解题意。

（2）在选择题和匹配题安排的时候，把题目和选项放在相同的页面，这样学生答题时不会因将试卷翻来翻去而影响情绪。如果可能，尽量不要将题目跨页安排，因为有时学生会因此遗忘某些题目的回答。

（3）如果在题目中有图表等材料，请将这些内容紧靠题目，或者安置在相关题目的上面。同样，如果可能，将每一类相关提示和相关问题放在同一页面，以节省考生的时间。

（三）指导学生如何反应

测验的目的是检查学生学习和教师教学的效果，如果由于学生并非知识技能的缺陷而仅仅是不会答题而影响了成绩，就偏离了测验的初衷，因此在测验包装时一定要考虑到如何才能将学生的真实水平检验出来，对学生的反应做出正确的指导。这包括：

（1）给学生填写年级、姓名、日期留出空间。

（2）清楚表明每道题目对学生的要求，尽量不要使学生产生对题目的误解。

（3）规定学生答案的填写办法，是直接写在试卷上，还是填写在答题纸上，是用圈选答案还是用“✓”勾选，是在题目中做答，还是在题目后做答，等等。

（四）确保答案随机分布

在一些客观题的答案的安排上，尤其是选择题、是非题等类型中，要确保答案随机分布，避免在选择题中出现“ABCD，DCBA”类似的规律性答案。同时，也要保证正确答案和错误答案对错评分，选择题中的A、B、C、D项被选中的几率大致相等。

（五）检查和校对测验

对上面所要求的内容给予检查，确保各方面都考虑完备。最后，校对测验中是否存在一些书写和印刷上的文字错误和语法表述问题，在正式印刷前及时纠正。

第四节 真实性评价

一、真实性评价概述

传统测验性教学评价使用最多的是纸笔性质的成就测验。无论是客观题目（如判断题、选择题、匹配题），还是主观题目（如简答题、论述题、作文），都在以往的教学评价中发挥了重要的作用，但是人们也越来越多地认识到传统测验的一些弊端。这主要体现在：首先，传统测验主要考察的是低水平的书本知识、孤立的内容和技能；其次，传统测验难于评价学生在真实世界中的表达能力、创新能力与实践能力等高度综合的重要心智技能，出现了一些“高分低能”的教育产品；再次，传统测验只注重结果，没有考虑到学生对问题的解决过程。基于此，人们一直在积极寻找一种替代性的评价方式，以克服传统测验的这些弊端。真实性评价就是在这种背景下逐渐发展和成熟起来的一类教学评价手段。

真实性评价是检验学生综合能力的一种评价，它提供给学生真实生活中的种种问题、挑战，以供学生应用相关知识、技能、态度及智慧。真实性评价应该至少包括一项真实性任务，在真实性评价中，学生通过能够展现其理解水平的方式应用信息，展现其对已有知识能力的驾驭能力。学生在评价之初就应该明了评价标准，这样他们亦可以应用标准进行自我评价。

维根斯（Wiggins）认为，教学中的真实性评价具有如下四个特点（转引自：王凯，2003）：

一是在结构和逻辑上，更加公众化和开放化，评价包括听众及评价组等，使得评价更加趋向透明化；不再注重于不现实及任意性的评价时间限制；提供给学生明晰化而非含混不清的问题及任务；更加像档案袋或活动集合；需要更多的合作。

二是在结构设计上，是本质性的，而非任意的或者仅仅为了给学生某一个分数；是鼓励性的，指导学生如何在更加复杂的、未结构化的情境中应用更加复杂的知识与技能来解决问题；是背景化的，学生在此背景中将遇到复杂的真实的智力挑战，与传统的将智力分割成几个部分并分别加以测量截然不同；学生在评价中是研究的主体；评价学生的学习习惯及高级智能的运用而非仅仅定位于对与课程相连的知识的记忆情况；用来评价学生所掌握知识能力的深度而非仅仅定位于广度；是参与性与教育性的；评价内容包括一些未结构化的任务或问题（ill-structured tasks and problems），这需要学生在具体情境中，运用高级思维进行分析与综合，进行判断与决策，对问题或任务进行预加工。

三是在评分标准上，应用标准来判断学生在评价过程中所表现出来的一些本质特性而非仅仅看学生犯了几个错误；评价的目的是为了促进学生的学习，因此，教师必须明了学生知识体系、能力结构中的基本的或本质的特性，从而为学生提供必要和有益的反馈；是标准参照而非常模参照评价，评分应该参照已有的表现评价标准；包括一些在学生看来并非内在于成功性活动的标准，剥离成功标准的神秘外壳，让学生知晓其有众多表现，积极参与活动、查阅资料、发现问题、解决问题就是一种成功，而成功的标准则是教师通过适切性的近距离观察而适时得出的；让学生的自我评价成为真实性评价的一个部分；应用多元的评分系统而非仅仅专注于某一个；评分过程应该展示出与学校目的或使命的和谐性。

四是在公平性与平等性上，辨别及区分出真实性评价的优缺点，不同的评价方式有着不同的特点和适用范围，针对不同的评价目的应该选用不同的评价方式，这样才能达成评价的公平性与平等性；在教师所期望的学生学业成绩与国家或地区所要求的技能与知识之间达成平衡；尽量避免不必要的、不公平的或非人性化的比较；允许每个学生有自己的学习风格、倾向及态度，评价不能整齐划一，不能一刀切，而要允许学生保留自己的特点，使课堂展现出风格的多样化；如果有必要，应该在评价过程中适时搭建“脚手架”，这样教师在评价中就改变了传统中“三缄其口，专司监督”的角色，对不同知识能力背景的学生可以在评价中给予机会；彻底改变传统设计测验的程式；以绩效责任来统领学生评价，转向评价的生态性。

二、表现性评价

（一）表现性评价的内涵和类型

表现性评价是一种重要的真实性评价，它最能代表真实性评价的特点，也有人将表现性评价等同于真实性评价。尽管人们对表现性评价的概念界定不一，但一般认为表现性评价用以测试我们最关心的东西，即学生在真实情景中应用知识和技能的能力。马丁（Martin）等人认为，表现性评价既可用于形成性评价中，以提供改进的反馈信息，也可用于总结性评价中，即对学生的等级做出判断。更重要的是，表现性评价能测量出纸笔测验所不能测量出的技能，它比较适合于评定学生应用知识的能力、学科间内容整合的能力及决策、交流、合作等能力。与其他测验相比，表现性评价并不存在绝对的差别，它们的区别主要体现在任务真实性、复杂性、所需实践和评分主观性等方面，见表 19－6。

表 19－6　表现性测验与其他传统测验特点的比较

表现性测验		其他传统测验
高	任务的真实性	低
高	任务的复杂性	低
多	实施所需时间	少
高	评分的主观性	低

表现性评价一般由两种不同性质的表现性任务来实现，一是限制性表现任务，在这样的任务中，学生需要完成的任务描述得很明确，它的结构性更强，所预期的表现也是非常明确的，比如，“大声朗读一段故事”；二是扩展性的表现任务，它可以要求学生在任务本身所提供的信息基础上，从不同的渠道去寻找所需要的信息，扩展性任务涉及更多的对问题解决、融合多种技能和理解能力所进行的评价。表 19－7 列出了两种不同的表现性任务的一些样例（Linn，2003）。

考试的形式在很大程度上影响着教师如何教和学生如何学。与传统教学评价相比，表现性评价强调在真实或模拟的真实情境中运用所学解决实际问题，直接逼近教学的最终目标。为了使学生在表现性评价中有较好的表现，教师教学活动的重心无疑会发生积极的转变，由传统的只注重知识获得的教学方式，转变为将教学与学生的生活经验、文化背景联系起来，倡导自主、探究、合作的学习方式。

表 19－7　表现性任务的类型

任务类型	可被测量的复杂学习结果
限制性表现任务	能力： 大声朗读 用外语问路 设计一个表格 使用一种科学仪器 打字
扩展性表现任务	能力： 建造一个模型 收集、分析和评估数据 组织观点，创作一种视听作品，一个内容完整的演讲 创作一幅画和演奏一种乐器 修理一台机器 写一个具有创造性的小故事

（二）表现性任务的设计

表现性任务是在表现性评价过程中教师要求学生完成的具体任务。经验表明，表现性任务设计得是否合理，是表现性评价能否成功实施并取得良好效果的关键。在选择、设计表现性任务时应当考虑以下因素：

1. 评价内容的重要性和复杂性

一般而言，表现性评价比传统的纸笔测验耗费大，学生要投入足够的时间。因此，在选择和设计表现性任务的时候，要特别关注那些纸笔测验难以实现的、代表了复杂认知技能的学习结果，而且是那些重要的，而不是次要的学习结果。以这样的基础设计的表现性任务，才更有可取性。

2. 评价任务与评价目的的相关性

要把注意力放在评定的目标上，尽管阅读复杂的文章和交流的能力都是很重要的学习内容，但是对于某一特定的评价来说可能不是必要的目标。例如，阅读能力可能与评价学生运用数学知识解决实际问题无关。然而，如果所提出的问题在某种程度上需要一定的阅读能力，那么，阅读能力就应当成为评价的目标之一。另一方面，当评价的目标是交流、表达数学推理和结果的时候，写作技能则应当成为评价的目标之一。

3. 理解表现性任务所需要的知识技能

表现性任务常常不如传统的纸笔测验的要求那样清晰明确，它需要学生经历实验、收集信息、形成假设、反思和解决问题的过程。然而，这一过程中需要什么样的知识基础和技能，学生目前是否已经具备？对于这一问题的解决，可以增加一个前测活动，不仅可以用来介绍一个任务，而且可以用来保证学生拥有完成任务所必需的基础知识和熟悉要使用的材料和仪器。

4. 设计容易理解任务的指导语

含糊的任务指导语会导致非常不一致的行为表现，以至于不可能用公平或可靠的方式来评价它们。表现性评价在探究用不同的方法解决问题和提出新颖问题方面，给了学生足够的自由。然而，这一特点也不能成为没有任务指导语的借口，因此如何设计学生容易理解的任务指导语也是表现性任务设计时所必须注意的问题。

5. 向学生阐明任务的评分规则

详细说明在评价行为表现时所使用的标准，会帮助学生澄清任务的预期目标。这不仅可以为他们提供努力的方向，还可以帮助他们去抓住学习内容的重点。

表 19－8 为表现性任务设计的样例（Linn et al.，2003）。

表 19－8 表现性任务设计样例

内容：磁铁

任务描述：用磁铁鉴别物品有无磁性，然后解释它们之间的区别

设备/材料：一块磁铁和七种物品，即塑料扣、钢铁垫圈、钢制曲别针、铁钉、半透明的大理石、塑料杆和铜币

给学生的指导语：用磁铁测试这些物品，然后把它们分成两组。列出两组物品并解释它们之间有什么不同

评分构想：把物品进行正确分组即可得分。有四类可能的解释：一组是由钢或铁制成的，一组是与磁铁相互吸引的，一组是由钢铁制成又与磁铁相互吸引的，一组是其他的解释

（三）表现性评价的评分

在表现性评价的实施过程中，教师要观察和评估学生完成任务的过程，或对学生完成任务的结果、作品进行评估。这就要求教师事先确定一个简明合理的评分标准，构建一个完善、公正的评分规则，对学生的任务完成情况

做出评定。这个标准不仅影响教师对学生的指导和评价，而且会影响学生的目标定位和自我评价。

在进行表现性评分规则的设计时，一般的做法是：首先，根据操作目标明确各个评价标准以及它的各种水平；其次，用准确的语言描述等级水平，并赋予每个水平以一定的分值；然后，将分值与相应的等级水平对应起来形成一般性的评分规则（见表19-9）；最后，根据某一学科的特点制定更为具体的评分规则（见表19-10）。

表19-9　一般性的评分规则

分值 知识类型	1	2	3	4
陈述性知识	在描述概念、命题时有大量的错误	在描述概念、命题时有一些错误，并且不能完全理解其含义	能准确、全面地理解概念、命题的含义	对概念、命题完全理解，并能提出自己的见解
程序性知识	在实际操作中有许多严重的错误	在实际操作中有一些错误，但基本能完成任务	实际操作中没有明显的错误	能熟练并能无误地完成任务

表19-10　数学学科中数学图表使用的评分规则

分值 知识类型	1	2	3	4
陈述性知识	不能准确地说出图表的用途	基本能说出图表的用途，但不能完全理解其用途	能全面、准确地理解图表的用途	能完全理解图表的用途，并能给出新的图表的用途
程序性知识	不会使用图表来说明问题	在图表的使用上有一些错误	基本上能正确地使用图表来说明问题	能完全正确地使用图表，并能根据实际情况选择不同的图表类型

三、档案袋评价

(一) 档案袋的内涵与类型

档案袋是一种特别的教学评价形式，它一般是指用档案袋保存记录、以文件形式呈现的、学生在一定时期的学习状况，通常是搜集材料以反映或说明学生在某一时期内取得的进步。档案袋是学生某一时间内所获得的知识、技能、能力的真实可见的呈现，因此，它也是一种真实性评价。

档案袋评价的主要目的在于强调学生的优点，表明学生在某一时期内所取得的进步。通过这种形式，学生、教师和家长都能看到学生努力学习的结果，并能进行自身的纵向比较，而不像传统测验那样与班内的其他同学进行横向比较。档案袋评价是用文件（document）说明的，而不是像传统的成绩报告单那样只是报告学生在某一时期内的变化和发展。因此，档案袋更能揭示学生学习的进步。通过对档案袋进行评价，教师能够发现学生的特殊需要和特殊学生的需要，也能发现自己教学方面的某些不足。由于档案袋伴随着学生从一个年级升入另一个年级，因此它能提供一个连续的学生评定过程。

美国教育心理学者格莱德勒（Margaret E. Gredler）根据功能的不同，将档案袋划分成如下类型（见表 19－11）。

表 19－11 档案袋的类型

类型	构成	目的
理想	作品产生和入选说明，系列作品，以及代表学生分析和评定自己作品能力的反思	提高学习质量，这一段时间的成长，帮助学习者成为自己学习历史的思索者和非正式的评价者
展示	主要由学生选择出最好和最喜欢的作品集。自我反思与自我选择比标准化更重要	给由家长和其他人参加的展览会提供学生作品的范本
文件	根据一些学生的反映以及教师的评价、观察、考察、轶事、成绩测验等而得出的学生进步的系统性、持续笔录	以学生的作品、量化的质性评价的方式提供的一种系统的记录
评价	主要由教师、管理者、学区所建立的学生作品集。评价的标准是预定的	向家长和管理者提供学生在作品方面所取得成绩的标准报告
课堂	由三个部分组成：（1）依据课程目标描述所有学生取得的成绩和总结；（2）教师的详细说明和对每一个学生的观察；（3）教师的年度课程和教学计划及修订说明	在一定情境中与家长、管理者及他人交流教师对学生成绩的判断

理想型（ideal）档案袋设计的意图在于帮助学习者成为对自己的学习历史具有思考能力和进行非正式评价能力的人。它的构成内容在档案袋的评定中也具有典型意义。理想型档案袋主要由三个部分构成，分别是作品产生过程的说明（biographies of works）、系列作品（a range of works）以及学生的反思（student reflections）。

作品产生过程的说明，是学习计划产生和编制的文件记录。通过这部分档案袋的内容，学生选择计划时的理想就能展现出来。它包括不同的形式，既可以是伴有说明的一系列略图，也可以是进行特别困难选择时录下的录音带。系列作品是学生在完成某一学习计划的过程中创作的各种类型的作品集。它表明了学生取得成就的广度和范围，如在语言艺术中，一个档案袋也许包含了被杂志录用的文章、诗歌以及课堂表现录音等。学生的反思记录对于学生在学习上的成长尤其重要。在学期的不同时间里，教师要求学生充当专门批评家或传记作家的角色，让学生描述自己作品的特征、自己在成长过程中所取得的进步、已经实现的目标等，这些都可作为反思记录的内容。这种反思一方面为学生的成长提供了重要契机，另一方面也培养了学生自我反思和自我教育的习惯。

（二）档案袋应用示例

档案袋里可以包含丰富的内容，表 19－12 列出了美国一所中学学生档案袋中所记录的内容（Linn et al.，2003）。

表 19－12　美国中心公园东部中学毕业档案袋内容构成

1. 毕业后的计划	必须说明获得文凭的目的，短期、长期乃至终生发展计划。要有反映自己进步的证据，如证明信
2. 自传	书面、口头或其他形式（比如照片、对祖父母访谈的录音带）的资料，要求能反映学生的家庭史、信念和价值观等
3. 学校/社区服务	一份正规简历，说明过去从事过的工作和雇佣经历，要有相关证据表明自己所获得的成就和从中学到了什么
4. 道德和社会	运用多种形式（如社论、戏剧或者辩论），展示自己运用多重观点和理由分析社会和道德问题的能力
5. 优良的艺术和审美能力	多种艺术形式的表现或展示（如舞蹈、雕刻或音乐），以表达对审美领域的理解

续上表

6. 大众传媒	说明自己如何理解不同形式的传媒对公众及其观点的影响
7. 实践技能	在一个或多个领域（如科技、身体技能、公民的权利和义务等）学生技能形成和发展的证据
8. 地理学	在教师自编测验上的表现以及学生自行设计的项目（如描绘一幅地图）
9. 第二语言或双语	必须展示在其他语言方面听、说、读、写的能力
10. 科学与技术	在提供传统证据（如考试和项目作业）的同时，必须表明科学方法的使用情况与对科学在现代社会中作用的理解
11. 数学	包括在教师自编测验上的表现、展示概念理解和运用的项目作业
12. 文学	必须包括所读课文的目录，以说明阅读文献的广度，并有对文学作品或人物的评论
13. 历史	包括在州或教师设计测验上的表现，展示对历史的理解，还要有与当前问题相关联的有关历史学科的项目
14. 身体素质	必须有参与运动队或者个体运动的书面证明

在我国，也有一些教师开始尝试使用档案袋这一方式来评价学生的学习活动和成长过程。以下列出了一位英语教师在英语教学中运用档案袋的情况（郭新安，2003）。

（1）档案袋内容构成。

①档案袋建立前为了解学生对评价认识的问卷或访谈记录。

②学生自己的课外辅助学习的材料记录，如读过的书刊、杂志，听过的磁带、录音，看过的节目或是相关的图片和照片（每份材料后应附有自己的笔记）。

③学生的作业样本。收集学生自己认为比较满意的作业或作品，并说明选择理由。

④学生课内外行为表现，包括学生的自我评定（口语表达、语言点学习等），同学间的评价（听写、朗读、背诵、分角色表演和回答问题等），教师对学生的观察评语和家长测评等。

（2）档案袋的主题。

这里的主题是指学习内容。由于学习的阶段性特征，档案袋里就有多个自定义主题。主题应由学生自己确定，学生可在完成一个比较完整的学习阶段后，如一个小循环、一个单元或是一个周期复习后，补充或删减档案袋里的内容（每份材料要标明日期），学生可以自由决定取舍或是在老师的指导下进行。

（3）档案袋的反馈周期。

学生档案袋的意义不只是学生成绩的简单记录，而是教师与学生的双向交流和学生之间交流等形式相结合的产物。这种形式为教师提供了具体的、可操作的评价工具和及时调整教学的机会。教师检查档案袋的周期不宜过长也不宜过短，要留给学生一定的空间。

①教师每三个星期检查一次，选择一些设计合理、内容翔实、反映真实、具有推广价值的在教室内公布。档案袋应向同学、家长和其他老师开放，同学的讨论、老师的指导和家长的建议都是有价值的改进学习的方法。

②对个别学生要随时访谈，跟踪调查。

第二十章 教师心理

教师的心理对教育教学的成败起着重要作用，有时甚至直接影响学生能否顺利成才。如果一位教师不具备一定的心理学知识，缺乏教师职业所必备的心理素质，那么他（她）也很难成为一名合格的人类灵魂工程师。现代教育要求教师不仅要理解学生，而且也应了解自身的相关方面，只有这样，教师才能扮演好自己的职业角色，教育教学水平才能不断提高，进而促进学生各方面素质的发展。

本章首先探讨教师这一职业角色的形成和发展，在此基础上，综观当前关于教师心理的研究，重点介绍与教师的教育教学密切相关的心理因素，包括教师的教学能力、教师的学生观与教师期望以及专家型教师的成长三个方面。

第一节　教师的职业角色

一、教师的角色

（一）角色与角色期待

心理学中的角色概念来源于戏剧舞台用语。它可以定义为人在社会关系中的特定位置和与之相关联的行为模式，它反应了社会赋予个人的身份与责任。在某一时刻，每个社会成员都处于某个社会位置上，这时他便扮演着一定的社会角色。父母、子女、工人、干部、售货员等都是社会角色，教师也是一种社会角色。

社会对处在某一社会位置上的角色都规定了一定的行为规范和要求，这些行为规范和要求就是社会对角色的期望，称为角色期待，或角色规范。任何个人，若不按照角色期待行事，则父母不像父母，领导不像领导，教师不像教师。角色期待的内容，是在社会生活的长期发展中形成的，它规范和约束了角色扮演者的行为，以保证社会生活的进行。每个人只有按角色期待行事，才能保证对社会的适应，他的行为才能得到社会的认可和称赞。角色期待的内容不是固定不变的，随着时代的变化，人们对某个角色的看法就会发生变化。例如，教师曾经是“最有知识的人”，而后来逐渐转变为“传递知识的人”。由于角色期待具有时代性，因此我们不能将其绝对化，而要用发展的眼光去看待角色期待，调节自己的角色行为。社会对教师的角色期待相对较明确，即教师是一种清晰度很高的角色，因而绝大部分教师在工作一段时间之后都会表现出适当的角色行为。但是，角色的清晰度高，角色扮演者容易循规蹈矩，不敢越雷池半步，不少教师在扮演自己的角色时也有这一特点。人们强调教师的工作要具有创造性，但一些研究发现，从总体上看，教师的创造性并不高，这与教师的职业特点有关。如何当个好教师，既有“教师样”，而又能“随心所欲不逾矩”，这是教师应当经常考虑的问题。

（二）对教师的角色期待

教师是社会职业的一种，其职业的特征决定了社会对教师的角色期待。教师职业具有如下的工作特征：（1）教师的工作任务是根据某一 社会所规定的教育目的和学生身心发展的特点去培养人才，其最本质的特征就是“教书育人”。（2）教师的工作对象是在班集体中学习和发展的学生，这使教师工作表现得复杂多样而又富有变化。（3）教师的工作途径既有言传，又有身教，教师的举止言谈本身对学生就具有教育的效果。（4）教师的工作成果是所培养的全面发展的人才。教师在完成工作任务时一定要树立长远的目标，不能只局限于眼前的目标，否则会误人子弟。

教师的职业特征决定了社会对教师的角色期待。从以上的分析来看，教师在工作中应扮演下面五种角色。

1. 学习的指导者和促进者

教师一直被认为是知识的传授者，但现代教育心理学的研究表明，学生的学习是一个积极主动的知识建构过程，教师所应该充当的是指导者和促进者的角色。这一角色要求：首先，教师指导学生去掌握基础知识和基本技能，指导学生在获得科学知识的同时学会如何学习并发展各种能力，从而保证学生在未来的社会生活中能不断扩充知识；其次，教师要起到促进学生学习的作用，教师要激发学生的动机，要为学生提供支持。在学习的初期，学生可以获得更多的支持，如教师的示范、提示、学生间的启发帮助等，而在学习的进行过程中，学生获得的支持逐渐减少，逐渐让位于学生自己独立的探索学习。在指导学生学习的过程中，教师既要面向全体学生，促进每个学生的全面发展，又要因材施教，发展每个学生的特长。

2. 行为规范的示范者

在培养学生道德品质和人格特性的过程中，教师不仅要指导学生掌握社会价值观念和行为规范，更要充当起示范者的角色，通过自己的一举一动，给学生提供活生生的榜样。学高为师，身正是范。教师要不断反省自己的思想品德、行为作风、处世态度，充分意识到自己的榜样作用，使自己的言行成为学生的表率。例如，要求学生正直公正，教师首先要公正地对待学生；要求学生关心他人，教师首先要关心学生。

3. 心理辅导员

学生正处于心理发展的过程中，会经常遭受各种心理挫折，出现各种心理障碍；教师要随时帮助学生，维护学生的心理健康，促进学生良好人格特性的形成，充当好心理辅导员的角色。这一角色需要教师做好两方面的工作：一方面要指导学生健康地生活，克服种种心理失常或心理障碍，以发展正常心理，防止各种心理问题的发生；另一方面，在学生遭受心理挫折后，教师又要设法创造一种谅解和宽容的气氛，减轻受挫者的痛苦，并及时提供帮助、咨询和诊断，治疗学生的心理创伤，以增强他们的自尊心和自信心。

4. 班集体活动的领导者

学生的学习是在班集体这种特有的社会群体中进行的，担任班主任工作的教师是班集体正式的领导者，没有担任班主任工作的教师在班集体活动中也担负着领导者的责任。要充当好领导者的角色，首先，教师要在课堂教学活动中建立良好的课堂秩序，在教学的同时督促全体学生遵守课堂纪律，使学生养成自觉遵守纪律的习惯；其次，教师要建好班集体，必须注意选择学生干部，培养积极分子，形成有力的领导核心，造成良好的集体气氛和舆论，建立和谐的人际关系。教师的领导方式可分为不同的类型，其行为表现不同，对学生的影响也不一样。

5. 教育科研人员

由于教师的工作具有复杂多样并富有变化的特点，教师在实际工作中会遇到一些依靠现有理论和教师自身的经验解决不了的问题，这就要求教师能够开展教育科研活动，成为“科研型”的教师，从而能够以一定的理论为基础，灵活地解决教学中的各种实际问题。要充当好教育科研人员的角色，首先，教师必须具有探讨问题的意识，注意收集资料，勤于动脑思考和反思，不满足于工作中的“轻车熟路”；其次，教师要能够掌握教育科研方法，并注重运用所掌握的方法来解决自己在教育实践中所遇到的问题。有些研究发现，一些教师没有充当好这一角色，他们在教学中已习惯于以往经验的重复，处于一种“惰性”状态。

（三）教师职业角色的形成

教师职业角色的形成有一个过程，一般可分为三个阶段。

1．第一阶段为角色认知

角色认知是指角色扮演者对某一角色形成规范的认识和了解，知道哪些行为是正确的，哪些行为是不合适的。在这一阶段，人们了解教师角色所承担的社会职责，能够将所充当的角色与社会上其他职业角色区分开来。在一个人正式成为教师之前就可以达到这个阶段，如师范生就已对未来将要充当的教师角色有所认识，但这时的认识还只是一些知识。

2．第二阶段为角色认同

教师的角色认同是指教师亲身体验并接受教师角色所承担的社会职责，并用来控制和衡量自己的行为。对角色的认同不仅是在认识上了解教师角色的行为规范，而且在情感上有了体验。对教师角色的认同，是在一个人正式充当这一角色、有了教学经验后才真正开始具有的。

3．第三阶段为角色信念的形成

教师角色中的社会要求转化为个体需要，这时教师坚信自己对教师职业的认识是正确的，并将其看作是自己行为的指南，形成了教师职业特有的自尊心和荣誉感。如一些优秀的教师坚信教师是社会上传道、授业、解惑的使者，是一种神圣而光荣的职业。

要促进教师角色的形成，首先要使从事教师职业的人在正式成为教师之前就对教师角色有一个全面正确的认识。人们在社会生活中所形成的对教师角色的看法有时是不正确的，如把教师看成是“教书匠”、是“孩子王”。因此，可以通过讲授有关的知识、请优秀教师做报告等形式有意识地传授有关教师角色的知识。只要方法得当，就会收到良好的效果。

树立榜样也有助于教师形成职业角色，通过榜样的行为示范，人们能够掌握社会对教师的角色期待，学会在不同情景中从事角色活动、处理角色冲突。榜样应具备以下条件：第一，榜样的示范要特点突出、生动鲜明，引起学习者的注意。第二，榜样的示范要与学习者的职业接近，即各行各业都要有自己的榜样。第三，榜样示范的行为对学习者来讲要有可行性。第四，榜样示范的行为要具有可信任性，即榜样做出的行为是出于榜样自身的要求，而不是具有另外的目的。第五，榜样的行为要感人，使学习者产生心理上的共鸣，这时学习者才能表现出相类似的行为。

要促进教师角色的形成，还要通过教师自己的教育实践使自身心理需要发生变化。在对角色的认识转化为信念的过程中，实践活动非常重要。一个社会是否尊师重教、一个学校是否能人尽其才是影响教师在教育实践活动中建立角色意识的客观因素，而教师的心理需要则是其主观因素。长期的教育实践会使大部分教师认识到教师职业的社会价值，将社会的角色期待转化为自己的心理需要。一些研究表明，经过一定的教育实践后，大部分教师能把对教师的角色的社会要求转化为教师个人的心理需要。

二、教师的威信

（一）教师威信的内涵

教师威信表现在教师的优秀心理品质对学生产生了心理影响，博得了学生的尊敬与依赖。教师威信所反映的内容同样是学生对教师的角色期待。教师角色决定了教师在学生面前居于权威地位，学生要听从教师的教导，但教师威信并不是教师角色本身就具有的内容，如有的教师在学生心目中没有威信或者威信很低。教师威信的高低，以他们在学生心目中的地位、他们的教育活动对学生心理产生的影响来衡量，受到学生的尊敬和依赖的教师才是有威信的教师。

教师威信是影响学生的重要条件，其作用表现为三个方面：第一，教师的威信是学生接受其教诲的前提。学生确信有威信的教师指导的真实性和正确性，积极主动地接受这些教师的指导。第二，有威信的教师的言行易于唤起学生相应的情感体验，因而加大了教育的效果。他们的表扬能引起学生愉快、自豪等积极的情感体验，产生要学得更好的愿望；他们的批评能引起学生悔悟、自责、内疚等消极的情感体验，产生自觉改正错误的愿望。第三，有威信的教师被学生视为心目中的榜样。学生会产生模仿教师的愿望，使教师的举止言谈都具有了教育的力量。

我国学者官前均等调查了高中生心目中有威信教师所具有的条件，结果发现教师威信表现在五个方面。

（1）思想品质：思想好，对自己要求严格，有道德修养，讲文明，生活正派，言行一致，以身作则，为人师表。

（2）知识水平：有真才实学，知识丰富，不仅对所教的学科有较广博的知识，而且对其他学科也有较多的了解，一专多长。

（3）教学能力：教学方法好，口齿清楚，表达力强，讲课生动，讲课富于启发性，教学效果好。

（4）教育热情：热爱教育事业，关心学生，爱护学生，与学生同甘苦，师生关系融洽。

（5）工作态度：尽教师职责，工作认真，要求学生严格，勤勤恳恳，任劳任怨，治学严谨，诲人不倦。

（6）教育作风：对人和蔼，平易近人，不体罚学生，不粗暴对待学生，不偏爱某类学生，处事公正，作风民主，能听取学生的意见，常参与学生活动。

根据学生的回答，研究者得出以下结论：第一，初高中学生很重视“教育作风”、“工作态度”和“教育热情”这三个方面。所以，一般地说，教师作风民主、平易近人、工作认真、任劳任怨、关心学生、热爱学生等人格特征对在学生心目中建立起教师威信起着重要的作用。第二，学生对“教学能力”、“知识水平”和“思想品质”这三个方面的重视程度随着年级的升高而递增，特别是高中生对“教学能力”与“知识水平”这两个方面比较重视，这表明教师高超的教学技能与专业知识这些认知方面的能力对在学生心目中建立威信也起着很大的作用。第三，学生对“思想品质”重视程度不够，分析其原因是这方面的内容不容易被学生所感知和理解，但不能说这方面的内容不重要。

（二）教师威信的形成、维持与发展

在教师威信形成的过程中，以下几个主观因素起着极为重要的作用。

（1）具有高尚的思想、良好的道德品质、渊博的知识、高超的教育和教学艺术是教师获得威信的基本条件。这样的教师会成为学生学习的榜样，被学生们视为智慧的化身，自然能在学生心目中享有崇高的威信。

（2）教师的仪表、作风和习惯，是教师获得威信的必要条件。近年来，国外在培养师范生时采用“微型教学”，通过录像、录音，让实习教师看到自己上课时的言语、教态、仪容、表情等，以便有效地纠正教师的某些缺点和不良习惯。当这些实习教师事后看到自己上课时的一些不恰当的语言和不雅观的动作时，会感到不安，因而愿意自觉纠正。

（3）师生平等交往对教师威信的获得也有重要影响。教师的威信是在长期与学生平等交往中形成的，一方面，学生容易产生近师亲师的心理效应；另一方面，教师主动关心、爱护、体谅学生，满足学生理解和求知的需要，师生的感情就会融洽，教师的威信就能迅速在学生中建立起来。当然，教师的威信会随师生关系性质的变化而变化，已建立威信的教师如果不严格要求自己，他的威信会下降；反之，原来威信不高的教师也可以通过努力来提高自己的威信。

（4）教师给学生的第一印象对教师威信的获得有较大的影响。教师和学生初次见面，特别是上头几堂课给学生留下的印象往往是非常深刻的。因为在这个时候，学生特别敏感，对教师的一言一行都十分注意。所以教师同学生初次见面时就应注意给学生留下一个良好的印象，初步建立起在学生心目中的威信。

上述因素，对不同年龄、不同发展水平的学生来说，并不起同等作用。一般来说，在小学低年级学生中，教师较容易迅速建立威信；小学高年级学生由于思想水平和判断能力的发展，更多地具备了评价教师的能力，他们要求教师要尊重他们；初高中学生逐步地发展了对教师思想觉悟、知识水平和教学水平的评价能力，他们与教师的关系较多地偏向于理智方面。因此，德、识、才、学兼备的教师，才会在学生中获得较高的威信。

教师的威信形成后，具有一定的稳定性，但稳定是相对的、有条件的，不是一成不变的。因为形成教师威信的主客观条件是处于不断变化之中的，只要某一方面的条件发生了较大的变化，教师的威信就会受到影响。因此，教师威信形成之后，维护和发展已形成的威信也十分重要。

教师威信的维护与发展，关键在于教师本身应具有以下几个方面的主要特征。

（1）教师要有坦荡的胸怀，实事求是的态度。有威信的教师不是说不能有一点错误、缺点。教师存在这样或那样的问题是难免的，关键在于是否有坦荡的胸怀，是否敢于实事求是地承认并及时纠正自己的缺点、错误。教师勇于承认自己的缺点、错误，不仅不会降低威信，而且还会提高自己在学生心目中的威信。

（2）教师要正确认识、合理运用自己的威信。教师要维护和发展自己的威信，很重要的一点是必须对威信有正确的认识，把威信与威严区分开来。只有这样，教师才能正确维护自己的威信。否则，就可能出现教师为了维护自己的威严而不恰当地运用威信，损害学生的自尊心，挫伤学生的积极性和对教师的亲近感，从而削弱学生对教师的依赖感和尊崇心理。这样最终势必导致教师威信的降低。

（3）不断进取的敬业精神。教师的职责是向青年一代“传道”、“授业”、“解惑”，这要求教师根据社会要求和教育对象的变化，不断更新自己的知识、观点，提高自己的科学文化素质，满足学生不断发展变化的需要，使他们顺利成才。教师不断进取的敬业精神能激起学生的敬佩之情，提高其在学生心目中的地位和威信。

（4）言行一致，做学生的楷模。教师代表社会成年一代向未成年一代传授科学文化知识、先进思想和道德规范，他们既要组织、控制、评价学生的学习，又要培养、训练、陶冶学生的品德和情操。因此，一般来说，在学生心目中，教师是有丰富知识的人，是守纪律、讲文明、懂礼貌、有道德的典范。如果一个教师的言行举止与学生心目中的“教师形象”不相符，他在学生中的威信就会降低。反之，如果教师与学生希望的教师形象一致，则不仅会增强教师对学生教育的感染力，而且可以增强教师在学生心目中的典范性，提高学生对教师的依赖和崇敬感。

第二节　教师的教学能力

一、教师的一般教学能力

（一）教师的能力结构

教师的教育能力是一种特殊能力，是教师从事教育活动（教育教学工作）所需要的能力。一般认为，教师应具备的教育能力包括：全面掌握和善于运用教材的能力，良好的语言表达能力；善于了解学生个性心理特征和学习情况的能力；敏感、迅速而准确的判断能力；组织领导课内外活动的能力；独立思考和创造性地解决教育问题的能力；因材施教的能力；教育机智等。国内外的研究者都对教师应具有的能力进行过许多探讨。例如，国内学者（李绍依等，1985）指出，教师为了顺利完成教育任务，不但在道德品质方面要做学生的榜样，而且在业务方面也必须具备一些特殊的教育能力，这些能力包括：

（1）善于组织和运用教材的能力；

（2）高超的语言表达能力；

（3）敏锐的观察能力；

（4）迅速而准确的组织能力。

孟育群（1990）认为教师的基本教育能力应包括以下五个方面：

（1）认识能力。这主要表现为敏锐的观察力、丰富的想像力和良好的记忆力，尤其是逻辑思维能力等认识能力。

（2）设计能力。这主要表现为教师的教学设计能力，与此相关尤须注意下述几点：①明确教学目标；②悉心钻研教材；③搞活教学组织；④讲究教学策略；⑤实施教学评价。

（3）传播能力。这主要包括：①语言表达能力；②非语言表达能力；③运用现代教育技术的能力。

（4）组织能力。这主要包括：①组织教学能力；②组织学生各种课外活动的能力；③组织、培养优秀学生参与集体的能力；④思想教育能力；⑤协调内外部各方面教育力的能力；⑥组织管理自己学习、工作与生活的能力。

（5）交往能力。这主要指在教育教学中的师生交往能力。

申继亮等人（1994）则采用内隐理论的研究范式，对教师的教学能力进行了系列研究。根据研究，他们把教师的教学能力分为四个方面，即教师的认知能力、操作能力、监控能力和动力系统。

（1）教师的认知能力是指教师对所教学科的定理法则和概念等的概括化程度，以及对所教学生的心理特点和自己所使用的教学策略的理解程度，它包括以下四个方面：①概念，指揭示出概念的本质特征；②类同，指概括出两者的共同特征；③运算，指关系转化和推理；④理解，指对学生的动机水平、年龄特点、个体差异以及教学策略的理解。

（2）教师的操作能力是指教师在教学中使用策略的水平，其水平高低主要看他们是如何引导学生掌握知识、积极思考、运用多种策略解决问题的，它是教师课堂教学能力的集中体现。它主要包括以下几方面的教学策略：①制定教学目标的策略。重点是具备制定课堂教学目标的能力，即能制定各教学单元的具体目标，并且生成一堂课的教学目标。②编制教学计划的策略。教师要编一个课程、教学单元以及各堂课的教学计划，都要有一定的策略。③教学方法的选择及运用。在教学中要安排各种具体的活动，各种教学活动都要求教师有一定的方法和策略。④教学材料和教学技术的选择设计。教师要能够正确地对所教的教材做分析评价，看到其内容序列和结构等方面的优劣，并帮助学生选择合适的辅导材料。⑤课堂管理策略。不管教师控制学生的能力如何，他总是要在课堂教学中对学生进行一定的管理，要激发学生的学习兴趣，组织学习小组，调控教学进程以及学生的合作讨论等活动，并处理课堂中的偶发事件。⑥对学习和教学进行测试和评价的策略。教师要根据教学目标、教学内容，选择或编制一定的测验，并恰当选择测验的各种形式，在测验的基础上，对学生的学习给予恰当的反馈评价。

（3）教师的教学监控能力表现在教师为了保证教学达到预期的目的而在教学的全过程中，将教学活动本身作为意识对象，不断地对其进行积极主动的计划、检查、评价、反馈、控制和调节（详见本节“二、教师的教学监控能力”）。

（二）教师的一般教学能力

虽然研究者对教师能力结构的论述各有不同，但对一般教学能力而言，都认为包括专业知识、组织教材的能力、言语表达能力、组织教学的能力以及教学多媒体运用能力等几方面的内容。

1. 教师专业知识

教师掌握知识的情况与其认知能力密切相关，而且学生是通过教师的传递来学习知识的。因此，教师应该具备什么样的知识结构引起了研究者们的重视。“要给学生一杯水，教师应该首先要有一桶水”，这似乎是在强调知识越多，教学的效果就越好。国外学者在研究中，以学历为知识水平的指标，以学校的领导对教师教学效果的评价及学生的成绩为教学效果的指标，结果发现，教师的知识水平与教学效果只有很低的正相关。由于国外的教师均为大学专科以上学历，这一研究结果意味着教师的知识水平超过某一水平（如大专水平）时，教学效果就不再随着教师的知识水平的提高而上升。这时，影响教学效果的不是教师的知识水平，而是教师的知识结构。

威尔逊（Wilson, 1987）以中学教师为对象用观察和面谈的方式进行了研究，这一研究的结果确定，教师要上好一节课需要七个方面的知识：（1）关于课程内容的知识；（2）关于学生情况的知识；（3）关于教学目标的知识；（4）教育学原理与教学论方面的知识；（5）这一学科和教材的内容、结构方面的知识；（6）与这一部分内容相关的其他学科的知识；（7）如何把教材的内容教给学生的教学方法方面的知识。威尔逊等人进一步指出了在备课写教案的过程中，教师要综合运用这七个方面的知识：第一步是理解教材；第二步是根据教材与教学目标去选择适当的材料，如举哪些例子；第三步是选择适合于这些材料的教学方法，如归纳或演绎、实物呈示或图片呈示等；第四步是根据这个班级儿童的心理特点分析教学方法是否适当。

教师所掌握的专业知识既包括特定的学科知识的内容，也包括如何传授这些知识的内容，被称之为“实践的知识”（practical knowledge）。这种知识具有五个特点:(1) 依赖内容和学生等具体的情境，带有情境性的特点;(2) 经常以案例的形式来记忆;(3) 是一种跨学科的综合知识;(4) 是一种熟练后得以自动化的知识;(5) 有很多知识产生于教师个体的经验之上。教师专业知识具有这些特点，要求教师在教育实践中要通过不断反思与相互交流来学习和提高。

2. 组织教材的能力

教师组织教材的能力是保证教学效果，使学生顺利地掌握知识的必要条件之一，它是指那些区分出教材中本质的和最主要的内容，并根据学生的理解水平对教材进行分析综合、加工改组，将教材恰当地概括化、系统化的能力。

学生所要学习的知识内容极为丰富多样。为了使学生能在某一学习阶段掌握既适合于他们的发展水平，又是最必要的知识，教师从开始备课的时候起，就必须十分精确地分析教材，从教材中区分出主要的和本质的东西，确定各部分之间的关系或联系。同时，根据学生已有的知识和能力水平把它们组织起来，并以学生比较容易理解和感兴趣的形式讲授给他们。

教师组织教材的能力表现在下述三个方面:(1) 通过对教材的研究，充分理解教材的知识内容，融会贯通，使教材的知识内容转化成教师自身的知识。(2) 在研究教学大纲、教学目的、教材内容和学生实际情况的基础上，明确教学目的要求及重点，使之成为教师教学的指导思想。根据这些决定教材的难点、重点，以及决定讲解的详略和教材内容的增减。(3) 根据教学目的的要求，探讨适应学生接受能力，又能促进学生智力发展、完成教学任务的可行的教学方法和步骤。教师通过对教材进行深入细致的分析和综合，把学生可能感觉复杂而困难的知识，以简要和容易理解的教学方式传授给学生。这样既可以使学生顺利地掌握知识，同时也使学生逐渐学会思考问题的方法，从而促进他们思维能力的发展。

3. 言语表达能力

教师的言语表达能力是教师应该具有的职业能力之一，是教师职业要求的基本条件。由于教师对学生的教育或教学主要是通过言语交往的过程实现的，缺乏这种能力，就无法正常地与学生进行言语交流，也就谈不上对学生的教育。

经验表明，教育教学的效果在很大程度上取决于教师的语言在发音、用词和语法上的正确性，以及教师与学生进行交往时所表现出来的语言是否有内容、易懂和富有表现力与感染作用。因为精练、清晰、富有情感的言语不仅可以使教师能清楚确切地讲述教材内容和表达自己的思想，而且可以对学生的情感产生影响，能够激发学生相应的体验与行为动机，能使学生更加深刻地体会和掌握教师所讲述的内容。同时，通过与学生的交往，教师所表现出来的卓越的言语表达能力，自然也会对学生的言语和智力发展起到很大的促进作用。

为了更好地向学生传播知识技能和教育影响学生，教师言语的表现方式和其中的情感成分，也必须根据言语内容和学生的年龄特点有所不同。例如，由于低年级学生思维发展的具体性和富于情感色彩的特点，就更需要教师的言语富有情感和表现力；而年龄较大的学生由于其逻辑思维的发展，更多注意教师言语的逻辑性和说服力，过分的情感成分可能会引起与教师愿望相反的效果。

教师在教学过程中的言语，多数是以对话的形式组织起来的。在课堂教学中，教师既可以自行讲述教材，又可以运用与学生谈话的形式传播知识。即使教师长时间讲述教材内容，他的言语仍然是针对学生的各种问题而进行的。在讲述过程中，教师常常从学生的角度提出一些问题，而自己再回答这些问题，或提出反驳、怀疑，然后再进一步解释。在教学中教师也时刻注意观察学生对自己讲授的反应，并根据学生的反应来改变、改进自己的言语表达。

教师良好的言语表达能力，表现为形式简单、语句不长、停顿适当、词汇丰富、简练准确、内容具体、形象生动、逻辑严密和符合学生理解水平。教师职业口语是教师在教育教学过程中运用的语言，它要求教师的口语具有如下三个特点：（1）规范性，即要用普通话进行教学和教育活动；（2）科学性，要以科学的规律指导教育教学，讲述内容科学无误；（3）生动性，要以生动的表达增强教师职业口语的可接受性。

4．组织教学的能力

教师所从事的教学活动的效果如何，在一定程度上取决于教师的组织教学能力。组织教学的能力是教师在课堂教学中，利用各种积极因素，控制或消除学生消极情绪行为的能力。通过组织教学能力的运用，教师可以克服课堂信息传递中的种种干扰，控制学生的注意力，以保证教学的顺利进行。这种能力包括以下几个方面：

（1）制定课堂教学计划的能力。教师对教学大纲和教学目的充分理解，对教材内容进行深入细致的分析综合后，应该在学校总的教学计划的基础上，制定出所授课程的课堂教学计划。在课堂教学计划中，明确课堂教学的所有具体方面，如讲述的内容、让学生练习的内容、难点和重点内容及其安排，以及如何创造良好的课堂气氛、调动学生兴趣和积极性，等等，都是教师制定课堂教学计划应该考虑的问题。周密完善的课堂教学计划，是课堂教学有序进行的重要依据。

（2）正确选择运用教学方法的能力。教学方法是教师为达到教育和教学目的所采取的工作手段和方法。教师应该具有根据教学目的和不同学科内容等正确灵活地选择和运用教学方法的能力。教学方法选择的主要依据是听课学生的年龄、知识水平和理解接受能力。在教学实践中可以看到，同样的教材内容，用不同的方法教给学生，教学效果会有所差异。适当的、灵活的教学方法，对学生掌握知识技能及其智力发展都是有益的。

（3）调节课堂气氛、调动学生积极性的能力。在课堂教学中，不仅教材内容、教学方法等会影响教学效果，而且整个课堂内部的气氛也会对其产生影响作用。这种气氛是由师生心理活动发出的特殊信息，在集体中散布，给教师和学生以不知不觉的心理影响。教师应具有制造良好的课堂气氛、防止不良气氛、调动学生积极性的能力。教师应根据不同的学习和教学任务，根据不同年龄学生的特点，制造和运用不同的课堂气氛，使学生在学习中发挥积极作用。

5. 教学媒体使用的能力

教学过程是一个信息传递的过程，现代教学媒体是在教学活动中，利用现代科学技术传递信息的工具。如幻灯机、投影仪、录像机、计算机及其相应的幻灯片、投影片、录像带、计算机软件等等，都属于现代教学媒体。现代教学媒体以其信息量大、形象化、丰富的表现力等，在教学中起到提高教学质量、提高教学效率等积极作用。

教师除具有使用传统教学媒体（如教科书、黑板、挂图等）的能力外，必须具有使用现代教学媒体的能力。

当然，一些传统的教学媒体在教学中仍然有很大的作用。这里应该强调的是教师应该具有较强的板书能力。教学中要求教师的板书内容简明扼要、分量适当；布局合理，正、副板书位置适宜；字迹工整端正，避免错字、漏字。

二、教师的教学监控能力

所谓教学监控能力，是指教师为了保证教学的成功，达到预期的教学目标，而在教学的全过程中，将教学活动本身作为意识的对象，不断地对其进行积极、主动的计划、检察、评价、反馈、控制和调节的能力。这种能力主要可分为三个方面：一是教师对自己的教学活动的事先计划和安排；二是对自己实际教学活动进行有意识的监察、评价和反馈；三是对自己的教学活动进行调节、校正和有意识的自我控制。

根据教学监控能力在不同阶段的表现形式，辛涛（1995）的研究表明，教学监控能力可包括四个方面：

（1）课前的计划和准备，即在课堂教学之前，明确所教课程的内容、学生的兴趣和需要、学生的发展水平、教学目标、教学任务以及教学方法与手段，并预测教学中可能出现的问题和教学结果，这是教师进行教学监控的前提。

（2）课堂的反馈与评价，指教师对于课堂的状况、学生的反应敏感程度以及所发现问题的解释与分析。评价和反馈是教师教学监控能力的基础，教师的教学监控过程都是从其对教学活动的反思、评价与反馈开始的。

（3）课堂的调节与校正。如果说评价与反馈是教师教学监控能力的基础的话，那么调节与校正则是教学监控能力的目的。教学监控能力的根本作用就在于它使教师能够有意识地、自觉地对自己的教学活动进行调节和修正，使之达到最佳效果，能最大限度地促进学生的发展。

（4）课后的反省。在一堂课或一个阶段的课上完之后，教学监控能力高的教师会对自己已经上过的课的情况进行回顾和评价，仔细分析自己的课在哪些方面有所成功，在哪些方面还有待改进，分析自己的教学是否适合于学生的实际水平，是否能有效地促进学生的发展等；相反，教学监控能力差的教师一般就不能认真地考虑这些问题。

一般而言，教师教学监控能力的各种成分组成是一种过程性的、动态的结构，不是静止不动的。

从一定程度上可以说，教师的教学行为是其教学监控能力的外化形式，教师教学行为对学生发展的促进作用，实际上是其教学监控能力以教学行为为中介而对学生发展的影响。但教师教学监控过程的内在心理机制是什么呢？受先前研究的启发，辛涛等（1995）研究后认为其作用机制可用图20－1来表示。

从图20－1中可以看出，决定教师教学监控水平的直接因素有三个方面：其一是教师能否正确、全面地发现和觉察自己正在进行的教学活动的状况和存在的问题；其二是教师是否具备了解决教学活动中所存在问题的足够的知识经验；其三是已有的知识是否能和现存的问题联系起来，进而进行合理的、有效的知识重组。在图中，我们看到，决定教师教学监控水平的除直接因素外，还有间接因素，即教师的心理状态，如教育动机、教学效能感、

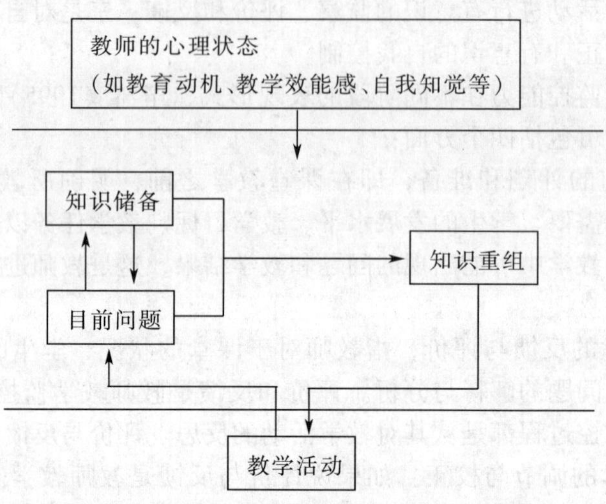

图 20－1　教师教学监控能力作用机制示意图

自我知觉等。这些因素虽然不直接决定教师的教学监控水平，但它们对教师的教学监控过程有明显的影响，是教师从事教育、教学活动的广泛的心理背景。

每个教师的教学监控能力是不同的，教师教学监控能力的发展也是一个从低到高的过程。申继亮等人（1996）经研究发现，有三种技术可以提高教师的教学监控能力：

（1）角色改变技术。其目的是让教师形成正确的教育观念，提高其参加教育科研的自觉性和主动性，从而自觉地实现角色的改变。内容包括专家讲座，听观摩课，参加教育科研工作，并要求教师围绕自己班的学生设计一个小实验，最终写出自己的研究报告。

（2）教学反馈技术。其目的在于使教师对自己教学的各环节有一个准确而客观的认识。教师教学监控过程都是从其对教学活动的反思与评价开始的，正确地评价自己的教学效果和学生的学习状况，这是教师形成教学监控能力的基础。教学反馈技术从反馈来源分，有自我反馈和测验反馈等。

（3）现场指导技术。这种技术可以帮助教师针对不同教学情境，选用最佳的教学策略，以达到最佳的教学效果，使其最终能达到对自己课堂教学的有效调节和校正。

三、教师的教学效能感

心理学上，人们把个体对自己进行某一活动能力的主观判断称为效能感，效能感的高低往往会影响一个人的认知和行为。教师在进行教学活动时也有一定水平的效能感，即教学效能感。所谓教师的教学效能感，是指教师对自己影响学生学习行为和学习成绩能力的主观判断。这种判断，会影响教师对学生的期待、对学生的指导行为，从而影响教师的工作效率。根据班杜拉的自我效能感理论，可以把教师的教学效能感分为一般教育效能感和个人教学效能感两个方面。一般教育效能感是指教师对教育在学生发展中的作用等问题的一般看法和判断，即教师是否相信教育能够克服社会、家庭及学生本身素质对学生的消极影响，有效地促进学生的发展。教师的个人教学效能感是指教师认为自己能够有效地指导学生，相信自己有能力教好学生。教师的教学效能感是解释教师动机的关键因素，它影响着教师对教育工作的积极性，影响教师对教学工作的努力程度，以及在碰到困难时他们克服困难的坚持程度，等等。

教师的教学效能感影响着教师的行为，而教师行为必然会对学生造成影响，同时教学效能感也会受各种因素的影响。根据辛涛等人（1996）的研究，教师的教学效能感作用的一般机制如图 20－2 所示。

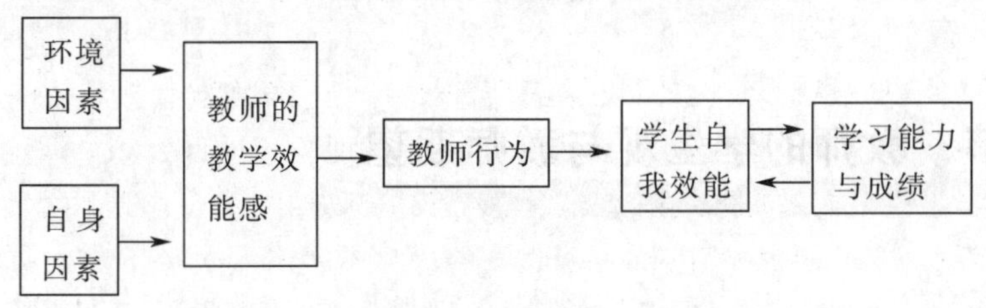

图 20－2　教师教学效能感作用模式图

由图 20－2 可知，教师的教学效能感通过影响教师行为而对学生自我效能及学习能力与成绩起作用，而学生自我效能和学习能力与成绩是相互影响、相互作用的。与此同时，环境因素和教师自身因素也对教师的教学效能感产生影响。辛涛等人（1996）的研究表明，工作发展的条件和学校的客观条件对一般教育效能感具有明显影响；工作发展的条件、学校风气和师生关系对教师的个人教学效能感具有明显的影响。而教师的价值观、自我概念等对效能感也产生显著的影响。

俞国良等人（1995）的研究表明，随着教学时间的增加，教师的一般教育效能感有降低的趋势；而个人教学效能感则随教龄的增加表现出一种上升的倾向。研究者认为，就一般教育效能感而言，由于师范教育的倾向性，师范学生及刚走上教育岗位的教师往往对自己的工作充满雄心壮志，一般多持有“教育决定论”的观点，他们很自然但也许有些偏激地认为，教育一定能促进学生的身心发展，而教师在学生的发展过程中起着决定性的作用，但随着从教时间的增加，教育现实中的许多现象和问题对“教育决定论”的观点提出了挑战，使他们的教育观念发生了动摇，他们逐渐认为教育并非是万能的，学生的发展受多种因素的影响和制约，是一个复杂的过程。正是基于这种原因，教师的一般教育效能感出现了随教龄增加而下降的趋势。

而教师个人教学效能感的上升趋势，则是其教学经验不断累积和深化的结果，也可视为教师个体文化发展的产物，这是学校教育活动中与教师职业有机联系在一起的文化现象。师范生和刚参加工作的教师，他们的教学经验少，在教学中遇到问题时，有的问题感到自己难以解决，常常因此而手足无措；但随着教学年限的增长，教师的教学经验逐步丰富起来了，他们慢慢地学会恰当地处理教学中出现的各种问题，原先令其苦恼的问题现在都迎刃而解了，不断成功的教学经验使教师教学的自信心不断增强，其个人教学效能感也就表现出上升的趋势。

第三节　教师的学生观与教师期望

一、教师对学生的认知

（一）两种学生观

认识了解学生是正确教育学生的前提，在对学生不同认知的基础上，教师对学生采取的行为也不同。因此，教师要正确地理解学生，防止和矫正对学生认知上的偏差。对学生的认知可以笼统地称为学生观。一般认为，教师中存在两种不同的学生观：

第一种是评价性的学生观。他们认为自己是排除情感因素的影响而纯客观地评价学生的。在他们看来，学生中调皮捣乱的多，愚笨的多，不可教育的多，于是，处处与学生相悖而行。持这种学生观的教师看到学生不是胆怯，就是厌烦，经常迁就学生，有时干脆不加管束；或者认为，学生对教师应该言听计从，任教师摆布和驱使。他们惯于指手画脚、发号施令，满足于学生表面上的唯唯诺诺。

第二种是移情性的学生观。持这种学生观的教师认为学生都是可爱的，没有教不好的学生，教师应设身处地地体验学生的所作所为。他们承认学生都有尊敬教师、乐意接受教师教导的自然倾向，希望得到教师的注意、重视、关怀和鼓励；同时又看到学生是独立的个体，有强烈的自信心和自尊感，不愿任人摆布和驱使，表现出顽强的独立性。这样的教师对聪明的、笨拙的、听话的或顽皮的学生，都能以同情、真诚、热爱和关怀的态度对待，容易成功地扮演教师角色。

（二）教师的偏见

教师的学生观是在一定知识的基础上，在师生互动的过程中形成的。在学生观的形成过程中，心理学知识和教师的经验起着重要的作用。但是，一些教师没有学习过或没有掌握好有关的心理学知识，他们的学生观的形成主要有赖于其教育经验，一部分是教师本身的直接经验，另一部分是其他教师的间接经验。很多研究发现，在教育经验基础上形成的学生观虽然有其客观准确的一面，但也容易出现偏差，即偏见，这些偏见妨碍了教师正确地理解学生和教育学生。

教师对学生的第一印象，往往成为一种定势，影响以后对该学生的长期印象。学生的仪表、风度、身材、表情、谈吐、姿态、年龄、衣着等，都是教师构成第一印象的重要因素。第一印象好，教师对该学生以后的行为往往会向好的方面解释；第一印象不好，教师对该学生以后的行为则会向不好的方面解释。教师对学生的认知，不能只停留在第一印象的水平上。因为第一印象只是认识学生的起点而不是终点，况且，学生又在不断地发展变化，如果以固定不变的第一印象看待学生，是不可能正确地认识和理解学生的。

教师在与学生交往的过程中，如果对学生的某个特征产生强烈的印象，以这个印象为中心而形成总体印象，从而掩盖了他的其他特征，这种以点概面的偏见叫晕轮效应。晕轮效应的产生往往是由于教师掌握学生的信息很少且作出总体判断的结果。它使教师难以正确地了解学生和公正地评价学生。克服晕轮效应的关键是教师和学生打成一片，实事求是地、全面地掌握学生的信息，切忌一叶障目。

刻板印象是在教师头脑中存在的关于某一类学生的固定形象。教师观察学生的时候，会有意或无意地按照年龄、性别、家庭地位和经济条件、居住地区等特征，将其归入某一类别，并依据自己头脑里已有的关于这类人的固定形象来对其作出判断。看到男学生，便认为他抽象思维能力强；看到女学生，会认为其抽象思维能力差而语言表达能力强。碰到城市的学生，会认为其聪明伶俐；遇到偏远农村的学生，会认为其为人老实，智力水平低，等等。这些刻板印象的产生，都是教师企图在过去有限经验的基础上对学生作结论的结果。

刻板印象的积极作用是把现实中的学生加以归类，因而在某种情况下，会有助于概括地了解学生。但若这种归类不符合学生群体的实际特点，或者只是对某些学生的非本质特征作出概括，就会形成偏见，势必对现实的学生作出不正确的判断。所以，要克服刻板印象的消极作用，既应把握学生所属类别的一般特征，又应注意每个学生的特殊性，对其进行具体深入的分析。

二、教师对学生的期望

（一）罗森塔尔实验

教师在认知的基础上，会对每个学生未来发展的潜力有所推测，这被称为教师对学生的期待。教师对不同的学生会有不同的期待，这会影响到学生的发展。美国心理学家罗森塔尔和他的同事用一个经典的实验说明了教师的期望对学生所产生的影响。

首先，罗森塔尔和同事对一所小学的1～6年级的所有学生进行了智力测验。然后，研究者告诉教师，学生接受的是“哈佛应变能力测验”，并进一步解释道，该测验的成绩可以对一名学生未来的学业上是否会有成就作出预测。研究者告诉教师的并不是实话，而是一种实验需要，他们是要教师相信，在测验中获得高分的学生，其学习能力在未来的这个学年中会有所提高。实际上，这个测验并不具备这种预测能力。

随后，每个班级的班主任都得到了一份名单，上面记录着本班学生在所谓的“哈佛测验”上得分最高的前20%的学生，以便教师们了解在本学年中哪些学生有发展潜力。然而，在教师所得的名单中，前十名学生是被完全随机地分配到这种实验条件下的。这些学生和其他学生的唯一区别就是，教师以为他们会有不同寻常的智力发展表现。

最后，在学年结束时，罗森塔尔对所有学生再次进行了相同的智力测验，并计算出每个学生智商（IQ）变化的程度，以此来判断现实情境中是否如所预期地存在着期望效应。结果发现，那些被教师认为具有潜力的学生的智商果然增加了，即教师对学生行为的期望转化成了学生的自我实现预言，“当教师期望某个孩子会表现出较大程度的智力提高时，这名学生就真的出现了较大程度的提高”；此外，实验的另一个发现是，在低年级的学生中，这种教师的期望效应更为明显，而在高年级中几乎是不存在的。

罗森塔尔借用一个神话来比喻教师期待所产生的效果。在古希腊神话中，皮格马利翁是塞浦路斯国王。相传，他性情孤僻，为规避塞浦路斯妓女而一人独居。他善于雕刻，寂寞中用象牙雕刻了一座表现他的理想女性的美女像，然后竟然爱上了她。他乞求爱神赋予雕像生命，爱神为他真挚的爱情所感动，就使这座雕像活了起来，皮格马利翁便娶其为妻，过上了幸福的生活。因此，在心理学中，教师的期望效应也被称为教室中的皮格马利翁效应。

教师对学生的期待及其影响也是在师生互动过程中所产生的。首先，教师根据学生的学习行为、个性特征和在人际交往中的表现形成对某个学生的期待，这些期待会在教师的行为中表现出来。其次，学生接受了教师行为中所暗含的期待，并根据期待的方向表现出相应的行为。在这种互动过程中，教师不断坚持按自己的期待去影响学生，而学生会逐步向着教师期待的方向发展。

教师对学生的期待包含着两方面的内容，一是对学习潜力的推测，二是对品德发展的推测。教师对有些学生在这两方面都抱有较高的期待，而对有些学生的期待水平不高，甚至是消极的期待，如认为某个学生“没有前途”、“不可救药”等。教师的期待对学生的影响是巨大的。这种影响首先表现在学生的自信心上，受到低期待的学生会感到自己能力低或品行不好，产生无力感。教师期待的影响会进一步表现在学生的各种行为与学习成绩上，受到低期待的学生会放弃努力或继续表现出一些不良行为，导致学习成绩的下降。教师期待的影响还表现在师生关系上，受到低期待的学生与教师的关系逐渐疏远。由此可见，受到教师高期待的学生会得到充分的发展，而受到教师低期待的学生则不能够有充分的发展所具备的潜力。

罗森塔尔在研究的基础上，明确指出了传达教师期望的四个相关因素：气氛、反馈、输入和输出。气氛，是指教师给学生创造特别温暖的社会情感关系，经常是一些非语言的交流。反馈是教师提供给学生更多的情感信息和认知信息。输入是指教给学生更多的材料。输出是指教师通过语言或非语言的行为给学生更多机会做出反应和提问题。如果教师能做到这四点，将会对学生的成绩有促进作用。

（二）教师期望模型

布朗（Braun，1975）详细分析了教师期望效应所产生的原因和过程，他认为，教师在形成对学生的主观印象之后，在认知、情感和行为上就会有相应的反应，首先对学生进行优差分组，产生不同的期望，随之表现出与学生接触量不同，赞扬和批评的量也不同；激励和暗示不同，给学生的作业难度也不同。在研究的基础上，并运用信息论的观点，布朗（Braun，1976）构建了教师期望效应的模型。该模型概括了教师期望产生的原因、过程和具体表现，如图20－3所示（转引自：张日昇、王琨，2003）。

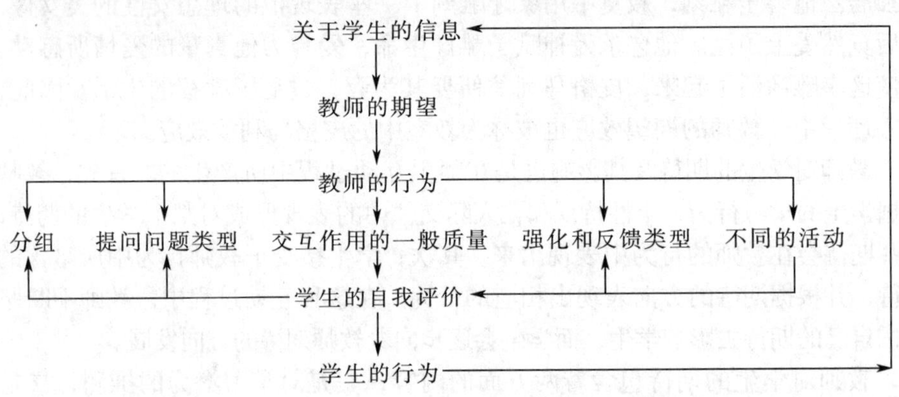

图20－3　教师期望模型

三、教师期望的应用

（一）教师期望的影响因素

在教师期望的形成过程中，以下因素会在其中起到重要作用。

1. 学生因素

布朗认为，决定教师期望的因素主要有五个：（1）身体的特征；（2）学生的性别；（3）社会经济地位；（4）测验的结果；（5）关于兄弟姐妹的知识。也就是说，长相好的较之长相差的，男生较之女生，家庭富有的较之贫穷的，考试或智商测验得分高的较之低的，兄弟姐妹学习优秀较之落后的，更容易使教师产生高期望，其中最重要的因素是"测验的结果"，即如果某学生的测验成绩较低，教师对他的期望就低，结果其学业成绩果真偏低。罗杰斯（Rogers，1980）指出，学生的个性特征、智力、学习成绩以及对教师期望的敏感性也是影响教师期望的重要因素。我国研究者的调查也表明（宋广文、王立军，1998），测验结果和个性特征是影响中小学教师期望的主要因素。教师对学生的印象在很大程度上取决于学生的"学习成绩"和

"能力"，学习好、能力强的学生容易使教师产生高期望，反之产生低期望。此外，学生的"性格"和"品德"也是决定教师期望的重要因素，而且，是否是班干部也成为影响教师期望的重要因素。

2. 教师的信念

教师信念的差异可以阻止消极的自我实现预言的发展，影响教师期望的信念有教师效能感和控制点。效能感影响教师有关学生能力的期望，高效能感的教师更可能会把学生看成是能够成功的、可教育的，值得他们去注意和努力的。教师的控制点是教师对学生成功或失败的归因。一个内控点的教师，把学生的成绩归结为他或她自己教学的成功或失败，他（她）更可能调节自己的行为去适应或帮助学生；外控点的教师趋向于把学生的失败归因为他（她）自己不能控制的环境。有专家认为（斯森，2002），教师的信念影响教师的行为，这又进而影响学生的信念和行为，最后影响学生的成绩。因此，通过提高教师的效能水平和改善教师的控制点，可以防止消极的自我实现预言效应。

（二）发挥教师期待的积极作用

很多研究都指出，教师期待对学生的影响并不是一个有意识的过程，有很多教师并没有明确意识到自己的期待，也没有特意去控制自己的行为，只是在不知不觉中表现出自己的期待，而对学生的影响也是在潜移默化的过程中发挥着作用。因此，教师应该了解教师期待的效果，并有意识地运用教师期待去教育学生。马丁（1973）曾在学校中进行了一个实验，他首先向教师讲授了有关教师期待的心理学知识，然后让这些教师改变对差生的看法，形成积极的期待，并训练这些教师在课堂上如何积极地对待差生。这一研究的结果表明，教师的期待可以通过一些方法来改变，而这种改变会给学生带来影响。

为了充分发挥教师期待的积极影响，教师首先应该注意以下三点：第一，要认真了解每个学生的特点，发现他们的长处，对每个学生都建立起积极的期待。第二，教师要不断反省自身的行为和态度，不要由于自己的不公正而延误了学生的发展。教师还要注意的是充分理解每个学生。很多教师对学生是一种评价性的理解，他们用自己的期待去套学生的表现，然后加以评头品足，指出这也不好，那也不对，这样并不是真正地理解学生。教师应该对学生采用移情性的理解，即不用自己已形成的期待去套学生，而是以同情的态度设身处地地理解学生的感情和行为，这样才能真正了解到每个学生的长处。第三，尽量避免自身的一些行为表现给学生造成消极的影响，表

20－1列出了影响低期望学生进步的一些教师行为，虽然很多都是在教育教学中我们无意识表露出来的，但一旦在意识层面发现了这样的行为，需要教师立即去克服它。

表20－1　影响低期望学生学习进步的一些教师行为（Brophy & Good，1974）

* 等待低成绩者回答问题的时间少
* 给出低成绩者答案或者叫另外一个学生回答，而不是尽可能地通过重复问题，提供线索或问一个新问题来提高他们的反应
* 不适宜的强化：奖励由低成绩者所做的不适宜的行为或不正确的回答
* 经常批评低成绩者的失败
* 比起高成绩者来，更少表扬低成绩者的成功
* 对低成绩者的反应不给予反馈
* 较少注意低成绩者，或与他们的交流少
* 更少提问低成绩者
* 低成绩者的座位距离老师较远
* 对低成绩者的要求低
* 对低成绩者较少友好的相互作用，包括少量的微笑及其他非言语的表示支持
* 对低成绩者较少目光接触和非言语交流，如积极点头等
* 对高成绩者较少强制性教育，并给予更多的独立练习

第四节　专家型教师

一、教师成长与专家型教师

（一）教师成长的五个阶段

德瑞福斯（Dreyfus，1986）根据教师教学专长的形成的一般过程，将教师的成长阶段划分为五个阶段：

（1）新手阶段，即刚走上工作岗位的教师和实习师范生，这个阶段的教师的任务是学习课堂教学的步骤，熟悉各种教学情境，从而获得初步的教学经验。

（2）优秀新手阶段，是指具有两三年教龄的教师，他们将言语知识与经验融合在一起，逐渐意识到教学情境中的相似之处，也形成一定的策略来

指导自己的行为，但是他们还不能对教学情境中发生的事情进行有意识控制，更不能说明哪类事件是重要的。

（3）胜任阶段，大多数工作三四年的教师都能达到胜任水平，但并不是所有的教师都能达到这个水平。处于胜任阶段的教师具有两个特点，一是能有意识地选择教学内容，确定教学重点、难点，制定教学计划，并且知道选择教学方法进行教学；二是在课堂上能很好地把握重点与非重点、难点与非难点，对教学的成功有很强的自信心，并以更强烈的感情对待教学，以期教学的更大成功，但是他们的教学技能仍达不到迅速、流畅、变通的水平。

（4）熟练阶段，这个阶段的教师对教学情境有特殊的直觉能力，他们能从不同的教学事件中看到一致之处，并形成一种模式识别能力。他们能够对教学情境进行预测，并且预测的明确性、准确性不断提高。教师大约任职五年后，才有可能进入熟练阶段。

（5）专家阶段，在这个阶段中，教师在处理课堂教学事件时，往往以直觉的方式立即做出反应，他们并不有意识地选择注意什么和做什么，对教学轻车熟路，十分自如，讲课就像说话、走路一样习以为常。针对不同的教学情境，他们可以灵活多变地采取各种有效的处理方式。

（二）关注焦点转变的三个阶段

教学中的问题多种多样，教师在成长的历程中，其所关注的教育教学中的问题是各不相同的。福勒和布朗根据教师的需要和不同时期所关注的焦点问题，把教师的成长划分为关注生存、关注情境和关注学生三个阶段。

1．关注生存阶段

刚刚入职的教师面临的是一个教师专业发展的关键期，这一阶段的突出特点是“骤变与适应”，教师面对着自己新角色的适应，其关注的焦点是生存的适应性。课堂纪律、激发学生动机、处理个别差异、评价学生作业、与家长的关系是这一阶段的教师常常遇到的问题，这使他们常常感到自己并未做好充任教师的专业准备，由此引发了初任教师强烈的职业焦虑和无助感。“学生喜欢我吗”、“同事们如何看我”、“领导对我是否满意”等是新教师常常思考的问题。而对于专业知识与能力的发展问题，他们往往难以更多地顾及。

由于这种生存焦虑，一部分教师会把大量的时间花在如何与学生搞好个人关系上，而不是教他们；有些教师则可能想方设法控制学生，而不是让学生获得学习上的进步。这种情况有可能是由于教师对学校的社会化过程而造成的。在学校里，人们总是希望把学生管理得老实听话。因此，教师都总想成为一个好的课堂管理者。

2. 关注情境阶段

在顺利度过关注生存阶段之后，教师进入关注情境阶段。随着教学基本“生存”知识、技能的掌握，教师的自信心也日渐增强，由关注自我的生存，转到更多地关注教学情境中来。原先的疑问常常是“我能行吗”，而现在常常自问的是“我如何才能行”。在这一阶段，教师关注的是如何教好每一堂课的内容，他们总是关心班级的大小、时间的压力和备课材料是否充分等与教学情境有关的问题。

教师从“关注生存”到“关注情境”的过渡并不是无条件的，休伯曼等人（1993）通过调查归纳了教师职业生涯进入“稳定期”的必要条件：

（1）彻底承诺献身教学；不再在多种职业之间犹豫不决，而是把注意和精力集中在教学专业上。

（2）成为受益者，签订长期合同，享有多种福利。

（3）拥有管理妥善的班级和满意的师生关系；教师可以在自己最希望教学的年级、班级上课。

（4）掌握了至为关键的一套教学技能，包括拥有恰当的维持课堂纪律策略，具有学年教学规划能力，储备了大量可引发学生兴趣的练习和活动，善于在混合班级教学。

（5）与其他作为专业人员的同事保持密切联系，可以与他们一起讨论、合作，得到他们的帮助。

（6）恰当处理工作需要和家庭需要之间的关系（女教师尤其如此），特别是与孩子要保持身心接触。

3. 关注学生阶段

随着教师对常规教学的逐渐熟悉，教师的专业自信也越来越强，注意力也可以更多地转移到常规教学以外的对象。这时教师开始尝试通过自己的教学对学生产生影响，使自己教的内容逐步适应学生的现有水平和需要，从而进入关注学生阶段。

在关注学生阶段的教师，会考虑到学生的个别差异，认识到不同发展水平的学生有不同的需要，某些教学材料和方式不一定适合所有学生，因此教师应因材施教。然而，在教学实践中，我们常常看到，不仅新教师容易忽视学生的个体需要，就连一些有经验的教师也很少自觉关注学生的差异。事实上，一部分教师从来就没有进入第三阶段。

（三）专家型教师的内涵

如果教师各方面教育能力得到充分发展，那么，他（她）就会由新手转变为专家型教师。一般认为，专家型教师是指那些在教学领域中，具有丰富的组织化了的专门知识，能高效率地解决教学中的各种问题，富有职业的敏锐的洞察力的教师。美国心理学家斯腾伯格认为可以从两个方面将专家型教师和非专家型教师区分开来：一是承认专家型教师总体的多样性；二是承认不存在一套就教师个人而言是必要的，但对总体来说是充分的专家型教师特征。这样，既可以将那些具有丰富的高度组织的知识的教师视为教学专家，也可以将那些对课堂问题作出明智解决的教师视为教学专家。

在实际的教育科研中，专家型教师通常用两种办法来确定：一是通过学生的成绩来确定。用标准化的测验研究学生在一定时期内的增长分数，如果某位教师所教的学生在该地区排名前15%（也有的研究采用的是前20%），则可将该教师作为专家型教师。二是通过学校的领导来选定。研究者列出专家型教师的一些特征，然后拿给有关学校领导看，让他们根据这些特征来确定哪些教师属于专家型教师。相对于专家型教师，新手教师则比较容易确定，他们是那些刚走上工作岗位的教师或参加实习准备从事教师职业的师范生和其他专业的学生。

二、专家型教师与新手教师的差异

研究表明，在课堂教学的整个历程中，专家型教师与新手教师在课时计划、教学过程、课后评价几方面都有不同的表现。

（一）课时计划的差异

与新手教师相比，专家型教师的课时计划更为简单和灵活，以学生为中心并更具有预见性。专家型教师只是突出了课的主要步骤和教学内容，并未设计一些细节。相反，新手教师却把大量的实践和精力用在课时计划的细节上。专家型教师更多的是在头脑内形成课时计划而不是像新手教师那样主要是形成书面的课时计划。实践证明前一种课时计划具有更大的灵活性，可针对学生的不同反应做出调整。

（二）课堂过程的差异

在整个的课堂教学管理过程中，专家型教师和新手教师在许多方面存在差异。在课堂规则的制定与执行上，专家型教师制定的规则明确，并能坚持执行，而新教师的课堂规则较为含糊，不能坚持下去。在吸引学生的注意力上，专家型教师有一套完整的维持学生注意力的方法，而新教师则相对缺乏这些方法。在教材的呈现上，专家型教师注重回顾先前知识，并能根据教学内容选择适当的教学方法，而新教师在这方面则比较欠缺。在课堂练习上，专家型教师将练习看作检查学生学习的手段，新教师则仅仅把它看作是必经的程序。在家庭作业的检查上，专家型教师有一套检查学生家庭作业的规范化、自动化的常规程序，而新教师却不能做到。在教学策略的运用上，专家型教师具有丰富的教学策略，并能灵活运用，新教师则或者缺乏这些策略或者不会有效运用策略。

此外，专家型教师与新手教师在课堂教学中的关注点也不相同。有研究表明（胡志坚，2001），在课堂中，新手教师在选择性注意的指向上大多以自己的教学为核心，把注意大多指向自己的教学内容、教学方法等，较少照顾到学生的学习活动和学生的不同反应；在注意选择的典型性维度上，新手教师还不能分辨出课堂中哪些活动和课堂教学有紧密的联系，哪些活动得给予注意并加以处理等等。在注意分配性的维度上，由于新手教师在教学活动的诸多方面还没有达到熟练化水平，因而与专家型教师相比，表现也较差。

（三）课后评价的差异

在课后的教学评价上，专家型教师和新手教师也有所不同。专家型教师更多关注学生对新教内容的理解情况和他认为课堂中值得注意的活动，而新手教师关注的是课堂管理和自己的教学是否成功。博利纳（Berliner）经研究认为，新手教师和专家型教师在进行课堂教学评价时在六个方面存在差异：解释课堂现象；辨别事件的重要性；运用规则；预测课堂现象；判断典型事件和非典型事件；评价行为—责任和情感。

以下是教师们在观摩一堂录像课时的不同观感，可以很清楚地看出新手教师和专家型教师在对课堂情况进行判断和评价上的差异（希兰思、福特等，2002）：

专家：在左边的监视器上，学生在做笔记，这表明他们已见过这样的作业，以前也是这样做的；这是相当有效的，因为他们习惯自己正在采用的方式。

新手：……我不知道他们在做什么。他们在准备上课，但我不知道他们在做什么。

专家：搞不明白，为什么学生不能够自己发现这些信息而是让别人告诉他们，因为如果你观看他们多数人的面部表情，在头两三分钟，开始注意刚发生的事情，然后就走神了。

新手：她设法与他们谈论某事，但我不能确定是什么事。

专家：……我没有听到铃声，但学生已经各就各位，似乎是在进行有目的的活动。这使我认为他们一定是快班的学生，因为他们进入教室之后便开始做事，而不是坐在那里交谈。

新手：要看的东西很多。

三、专家型教师的一般特征

美国心理学家斯腾伯格在专家型教师原型观的基础上，总结出专家型教师主要有以下三个方面的基本特征：

（一）有丰富的组织化的专门知识，并能有效运用

舒尔曼（1987）认为，专家型教师应具备的知识主要包括：一是所教学科的知识；二是教学方法和理论，适用于各学科的一般教学策略（诸如课堂管理的原理、有效教学、评价等）；三是课程材料，以及适用于不同学科和年级的程序性知识；四是教特定学科所需要的知识，教某些学生和特定概念的特殊方式，例如以最佳方法对能力差的学生解释什么是负数；五是学习者的性格特征和文化背景；六是学生学习的环境——同伴、小组、班级、学校以及社区；七是教学目标和目的。除了拥有这些丰富的知识，专家型教师还能将这些广博的、可利用的知识灵活地组织起来运用在教学中。

此外，专家型教师还会了解有关教学的背景知识，即清楚教学所处的社会和政治背景的知识，而且，懂得如何有效地与他人一起工作也是专家型教师所具有的知识的重要组成部分。研究也充分表明，专家型教师在专业知识的组织方面更为灵活和紧密，即专家型教师对各类知识会更为紧密地结合在一起，他们对问题的深层结构更为敏感。

（二）解决教学领域问题的高效率

在教学领域内，相对于非专家型教师，专家型教师解决问题的效率更高。这是因为，他们在广泛的知识经验的基础上，能够迅速且只需很少或无需认知努力便可以完成多项活动。尤其是某些教育技能已经程序化、自动化，这使他们能够将注意集中于教学领域高水平的推理和问题解决上。此外，很重要的一点是，专家型教师善于监控自己的认知执行过程，即在接触问题时他们具有计划性且善于自我观察，时机不成熟时，他们不会进行尝试，而在教学行为进行过程中，他们又能主动对自己的行为作出评价，并随时作出相应的调节。例如，有的教师在教学中，总是提醒自己“这样讲述学生能听懂吗”，并会根据自己对这个问题的回答来调整自己的讲课方式、讲课速度等。

(三) 创造性地解决问题，有很强的洞察力

专家型和非专家型教师都应用知识来分析和解决问题，但专家型教师更能创造性地解决问题，他们的解答方法既新颖又恰当，往往都是独创的、有洞察力的解决方法。专家型教师在教学中能够鉴别出有助于问题解决的信息，并能够有效地将这些信息联系起来，重新加以组织。通过这些过程，专家型教师能够对教学中的问题作出新颖而恰当的解决。

专家型教师在解决问题时，会采用三种重要的方式：

(1) 专家型教师会将与问题解决有关的信息和无关的信息区分开来。例如，别人认为无关紧要的细小环节，专家型教师会发现它事实上非常重要；反过来，对于人人紧抓不放的某些细节，专家型教师会发现它其实并不重要。

(2) 专家型教师按照有利于问题解决的方式对信息进行结合，他们能够发现单独看来与问题解决无关的两个信息结合在一起可能是相关的。例如，专家型教师认识到将“昂贵的新衣服”与“成绩下降”看似无关的现象结合起来，就可能说明该学生花了太多的时间在学习之外的内容上。

(3) 专家型教师将其他情境中获得的知识应用在教学领域。拥有更多、结构更好的知识对于成为专家型教师非常重要，专家型教师在解决问题时善于观察和类比。例如，一位专家型教师可能会从面临的一个课堂问题和曾经见过的一个被解决了的社会问题之间发现相似之处，然后受后者的启发而解决当前的问题。

四、专家型教师的成长途径

(一) 系统理论学习

有关专家—新手的对比研究表明，专家型教师和教师新手在教学上的差异是由于他们知识结构的不同造成的。专家型教师和新教师拥有的陈述性知识既有量上的差异，也有组织上的差异，而相当的专业知识是可以通过教学获得的，因此，成为专家型教师的一个最直接的途径就是将专家型教师应具备的知识教给新教师。因此，新教师在成长过程中，一定要进行相关理论知识的学习，这包括：所任学科的知识、教师职业的有关知识、教师基础理论知识、教育实践的基本技术与方法知识、现代教育技术知识、操作性实践与指导知识以及教育科研知识，等等。通过学习，新教师便可以在一定程度上弥补其与专家型教师在知识量上的不足。

斯腾伯格认为专家型教师所拥有的专业知识类型包括如下三类：

（1）内容知识，即有关所授学科内容的知识。这些知识新教师可以通过以内容为基础的课程和学校外的经验来获得，例如，数学教师可以通过自学数学理论知识和在校外运用数学知识来获取数学学科的内容知识。

（2）教育学知识，即怎样进行教学的知识，这一般包括如何提高学生的学习动机，如何在课堂上管理不同水平的学生，以及如何设计和实施考试等。这种知识也可以通过理论学习，如对教育心理学知识的相关培训而获得。

（3）特定内容的教育学知识，即怎样对所教的具体内容进行教学的知识，怎样解释一个具体的概念，如负数是什么，怎样说明和解释某个过程和方法，怎样纠正学生在学科知识上的一些错误的理论和概念，等等。这些，都可以通过系统的理论学习来掌握。

（二）课堂教学观摩

对新教师而言，成为专家型教师的一个重要途径是进行课堂教学观摩和分析，尤其是对已经成为专家的教师的教学观摩和分析。课堂教学观摩可以是有组织进行的，也可以是非组织化的。组织化观摩是有计划、有目的的观摩，非组织化观摩则没有这些特征。一般而言，为培养新教师和教学经验欠缺的年轻教师，宜进行组织化观摩，这种观摩可以是现场观摩（如组织听课），也可以是观看优秀教师的教学录像。非组织化观摩要求观摩者有相当完备的理论知识和洞察力，否则难以达到观摩学习的目的。通过观摩分析，新教师可以学习优秀教师驾驭专业知识、进行教学管理、调动学生积极性等方面的教育机智和教学能力。

（三）微型教学实践

国外的研究表明，微型教学这种方式也是训练新教师，促进教师成长的一条重要途径。微型教学常以少数学生为对象，在较短的时间内（5~20分钟）尝试做小型的课堂教学，把这种教学过程摄制成录像，课后再进行分析。一般采用以下程序：

（1）明确选定特定的教学行为作为着重分析的问题（如解释的方法和提问的方法等）。

（2）观看有关的教学录像。指导者说明这种教学行为具有的特征，让新教师能理解要点。

（3）新教师制定微型教学计划，以一定数量的学生为对象，实际进行微型教学，并录音、录像。

（4）和指导者一起观看录像，分析自己的教学行为。指导者帮助教师分析这一行为是否恰当，并考虑改进行为的方法。

(5) 在以上分析和评价的基础上，再进行微型教学。这时要考虑改进教学的方案。

(6) 进行以另外的学生为对象的微型教学，并录音、录像。

(7) 和指导教师一起分析第二次微型教学。

微型教学使教师分析自己的教学行为更加直接和深入，增强了改进教学的针对性，因而往往比正规课堂教学的经验更有效。博格（Borg）的研究表明，微型教学的效果在四个月以后仍很明显。

(四) 自我教学反思

教师对自己的教学进行反思也是教师成长的重要途径。教学反思是教师把自己的教学活动作为思考对象，不断探究与解决自身和教学目的以及教学工具等方面的问题，进而努力提高自身教学水平的过程。研究表明，教师的教学反思有助于提高自身教学能力，是教师成长的重要过程与方法。有研究者（Osterman et al.，1993）以经验性学习理论为基础，将教学反思分为如下四个阶段：

(1) 具体经验阶段。这一阶段的任务是使教师意识到问题的存在，并明确问题情境。在此过程中，接触到的新信息是很重要的，他人的教学经验、自己的经验、各种理论原理，以及意想不到的经验都会起作用。一旦教师意识到问题，就会产生认知冲突，并试图改变这种状况，于是进入反思环节。这里的关键是使问题与教师个人密切相关，使其意识到自己在活动中的不足，这往往是对个人能力、自信心的一种威胁。所以，让教师明确意识到自己教学中的问题，往往并不容易，作为教师反思活动的促进者，在此时要创设轻松、信任、合作的气氛，帮助教师看到自己的问题所在。

(2) 观摩分析阶段。这也是反思体现得最为集中的阶段，在此阶段中，教师广泛收集并分析有关的经验，特别是关于自己活动的信息，以批判的眼光反观自身，包括自己的思想、行为、信念、价值观、目的、态度和情感等。观察获得资料的方式可以有许多种，如，自述与回忆、他人的观察模拟、角色扮演，也可以借助于录音、录像、档案等。在获得一定的信息之后，要对它们进行分析，看驱动自己的教学活动的各种思想观点到底是什么，它与自己所倡导的理论是否一致，自己的行为与预期结果是否一致等，从而明确问题的根源所在。这个任务可以由某个教师单独完成，但合作更有效。经过这种分析，教师会对问题情境形成更为明确的认识。

(3) 重新概括阶段。在观察分析的基础上，教师重审旧思想，并积极寻找新思想与新策略来解决面临的问题。此时，新信息的获得有助于更有效的概念和策略方法的产生，这种信息可以来自研究领域，也可以来自实践领域，由于针对教学中的特定问题，而且对问题有较清楚的理解，这时教师寻找知识的活动是有方向的、聚焦式的，是自我定向的，因而不同于传统教师培训中的知识传授。同样，这一过程可以单独进行，也可以通过合作方式进行。

（4）积极的验证阶段。要验证以上阶段所形成的概括的行为和假设，教师可能是实际尝试，也可能是角色扮演。在检验的过程中，教师会遇到新的具体经验，从而又进入第一阶段，开始新的循环。

（五）参与科研实践

做一名教育科研者既是教师角色的要求，也是教师成长的标志。通过教育科研的参与和实践，教师可以更快地成熟起来，并更为注重教育教学中的科学性。从“经验型”教师到“研究型”教师的转变，也是成为专家型教师的必由之路。这是因为，与一般的教师相比，专家型教师的一个重要特点是他们要参与教育科研工作，要成为研究者。专家型教师不会仅停留在经验型的“知识传授者”的角色上，而是自己在实践中进行研究和探索。因此，新教师要想成为专家型教师，必须具备一定的教育科研素质，进行一定的科研活动。

澳大利亚学者凯米斯（Kemmis，1982）曾从“教师自主”的角度对“教师专业化”的问题做过探讨，他认为，“专门职业”具有三个显著的特征：第一，其成员采用的方法与程序有系统的理论知识和研究作为支持；第二，其成员以服务对象的利益作为压倒一切的任务；第三，其成员不受专业外势力的控制和限定，可以做出“自主的”职业判断。基于此，凯米斯认为，在教育领域，专家型教师除了应当具备传统所具备的专业特征之外，即在理解本学科的知识及其结构、掌握必要的教学技能基础上，还必须拥有一种“扩展的专业特征”（extended professionalism）。其内容包括：把自己对教学实践的反思、质疑和探讨作为专业进一步发展的基础；有研究自己教育实践的信念与技能；有在实践中对教育教学理论进行质疑和检查的意向；愿意接受其他教师或研究人员来观察他的教学实践，并就此进行坦率而真诚的讨论。由此可见，培养专家型教师必须立足于使教师成为研究者，让他们具有一定的科研知识和方法，具备一定的科研能力。只有这样，教师才会成为真正的专家型教师。

参考文献

1. 比格. 学习的基本理论与教学实践. 张敷荣，张粹然等译. 北京：人民教育出版社，1991
2. ［苏］苏霍姆林斯基. 学生的精神世界. 北京：教育科学出版社，1981
3. 哈罗，辛普森. 教育目标分类学：第3分册：动作技能领域. 施良方，唐晓杰译. 上海：华东师范大学出版社，1989
4. 加涅. 学习的条件和教学论. 皮连生等译. 上海：华东师范大学出版社，1999
5. 菲斯克，泰勒. 人怎样认识自己和他人. 贵阳：贵州人民出版社，1994
6. 列昂节夫. 活动 意识 个性. 上海：上海译文出版社，1982
7. 列昂节夫. 苏联心理科学. 北京：科学出版社，1962
8. 安德森. 认知心理学. 杨清，张述祖等译. 长春：吉林教育出版社，1989
9. 奥苏贝尔等. 教育心理学——认知观点. 余星南，宋钧译. 北京：人民教育出版社，1994
10. 白学军. 智力心理学的研究进展. 杭州：浙江人民出版社，1996
11. 班都拉. 社会学习理论. 陈欣银，李伯黍译. 沈阳：辽宁人民出版社，1989
12. 鲍尔，希尔加德. 学习论：学习活动的规律探索. 邵瑞珍等译. 上海：上海教育出版社，1987
13. 布卢姆等. 教育目标分类学——认知领域. 罗黎辉等译. 上海：华东师范大学出版社，1986
14. 布卢姆等. 教育评价. 邱洲等译. 上海：华东师范大学出版社，1987
15. 布鲁纳. 教育过程. 邵瑞珍译. 北京：文化教育出版社，1982
16. 成云，卢青，马长青. 归因训练与学生个性发展的研究. 四川师范大学学报（哲学社会科学版），1998（4）
17. 查子秀主编. 超常儿童心理学. 北京：人民教育出版社，1993
18. 陈安福. 德育心理学. 重庆：重庆出版社，1987
19. 陈会昌. 儿童道德认知发展的晚近研究. 心理学报，1984（4）
20. 陈家麟. 学校心理教育. 北京：教育科学出版社，1995
21. 陈琦，刘儒德. 当代教育心理学. 北京：北京师范大学出版社，1998
22. 陈雪枫，刘科荣. 中小学生心理测评与心理档案. 广州：暨南大学出版社，1997
23. 戴健林，黄敏儿. 从IQ到EQ：智力内涵的新构建. 心理科学，1999（6）
24. 陈琦，刘儒德. 信息技术教育应用. 北京：人民邮电出版社，1997

25. 董奇，周勇．关于学生学习自我监控的实验研究．北京师范大学学报（社会科学版），1995（1）
26. 程乐华，陈筱洁．知识图对阅读的作用研究现状述评．心理学探新，1999（2）
27. 程正方．现代管理心理学．北京：北京师范大学出版社，1996
28. 程功，陈仙梅．教育心理学．杭州：浙江大学出版社，1997
29. 戴忠恒．心理与教育测量．上海：华东师范大学出版社，1987
30. 道格拉斯．学习与记忆心理学．韩进之等译．沈阳：辽宁科学技术出版社，1986
31. 董奇．心理与教育研究方法．广州：广东教育出版社，1992
32. 董奇．儿童创造力发展心理．杭州：浙江教育出版社，1993
33. 廖正峰．教师心理学．杭州：浙江教育出版社，1985
34. 董奇．10～17岁儿童元认知发展的研究．心理发展与教育，1989（4）
35. 方俊明．当代特殊教育导论．西安：陕西人民教育出版社，1998
36. 冯锐．论多媒体技术对教学过程的影响．外语电化教学，1998（4）
37. 冯忠良，伍新春，姚梅林，王健敏．教育心理学．北京：人民教育出版社，2000
38. 冯忠良．结构—定向教学思想简介．教育研究，1985（11）
39. 冯忠良．结构—定向教学的理论与实践．北京：北京师范大学出版社，1992
40. 高觉敷，叶浩生．西方教育心理学发展史．福州：福建教育出版社，1996
41. 高尚仁．心理学新论．北京：北京师范大学出版社，1998
42. 郭继亮．初中师生关系的调查与思考．高等师范教育研究，1992（2）
43. 韩幼贤．教育心理学．台北：台湾国立编译馆，1991
44. 韩进之．教育心理学纲要．北京：人民教育出版社，1996
45. 刘儒德．影响计算机辅助课堂教学效果的因素．中国电化教育，1997（3）
46. 何克抗．计算机辅助教育．北京：高等教育出版社，1997
47. 胡胜利．高中生心理健康水平及其影响因素的研究．心理学报，1994（2）
48. 胡志海，梁宁建．学业不良学生元认知特点研究．心理科学，1999（4）
49. 黄德祥．青少年发展与辅导．台北：五南图书出版公司，1995
50. 黄巍．教师的教育有效感．西南师范大学学报（哲学社会科学版），1992（4）
51. 黄希庭．心理学导论．北京：人民教育出版社，1991
52. 黄旭．学习策略的性质、结构与特点．华南师范大学学报（教育科学版），1990（4）
53. 加涅．学习的条件．傅统先等译．北京：人民教育出版社，1986
54. 周恕义．多媒体CAI开发实用教程．北京：中国水利水电出版社，1999
55. 金建梅等．计算机在中国中小学教育中的应用现状分析．中国电化教育，1999（2）
56. 康德山，范丽萍．计算机辅助教学管窥．中国电化教育，1997（11）
57. 寇彧．个体品德发展与道德观念影响源．北京师范大学学报（社会科学版），1998（3）

58. 李沂．评列昂节夫活动内化理论．心理学报，1982（1）
59. 李柏黍，燕国材．教育心理学．上海：华东师范大学出版社，1995
60. 李伯黍．品德心理研究．上海：华东化工学院出版社，1992
61. 李丹．儿童发展心理学．上海：华东师范大学出版社，1987
62. 李维明．用多媒体计算机辅助课堂教学是中小学 CAI 应用的重点．电化教育研究，1999（1）
63. 廖正峰．教师心理学．杭州：浙江教育出版社，1985
64. 李牧子．盲童教育概论．北京：北京盲文出版社，1981
65. 李维．认知发展研究
66. 李孝忠．创造能力测量及其发展趋势．外国教育研究，1995（2）
67. 林崇德．发展心理学．北京：人民教育出版社，1995
68. 林崇德．品德发展心理学．上海：上海教育出版社，1989
69. 林崇德．教育的智慧——写给中小学教师．北京：开明出版社，1999
70. 林崇德，辛涛．智力的培养．杭州：浙江人民出版社，1996
71. 林崇德．培养和造就高素质的创造性人才．北京师范大学学报（社会科学版），1999（1）
72. 刘华山．学校心理辅导．合肥：安徽人民出版社，1998
73. 刘华山主编．大学教育心理学概论．武汉：华中师范大学出版社，1991
74. 刘华山．论学校心理辅导与德育工作的区别和联系．人民教育，1994（10）
75. 刘儒德．论计算机辅助教学效果的研究．心理学报，1998（1）
76. 刘儒德．影响计算机辅助课堂教学效果的因素．中国电化教育，1997（3）
77. 刘永芳．归因理论及其应用．济南：山东人民出版社，1998
78. 卢家楣．青少年心理与辅导．上海：上海教育出版社，1999
79. 骆伯巍．教学心理学原理．杭州：浙江大学出版社，1996
80. 孟育群．现代教师的教育能力结构．现代中小学教育，1990（3）
81. 莫雷．教育心理研究．广州：广东人民出版社，1998
82. 莫雷，任旭明等．中小学生心理教育基本原理．广州：暨南大学出版社，1997
83. 莫雷，张卫．青少年发展与教育心理学．广州：暨南大学出版社，1997
84. 莫雷．个体思维发生述评．哲学研究，1986（2）
85. 莫雷．论学习理论．教育研究，1996（6）
86. 莫雷，唐雪峰．表面概貌对原理运用的影响的实验研究．心理学报，2000（4）
87. 莫雷．论学习迁移研究．华南师范大学学报（社会科学版），1997（6）
88. 潘菽．教育心理学．北京：人民教育出版社，1995
89. 彭聃龄．普通心理学．北京：北京师范大学出版社，1988
90. 皮亚杰．发生认识论．傅统先译．教育研究，1979（3），（5）
91. 皮亚杰．发生认识论原理．胡士襄译．北京：商务印书馆，1981

92. 皮连生．智育心理学．北京：人民教育出版社，1997
93. 皮连生．学与教的心理学．上海：华东师范大学出版社，1997
94. 皮连生．知识分类与目标导向教学——理论与实践．上海：华东师范大学出版社，1998
95. 戚万学．冲突与整合——20世纪西方道德教育理论．济南：山东教育出版社，1995
96. 山内光哉．学习与教学心理学．李蔚译．北京：教育科学出版社，1986
97. 隋光远．中学生学业成就动机归园训练研究．心理科学，1991（4）
98. 邵瑞珍．教育心理学．北京：人民教育出版社，1997
99. 申继亮，辛涛．论教师的教学监控能力．北京师范大学学报（社会科学版），1995（1）
100. 沈德立．非智力因素的理论与实践．北京：教育科学出版社，1997
101. 沈永嘉．你有创造力吗？载：科学画报，1981（9）
102. 山口薰，金子健．特殊教育的展望．刘福庚等译．沈阳：辽宁师范大学出版社，1996
103. 沈家英等编．视觉障碍儿童的心理与教育．北京：华夏出版社，1993
104. 施良方．学习论——学习心理学的理论与原理．北京：人民教育出版社，1994
105. 斯腾伯格．专家型教师教学的原理论．华东师范大学学报（教科版），1997（1）
106. 苏霍姆林斯基．学生的精神世界．北京：教育科学出版社，1981
107. 万家若，曹撰申．现代教育技术学．北京：中国科学技术出版社，1991
108. 万家若．计算机辅助教育．北京：中国科学技术出版社，1990
109. 伍新春．高等教育心理学．北京：高等教育出版社，1998
110. 时蓉华．现代社会心理学．上海：华东师范大学出版社，1994
111. 宋晓丽，王宝中．考试焦虑的形成和消除．大庆高等专科学校学报，1998（1）
112. 万云英．学习心理学．长春：吉林教育出版社，1990
113. 吴江霖，戴建林主编．心理学概论．广州：广东高等教育出版社，1996
114. 姚飞，张大均．应用题结构分析训练对提高小学生解题能力的实验研究．心理学报，1999（1）
115. 辛涛．论教师的教学效能感．应用心理学，1996（2）
116. 徐海，吴丽萍．多媒体技术在辅助教学中的应用．电化教育研究，1999（5）
117. 王振宏，刘萍．国外自我概念研究述评．西北师范大学学报（社会科学版），1998（2）
118. 燕国材，马加乐．非智力因素与学校教育．西安：陕西人民教育出版社，1992
119. 吴安春，曹树．中学教师的人格发展特点及影响因素的研究．南京师范大学学报（社会科学版），1998（2）
120. 沃建中，申继亮，林崇德．提高教师课堂教学能力方法的研究．心理科学，1996(6)
121. 汪安圣主编．思维心理学．上海：华东师范大学出版社，1992

122. 吴凤岗．青少年心理学．北京：北京师范大学出版社，1991
123. 辛涛，林崇德．教师心理研究的回顾与前瞻．心理发展与教育，1996（4）
124. 杨清．现代西方心理学主要派别．沈阳：辽宁人民出版社，1980
125. 徐胜三．中学教育心理学．北京：人民教育出版社，1995
126. 阴国恩，李洪玉，李幼穗．非智力因素及其培养．杭州：浙江人民出版社，1996
127. 银春铭主编．弱智儿童的心理与教育．北京：华夏出版社，1993
128. 叶奕乾等主编．普通心理学．上海：华东师范大学出版社，1991
129. 俞国良．创造力心理学．杭州：浙江人民出版社，1996
130. 俞国良，辛涛，申继亮．教师教学效能感：结构与影响因素的研究．心理学报，1995（2）
131. 张承芬．教育心理学．济南：山东教育出版社，2000
132. 张春兴．教育心理学——三化取向的理论与实践．杭州：浙江教育出版社，1998
133. 张春兴．现代心理学：现代人研究自身问题的科学．上海：上海人民出版社，1994
134. 张春兴，林清山．教育心理学．台北：东华书局，1994
135. 张大均．教育心理学．北京：人民教育出版社，1999
136. 张大均，余林．文章结构分析训练对阅读理解水平影响的实验研究．心理科学，1998（2）
137. 张厚粲等．心理学．北京：中央广播电视大学出版社，1986
138. 张积家，王惠萍．大学心理教育导论．北京：高等教育出版社，1999
139. 张庆林．当代认知心理学在教学中的应用．重庆：西南师范大学出版社，1995
140. 张茂聪．弱智儿童生活与教育．济南：山东教育出版社，1996
141. 张倩苇．世界发达国家和地区教育信息化的新进展．比较教育研究，1998（6）
142. 张卿．学与教的历史轨迹．济南：山东教育出版社，1995
143. 张述祖，沈德立．基础心理学．北京：教育科学出版社，1987
144. 章志光．心理学．北京：人民教育出版社，1992
145. 章永生．教育心理学．石家庄：河北教育出版社，1996
146. 章志光．学生品德形成新探．北京：北京师范大学出版社，1993
147. 周国韬，张明，迟毓凯．教师心理学．北京：警官教育出版社，1998
148. 周崇文等．初中生非智力心理因素的发展与教育综合实验研究．中小学教育管理，1990（1）
149. 周阔海．中学生心理教育与主动发展实验初步回顾．教育研究与实验，1993（3）
150. 周恕义．多媒体 CAI 开发实用教程．北京：中国水利水电出版社，1999
151. 周谦．学习心理学．北京：科学出版社，1992
152. 周瑛．教育心理学．北京：警官教育出版社，1994
153. 朱智贤，林崇德等．发展心理学研究方法．北京：北京师范大学出版社，1991
154. 祝智庭．多媒体 CAI．沈阳：辽宁科学技术出版社，1997

155. 朱新明，李亦菲．示例演练学习理论和ICAI．心理发展与教育，1995（1）
156. Raymond M. Nakamura．健康课堂管理——激发、交流和纪律．王建平等译．北京：中国轻工业出版社，2002
157. Robert L. Linn．教学中的测验与评价．董奇等译．北京：中国轻工业出版社，2003
158. 陈时见．课堂规则的制定与执行．基础教育研究，1998（5）
159. 陈云英主编．残疾儿童的教育诊断．北京：科学出版社，1996
160. 盖伊·莱弗朗索瓦兹．美国教学的艺术．佐斌等译．北京：华夏出版社，2004
161. 郭新安．"档案袋"在英语教学中的应用．安徽教育，2003（16）
162. 韩进之主编．教育心理学纲要．北京：人民教育出版社，1988
163. 胡志坚．课堂教学中新手和专家型教师选择性注意特点的比较研究．中小学教师培训，2001（9）
164. 鲍里奇著．有效教学方法．易东平等译．南京：江苏教育出版社，2002
165. 李定仁．教育思想发展史略．银川：青海人民出版社，1993
166. 李雁冰．质性课程评定的典范：档案袋评定．外国教育资料，2000（6）
167. 李永珺，张向众．新课程评价中的表现性评定．教育发展研究，2002（12）
168. 刘家访．课堂管理理论研究述评．课程．教材．教法，2002（10）
169. 刘淑杰，陆兴发．新课程理念下教师教学评价方法探微——美国教学档案袋述评．外国教育研究，2002（5）
170. 罗森塔尔，雅各布森．课堂中的皮格马利翁——教师期望与学生智力发展．北京：人民教育出版社，1993
171. 乔以斯．当代西方教学模式．丁证霖等编译．太原：山西教育出版社，1991
172. 山口薰，金子健．特殊教育的展望．刘福庚等译．大连：辽宁师范大学出版社，1996
173. 申继亮，辛涛．论教师教学监控能力提高的方法和途径．北京师范大学学报（社会科学版），1998（1）
174. 沈德立等．小学教育心理学．上海：华东师范大学出版社，2003
175. 施良方，崔允漷．教学理论：课堂教学的原理、策略与研究．上海：华东师范大学出版社，1999
176. 斯腾伯格．教育心理学．张厚粲译．北京：中国轻工业出版社，2003
177. 宋广文，都荣胜．专家型教师的研究及其对教师成长的启示．当代教育科学，2003（1）
178. 宋广文，王立军．影响中小学教师期望的因素研究．心理科学，1998（1）
179. 宋秋前，丁佩君．座位与学生课堂学习的调查研究．教育科学，1999（4）
180. 宋振韶．课堂提问基本模式以及学生提问的研究现状（上）．学科教学，2003（1）
181. 宋振韶．课堂提问基本模式以及学生提问的研究现状（下）．学科教学，2003（2）
182. 王凯．真实性评价：建构性课堂中的评价方式．教育科学，2003（3）

183. 王玉衡．美国标准化测验的问题与质疑．比较教育研究，2002（9）
184. 吴庆麟，酬谊．教育心理学——献给教师的书．上海：华东师范大学出版社，2003
185. 叶澜等．教师角色与教师发展新探．北京：教育科学出版社，2001
186. 约翰·D·布兰思福特等编著．人是如何学习的——人脑、心理、经验及学校．程可拉等译．上海：华东师范大学出版社，2002
187. 张茜．青少年同伴关系的特点与功能分析．当代教育科学，2003（1）
188. 张日昇，王琨．国外关于教师期望与差别行为的研究．河北大学学报（哲学社会科学版），2003（2）
189. 赵德成．表现性测验及其在中小学课堂评价中的应用．评价与考试，2002（11）
190. 朱敬先．教学心理学．台北：五南图书出版公司，1987
191. Abrams D. Political distinctiveness：An identity optimizing approach. In：European Journal of Social Psychology，1994（24）：357～365
192. Adams J A. A closed-loop theory of motor learning. In：Journal of Motor Behavior，1971（3）：111～149
193. Ames C，Ames R. Research on motivation. Vol. 2：The classroom milieu. New York：Academic，1985
194. Ames C. Research on motivation in education：Vol. I：Student motivation. Orlando，FL：Academic Ress，1997
195. Anderson J R. Cognitive psychology and its implications：4th ed. New York：W. H. Freeman & Company，1995
196. Anderson J R. Learning and memory：An integrated approach. New York：John Wiley & Sons，1995
197. Ausubel D P，Robinson F C. School Learning：An introduction to educational psychology. New York：Holt，Rinehart & Winston，1969
198. Ausubel D P，Novak J D，Hanesian H. Educational psychology：A cognitive view：2nd ed. New York：Holt，Rinehart & Winston，1978
199. Bandura A. Social learning theory. Englewood Cliffs（NJ）：Prentice-Hall，1977
200. Beane J A，Lipka R P. Self-concept，self-esteem，and the curriculum. New York：Teachers College Press
201. Berg L A，Bass B M. Cognitive and deviation. New York：Harper，1961
202. Byrne A. Learning performance and individual differences. Glenview，I：Scott，Foresman，1984
203. Cormier S M，Hagman J D. Ed. Transfer of learning. New York：Academic，1987
204. Hamachek D. Psychology Teaching，Learning and Growth. A Division of Simon & Schuster，Inc.，1990
205. Dudai Y. The neurobiology of memory. Oxford：Oxford University Press，1987

206. Duffy T M, Jonasse D H (Eds). Constructivism and the Technology of Instruction: A Conversation. Lawrence Erlbaum Associate, Inc.
207. Gagne E D. The Cognitive Psychology of School Learning. Printed in U. S. A., 1985
208. Gary D B. Effective Teaching Methods. Merrill Publishing Company, 1988
209. Gibson J T, Chandler L A. Educational psychology: Mastering principles and applications. Massachusetts: Allyn and Bacon, Inc., 1988
210. Hattie J. Self-concept. Lawrence Erbaum Associates. Inc., 1992
211. Hein E G. Constructivist Learning Theory. CECA Conference, 1991
212. Judd C H. The relation of special training to general Intelligence. In: Educational Review, 1908 (36): 28~43
213. Killlon J P, Tdonem G R. A process for personal theory building. In: Woolfolk A E, ed. Readings & Cases in Educational Psychology. Boston: Allyn and Bacon, 1993
214. Klahr D, Carver S M. Cognitive objectives in a LOGO debugging curriculum: Instruction, learning and transfer. In: Cognitive Psychology, 1988 (20): 362~404
215. Kozulin A. Vygotsky's psychology: A biography of ideas: 1st Ed. Harvard University Press, 1990
216. Kulik C C, Kulik J A. Effectiveness of computer-based instruction: An updated analysis. In: Computer in human behavior, 1991 (7)
217. Kutz E. Teacher research: myth and realities. In: Cauley K M, Linden F, McMillan J H, ed. Annual Editions: Educational Psychology 94/95. Guilford: The Dushing Publishing Group. Inc., 1994
218. Lave J. Cognition in practice: mind, mathematics, and culture in everyday life. New York: Cambridge University Press, 1988
219. Lefrancois G R. Psychological theories and human learning: 2nd Ed. California: Brooks/Cole Publishing Company, 1982
220. Lefrancois G R. Psychology for teaching: 5th Ed. California: Wadsworth Publishing Company, 1985
221. Marsh H W, et al. Self-concept: its multifaced, hierarchical structure. In: Educational Psychologist, 1983 (20): 107~123
222. Mccown R R, Roop P. Educational psychology and classroom practice: A partnership: 1st Ed. Boston: Allyn And Bacon, 1992
223. Mckeachie W H, Pintrch P R, Lin Yi-Guang, Smith D A, Sharma R. Teaching and learning in college classroom: A review of the research literature: 2nd Ed. Ann Arbor: University of Michigan, 1990
224. Ornstein A C. Strategies for effective teaching: 2nd Ed. Madison: Brown & Benchmark Publishers, 1995

225. Osterman K F, Kottkamp R B. Reflective practice for educators: Improving schooling through professional development. Corwin Press. Inc., 1993

226. Perkins D N. Thinking frames: An integrated perspective on teaching cognitive skills. In Baron J, Sternberg R, ed. Teaching thinking skills: Theory and practice. San Francisco: Freeman, 1987

227. Post T R. Teaching mathematics in grades K-8: Research based methods: 1st Ed. Massachusetts: Allyn and Bacon, Inc., 1988

228. Reilly R R, Lewis E L. Educational Psychology: 1st Ed. New York: Macmillan Publishing Co,. Inc & London: Collier Macmillan Publishers, 1983

229. Rosenthal R, Jacobson L. Pygmalion in the Classroom. Teacher Expectation and Pupils' Intellectual Development. New York: Rinehart and Winston, 1968

230. Shavelson K J, Blous A. Self-concept: Validation of Construct Interpretation. In: Review of Education Research, 1982 (46): 407~442

231. Scheirer M, Krant R E. Increasing educational achievement via self-concept change. In: Review of Education Research, 1979 (49): 131~159

232. Singley M K, Anderson J R. Transfer of cognitive skill. Cambridge, MA: Harvard University Press, 1989

233. Slavin R E. Educational Psychology: Theory and Practice. Needham Heights, Massachusetts, 1994

234. Slavin R E. Educational psychology: Theory and Practice: 4th Ed. Boston: Allyn and Bacon, 1994

235. Sparks-Langer G M, Colton A B. Synthesis of research on teachers' reflective thinking. In: Woolfolk A E, ed. Readings & Cases in Educational Psychology. Massachusetts: Allyn and Bacon, Inc., 1993

236. Swartz R J, Perkins D N. Teaching thinking: Issues and approaches. Pacific Grove, CA: Midwest Publications, 1990

237. Thorndike E L. Educational Psychology. Vol. 2: The Psychology of Learning. New York: Bureau of Publication, Teachers College (Columbia University), 1913

238. Trent M Y L, Rusell G, Cooney G. Assessment of Self-concept in Early Adolescence. In: Australian Journal of Psychology, 1994 (55): 91~95

239. Weinstein C E, Undenwook V L. Learning strategies: the how of learning. In: Segal J W, Chipman S F, Glaser R. Thinking and learning skills. Vol. 1. Hillsdale: Lawrence Erlbaum Associates, Publishers, 1985

240. Weisberg R W. Creativity: Beyond the myth of genius. San Erancico: Ereeman, 1993

241. Becker W C. Applied Psychology for Teachers. Science Research Associates, Inc., 1986